Die Gründerhaftung in der Gesellschaft mit beschränkter Haftung in Deutschland, Frankreich und England

Saarbrücker Studien
zum Privat- und Wirtschaftsrecht

Herausgegeben von Johann Paul Bauer,
Michael Martinek (geschäftsführender Herausgeber)
und Helmut Rüßmann

Band 34

PETER LANG
Frankfurt am Main · Berlin · Bern · Bruxelles · New York · Oxford · Wien

Esther Cordula Hilpert

Die Gründerhaftung in der Gesellschaft mit beschränkter Haftung in Deutschland, Frankreich und England

PETER LANG
Europäischer Verlag der Wissenschaften

Bibliografische Information Der Deutschen Bibliothek
Die Deutsche Bibliothek verzeichnet diese Publikation in der Deutschen Nationalbibliografie; detaillierte bibliografische Daten sind im Internet über <http://dnb.ddb.de> abrufbar.

Zugl.: Saarbrücken, Univ., Diss., 2002

D 291
ISSN 1433-8866
ISBN 3-631-50280-X

www.peterlang.de

Saarbrücker Studien zum Privat- und Wirtschaftsrecht

herausgegeben von
Prof. Dr. Johann Paul Bauer
Prof. Dr. Dr. Michael Martinek
Prof. Dr. Helmut Rüßmann

Die Schriftenreihe "Saarbrücker Studien zum Privat- und Wirtschaftsrecht" bildet in erster Linie ein Forum für rechtswissenschaftliche Doktorarbeiten der Universität des Saarlandes auf zwei juristischen Schwerpunktgebieten. Zum einen sollen Dissertationen im klassischen Privatrecht, vor allem im bürgerlichen Vermögensrecht der ersten drei Bücher des BGB und ihrer Nebengesetze vorgestellt werden. Zum anderen findet das Wirtschaftsrecht im Sinne des Wirtschaftsprivatrechts besondere Berücksichtigung, womit namentlich die Gebiete des Handelsrechts einschließlich des Bilanzrechts, des Personen- und Kapitalgesellschaftsrechts einschließlich des Konzernrechts, des Gewerblichen Rechtsschutzes sowie des Wettbewerbs- und Kartellrechts bezeichnet sind. Es versteht sich, daß nicht nur rechtsdogmatische Studien, sondern auch rechtstatsächlich, rechtspolitisch oder interdisziplinär angelegte Arbeiten in die Schriftenreihe Aufnahme finden. Denn die Rechts- und Wirtschaftswissenschaftliche Fakultät der Universität des Saarlandes vereinigt unter *einem* Dach die Fachbereiche Rechtswissenschaft und Wirtschaftswissenschaft und regt damit Studenten und Hochschullehrer in besonderer Weise zu fachübergreifender Lehre und Forschung an. Die Schriftenreihe steht aber nicht nur sehr guten und ausgezeichneten Dissertationen, sondern auch anderen "Studien" zu privat- und wirtschaftsrechtlichen Themen offen, bis hin zu Materialien und Skripten des akademischen Unterrichts. Die drei Herausgeber, die zugleich stellvertretend für ihre anderen Saarbrücker Fakultätskollegen des Privat- und Wirtschaftsrechts handeln, verbinden mit den "Saarbrücker Studien zum Privat- und Wirtschaftsrecht" den Wunsch, daß die hier veröffentlichten Arbeiten die verdiente Resonanz in der breiteren juristischen Fachöffentlichkeit finden.

Meinen Eltern

Vorwort

Die vorliegende Arbeit wurde im Sommersemester 2002 von der Rechts- und Wirtschaftswissenschaftlichen Fakultät der Universität des Saarlandes als Dissertation angenommen. Für die Veröffentlichung sind Rechtsprechung und Literatur im wesentlichen bis Ende Juni 2002 berücksichtigt worden.

Mein besonderer Dank gilt meinem hochverehrten Lehrer Herrn Professor Dr. iur. Dr. rer. publ. Michael Martinek, M.C.J. (New York), der die Anregung zu dieser Arbeit gegeben und mich während meiner gesamten juristischen Ausbildung engagiert gefördert hat.

Mein weiterer Dank gebührt Herrn Professor Dr. iur. Filippo Ranieri für die rasche Erstellung des Zweitgutachtens.

Sehr verbunden bin ich der Graduiertenförderungskommission der Universität des Saarlandes für die Gewährung eines Promotionsstipendiums. Ebenfalls möchte ich den Herausgebern der Saarbrücker Studien zum Privat- und Wirtschaftsrecht für die Aufnahme meiner Arbeit in ihre Schriftenreihe danken. Weiterhin danke ich der Universität des Saarlandes für die finanzielle Unterstützung im Rahmen der Veröffentlichung.

Darüber hinaus gebührt Dank Herrn Holger Freitag, der ein unermüdlicher Diskussionspartner war und mich bei der Erstellung der Arbeit unterstützt hat, sowie Frau Dewer Hilpert, die die mühevolle Arbeit des Korrekturlesens auf sich genommen hat.

Dank schulde ich aber vor allem meinen Eltern, Herrn Dipl.-Ing. Henning Hilpert und Frau Ingrid Hilpert, die mich während meiner gesamten Ausbildung in jeder Hinsicht unterstützt haben. Ihnen möchte ich diese Arbeit widmen.

Remscheid, im August 2002 | Esther Cordula Hilpert

Inhalt

Abkürzungsverzeichnis

a.A./A.A.	anderer Ansicht
Abl. EG	Amtsblatt der europäischen Gemeinschaft
Abs.	Absatz
A.C.	Law Reports, Appeal Cases (ab 1891)
ADHGB	Allgemeines Deutsches Handelsgesetzbuch
a.F.	alte Fassung
AG	Aktiengesellschaft / Die Aktiengesellschaft (Zeitschrift)
AG	Amtsgericht
a.E.	am Ende
AktG	Aktiengesetz
All ER	All England Law Reports (ab 1936)
App. Cas.	Law Reports, Appeal Cases (1875-1890)
Anm.	Anmerkung
Art.	Artikel bzw. Article
Aufl.	Auflage
BAG	Bundesarbeitsgericht
BayObLG	Bayrisches Oberstes Landesgericht
BB	Der Betriebsberater
BCLC	Butterworth's Company Law Cases (1953-heute)
BGBl.	Bundesgesetzblatt
BFH	Bundesfinanzhof
BGB	Bürgerliches Gesetzbuch
BGBl.	Bundesgesetzblatt
BGH	Bundesgerichtshof
BGHZ	Entscheidungen des Bundesgerichtshofs in Zivilsachen
BRDA	Bulletin rapide droit des affaires (éd. Lefebvre)
BSG	Bundessozialgericht
Bull. civ.	Bulletin civile (Entscheidungssammlung des Cour de Cassation)
Bull. Joly	Bulletin Joly
Bull. mens.	Bulletin Joly mensuel d'information des sociétés
bzgl.	bezüglich
bzw.	beziehungsweise
CA	Cour d'appel (französisches Berufungsgericht)
CA	Companies Act
C.A.	Court of Appeal (britisches Berufungsgericht)
Cah. De Dr.	Les Cahiers de Droit
Cass. Civ.	Cour de Cassation, chambre civile (oberstes französisches Zivilgericht, Abteilung für Zivilsachen)
Cass. Com.	Cour de Cassation, chambre commercial (oberstes französisches Zivilgericht, Abteilung für Handelssachen)
CC	Code Civil
C.E.	Conseil d'État (oberstes französisches Verwaltungsgericht)

Ch.	Law Reports, Chancery Division (ab 1891) / Chambre (frz.: Kammer)
Ch. App.	Law Reports, Chancery Appeal Cases (1865-1875)
Ch. D.	Law Reports, Chancery Division (1875-1890)
C.J.	Lord Chief Justice
C.L.J.	Cambridge Law Journal (ab 1921)
CLR	Commonwealth Law Reports
C.M.L.R.	Common Market Law Review
Cmnd.	Command Papers
Co.	Company
Com. Cas.	Commercial Cases (1895-1941)
Con. & Prop. Law	The Conveyancer and Property Lawyer
C.P.	Law Reports, Common Pleas
C.P.D.	Law Reports, Common Pleas Division (1875-1880)
D.	Digesten / Recueil Dalloz Sirey (seit 1965)
DB	Der Betrieb
d.h.	das heißt
D.H.	Dalloz hebdomadaire
DM	Deutsche Mark
Doctr.	Doctrine
DP	Dalloz Périodique (bis 1945)
Dr. soc.	Droit des sociétés
DStR	Deutsches Steuerrecht
€	Euro
Edw.	Edward
EG	Europäische Gemeinschaft(en)
EGV	Vertrag zur Gründung der Europäischen Gemeinschaft
Eliz.	Elizabeth
EP	Europäisches Parlament
Equ.	Law Reports, Equity
E.R.	English Reports (Reprint)
EU	Europäische Union
EuGH	Europäischer Gerichtshof
EuR	Europarecht
EuZW	Europäische Zeitschrift für Wirtschaftsrecht
Ex D	Law Reports Exchequer Division (1875-1880)
f./ff.	folgende
FF	Französischer Francs
FG	Finanzgericht
Fn.	Fußnote
FS	Festschrift
Geo.	George
GmbHG	Gesetz betreffend die Gesellschaften mit beschränkter Haftung
GmbHR	GmbH-Rundschau
GP	Gazette du Palais

Hdb.	Handbuch
HGB	Handelsgesetzbuch
H.L.	House of Lords
Hg.	Herausgeber
hM	herrschende Meinung
I.C.L.Q.	International and Comparative Law Quarterly
iE	im Ergebnis
Inc.	Incorporation
InsO	Insolvenzordnung
IR	Information Rapids (Rubrik in der Zeitschrift Dalloz)
iVm	in Verbindung mit
J.	Judge / Jurisprudence
J.B.L.	Journal of Business Law
JCP	Juris-Classeur périodique, édition générale (La semaine juridique)
JCP, éd. Ci	Juris-Classeur périodique, édition commerce et industrie
JCP, éd. E	Juris-Classeur périodique, édition entreprise
JO	Journal officiel (französisches Gesetzblatt)
J. soc.	Journal des Sociétés
JW	Juristische Wochenschrift
JZ	Juristenzeitung
K.B.	Law Reports, King's Bench (1901-1953)
KG	Kammergericht / Kommanditgesellschaft
KStG	Körperschaftssteuergesetz
L	Loi
LAG	Landesarbeitsgericht
LG	Landgericht
lit.	Buchstabe
L.J.	Lord Justice
L.JJ.	Lord Justices
L.J.Q.B.	Law Journal Queens Bench
LJ Ch	Law Journal Reports, New Series, Chancery Division
Lloyd`s Rep.	Lloyd`s Law Report
L.Q.R.	Law Quarterly Review
L.R.	Law Reports
L.R.Eq.	Law Reports, Equity Cases (1866-1875)
L.R.Q.B.	Law Reports, Queen's Bench (1865-1875)
LS	Legal Studies
LSG	Landessozialgericht
L.T.	Law Times Report
Ltd.	Limited (englische GmbH)
M.L.R.	Modern Law Review
M.R.	Master of Rolls
mwN	mit weiteren Nachweisen
n.F.	neue Fassung
N.N.	Nomen nescio (Name unbekannt)

n°	numéro (französische Randnummer)
NJW	Neue juristische Wochenschrift
NZA	Neue Zeitschrift für Arbeitsrecht
N.Z.L.R.	New Zealand Law Review
o.ä.	oder ähnliche(s)
o.g.	oben genannte/n
OHG	Offene Handelsgesellschaft
OLG	Oberlandesgericht
O.L.J.	Oxford Law Journal
p.	pence
P.C.	Privy Council (Richterausschuss des Kronrates)
Plc	Public limited company (englische AG)
Q.B.	Law Reports, Queen's Bench
Q.B.D.	Law Reports, Queen's Bench Division (1875-1890)
Q.C.	Queen's Counsel
Quot. jur.	Le Quotidien Juridique
R.	Report
RabelsZ	Rabels Zeitschrift für ausländisches und internationales Privatrecht
Rep. Defr.	Repertoire Defrénois
Rev.	Revue / Review
Rev. prat. soc.	Revue pratique des sociétés
Rev. Soc.	Revue des sociétés
RG	Reichsgericht
RGZ	Entscheidungen des Reichsgerichts
RIW	Recht der internationalen Wirtschaft
RJDA	Revue de Jurisprudence de droit des affaires (Lefebvre)
Rn	Randnummer
RTD com.	Revue trimestrielle de droit commercial et de droit économique
RTDE	Revue trimestrielle de droit europenne
S	Recueil de Sirey
S.	Seite /Satz
s.	siehe
s. / S.	section (Paragraph)
ss. /SS.	sections
s.a. / S.a.	siehe auch
SA	Société anonyme (französische AG)
SARL	Société à responsabilité limitée
S.C.	Session Cases (ab 1906)
SI	Statutory Instrument
TGI	Tribunal de grand instance
T.L.R.	Times Law Reports (1884-1952)
Tz.	Textziffer
u.a.	und andere
U.B.C.L. Rev.	University of British Columbia Law Review

U.Q.L.J.	University of Queensland Law Journal
v	versus
vgl. / Vgl.	vergleiche
Vict.	Victoria
WiB	Wirtschaftsrechtliche Beratung
Will.	William
WLR	Weekly Law Reports
WM	Wertpapiermitteilung
z.B.	zum Beispiel
ZGR	Zeitschrift für Unternehmens- und Gesellschaftsrecht
ZHR	Zeitschrift für das gesamte Handels- und Wirtschaftsrecht
ZIP	Zeitschrift für Wirtschafts- und Insolvenzrecht

Einleitung

A. Problematik der Gründungsgeschäfte

Die Gesellschaft mit beschränkter Haftung (GmbH) ist heute die mit Abstand beliebteste rechtliche Organisationsform für Unternehmen in Deutschland. Mit rund 820 000 bestehenden GmbHs Ende 1998 und einem nominellen Stammkapital von über 350 Mrd. DM hat sie nicht nur die Aktiengesellschaft (AG), sondern auch die ehemals „klassischen" Unternehmensformen des gewerblichen Mittelstandes – Offene Handelsgesellschaft (OHG) und Kommanditgesellschaft (KG) - weit hinter sich gelassen[1]. Auch in England übersteigt die Zahl der mit der deutschen GmbH vergleichbaren *private limited companies* die der deutschen AG ähnlichen *public limited companies*[2]. In Frankreich ist das Verhältnis noch umgekehrt, doch auch dort nimmt die Anzahl der mit der GmbH vergleichbaren *Société à responsabilité limitée* (*SARL*) zu[3]. Die wirtschaftliche Funktion der GmbH ist erheblich, da das Bedürfnis nach einer Freistellung der Gründergesellschafter vom persönlichen Haftungsrisiko durch Gründung einer Gesellschaft mit beschränkter Haftung in allen Ländern in zunehmenden Maße wächst.

Das Problem der Gründerhaftung in den Gesellschaften mit beschränkter Haftung betrifft in allen zu vergleichenden Rechtssystemen die Frage der Haftungsverhältnisse zwischen Errichtung und Entstehung der Gesellschaft. Daher stehen im Mittelpunkt der vorliegenden Arbeit die im Gründungsstadium bestehende Organisation und die damit zusammenhängenden Haftungsfragen. Die Haftungsverhältnisse in der Zeit vor Entstehung der Gesellschaft finden in den Gesetzen der hier betrachteten Länder nur eine unvollständige und mehrdeutige Regelung. So bestimmt das deutsche Gesetz für die gegründete, aber noch nicht eingetragene GmbH nur eine Haftung der Handelnden in § 11 Abs. 2 GmbHG, nicht aber eine solche der Gründer der GmbH. Hintergrund dieser Regelung ist, dass der historische Gesetzgeber des vorigen Jahrhunderts die Existenz einer Vorgesellschaft insgesamt ablehnte und sie daher rechtlich nicht ausgestaltete. Die Frage der Haftung der Gründer der GmbH war somit von Anbeginn des GmbHG der Rechtsfortbildung durch Rechtsprechung und Lehre überlassen, die sich damit in zahlreichen Entscheidungen und Abhandlungen auseinandergesetzt haben[4]. Die Problematik der Gründung einer GmbH spitzt sich in Deutschland mittlerweile auf die Frage der Haftungsverhältnisse im Stadium der

---

1 1994 waren über 650.000 GmbHs und nur 3550 AGs registriert; im Jahre 1996 ca. 770.000 GmbHs und 4000 AGs; im Jahre 1998 schon ca. 815.000 GmbHs; vgl. Hansen GmbHR 1997, 204, 205; Hansen, GmbHR 1999, 24, 26; K. Schmidt, ZIP 1997, 671, 672.

2 1993/94 waren im englischen Handelsregister ca. 1.025.000 *private limited companies* und nur 11.500 *public limited companies* verzeichnet; vgl. Hicks/Drury, in: Boucourechliev/ Hommelhoff (Hg.), Europäische Privatgesellschaft, S. 69, 70, 90.

3 In Frankreich bestanden 1993 1.169.296 *sociétés anonymes (SA)*, die mit der deutschen AG vergleichbar sind, aber nur 591.102 *SARL*; vgl. Hicks/Drury, in: Boucourechliev/Hommelhoff (Hg.), Europäische Privatgesellschaft, S. 69, 90.

4 umfassende Literaturübersicht bei Hachenburg/Ulmer, GmbHG, § 11 vor Rn 1; Scholz/K. Schmidt, GmbHG, § 11 Rn 1.

Vorgesellschaft und insbesondere auf die Frage der Gründerhaftung zu. Ähnliche Probleme stellen sich in den Rechtssystemen Frankreichs und Englands.

Die nicht nur rechtliche, sondern vor allem auch praktisch geprägte Relevanz der Thematik hängt in Deutschland wesentlich von der Dauer der Existenz der Vorgesellschaft als Rechtsgebilde in der Gründungsphase der Gesellschaft ab, die mit Eintragung der Gesellschaft im Handelsregister endet. In diesem Zeitraum besteht in Deutschland die sog. Vorgesellschaft. Das Verfahren der Eintragung beansprucht in den überwiegenden Fällen gerade bei der Erbringung von Sacheinlagen einen derart langen Zeitraum[5], dass es für die Vorgesellschaft erforderlich sein kann, bereits mit dem Geschäftsbetrieb der einzutragenden GmbH zu beginnen. Dabei ist die Tatsache zu berücksichtigen, dass die Dauer des registergerichtlichen Prüfungsverfahrens u.a. vom Umfang der vorzunehmenden registergerichtlichen Prüfung abhängt und nur in eingeschränktem Maße dem Einfluss der Vorgesellschaft unterliegt. Zwar kann die Anmeldung der Gesellschaft zur Eintragung im Handelsregister unmittelbar nach Abschluss des notariellen Gesellschaftsvertrages veranlasst werden, doch erfolgt eine derart schnelle Anmeldung in der Praxis regelmäßig nicht. Selbst bei unmittelbarer Veranlassung der Anmeldung der Gesellschaft dauert das registergerichtliche Prüfungsverfahren bei den in der Praxis sehr häufigen Sachgründungen, bei denen in die Gesellschaft vor deren Eintragung ein schon bestehendes Handelsgeschäft mit allen Aktiva und Passiva eingebracht wird, in der Regel längere Zeit. Erhebliche Eintragungsfristen ergeben sich auch bei beanstandungsfreien Anmeldungen[6].

Angesichts der relativ langen und ungewissen Zeitspannen kann es aus ökonomischen Erwägungen erforderlich sein, mit der Geschäftstätigkeit vor Eintragung der Gesellschaft zu beginnen und Verpflichtungen einzugehen. Soll ein eingebrachtes Unternehmen vor schwerem wirtschaftlichen Schaden und die GmbH vor einer wertlosen Einlage bewahrt werden, kann das Unternehmen oft nicht bis zur Eintragung der GmbH stillgelegt werden. Wird das Unternehmen schon im Gründungsstadium der Gesellschaft weiterbetrieben, ist zu klären, wen die Gläubiger als ihr Zugriffsobjekt für die eingegangenen Verbindlichkeiten in Anspruch nehmen können, und in welcher Höhe. In Betracht kommen dafür die Handelnden, die Vertreter, die Gründer oder die Vorgesellschaft als eigenes Haftungssubjekt. Aus Sicht des Vertragspartners ist eine Inanspruchnahme der Gesellschaft aufgrund ihrer kontrollierten und in der Regel größeren Haftungsmasse interessant. Auch im Fall der Bargründung, bei der der eigentliche Geschäftsbetrieb erst nach erfolgter Eintragung aufgenommen wird, ist es wirtschaftlich kaum zu vertreten, das bereits vor Eintragung eingezahlte Gesellschaftskapital bis zur Eintragung der Gesellschaft ungenutzt ruhen zu lassen. Zwar darf der Geschäftsführer die Einzahlung vor Eintragung der Gesellschaft nicht verausgaben (§ 8 Abs. 2 GmbHG), doch schließt der Wortlaut von § 8 Abs. 2 GmbHG nicht aus,

---

[5] In der Regel ist von einem Gründungszeitraum von drei bis sechs Monaten auszugehen, er kann aber auch ein Jahr betragen, wie in den neuen Bundesländern nach der Wiedervereinigung. Hintergrund der Dauer ist das manchmal langwierige Verfahren beim Registergericht, sie kann aber auch darauf zurückzuführen sein, dass die Gründer die erforderlichen Nachweise nicht oder nicht in der gebotenen Schnelle beibringen können oder wollen. Vgl. Hirte, Kapitalgesellschaftsrecht, Rn 68; Klein, Rückgriffsanspruch, S. 2 f.; Hachenburg/Ulmer, GmbHG, § 11 Rn 11 f. mwN.

[6] Jäger, Gesellschafterhaftung, S. 93 ff., 182; Derwisch-Ottenberg, Haftungsverhältnisse, S. 67 f.

dass das Kapital schon vor der Eintragung als Kreditbasis für den Abschluss von Gründungsgeschäften verwendet wird. Insbesondere nach Aufgabe des Vorbelastungsverbotes durch die Entscheidung des BGH im Jahre 1981[7] steht dem Geschäftsbeginn vor Eintragung der Gesellschaft im Handelsregister nichts mehr im Wege. Das Vorbelastungsverbot suchte die Kapitalausstattung dadurch zu sichern, dass alle Aktiva, hingegen die Verbindlichkeiten nur eng begrenzt, von der Vorgesellschaft auf die GmbH übergehen sollten, um das Gesellschaftsvermögen möglichst von vorher begründeten Belastungen freizuhalten[8]. Heute sind Aktivitäten weit über das gründungsbedingte Maß hinaus keine Seltenheit, sondern weitverbreitete Normalität. Die im Gründungsstadium entstehenden Haftungsprobleme werden von den Gründern und Geschäftsführern aber in vielen Fällen immer noch nicht erkannt.

Neben der mittlerweile anerkannten wirtschaftlichen Notwendigkeit des Abschlusses von Rechtsgeschäften vor Eintragung der Gesellschaft im Handelsregister zwingen einige Vorschriften des GmbHG zu einem Tätigwerden in der Gründungsphase. So erfordert der Abschluss des Gesellschaftsvertrages, die Anmeldung der Gesellschaft zur Eintragung beim Handelsregister sowie die Bestimmung des zuständigen Handelsregisters die Angabe des Sitzes der Gesellschaft[9] und damit den Erwerb oder die Anmietung eines Geschäftslokals vor Entstehung der Gesellschaft. Das Erfordernis der notariellen Beurkundung des Gesellschaftsvertrages[10] bedingt die Entstehung von Gebührenverbindlichkeiten schon vor Eintragung der GmbH. Die Entgegennahme der Mindestleistungen auf die Stammeinlagen und der vereinbarten Sacheinlagen durch die Vorgesellschaft[11] setzt Übereignungen bzw. die Eingehung von Bankverträgen zur Eröffnung von Konten für die Bareinlagen voraus. Die Übereignungen können wiederum Steuertatbestände, wie z.B. die Grunderwerbsteuer bei der Einbringung eines Grundstücks, auslösen, denen nachgekommen werden muss. Weitere vom GmbHG anerkannte rechtliche Gründungsgeschäfte sind Sachübernahmevereinbarungen, die bei Abschluss des Gesellschaftsvertrages festgesetzt werden müssen[12]. Bei der Bestellung der Gesellschaftsorgane, die im Gesellschaftsvertrag erfolgen kann[13], ist gesetzlich nur die Begründung eines körperschaftlichen Rechtsverhältnisses zwischen Organ und Gesellschaft vorgeschrieben. Doch angesichts der drohenden Haftung aus § 11 Abs. 2 GmbHG ist ein außenstehender Dritter selten bereit, sich ohne adäquate Vergütung seiner Tätigkeit zum Geschäftsführer bestellen zu lassen, so dass der Abschluss eines individualrechtlichen Anstellungsvertrages, aus welchem ihm ein Anspruch auf Vergütung gegen die Gesellschaft erwächst, oft unvermeidbar ist.

---

[7] BGH, 09. März 1981, BGHZ 80, 129, 131 ff.; mittlerweile gefestigte Rechtsprechung: vgl. nur BGHZ 91, 148, 151; BGHZ 134, 333, 338 f.; in der Literatur vgl. statt vieler: Scholz/K. Schmidt, GmbHG, § 11 Rn 37 mwN.

[8] vgl. Petersen, Gründerhaftung, S. 10 ff.; Rittner/Schmidt-Leithoff in Rowedder u.a., GmbHG, § 11 Rn 14.

[9] §§ 7 Abs. 1, 4a, 3 Abs. 1 Nr. 1 GmbHG.

[10] § 2 Abs. 1 GmbHG.

[11] vgl. § 7 Abs. 2, 3 GmbHG.

[12] § 5 Abs. 4 GmbHG; vgl. dazu auch Hasche, Sachgründung der GmbH, S. 103.

[13] vgl. § 6 Abs. 3 S. 2 GmbHG.

Die Teilnahme von noch nicht entstandenen Gesellschaften am Rechtsverkehr und die dabei auftretenden spezifischen Probleme führen zur Notwendigkeit gesellschaftsrechtlicher Regelungen. Die Rechtsgrundlagen der gängigen Gesellschaftsformen sind meist sehr detailliert in Gesetzen verankert. So finden sich in §§ 705 ff. BGB, §§ 105 ff., 161 ff. HGB sowie im AktG und GmbHG für die wichtigsten Gesellschaftsformen eingehende Regelungen über die Bestellung der Vertretungsorgane, ihre Befugnisse und Vertretungsmacht und die Haftungsverhältnisse. Anders liegt es bei den rechtlichen Verhältnissen der Vorgesellschaft. Diese sind gesetzlich nicht geregelt, die Vor-GmbH wird nicht einmal expressis verbis im GmbHG erwähnt. Daher war die Rechtsnatur der Vorgesellschaft seit jeher genauso umstritten wie die Frage der Haftung der Gründer einer GmbH. Mangels gesetzlicher Regelung oblag die rechtliche Ausgestaltung der Vorgesellschaft sowie die Einordnung und Behandlung der Haftungssituation der Gründer Rechtsprechung und Lehre. Insbesondere die Problematik der Gründergesellschafterhaftung ist in der Rechtsprechung bis heute einem starken Wandel unterlegen; auch in der Lehre hat sich noch keine herrschende Meinung herausgebildet. Im Gegenteil ist eine sehr große Unsicherheit bei der Behandlung dieses Problems zu verzeichnen, was sich u. a. am Meinungswandel vieler Autoren im Laufe der Zeit zeigt[14].

Vor dem Hintergrund der Problematik der Gründerhaftung stellt sich insbesondere die Frage nach der Bedeutung der viel beachteten Entscheidung des BGH aus dem Jahre 1997[15]. In diesem Urteil entwickelte der BGH ein neues Haftungskonzept, um zu einer einheitlichen Gründerhaftung vor und nach Eintragung der Gesellschaft im Handelsregister zu gelangen, die sich aus einer Verlustdeckungshaftung vor Eintragung und einer Vorbelastungshaftung nach Eintragung zusammensetzt. Die Auswirkungen des neuen Haftungsmodells bleibt zu untersuchen, zumal dieses Modell nicht von der Überzeugung aller Gerichte getragen wird. Auch ein Großteil des Schrifttums steht dem Konzept skeptisch gegenüber. Nach Flume[16] gilt für die Literatur ohnehin nicht der Satz „Roma locuta, causa finita", und nach den mehrfachen Änderungen der Rechtsprechung des BGH gelte auch für die neue Entscheidung nicht „hoc iure utimur". Der Streit um die Gründerhaftung ist daher auch durch dieses Urteil nicht ausgestanden und wird Rechtsprechung und Literatur weiterhin beschäftigen.

B. Rechtsvergleichende Untersuchung der Problematik

Diese Arbeit soll eine umfassende Darstellung über die Frage der Gründerhaftung in der Gesellschaft mit beschränkter Haftung bieten, und zwar schwerpunktmäßig

---

[14] vgl. insbesondere den Meinungswandel Ulmers (Aufgabe des Vorbelastungsverbots und Annahme einer Vorbelastungshaftung in FS Duden, 661 ff.; auf die Einlage beschränkte Außenhaftung der Gründer in FS Ballerstedt, S. 279, 296 ff.; Hachenburg/Ulmer, GmbHG, 7. Aufl., § 11 Rn 61 und Ulmer, ZGR 1981, 593, 608 ff.; unbeschränkte Innenhaftung der Gründer in Hachenburg/Ulmer, GmbHG, 8. Aufl., § 11 Rn 60 ff.), dem der BGH zweimal folgte, wobei er sich bei der Annahme der unbeschränkten Innenhaftung auch auf Vorarbeiten von Meister, FS Werner, S. 521 ff.; Lieb, FS Stimpel, S. 399 ff. und Stimpel, FS Fleck, S. 345 ff. stützte.

[15] BGH, 27. Januar 1997, BGHZ 134, 333 ff. (2. Senat)

[16] Flume, DB 1998, 45, 49.

auf rechtsvergleichender Basis. Das Wissen um die Behandlung konkreter Rechtsfragen in der englischen und französischen Rechtsordnung, losgelöst von nationalen Traditionen, kann zur Überprüfung und Weiterentwicklung des deutschen GmbH-Rechts nutzbar gemacht werden. Für die Einbeziehung der Rechtsordnungen Englands und Frankreichs spricht die enge wirtschaftliche Verflochtenheit der Länder innerhalb der Europäischen Gemeinschaft (EG), die in den nächsten Jahren noch weiter gehen und dazu führen wird, dass immer mehr Gesellschaften in anderen Mitgliedstaaten der EG gegründet werden. Die Lösung der Gründerhaftungsfragen im französischen und englischen Recht kann richtungsweisend im Hinblick auf den weiteren Zusammenschluss der Rechtssysteme Europas sein. Zudem bilden die Rechtsordnungen Englands und Frankreichs zusammen mit der deutschen Rechtsordnung die "großen Rechtsordnungen" in Europa. Das französische Recht stellt wie das deutsche Recht ein Kodifikationsrecht dar und gehört zum kontinentaleuropäischen Rechtskreis, so dass intensiv betrachtet werden kann, wie die Lösung des Gründerhaftungsproblems in einer parallelen Rechtsordnung angegangen wird. Dieses bietet sich insbesondere deshalb an, weil die *SARL* das 1925 aus dem deutschen Recht übernommene, inzwischen aber durch ein neues Gesellschaftsrecht reformierte, ungefähre Gegenstück der deutschen GmbH ist. Zudem geht auch das französische Recht von der Existenz einer Art Vorgesellschaft aus und hat möglicherweise andere Lösungen für die Problematik der Gründerhaftung als das deutsche Recht entwickelt. Der Vergleich mit dem englischen Recht bietet sich schon deshalb an, weil die englische Rechtsordnung auf dem *case law*-System basiert und daher grundlegend andere Lösungswege und Regelungsmechanismen als das Kodifikationsrecht Deutschlands und Frankreichs aufweisen kann.

Da die englische *private limited company*, die französische *SARL* und die deutsche GmbH unterschiedlichen Rechtskreisen angehören, ist auch ihr rechtliches Umfeld, in dem sie sich bewegen, verschieden. Eine rechtsvergleichende Arbeit insbesondere des deutschen und englischen Rechtskreises stößt daher auf methodische Schwierigkeiten. Die klassische Differenzierung zwischen dem angloamerikanischen *case law*-System und dem kontinentalen Gesetzesrecht hat gerade auf dem Gebiet des Gesellschaftsrechts an Schärfe verloren. Während im Recht der GmbH und auch der *SARL*, die traditionell von der Kodifikation geprägt sind, die richterliche Rechtsfortbildung an Bedeutung gewonnen hat[17], ist umgekehrt im englischen Gesellschaftsrecht das richterliche Urteil nicht mehr alleiniger Gegenstand der juristischen Analyse. Die englischen Gerichte haben im Laufe der Zeit ihre einst herrschende Rolle als Rechtschöpfungsorgan an das Parlament verloren, insbesondere auch seit dem Beitritt zur EG an die Europäische Kommission. Zeuge dieser Entwicklung im Gesellschaftsrecht sind der Companies Consolidation Act von 1985 und der Companies Act von 1989, die mittlerweile die wesentlichen Quellen des englischen Gesellschaftsrechts bilden. Das traditionell liberale englische Gesellschaftsrecht ist heute rechtspolitischen und lenkenden Einflüssen ausgesetzt[18]. In Frankreich hingegen bilden das Gesetz vom 24.7.1966 und die dazu erlassenen Rechtsverordnungen (*décrets*) eine umfassende Grundlage für das französische Gesellschaftsrecht. Trotz der formalen Annäherung der

---

[17] Hübner/Constantinesco, Französisches Recht, S. 3 f., 9 f.

[18] Will in David/Grasmann, Rechtssysteme der Gegenwart, S. 431, 440.

Rechtsquellen folgt die Art der Rechtsfindung in Deutschland, Frankreich und England aber nach wie vor unterschiedlichen Regeln. Die englischen Gesetze bilden im Gegensatz zum deutschen und französischen Recht nach wie vor kein abstraktes Normgefüge, sondern ein *common law* und *equity*[19] ergänzendes Normsystem. Das deutsche Recht ist rechtsdogmatisch durchgebildet und wird von abstrakten Normen beherrscht, die auf den konkreten Fall angewendet werden. Der wirkliche Unterschied zwischen kontinentaleuropäischem und angloamerikanischem Rechtskreis liegt damit in der Methode des Rechtsdenkens. Der englische Jurist lehnt es anders als der deutsche und auch der französische Jurist ab, abstrakte und typische Fallkonstellationen zu betrachten. Für ihn steht der zu entscheidende Einzelfall im Vordergrund[20]. Die Rechtsvergleichung trifft neben der unterschiedlichen Art des Rechtsdenkens zudem oft auf terminologische Schwierigkeiten. Die bloße Übersetzung von Rechtssätzen führt nicht zu einer sinnvollen Einschätzung der Rechtsnormen und Rechtsinstitute des ausländischen Rechts. Hinter einer scheinbar geläufigen Terminologie kann sich rechtlich etwas anderes verbergen, so dass es häufig erforderlich ist, die fremden Rechtsbegriffe über die bloße Übersetzung hinaus zu umschreiben und ihre rechtliche Funktion zu erläutern.

Diese aufgezeigten Probleme machen einen Vergleich zwischen den Rechten Englands, Frankreichs und Deutschlands nicht unmöglich. Auszugehen ist allerdings nicht von einzelnen Rechtssätzen, sondern von der Vergleichbarkeit der Konfliktlage der Gründerhaftung. Dabei bedient sich die vorliegende Arbeit der Methode der funktionalen Rechtsvergleichung[21] und nimmt die Ähnlichkeiten der rechtlichen Problemlage zur Vergleichsgrundlage. Zwar ist auch die Entwicklungsgeschichte der Gesellschaft mit beschränkter Haftung in den untersuchten Ländern grundverschieden. Während die *private limited company* aus der offenen Gesellschaftsform der *public limited company* durch freie Rechtsfortbildung hervorgegangen ist[22], verdanken GmbH und *SARL* ihr Dasein allein dem Gesetzgeber[23]. Ihre rechtliche Struktur und ihre Funktion weisen aber verwandte Züge auf, so dass sie vergleichbar sind. In ihrer rechtlichen Struktur ähneln sie sich, weil bei allen Gesellschaften die Mitgliedschaft durch eine Kapitalbeteiligung vermittelt wird. Die Trennung und Verselbstständigung der Gesellschaft von ihren Mitgliedern wird mit Hilfe der juristischen Person erreicht und zur Beschränkung der Haftung auf das Gesellschaftsvermögen genutzt. Die heutige Funktion der Gesellschaften mit beschränkter Haftung ist gleichermaßen von der Vielfalt der möglichen Gestaltungs- und Erscheinungsformen geprägt. Sie können aufgrund ihrer Flexibilität zahlreiche Aufgaben wahrnehmen. Ein Vergleich der

[19] *Common Law* = Fallrecht; *equity* = Billigkeitsrecht, dass als eigenes, neben dem *common law* bestehendes Rechtssystem dieses korrigiert.

[20] Neuling, Deutsche GmbH, S. 4; Bauschke, Grenzen der Rechtspersönlichkeit, S. 32; Kötz, RabelsZ 52 (1988), 644, 649 ff.; Kötz, RabelsZ 37 (1973), 254, 252 ff.

[21] vgl. dazu Rheinstein, Rechtsvergleichung, § 3 Rn 21, 25; Zweigert/Kötz, Rechtsvergleich-ung, § 3, S. 31 f.; Ebert, Rechtsvergleichung, § 4, S. 26.

[22] vgl. Neuling, Deutsche GmbH, S. 2; Michalsky, DStR 1991, 1660, 1660; Triebel/Hodgson/Kellenter/Müller, Englisches Handels- und Wirtschaftsrecht, Rn 575, 585 ff.; vgl. auch Behrens, in Behrens (Hg.), GmbH im internationalen und europäischen Recht, Rn GB/NI/El 8.

[23] Maier-Bridou, in Centrale für GmbH (Hg.), GmbH-Rechte in den EG-Staaten, S. 77, 79; Tillmans, in Hohloch (Hg.), EU-Handbuch Gesellschaftsrecht, Rn 295; Guyon, Droit des affaires, S. 503.

deutschen Lösung zur Frage der Haftung im Gründungsstadium der GmbH mit den Lösungen des englischen und französischen Rechts bietet sich zudem deshalb an, weil sich die auftretenden Problematiken in diesen Ländern gleichen und dem Abschluss der Gründungsgeschäfte insbesondere in Frankreich eine ähnliche Bedeutung wie in Deutschland zukommt.

Gleichzeitig wirft der Abschluss von Gründungsgeschäften in allen untersuchten Ländern dieselben rechtlichen Probleme auf. So sind zentrale Fragen in diesen Ländern jeweils, ob vor der Eintragung eine nicht rechtsfähige Körperschaft oder eine Gesellschaft der Gründer besteht und in welchem Verhältnis sie zur rechtsfähigen Körperschaft steht; ob vor der Eintragung der GmbH in das Handelsregister für diese Rechte und Verbindlichkeiten begründet werden können; gegebenenfalls durch welche Personen, in welchem Umfang, unter welchen Voraussetzungen und von welchem Zeitpunkt des Gründungsstadiums an Rechte und Verbindlichkeiten vor Entstehung der juristischen Person für diese eingegangen werden können; wer vor der Eintragung der GmbH Vertragspartner der außenstehenden (dritten) Partei ist; ob und gegebenenfalls auf welche Weise die entstandene GmbH in diese im Gründungsstadium für sie begründeten Rechte und Verbindlichkeiten eintritt; welches der Inhalt der gesetzlich geregelten Haftpflicht für die Handelnden ist und in welchem Verhältnis sie zu einer eventuellen Verpflichtung der Gesellschaft und der Gründer aus den Gründungsgeschäften steht.

Zudem liegen der Gründerhaftungsproblematik in allen untersuchten Ländern die gleichen Interessen der an den Gründungsgeschäften Beteiligten zugrunde, die zum Ausgleich gebracht werden müssen. Dieses ermöglicht den Vergleich der deutschen Lösung mit der in den ausländischen Rechtssystemen gefundenen Lösungen, ohne auf eine unterschiedliche Ausgangslage bei den Interessen der Beteiligten abstellen zu müssen. Wichtige Interessen der Beteiligten sind vor allem: das Interesse der Gründer, das eingezahlte Barkapital nicht ungenutzt bis nach der Eintragung der Gesellschaft im Handelsregister ruhen zu lassen und ein in Form der Sacheinlage eingebrachtes Unternehmen nicht stilllegen zu müssen; das Interesse der künftigen Mitglieder der GmbH an einem Schutz vor der Unbedachtheit der die Gründungsgeschäfte Abschließenden sowie vor für die Gesellschaft nachteiligen Rechtsgeschäften[24]; das Interesse der Gründer und der Handelnden, für die Gesellschaft vorbereitende Geschäfte bei möglichst weitgehender Freistellung von einer persönlichen Haftung abschließen zu können; das Interesse des Vertragspartners an Sicherheit und Klarheit in ihren Geschäftsbeziehungen sowie an einem wirksamen Rechtsgeschäft und einem solventen Haftungspartner und letztlich das Interesse des Handelsverkehrs, dass der GmbH das eingetragene und bekannt gemachte Kapital tatsächlich als Haftungsfond zur Verfügung steht.

Die vielfach nur unter nationalem Blickwinkel betrachtete Problematik des Handelns für eine in Gründung befindliche Gesellschaft mit beschränkter Haftung soll darüber hinaus in einen europäischen Kontext gestellt werden. Dazu wird zunächst in

[24] Dieses Interesse wird insbesondere im englischen Recht betont: vgl. den Fall Preston v Liverpool Manchester and Newcastle-upon.Tyne Junction Rly (1856) 5 H.L.C. 604, 618, in dem Lord Cranworth ein Beispiel für den notwendigen Schutz der Anteilsinhaber vor der Unbedachtheit der *promoter* zeigte.

einer Bestandsaufnahme das nationale Recht Deutschlands, Frankreichs und Englands erläutert. In diesem Rahmen ist die Konformität der nationalen Lösungen mit dem Gemeinschaftsrecht zu prüfen. Anschließend sind die gefundenen Ergebnisse miteinander zu vergleichen und nach einer für das deutsche Gründerhaftungsrecht anwendbaren Lösung zu suchen. Schließlich ist eine eigene Gründerhaftungssystematik auf der Basis der gefundenen Ergebnisse zu entwickeln, die den beteiligten Interessen gerecht wird und mit der Vorgabe der ersten gesellschaftsrechtlichen Richtlinie der EG (sog. Publizitätsrichtlinie)[25] übereinstimmt. Im Einzelnen ist es für die Darstellung der Gründerhaftungsproblematik in den untersuchten Ländern unerlässlich, die möglichen Gruppierungen von Gründern vor der eigentlichen Entstehung der Gesellschaft mit beschränkter Haftung als Gesellschaftstypen rechtlich zu erfassen. Daher wird zunächst die rechtliche Struktur der Gruppierungen vor der Eintragung der Gesellschaft mit beschränkter Haftung in jedem der zu vergleichenden Länder untersucht, um danach auf die jeweiligen Haftungsverhältnisse im Rahmen des jeweiligen Länderberichtes einzugehen.

[25] 68/151, ABl. EG 1968 L 65/8, vom 09.03.1968.

Kapitel 1 Die Rechtslage in Deutschland

A. Einleitung

In Deutschland ist die Problematik der Haftung für vor Eintragung der GmbH geschlossene Rechtsgeschäfte seit jeher Objekt intensiver Debatte. Obwohl die GmbH erst mit Eintragung in das Handelsregister entsteht und vorher keine Rechtspersönlichkeit besitzt, ist es in Deutschland schon aufgrund der Länge des Gründungsstadiums oft wirtschaftlich unvermeidbar, bereits in der Entstehungsphase der Gesellschaft Rechtsgeschäfte in ihrem Namen abzuschließen, die für die Zukunft der GmbH wichtig und notwendig sind. Auch rechtliche Gründe zwingen zu einem rechtsgeschäftlichen Tätigwerden der Gründer im Gründungsstadium der GmbH, da das Eingehen von Rechtsgeschäften gesetzlich als notwendig für das Bewirken der Eintragung der Gesellschaft vorausgesetzt wird.

Ein Schwerpunkt der Diskussion um die Haftung in der Gründungsphase der GmbH stellt seit jeher die Frage der Haftungsverfassung der Vorgesellschaft dar. Ausgangspunkt der Lösung des deutschen Rechts ist die gesetzlich normierte Regelung in § 11 GmbHG, der das Prinzip zugrunde liegt, dass die Gesellschaft erst ab dem Zeitpunkt der Eintragung in das Handelsregister existiert. Daher trifft die Haftung aus den Gründungsgeschäften grundsätzlich den oder die Handelnden (§ 11 Abs. 2 GmbHG). Von dieser gesetzlichen Regelung der Handelndenhaftung ausgehend haben Rechtsprechung und Literatur das Gründerhaftungsrecht weiter entwickelt, zumal der deutsche Gesetzgeber ihnen die Regelung der Haftungsfragen weitestgehend überlassen hat. Diese Entwicklung des deutschen Rechts soll in der folgenden Darstellung der Rechtslage zur Gründerhaftungsproblematik insoweit einbezogen werden, als dieses zum Verständnis des momentanen Stands des Rechts erforderlich ist.

B. Gründung einer Gesellschaft mit beschränkter Haftung (GmbH)

I. Gründung und Rechtsnatur der GmbH

Das GmbHG bietet keine Legaldefinition der GmbH. Der Begriff der GmbH und ihre Wesensmerkmale ergeben sich aber aus den gesetzlichen Regelungen des GmbHG. Aus §§ 1, 5 und 13 GmbHG kann folgende Definition abgeleitet werden: Die GmbH ist eine aus einem oder mehreren Gesellschaftern bestehende Gesellschaft mit eigener Rechtspersönlichkeit, die ein in Stammeinlagen zerlegtes Stammkapital hat[26]. Konsequenz der selbstständigen Rechtspersönlichkeit der GmbH ist die beschränkte Haftung der Gesellschafter bei unbeschränkter Haftung der Gesellschaft[27]. Die GmbH ist gleichzeitig Kapital- und Handelsgesellschaft mit körperschaftlicher Organisation,

[26] K. Schmidt, Gesellschaftsrecht, § 33 I 1.
[27] § 13 Abs. 1, 2 GmbHG.

die zu jedem zulässigen Zweck gegründet werden kann[28]. Ihr Wesen als Kapitalgesellschaft zeigt sich insbesondere durch das Vorhandensein eines fest gebundenen und nach Möglichkeit zu erhaltenden Gesellschaftsvermögens in Höhe des Stammkapitals, an dem sich jeder Gesellschafter mit einer Stammeinlage als Grundlage seiner Mitgliedschaft beteiligt[29]. Im Gegensatz zur AG unterliegen die Rechtsbeziehungen der Gesellschafter untereinander und zur Gesellschaft (Innenbeziehungen) überwiegend der rechtsgeschäftlichen Gestaltungsfreiheit. Zudem unterliegt die Gründung der GmbH weniger aufwendigen Kontrollen als die Gründung einer AG. Die Geschäftsanteile der GmbH sind im Gegensatz zum französischen Recht grundsätzlich frei veräußerlich und vererblich[30], da die GmbH nicht vorrangig durch persönliche Beziehungen der Gesellschafter wie in der OHG oder der KG geprägt ist. So wird auch der Gesellschaftsvertrag anders als im französischen Recht nicht intuitus personae abgeschlossen[31]. Wie bei der AG gilt bei der GmbH aber auch das Prinzip der Fremdorganschaft. Die GmbH nimmt damit eine echte Zwischenstellung zwischen der AG und den handelsrechtlichen Personenhandelsgesellschaften ein[32].

Die Gründung der GmbH als Schaffung eines neuen Rechtsträgers ist im ersten Abschnitt des GmbHG geregelt. Die Gesellschaft durchläuft nach dem in §§ 1 bis 11 GmbHG kodifizierten Normativsystem zwingend eine Entwicklung in vier Schritten vom notariellen Vertragsschluss bis zur Eintragung; die Gründung erfolgt also nicht uno actu. Die Einhaltung der gesetzlichen Normativbestimmungen wird vom Registerrichter geprüft und durch die Eintragung dokumentiert.

Der grundsätzlich erste Schritt bei der Gründung einer GmbH ist der Abschluss eines notariellen Gesellschaftsvertrages[33]. Der Gesellschaftsvertrag hat doppelte Bedeutung: Zum einen gestaltet er als Organisationsvertrag und Errichtungsgeschäft für die künftige GmbH diese in allen Einzelheiten und bindet die Gründer; zum anderen bildet er die Grundlage der künftigen juristischen Person als deren körperschaftliche Satzung[34]. Der notwendige Inhalt des Gesellschaftsvertrages ist in § 3 Abs. 1, 2 GmbHG bestimmt. Danach sind in der Satzung die Firma, der Sitz der Gesellschaft, der Unternehmensgegenstand, der Betrag des Stammkapitals und die Höhe der Stammeinlagen anzugeben. Insgesamt lässt das GmbHG einen breiten Spielraum an Strukturen zu, da es im Gegensatz zum Aktienrecht das Prinzip der formellen

---

[28] §§ 1, 13 Abs. 1 GmbHG; vgl. Hueck-Fastrich in Baumbach/Hueck, GmbHG, Einl., Rn 14, K. Schmidt, Gesellschaftsrecht, § 33 I 1, 2 b, c; MünchHdb./Grziwotz, § 2 Rn 12; MünchHdb./Heinrich, § 4 Rn 1.

[29] §§ 3 Abs. 1 Nr. 3 und 4, 5 Abs. 1, 14, 30 GmbHG.

[30] § 15 Abs. 1 GmbHG. Der rechtsgeschäftliche Übergang vollzieht sich nach allgemeinen Grundsätzen, d. h. durch Abtretung (§§ 413, 398 BGB), die aber wie der ihr zugrundeliegende Kaufvertrag der notariellen Beurkundung bedarf, § 15 Abs. 3, 4 GmbHG; vgl. BGH, NJW 1986, 2642, 2642 f.

[31] intuitus personae = in Ansehung der Person; vgl. den Abschnitt „Einleitung" auf S. 124 ff.

[32] Hueck-Fastrich in Baumbach/Hueck, GmbHG, Einl., Rn 17; vgl. Scholz/Westermann, GmbHG, Einl., Rn 2.

[33] § 2 Abs. 1 GmbHG. Bei der Einpersonen-Gründung wird der Gesellschaftsvertrag nicht durch Abschluss eines Vertrags, sondern durch Abgabe einer nicht empfangsbedürftigen Willenserklärung des Gründers festgestellt.

[34] Hueck-Fastrich in Baumbach/Hueck, GmbHG, § 2 Rn 3; MünchHdb./Heinrich, § 5 Rn 1; vgl. Raiser, Kapitalgesellschaften, § 26 Rn 18 f.

Satzungsstrenge nicht kennt[35]. Daher können die Gründer der zu gründenden GmbH dieser je nach Wunsch eine eher kapitalistische oder personalistische Struktur geben[36]. Mit Beurkundung des Gesellschaftsvertrages gilt die GmbH als errichtet[37].

Zweiter Schritt der GmbH-Gründung ist die Bestellung eines oder mehrerer Geschäftsführer durch die Gründer der GmbH[38]. Die Bestellung der Geschäftsführer ist für die Handlungsfähigkeit der Vorgesellschaft von besonderer Bedeutung. Zudem ist sie Voraussetzung für die Eintragung der Gesellschaft in das Handelsregister, da die Anmeldung durch die Geschäftsführer bewirkt werden muss[39].

Als dritter Gründungsschritt wird die Erbringung der erforderlichen Leistungen auf die Stammeinlagen gesetzlich gefordert[40]. Die Stammeinlagen bilden zusammen den Betrag des Stammkapitals[41]. Die Vorschriften des GmbH-Rechts über die Kapitalaufbringung sind zusammen mit den Regelungen über die Kapitalerhaltung unverzichtbare Voraussetzung für die Beschränkung der Haftungsmasse auf das Gesellschaftsvermögen. Die Stammeinlagen können als Bareinlage, d.h. in Geld, erbracht werden. Diese Form der Einlage wird vom GmbHG als der Regelfall angesehen[42]. Daneben kann die Satzung der Gesellschaft vorsehen, dass die Einlage in Form einer Sacheinlage geleistet wird, wobei der Wert der Sacheinlage mindestens dem Nennwert der übernommenen Stammeinlage entsprechen muss. Weil die Bewertung von Sacheinlagen schwierig ist, und die Beteiligten ihre Sachwerte häufig zu hoch einschätzen, ist über die Sacheinlage, ihren Zustand, ihre Bewertung usw. ein Sachgründungsbericht zu erstellen, in dem die Gesellschafter "die für die Angemessenheit der Leistungen für Sacheinlagen wesentlichen Umstände darzulegen" haben[43]. Bei einer Überbewertung von Sacheinlagen ist das Registergericht verpflichtet, die Eintragung abzulehnen[44]. Wurde die Sacheinlage zu hoch bewertet, hat der Einlageverpflichtete die Differenz zwischen dem tatsächlichen Wert zum Zeitpunkt der Anmeldung zum Handelsregister und der im Gesellschaftsvertrag übernommenen Einlageverpflichtung in bar nachzuzahlen, sog. Differenzhaftung[45]. Bei einer verschleierten Sacheinlage bleibt die Bar-Einlageschuld weiterhin bestehen. Die Sacheinlagen sind bei der Gründung einer GmbH sofort und uneingeschränkt zu erbringen, während ein Teil der in bar geschuldeten Einlagen auch erst nach Eintragung der GmbH geleistet werden kann. Jeder Gesellschafter hat aber zumindest ein Viertel auf seine Stammeinlage

---

[35] K. Schmidt, Gesellschaftsrecht, § 34 II 2 g.
[36] Raiser, Kapitalgesellschaften, § 26 Rn 14.
[37] Hachenburg/Ulmer, GmbHG, § 11 Rn 1; Lutter/Hommelhoff, GmbHG, § 11 Rn 3; Hueck-Fastrich in Baumbach/Hueck, GmbHG, § 11 Rn 32, § 1 Rn 4; MünchHdb./Heinrich, § 4 Rn 11; Rittner/Schmidt-Leithoff in Rowedder u.a., GmbHG, § 11 Rn 4.
[38] Zum Geschäftsführer kann nur eine natürliche, voll geschäftsfähige Person bestellt werden (§ 6 Abs. 2 S. 1 GmbHG).
[39] Vgl. §§ 7 Abs. 1, 78, 8 Abs. 1 Nr. 2, Abs. 2-4 GmbHG.
[40] § 7 Abs. 2 GmbHG.
[41] § 5 Abs. 3 S. 3 GmbHG.
[42] § 5 Abs. 1 GmbHG.
[43] § 5 Abs. 4 S. 2 GmbHG.
[44] § 9c GmbHG.
[45] § 9 Abs. 1 GmbHG.

einzuzahlen[46]. Insgesamt muss bis zur Eintragung der GmbH mindestens die Hälfte des Mindeststammkapitals von 25.000 €[47], geleistet sein[48]. Grundlage dieser gesetzlichen Erfordernisse ist der Schutz der Gläubiger. Die Gesellschaft ist mit einem Haftkapital auszustatten, um ihre Verbindlichkeiten erfüllen zu können.

Als letzten Schritt melden die Geschäftsführer die Gesellschaft beim Handelsregister nach den Vorschriften der §§ 7, 8 GmbHG an[49]. An die Anmeldung schließt sich die registergerichtliche Prüfung als umfassende rechtliche Kontrolle der Erfüllung der gesetzlichen Normativbestimmungen an, die bei ordnungsgemäßer Errichtung und Anmeldung mit der Eintragung in das Handelsregister endet. Damit haben die Gründer ihr Ziel erreicht: Mit Eintragung im Handelsregister ist die GmbH als juristische Person entstanden[50] und der Gründungsprozess damit beendet. Die Eintragung wirkt damit konstitutiv, was dazu führt, dass die nachfolgende Bekanntgabe nach § 10 Abs. 3 GmbHG lediglich deklaratorisch wirkt.

II. Gesellschaftstypen in der Gründungsphase

Die Untersuchung der Gründerhaftungsproblematik setzt die Vorstellung der Gesellschaftstypen in der Gründungsphase und die Analyse der Rechtsverhältnisse innerhalb dieser voraus. Da die Gründung der GmbH nicht uno actu, sondern in mehreren Stufen erfolgt, sind die einzelnen Etappen der Entstehung der GmbH deutlich voneinander zu trennen. Dieses bedeutet eine Abgrenzung der im Gründungsstadium der GmbH bestehenden Gesellschaftsformen der Vorgründungsgesellschaft und der Vorgesellschaft sowie eine Untersuchung ihrer Rechtsnatur, um der Untersuchung einen systematischen Unterbau zu geben und die Klärung der Haftungsfragen vorzubereiten.

Das Gründungsstadium der GmbH ist im Gegensatz zu den für die Gründung der GmbH erforderlichen Schritten gesetzlich nicht geregelt. Die gesetzliche Bestimmung des § 11 Abs. 1, 2 GmbHG betrifft zwar sowohl das Ende des Gründungsvorganges als auch die davor bestehende Rechtslage, beides jedoch äußerst fragmentarisch. Das Fehlen einer gesetzlichen Grundlage für eine Vorgesellschaft ist damit zu erklären, dass die Erkenntnis von der Existenz einer Vorgesellschaft erst nach Erlass des GmbHG um die Wende des 19. zum 20. Jahrhunderts gewonnen wurde. Zuvor negierten Rechtsprechung und Literatur die Existenz einer Vorgesellschaft als notwendige Vorstufe im Entstehungsprozess der juristischen Person und beschränkten die Tätigkeit der Gründer auf die für die Entstehung der GmbH erforderlichen Handlungen[51]. Mittlerweile ist jedoch anerkannt, dass die Gründungsvorschriften das Bestehen

---

[46] § 7 Abs. 2 S. 1 GmbHG.

[47] § 5 Abs. 1 GmbHG. Vgl. zur Umstellung auf den Euro § 86 Abs. 2 S. 1 GmbHG; ausführlich auch Mayer, in Brambring/Jerschke, Beck'sches Notar-Handbuch, S. 797 ff., 807.

[48] § 7 Abs. 2 GmbHG iVm § 5 Abs. 1 GmbHG.

[49] Vgl. BGH, NJW 1992, 1824, 1824 f.

[50] § 11 Abs. 1 GmbHG.

[51] Das GmbHG vom 20.4.1892 enthielt noch keine Regelung über die Vorgesellschaft, woraus gefolgert wurde, dass eine Vorgesellschaft nicht existieren kann. Die Anerkennung der Vorgesellschaft durch die Rechtsprechung erfolgte im Jahre 1904 mit RGZ 58, 55, 56; vgl. die Nachweise bei

einer Vorgesellschaft und damit ein Gesellschaftsverhältnis zwischen den Gründungsgesellschaftern vor Eintragung der Gesellschaft im Handelsregister allgemein voraussetzen. Nach einhelliger Meinung kommt es nun bei jeder GmbH-Gründung zwangsläufig zu dem als Vorgesellschaft bezeichneten Durchgangsstadium[52]. Insoweit wurde das Gründungsrecht von Rechtsprechung und Lehre rechtsfortbildend weiterentwickelt. Neben der Vorgesellschaft als Durchgangsstadium auf dem Weg zur Entstehung der GmbH haben Rechtsprechung und Lehre die Existenz einer Vorgründungsgesellschaft als erste Vorstufe zur Gründung einer GmbH anerkannt.

1. Vorgründungsgesellschaft

Die Vorgründungsgesellschaft ist ein zwar mögliches, aber nicht notwendiges Vorstadium der GmbH-Gründung[53]. Sie entsteht, wenn sich die potentiellen Gründer zum Zwecke der Gründung einer GmbH vor Abschluss des notariell beurkundeten Gesellschaftsvertrages zusammenschließen und sich vertraglich zur Gründung einer GmbH verpflichten, so dass dem Abschluss des Gesellschaftsvertrages ein vorvertragliches Vertrauensverhältnis vorausgeht[54]. Charakteristisch ist die Doppelnatur des Vorgründungsvertrages: Er ist zum einen GmbH-Vorvertrag, der wegen der rein schuldrechtlichen Verpflichtung noch keine unmittelbare Auswirkung auf die Errichtung der GmbH hat, zum anderen ist er Gesellschaftsvertrag im Sinn von § 705 BGB, dem der gemeinsame Zweck der Gründung einer GmbH zugrunde liegt[55]. Dieser Vertrag bedarf ebenso wie der spätere Gesellschaftsvertrag der notariellen Form entsprechend § 2 Abs. 1 GmbHG[56]. Bei Nichteinhaltung der Form ist der Vorvertrag nichtig (§ 125 BGB) und kann keine auf Errichtung der GmbH zielenden Erfüllungsansprüche und keinen Schadensersatz wegen Nichterfüllung auslösen, wohl aber einen

---

Fabricius, FS Kastner, S. 85, 92; vgl. auch Theobald, Vor-GmbH, S. 6 ff.; Derwisch-Ottenberg, Haftungsverhältnisse, S. 21; Bock, Haftungssituation, S. 16 ff.; Petersen, Gründerhaftung, S. 5 ff.

[52] Hueck-Fastrich in Baumbach/Hueck, GmbHG, § 11 Rn 4; Scholz/K. Schmidt, GmbHG, § 11 Rn 4 ff. mwN.

[53] BGH, DStR 1992, 365, 365; Jäger, Gesellschafterhaftung, S. 67; Scholz/K. Schmidt, GmbHG, § 11 Rn 7.

[54] Scholz/K. Schmidt, GmbHG, § 11 Rn 7, 9; K. Schmidt, Gesellschaftsrecht, § 34 III 2 a; Hueck-Fastrich in Baumbach/Hueck, GmbHG, § 11 Rn 32, § 2 Rn 29; Hachenburg/Ulmer, GmbHG, § 11 Rn 21; Hirte, Kapitalgesellschaftsrecht, Rn 53; Gehrlein, DB 1996, 561, 561.

[55] K. Schmidt, GmbHR 1998, 613, 614; Jäger, Gesellschafterhaftung, S. 64; K. Schmidt, Gesellschaftsrecht, § 34 III 2 a; Scholz/K. Schmidt, GmbHG, § 11 Rn 9; Flume, FS Geßler, S. 3, 17 f. Bei der Einmanngründung einer GmbH kann keine Vorgründungsgesellschaft bestehen, da ein Zusammenschluss mit anderen Gründern zum Zwecke der Gründung einer GmbH bei dieser gerade nicht beabsichtigt ist.

[56] st. Rspr. RGZ 66, 116, 120; RGZ 149, 385, 395; RGZ 156, 129, 138; BGH, WM 1988, 163, 163 f.; BGH, DStR 1992, 365, 365; Lutter/Hommelhoff, GmbHG, § 2 Rn 21, § 11 Rn 2; Hachenburg/Ulmer, GmbHG, § 11 Rn 21; Hueck-Fastrich in Baumbach/Hueck, GmbHG, § 11 Rn 32, § 2 Rn 29 mwN; Scholz/K. Schmidt, GmbHG, § 11 Rn 12; MünchHdb./Heinrich, § 5 Rn 22; MünchHdb./Priester, § 15 Rn 10; Gehrlein, DB 1996, 561, 561; K. Schmidt, Gesellschaftsrecht, § 34 III 2 a; a.A. Flume, FS Geßler, S. 3, 18 f.

Vertrauensschutz und Ansprüche wegen culpa in contrahendo[57]. Vorbereitungshandlungen zur Gründung einer GmbH können aber dann formfrei vereinbart werden, wenn sie keine bindende Verpflichtung zum Abschluss des Gesellschaftsvertrages enthalten, sondern allein zur Vorbereitung der Gründung geschlossen werden[58].

Die Vorgründungsgesellschaft ist entweder BGB-Gesellschaft oder - bei Betrieb eines (kaufmännischen) Handelsgewerbes[59] - OHG[60]. In der Regel wird die Vorgründungsgesellschaft als eine auf Abschluss des Gesellschaftsvertrages gerichtete Innengesellschaft ohne Gesellschaftsvermögen eine BGB-Gesellschaft nach §§ 705 ff. BGB darstellen. Nur wenn sie schon werbende Zwecke im Rahmen eines Handelsgewerbes unter gemeinsamer Firma verfolgt, greift der Rechtsformzwang des § 105 HGB ein[61]. Das Recht der GmbH ist auf die Vorgründungsgesellschaft im Gegensatz zur Vorgesellschaft noch nicht anwendbar[62]. Die Vorgründungsgesellschaft geht zwar Vorgesellschaft und GmbH zeitlich vor, ist aber weder rechtlich notwendiges Durchgangsstadium beim Entstehen der GmbH noch ist sie rechtlich gesehen Vorgängerin von Vorgesellschaft und GmbH. Daher müssen die Gründer die Vermögensgegenstände der Vorgründungsgesellschaft, die der Vorgesellschaft oder der GmbH zukommen sollen, diesen rechtsgeschäftlich durch besonderen Übertragungsakt auf der Aktivseite

[57] Vgl. BGH, BB 1988, 159, 159; K. Schmidt, Gesellschaftsrecht, § 34 III 2 a; MünchHdb./Priester, § 15 Rn 27; Kübler, Gesellschaftsrecht, S. 321; Scholz/K. Schmidt, GmbHG, § 11 Rn 8; einschränkend Hueck-Fastrich in Baumbach/Hueck, GmbHG, § 2 Rn 29; zweifelnd Lutter/Hommelhoff, GmbHG, § 2 Rn 22; s.a. BGH, NJW-RR 1992, 590.

[58] BGH, DStR 1992, 365; MünchHdb./Priester, § 15 Rn 11, 22 f.; Gehrlein, DB 1996, 561, 561; Hirte, Kapitalgesellschaftsrecht, Rn 53; Scholz/K. Schmidt, GmbHG, § 11 Rn 12; Hueck-Fastrich in Baumbach/Hueck, GmbHG, § 2 Rn 31.

[59] Nach der Änderung des HGB durch das HRefG vom 22.06.1998 (BGBl. I S. 1474) mit Wirkung zum 01.08.1998 kommt es nicht mehr wie bisher auf das Betreiben eines "vollkaufmännischen" Grundhandelsgewerbes im Sinn von § 1 Abs. 2 HGB a.F. an, sondern auf das Betreiben eines (kaufmännischen) Handelsgewerbes iSv § 1 Abs. 1, 2 HGB n.F.

[60] Vgl. BGH, NJW 1983, 2822, 2822 f.; BGHZ 91, 148, 151; BGH, NJW 1998, 1645, 1645 f.; OLG Koblenz, GmbHR 2001, 433, 433; Hachenburg/Ulmer, GmbHG, § 2 Rn 49 ff., § 11 Rn 21; Lutter/Hommelhoff, GmbHG, § 11 Rn 2; Scholz/K. Schmidt, GmbHG, § 11 Rn 16; Grunewald, Gesellschaftsrecht, S. 320; Meyke, Haftung GmbH–Geschäftsführer, S. 239; Raiser, Kapitalgesellschaften, § 26 Rn 21; Roth, in Roth/Altmeppen, GmbHG, § 11 Rn 67; Hueck-Fastrich in Baumbach/Hueck, GmbHG, § 11 Rn 32; MünchHdb./Priester, § 15 Rn 4 ff. mwN; vgl. zu den früher vertretenen Meinungen: v. Bismarck, Rechtsnatur, S. 32 ff.

[61] Vgl. BGHZ 91, 148, 151; BGH, GmbHR 1985, 214, 214; OLG Celle, WM 1984, 494, 501; OLG Karlsruhe, GmbHR 1988, 482, 483; Hachenburg/Ulmer, GmbHG, § 11 Rn 21, § 2 Rn 50; K. Schmidt, Gesellschaftsrecht, §§ 11 II 2, 34 III 2 a; Hueck-Fastrich in Baumbach/Hueck, GmbHG, § 11 Rn 32; Hachenburg/Ulmer, GmbHG, § 2 Rn 50; Grunewald, Gesellschaftsrecht, S. 320; Hirte, Kapitalgesellschaftsrecht, Rn 51, 54.

[62] BGHZ 91, 148, 150 f.; OLG Hamm, GmbHR 1993, 105, 105 f.; Rittner/Schmidt-Leithoff in Rowedder u.a., GmbHG, § 11 Rn 7; MünchHdb./Gummert, § 16 Rn 2; Hachenburg/Ulmer, GmbHG, § 2 Rn 50; MünchHdb./Priester, § 15 Rn 30; Lutter/Hommelhoff, GmbHG, § 11 Rn 23; K. Schmidt, GmbHR 1998, 613, 613 f.; a.A. nur Roth, in Roth/Altmeppen, GmbHG, § 11 Rn 68, der im Einzelfall Rechtsgrundsätze der Vorgesellschaft bereits im Vorgründungsstadium anwenden will.

und eine gesonderte Übernahme im Sinne von §§ 414, 415 BGB auf der Passivseite oder durch eine die Schuldübernahme umfassende Vertragsübernahme übertragen[63].

Die Vorgründungsgesellschaft endet für den Regelfall der Ausschließlichkeit des Gründungszweckes mit dem ersten Gründungsakt der Kapitalgesellschaft, also mit Abschluss des notariell beurkundeten Gesellschaftsvertrages und wird infolge Zwekkerreichung aufgelöst[64]. Wird im Vorgründungsstadium schon ein Handelsgewerbe betrieben, endet die Vorgründungsgesellschaft als OHG erst mit Vollbeendigung, also Auflösung und Liquidation nach §§ 131 ff., 145 ff. HGB[65]. Die Hauptpflicht aus dem Vorvertrag, die Gründung der GmbH zu fördern, besteht zwar auch nach Erreichen des regelmäßig einzigen Zweckes, der Errichtung der GmbH, fort, doch erwächst diese Pflicht nunmehr ohne besondere Übernahme als selbstständige Nebenpflicht aus dem Errichtungsakt. Nur wenn im Einzelfall weitergehend vereinbarte und bereits auf den Organisationsvertrag der GmbH bezogene Haupt- und Nebenpflichten nicht in den Vorvertrag einfließen, ist ein vorübergehendes Fortbestehen der Vorgründungsgesellschaft mit entsprechend eingeschränktem Zweck neben der Vorgesellschaft denkbar[66].

2. Vorgesellschaft

a. Beginn und Ende der Vorgesellschaft

Das Stadium der Vorgesellschaft beginnt mit dem Abschluss eines wirksamen[67] Gesellschaftsvertrages[68]. Zu diesem Zeitpunkt, in dem auch das gesetzlich

[63] Vgl. BGHZ 91, 148, 151; BGH, GmbHR 1985, 214, 214; BGH, DStR 1992, 365, 365; BGH, WM 1996, 722; BGH, GmbHR 1998, 633, 634; OLG Hamm, GmbHR 1993, 105, 105 f.; K. Schmidt, Gesellschaftsrecht, § 34 III 2 b; MünchHdb./Priester, § 15 Rn 43; Lutter/Hommelhoff, GmbHG, § 11 Rn 2; Scholz/Emmerich, GmbHG, § 2 Rn 86; Hueck-Fastrich in Baumbach/Hueck, GmbHG, § 11 Rn 33b, § 2 Rn 32; Rittner/Schmidt-Leithoff in Rowedder u.a., GmbHG, § 11 Rn 7; Gehrlein, DB 1996, 561, 561; v. Bismarck, Rechtsnatur, S. 37 ff., 59 ff.; K. Schmidt, GmbHR 1998, 613, 614; Hirte, Kapitalgesellschaftsrecht, Rn 59; abweichend für ein Modell eines einzigen einheitlichen Gründerverbandes: Kießling, Vorgründungs- und Vorgesellschaften, S. 352 ff.; Roth, in Roth/Altmeppen, GmbHG, § 2 Rn 30, § 11 Rn 68; vgl. zur Kritik Ulmer, ZHR 164 (2000), 76, 80 ff.

[64] § 726 BGB; vgl. Gehrlein, DB 1996, 561, 561; Scholz/K. Schmidt, GmbHG, § 11 Rn 13; K. Schmidt, Gesellschaftsrecht, § 34 III 2 b; Hirte, Kapitalgesellschaftsrecht, Rn 59; Hachenburg/Ulmer, GmbHG, § 11 Rn 21; Meyke, Haftung GmbH–Geschäftsführer, S. 239; Jäger, Gesellschafterhaftung, S. 64.

[65] Vgl. K. Schmidt, Gesellschaftsrecht, § 34 III 2 b; Hueck-Fastrich in Baumbach/Hueck, GmbHG, § 11 Rn 33b.

[65] BGHZ 80, 129, 139; BayObLG, NJW 1965, 2254, 2256; Hachenburg/Ulmer, GmbHG, § 11 Rn 25; Rittner/Schmidt-Leithoff in Rowedder u.a., GmbHG, § 11 Rn 34; a.A. K. Schmidt, GmbHR 1987, 77, 79, der von der Zweckidentität der Vorgesellschaft und der GmbH ausgeht.

[66] Jäger, Gesellschafterhaftung, S. 64 mwN; vgl. Kraft/Kreutz, Gesellschaftsrecht, S. 43; K. Schmidt, Gesellschaftsrecht, § 34 III 2 b; Hueck-Fastrich in Baumbach/Hueck, GmbHG, § 11 Rn 34; Scholz/K. Schmidt, GmbHG, § Rn 13, 19.

[67] Zur Auswirkung eines unwirksamen Gesellschaftsvertrages s. den Abschnitt „Fehlerhafte (Vor-) Gesellschaft" auf S. 43 f.

[68] BGHZ 91, 148, 149 f.; Rittner/Schmidt-Leithoff in Rowedder u.a., GmbHG, § 11 Rn 4; Hachenburg/Ulmer, GmbHG, § 11 Rn 5, 11; MünchHdb./ Gummert, § 16 Rn 1; Scholz/K. Schmidt, GmbHG, § 11 Rn 21 f.; Lutter/Hommelhoff, GmbHG, § 11 Rn 2 f.

vorgeschriebene Gründungsverfahrens seinen Anfang nimmt, gilt die GmbH terminologisch als errichtet[69]. Die Vorgesellschaft endet grundsätzlich mit erfolgreichem Abschluss der Gesellschaftsgründung durch Eintragung der Gesellschaft im Handelsregister. Mit der Eintragung entsteht die Gesellschaft als juristische Person; die Vorgesellschaft wandelt sich in die fertige Kapitalgesellschaft um und endet daher in diesem Zeitpunkt[70]. Daneben führt auch das Scheitern der Gründung zur Beendigung der Vorgesellschaft. Beschließen die Gründer, die Gesellschaft nicht mehr eintragen zu lassen, oder wird die Eintragung endgültig abgelehnt und stellen die Gründer eine etwaige Tätigkeit ein, so endet die Vorgesellschaft[71]. Sie ist aufzulösen und zu liquidieren[72]. Unterbleibt die Liquidation der Vorgesellschaft trotz Aufgabe der Eintragungsabsicht oder endgültiger Ablehnung der Eintragung bei Fortführung der Gesellschaft, wandelt sich die Vorgesellschaft in eine sogenannte unechte Vorgesellschaft[73].

Die Dauer der Existenz der Vorgesellschaft hängt damit nicht nur davon ab, wann der Geschäftsführer die Gesellschaft zur Eintragung anmeldet, sondern wird auch von einigen Faktoren aus der Sphäre der Vorgesellschaft beeinflusst. So kann die Phase länger andauern, wenn auch Sach- statt nur Bareinlagen erbracht werden oder das Registergericht bei seiner Prüfung Eintragungshindernisse feststellt[74]. Nicht ausgeschlossen ist allerdings, dass die Gründer neben der Vorgesellschaft, wenn auch in personellem und sachlichem Zusammenhang mit ihr, eine Personengesellschaft mit einem über die Vorgesellschaft hinausgehenden eigenständigen Zweck gründen. Zwar ist der spezifische Zweck der Vorgesellschaft grundsätzlich darauf gerichtet, die GmbH als juristische Person durch das Bewirken der Eintragung im Handelsregister zur Entstehung zu bringen[75], doch muss sich der Zweck nicht darin erschöpfen,

[69] Hueck-Fastrich in Baumbach/Hueck, GmbHG, § 1 Rn 4; § 11 Rn 3; Hachenburg/Ulmer, GmbHG, § 11 Rn 1; Rittner/Schmidt-Leithoff in Rowedder u.a., GmbHG, § 11 Rn 4; Jäger, Gesellschafterhaftung, S. 14; Harrer, Haftungsverhältnisse, S. 221; MünchHdb./Heinrich, § 4 Rn 11.

[70] BGHZ 80, 129, 138; BGHZ 91, 148, 151; Hachenburg/Ulmer, GmbHG, § 11 Rn 5 f., 73 ff.; Hueck-Fastrich in Baumbach/Hueck, GmbHG, § 11 Rn 32; Harrer, Haftungsverhältnisse, S. 221; MünchHdb./Heinrich, § 4 Rn 11; Roth, in Roth/Altmeppen, GmbHG, § 11 Rn 54, 13; Scholz/K. Schmidt, GmbHG, § 11 Rn 21.

[71] Hueck-Fastrich in Baumbach/Hueck, GmbHG, § 11 Rn 26 f.; Lutter/Hommelhoff, GmbHG; § 11 Rn 10; MünchHdb./Gummert, § 16 Rn 16; Scholz/K. Schmidt, GmbHG, § 11 Rn 55.

[72] Nach welchen Vorschriften die Liquidierung zu erfolgen hat, ist strittig: Die heute herrschende Meinung befürwortet wegen der Nähe der Vorgesellschaft zur GmbH und ihrer anerkannten Selbständigkeit die Anwendung der §§ 66 ff. GmbHG: BGH, NJW 1998, 1079, 1080; OLG Hamm WM 1985, 658, 659; Hueck-Fastrich in Baumbach/Hueck, GmbHG, § 11 Rn 28; Scholz/K. Schmidt, GmbHG, § 11 Rn 56; MünchHdb./Gummert, § 16 Rn 43; Hachenburg/Ulmer, GmbHG, Rn 41 ff.; Scholz/K. Schmidt, GmbHG, § 11 Rn 56; Rittner/Schmidt-Leithoff in Rowedder u.a., GmbHG, § 11 Rn 67; dagegen verfuhr die frühere Rechtsprechung nach den Regeln des Personengesellschaftsrechts (§§ 730 ff. BGB, 145 ff. HGB): BGHZ 51, 30, 34; BGHZ 86, 122, 127; Roth, in Roth/Altmeppen, GmbHG, § 11 Rn 53; Riedel, GmbHR 1973, 220, 221; Fleck, ZGR 1975, 212, 215.

[73] Vgl. den Abschnitt „Unechte Vorgesellschaft“ auf S. 41 ff.; zur Frage der Haftung s. den Abschnitt „Haftung der Gründer im Fall der unechten Vorgesellschaft“ auf S. 88 ff.

[74] Hachenburg/Ulmer, GmbHG, § 11 Rn 11.

[75] BGHZ 80, 129, 139; BayObLG, NJW 1965, 2254, 2256; Rittner/Schmidt-Leithoff in Rowedder u.a., GmbHG, § 11 Rn 34; Hachenburg/Ulmer, GmbHG, § 11 Rn 25; Roth, in Roth/Altmeppen, GmbHG,

sondern kann im Gesellschaftsvertrag oder durch einstimmigen Beschluss der Gründer erweitert werden[76]. Der Fortbestand dieser Gesellschaft wird durch die Eintragung der Gesellschaft in das Handelsregister nicht berührt[77]. Die Annahme einer Identität im Sinne der vollständigen Kontinuität zwischen Vorgesellschaft und entstandener GmbH[78] führt dazu, dass die Vorgesellschaft nicht aufgelöst und liquidiert werden muss[79].

b. Rechtsnatur der Vorgesellschaft

Über die Rechtsnatur der Vor-GmbH herrschte lange Unklarheit, zumal der Gesetzgeber nur die Existenz einer Vorgesellschaft voraussetzt, ihre Rechtsnatur aber nicht geregelt hat. Die Entwicklung tragfähiger Lösungen wurde Rechtsprechung und Lehre überlassen[80]. Mit der Klärung dieser Problematik sind weitreichende Konsequenzen einer Teilnahme am Rechtsverkehr und der Ausgestaltung der Haftung aus Gründungsgeschäften verbunden.

Nach einem stetigen Wandel der rechtlichen Beurteilung der Vorgesellschaft[81] hat sich die Erkenntnis durchgesetzt, dass die Einordnung der werdenden Gesellschaft in den numerus clausus der Gesellschaftstypen den Verhältnissen der Vorgesellschaft und dem Willen der Gründer nicht gerecht wird[82]. Die Vorgesellschaft ist nicht auf Dauer angelegt, sondern soll auch dem Willen der Gründer zufolge als Vorstufe zur rechtsfähigen Gesellschaft mit zeitlich und sachlich eng begrenzter Aufgabenstellung nur vorübergehend existieren. Zudem entspricht sie in ihrer schon körperschaftlichen Struktur weitestgehend der GmbH, da sie u.a. unabhängig vom Mitgliederbestand

---

§ 11 Rn 44; a.A. K. Schmidt, GmbHR 1987, 77, 79, der von der Zweckidentität der Vorgesellschaft und der GmbH ausgeht.

[76] J. Schneider, Vorbelastungshaftung, S. 27 ff.; Theobald, Vor-GmbH, S. 14 ff.; so aber die alte Ansicht: RGZ 83, 370, 373; RGZ 105, 228, 229; RGZ 134, 121, 122.

[77] Hachenburg/Ulmer, GmbHG, § 11 Rn 6; MünchHdb./Gummert, § 16 Rn 1; Rittner/Schmidt-Leithoff in Rowedder u.a., GmbHG, § 11 Rn 4; BayObLG, NJW 1965, 2254, 2256; BGH, NJW 1957, 218, 218 f. Solche Gestaltungen kommen namentlich bei der Gründung von Gemeinschaftsunternehmen und dann vor, wenn die Gründer über die gemeinsame Beteiligung an der GmbH hinaus gemeinschaftlich auf diese Einfluss nehmen und die Stimmrechtsausübung untereinander abstimmen wollen.

[78] Vgl. dazu ausführlich den Abschnitt „Rechtsnatur der Vorgesellschaft auf S. 37 ff.

[79] Rittner/Schmidt-Leithoff in Rowedder u.a., GmbHG, § 11 Rn 63.

[80] Vgl. Regierungsentwurf zum GmbHG vom 31.01.1972 (BT-Drucks. 6/3088) zu § 22 E; Regierungsentwurf zum GmbHG vom 26.02.1973 (BT-Drucks. 7/253) zu § 22 E.

[81] Die Vorgesellschaft wurde insbesondere vom Reichsgericht und einem Teil des älteren Schrifttums als BGB-Gesellschaft angesehen, deren einzige Zweckverfolgung in der Herbeiführung der Eintragung bestand. Andere stuften die Vorgesellschaft als nichtrechtsfähigen Verein bzw. besonderen nichtrechtsfähigen Wirtschaftsverein ein. Für den Fall, dass die Gesellschaft schon ein Handelsgewerbes betreibt, wurde sie teilweise als OHG eingestuft; vgl. ausführlich Ehses, Gründerhaftung, S. 6.

[82] so schon BGHZ 20, 281 ff. für die Vorgenossenschaft. Diese Grundsätze übertrug der BGH in BGHZ 21, 242 auf die Vorgesellschaft; seither st. Rspr. des BGH: BGHZ 45, 338, 347; BGHZ 51, 30, 32; BGHZ 80, 212, 214; vgl. auch Jäger, Gesellschafterhaftung, S. 15; Roth, ZGR 1984, 597, 600 f.; J. Schneider, Vorbelastungshaftung, S. 24.

besteht und eine Drittorganschaft zulässig ist[83]. Die nahezu einhellige Meinung sieht die Vorgesellschaft daher als ein Gebilde sui generis bzw. als Organisationsform "eigener Art" an. Sie wird als Entwicklungsstufe bei der Entstehung der eingetragenen GmbH beurteilt, der zwar die Rechtsfähigkeit noch fehlt, auf die aber neben den Vorschriften des Gesellschaftsvertrages bereits die Sondervorschriften des GmbHG insoweit anzuwenden sind, als diese nicht die Rechtsfähigkeit[84] der Gesellschaft voraussetzen (sog. Sonderrechtsformel)[85].

Schwachpunkt der Sonderrechtstheorie ist, dass ein verbindlicher und in sich geschlossener Normenbestand fehlt. Die Sonderrechtsformel zeigt nur auf, welche Frage gestellt werden muss, um das anwendbare Recht festzustellen, gibt aber keine konkrete Lösung vor[86]. Zur Klärung des anwendbaren Rechts bedarf es daher jeweils der Überprüfung, ob die betreffende Norm des GmbHG sich schon für das Gründungsstadium eignet oder ob davon abweichend die Entwicklung eigenständiger Rechtsregeln für die Vorgesellschaft erforderlich ist. Maßstab für die Anwendung der §§ 13 ff. GmbHG ist daher der Sinn und Zweck des Gründungsstadiums. Denn zum einen verbieten § 11 Abs. 1 und 2 GmbHG eine uneingeschränkte Anwendung des GmbHG und zum anderen setzt die maßgebliche und für das GmbH-Recht charakteristische Haftungsbeschränkung eine registergerichtlich kontrollierte Kapitalaufbringung voraus, an der es vor Eintragung der Gesellschaft fehlt[87].

Unabhängig von der Entscheidung über die Anwendbarkeit einzelner Normen des GmbHG wird der Vorgesellschaft heute die Teilnahme am Rechtsverkehr auch ohne eigene Rechtspersönlichkeit durch die jedenfalls allgemein anerkannte

---

[83] Daher gegen die Einordnung der Vorgesellschaft als BGB-Gesellschaft: Beuthien, ZIP 1996, 305, 307; Binz, Haftungsverhältnisse, S. 65.

[84] Rittner/Schmidt-Leithoff in Rowedder u.a., GmbHG, § 11 Rn 13, 20; K. Schmidt, GmbHR 1987, 77, 79; Gehrlein, DB 1996, 561, 562; MünchHdb./Gummert, § 16 Rn 5 gehen hingegen davon aus, dass die Rechtsfähigkeit seit der Annahme der Teilrechtsfähigkeit der Vorgesellschaft kein taugliches Abgrenzungskriterium mehr sei. Vielmehr sei darauf abzustellen, ob die Vorschriften die Eintragung der Gesellschaft erforderten. Diese Ansicht kommt aber grundsätzlich zum selben Ergebnis wie die herrschende Meinung, da sie nur auf eine andere Begrifflichkeit abstellt und die Gesellschaft in beiden Fällen ihre Rechtsfähigkeit erst mit Eintragung im Handelsregister erlangt.

[85] st. Rspr.: BGHZ 21, 242, 246; BGHZ 45, 338, 347; BGHZ 51, 30, 32; BGHZ 72, 45, 48f.; BGHZ 80, 129, 132; BGHZ 80, 212, 214; BGHZ 134, 333, 336; BGH, ZIP 1983, 933, 934; BAG, NJW 1963, 680, 681; BSGE 17, 15, 19; vgl. auch Hachenburg/Ulmer, GmbHG, § 11 Rn 7 ff.; Scholz/K. Schmidt, GmbHG, § 11 Rn 24; Lutter/Hommelhoff, GmbHG, § 11 Rn 3; Hueck-Fastrich in Baumbach/Hueck, GmbHG, § 11 Rn 6; MünchHdb./Gummert, § 16 Rn 6; K. Schmidt, Gesellschaftsrecht, § 34 III 3 a; Stimpel, FS Fleck, S. 345, 345 f., 372 f.; Dregger, Haftungsverhältnisse, S. 69 ff., insb. 71 f.; J. Meyer, Haftungsbeschränkung, S. 342f.; Dilcher, JuS 1966, 89, 90; abw. aber Roth, in Roth/Altmeppen, GmbHG, § 11 Rn 37 und Beuthien, ZIP 1996, 305, 305 ff. für die Einordnung als Personenhandelsgesellschaft bzw. als nichtrechtsfähiger Verein ohne überzeugende Begründung und ohne wesentliche Unterschiede in den Ergebnissen.

[86] Rittner/Schmidt-Leithoff in Rowedder u.a., GmbHG, § 11 Rn 20; vgl. J. Schneider, Vorbelastungshaftung, S. 24; Theobald, Vor-GmbH, S. 8 f.

[87] Vgl. Rittner/Schmidt-Leithoff in Rowedder u.a., GmbHG, § 11 Rn 20 f., 13; Hachenburg/Ulmer, GmbHG, § 11 Rn 9; Raiser, Kapitalgesellschaften, § 26 Rn 65; Jäger, Gesellschafterhaftung, S. 69; Derwisch-Ottenberg, Haftungsverhältnisse, S. 26.

Teilrechtsfähigkeit[88] und die damit verbundene rechtliche Verselbständigung der Vorgesellschaft ermöglicht. Die Vorgesellschaft kann Trägerin von Rechten und Pflichten sein, Eigentum und sonstige Rechte an beweglichen Sachen und an Grundstücken erwerben sowie eine eigene Firma haben. Sie ist aktiv und passiv parteifähig, konto- und grundbuchfähig sowie wechsel- und scheckfähig[89]. Der Vorgesellschaft wird das Gesellschaftsvermögen selbst zugerechnet, wobei dahingestellt bleiben kann, ob dieses ein Gesamthandsvermögen der Gründer oder ein Sondervermögen ist. Denn unabhängig von der rechtsdogmatischen Einordnung ist anerkannt, dass das Vermögen der Vorgesellschaft für Verbindlichkeiten haftet, die wirksam in ihrem Namen eingegangen wurden[90]. Die bereits im Gründungsstadium zu erfolgende Bestellung eines oder mehrerer Geschäftsführer ist nicht nur Eintragungsvoraussetzung[91], sondern bedingt auch die Handlungsfähigkeit der Vorgesellschaft[92].

Als Organ der Vorgesellschaft handeln die Geschäftsführer unmittelbar für die Vorgesellschaft, wobei sie allerdings ohne entsprechende Ermächtigung der Gründer nur befugt sind, die zur Entstehung der Gesellschaft notwendigen Rechtsgeschäfte im Namen der Vorgesellschaft vorzunehmen. Sie sind damit in ihrer Vertretungsmacht grundsätzlich auf diejenigen Rechtshandlungen beschränkt, die auf die Eintragung und Herbeiführung der Eintragungsvoraussetzungen gerichtet sind[93]. Die Gründer können die Vertretungsmacht der Geschäftsführer aber schon vor Eintragung der Gesellschaft erweitern, so dass diese mit der Geschäftstätigkeit, wie allgemein üblich bei einer

---

[88] Hachenburg/Ulmer, GmbHG, § 11 Rn 3, 45; Rittner/Schmidt-Leithoff in Rowedder u.a., GmbHG, § 11 Rn 72; v. Einem, DB 1987, 621, 622; Goette, DStR 1998, 179, 180; Schmidt, Gesellschaftsrecht, § 34 III 3 a.

[89] BGHZ 21, 242, 246; BGHZ 45, 338, 348; BGHZ 79, 239, 241; BAG, NJW 1963, 680, 681; BGHZ 117, 323, 326; BGH, NJW 1998, 1079, 1080; BGH, ZIP 1998, 109, 110; weitere Nachweise bei Raiser, Kapitalgesellschaften, S. 284; Rittner/Schmidt-Leithoff in Rowedder u.a., GmbHG, § 11 Rn 78 f.; vgl. auch Lutter/Hommelhoff, GmbHG, § 11 Rn 4; K. Schmidt, Gesellschaftsrecht, § 34 III 3 a; Hachenburg/Ulmer, GmbHG, § 11 Rn 47 ff. mwN; Roth, in Roth/Altmeppen, GmbHG, § 11 Rn 36 ff.; Scholz/K. Schmidt, GmbHG, § 11 Rn 34, 27 ff.; Hueck-Fastrich in Baumbach/Hueck, GmbHG, § 11 Rn 13 ff.; Grunewald, Gesellschaftsrecht, S. 322; Schmidt, Gesellschaftsrecht, § 34 III 3 a.

[90] für Gesamthandsvermögen: BGHZ 80, 129, 135; Hachenburg/Ulmer, GmbHG, § 11 Rn 30, 39, 74; Lutter/Hommelhoff, GmbHG, § 11 Rn 2; Hueck-Fastrich in Baumbach/Hueck, GmbHG, § 11 Rn 7; Wiedemann, JurA 1970, 439, 460; OLG Dresden, NZG 1998, 311, 312; Bock, Haftungssituation, S. 39 ff. Für Sondervermögen: Dreher, DStR 1992, 33, 34; Rittner/Schmidt-Leithoff in Rowedder u.a., GmbHG, § 11 Rn 59. Zur den Voraussetzungen der wirksamen Verpflichtung der Vorgesellschaft s. den Abschnitt „Haftung der Vorgesellschaft" auf S. 95 ff.

[91] §§ 7 Abs. 1, 78, 8 Abs. 1 Nr. 2, Abs. 2-4 GmbHG.

[92] Hueck-Fastrich in Baumbach/Hueck, GmbHG, § 6 Rn 3, § 11 Rn 17; vgl. K. Schmidt, Gesellschaftsrecht, § 34 III 3 b.

[93] BGHZ 65, 378, 382; BGHZ 72, 45, 50; BGHZ 80, 129, 139; BGHZ 80, 182, 183; BGHZ 86, 122, 125; OLG Hamm, WM 1985, 658, 659 f.; Hachenburg/Ulmer, GmbHG, § 11 Rn 25, 55; Rittner/Schmidt-Leithoff in Rowedder u.a., GmbHG, § 11 Rn 83 f.; Lutter/Hommelhoff, GmbHG, § 11 Rn 5; Fleck, GmbHR 1983, 5, 9; Wiegand, BB 1998, 1065, 1071; John, BB 1982, 505, 511; Harrer, Haftungsverhältnisse, S. 242 ff.; Flume, FS Geßler, S. 3, 36; a.A. unbegrenzte Vertretungsmacht nach § 37 Abs. 2 GmbHG: Weimar, GmbHR 1988, 289, 292; Kübler, Gesellschaftsrecht, S. 323; K. Schmidt, Gesellschaftsrecht, § 34 III 3 b bb; Dregger, Haftungsverhältnisse, S. 82; Theobald, Vor-GmbH, S. 24, 29 ff., 38 mwN; Scholz/K. Schmidt, GmbHG, § 11 Rn 64 mwN.

werbenden Vorgesellschaft, beginnen können[94]. Dies hat aber zur Folge, dass die Gründer die Haftungsfolgen tragen müssen.

Die von Rechtsprechung und Lehre entwickelten Grundsätze bilden insgesamt ein Gesamtkonzept, nach dem das Auftreten der Vorgesellschaft im Rechtsverkehr in weitem Umfang dem Auftreten der juristische Person ähnelt[95]. Insgesamt ist die Vorgesellschaft in weiten Teilen bereits ebenso rechtsfähig wie die spätere GmbH[96]. Für die nach Errichtung der Gesellschaft und teilweise vor Entstehung der GmbH zu erfolgende Kapitalaufbringung bedeutet dies, dass die Vorgesellschaft Eigentümerin der Einlagen und damit Eigentümerin und Trägerin eines eventuell eingebrachten Unternehmens ist[97], welches auf ihre Rechnung fortgeführt wird[98].

Aus der Diskussion um die Fragen der Rechtsnatur der Vorgesellschaft folgt die Frage nach dem Verhältnis der Vorgesellschaft zur entstandenen Gesellschaft. Ein Kernpunkt des Meinungsstreites war, ob die von der Vorgesellschaft begründeten Rechte und Pflichten automatisch auf die eingetragene GmbH übergehen (sog. Identitätstheorie[99]) oder ob hierfür ein besonderes Rechtsgeschäft erforderlich ist. Nach Aufgabe des Vorbelastungsverbotes[100] kann die Frage zugunsten der Identitätstheorie als geklärt angesehen werden[101]. Da eine Identität zwischen Vorgesellschaft und GmbH aufgrund der strukturellen Unterschiede nicht als vollständige Gleichstellung verstanden werden kann, wird die Identität heute als Kontinuität der Rechtsverhältnisse gesehen. Danach sind die Vorgesellschaft und die aus ihr hervorgehende GmbH identische Gebilde. Die Rechte und Pflichten der Vorgesellschaft setzen sich nahtlos im Sinne der vollständigen Kontinuität der Rechtsverhältnisse ohne Abwicklung oder

---

94 Hachenburg/Ulmer, GmbHG, § 11 Rn 25 f., 60 ff., 81 ff.; Jäger, Gesellschafterhaftung, S. 80; Theobald, Vor-GmbH, S. 11; Priester, ZIP 1982, 1141, 1148; Binz, Haftungsverhältnisse, S. 119; v. Bismarck, Rechtsnatur, S. 128; vgl. ausführlich den Abschnitt „Haftung der Vorgesellschaft" auf S. 95 ff.

95 Jäger, Gesellschafterhaftung, S. 73.

96 BGHZ 117, 323, 323 ff.; vgl. Hirte, Kapitalgesellschaftsrecht, Rn 76; Jäger, Gesellschafterhaftung, S. 73; Raiser, Kapitalgesellschaften, S. 284, Rn 72 mwN; i.E. ebenso K. Schmidt, Gesellschaftsrecht, § 34 III 3 a; Grunewald, Gesellschaftsrecht, S. 324; MünchHdb./Gummert, § 16 Rn 44, die von vollständiger Rechtsfähigkeit sprechen.

97 Daran ändert auch § 9 GmbHG, wonach der Einbringende dafür haftet, dass der Wert des Unternehmens im Zeitpunkt der Anmeldung den Wert der dafür übernommenen Einlage erreicht, im Ergebnis nichts, vgl. Scholz/K. Schmidt, GmbHG, § 11 Rn 130 mwN.

98 Vgl. BGHZ 117, 323, 326; BGHZ 45, 338, 348 f.; K. Schmidt, NJW 2000, 1521, 1522; Scholz/K. Schmidt, GmbHG, § 11 Rn 29; K. Schmidt, GmbHR 1987, 77, 80; Kübler, Gesellschaftsrecht, S. 322; MünchHdb./Gummert, § 16 Rn 44; Gehrlein, DB 1996, 561, 562; Jäger, Gesellschafterhaftung, S. 74; Flume, FS Geßler, S. 3, 36 f.; Müther, MDR 2001, 366, 366.

99 Vgl. Weimar, GmbHR 1988, 289, 291; K. Schmidt, GmbHR 1987, 77, 78; Hachenburg/Ulmer, GmbHG, § 11 Rn 71; Dregger, Haftungsverhältnisse, S. 45, 63 ff.; Scholz/K. Schmidt, GmbHG, § 11 Rn 25, 133; Lutter/Hommelhoff, GmbHG, § 11 Rn 2; Rittner/Schmidt-Leithoff in Rowedder u.a., GmbHG, § 11 Rn 15.

100 In BGHZ 80, 129, 133 ff.

101 Vgl. statt aller BGHZ 91, 148, 151; BGHZ 120, 103, 107; Flume, NJW 1981, 1753 ff.; Meister, FS Werner, S. 521 ff.; Priester, ZIP 1982, 1141 ff.; J. Schneider, Vorbelastungshaftung, S. 26 f.; Hueck-Fastrich in Baumbach/Hueck, GmbHG, § 11 Rn 33b; Maulbetsch, DB 1984, 1561; K. Schmidt, NJW 1981, 1345 ff.; Scholz/K. Schmidt, GmbHG, § 11 Rn 133 mwN.

Einzelübertragung in der eingetragenen GmbH fort[102]. Die Eintragung im Handelsregister führt damit nicht zur Entstehung eines neuen Rechtsträgers sondern lediglich zu einer Zustandsänderung der in ihren Grundzügen unveränderten Gesellschaft[103].

Die Annahme der Identität im Sinne der Kontinuität ist insofern von praktischer Bedeutung als dadurch ein von der Vorgesellschaft erworbenes Grundstück bei Übergang auf die GmbH keine Grunderwerbssteuertatbestände auslöst und keine Kenntlichmachung der Rechtsnachfolge im Grundbuch, sondern nur eine Berichtigung im Grundbuch erfordert[104]. Weitere Auswirkung ist, dass die Vorgesellschaft nach Entstehung der GmbH grundsätzlich nicht aufgelöst und liquidiert werden muss[105].

3. Unechte Vorgesellschaft

Die „echte" Vorgesellschaft ist vom Rechtsinstitut der sog. „unechten" Vorgesellschaft zu differenzieren, da im Rahmen der unechten Vorgesellschaft die hier zu untersuchenden Haftungsregeln keine Anwendung finden. Das Vorliegen einer unechten Vorgesellschaft ist anzunehmen, wenn die Gründung einer GmbH endgültig gescheitert ist; wenn die Gründer also trotz Abschluss eines formgerechten und wirksamen Gesellschaftsvertrages die GmbH-Gründung von vorneherein nicht beabsichtigen, diese Absicht später aufgeben, die Gründung nie ernsthaft betreiben oder die Eintragung endgültig abgelehnt wird und die Gründer ihre etwaigen Tätigkeiten im Rahmen der Vorgesellschaft dennoch aufnehmen bzw. fortsetzen[106]. Entscheidendes Kriterium ist die Fortführung der Gesellschaft trotz Aufgabe der Eintragungsabsicht durch die Gründer[107].

Aus dieser Definition folgt, dass sich eine ursprünglich als echte Vorgesellschaft gegründete Personenvereinigung nachträglich in eine unechte Vorgesellschaft

---

[102] BGHZ 80, 129, 137 ff.; BGHZ 80, 182, 183; BGHZ 91, 148, 151; BGHZ 134, 333, 338 f.; Hachenburg/Ulmer, GmbHG, § 11 Rn 6, 71 ff.; Lutter/Hommelhoff, GmbHG, § 11 Rn 3; Hueck-Fastrich in Baumbach/Hueck, GmbHG, § 2 Rn 4, § 11 Rn 27, 50 f.; Scholz/K. Schmidt, GmbHG, § 11 Rn 25, 133; Dregger, Haftungsverhältnisse, S. 75 ff.; Rittner/Schmidt-Leithoff in Rowedder u.a., GmbHG, § 11 Rn 30, 126 f.; Weimar, GmbHR 1988, 289, 290; Gehrlein, DB 1996, 561, 562; MünchHdb./Heinrich, § 13 Rn 26; MünchHdb./Gummert, § 16 Rn 13; Jäger, Gesellschafterhaftung, S. 103 ff.; iE ebenso, doch mit weitergehenden Folgerungen aus der Identität von Vorgesellschaft und GmbH: Roth, in Roth/Altmeppen, GmbHG, § 11 Rn 13, 24.

[103] J. Schneider, Vorbelastungshaftung, S. 27.

[104] MünchHdb./Gummert, § 16 Rn 12; Hachenburg/Ulmer, GmbHG, § 11 Rn 131; Scholz/K. Schmidt, GmbHG, § 11 Rn 133.

[105] Rittner/Schmidt-Leithoff in Rowedder u.a., GmbHG, § 11 Rn 63.

[106] OLG Bremen, GmbHR 2001, 25, 26; K. Schmidt, GmbHR 2001, 27, 28; Harrer, Haftungsverhältnisse, S. 221 Fn 3; MünchHdb./Gummert, § 16 Rn 13; Hueck-Fastrich in Baumbach/Hueck, GmbHG, § 11 Rn 27, Lutter/Hommelhoff, GmbHG, § 11 Rn 10; 29; Hirte, Kapitalgesellschaftsrecht, Rn 94; Roth, ZGR 1984, 597, 600; Rittner/Schmidt-Leithoff in Rowedder u.a., GmbHG, § 11 Rn 22; vgl. M. Scholz, Gründungsstadium, S. 96 ff.

[107] Hachenburg/Ulmer, GmbHG, § 11 Rn 19; vgl. Rittner/Schmidt-Leithoff in Rowedder u.a., GmbHG, § 11 Rn 23; vgl. aber auch Baumann/Müller, NZG 2001, 218, 219; Baumann, JZ 1998, 597 ff.

wandeln kann[108]. Die Abgrenzung zwischen unechter und echter Vorgesellschaft ist im Einzelfall problematisch, da die Aufgabe der Eintragungsabsicht durch die Gründer häufig nicht ohne weiteres feststellbar ist[109] und von der Rechtsprechung keine Differenzierungskriterien an die Hand gegeben werden. In der Praxis werden daher folgende Indizien zur Feststellung der Aufgabe der Eintragungsabsicht herangezogen: die Nichtbehebung eines vom Registergericht bemängelten Eintragungshindernisses, eine fehlende oder zurückgenommene Anmeldung zum Handelsregister oder die Fortsetzung der werbenden Tätigkeit trotz Eintritts eines Auflösungsgrundes – vor allem der des endgültigen Scheiterns der Eintragung – statt alsbaldiger Liquidation der Vorgesellschaft[110].

Auf die unechte Vorgesellschaft findet nicht das Recht der Vorgesellschaft, sondern die allgemeinen Haftungsregeln Anwendung. Nur die "echte" Vorgesellschaft als notwendiges Durchgangsstadium zur GmbH, die neben der möglichen Führung eines Geschäftsbetriebes die Eintragung der Gesellschaft betreibt, untersteht dem vom GmbHG vorgeprägten und wegen der fehlenden Rechtsfähigkeit modifizierten Organisationsstatut[111]. Allein die Tatsache des Anstrebens der Eintragung der Gesellschaft im Handelsregister rechtfertigt die Übertragung der Haftungsprivilegien der eingetragenen GmbH auf die Vor-GmbH. Fehlt diese Ausrichtung, bedürfen Gründer und Vorgesellschaft nicht mehr des besonderen Schutzes des Rechts der echten Vorgesellschaft. Die unechte Vorgesellschaft ist daher unter Anwendung des Grundsatzes des numerus clausus der Gesellschaftsformen in das gängige System einzuordnen. Danach findet auf sie als Personenzusammenschluss ohne Ziel der Gründung einer GmbH vom Zeitpunkt des Wegfalls der Gründungsabsicht an[112] je nach Gesellschaftsgegenstand und Tätigkeitsumfang entweder das Recht der BGB-Gesellschaft (§§ 705 ff. BGB) oder das Recht der OHG (§§ 105 ff. HGB) Anwendung[113]. Da die Regeln der

[108] BGHZ 22, 240, 244 f.; BGHZ 80, 129, 142 f.; BFH, ZIP 1998, 1149, 1150; BAG, GmbHR 1998, 39, 40; Weimar, GmbHR 1988, 289, 296; Hachenburg/Ulmer, GmbHG, § 11 Rn 19; Hueck-Fastrich in Baumbach/Hueck, GmbHG, § 11 Rn 29. Binz, Haftungsverhältnisse, S. 172 ff. Die Ansicht von Derwisch-Ottenberg, Haftungsverhältnisse, S. 52, und Schultze v. Lasaulx, JZ 1952, 390, 391, 393 ff., die schon eine unvollständige Aufnahme des Geschäftsbetriebs bzw. die Aufnahme der uneingeschränkten Geschäftstätigkeit ausreichen lässt, wird nicht mehr vertreten.

[109] Hachenburg/Ulmer, GmbHG, § 11 Rn 19; vgl. auch Binz, Haftungsverhältnisse, S. 162 ff.; Büttner, Identität, S. 79 ff., Theobald, Vor-GmbH S. 50.

[110] Hueck-Fastrich in Baumbach/Hueck, GmbHG, § 11 Rn 29.

[111] BFH, NZG 1998, 723, 724; Hachenburg/Ulmer, GmbHG, § 11 Rn 8, 22 ff.; vgl. MünchHdb./Gummert, § 16 Rn 14; Hueck-Fastrich in Baumbach/Hueck, GmbHG, § 11 Rn 29; Derwisch-Ottenberg, Haftungsverhältnisse, S. 52.

[112] Strittig ist der Zeitpunkt, ab dem die allgemeinen Haftungsregeln eingreifen. Nach Hachenburg/Ulmer, GmbHG, § 11 Rn 14; K. Schmidt, GmbHR 1973, 146, 149 und 151; Theobald, Vor-GmbH, S. 19 f.; Huber, FS Fischer, S. 263, 294; Priester, ZIP 1982, 1141, 1151; Schultz, JuS 1982, 732, 738; Müther, MDR 2001, 366, 370 sind sie ab dem Zeitpunkt der unzureichenden Förderung der Eintragung durch die Gesellschafter oder Geschäftsführer; nach Derwisch-Ottenberg, Haftungsverhältnisse, S. 52 hingegen ab dem Zeitpunkt der Ablehnung der Eintragung durch das Registergericht, da dieser Zeitpunkt eindeutig zu bestimmen sei.

[113] BGHZ 22, 240, 243; BGHZ 80, 129, 142; BGH, NJW 1998, 1079, 1080; BFH, NZG 1998, 723, 723 f.; BAG, GmbHR 1998, 39, 40; Müther, MDR 2001, 366, 369; Rittner/Schmidt-Leithoff in Rowedder u.a., GmbHG, § 11 Rn 22; Hirte, Kapitalgesellschaftsrecht, Rn 94; Hachenburg/Ulmer,

zivilrechtlichen Personengesellschaften anzuwenden sind, kann die in eine unechte Vorgesellschaft umgewandelte echte Vorgesellschaft ihre Geschäfte nicht mehr ohne Änderung ihrer rechtlichen Struktur fortführen.

4. Fehlerhafte (Vor-) Gesellschaft

Bei der von der unechten Vorgesellschaft abzugrenzenden fehlerhaften Gesellschaft handelt es sich um eine von den Gründern zwar gewollte, aber aufgrund von Mängeln bei Abschluss des Gesellschaftsvertrages nicht wirksam errichtete Gesellschaft. Die Fehlerhaftigkeit des Gesellschaftsvertrages führt nicht in jedem Fall zur Nichtigkeit des Gesellschaftsvertrages, sondern bei Aufnahme der Geschäftstätigkeit durch die Gründer trotz fehlerhaftem Gesellschaftsvertrag zur Anwendung der von Rechtsprechung und Lehre entwickelten Lehre von der fehlerhaften Gesellschaft[114]. Demzufolge ist nach Invollzugsetzung der Vorgesellschaft durch Vornahme von Gründungsgeschäften oder Leistung der Einlagen trotz Vorliegens eines Mangels des Gesellschaftsvertrages die Rückabwicklung nach den allgemeinen Regeln des BGBs aus Gründen des Verkehrsschutzes und der Rechtssicherheit im Interesse der Gläubiger und der Gründer grundsätzlich[115] ausgeschlossen, und die zwischenzeitlich durch die Gesellschaft geschaffenen Rechtstatsachen sind grundsätzlich anzuerkennen, auch wenn die Vorgesellschaft mangels formgültigen Gesellschaftsvertrages nicht zur Entstehung gelangen kann[116]. Die Vorgesellschaft wird zunächst als bestehend angesehen und, sofern der Mangel fortwirkt, für die Zukunft aufgelöst. Die Auflösung führt zur Verpflichtung, die Liquidation herbeizuführen, mit deren Abschluss die fehlerhafte Gesellschaft beendet ist[117].

GmbHG, § 11 Rn 18; Hueck-Fastrich in Baumbach/Hueck, GmbHG, § 11 Rn 29; MünchHdb./Gummert, § 16 Rn 14, 17; Goette, DStR 1998, 179, 181; Kohte, EWiR 1998, 373, 373 f.; a.A. Schütz, Verlustausgleichspflicht, S. 84 und Derwisch-Ottenberg, Haftungsverhältnisse, S. 52 f., die die unechte Vorgesellschaft immer als OHG ansehen; zur Haftung bei der unechten Vorgesellschaft s. den Abschnitt „Haftung der Gründer im Fall der unechten Vorgesellschaft" auf S. 88 ff.

[114] RGZ 165, 193, 201 ff.; BGHZ 3, 285, 287 ff.; MünchHdb./Gummert, § 16 Rn 18; Kraft/Kreutz, Gesellschaftsrecht, S. 28, 141, 143; Hueck-Fastrich in Baumbach/Hueck, GmbHG, § 2 Rn 33; Hachenburg/Ulmer, GmbHG, § 2 Rn 86 ff; Lutter/Hommelhoff, GmbHG, § 11 Rn 15 ff.; Rittner/Schmidt-Leithoff in Rowedder u.a., GmbHG, § 11 Rn 47 ff; Roth, in Roth/Altmeppen, GmbHG, § 11 Rn 31 ff., 60. Diese Lehre ist auch auf die Vorgesellschaft anwendbar: vgl. OLG Dresden, NZG 1998, 311, 313; Scholz/K. Schmidt, GmbHG, § 11 Rn 22.

[115] zu den Ausnahmen s. Raiser, Kapitalgesellschaften, § 26 Rn 97.

[116] Sog. Lehre von der fehlerhaften Gesellschaft, die unterschiedlich begründet wird, aber bei allen Ansichten zum selben Ergebnis gelangt; vgl. BGHZ 12, 320, 324; BGHZ 13, 320, 321; Hueck-Fastrich in Baumbach/Hueck, GmbHG, § 2 Rn 35; Hachenburg/Ulmer, GmbHG, § 2 Rn 92; Scholz/Emmerich, GmbHG, § 2 Rn 62 ff.; Lutter/Hommelhoff, GmbHG, 2 Rn 19 ff.; Roth, in Roth/Altmeppen, GmbHG, § 2 Rn 31 ff., § 11 Rn 60.

[117] Vgl. OLG Dresden, NZG 1998, 311, 313; Lutter/Hommelhoff, GmbHG, § 2 Rn. 19; MünchHdb/Gummert, § 16 Rn 18.

III. Zusammenfassung: Gründung der GmbH

Die Gründung einer GmbH bedarf der Durchführung eines gesetzlich geregelten Gründungsverfahrens, das mit Unterzeichnung des Gesellschaftsvertrages beginnt und mit Eintragung der Gesellschaft in das Handelsregister endet. In der Gründungsphase erkennt das deutsche Recht sowohl die Existenz einer Vorgründungsgesellschaft bis zur Unterzeichnung des Gesellschaftsvertrages als auch die Existenz einer teilrechtsfähigen Vorgesellschaft im Zeitraum zwischen Satzungszeichnung und Eintragung der Gesellschaft an. Daneben kennt das deutsche Recht die von der Vorgesellschaft abzugrenzenden Rechtsinstitute der unechten und der fehlerhaften Vorgesellschaft.

Als Entwicklungsstufe bei der Entstehung der GmbH sind auf die Vorgesellschaft neben den Vorschriften des Gesellschaftsvertrages bereits die Sondervorschriften des GmbHG insoweit anzuwenden, als diese nicht die Eintragung der Gesellschaft voraussetzen (sog. Sonderrechtsformel). Die Vorgesellschaft kann aufgrund ihrer Teilrechtsfähigkeit am Rechtsverkehr teilnehmen, Inhaberin von Rechten und Pflichten sein und Eigentum erwerben. Auf die Vorgründungsgesellschaft findet hingegen ebenso wie auf die unechte Vorgesellschaft das Recht der BGB-Gesellschaft oder - bei Betrieb eines (kaufmännischen) Handelsgewerbes - das der OHG Anwendung.

C. Haftung aus Gründungsgeschäften

Der deutsche Gesetzgeber hat das Problem der vorzeitigen Geschäftsaufnahme in der Gründungsphase der GmbH nur fragmentarisch gelöst. Im Interesse des Rechtsverkehrs und zum Schutz der Gläubiger ist lediglich in § 11 Abs. 2 GmbHG die Haftung der im Namen der Gesellschaft vor Eintragung in das Handelsregister Handelnden angeordnet. Diese Norm ist einer der wenigen Anhaltspunkte, die sich für die rechtlichen (Haftungs-) Verhältnisse der Vorgesellschaft aus dem Gesetz direkt ergeben. Die Ausgestaltung der Haftungsverfassung im übrigen hat der Gesetzgeber Rechtsprechung und Wissenschaft überlassen[118]. Neben der gesetzlich geregelten Handelndenhaftung beruht das Haftungssystem in der Gründungsphase heute auf der mittlerweile den Schwerpunkt der Haftung bildenden, gesetzlich nicht normierten Haftung der Vorgesellschaft und der Gründungsgesellschafter. Dieser von Rechtsprechung und Lehre entwickelte Regelungskomplex, dessen Grundlage die Sonderrechtsformel des BGH bildet, kompensiert die Untätigkeit des Gesetzgebers in Teilbereichen. Das deutsche Recht geht damit einen besonderen Weg durch die Annahme der Existenz eines Geschäftsherrn, der durch die im Gründungsstadium eingegangenen Verbindlichkeiten gebunden werden kann. Während die Haftungsverhältnisse in der Vorgründungsgesellschaft und in der Phase nach Eintragung der GmbH heute kaum Schwierigkeiten bereiten, harrte die Problematik, wer in welchem Umfang für die Verpflichtungen der Vorgesellschaft einzustehen hat, lange Zeit der notwendigen Klärung.

---

[118] So deutlich anlässlich der GmbH-Novelle 1980 Begr. RegE vom 26.2.1979, BT-Drucks. 7/253, S. 96 zu § 22.

Im Folgenden ist daher zu klären, wie und von wem Gründungsgeschäfte eingegangen werden können, und wer aus ihnen im deutschen Recht haftet: die Vorgesellschaft, die entstandene GmbH, die Gesellschafter, die Handelnden oder die Gründer. Das Grundsatzurteil des BGH aus dem Jahre 1997[119], auf das näher einzugehen ist, hat nur teilweise zur Beilegung der Streitigkeiten in diesem Bereich beigetragen. Dabei ist zunächst die gesetzliche Haftungsregelung in § 11 Abs. 2 GmbHG zu untersuchen. Trotz der gesetzlichen Regelung verbleiben einige ungeklärte Fragen, da das Gesetz lediglich die Haftung der Handelnden anordnet, ihre Ausgestaltung aber nicht regelt. So ist im Rahmen der Untersuchung zunächst der Adressat der Norm und damit der Begriff des Handelnden zu bestimmen und vom Begriff der Gründer der Gesellschaft abzugrenzen. Anschließend ist die von Rechtsprechung und Lehre entwickelte Ausgestaltung der Handelndenhaftung darzustellen. Erst danach ist auf die Frage der Haftung der Gründer und der Vorgesellschaft und der Gesellschaft einzugehen.

I. Haftung der Handelnden

Die Vorschrift des § 11 Abs. 2 GmbHG regelt die persönliche und gesamtschuldnerische Haftung derer, die im Namen der Gesellschaft vor ihrer Eintragung für diese handeln. Die Handelndenhaftung greift damit im Zeitraum des Vorliegens der Vorgesellschaft ein, d.h. vom Zeitpunkt des Abschlusses des notariell beurkundeten Gesellschaftsvertrages bis zur Eintragung der Gesellschaft in das Handelsregister. Allerdings definiert die gesetzliche Vorschrift des § 11 Abs. 2 GmbHG weder den Handelndenbegriff noch trifft sie nähere Aussagen über den Inhalt der Haftung oder über ihr Verhältnis zur Haftung der Gesellschaft. Dieses hat zu zahlreichen Streitfragen geführt. Zu den wichtigsten soll im Folgenden Stellung genommen werden.

1. Handelndenhaftung in der Vorgesellschaft

a. Funktion der Handelndenhaftung

Die Handelndenhaftung, die schon im Jahre 1861 in Art. 211 des Allgemeinen Deutschen Handelsgesetzbuches (ADHGB) niedergelegt und trotz Abschaffung des zur Zeit der gesetzlichen Normierung geltenden Konzessionsprinzips[120] beibehalten wurde[121], hat mit Entwicklung des abgestimmten Systems der Haftung aus

---

[119] BGHZ 134, 333 ff. (2. Senat) = BGH, ZIP 1997, 679 ff. = NJW 1997, 1507 ff. = BB 1997, 905 ff. = DB 1997, 867 ff. = GmbHR 1997, 405 ff. = WM 1997, 820 ff. = WiB 1997, 463 ff.

[120] Danach stellte die persönliche Haftung eine Sanktion für die Nichtbeachtung der noch nicht gewährten rechtlichen Selbstständigkeit dar. Die Abschaffung des Konzessionsprinzips erfolgte aber schon im Jahre 1870. Heute gilt stattdessen ein System der Normativbestimmungen, wonach die Satzung nur bestimmte Mindestvoraussetzungen aufweisen muss, deren Vorliegen vom Registergericht vor Eintragung der Gesellschaft in das Handelsregister überprüft wird; vgl. Hirte, Kapitalgesellschaftsrecht, Rn 50; Hachenburg/Ulmer, GmbHG, § 11 Rn 96.

[121] Hachenburg/Ulmer, GmbHG, § 11 Rn 96; Heinemann, Pre-incorporation transactions, S. 71; Derwisch-Ottenberg, Haftungsverhältnisse, S. 37 Fn 5; zur Entstehungsgeschichte vgl. Fabricius, FS Kastner, S. 85, 89 ff.

Gründungsgeschäften durch die Rechtsprechung und Lehre an Bedeutung verloren[122]. Diesen Bedeutungsverlust haben einige Stimmen in der Literatur zum Anlass genommen, die Berechtigung der Handelndenhaftung in Frage zu stellen und die Handelndenhaftung letztlich für obsolet zu erklären[123]. Der Normzweck der Handelndenhaftung werde nicht mehr in einer Straf- und Druckfunktion gesehen, wonach das aufgrund der nicht anerkannten Existenz einer Vorgesellschaft grundsätzlich missbilligte Handeln namens der künftigen Gesellschaft sanktioniert[124] bzw. die Handelnden zum alsbaldigen Bewirken der Eintragung der Gesellschaft angehalten werden solle[125]. Vielmehr liege der Hauptzweck der Handelndenhaftung heute in der Sicherungs- und Ausgleichsfunktion für das Fehlen der registergerichtlich geprüften und durch die Kapitalerhaltungsvorschriften begründeten Gewährleistung der Kapitalgrundlage der Vorgesellschaft[126]. Angesichts der Rechtsnatur der Vorgesellschaft als teilrechtsfähige Organisation sui generis, auf die weitestgehend schon das Recht der GmbH anwendbar ist, sei auch die Konstruktion einer Schutzfunktion der Handelndenhaftung nicht überzeugend, da sie die Gläubiger im Ergebnis zu gut stelle. Aus diesen Gründen sei die Handelndenhaftung als funktionslos aufzugeben[127].

---

[122] Vgl. Knoche, Gründerhaftung, S. 40; Hueck-Fastrich in Baumbach/Hueck, GmbHG, § 11 Rn 41; Hachenburg/Ulmer, GmbHG, § 11 Rn 96 ff.; Scholz/K. Schmidt, GmbHG, § 11 Rn 92; Lutter/Hommelhoff, GmbHG, § 11 Rn 12; Weimar, GmbHR 1988, 289, 297. Zu den verschiedenen Funktionen der Handelndenhaftung im Laufe der Zeit: Beuthien, ZIP 1996, 305, 311 f.

[123] Vgl. z.B. Hüffer, JuS 1983, 161, 168; Lieb DB 1970, 961, 961 ff.; ähnlich Priester, ZIP 1982, 1141, 1152; Bock, Haftungssituation, S. 15, 92 ff., 112 ff.; Petersen, Gründerhaftung, S. 161; K. Schmidt, OHG, S. 35; Binz, Haftungsverhältnisse, S. 252 f.; J. Schneider, Vorbelastungshaftung, S. 50; Lieb, FS Stimpel, S. 399, 405; Meister, FS Werner, S. 521, 555 ff.; Weimar, GmbHR 1988, 289, 298.

[124] RGZ 55, 302, 303 f.; vgl. Übersicht bei Fabricius, FS Kastner, S. 85, 92 mwN; Klein, Rückgriffsanspruch, S. 17 und Knoche, Gründerhaftung, S. 38 f. § 11 Abs. 2 GmbHG wurde als rechtspolizeiliche Vorschrift angesehen, deren Aufgabe es war, die für die Gesellschaft vor ihrer Entstehung Handelnden mit einer unbeschränkten persönlichen Haftung zu „bestrafen". Diese Ansicht fand ihre Berechtigung darin, dass die Existenz eines Haftungsträgers vor der Eintragung in das Handelsregister geleugnet wurde und die GmbH von jeglichen Verbindlichkeiten freigehalten werden sollte; vgl. RGZ 47, 1, 2 f.; RGZ 55, 302, 304. Mit Entwicklung des Systems der Vorgesellschaft sowie der Aufgabe des Vorbelastungsverbots wurde die Straffunktion zu Recht als überholt angesehen: vgl. BGHZ 47, 25, 29 f.; Hachenburg/Ulmer, GmbHG, Rn 98; Rittner/Schmidt-Leithoff in Rowedder u.a., GmbHG, § 11 Rn 101.

[125] BGHZ 47, 25, 29; BGHZ 69, 95, 103; v. Bismarck, Rechtsnatur, S. 104; Büttner, Identität, S. 117; Harrer, Haftungsverhältnisse, S. 226; K. Schmidt, GmbHR 1973, 146, 152; Scholz, GmbHR 1956, 3, 3; Wiedemann, JurA 1970, 439, 465; MünchHdb./Gummert, § 16 Rn 68; MünchHdb./Heinrich, § 13 Rn 18; Sandberger, FS Fikentscher, S. 389, 416; K. Schmidt, Gesellschaftsrecht, § 34 III 3 d; Kübler, Gesellschaftsrecht,S.325; Dregger, Haftungsverhältnisse, S. 107; Binz, Haftungsverhältnisse, S. 250ff.

[126] Weimar, GmbHR 1988, 289, 297; Petersen, Gründerhaftung, S. 103 ff.; zu den verschiedenen Theorien im Laufe der Zeit: Beuthien, ZIP 1996, 305, 311 f.; Wiedemann, JurA 1970, 439, 465; Hachenburg/Ulmer, GmbHG, § 11 Rn 96 ff.; Scholz/K. Schmidt, GmbHG, § 11 Rn 93; Dregger, Haftungsverhältnisse, S. 103 ff.

[127] Weimar, GmbHR 1988, 289, 297; Petersen, Gründerhaftung, S. 103 ff.; K. Schmidt, GmbHR 1973, 146, 149; Lieb, DB 1970, 961, 967; Wiedemann, JurA 1970, 439, 465; Hachenburg/Ulmer, GmbHG, § 11 Rn 68 jeweils mwN.

Andere Teile der Literatur stimmen dem Funktions- und Bedeutungsverlust der Handelndenhaftung zu, folgen in der Konsequenz aber nicht dem Ruf nach ihrer Abschaffung. Der Gedanke der Sicherung der Gläubiger, denen noch keine juristische Person haftet, behalte seine Bedeutung insbesondere in den Bereichen, in denen der Geschäftsführer der Vorgesellschaft seine Vertretungsmacht überschreite, andere Personen ohne Vertretungsmacht wie Geschäftsführer handelten oder die Gründung endgültig gescheitert sei[128]. Dort ergänze und verstärke die Handelndenhaftung die Innenhaftung der Gründer und gebe den Vertragspartnern einen zusätzlichen Schuldner[129]. Schließlich wird die ersatzlose Aufgabe der Handelndenhaftung richtigerweise unter Hinweis auf Art. 7 der ersten gesellschaftsrechtlichen Richtlinie (sog. Publizitätsrichtlinie)[130] abgelehnt, der eine unbeschränkte Haftung der Handelnden für Rechtsgeschäfte im Gründungsstadium vorsieht und damit zur Umsetzung bzw. Beibehaltung einer solchen Vorschrift im nationalen Recht verpflichtet[131]. Dem Bedeutungswandel der Handelndenhaftung und seiner eingeschränkten Funktion ist im Folgenden bei der Auslegung und Anwendung des § 11 Abs. 2 GmbHG Rechnung zu tragen.

b. Der Begriff des Handelnden

Entsprechend dem Funktions- und Bedeutungswandel der Handelndenhaftung wurde der Begriff des Handelnden im Laufe der Zeit unterschiedlich verstanden. In der Rechtsprechung des Reichsgerichts wurde der Handelndenbegriff stark ausgeweitet, indem er extensiv auch auf die Gründer einer GmbH und damit auf alle Personen erstreckt wurde, die der Aufnahme des Geschäftsbetriebes durch die Vorgesellschaft explizit oder konkludent zugestimmt oder diese veranlasst hatten[132]. Die weite Ausle-

---

[128] vgl. BGHZ 80, 129, 133; BGHZ 80, 182, 184; BGHZ 91, 148, 152; MünchHdb./Heinrich, § 13 Rn 18; Hueck-Fastrich in Baumbach/Hueck, GmbHG, § 11 Rn 41; Lutter/Hommelhoff, GmbHG, § 11 Rn 17; K. Schmidt, Gesellschaftsrecht, § 34 III 3 d; Hachenburg/Ulmer, GmbHG, § 11 Rn 98; Raiser, Kapitalgesellschaften, § 26 Rn 80; Fleck, GmbHR 1983, 5, 14; Knoche, Gründerhaftung, S. 40; Priester, ZIP 1982, 1141, 1152; Gehrlein, DB 1996, 561, 564; Klein, Rückgriffsanspruch, S. 21.

[129] Sandberger, FS Fikentscher, S. 389, 416.

[130] vom 09.03.1968 (68/151/EWG), ABl. EG 1968 L 65/8; vgl. dazu das Ausführungsgesetz („Koordinierungsgesetz") vom 15.08.1969, BGBl 1969 I, S. 1146 und die Verordnung vom 23.07.1969, BGBl. 1969 I S. 1152; s. dazu auch Begr. RegE vom 13.2.1969 in BT-Drucks. V/3862, S. 8 ff., Anlagen Band 127 und s. ausführlich dazu den Abschnitt „Voraussetzungen von Art. 7 Publizitätsrichtlinie" auf S. 105 ff.

[131] Klein, Rückgriffsanspruch, S. 31; vgl. Hachenburg/Ulmer, GmbHG, § 11 Rn 98; Lutter/Hommelhoff, GmbHG, § 11 Rn 17; Reith, Phänomen Vorgesellschaft, S. 86; Derwisch-Ottenberg, Haftungsverhältnisse, S. 43, 65; Meister, FS Werner, S. 521, 554; Sandberger, FS Fikentscher, S. 389, 417; Roth ZGR 1984, 597, 618; Theobald, Vor-GmbH, S. 40 Fn 19; Lieb, FS Stimpel, 399, 405; Roth, ZGR 1984, 597, 618; so letztlich auch Kießling, Vorgründungs- und Vorgesellschaften, S. 391, der allerdings unzutreffend auf Art. 4 Kapitalrichtlinie abstellt; a.A. hingegen Jäger, Gesellschafterhaftung, S. 124 f.; Bock, Haftungssituation, S. 113 ff.

[132] RGZ 55, 302, 304 f. (für die AG); RGZ 70, 296, 301 f.; BGH, NJW 1955, 1228, 1228; BAG, NJW 1963, 680, 682; ausführlich zum Handelndenbegriff Beuthien, ZIP 1996, 305, 309 ff.; vgl. auch Hachenburg/Ulmer, GmbHG, § 11 Rn 105; K. Schmidt, Gesellschaftsrecht, § 34 III 3 d; Knoche, Gründerhaftung, S. 41; Klein, Rückgriffsanspruch, S. 47 ff.; Dregger, Haftungsverhältnisse, S. 108; Petersen, Gründerhaftung, S. 106.

gung suchte danach, sowohl die unmittelbar Handelnden als auch die in der Regel nur mittelbar handelnden Gründer mit der Handelndenhaftung zu erfassen, da die damalige herrschende Meinung der Auffassung war, der Gesetzgeber habe als Anknüpfungspunkt für eine Gründerhaftung nur die Regelung des § 11 Abs. 2 GmbHG geschaffen, so dass die Haftung der Gründergesellschafter allein über den Handelndenbegriff zu begründen sei[133]. Es bestand kein Bedarf, eine eigenständige Gründerhaftung außerhalb der Handelndenhaftung zu entwickeln, da die Gründer in der Regel aufgrund der üblicherweise erfolgten Billigung der Aufnahme des Geschäftsbetriebes bereits nach § 11 Abs. 2 GmbHG hafteten. Eine allgemeine Gründerhaftung hätte daneben keine zusätzliche Schutzwirkung zugunsten der Gläubiger entfalten können.

Der BGH folgte dem RG in seiner frühen Rechtsprechung, wobei er dahinstehen ließ, ob die generelle Zustimmung zum Beginn der Gesellschaftstätigkeit zur Begründung der Haftung der Gründer als Handelnde genügte, oder ob die Zustimmung im Einzelfall erforderlich war[134]. Ausreichend war jedenfalls, dass die Gründer den Anstoß für die Aufnahme des Geschäftsbetriebes durch den Geschäftsführer vor Eintragung der Gesellschaft gegeben hatten. Denn dadurch hatten sie den Geschäftsführer veranlasst, das jeweilige Gründungsgeschäft vorzunehmen[135]. Die Gründer hafteten folglich als mittelbar Handelnde nach § 11 Abs. 2 GmbHG, was zur Folge hatte, dass sowohl der unmittelbar handelnde Geschäftsführer als auch der Gründer gleichermaßen der unbeschränkten Handelndenhaftung unterlagen und untereinander aufgrund des gesetzlich angeordneten Gesamtschuldverhältnisses Ausgleich fordern konnten. Hintergrund dieser Rechtsprechung war das Bestreben, das bei der Vorgesellschaft gebildete Vermögen der künftigen GmbH von Belastungen frei zu halten[136].

Spätestens seit Anerkennung der Vorgesellschaft als Gesellschaft mit eigener Rechtspersönlichkeit und Aufgabe des Vorbelastungsverbotes sind diese Definitionen überholt. Der BGH hat in einem ersten Schritt seine Rechtsprechung zum Handelndenbegriff im Jahre 1967 aufgegeben und ihn dahingehend eingeengt, dass nicht mehr alle Gründer haften, die der Geschäftsaufnahme zugestimmt haben, sondern nur noch die unmittelbar Handelnden bzw. die rechtsgeschäftlich Vertretenen[137]. Denn § 11 Abs. 2 GmbHG sei keine Haftung für die Bestellung eines Geschäftsführers und stelle keine „Haftung der Gründer als solche“ dar[138]. Das bloße Einverständnis zur vorzeitigen Geschäftsaufnahme reicht damit zur Begründung der Handelndenhaftung ebenso wenig aus wie allein die maßgebliche Veranlassung, die nachträgliche Zustimmung zum Abschluss des Gründungsgeschäftes oder die Förderung der Aufnahme des Geschäftsbetriebes[139]. Durch diese Entscheidung wurde der Blick für die Problematik der

---

133 RGZ 143, 368, 372 f.; Michalski/Barth, NZG 1998, 525, 525; vgl. auch Derwisch-Ottenberg, Haftungsverhältnisse, S. 39; v. Bismarck, Rechtsnatur, S. 110.

134 Bis BGHZ 47, 25, 27 f.; vgl. BGH, NJW 1955, 1228; BGH, DB 1961, 501, 501; BGH, WM 1962, 391, 392 f.; BAG, NJW 1963, 680, 682.

135 BGH, DB 1961, 501, 501; vgl. v. Bismarck, Rechtsnatur, S. 110; Michalski/Barth, NZG 1998, 525, 525.

136 Hueck-Fastrich in Baumbach/Hueck, GmbHG, § 11 Rn 20.

137 BGHZ 47, 25, 27 f.

138 BGHZ 47, 25, 28.

139 BGHZ 65, 378, 381; BGH, NJW 1980, 287, 288; OLG Hamburg, GmbHR 1986, 230, 231; vgl. BAG, NZG 1998, 103, 104; Klein, Rückgriffsanspruch, S. 48 f.; Klauss/Mittelbach, GmbH, Rn 108;

Gründerhaftung frei, die bis dahin fälschlicherweise als ein Teil der Handelndenhaftung behandelt wurde.

Die Trennung der Handelnden- von der Gründerhaftung verstärkte sich mit der Entscheidung des BGH aus dem Jahre 1975, wonach unter den Handelndenbegriff nur die Geschäftsführer der Gesellschaft sowie diejenigen Personen fallen, die wie ein Geschäftsführer tätig geworden sind[140]. Diese Entscheidung wurde in der Literatur überwiegend begrüßt[141]. Die Eingrenzung des Handelndenbegriffs führte zu der Erkenntnis, dass zwischen der Haftung der Gesellschaftsträger - der Gesellschafter - und der Haftung der Gesellschaftsleitung - der Organe - zu trennen ist und beide Haftungskomplexe auf unterschiedlichen rechtlichen Anknüpfungspunkten basieren[142]. Im Ergebnis wurde jede direkte Anknüpfung der Handelndenhaftung an die Gesellschafterstellung aufgegeben[143] und die Gründerhaftung nicht länger als bloßer Anwendungsfall der Handelndenhaftung eingeordnet. Diese Abgrenzung erscheint auch deshalb erforderlich, weil die persönliche Haftung der Gründer an der Unternehmensträgerschaft und die der Organe an der Unternehmensleitung anknüpft, und diese unterschiedlichen Anknüpfungspunkte nicht über eine einheitliche Erfassung in § 11 Abs. 2 GmbHG gleichgestellt werden können[144]. Heute ist damit anerkannt, dass die Handelndenhaftung als Organhaftung ausgestaltet ist[145]. Unter den Handelndenbegriff fällt nur der Geschäftsführer als Vertretungsorgan der Gesellschaft. Ihm gleichgestellt werden diejenigen Personen, die faktisch wie ein Geschäftsführer für die künftige GmbH tätig werden[146]. Damit erfasst die Handelndenhaftung Gründer und außenste-

---

K. Schmidt, GmbHR 1973, 146, 151; Gehrlein, DB 1996, 561, 564; Maulbetsch, DB 1984, 1561, 1562; Hachenburg/Ulmer, GmbHG, § 11 Rn 110; Rittner/Schmidt-Leithoff in Rowedder u.a., GmbHG, § 11 Rn 107.

[140] BGHZ 65, 378, 381; bestätigt nach missverständlichen Ausführungen in BGHZ 51, 30 ff. durch BGHZ 72, 45, 46 f.; BGHZ 80, 182, 184; BGHZ 91, 148, 149; BGH, WM 1980, 955, 956; obiter dicta BGHZ 134, 333, 333 ff.; BAG, NZG 1998, 103, 104; vgl. auch Knoche, Gründerhaftung, S. 41 f.; K. Schmidt, ZIP 1997, 671, 672; Ehses, Gründerhaftung, S. 15; Raiser, Kapitalgesellschaften, S. 287, Rn 81; Hueck-Fastrich in Baumbach/Hueck, GmbHG, § 11 Rn 43; Rittner/Schmidt-Leithoff in Rowedder u.a., GmbHG, § 11 Rn 103 f.

[141] Vgl. M. Scholz, Gründungsstadium, S. 151 mwN in Fn 52; vgl. auch BAG, NZG 1998, 103, 104.

[142] Knoche, Gründerhaftung, S. 42; Theobald, Vor-GmbH, S. 42 f.; vgl. Petersen, Gründerhaftung, S. 107; K. Schmidt, Gesellschaftsrecht, § 34 III 3 d; K. Schmidt, GmbHR 1973, 146, 146 ff.

[143] Theobald, Vor-GmbH, S. 42; so bereits früher v. Bismarck, Rechtsnatur, S. 89 f.; K. Schmidt, GmbHR 1973, 146, 147; K. Schmidt, OHG, S. 326; Büttner, Identität, S. 86.

[144] Vgl. Petersen, Gründerhaftung, S. 107; K. Schmidt, GmbHR 1973, 146, 151.

[145] st. Rspr.: BGHZ 51, 30, 35; BGHZ 53, 206, 208; BGHZ 65, 378, 380 f.; BGHZ 66, 359, 360 f.; BGHZ 72, 45, 46 f.; BGHZ 80, 129, 135; BGHZ 91, 148, 151; s.a. Lutter/Hommelhoff, GmbHG, § 11 Rn 14; Hachenburg/Ulmer, GmbHG, § 11 Rn 105, 107; Scholz/K. Schmidt, GmbHG, § 11 Rn 104; Knoche, Gründerhaftung, S. 43; K. Schmidt, Gesellschaftsrecht, § 34 III 3 d aa; John, BB 1982, 505, 512; vgl. schon K. Schmidt, GmbHR 1973, 146, 151 f.; Huber, FS Fischer, S. 263, 278; Priester, ZIP 1982, 1141, 1153.

[146] st. Rspr. seit BGHZ 47, 25, 28; BGHZ 65, 378, 380; BGHZ 72, 45, 46 f.; BGHZ 91, 148, 149; zuletzt: BGH, GmbHR 2001, 432, 433; MünchHdb./Heinrich, § 13 Rn 20; Hueck-Fastrich in Baumbach/Hueck, GmbHG, § 11 Rn 43; Hachenburg/Ulmer, GmbHG, § 11 Rn 99, 105 ff.; Lutter/Hommelhoff, GmbHG, § 11 Rn 14; Petersen, Gründerhaftung, S. 107; Scholz/K. Schmidt, GmbHG, Rn 101 ff.; K. Schmidt, Gesellschaftsrecht, § 34 III 3 d aa; Müther, MDR 2001, 366, 366;

hende Dritte nur, wenn sie als faktische Geschäftsführer Gründungsgeschäfte abschließen[147].

Zum Schutz des Rechtsverkehrs kommt es für die Handelndenhaftung nicht auf die Wirksamkeit der Bestellung zum Vertretungsorgan an[148], da die Handelndenhaftung ihren wichtigsten Anwendungsbereich in den Fällen hat, in denen der andere Teil mangels Vertretungsmacht der handelnden Geschäftsführer keinen Anspruch gegen die Vorgesellschaft erlangt. Zudem kommt ihr in den Fällen der fehlenden Zustimmung zur vorzeitigen Aufnahme des Geschäftsbetriebs oder des Überschreitens der erteilten Vertretungsmacht eine Bedeutung als Ausfallhaftung zu[149]. Da die Wirksamkeit der Bestellung zum Vertretungsorgan irrelevant ist, entfällt die Haftung des handelnden Geschäftsführers nicht schon deshalb, weil er mit Vertretungsmacht ausgestattet war und somit die Vorgesellschaft wirksam verpflichten konnte[150].

Die Handelndenhaftung verlangt kein unmittelbares Handeln des Geschäftsführers in eigener Person bzw. dessen unmittelbare Beteiligung am Vertragsschluss, so dass auch derjenige Geschäftsführer haftet, der einen anderen für sich handeln lässt. Für das Eingreifen der Handelndenhaftung ist erforderlich, aber ausreichend, wenn der Geschäftsführer selbst rechtsgeschäftlich tätig wird, unabhängig davon, ob er unmittelbar selbst oder mittelbar durch einen Bevollmächtigten oder Boten handelt[151]. Mangels eigenem rechtsgeschäftlichen Tätigwerden haftet er daher aber nicht für das Handeln eines Mitgeschäftsführers, an dem er nicht beteiligt war, und zwar auch dann nicht, wenn er diesem Handeln später zugestimmt hat[152]. Ebenso wenig kann die Handelndenhaftung allein aus einem generellen Einverständnis des Geschäftsführers mit der Aufnahme der Geschäftstätigkeit oder aus der bloßen Stellung als Organ hergelei-

---

Rittner/Schmidt-Leithoff in Rowedder u.a., GmbHG, § 11 Rn 103 ff.; a.A. M. Scholz, Gründungsstadium, S. 153 f.

[147] Vgl. BGHZ 51, 30, 35; BGHZ 65, 378, 380 f.; BGH, WM 1980, 955, 955; Hachenburg/Ulmer, GmbHG, § 11 Rn 105, 107; K. Schmidt, Gesellschaftsrecht, § 34 III d aa; Scholz/K. Schmidt, GmbHG, § 11 Rn 104.

[148] BGHZ 53, 210, 216; BGHZ 66, 359, 359 f.; Hachenburg/Ulmer, GmbHG, § 11 Rn 105, 111; Scholz/K. Schmidt, GmbHG, § 11 Rn 104; Rittner/Schmidt-Leithoff in Rowedder u.a., GmbHG, § 11 Rn 105, 108; Knoche, Gründerhaftung, S. 43. Durch das Eingreifen der Handelndenhaftung unabhängig von der Vertretungsmacht der Geschäftsführer unterscheidet sie sich von §§ 177 ff. BGB, denn § 179 BGB findet nur Anwendung, wenn es an der Vertretungsmacht des Handelnden fehlt.

[149] Rittner/Schmidt-Leithoff in Rowedder u.a., GmbHG, § 11 Rn 105; Knoche, Gründerhaftung, S. 43.

[150] Scholz/K. Schmidt, GmbHG, § 11 Rn 104; Rittner/Schmidt-Leithoff in Rowedder u.a., GmbHG, § 11 Rn 108 mwN. Strittig ist allerdings die Auswirkung der Kenntnis des Geschäftspartners vom Fehlen der Vertretungsmacht; s. dazu Hachenburg/Ulmer, GmbHG, § 11 Rn 111 mwN.

[151] BGHZ 53, 206, 208; BGH, NJW 1974, 1284, 1284 f.; vgl. BGH, NJW 1980, 287, 287; OLG Hamm, GmbHR 1997, 602, 603; OLG Hamburg, GmbHR 1986, 230, 231; Raiser, Kapitalgesellschaften, § 26 Rn 81; Rittner/Schmidt-Leithoff in Rowedder u.a., GmbHG, § 11 Rn 107; Hueck-Fastrich in Baumbach/Hueck, GmbHG, § 11 Rn 43; Scholz/K. Schmidt, GmbHG, § 11 Rn 103; Hachenburg/Ulmer, GmbHG, § 11 Rn 110; MünchHdb./Gummert, § 16 Rn 70.

[152] BGHZ 47, 25, 25 ff. unter ausdrücklicher Aufgabe der älteren Ansicht; OLG Hamburg, GmbHR 1986, 230, 231; Schmidthoff/Sudhoff, Gesellschaftsvertrag, S. 41 f.; Rittner/Schmidt-Leithoff in Rowedder u.a., GmbHG, § 11 Rn 107.

tet werden[153]. Auch ein Bevollmächtigter des Geschäftsführers fällt nicht unter den Handelndenbegriff des § 11 Abs. 2 GmbHG[154].

c. Handeln im Namen der Gesellschaft

Voraussetzung für das Eingreifen der Handelndenhaftung ist ein „Handeln im Namen der Gesellschaft". Der Begriff des „Handelns" im Sinne von § 11 Abs. 2 GmbHG erfasst grundsätzlich nur ein rechtsgeschäftliches Tätigwerden des Geschäftsführers Dritten[155] gegenüber und keine deliktischen Ansprüche, gesetzliche Verbindlichkeiten oder interne Vorgänge[156]. Ob rechtsgeschäftsähnliches Handeln, Ansprüche aus ungerechtfertigter Bereicherung oder zu Schadensersatz führendes Handeln unter die Handelndenhaftung fällt, ist umstritten[157]. Eine Klärung des Streits bedarf es hier nicht, da die Gründerhaftung nur unter der Prämisse des Abschlusses von Gründungsgeschäften, also bei rechtsgeschäftlichem Handeln, untersucht wird.

Ein Handeln „im Namen der Gesellschaft" liegt nach dem Wortlaut von § 11 Abs. 2 GmbHG zunächst vor, wenn der Handelnde nach Errichtung der Gesellschaft erkennbar im Namen der noch nicht existenten GmbH und damit in fremdem Namen tätig geworden ist[158]. Handelt er im eigenen Namen, so haftet er selbst als Vertragspartner nach den allgemeinen Grundsätzen des § 164 Abs. 2 BGB. Weiterhin ist erforderlich, dass das Handeln vor Eintragung der Gesellschaft erfolgt ist, wobei es auf die Kenntnis des Dritten von der Nichteintragung nicht ankommt, da § 11 Abs. 2 GmbHG keine Vertrauenshaftung begründet[159].

---

[153] OLG Hamburg, GmbHR 1986, 230, 231; Fleck, ZGR 1975, 212, 224 f.; Hachenburg/Ulmer, GmbHG, § 11 Rn 100; Hueck-Fastrich in Baumbach/Hueck, GmbHG, § 11 Rn 43; vgl. MünchHdb./Heinrich, § 13 Rn 20.

[154] BGHZ 66, 359, 360 f.; Schmidthoff/Sudhoff, Gesellschaftsvertrag, S. 42; K. Schmidt, Gesellschaftsrecht, § 34 III 3 d aa; Hueck-Fastrich in Baumbach/Hueck, GmbHG, § 11 Rn 43; vgl. Rittner/Schmidt-Leithoff in Rowedder u.a., GmbHG, § 11 Rn 107, 105 mwN.

[155] BGHZ 53, 210, 214; BGHZ 65, 378, 380; BGHZ 76, 320, 325; BAG, NJW 1997, 3331; MünchHdb./Heinrich, § 13 Rn 20; Hachenburg/Ulmer, GmbHG, § 11 Rn 52, 108; Klein, Rückgriffsanspruch, S. 35 ff.; Knoche, Gründerhaftung, S. 42; K. Schmidt, GmbHR 1973, 146, 152; Lutter/Hommelhoff, GmbHG, § 11 Rn 14; Rittner/Schmidt-Leithoff in Rowedder u.a., GmbHG, § 11 Rn 112.

[156] Vgl. BSG, BB 1986, 2271, 2272; Rittner/Schmidt-Leithoff in Rowedder u.a., GmbHG, § 11 Rn 112; Hachenburg/Ulmer, GmbHG, § 11 Rn 108; Theobald, Gründerhaftung, S. 43; Knoche, Gründerhaftung, S. 43; Klein, Rückgriffsanspruch, S. 36 ff.; Hueck-Fastrich in Baumbach/Hueck, GmbHG, § 11 Rn 45.

[157] Die h.M. lehnt dieses ab. Bejahend, unter teilweise einschränkenden Voraussetzungen: LG Karlsruhe, BB 1997, 1967; OLG Karlsruhe, ZIP 1998, 958, 959; Rittner/Schmidt-Leithoff in Rowedder u.a., GmbHG, § 11 Rn 112; Hachenburg/Ulmer, GmbHG, § 11 Rn 108 mwN; ähnlich Hueck-Fastrich in Baumbach/Hueck, GmbHG, § 11 Rn 45; a.A. Klein, Rückgriffsanspruch, S. 35 ff.

[158] RGZ 70, 296, 298; BGHZ 72, 45, 47; vgl. Klein, Rückgriffsanspruch, S. 39; Scholz, GmbHR 1956, 3 ff.; Rittner/Schmidt-Leithoff in Rowedder u.a., GmbHG, § 11 Rn 87, 110.

[159] Vgl. BGH, DB 1961, 501, 501; MünchHdb./Gummert, § 16 Rn 71; Rittner/Schmidt-Leithoff in Rowedder u.a., GmbHG, § 11 Rn 114; Hueck-Fastrich in Baumbach/Hueck, GmbHG, § 11 Rn 44; Lutter/Hommelhoff, GmbHG, § 11 Rn 13; Scholz/K. Schmidt, GmbHG, § 11 Rn 107; Hachenburg/Ulmer, GmbHG, § 11 Rn 109; MünchHdb./Heinrich, § 13 Rn 21 jeweils mwN.

Unklar ist allerdings, ob für das Handeln im Namen der Gesellschaft ausreicht, dass der Geschäftsführer für die GmbH „in Gründung“, also im Namen der Vorgesellschaft, gehandelt hat. Eine Ansicht bejaht auch in diesem Fall das Eingreifen der Handelndenhaftung[160], während nach der Gegenansicht eine Haftung desjenigen, der im Namen der Vorgesellschaft gehandelt hat, ausscheidet[161]. Die herrschende Rechtsprechung fordert ein Handeln im Namen der künftigen, noch einzutragenden Gesellschaft und lässt ein Handeln im Namen der Vorgesellschaft grundsätzlich nicht genügen. Denn die ratio des § 11 Abs. 2 GmbHG bestehe darin, dem Geschäftspartner in der Person des Handelnden einen sonst nicht vorhandenen Schuldner zu verschaffen, an dem es nur bei einem Handeln namens der künftigen GmbH fehle[162]. Auch wenn sowohl der Wortlaut als auch der Normzweck von § 11 Abs. 2 GmbHG für das Erfordernis eines Handelns im Namen der zukünftigen GmbH sprechen, bestehen doch gute Gründe, wie der Bedeutungswandel der Handelndenhaftung und die Entwicklung des Rechts der Vorgesellschaft, für eine Bejahung der Handelndenhaftung auch bei einem Handeln namens der Vorgesellschaft[163]. Nachdem die Handelndenhaftung sogar unabhängig von der Kenntnis des Dritten von der Eintragung der Gesellschaft ist, würde eine solche Differenzierung auf der Ebene des Handelnden zum Widerspruch und zu Zufallsergebnissen führen[164]. Da der Dritte regelmäßig annehmen wird, dass im Ergebnis zumindest auch die zukünftige juristische Person verpflichtet werden soll, legt auch die Rechtsprechung die Erklärungen der für die Gesellschaft „in Gründung“ Handelnden dahingehend aus, dass gleichzeitig für die künftige Gesellschaft gehandelt wurde[165]. Folglich begründen beide Bezeichnungen im Ergebnis die Handelndenhaftung.

Auch im umgekehrten Fall des Handelns für die (künftige) „GmbH“ gelangt der BGH zu dem Ergebnis, dass damit zugleich für die Vorgesellschaft gehandelt wurde,

---

[160] Klein, Rückgriffsanspruch, S. 39 f.; Weimar, GmbHR 1988, 289, 297; Maulbetsch, DB 1984, 1561, 1562; Rittner/Schmidt-Leithoff in Rowedder u.a., GmbHG, § 11 Rn 110; Fleck, GmbHR 1983, 5, 14; Knoche, Gründerhaftung, S. 42; Scholz/K. Schmidt, GmbHG, § 11 Rn 107 mwN; Hachenburg/Ulmer, GmbHG, § 11 Rn 109 mwN; Hueck-Fastrich in Baumbach/Hueck, GmbHG, § 11 Rn 44 mwN; Schmidt, Gesellschaftsrecht, § 34 III b aa; vgl. auch Binz, Haftungsverhältnisse, S. 239 ff.

[161] Lutter/Hommelhoff, GmbHG, § 11 Rn 14; MünchHdb./Heinrich, § 13 Rn 21; Schultze v. Lasaulx, JZ 1952, 390, 392; Dilcher, JuS 1966, 89, 95; Scholz, GmbHR 1956, 3, 3; Roth, in Roth/Altmeppen, GmbHG, § 11 Rn 21 ff.

[162] OLG Hamm, WM 1985, 658, 660. Der BGH äußerte sich nur obiter dicta: BGHZ 51, 30, 33; BGHZ 53, 210, 214; BGHZ 65, 378, 380; BGHZ 66, 359, 360 f. Konsequenz dieser Ansicht ist, dass sich die Haftung der Vorgesellschaft und die Haftung der Handelnden gegenseitig ausschließen würden.

[163] Hueck-Fastrich in Baumbach/Hueck, GmbHG, § 11 Rn 44; vgl. Rittner/Schmidt-Leithoff in Rowedder u.a., GmbHG, § 11 Rn 87; Roth, in Roth/Altmeppen, GmbHG, § 11 Rn 21 ff mwN.

[164] Vgl. Scholz/K. Schmidt, GmbHG, § 11 Rn 107 mwN; Rittner/Schmidt-Leithoff in Rowedder u.a., GmbHG, § 11 Rn 110; Hueck-Fastrich in Baumbach/Hueck, GmbHG, § 11 Rn 17; vgl. Petersen, Gründerhaftung, S. 108; Klein, Rückgriffsanspruch, S. 39 f.; Harrer, Haftungsverhältnisse, S. 229; Binz, Haftungsverhältnisse, S. 244; Dilcher, JuS 1966, 89, 95; Wiedemann, JurA 1970, 439, 460; Büttner, Identität, S. 119; v. Bismarck, Rechtsnatur, S. 92; vgl. auch Dregger, Haftungsverhältnisse, S. 108, demzufolge die Differenzierung in Wortlaut und Zweck der Norm keine Stütze findet.

[165] BGHZ 53, 210, 211; BGHZ 91, 148, 149 f.; BGH, NJW 1980, 287, 287; BGH, NJW 1982, 932, 932; BGH, GmbHR 1990, 206, 206; KG Berlin, GmbHR 1994, 121, 121.

so dass die Handelndenhaftung eingreift[166]. Begründet wird dies in der Literatur mit der Vermeidung von Zufallsergebnissen und der Rechtsträgeridentität von Vorgesellschaft und GmbH, nach der es ohne Bedeutung ist, ob namens der künftigen GmbH oder namens der Vorgesellschaft gehandelt wird[167]. Grundsätzlich kann damit jedes rechtsgeschäftliche Handeln, das erkennbar für die künftige GmbH oder für die Vorgesellschaft erfolgt, die Haftung des § 11 Abs. 2 GmbHG auslösen, außer es erfolgte ausdrücklich nur für die Vorgesellschaft.

d. Inhalt und Umfang der Handelndenhaftung

Gesetzliche Folge des Handelns im Namen der Gesellschaft vor ihrer Eintragung ist eine persönliche, unbeschränkte und gesamtschuldnerische Haftung der Handelnden. Der Begriff „haften" wird allgemein dahingehend ausgelegt, dass die Handelnden in gleicher Weise wie die Vorgesellschaft und wie die eingetragene Gesellschaft für die in der Gründungsphase eingegangenen Rechtsgeschäfte verantwortlich sind. Inhalt und Umfang der Haftung bestimmen sich daher so, als wäre das Gründungsgeschäft mit der bereits eingetragenen GmbH abgeschlossen worden. Die Handelndenhaftung ist damit nicht als Garantie-, sondern als Erfüllungshaftung ausgestaltet[168]. Die Haftung ist zwar akzessorisch zur Gesellschaftsverbindlichkeit und richtet sich damit grundsätzlich nach dieser[169], doch begründet sie eine eigenständige gesetzliche Verpflichtung auf Erbringung der namens der Gesellschaft zugesagten Leistung[170]. Daher ist der Handelnde trotz Akzessorietät der Handelndenhaftung zur Gesellschaftsverbindlichkeit auch dann zur Leistung verpflichtet, wenn er seine Vertretungsmacht überschritten hat und deshalb eine Verbindlichkeit der Vorgesellschaft

---

[166] BGHZ 72, 45, 47; vgl. auch BGH, JZ 1955, 614, 614, f. mit zust. Anm. Schilling, S. 615 f. wo bereits zwischen einem Handeln im Namen der künftigen GmbH, im Namen der Vorgesellschaft sowie im Namen beider differenziert wurde; OLG Celle, GmbHR 1990, 398, 938.

[167] J. Schneider, Vorbelastungshaftung, S. 51; Weimar, GmbHR 1988, 289, 297; Scholz/K. Schmidt, GmbHG, § 11 Rn 107 mwN; Hachenburg/Ulmer, GmbHG, § 11 Rn 108; Rittner/Schmidt-Leithoff in Rowedder u.a., GmbHG, § 11 Rn 87, 110; Hueck-Fastrich in Baumbach/Hueck, GmbHG, § 11 Rn 17; vgl. Petersen, Gründerhaftung, S. 108; Harrer, Haftungsverhältnisse, S. 229; Klein, Rückgriffsanspruch, S. 39 f.

[168] Vgl. BGHZ 53, 210, 214; Rittner/Schmidt-Leithoff in Rowedder u.a., GmbHG, § 11 Rn 115; Harrer, Haftungsverhältnisse, S. 230 f.; Schmidthoff/Sudhoff, Gesellschaftsvertrag, S. 42; MünchHdb./Heinrich, § 13 Rn 23; Scholz/K. Schmidt, GmbHG, § 11 Rn 111; Hachenburg/Ulmer, GmbHG, § 11 Rn 114; Klein, Rückgriffsanspruch, S. 167; v. Bismarck, Rechtsnatur, S. 114; a.A. Petersen, Gründerhaftung, S. 111 ff.; vgl. auch Harrer, Haftungsverhältnisse, S. 231 f., der den Streit zwischen der Erfüllungs- und der Haftungstheorie bei der Frage der Haftung der Gesellschafter einer OHG entsprechend auf die Haftung der Handelnden anwenden will.

[169] BGHZ 53, 210, 214; BGHZ 69, 104; Theobald, Vor-GmbH, S. 43 f.; MünchHdb./Gummert, § 16 Rn 74; Hachenburg/Ulmer, GmbHG, § 11 Rn 111 ff., 116; Rittner/Schmidt-Leithoff in Rowedder u.a., GmbHG, § 11 Rn 115; Klein, Rückgriffsanspruch, S. 40, 167 f.; Knoche, Gründerhaftung, S. 43; Theobald, Vor-GmbH, S. 80 ff., 135; J. Schneider, Vorbelastungshaftung, S. 51; Scholz/K. Schmidt, GmbHG, § 11 Rn 111; K. Schmidt, OHG, S. 354; a.A. und für ein Gesamtschuldverhältnis: RGZ 72, 401, 406; Schmidt-Leithoff in Rowedder u.a., GmbHG, § 11 Rn 119; Hueck-Fastrich in Baumbach/Hueck, GmbHG, § 11 Rn 47.

[170] Theobald, Vor-GmbH, S. 43.

nicht entstanden ist[171]. Der Handelnde schuldet allerdings nur Erfüllung der bis zur Eintragung der Gesellschaft geschlossenen Gründungsgeschäfte, nicht aber auch derjenigen, die erst durch ein weiteres Tätigwerden der eingetragenen GmbH endgültig zustande kommen, mögen sie auch auf einem vorangegangenen Rahmenvertrag basieren und im Zusammenhang mit früheren Rechtsgeschäften stehen[172]. Hintergrund dieser Haftungsausgestaltung ist, dass die Gläubiger bei Abschluss eines Gründungsgeschäftes nicht schlechter, aber auch nicht besser gestellt werden sollen[173]. Durch die Erfüllungshaftung des Handelnden steht der Dritte jedenfalls nicht schlechter, als wenn die GmbH bereits entstanden und selber verpflichtet worden wäre. Dies entspricht der oben erwähnten Sicherungsfunktion der Handelndenhaftung[174]. Dem Dritten steht dabei kein Wahlrecht zwischen Erfüllung und Schadensersatz wie im Rahmen von § 179 BGB zu[175].

Ihrem Umfang nach ist die Haftung der Handelnden unbeschränkt[176]. Der Annahme einer Beschränkung der Haftung auf die Höhe des Stammkapitals kann nicht gefolgt werden[177], da dies dem Verständnis einer zur unbeschränkten Haftung der Vorgesellschaft akzessorischen Haftung widerspräche[178] und der Handelndenhaftung ihre Bedeutung als Sicherungs- und Ausgleichsfunktion nehmen würde. Da dem Zweck von § 11 Abs. 2 GmbHG, einen wirksamen Gläubigerschutz zu gewährleisten, nur Rechnung getragen wird, wenn die Haftung des Handelnden der der Gesellschaft entspricht[179], richtet sich die Höhe der Haftung nach der Verbindlichkeit der Gesellschaft. Mehrere Handelnde haften dabei nach § 11 Abs. 2 GmbHG gesamtschuldnerisch[180].

Die Verteidigung des nach § 11 Abs. 2 GmbHG haftenden Handelnden ist dadurch erschwert, dass die Gesellschaft Partei des Gründungsgeschäftes bleibt[181], und der Handelnde damit zwar persönlich, aber gleichwohl für eine fremde Schuld haftet.

---

[171] Harrer, Haftungsverhältnisse, S. 231; vgl. Scholz/K. Schmidt, GmbHG, § 11 Rn 113.

[172] v. Bismarck, Rechtsnatur, S. 114.

[173] BGHZ 53, 210, 214; BGHZ 69, 95, 104; MünchHdb./Heinrich, § 13 Rn 23; Scholz/K. Schmidt, GmbHG, § 11 Rn 111; Hueck-Fastrich in Baumbach/Hueck, GmbHG, § 11 Rn 47; Lutter/Hommelhoff, GmbHG, § 11 Rn 15; Binz, Haftungsverhältnisse, S. 254; a.A. nur Riedel, NJW 1971, 351, 352 ff.

[174] S. den Abschnitt "Funktion der Handelndenhaftung" auf S. 45 ff.

[175] Scholz/K. Schmidt, GmbHG, § 11 Rn 111; Rittner/Schmidt-Leithoff in Rowedder u.a., GmbHG, § 11 Rn 115; vgl. Harrer, Haftungsverhältnisse, S. 231.

[176] Theobald, Vor-GmbH, S. 44; Ulmer, FS Ballerstedt, S. 279, 298; Hachenburg/Ulmer, GmbHG, § 11 Rn 113 f.; Sudhoff, GmbHR 1965, 107, 109; Scholz/K. Schmidt, GmbHG, § 11 Rn 112; s. aber Meister, FS Werner, 521, 553 f., der eine Haftungsbeschränkung erwägt.

[177] so aber Deeg, BB 1950, 720, 720 f., der eine Beschränkung der Haftung aus Wortlaut, Standort und Bedeutung des § 11 Abs. 2 GmbHG ableiten will.

[178] Vgl. RGZ 72, 401, 403; BGH, NJW 1973, 798, 798; BGHZ 53, 210, 213; KG Berlin, GmbHR 1994, 121, 121; Knoche, Gründerhaftung, S. 43; Rittner/Schmidt-Leithoff in Rowedder u.a., GmbHG, § 11 Rn 117; Hachenburg/Ulmer, GmbHG, § 11 Rn 120; Scholz/K. Schmidt, GmbHG, § 11 Rn 110, 112; Ulmer, FS Ballerstedt, S. 279, 298.

[179] Klein, Rückgriffsanspruch, S. 41.

[180] § 421 BGB.

[181] Rittner/Schmidt-Leithoff in Rowedder u.a., GmbHG, § 11 Rn 116; Harrer, Haftungsverhältnisse, S.231; Scholz/K.Schmidt, GmbHG, § 11 Rn 111 ff.; Hachenburg/Ulmer, GmbHG, § 11 Rn 113 mwN.

Allerdings ist anerkannt, dass aus der akzessorischen Natur der Handelndenhaftung zur Haftung der Vorgesellschaft und der inhaltlichen Ausgestaltung der Handelndenhaftung nach Maßgabe des im Namen der Gesellschaft abgeschlossenen Rechtsgeschäfts folgt, dass sich der Handelnde auf alle Einwendungen und Einreden der Gesellschaft mit Ausnahme des Einwands der mangelnden Vertretungsmacht berufen kann[182]. Denn die Leistungspflicht des Handelnden kann nicht weiter gehen als die der rechtsfähigen GmbH[183].

Zu klären bleibt, ob dem Handelnden als Äquivalent zu seiner Erfüllungshaftung ein Erfüllungsanspruch oder andere Gegenansprüche aus dem Gründungsgeschäft zustehen. Grundsätzlich stehen diese Ansprüche nur dem jeweiligen Vertragspartner zu. Vertragspartnerin des Dritten ist und bleibt aber die Vorgesellschaft, die damit Gläubigerin der Gegenleistung ist und der der Erfüllungsanspruch aus dem Vertrag zusteht[184]. Diesem Ergebnis entspricht die Sicherungs- und Ausgleichsfunktion der Handelndenhaftung. Ausnahmsweise steht dem Handelnden aber entsprechend § 179 BGB ein eigener Erfüllungsanspruch zu, wenn er die Gesellschaft nicht wirksam vertreten hat, diese das Rechtsgeschäft nicht genehmigt und der Vertragspartner nach Kenntniserlangung von der fehlenden Bindung der Gesellschaft Erfüllung verlangt[185].

Die Anordnung der Handelndenhaftung in § 11 Abs. 2 GmbHG gilt ihrer Funktion und ihrem Schutzzweck entsprechend nur zugunsten des Vertragspartners des Handelnden. Die Handelndenhaftung greift auch dann nicht gegenüber den Gründern ein, wenn diese als Drittgläubiger rechtsgeschäftliche Forderungen gegen die Vorgesellschaft erwerben, oder wenn es sich um ein von der Gesellschaft unabhängiges rechtsgeschäftliches Verhältnis handelt[186]. Die mit der Aufnahme der Geschäftstätigkeit einverstandenen Gründer sind weder schutzbedürftig noch schutzwürdig und dürfen das Risiko des Handelns im Gründungsstadium nicht auf die Geschäftsführer abwälzen.

---

[182] Scholz/K. Schmidt, GmbHG, § 11 Rn 111; Hachenburg/Ulmer, GmbHG, § 11 Rn 113, 116; Theobald, Vor-GmbH, S. 44; J. Schneider, Vorbelastungshaftung, S. 51; Rittner/Schmidt-Leithoff in Rowedder u.a., GmbHG, § 11 Rn 116; Scholz/K. Schmidt, GmbHG, § 11 Rn 111; Knoche, Gründerhaftung, S. 43; Klein, Rückgriffsanspruch, S. 40; MünchHdb./Heinrich, § 13 Rn 23; MünchHdb/Gummert, § 16 Rn 74.

[183] BGHZ 53, 210, 214; BGHZ 69, 95, 104; Binz, Haftungsverhältnisse, S. 254; Raiser, Kapitalgesellschaften, § 26 Rn 82.

[184] Rittner/Schmidt-Leithoff in Rowedder u.a., GmbHG, § 11 Rn 116; Hachenburg/Ulmer, GmbHG, § 11 Rn 116 f.; Roth in Roth/Altmeppen, GmbHG, § 11 Rn 34; Hueck-Fastrich in Baumbach/Hueck, GmbHG, § 11 Rn 47; v. Bismarck, Rechtsnatur, S. 115.

[185] BGHZ 69, 95, 103 f.; Hachenburg/Ulmer, GmbHG, § 11 Rn 117; Rittner/Schmidt-Leithoff in Rowedder u.a., GmbHG, § 11 Rn 117; Scholz/K. Schmidt, GmbHG, § 11 Rn 111.

[186] RGZ 105, 152, 153; BGHZ 15, 204, 206; BGHZ 53, 210, 214; BGHZ 65, 378, 380; BGHZ 76, 320, 325; Weimar, GmbHR 1988, 289, 297; Klein, Rückgriffsanspruch, S. 40; Raiser, Kapitalgesellschaften, § 26 Rn 82; Hachenburg/Ulmer, GmbHG, § 11 Rn 112; Lutter/Hommelhoff, GmbHG, § 11 Rn 15; Hueck-Fastrich in Baumbach/Hueck, GmbHG, § 11 Rn 45; Rittner/Schmidt-Leithoff in Rowedder u.a., GmbHG, § 11 Rn 113; kritisch Scholz/K. Schmidt, GmbHG, § 11 Rn 108; a.A. M. Scholz, Gründungsstadium, S. 158 f.

e. Dauer der Haftung

§ 11 GmbHG trifft keine Aussage über die Dauer der Handelndenhaftung. Aus dem Inhalt dieser Bestimmung ergibt sich aber, dass sie für den Zeitraum nach der notariellen Gesellschaftsgründung konzipiert ist[187]. Damit kann die Handelndenhaftung ab dem Zeitpunkt der notariellen Beurkundung des Gesellschaftsvertrages eingreifen. Hinsichtlich des Erlöschens der Handelndenhaftung stellt sich die Frage der Auswirkung der Entstehung der Gesellschaft durch Eintragung in das Handelsregister. Nachdem diese Frage lange Zeit umstritten war, ist mittlerweile allgemein anerkannt, dass die Handelndenhaftung erlischt, wenn die Gesellschaft eingetragen wird und die für die Vorgesellschaft wirksam begründeten Verbindlichkeiten automatisch auf die GmbH übergehen[188]. Begründet wird dies damit, dass der Dritte mit Eintragung der Gesellschaft den vertragsmäßig vorgesehenen bzw. gegebenenfalls erwarteten Schuldner, die GmbH, erhält: Aufgrund der kontrollierten und publizierten Kapitalbasis der GmbH und des durch die Vorbelastungshaftung[189] garantierten Haftungsfonds ist der Zweck der Handelndenhaftung, die Sicherungs- und Ausgleichsfunktion, erfüllt[190]. Voraussetzung ist allerdings, dass die Vorgesellschaft selbst wirksam verpflichtet wurde, weil ansonsten ein Erlöschen der Haftung aus Gläubigerschutzgesichtspunkten nicht gerechtfertigt wäre[191]. Das Erlöschen erfolgt dabei ohne Mitwirkung des Dritten,

---

[187] Vgl. BGH, NJW 1984, 2164, 2164; BGH, GmbHR 1985, 214, 214; Gehrlein, DB 1996, 561, 564; vgl. auch zur Anwendbarkeit von § 11 Abs. 2 GmbHG auf die Vorgründungsgesellschaft den Abschnitt „Handelndenhaftung in der Vorgründungsgesellschaft" auf S. 65 f.

[188] hM seit BGHZ 80, 129, 129 ff.; BGHZ 80, 182, 183 ff.; obiter dicta auch schon BGHZ 69, 95, 103 f.; Schmidthoff/Sudhoff, Gesellschaftsvertrag, S. 43; MünchHdb./Gummert, § 16 Rn 98; Knoche, Gründerhaftung, S. 44 ff.; Dregger, Haftungsverhältnisse, S. 198 ff.; Hüffer, JuS 1983, 161, 168; Müther, MDR 2001, 366, 366; Lutter/Hommelhoff, GmbHG, § 11 Rn 16; Petersen, Gründerhaftung, S. 112 f.; Harrer, Haftungsverhältnisse, S. 233 ff. mwN; Hueck-Fastrich in Baumbach/Hueck, GmbHG, § 11 Rn 49, 51 mwN; Scholz/K. Schmidt, GmbHG, § 11 Rn 118; Roth, in Roth/Altmeppen, GmbHG, § 11 Rn 31; Rittner/Schmidt-Leithoff in Rowedder u.a., GmbHG, § 11 Rn 121; Hirte, Kapitalgesellschaftsrecht, Rn 92. Vgl. aber OLG Saarbrücken, GmbHR 1992, 307, 308 f. mit Anm Jestaedt, wonach die Handelndenhaftung für gesetzliche Verbindlichkeiten nicht durch Eintragung erlöschen soll, wenn die Berufung darauf eine unzulässige Rechtsausübung wäre, weil die Gesellschaft im Eintragungszeitpunkt bereits konkursreif im Sinn von §§ 63 f. GmbHG war; vgl. auch M. Scholz, Gründungsstadium, S. 156 ff., der § 41 Abs. 2 AktG analog anwendet und somit zu einer Enthaftung bei Vorliegen einer innerhalb von 3 Monaten nach Eintragung der Gesellschaft geschlossenen Vereinbarung zwischen Handelnden und Gesellschaft kommt; Hachenburg/Ulmer, GmbHG, 7. Aufl., § 11 Rn 83 folgert daraus aber den Fortbestand der Haftung. Ablehnung dieser Ansicht bei Theobald, Vor-GmbH, S. 44 f.

[189] s. zur Vorbelastungshaftung den Abschnitt "Haftung der Gründergesellschafter nach Eintragung der GmbH" auf S. 91 ff.

[190] BGHZ 80, 182, 183 f.; obiter schon BGHZ 69, 95, 103 f.; BGHZ 76, 320, 323; s. a. Hachenburg/Ulmer, GmbHG, § 11 Rn 76, 81, 99, 107, 118; Scholz/K. Schmidt, GmbHG, § 11 Rn 118; Stimpel, FS Fleck, S. 345, 364; Harrer, Haftungsverhältnisse, S. 234; Knoche, Gründerhaftung, S. 44 f.; Grunewald, Gesellschaftsrecht, S. 327; J. Meyer, Haftungsbeschränkung, S. 345; Gehrlein, DB 1996, 561, 564; Schmidthoff/Sudhoff, Gesellschaftsvertrag, S. 43; MünchHdb./Gummert, § 16 Rn 98; Lutter/Hommelhoff, GmbHG, § 11 Rn 16.

[191] Vgl. Hueck-Fastrich in Baumbach/Hueck, GmbHG, § 11 Rn 51; Müther, MDR 2001, 366, 367; s. dazu den Abschnitt „Haftung der Vorgesellschaft" auf S. 95 ff.

und ohne dass dieser einen Einfluss darauf hätte[192]. Beendet der Geschäftsführer seine Stellung vor Eintragung der Gesellschaft, so haftet er nur noch für die während seiner Tätigkeit als Geschäftsführer eingegangenen Rechtsgeschäfte. Für die danach abgeschlossenen Gründungsgeschäfte trifft ihn keine Handelndenhaftung[193].

Mit der Entscheidung für den Fortfall der Handelndenhaftung nach Eintragung der GmbH und deren Kompensation durch die Vorbelastungshaftung der Gründergesellschafter behält die Handelndenhaftung ihre Bedeutung als Ausfallhaftung noch bei gescheiterten Gründungen[194]. Die Haftung des Handelnden, der für eine Vorgesellschaft haftungsbegründend gehandelt hat, haftet weiter, wenn diese erste GmbH-Gründung gescheitert ist, auch wenn eine neue GmbH gegründet und eingetragen worden ist[195]. Daneben kommt ihr eine Ausgleichsfunktion bei Rechtsgeschäften zu, die wegen fehlender Vertretungsmacht des Handelnden oder wegen Überschreitens der Vertretungsmacht nicht wirksam für die Vorgesellschaft begründet wurden[196]. Mangels wirksamer Verpflichtung der Vorgesellschaft können diese Rechtsgeschäfte nicht auf die GmbH im Zeitpunkt der Eintragung übergehen[197]. Die Handelndenhaftung erlischt daher in diesem Fall nur, wenn die Vorgesellschaft oder die entstandene GmbH das jeweilige Rechtsgeschäft genehmigt[198]. Hat der Handelnde den gegen ihn gerichteten Anspruch aus der Handelndenhaftung allerdings schon vor Eintragung der Gesellschaft in das Handelsregister erfüllt, und ist dementsprechend der Anspruch des Dritten gegen die Gesellschaft nach § 426 Abs. 2 BGB auf ihn übergegangen, hat das Erlöschen des Anspruches im Zeitpunkt der Eintragung keine Auswirkung mehr auf ihn. Der Handelnde kann das Geleistete auch nicht wegen Wegfalls des rechtlichen Grundes nach § 812 Abs. 1 S. 1 Alt. 1 BGB zurückverlangen[199].

f. Regressmöglichkeit

Da § 11 Abs. 2 GmbHG nicht als endgültige Risikoverteilung interpretiert wird, kann dem in Anspruch genommenen Handelnden ein Regressanspruch aus dem

---

[192] Hueck-Fastrich in Baumbach/Hueck, GmbHG, § 11 Rn 49.
[193] Hueck-Fastrich in Baumbach/Hueck, GmbHG, § 11 Rn 43; Hachenburg/Ulmer, GmbHG, Rn 110.
[194] Vgl. BGHZ 80, 129, 133; BGHZ 80, 182, 184 f.; Goette, DStR 1998, 179, 181; Sandberger, FS Fikentscher, S. 389, 415; MünchHdb./Heinrich, § 13 Rn 24; Harrer, Haftungsverhältnisse, S. 233; Hachenburg/Ulmer, GmbHG, § 11 Rn 107; Scholz/K. Schmidt, GmbHG, § 11 Rn 119.
[195] BGH, ZIP 1983, 229; Scholz/K. Schmidt, GmbHG, § 11 Rn 119.
[196] MünchHdb./Gummert, § 16 Rn 98; MünchHdb./Heinrich, § 13 Rn 24; Lutter/Hommelhoff, GmbHG, § 11 Rn 16; Hachenburg/Ulmer, GmbHG, § 11 Rn 119; Knoche, Gründerhaftung, S. 45; Müther, MDR 2001, 366, 367; iE auch Scholz/K. Schmidt, GmbHG, § 11 Rn 120.
[197] Gehrlein, DB 1996, 561, 564; Knoche, Gründerhaftung, S. 45; Müther, MDR 2001, 366, 367; Lutter/Hommelhoff, GmbHG, § 11 Rn 16; Hachenburg/Ulmer, GmbHG, § 11 Rn 107, 118 f.; vgl. zum Übergang der Verbindlichkeiten auch den Abschnitt „Haftung der entstandenen Gesellschaft" auf S. 98 ff.
[198] BGHZ 80, 182; BGH, NJW 1982, 932; BGH, NJW 1981, 1452, 1452 f.; Hueck-Fastrich in Baumbach/Hueck, GmbHG, § 11 Rn 49; MünchHdb./Heinrich, § 13 Rn 24; Hachenburg/Ulmer, GmbHG, Rn 107, 118 f.; Meyke, Haftung GmbH–Geschäftsführer, S. 239; teilw. abweichend Scholz/ K. Schmidt, GmbHG, Rn 120: nur Anwendung von § 179 BGB.
[199] Hachenburg/Ulmer, GmbHG, § 11 Rn 118; vgl. Scholz/K. Schmidt, GmbHG, Rn 120.

Anstellungsvertrag iVm §§ 675, 670 BGB gegen die Gesellschaft zustehen[200]. Bei Fehlen eines Anstellungsvertrages und bei Überschreiten der im Anstellungsvertrag eingeräumten Kompetenzen wird der Regressanspruch des Handelnden bei Bindung der Gesellschaft nach außen aus dem Rechtsinstitut der Geschäftsführung ohne Auftrag nach §§ 683, 684 BGB abgeleitet[201]. Die Regresshaftung der Gesellschaft ist im Gesetz zwar nicht angelegt, da der Gesetzgeber von einer ausschließlichen Haftung der Handelnden ausging. Sie entspricht aber der Abstandsnahme vom Vorbelastungsverbot: Vorbelastungen, die rechtmäßig herbeigeführt worden sind, treffen auch im Innenverhältnis die Gesellschafter[202]. Die Gewährung eines Regressanspruchs ist zudem insofern konsequent, als sie der Stellung des Geschäftsführers als Organ und nicht als Mitglied der Vorgesellschaft, das in der Regel kein eigenes Anlage- und Investitionsinteresse mit der Gesellschaft verknüpft und daher nicht das wirtschaftliche Risiko des Unternehmenserfolges tragen soll, Rechnung trägt.

Hinsichtlich des Rückgriffsanspruchs des Handelnden gegen die Gründer reicht der Meinungsstand vom völligen Ausschluss[203] über die Gewährung eines eingeschränkten Regresses entsprechend der eingeschränkten Außenhaftung der Gründer[204] bis hin zur Annahme einer unbeschränkten Ausgleichspflicht der Gründer[205]. Eine differenzierte Ansicht verfolgt bisher die Rechtsprechung[206]. Die Gründer wollen bei Gründung einer GmbH in der Regel allenfalls das Risiko des Verlustes ihrer Einlagen eingehen, so dass sich die Handelnden nur in diesem Umfang an ihnen schadlos halten können, wenn sie keine weitergehende Befugnis haben als Verbindlichkeiten für die Vorgesellschaft zu begründen, welche die versprochene Einlage nicht übersteigen. Werden die Handelnden jedoch ermächtigt, Verbindlichkeiten für die Vorgesellschaft zu begründen, die deren Vermögen übersteigend, haben die Gründer das Risiko der

---

[200] BGHZ 86, 122, 126 f.; H. Schmidt, GmbHR 1988, 129, 129; Theobald, Vor-GmbH, S. 45, 143; Klein, Rückgriffsanspruch, S. 84; Lutter/Hommelhoff, GmbHG, § 11 Rn 16; Hueck-Fastrich in Baumbach/Hueck, GmbHG, § 11 Rn 81; Scholz/K. Schmidt, GmbHG, Rn 114; Hachenburg/Ulmer, GmbHG, § 11 Rn 121; MünchHdb./Gummert, § 16 Rn 77; Roth, ZGR 1984, 597, 619; vgl. Petersen, Gründerhaftung, S. 113 f.; Kübler, Gesellschaftsrecht, S. 326; Rittner/Schmidt-Leithoff in Rowedder u.a., GmbHG, § 11 Rn 120, § 35 Rn 90; Hirte, Kapitalgesellschaftsrecht, Rn 93; Grunewald, Gesellschaftsrecht, S. 327.

[201] MünchHdb./Heinrich, § 13 Rn 25; MünchHdb./Gummert, § 16 Rn 77; Theobald, Vor-GmbH, S. 45; Raiser, Kapitalgesellschaften, § 26 Rn 83; vgl. Kusserow, Einmann-GmbH, S. 210.

[202] Scholz/K. Schmidt, GmbHG, Rn 114.

[203] Huber, FS Fischer, S. 263, 288 f.; Stimpel, FS Fleck, S. 345, 364; Scholz/K. Schmidt, GmbHG, § 11 Rn 116; Lutter/Hommelhoff, GmbHG, § 11 Rn 17; Hachenburg/Ulmer, GmbHG, § 11 Rn 123; Kusserow, Einmann-GmbH, S. 210 f.

[204] Sandberger, FS Fikentscher, S. 389, 415; Rittner/Schmidt-Leithoff in Rowedder u.a., GmbHG, § 11 Rn 120. Die Vertreter dieser Ansicht nahmen auch die beschränkte Haftung der Gründergesellschafter an. Zu den verschiedenen Theorien der Gründerhaftungsausgestaltung s. den Abschnitt „Haftung der Gründer als Gesellschafter vor Eintragung der Gesellschaft" auf S. 67 ff.

[205] H. Schmidt, GmbHR 1988, 129, 129; Klein, Rückgriffsanspruch, S. 131 ff.; J. Meyer, Haftungsbeschränkung, S. 352; Flume, Bürgerliches Recht, S. 166; Flume, NJW 1981, 1753, 1755; Priester, ZIP 1982, 1141, 1153; Theobald, Vor-GmbH, S. 130 ff.; Derwisch-Ottenberg, Haftungsverhältnisse, S. 75; Meister, FS Werner, S. 521, 551; Lieb, FS Stimpel, S. 399, 403 ff.; Hueck-Fastrich in Baumbach/Hueck, GmbHG, § 11 Rn 49a.

[206] BGHZ 86, 122, 125 f.; iE folgend: Roth, ZGR 1984, 597, 619 ff.

vorzeitigen Aufnahme des Geschäftsbetriebs auf sich genommen. Daher haften die Gründergesellschafter in diesem Fall für die Ansprüche des Geschäftsführers nach den Regeln des Auftragsrechts[207] unbeschränkt, wenn und soweit die Einlagen trotz pflichtgemäßer Geschäftsführung die entstandenen Verluste nicht tragen, und der Geschäftsführer deshalb für seine für die Gesellschaft getätigten Aufwendungen keinen Ersatz erhalten würde. Dabei soll die Haftung der Gründer für die Regressansprüche subsidiär gegenüber der Haftung der Vorgesellschaft sein.

Der Standpunkt des BGH beruht auf der seit dem Grundsatzurteil von 1997[208] überholten Rechtsprechung, nach der die Gründer für Schulden der Vorgesellschaft nicht über ihre Einlagen hinaus hafteten[209]. Die Regressproblematik muss seit dem Grundsatzurteil neu durchdacht werden. Teilweise wird nun auch beim Handelndenregress das Innenhaftungsmodell angewendet[210]. Andere lehnen aufgrund des Binnenhaftungsmodells des BGH oder aufgrund der fehlenden Rechtsbeziehung zwischen Gesellschafter und handelndem Geschäftsführer eine direkte Haftung der Gesellschafter gegenüber dem Geschäftsführer ab[211]. Einige Befürworter des Außenhaftungskonzepts nehmen eine Haftung der Gesellschafter für den Regressanspruch des Handelnden an, soweit dieser pflichtgemäß gehandelt habe[212]. Eine Entscheidung der Rechtsprechung bleibt abzuwarten.

g. Vermeidung der Handelndenhaftung

aa. Haftungsvereinbarung

§ 11 Abs. 2 GmbHG enthält keine Bestimmung über die Möglichkeit der Vereinbarung einer Haftungsbeschränkung oder eines -ausschlusses. Dennoch ging schon die frühe Rechtsprechung davon aus, dass die gesetzliche Bestimmung insoweit dispositiv ist und die Handelndenhaftung durch Vereinbarung mit dem Dritten beschränkt oder abbedungen werden kann[213]. Aufgrund des von § 11 Abs. 2 GmbHG verfolgten Zweckes des Gläubigerschutzes kann der Gläubiger sich der Sicherheit, die er durch die Handelndenhaftung erhält, selbst begeben. Seine Interessen sind nur solange schützenswert, wie er nicht auf diesen Schutz verzichtet; begibt er sich aber freiwillig des gesetzlichen Schutzes, so ist der Wegfall der Haftung der Handelnden interessengerecht.

Entgegen der früheren Rechtsprechung, die einen stillschweigenden Haftungsausschluss bzw. eine stillschweigende Haftungsbeschränkung für ausreichend

---

[207] §§ 675, 670, 421 BGB.
[208] BGHZ 134, 333, 333 ff.
[209] Vgl. die Angaben in Fn 234 auf S. 44.
[210] Wiedenmann, ZIP 1997, 2029, 2029 ff.
[211] Lutter/Hommelhoff, GmbHG, § 11 Rn 17.
[212] Scholz/K. Schmidt, GmbHG, § 11 Rn 116.
[213] RGZ 72, 401, 403; RGZ 116, 71, 74; BGHZ 53, 210, 213; Lutter/Hommelhoff, GmbHG, § 11 Rn 15; Klein, Rückgriffsanspruch, S. 42; Hueck-Fastrich in Baumbach/Hueck, GmbHG, § 11 Rn 48; v. Bismarck, Rechtsnatur, S. 142 f.; Hachenburg/Ulmer, GmbHG, § 11 Rn 120; Rittner/Schmidt-Leithoff in Rowedder u.a., GmbHG, § 11 Rn 117; Meister, FS Werner, S. 521, 554 f.; Scholz/K. Schmidt, GmbHG, § 11 Rn 110;

erachtete[214] werden an die Annahme eines vertraglichen Haftungsausschlusses mittlerweile strenge Anforderungen gestellt: Notwendig ist eine klare Vereinbarung zwischen Handelndem und Drittem. Ein stillschweigender Ausschluss der Haftung für alle vor der Eintragung entstandenen Verbindlichkeiten wird nicht vermutet, weil die eventuell als unbillig empfundene Handelndenhaftung nicht durch eine unterstellte stillschweigende Vereinbarung korrigiert werden darf[215]. Ein Haftungsausschluss kann sich damit nicht schon aus der Aufklärung des Vertragspartners über die Verhältnisse bei Abschluss des Gründungsgeschäftes oder die fehlende Eintragung der Gesellschaft ergeben, da die Handelndenhaftung auch bei entsprechender Kenntnis des Vertragspartners eingreift[216]. Allein aus dem Auftreten der Handelnden für eine "GmbH in Gründung" oder eine „GmbH“ stets eine konkludente Haftungsbeschränkung oder einen konkludenten Haftungsausschluss nach §§ 133, 157 BGB zu folgern, wäre die Fiktion einer Vereinbarung und reicht als Nachweis grundsätzlich nicht aus. Zudem wäre die pauschale Annahme eines stillschweigenden Haftungsausschlusses nicht mit Art. 7 Publizitätsrichtlinie zu vereinbaren[217]. Erforderlich ist daher eine eindeutige Vereinbarung zwischen Handelnden und Drittem.

bb. Mantel- und Vorratsgesellschaft

Die Haftung der Handelnden kann auch durch wirtschaftliche Neugründung, d.h. durch Verwendung einer Mantel- oder Vorratsgesellschaft vermieden werden[218]. Die Vorratsgesellschaft ist eine auf Vorrat gegründete GmbH, die vor Abtretung ihrer Anteile mit Ausnahme der Zahlung ihrer Gründungskosten am Wirtschaftsleben noch nicht teilgenommen hat. Sie soll ohne die Aufnahme einer Gesellschaftstätigkeit erst in der Folgezeit veräußert und ihr Unternehmensgegenstand erst durch die Käufer nach Anteilsübereignung bestimmt werden. Die Mantelgesellschaft ist eine bereits bestehende GmbH, deren zunächst realisierter Unternehmensgegenstand später weggefallen ist oder aufgegeben wurde. Sie verfügt über kein nennenswertes Vermögen mehr, und ihre Gesellschafter haben beschlossen, sie dennoch nicht aufzulösen. Die äußere Form der GmbH als juristische Person bleibt daher erhalten und kann mit dem bisherigen oder einem neuen Unternehmensgegenstand durch die bisherigen Gesellschafter der

---

214 RGZ 72, 401, 403; BGHZ 53, 210, 213; KG Berlin, GmbHR 1994, 121, 121; so auch Meister, FS Werner, S. 521, 554 f., um für das damalige deutsche Recht den Gleichlauf zwischen beschränkter Gründerhaftung und Handelndenhaftung auch europarechtlich begründen zu können; a.A. H. Schmidt, GmbHR 1988, 129, 130.

215 BGHZ 53, 210, 213; Klein, Rückgriffsanspruch, S. 43; Schmidthoff/Sudhoff, Gesellschaftsvertrag, S. 41; MünchHdb./Gummert, § 16 Rn 76; Hachenburg/Ulmer, GmbHG, § 11 Rn 120; Rittner/Schmidt-Leithoff in Rowedder u.a., GmbHG, § 11 Rn 117; Scholz/K. Schmidt, GmbHG, Rn 110; Hueck-Fastrich in Baumbach/Hueck, GmbHG, § 11 Rn 48.

216 Vgl. Hueck-Fastrich in Baumbach/Hueck, GmbHG, § 11 Rn 48; Klein, Rückgriffsanspruch, S. 43 f.

217 S. den Abschnitt "Ausschluss der Haftung" auf S. 112 f.

218 Am häufigsten ist in der Rechtspraxis wohl der Mantelkauf; vgl. Peters, GmbH-Mantel, S. 1.

GmbH oder durch neue Gesellschafter nach Erwerb und Übertragung aller Gesellschaftsanteile wieder aktiviert und mit neuem Betriebskapital ausgestattet werden[219].

aaa. Zulässigkeit der Verwendung von Mantel- und Vorratsgesellschaft

Während die Vorratsgründung und die Verwendung eines GmbH-Mantels lange Zeit für unzulässig gehalten wurde[220], wird die Unzulässigkeit der Vorratsgründung heute nur noch angenommen, wenn eine verdeckte Vorratsgründung vorliegt[221]. Dies ist der Fall, wenn der Unternehmensgegenstand nur fiktiv angegeben wird und in Wahrheit überhaupt nicht oder nicht in angemessener Zeit realisiert werden soll[222]. Ferner droht die Nichtigkeitsklage nach § 75 GmbHG und die Amtslöschung nach § 144 FGG, wenn zum Zeitpunkt der Gründung keine konkrete Geschäftstätigkeit der GmbH geplant oder bewusst ein falscher Unternehmensgegenstand angegeben wird[223]. Daher ist eine „offene" Vorratsgründung zu empfehlen, bei welcher der Vorratscharakter der GmbH durch entsprechende Abfassung des Unternehmensgegenstandes offengelegt wird[224]. Weiterhin ist der Unternehmensgegenstand im Gesellschaftsvertrag grundsätzlich so konkret zu umschreiben, dass für die beteiligten Wirtschaftskreise der Schwerpunkt der Geschäftstätigkeit hinreichend erkennbar ist, weil eine unzureichende Individualisierung ein Eintragungshindernis für die GmbH darstellt[225]. Oft

---

[219] OLG Brandenburg, NZG 1999, 166 f.; Grunewald, Gesellschaftsrecht, S. 327; vgl. Hirte, Kapitalgesellschaftsrecht, Rn 95; Peters, GmbH-Mantel, S. 5 f.; Priester, DB 1983, 2291, 2291; Ammon, DStR 1999, 1039, 1039; Priester, DB 1983, 2291, 2291.

[220] KG, JW 1924, 1535 ff. mit kritischer Anm. Byk und Hachenburg; KG, JW 1925, 635 ff.; KG, JFG 1, 200, 202; KG, JFG 3, 193, 195: Nichtigkeit nach § 134 oder § 138 BGB; vgl. auch OLG Hamburg, BB 1983, 1116, 1117.

[221] Seit BGHZ 117, 323, 323 ff. ist die offene Vorratsgründung zulässig (für die AG, obiter für die GmbH auf S. 326, 331); OLG Brandenburg, NZG 1999, 166, 167; OLG Brandenburg, GmbHR 1998, 1031, 1031 ff.; vgl. Neuling, Deutsche GmbH, S. 59; Mayer, in Brambring/Jerschke, Beck'sches Notar-Handbuch, S. 797 ff., 844; K. Schmidt, Gesellschaftsrecht, §§ 34 I 2 b, 4 III 3a; Hueck-Fastrich in Baumbach/Hueck, GmbHG, § 3 Rn 13 f.; Scholz/Emmerich, GmbHG, § 3 Rn 20 f.; Lutter/Hommelhoff, GmbHG, § 3 Rn 7; Priester, DB 1983, 2291, 2292 ff., 2298.

[222] Hueck-Fastrich in Baumbach/Hueck, GmbHG, § 3 Rn 13; Hachenburg/Ulmer, GmbHG, § 3 Rn 27 ff, 32 f.; Priester, DB 1983, 2291, 2298; Lutter/Hommelhoff, GmbHG, § 3 Rn 7; Roth, in Roth/Altmeppen, GmbHG, § 3 Rn 16; für generelle Zulässigkeit Scholz/Emmerich, GmbHG, § 3 Rn 11; K. Schmidt, Gesellschaftsrecht, § 4 III 2 b.

[223] Mayer, in Brambring/Jerschke, Beck'sches Notar-Handbuch, S. 797, 806; Hachenburg/Ulmer, GmbHG, § 3 Rn 32; K. Schmidt, Gesellschaftsrecht, § 4 III 2 b.

[224] Mayer, in Brambring/Jerschke, Beck'sches Notar-Handbuch, S. 797 ff., 806; Hirte, Kapitalgesellschaftsrecht, Rn 95; Hueck-Fastrich in Baumbach/Hueck, GmbHG, § 3 Rn 13; Lutter/Hommelhoff, GmbHG, § 3 Rn 7; Raiser, Kapitalgesellschaften, S. 262 ff.; Rittner/Schmidt-Leithoff in Rowedder u.a., GmbHG, § 3 Rn 16; Roth, in Roth/Altmeppen, GmbHG, § 3 Rn 16; Priester, DB 1983, 2291, 2298 f.; Scholz/Emmerich, GmbHG, § 3 Rn 20; K. Schmidt, Gesellschaftsrecht, § 4 III 2 b; vgl. auch OLG Stuttgart, ZIP 1992, 250, 250.

[225] § 9 c Abs. 2 Nr. 1 iVm § 3 Abs. 1 Nr. 2 GmbHG. Eine Behebung ist durch Änderung des Gesellschaftsvertrages in der Form des § 2 GmbHG möglich. Andernfalls kann, wenn die Vorgesellschaft schon in Vollzug gesetzt wurde, jeder Gesellschafter die Auflösung nach den Regeln über die fehlerhafte Gesellschaft verlangen, da die GmbH aufgrund des Eintragungshindernisses so nicht entstehen kann; vgl. BGH, DB 1981, 466, 466; BayObLG, DB 1993, 2225, 2225; Hachenburg/Ulmer, GmbHG,

verwendete Leerformeln wie „Handelsgeschäfte aller Art" und „Produktion und Vertrieb von Waren aller Art" reichen aufgrund ihres fehlenden Aussagegehaltes zur Beschreibung des Unternehmensgegenstandes nicht aus. Der Gegenstand des Unternehmens einer Vorratsgesellschaft wird daher heute zulässigerweise, weil eine Schädigung der Gläubiger nicht zu erwarten ist, zumeist mit der „Verwaltung des eigenen Vermögens" angegeben[226].

Bei der Mantelverwendung werden Bedenken hinsichtlich der Gefahr der Umgehung der Regeln des Gründungsrechts, insbesondere der Vorschriften über die Kapitalaufbringung und deren Kontrolle, geäußert[227]. Da die Mantelgesellschaften häufig vermögenslos sind, haben sich die rechtlichen Erörterungen der Frage zugewandt, ob und inwieweit die Regelungen des Gründungsverfahrens auch bei der wirtschaftlichen Neugründung in Form der Mantelgesellschaft anzuwenden sind. Vereinzelt wird eine analoge Anwendung der Gründungsvorschriften, insbesondere die der Mindestkapitalausstattung, abgelehnt[228]. Die überwiegende Meinung in Rechtsprechung und Literatur geht jedoch von einer entsprechenden Anwendbarkeit der Gründungs- und Kapitalaufbringungsvorschriften des GmbHG aus[229]. Denn die wirtschaftliche Neugründung dient ebenso wie die rechtliche Neugründung der Gesellschaft der Erlangung eines Rechtsträgers. Die funktionale Entsprechung beider Gründungsvorgänge verlangt und erlaubt eine weitgehende Gleichbehandlung der Tatbestände. Durch die entsprechende Anwendung soll der Gesellschaft im Interesse potentieller Gläubiger eine Mindestausstattung an Haftungskapital verschafft werden. Die Gründungsvorschriften über das

---

§ 3 Rn 21 ff.; Scholz/Emmerich, GmbHG, § 3 Rn 13; Mayer, in Brambring/Jerschke, Beck'sches Notar-Handbuch, S. 797 ff., 806; Hueck-Fastrich in Baumbach/Hueck, GmbHG, § 3 Rn 9.

[226] BGH, DB 1992, 1228, 1230 f.; Raiser, Kapitalgesellschaften, § 26 Rn 16, S. 263; Hueck-Fastrich in Baumbach/Hueck, GmbHG, § 2 Rn 9; Raiser, Kapitalgesellschaften, § 26 Rn 16; Lutter/Hommelhoff, GmbHG, § 3 Rn 7; Mayer, in Brambring/Jerschke, Beck'sches Notar-Handbuch, S. 797 ff., 805 f.; Priester, DB 1983, 2291, 2298.

[227] Vgl. Ammon, DStR 1999, 1039, 1039; Hachenburg/Ulmer, GmbHG, § 11 Rn 33; Priester, DB 1983, 2291, 2293; Raiser, Kapitalgesellschaften, § 26 Rn 17, S. 263; K. Schmidt, Gesellschaftsrecht, § 4 III 3 a f.; Mayer, in Brambring/Jerschke, Beck'sches Notar-Handbuch, S. 797 ff., 844; Ulmer, BB 1983, 1123, 1125 f.

[228] OLG Brandenburg, NZG 1999, 166, 167; OLG Frankfurt, GmbHR 1999, 32, 33 mit zust. Anm. Börner; BayObLG, DStR 1999, 1036, 1036 ff. mwN und mit Anm. Ammon; Bärwaldt/Schabacker, GmbHR 1998, 1005, 1008 ff.; Mayer, NJW 2000, 175, 178 ff.; Banerjea, GmbHR 1998, 814, 815 ff.; Meller-Hannich, ZIP 2000, 345, 347 ff.

[229] BGHZ 117, 323, 331, 333 obiter dicta = BGH, DB 1992, 1228, 1230 f. = GmbHR 1992, 451, 454; OLG Hamburg, DB 1987, 627, 627 f.; OLG Frankfurt a.M., GmbHR 1999, 32 mit zust. Anm. Börner; OLG Stuttgart, GmbHR 1999, 610, 611; LG Dresden, GmbHR 2000, 1154; AG Erfurt, GmbHR 1997, 74 mwN; Raiser, Kapitalgesellschaften, § 26 Rn 16; Hachenburg/Ulmer, GmbHG, § 11 Rn 103; Hueck-Fastrich in Baumbach/Hueck, GmbHG, § 3 Rn 15; Roth, in Roth/Altmeppen, GmbHG, § 11 Rn 18; Lutter/Hommelhoff, GmbHG, § 3 Rn 11; K. Schmidt, Gesellschaftsrecht, § 4 III 3 d; Priester, DB 1983, 2291, 2294 ff.; vgl. Sudhoff-Ihrig, GmbH & Co. KG, S. 173 Rn 28; Scholz/Emmerich, GmbHG, § 3 Rn 22; Ulmer, BB 1983, 1123, 1126.

Mindestkapital und die Mindesteinlagen[230] finden daher entsprechende Anwendung auf die Mantelgesellschaft[231].

Zwar ist umstritten, ob die Kapitalaufbringungspflicht das Mindeststammkapital oder das satzungsmäßige Stammkapital[232] betrifft, mit der herrschenden Meinung[233] ist aber ersteres anzunehmen. Denn das Gesetz schreibt bei der rechtlichen Neugründung nur ein Mindestgrund- und Mindeststammkapital vor, und der Umgehungsschutzgedanke rechtfertigt nicht die Aufstellung weiterer Erfordernisse für die wirtschaftliche Neugründung. Gemäß dem im GmbH-Recht geltenden Grundsatz, dass nur bei Aufbringung der gesetzlich vorgeschriebenen Kapitalausstattung ein Ausschluss der Außenhaftung möglich ist, müssen auch bei der Mantelverwendung die weitgehend oder vollständig aufgebrauchten Mindesteinlagen von den Erwerbern dem Gesellschaftsvermögen als Eigenkapital zugeführt werden[234]. Maßgeblicher Zeitpunkt für die Aufbringung des Stammkapitals ist die Eintragung der in der Regel erforderlichen Satzungsänderung im Handelsregister[235]. Eine registergerichtliche Prüfung, ob das satzungsmäßige Grund- oder Stammkapital voll gedeckt ist, findet mangels rechtlicher Neugründung nicht statt[236].

Das bei der Vorratsgründung ordnungsgemäß aufgebrachte und kontrollierte Kapital ist in der Regel nur durch die Gründungskosten und geringe Steuerschulden angetastet, so dass bei ihr der Frage einer analogen Anwendung des Gründungsrechts keine Bedeutung zukommt[237]. Aufgrund der fehlenden oder unwesentlichen

---

[230] §§ 5 Abs. 1, 7 Abs. 2 und 3, 8 Abs. 1 Nr. 5, Abs. 2, 9, 9 a GmbHG.

[231] Vgl. BGHZ 117, 323, 331; KG Berlin, NZG 1998, 731, 731 f.; OLG Stuttgart, GmbHR 1999, 610, 611; Mayer, in Brambring/Jerschke, Beck'sches Notar-Handbuch, S. 797 ff., 844; K. Schmidt, Gesellschaftsrecht, § 4 III 3 d; Priester, DB 1983, 2291, 2294 ff.; Ulmer, BB 1983, 1123, 1125.

[232] so OLG Frankfurt, GmbHR 1999, 32, 33 mit zust. Anm. Börner; Peters, GmbH-Mantel, S. 73 ff.

[233] Hueck-Fastrich in Baumbach/Hueck, GmbHG, § 3 Rn 15, K. Schmidt, Gesellschaftsrecht, § 4 III 3 d, jeweils mwN; Priester, DB 1983, 2291, 2296; Sudhoff-Ihrig, GmbH & Co. KG, S. 173 Rn 28; AG Duisburg, NZG 1998, 194; KG Berlin, NZG 1998, 731; a.A. BayObLG, GmbHR 1999, 607, 608, das eine registergerichtliche Kontrolle der Unversehrtheit des Stammkapitals bei Mantelgesellschaften ablehnt.

[234] OLG Karlsruhe, DB 1978, 1219, 1220; Priester, DB 1983, 2291, 2294; K. Schmidt, Gesellschaftsrecht, § 4 III 3 d; Neuling, Deutsche GmbH, S. 59; Hueck-Fastrich in Baumbach/Hueck, GmbHG, § 3 Rn 15; Lutter/Hommelhoff, GmbHG, § 3 Rn 11; Peters, GmbH-Mantel, S. 71. Die Zuführung als Eigenkapital kann weder durch Zahlung des Kaufpreises an den Veräußerer noch durch eine Darlehensgewährung erreicht werden. Da eine erneute Einzahlung auf die bereits bei Gründung übernommenen Einlagen aus dogmatischen Gründen ausscheidet, müssen die Mindesteinlagen über sogenannte freiwillige "Nachschüsse" der Gesellschafter dem Gesellschaftsvermögen zufließen. Im Zuge der Anmeldung der Satzungsänderung ist dann von den Geschäftsführern die freie Verfügbarkeit über den eingezahlten Betrag gegenüber dem Registergericht zu versichern; diese freiwilligen "Nachschüsse" unterliegen der vollen Kapitalbindung des § 30 Abs. 1 GmbHG; vgl. Mayer, in Brambring/Jerschke, Beck'sches Notar-Handbuch, S. 797 ff., 844.

[235] Mayer, in Brambring/Jerschke, Beck'sches Notar-Handbuch, S. 797 ff., 844; Lutter/Hommelhoff, GmbHG, § 3 Rn 8.

[236] OLG Brandenburg, NZG 1999, 166, 167; K. Schmidt, Gesellschaftsrecht, § 4 III 3 e.

[237] OLG Brandenburg, NZG 1999, 166, 167; Raiser, Kapitalgesellschaften, § 26 Rn 16, S. 263; Grunewald, Gesellschaftsrecht, S. 327; Mayer, in Brambring/Jerschke, Beck'sches Notar-Handbuch, S. 797 ff., 844; insoweit zutreffend BayObLG, DB 1999, 954, 955 ff.; a. A. insoweit Priester, DB 1983, 2291, 2299: erneute Kontrolle des Mindestvermögens.

Teilnahme am Wirtschaftsverkehr besteht regelmäßig kein Verdacht der Aufzehrung des Stammkapitals, so dass auch keine Bedenken hinsichtlich der Umgehung der Vorschriften über die Kapitalaufbringung bestehen. Zudem leisten die Übernehmer der Gesellschaft ihren Kapitaleinsatz in Gestalt der Kaufpreiszahlung für Geschäftsanteile bzw. durch Übernahme der Resteinzahlungspflicht. Auch hier findet keine registergerichtliche Kontrolle hinsichtlich der Einlageaufbringung im Zeitpunkt der wirtschaftlichen Neugründung statt[238].

bbb. Haftungsverhältnisse

Die Haftungsverhältnisse in Mantel- und Vorratsgesellschaft sind umstritten. Im Mittelpunkt der Diskussion steht die Frage der entsprechenden Anwendung der Handelndenhaftung aus § 11 Abs. 2 GmbH bis zur Eintragung der vorzunehmenden Satzungsänderungen. Eine Ansicht wendet § 11 Abs. 2 GmbHG zur Schließung von Haftungslücken analog an[239]. Ein Großteil der untergerichtlichen Rechtsprechung und der Literatur lehnen richtigerweise die Anwendung von § 11 Abs. 2 GmbHG auf die wirtschaftliche Neugründung ab[240]. Der Funktion der Handelndenhaftung, die schwerpunktmäßig in der Sicherung der Gläubiger besteht[241], kommt weder bei der Mantelverwendung noch bei der Vorratsgründung eine Bedeutung zu[242]. Für eine zusätzliche Haftung des Handelnden besteht kein Bedürfnis mehr, da durch die Eintragung der GmbH feststeht, für welche konkrete, bereits existierende juristische Person gehandelt wurde[243]. Dem Vertragspartner steht damit bereits ein existenter Schuldner zur Verfügung, da im GmbH-Recht weder die Einstellung der Geschäftstätigkeit noch die Vermögenslosigkeit automatisch zum Verlust der Rechtsfähigkeit führen[244]. Auch dem

---

238 Priester, DB 1983, 2291, 2293.

239 OLG Brandenburg, NZG 1999, 166, 166; OLG Hamburg, BB 1983, 1116, 1117; OLG Stuttgart, GmbHR 1999, 610, 611 f.; LG Hamburg, GmbHR 1997, 895, 896; KG Berlin, NZG 1998, 731, 731 f.; Sudhoff-Ihrig, GmbH & Co. KG, S. 173 Rn 28; Ulmer, BB 1983, 1123, 1124; Hachenburg/Ulmer, GmbHG, § 11 Rn 103; Hueck-Fastrich in Baumbach/Hueck, GmbHG, § 3 Rn 15; unentschieden: OLG Koblenz, GmbHR 1989, 374; s.a. OLG Hamburg, GmbHR 1983, 219, wobei diese Entscheidung aber auf den Besonderheiten des Falls beruht.

240 OLG Brandenburg, GmbHR 1998, 1031, 1032; OLG Karlsruhe, DB 1978, 1219, 1220; OLG Hamburg, DB 1987, 627, 627; K. Schmidt, Gesellschaftsrecht, §§ 34 I 2 b, 4 III 3 e; Priester, DB 1983, 2291, 2296 ff.; Rittner/Schmidt-Leithoff in Rowedder u.a., GmbHG, § 11 Rn 102 mwN; Scholz/K. Schmidt, GmbHG, § 11 Rn 99; Heerma, GmbHR 1999, 640, 642 ff.; Bärwaldt/Schabacker, GmbHR 1998, 1005, 1012 f. mwN; Kantak, Mantelgründung, S. 25; Lutter/Hommelhoff, GmbHG, § 11 Rn 13; MünchHdb./Gummert, § 16 Rn 69, 73; Peters, GmbH-Mantel, S. 113 ff., 120 f.; Gummert, DStR 1997, 1007, 1011.

241 s. ausführlich den Abschnitt „Funktion der Handelndenhaftung" auf S. 45 ff.

242 OLG Brandenburg, GmbHR 1998, 1031, 1032; Priester, DB 1983, 2291, 2297; Heerma, GmbHR 1999, 640, 643 f.

243 Vgl. OLG Brandenburg, NZG 1999, 166, 166 f.; OLG Brandenburg, GmbHR 1998, 1031, 1032; OLG Koblenz, DB 1989, 374; Peters, GmbH-Mantel, S. 120 f., 112 f.; Heerma, GmbHR 1999, 640, 644 f.; Scholz/K. Schmidt, GmbHG, § 11, Rn 99; K. Schmidt, Gesellschaftsrecht, § 4 III 3; Bärwaldt/Schabacker, GmbHR 1998, 1005, 1009 f.

244 OLG Koblenz, DB 1989, 373, 373 f.; Neuling, Deutsche GmbH, S. 60; Peters, GmbH-Mantel, S. 113 f.

vor Eintragung der Gesellschaft wichtigen Gesichtspunkt des Schutzes Dritter durch die Handelndenhaftung, weil die Kapitalgrundlage der Gesellschaft noch nicht überprüft wurde, kommt bei den schon eingetragenen Mantel- und Vorratsgesellschaften keine Bedeutung zu. Bei der Vorrats-GmbH besteht regelmäßig eine gesicherte Kapitalausstattung. Bei Mantelgesellschaften besteht zwar naturgemäß die Möglichkeit des Verbrauchs ihres Kapitals, doch wurde die Kapitalausstattung bei Eintragung der Gesellschaft vom Registergericht geprüft. Zudem wird der Dritte dadurch ausreichend geschützt, dass die Gründungsnormen über die Kapitalausstattung erneut Anwendung finden.

Der Hauptvorteil der Verwendung der Mantel- oder Vorratsgesellschaft liegt damit in der Ermöglichung der kurzfristigen Aufnahme der Geschäftstätigkeit im Schutz der beschränkten Haftung der GmbH und ohne die Gefahr, der Handelndenhaftung zu unterfallen[245]. Insbesondere bei Verwendung einer Vorratsgesellschaft wird zudem das umständliche und zeitaufwendige Gründungsverfahren vermieden.

2. Handelndenhaftung in der unechten Vorgesellschaft

Die Anwendung des § 11 Abs. 2 GmbHG im Rahmen der unechten Vorgesellschaft ist noch ungeklärt. Die Annahme der Haftung derjenigen Gründer, die nach Aufgabe der Eintragungsabsicht die Geschäfte fortführen und damit Handelnde im Sinn dieser Vorschrift sein könnten, erscheint möglich. Doch ist die Funktion der Handelndenhaftung auf das Stadium der Vorgesellschaft begrenzt. Die Handelndenhaftung ist nur auf Zeit angelegt und soll mit Eintragung der Gesellschaft erlöschen. Diese Möglichkeit besteht aber nicht bei Vorliegen einer unechten Vorgesellschaft, so dass die Handelndenhaftung dort nicht anwendbar ist[246].

3. Handelndenhaftung in der Vorgründungsgesellschaft

Lange Zeit war umstritten, ob der für die Vorgründungsgesellschaft Rechtsgeschäfte Abschließende nach § 11 Abs. 2 GmbHG haftet. Mittlerweile ist anerkannt, dass die Handelndenhaftung bei einem Handeln im Vorgründungsstadium nicht anwendbar ist, da die Funktion des § 11 Abs. 2 GmbHG auf das eigentliche Gründungsstadium und damit auf die Rechtslage nach der notariellen Gesellschaftsgründung ausgerichtet ist[247]. Da Handlungen im Vorgründungsstadium nach allgemeinen Regeln

---

[245] OLG Brandenburg, NZG 1999, 166, 167. Das Motiv der Steuerersparnis durch Erwerb einer Mantelgesellschaft hat gegenwärtig an Bedeutung verloren, weil der steuerliche Verlustabzug seit 01.01.1990 durch Neufassung des § 8 Abs. 4 KStG beseitigt wurde; vgl. auch Erlass des Bundesfinanzministers, BB 1990, 1333, 1333 f.

[246] Vgl. OLG Dresden, GmbHR 1998, 186, 188 ff.; Schwarz ZIP 1996, 2005, 2006; Gummert, DStR 1997, 1007, 1010; Kleindiek, ZGR 1997, 427, 446 f.; Lutter, JuS 1998, 1073, 1077 f.; Hueck-Fastrich in Baumbach/Hueck, GmbHG, § 11 Rn 30; i.E. auch Rittner/Schmidt-Leithoff in Rowedder u.a., GmbHG, § 11 Rn 22 f.; Roth, in Roth/Altmeppen, GmbHG, § 11 Rn 53; vgl. auch Bock, Haftungssituation, S. 122.

[247] Grundlegend: BGHZ 91, 148, 150 f.; BGH, DStR 1992, 365; OLG Hamm, GmbHR 1993, 105; Müther, MDR 2001, 366, 367; Gehrlein, DB 1996, 561, 561; Lutter/Hommelhoff, GmbHG, § 11 Rn 23; Rittner/Schmidt-Leithoff in Rowedder u.a., GmbHG, § 11 Rn 102; Kort, DStR 1991, 1317, 1319f.;

dem jeweiligen konkret vertretenen Rechtsträger, d.h. den Gesellschaftern einer Vorgründungsgesellschaft bzw. einzelnen künftigen Gründern, zugerechnet werden, und die Gesellschafter der Vorgründungsgesellschaft unbeschränkt über die Eintragung hinaus haften[248], besteht kein Bedürfnis, die Haftung der Handelnden besonders zu regeln und sie daneben haften zu lassen[249]. Den berechtigten Interessen des Rechtsverkehrs beim Handeln eines vollmachtlosen Vertreters der Vorgründungsgesellschaft wird durch § 179 BGB ausreichend Rechnung getragen[250]. Allerdings kann die Handelndenhaftung eingreifen, wenn eine Übertragung der Rechte und Pflichten von der Vorgründungsgesellschaft auf die Vorgesellschaft erfolgt[251].

4. Zusammenfassung: Haftung der Handelnden

Die Haftung der Handelnden richtet sich nach der gesetzlichen Regelung in § 11 Abs. 2 GmbHG, die grundsätzlich nur in der Phase der Vorgesellschaft Anwendung findet. Voraussetzung der Handelndenhaftung ist, dass im Namen der Gesellschaft vor ihrer Eintragung gehandelt wurde. Der Handelndenbegriff wird mittlerweile eng definiert und erfasst nur die unmittelbar oder mittelbar handelnden Geschäftsführer der Gesellschaft sowie diejenigen Personen, die faktisch wie ein Geschäftsführer tätig werden. Auf die Wirksamkeit der Bestellung zum Vertretungsorgan kommt es nicht an. Die Handelndenhaftung wird in Deutschland damit als Organhaftung verstanden. Weiterhin ist für das Eingreifen der Handelndenhaftung ein rechtsgeschäftliches Handeln im Namen der künftigen GmbH Voraussetzung, wobei die Rechtsprechung das Handeln namens der Vorgesellschaft dahingehend auslegt, dass damit auch für die künftige Gesellschaft gehandelt wurde. Im Ergebnis reichen damit beide Ausdrucksweisen zur Begründung der Handelndenhaftung aus.

Die Handelndenhaftung ist als unbeschränkte, gesamtschuldnerische Haftung auf Erfüllung ausgestaltet. Dem Handelnden wird als Äquivalent zu seiner Haftung aber kein Erfüllungsanspruch gegenüber dem Dritten zugestanden, da die Vorgesellschaft trotz der Haftung des Handelnden Vertragspartner des Dritten bleibt. Bei einer Inanspruchnahme des Handelnden durch den Dritten steht ihm nur ein Regress-

---

MünchHdb./Heinrich, § 13 Rn 19; MünchHdb./Gummert, § 16 Rn 69; Hueck-Fastrich in Baumbach/Hueck, GmbHG, § 11 Rn 42; Hachenburg/Ulmer, GmbHG, § 11 Rn 104; Grunewald, Gesellschaftsrecht, S. 326; Klein, Rückgriffsanspruch, S. 34; K. Schmidt, Gesellschaftsrecht, § 34 III 2 d; anders noch die st. Rspr. RGZ 122, 172, 175; RGZ 151, 86, 91; BGH, NJW 1980, 287, 288; BGH, WM 1983, 230, 230; BGH, NJW 1982, 932, 933; zur alten Auffassung s.a. v. Bismarck, Rechtsnatur, S. 105 ff.

[248] s. den Abschnitt „Haftung aus Gründungsgeschäften während des Stadiums der Vorgründungsgesellschaft" auf S. 90 f.

[249] heute ganz hM: BGHZ 91, 148, 150 f.; BGH, WM 1985, 479, 479; BGH, DStR 1996, 1015, 1016; FG Köln, EFG 1997, 934, 934; Gehrlein, DB 1996, 561, 561; Hueck-Fastrich in Baumbach/Hueck, GmbHG, § 11 Rn 33a; Scholz/K. Schmidt, GmbHG, § 11 Rn 18; Lutter/Hommelhoff, GmbHG, § 11 Rn 16; Rittner/Schmidt-Leithoff in Rowedder u.a., GmbHG, § 11 Rn 102; Jäger, Gesellschafterhaftung, S. 67.

[250] Hachenburg/Ulmer, GmbHG, § 11 Rn 104; MünchHdb./Heinrich, § 13 Rn 19; vgl. Gehrlein, DB 1996, 561, 561.

[251] OLG Hamm, GmbHR 1997, 602, 603; Hueck-Fastrich in Baumbach/Hueck, GmbHG, § 11 Rn 46.

anspruch gegen die Gesellschaft aus dem Anstellungsvertrag iVm §§ 675, 670 BGB zu. Auch gegen die Gründer kann ihm ein der Haftung der Vorgesellschaft gegenüber subsidiärer Anspruch zustehen. Die Handelndenhaftung erlischt mit Eintragung der Gesellschaft im Handelsregister. Sie kann aber aufgrund der als dispositiv anzusehenden gesetzlichen Regelung durch eindeutige Vereinbarung mit dem Dritten abbedungen und durch wirtschaftliche Neugründung in Form der Mantel- oder Vorratsgesellschaft vermieden werden.

II. Haftung der Gründer

1. Haftung der Gründer als Gesellschafter vor Eintragung der Gesellschaft

Die Eingrenzung des Handelndenbegriffs durch die Rechtsprechung[252] hat zu der Erkenntnis geführt, dass zwischen der Haftung der Gesellschaftsträger - der Gesellschafter - und der Haftung der Gesellschaftsleitung - der Organe - zu trennen ist, und dass beide Haftungskomplexe auf unterschiedlichen rechtlichen Anknüpfungspunkten basieren. Die Handelnden als Organe der Gesellschaft aus den für die Vorgesellschaft abgeschlossenen Gründungsgeschäften haften zu lassen und ihnen damit das alleinige unternehmerische Risiko zuzuweisen, ist insbesondere bei Einbringung eines Unternehmens ebenso wenig gerechtfertigt wie es den Gläubigern zuzumuten ist, sich an die in der Regel weniger liquiden Vertretungsorgane zu halten. Daher ist anerkannt, dass auch die Gründergesellschafter als wirtschaftliche Herren der Gründungsgeschäfte zumindest beschränkt für die Verpflichtungen der Vorgesellschaft einstehen müssen[253]. Die Entwicklung einer Gründerhaftung neben der gesetzlich geregelten Haftung der Handelnden war mit der Einengung des Handelndenbegriffs durch den BGH auf die Vertretungsorgane der Gesellschaft gewissermaßen vorgegeben. Dem aus der Einengung des Handelndenbegriffs folgenden verminderten Schutz der Gläubiger wurde durch die Bejahung einer allgemeinen Gründerhaftung Rechnung getragen, um die aus dem Anwendungsbereich der Handelndenhaftung herausfallenden Sachverhalte haftungsmäßig aufzufangen.

Eine Vorwirkung der Beschränkung der Haftung auf das Gesellschaftsvermögen auf die Zeit vor Eintragung der Gesellschaft wird abgelehnt, da § 13 Abs. 2 GmbHG nach allgemeiner Ansicht die Rechtsfähigkeit der Gesellschaft voraussetzt und daher im Stadium der Vorgesellschaft nicht anwendbar ist[254]. Das Privileg der auf

---

[252] In BGHZ 47, 25 ff.; vgl. dazu den Abschnitt „Begriff des Handelnden" auf S. 47 ff.

[253] So wird die Ansicht, dass ausschließlich nur eine Haftung des Gesellschaftsvermögens eingreift, seit dem Vorlagebeschluss des BGH in ZIP 1996, 590 ff. (2. Senat) nicht mehr vertreten. So aber früher z.B. Huber, FS Fischer, S. 263, 282 ff.; Kusserow, Einmann-GmbH, S. 184 ff.; Weimar, GmbHR 1988, 289, 294 ff.; Bock, Haftungssituation, S. 69 ff.; Binz, Haftungsverhältnisse, S. 220 ff., 233 ff.

[254] erstmals hervorgehoben von BGHZ 21, 242; mittlerweile ganz h.M. Vgl. statt aller BGH, NJW 1997, 1507, 1508; ThürOLG Jena, NZG 1999, 461, 461; Stimpel, FS Fleck, S. 345, 360; Lieb, FS Stimpel, S. 399, 412 f.; Sandberger, FS Fikentscher, S. 389, 408; Schütz, GmbHR 1996, 727, 731; Michalski/Barth, NZG 1998, 525, 527; Petersen, Gründerhaftung, S. 26 f.; K. Schmidt, ZIP 1997, 671, 671; M. Scholz, Gründungsstadium, S. 82; Dauner-Lieb, GmbHR 1996, 82, 87 ff.; Hachenburg/

ein garantiertes Stammkapital als Mindesthaftungsfond beschränkten Haftung kann nur durch die Erfüllung bestimmter Publizitätspflichten sowie durch eine die gerichtliche Prüfung der Einhaltung der Kapitalaufbringungs- und Kapitalerhaltungsvorschriften dokumentierende Eintragung in das Handelsregister begründet werden[255]. Es geht einher mit der Sicherstellung eines für die Gläubiger reservierten Haftungsfond als Augleich für die fehlende persönliche Haftung der Gesellschafter[256]. Diese Voraussetzungen sind vor Entstehung der Gesellschaft noch nicht vollständig erfüllt. Zwar besteht ein Haftungsfond der noch nicht angemeldeten Vorgesellschaft, da mit Satzungserrichtung die Forderungen gegen die Gesellschafter auf Leistung der Stammeinlagen entstanden sind, doch ist dieser Haftungsfond mangels Anwendbarkeit der für die GmbH geltenden Vorschriften über die tatsächliche Kapitalaufbringung und –erhaltung nicht verfestigt. Zum Schutz der Gläubiger muss daher eine persönliche Haftung weiterer Personen bestehen, wobei zu Recht gesehen wird, dass sich jedes Modell einer persönlichen Gründerhaftung einem Interessenwiderstreit zwischen Gründergesellschaftern und Gläubigern der Vor-GmbH gegenübersieht[257]. Im Mittelpunkt der Gründerhaftungsproblematik steht daher die grundsätzliche Frage, wer das Risiko von Verlusten aus der wirtschaftlichen Betätigung der Vorgesellschaft tragen soll: die Gründer oder die Gläubiger.

Der Problemkreis der Gründerhaftung ist auch nach den jüngsten höchstrichterlichen Entscheidungen stark umstritten. Rechtsprechung und Lehre sind teilweise unterschiedliche Wege gegangen. Trotz der Unterschiede im Detail und der voneinander abweichenden dogmatischen und rechtspolitischen Anknüpfungspunkte wurden zur Problematik der Gründerhaftung in der Vor-GmbH bis zum Grundsatzurteil BGHZ 134, 333 im wesentlichen vier Ansichten vertreten, die von der Nichthaftung der Gesellschafter[258] über die auf die Einlagepflicht beschränkte persönliche Außenhaftung der Gesellschafter[259], die unbeschränkte persönliche Außenhaftung der Gesellschafter[260] bis hin zur beschränkten persönlichen Haftung der Gesellschafter im

---

Ulmer, GmbHG, § 11 Rn 60 mwN; Hueck-Fastrich in Baumbach/Hueck, GmbHG, § 11 Rn 23 mwN; a.A. v. Bismarck, Rechtsnatur, S. 101 unter Hinweis auf Dregger, Haftungsverhältnisse, S. 79.

[255] BGHZ 22, 240, 244; BGHZ 80, 129, 136; BGHZ 134, 333, 336 f.; BGH, BB 1999, 2152, 2154; vgl. LAG Köln, ZIP 1997, 1921, 1922; Dauner-Lieb, GmbHR 1996, 82, 87 ff.; Kleindiek, ZGR 1997, 427, 435; Raiser, Kapitalgesellschaften, § 8 Rn 9; Petersen, Gründerhaftung, S. 27; Michalski/Barth, NZG 1998, 525, 527; Hueck-Fastrich in Baumbach/Hueck, GmbHG, § 11 Rn 23; Binz, Haftungsverhältnisse, S. 222; Derwisch-Ottenberg, Haftungsverhältnisse, S. 57.

[256] Schütz, GmbHR 1996, 727, 728; Altmeppen, NJW 1997, 1509, 1509; vgl. Stimpel, FS Fleck, S. 345, 360.

[257] Vgl. Jäger, Gesellschafterhaftung, S. 56; Meister, FS Werner, S. 521, 545 ff.; Roth, ZGR 1984, 597, 609, 628; Knoche, Gründerhaftung, S. 76 ff.; Derwisch-Ottenberg, Haftungsverhältnisse, S. 25.

[258] Huber, FS Fischer, S. 263, 282ff., 288; Binz, Haftungsverhältnisse, S. 233 ff.; Weimar, GmbHR 1988, 289 ff.

[259] So die ältere Rechtsprechung des BGH: BGHZ 65, 378, 382; BGHZ 72, 45, 48 ff.; BGH, WM 1980, 955, 956; offen gelassen in BGHZ 80, 129, 135 f.; BGHZ 80, 182, 183; BGH, WM 1983, 86; vgl. auch Maulbetsch, DB 1984, 1561, 1562; Hueck-Fastrich in Baumbach/Hueck, GmbHG, § 11 Rn 22; ehemals auch Ulmer, ZGR 1981, 593, 610 ff.; Hachenburg/Ulmer, GmbHG, 7. Aufl., § 11 Rn 61; Fleck, GmbHR 1983, 5, 13.

[260] LSG Baden-Württemberg, DStR 1998, 177, 177; LSG Stuttgart GmbHR 1997, 893; LAG Köln, ZIP 1997, 1921, 1922 ff.; MünchHdb./Gummert, § 16 Rn 58; Flume, DB 1998, 45, 46 ff.; Flume,

Innenverhältnis[261] reichen. Mit Urteil vom 27. Januar 1997 hat der BGH seine bisherige Rechtsprechung aufgegeben und ist zu einer unbeschränkten persönlichen Haftung der Gesellschafter der Vorgesellschaft im Innenverhältnis übergegangen[262]. Da es für die vorliegende Abhandlung auf die Rechtspraxis in den einzelnen Ländern ankommt, ist im Folgenden die herrschende Meinung in der Rechtsanwendung der Gründerhaftung herauszusondieren und zu untersuchen. Zum Verständnis der heutigen Position der höchstrichterlichen Rechtsprechung ist auch auf die Entwicklung der Rechtsprechung einzugehen.

a. Die Haftung der Gründergesellschafter

Bis zum Jahre 1967 kam die Rechtsprechung durch einen weiten Handelndenbegriff zu einer unbeschränkten, gesamtschuldnerischen Außenhaftung auch der handelnden Gründer. Nach der Einengung des Handelndenbegriffs im Jahre 1967[263] nahm der BGH erstmals im Jahre 1975 eine eigenständige, auf die Einlagepflicht beschränkte persönliche Außenhaftung der Gründer an, soweit diese sich ausdrücklich oder konkludent mit der vorzeitigen Geschäftsaufnahme einverstanden erklärt hatten. Begründet wurde die Beschränkung der Haftung damit, dass durch das Auftreten als Kapitalgesellschaft unter der Bezeichnung „GmbH" oder „GmbH i.G." der Wille der Gründer zum Ausdruck käme, nur in dieser Höhe haften und die Vertretungsmacht der Vertretungsorgane entsprechend beschränken zu wollen. Für den Vertragspartner sei durch dieses Auftreten erkennbar gewesen, dass nur ein auf die Einlage beschränkter Haftungsfond zur Verfügung stehe[264]. Das gleichzeitig angenommene Vorbelastungsverbot wurde im Jahre 1981 zugunsten einer Vorbelastungshaftung der Gesellschafter nach Eintragung der Gesellschaft aufgegeben[265]. Das Vorbelastungsverbot suchte die Kapitalausstattung dadurch zu sichern, dass alle Aktiva, hingegen die Verbindlichkeiten nur eng begrenzt von der Vorgesellschaft auf die GmbH übergehen sollten, um das Gesellschaftsvermögen möglichst von vorher begründeten Belastungen freizuhalten[266].

FS Geßler, S. 3, 31 f.; John, BB 1982, 505, 511 f.; Theobald, Vor-GmbH, S. 82 ff., 121 ff.; v. Einem, DB 1987, 621, 623 f.; K. Schmidt, GmbHR 2001, 27, 28; K. Schmidt, ZHR 156 (1992), 93, 107 ff., 116 ff.; Altmeppen, NJW 1997, 1509, 1509 ff.; Beuthien, GmbHR 1996, 309, 309 ff.; Ensthaler, BB 1997, 1209, 1209 ff.; Michalski/Barth, NZG 1998, 525, 525 ff.; Kleindiek, ZGR 1997, 427, 436 ff.; Raab, WM 1999, 1596, 1596 f.; Raiser, Kapitalgesellschaften, § 26 Rn 89; Wiedemann, JurA 1970, 439, 455; K. Schmidt, NJW 1981, 1345, 1347.

[261] Meister, FS Werner, S. 521, 544 ff.; Lieb, FS Stimpel, S. 399, 412.

[262] BGHZ 134, 333 ff. (2. Senat) = BGH, ZIP 1997, 679 ff. = NJW 1997, 1507 ff. = BB 1997, 905 ff. = DB 1997, 867 ff. = GmbHR 1997, 405 ff. = WM 1997, 820 ff. = WiB 1997, 463 ff.; vgl. auch den Vorlagebeschluss des BGH in ZIP 1996, 590 ff. (2. Senat).

[263] In BGHZ 47, 25 ff.; vgl. dazu den Abschnitt „Begriff des Handelnden" auf S. 47 ff.

[264] BGHZ 65, 378, 381 ff.; ausdrücklich bestätigt in BGH, WM 1980, 955, 956; BGH, ZIP 1983, 933, 934; BGHZ 72, 45, 46 ff.; ebenso OLG Hamburg, GmbHR 1986, 230, 231; OLG Hamm, WM 1985, 658, 660; BayObLG, DB 1986, 106, 106; Hueck-Fastrich in Baumbach/Hueck, GmbHG, § 11 Rn 22 mwN; Flume, DB 1998, 45, 45; Kübler, Gesellschaftsrecht, S. 325.

[265] BGHZ 80, 129, 131 ff.

[266] Vgl. dazu ausführlich Petersen, Gründerhaftung, S. 10 ff.; s. a. Kleindiek, ZGR 1997, 427, 429 f.; Hachenburg/Ulmer, GmbHG, § 11 Rn 51 f.; Rittner/Schmidt-Leithoff in Rowedder u.a., GmbHG, § 11 Rn 14.

Es hatte sich nicht nur als wenig praktikabel, sondern wegen der meistens alsbald erteilten Genehmigung der Gründungsgeschäfte durch die beteiligten Geschäftsführer auch als ungeeignet zur Kapitalsicherung erwiesen[267]. Seit Aufgabe des Vorbelastungsverbotes gehen alle Verbindlichkeiten der Vorgesellschaft mit Eintragung der Gesellschaft in das Handelsregister ipso iure auf die GmbH über, und die Gesellschafter haften der Gesellschaft gegenüber für die Differenz zwischen Stammkapital und Wert des Gesellschaftsvermögens im Zeitpunkt der Eintragung (sog. Vorbelastungshaftung)[268].

Dieses Haftungskonzept der Rechtsprechung war insofern problematisch, weil die Gründer bis zur Eintragung der Gesellschaft nur beschränkt nach außen hafteten, nach der Eintragung aber eine unbeschränkte Einstandspflicht in Form der Vorbelastungshaftung bestand[269]. Damit war die Gefahr eines Anreizes für die Gründer gegeben, bei hohen Anlaufverlusten der Vorgesellschaft die Eintragung nicht weiterzubetreiben und die Gesellschaft rechtzeitig vor Entstehung einer unechten Vor-GmbH[270] zu liquidieren, um die Verluste auf die Höhe der noch nicht geleisteten Einlage zu beschränken und so die drohende unbeschränkte Vorbelastungshaftung zu vermeiden[271]. Zudem war die unbeschränkte Haftung der Vertretungsorgane der Vorgesellschaft nach § 11 Abs. 2 GmbHG mit der beschränkten Gründerhaftung kaum in Einklang zu bringen, wenn Regressansprüche gegen die Gründer bestanden[272]. Dennoch vertraten das BSG[273] und das BAG[274] die Ansicht, dass die Gesellschafter für Verbindlichkeiten der Vorgesellschaft nur beschränkt auf ihre Einlagepflicht hafteten, wobei das BSG bei gesetzlichen Verbindlichkeiten von einer unbeschränkten Haftung ausging, da das Konzept der beschränkten Außenhaftung auf rechtsgeschäftlich begründete Verbindlichkeiten ausgelegt sei, bei denen sich der Vertragspartner darauf einrichten und gegebenenfalls vom Rechtsgeschäft absehen könne.

Der Vorlagebeschluss des BGH an den Gemeinsamen Senat der obersten Gerichtshöfe des Bundes führte zu einer erneuten Überprüfung der Problematik der Gründerhaftungsausgestaltung. Diese Vorlage an den Gemeinsamen Senat war notwendig, weil der BGH beabsichtigte, seine bisherige Rechtsprechung der beschränkten Außenhaftung zugunsten einer unbeschränkten Innenhaftung sowohl vor als auch nach

[267] Hueck-Fastrich in Baumbach/Hueck, GmbHG, § 11 Rn 22; Hachenburg/Ulmer, GmbHG, § 11 Rn 52, 82; Ulmer, FS Ballerstedt, S. 279, 287 ff.

[268] BGHZ 80, 129, 141; Flume, DB 1998, 45, 45; Hachenburg/Ulmer, GmbHG, § 11 Rn 81; s. zur Vorbelastungshaftung den Abschnitt „Haftung der Gründergesellschafter nach Eintragung der GmbH" auf S. 91 ff.

[269] Flume, DB 1998, 45, 45; Hueck-Fastrich in Baumbach/Hueck, GmbHG, § 11 Rn 22.

[270] S. zur Entstehung der unechten Vorgesellschaft den Abschnitt „Unechte Vorgesellschaft" auf S. 41 ff. und zur Haftung den Abschnitt „Handelndenhaftung in der unechten Vorgesellschaft" auf S. 65.

[271] BGHZ 134, 333, 337; K. Schmidt, ZHR 156 (1992), 93, 107 f.; Meister, FS Werner, S. 521, 548; Lieb, FS Stimpel, S. 399, 411, 414; Stimpel, FS Fleck, S. 345, 359 f.; Kleindiek, ZGR 1997, 427, 431; Flume, NJW 1981, 1753, 1755; ThürOLG Jena, NZG 1999, 461, 461; Michalski/Barth, NZG 1998, 525, 527; Kübler, Gesellschaftsrecht, S. 325; Petersen, Gründerhaftung, S. 95 f.

[272] Dauner-Lieb, GmbHR 1996, 82, 86; Hachenburg/Ulmer, GmbHG, § 11 Rn 64 mwN; Kleindiek, ZGR 1997, 427, 431.

[273] BSG, ZIP 1986, 645, 646.

[274] Vorlagebeschluss des BAG vom 23.08.1995, ZIP 1995, 1892, 1893.

der Eintragung aufzugeben und dieses neue Gründerhaftungskonzept folglich von dem des BAG und des BSG abwich[275]. Die Vorlage erledigte sich, nachdem sich das BSG[276] und das BAG[277] und dem neuen Haftungsmodell des BGH anschlossen[278]. Abgeschlossen wurde diese Entwicklung 1997 durch die bestätigende Entscheidung des BGH[279].

Das neue Haftungskonzept des BGH sieht eine unbeschränkte, anteilige Innenhaftung der Gesellschafter einer Vorgesellschaft für die Verbindlichkeiten dieser Gesellschaft vor (sog. Verlustdeckungshaftung). Ziel dieses Konzepts ist eine einheitliche Gründerhaftung in Form einer bis zur Eintragung der Gesellschaft andauernden Verlustdeckungshaftung und einer an die Eintragung anknüpfenden Vorbelastungshaftung[280]. Eine unmittelbare persönliche Inanspruchnahme der Gründer durch die Gläubiger der Vorgesellschaft scheidet damit grundsätzlich aus. Der auf den Eintragungsstichtag bezogenen Vorbelastungshaftung der Gesellschafter ist folglich eine ihrem Umfang nach gleiche Haftung der Gesellschafter bei der Vorgesellschaft vorgelagert. Die neue Rechtsprechung des BGH ist Folge der Erkenntnis, dass die Gesellschafter in allen Phasen der Gründung das Risiko von Verlusten der Vorgesellschaft zu tragen haben, sofern diese mit ihrer Billigung wirtschaftlich tätig geworden sind[281]. Um das Recht der Vorgesellschaft dem dafür zuständigen und kompetenteren Fachsenat des BGH zu überlassen, hat das BAG das vom BGH entwickelte Haftungsmodell in späteren Entscheidungen gänzlich übernommen[282]. Auch der BFH hat sich vor allem aus Gründen der Wahrung der Einheitlichkeit der Rechtsprechung der Ansicht der anderen obersten Bundesgerichte angeschlossen[283].

b. Umfang der Verlustdeckungshaftung

Das neue Haftungskonzept des BGH sieht eine unbeschränkte Haftung vor und nach Eintragung der Gesellschaft vor. Diesem Konzept stimmt die überwiegende

---

[275] Vorlagebeschluss des BGH vom 04.03.1996, ZIP 1996, 590 ff. (2. Senat) = GmbHR 1996, 279 ff. = NJW 1996, 1210 ff. = DStR 1996, 514 ff.

[276] BSG, Beschluss vom 31.05.1996, ZIP 1996, 590.

[277] BAG, Beschluss vom 10.07.1996, ZIP 1996, 1548, 1548; s.a. den Vorlagebeschluss des BAG vom 23.08.1995 an den Gemeinsamen Senat in ZIP 1995, 1892, 1892 ff. zur Frage, ob die Gründer für nicht rechtsgeschäftlich begründete Verbindlichkeiten der Vorgesellschaft beschränkt oder unbeschränkt haften. Diese Vorlage erledigte sich ebenfalls wegen des Anschlusses des BAG an die neue Rechtsprechung des BGH,.

[278] Vgl. § 14 S. 1 RsprEinhG; Gem. Senat OGB, WIB 1996, 934

[279] BGHZ 134, 333 ff. (2. Senat).

[280] BGHZ 134, 333 ff. (2. Senat).

[281] Dauner-Lieb, GmbHR 1996, 82, 91; Hueck-Fastrich in Baumbach/Hueck, GmbHG, § 11 Rn 23; vgl. auch Stimpel, FS Fleck, S. 345, 345 ff; Lieb, FS Zöllner, S. 347, 349; Schütz, GmbHR 1996, 727, 729; K. Schmidt, ZHR 156 (1992), 93 ff.; kritisch wegen des fehlenden Einflusses der Gesellschafter auf den Vollzug der Eintragung, im Ergebnis aber zustimmend Kleindiek, ZGR 1997, 427, 434 f.

[282] BAG, NJW 1997, 3331, 3333 = DB 1997, 1822, 1823 (10. Senat); BAG, NJW 1998, 628, 629 (9. Senat).

[283] BFH, NZG 1998, 723, 723f.; so auch FG Saarland, EFG 1998, 261, 261 f.; FG Düsseldorf, EFG 1997, 325, 326 ff.; FG Köln, EFG 1997, 934, 934 f.

Meinung in der Literatur zu[284]. Begründet wurde die Rechtsprechungsänderung mit dem allgemeinen Grundsatz des bürgerlichen Rechts und des Handelsrechts, dass derjenige, der allein oder gemeinsam mit anderen Geschäfte betreibt, für die daraus entstehenden Verbindlichkeiten haftet. Dieser Grundsatz müsse gelten, solange er nicht durch Gesetz oder durch eine entsprechende Vereinbarung beschränkt werde. Außerhalb der gesetzlich geregelten Fälle sei daher die beschränkte Haftung als Ausnahmefall und nicht die unbeschränkte Haftung als Regelfall begründungsbedürftig[285]. Die Haftungsbeschränkung könne weder auf Umstände wie die hinreichende Warnung der Gläubiger durch Firmierung als „GmbH i. G." oder „GmbH" noch auf einen entsprechenden Willen der Gründer gestützt werden, weil durch die Handlungen der Geschäftsführer die Vorgesellschaft selbst unmittelbar berechtigt und verpflichtet werde, und es nicht um die rechtsgeschäftliche Verpflichtung der Gesellschafter, sondern um ihre gesetzliche Haftung für Verbindlichkeiten der Vorgesellschaft gehe[286]. Hafteten die Gesellschafter für diese Verbindlichkeiten kraft Gesetz, könne es für diese Haftung weder auf ihren Willen zur Haftungsbeschränkung noch auf den Umfang der Vertretungsmacht der Vertretungsorgane ankommen[287]. Die Haftungsbeschränkung des § 13 Abs. 2 GmbHG gelte aber erst nach Eintragung der Gesellschaft[288]. Der Gesetzgeber habe mit der Handelndenhaftung zunächst auch die Gründungsgesellschafter erfassen wollen. Dem müsse seit der einschränkenden Auslegung des Handelndenbegriffs durch eine unbeschränkte Haftung der Gesellschafter Rechnung getragen werden[289]. Ferner entstünde ein unüberwindbarer Wertungswiderspruch, wenn die Gesellschafter den Gläubigern gegenüber nur beschränkt auf ihre Einlage hafteten, zugleich aber den

[284] Stimpel, FS Fleck, S. 345, 345 f., 358 ff. im Anschluss an Meister, FS Werner, S. 521, 547 ff.; Lieb, FS Stimpel, S. 399, 414 f.; vgl. K. Schmidt, ZIP 1997, 671; K. Schmidt, Gesellschaftsrecht, § 34 III 3 c; Beuthien, GmbHR 1996, 309, 310; Kleindiek, ZGR 1997, 427, 431 ff.; Sandberger, FS Fikentscher, S. 389, 408; Gummert, DStR 1997, 1007, 1008 f.; Lutter, JuS 1998, 1073, 1077; J. Schneider, Vorbelastungshaftung, S. 47; Ulmer, ZIP 1996, 733, 734 mwN; Rittner/Schmidt-Leithoff in Rowedder u.a., GmbHG, § 11 Rn 91 ff.; Roth, in Roth/Altmeppen, GmbHG, § 11 Rn 49; Hachenburg/Ulmer, GmbHG, § 11 Rn 65; Scholz/K. Schmidt, GmbHG, § 11 Rn 83.

[285] BGHZ 134, 333, 335; BGH, BB 1999, 2152, 2153; ThürOLG Jena, NZG 1999, 461, 461; LAG Köln, DStR 1998, 178; s.a. K. Schmidt, Gesellschaftsrecht, § 34 III 3 c mwN; Stimpel, FS Fleck, S. 345, 360 mwN; Flume, Bürgerliches Recht, § 5 III 3; John, Rechtsperson, S. 324; Altmeppen, NJW 1997, 1509, 1509; Gummert, WIB 1997, 463, 465; Michalski/Barth, NZG 1998, 525, 527, 530; K. Schmidt, ZIP 1996, 353, 355; Schütz, GmbHR 1996, 727, 728; Wiedemann, JurA 1970, 439, 456 f.; Hirte, Kapitalgesellschaftsrecht, Rn 80; Grunewald, Gesellschaftsrecht, S. 324; Wilhelm, DStR 1998, 457, 458; Kleindiek, ZGR 1997, 427, 436.

[286] BGHZ 134, 333, 336; BGH, BB 1999, 2152, 2154; Stimpel, FS Fleck, S. 345, 361 ff.; Schütz, GmbHR 1996, 727, 732 f.; Ulmer, ZIP 1996, 733, 738; Kort, ZIP 1996, 109, 113; Kort, EWiR 1998, 123, 124.

[287] BGHZ 134, 333, 336 f.; Michalski/Barth, NZG 1998, 525, 527; Stimpel, FS Fleck, S. 345, 360; Kleindiek, ZGR 1997, 427, 435 f.; Flume, FS Geßler, S. 3, 33 f.; Flume, FS v. Caemmerer, S. 517, 519, 526; Flume, Bürgerliches Recht, S. 165; Schütz, GmbHR 1996, 727, 732.

[288] BGHZ 134, 333, 336; LAG Köln, DStR 1998, 178, 178; Lieb, FS Stimpel, S. 399, 412 f.; Stimpel, FS Fleck, S. 345, 354 f.; Roth, ZGR 1984, 597, 609 f.

[289] BGHZ 134, 333, 336 f.; Stimpel, FS Fleck, S. 345, 355 f.

von den Gläubigern pfändbaren Rückgriffsansprüchen der Geschäftsführer in unbeschränkter Höhe ausgesetzt seien[290].

Weiterhin sollte mit dem neuen Haftungskonzept ein Wertungswiderspruch vermieden werden, der sich nach der bisherigen Rechtsprechung aus der beschränkten Außenhaftung vor Eintragung und der unbeschränkten Innenhaftung nach Eintragung ergab. Der Haftungsgleichlauf vor und nach Eintragung vermeide zugleich einen möglichen Interessenwiderstreit zwischen den Geschäftsführern, die zur Vermeidung der Handelndenhaftung auf die Eintragung der Gesellschaft drängen, und den Gründer, die sich der Eintragung wegen Besorgnis der Vorbelastungshaftung widersetzen[291]. Daneben verhindere die unbeschränkte Gründerhaftung die drohende Abgrenzungsproblematik zwischen echter und unechter Vorgesellschaft, indem ein einheitlicher Haftungsumfang bei beiden Gesellschaftsformen angenommen wird[292]. Da es in der vorliegenden Untersuchung auf die Rechtspraxis in den einzelnen Ländern ankommt, ist folglich von einer unbeschränkten Haftung der Gesellschafter für Verbindlichkeiten der Vorgesellschaft auszugehen[293].

Sachlich erstreckt sich die Haftung der Gründer auf alle Verbindlichkeiten der Vorgesellschaft und erfasst damit sowohl die in der Gründungsphase zu Lasten der Vorgesellschaft begründeten rechtsgeschäftlichen Verbindlichkeiten als auch die auf die Vorgesellschaft übergegangenen Altverbindlichkeiten eines eingebrachten Unternehmens[294].

c. Innen- bzw. Außenhaftung

Die unbeschränkte Gründerhaftung kann entweder als eine mit der gesetzlichen Gesellschafterhaftung nach § 128 HGB vergleichbare unbeschränkte Außenhaftung den Gläubigern der Vorgesellschaft gegenüber oder als unbeschränkte Haftung im

---

[290] Jäger, Gesellschafterhaftung, S. 25; Lieb, FS Stimpel, S. 399, 404; Meister, FS Werner, S. 521, 551f.; Flume, FS v. Caemmerer, S. 517, 520; Raiser, Kapitalgesellschaften, S. 290; Roth, ZGR 1984, 597, 617 ff.; Hachenburg/Ulmer, GmbHG, § 11 Rn 64. Hier kann noch offen bleiben, ob die Regressansprüche der Handelnden zu den Verbindlichkeiten der Vorgesellschaft zählen oder ob sie unmittelbar gegen ihre Gesellschafter gerichtet sind.

[291] BGHZ 134, 333, 337 f.; ThürOLG Jena, NZG 1999, 461, 461; Michalski/Barth, NZG 1998, 525, 527; Kübler, Gesellschaftsrecht, S. 325; Meister, FS Werner, S. 521, 548 f.; Lieb, FS Stimpel, S. 399, 411, 414; Stimpel, FS Fleck, S. 345, 359 f.; K. Schmidt, ZHR 156 (1992), 93, 107 f.; Flume, NJW 1981, 1753, 1755; Hachenburg/Ulmer, GmbHG, § 11 Rn 64 f.

[292] Wilhelm, DStR 1998, 457, 459; Michalski/Barth, NZG 1998, 525, 529; Kleindiek, ZGR 1997, 427, 445 ff.; Theobald, Vor-GmbH, S. 133 f.; Kleindiek, ZGR 1997, 427, 445 ff.

[293] Noch nicht geklärt ist allerdings die Rechtsgrundlage der unbeschränkten Haftung. Teile der Literatur (Scholz/K. Schmidt, GmbHG, § 11 Rn 82 ff.; Roth, in Roth/Altmeppen, GmbHG, § 11 Rn 51; Roth, ZGR 1984, 597, 626 f.; Beuthien, GmbHR 1996, 309, 311 ff.) stützen sich zur Begründung auf §§ 128 ff. HGB (analog), während der BGH, diese Frage offen lässt. Die Berufung auf §§ 128 ff. HGB erscheint allerdings überraschend, da mittlerweile zutreffend erkannt wurde, dass die Zuordnung der Vorgesellschaft zum Modell der OHG den Besonderheiten der Vorgesellschaft keine Rechnung trägt. Daher ist es widersprüchlich, dass im Rahmen der Haftung der Vorgesellschaft wieder das Recht der OHG maßgeblich sein soll.

[294] Theobald, Vor-GmbH, S. 139 f.; vgl. auch M. Scholz, Gründungsstadium, S. 89 f.; OLG Dresden, NZG 1998, 311, 312.

Innenverhältnis der Vorgesellschaft gegenüber zu verstehen sein. Kernfrage des Streits um die Innen- oder Außenhaftung der Gründergesellschafter ist, ob dem Gläubiger die durch Annahme einer anteiligen Innenhaftung erschwerte Rechtsdurchsetzung zuzumuten ist. Diese Frage ist aus Sicht der Gründergesellschafter nicht nur ein rechtstechnisches, sondern ein erstzunehmendes praktisches Problem.

Die höchstrichterliche Rechtsprechung und Teile der Literatur gestalten die Verlustdeckungshaftung entsprechend dem Modell einer einheitlichen Gründerhaftung als unbeschränkte Innenhaftung aus[295]. Eine Außenhaftung gegenüber den Gläubigern kommt nur in Betracht, wenn die Vor-GmbH vermögenslos ist, wenn weitere Gläubiger fehlen, wenn die Gesellschaft keine Geschäftsführer mehr hat oder wenn eine Einpersonengründung vorliegt. Begründet werden diese Ausnahmefälle damit, dass eine Verweisung auf die Innenhaftung den berechtigten Gläubiger- und Gesellschafterinteressen nur bei geordneten Verhältnissen der Gesellschaft gerecht werde, also wenn die Vorgesellschaft noch besteht und die Eintragung weiterhin betrieben wird oder wenn sich die Vorgesellschaft zwar in Liquidation befindet, aber nicht masselos ist[296]. Da die Ausnahmen relativ selten seien, rechtfertigten sie keine grundsätzliche Ausgestaltung der Gründer- als Außenhaftung, so dass es in der Regel bei der Innenhaftung der Gesellschafter bleibt[297].

Zur Begründung des Innenhaftungskonzepts wird angeführt, dass nur die Annahme einer Innenhaftung den „wünschenswerten" Gleichlauf von Verlustdeckungshaftung vor Eintragung und Vorbelastungshaftung nach Eintragung der Gesellschaft zur Vermeidung von Wertungswidersprüchen ermögliche. Die Gründe, die bisher im Gläubigerinteresse eine Außenhaftung erforderlich gemacht hätten, seien mit Aufgabe des Vorbelastungsverbotes und Einführung der Vorbelastungshaftung entfallen[298]. Den Gläubigern entstünden durch die Innenhaftung keine unzumutbaren Nachteile, da sie

---

[295] BGHZ 134, 333, 339 ff.; OLG Dresden, GmbHR 1998, 186, 188; BAG, NJW 1998, 628, 629; BAG, ZIP 1997, 1544, 1546; BAG, ZIP 1997, 2199, 2201; BFHE 185, 356, 360; BFH, ZIP 1998, 1149, 1151; Kort, ZIP 1996, 109, 113; Stimpel, FS Fleck, S. 345, 361 f.; Ulmer, ZIP 1996, 733, 734 ff., 739; Hachenburg/Ulmer, GmbHG, § 11 Rn 65; Lutter/Hommelhoff, GmbHG, § 11 Rn 8; Wiegand, BB 1998, 1065, 1066 f.; K. Schmidt, ZIP 1997, 671, 672; Kort, EWiR 1998, 123, 123 f.; Kort, ZIP 1996, 109, 113, 116; Lutter, JuS 1998, 1073, 1077; so schon vor dem BGH, Stimpel, FS Fleck, S. 345, 361 ff.; Meister, FS Werner, S. 521, 549 f.; Lieb, FS Stimpel, 399, 401, 414 f.

[296] BGHZ 134, 333, 341; BGH, NJW 1996, 1210, 1212; OLG Bremen, GmbHR 2001, 25, 26; OLG Stuttgart, NZG 2001, 86; OLG Dresden, NZG 1998, 311; vgl. auch BFH, NZG 1998, 723, 724; BAG, ZIP 1997, 1544 mit Anm. Goette in EWiR 1997, 849 f.; LAG Baden-Württemberg, DStR 1998, 177, 177; BSG, ZIP 2000, 494, 495 ff.; Gummert, DStR 1997, 1007, 1010; Ulmer, ZIP 1996, 733, 735 f.; Hachenburg/Ulmer, GmbHG, § 11 Rn 67 f.; Ensthaler, BB 1997, 1209, 1211; zweifelnd für den Fall der Vermögenslosigkeit der Vorgesellschaft: Lutter/Hommelhoff, GmbHG, § 11 Rn 9. Goette, DStR 1998, 179, 181 sieht daneben den Fall der unechten Vorgesellschaft als weiteren Ausnahmefall an; zu den Problemen der Ausnahmefälle in der Praxis: Gummert, WIB 1997, 465 f.

[297] Vgl. BGHZ 134, 333, 340; Gummert, WIB 1997, 465 f.; Kleindiek, ZGR 1997, 427, 439; Ulmer, ZIP 1996, 733, 735 f.; Fleischer, EWiR 1997, 463, 464; Wilken, GmbHR 1997, 405, 409; entgegengesetzte Vermutung aber bei K. Schmidt, ZHR 156 (1992) 93, 117.

[298] BGHZ 134, 333, 334; so auch der Vorlagebeschluss des BGH in GmbHR 1996, 279, 281; vgl. auch Gehrlein, DB 1996, 561, 567; Meister, FS Werner, S. 521, 550; Stimpel, FS Fleck, S. 345, 363; Schütz, GmbHR 1996, 727, 733 f.; Hachenburg/Ulmer, GmbHG, § 11 Rn 65; Lutter/Hommelhoff, GmbHG, § 11 Rn 8; Kleindiek, ZGR 1997, 427, 433.

den Verlustdeckungsanspruch der Vorgesellschaft gegen die Gesellschafter im Wege der Pfändung verwerten könnten. Zwar könne das Innenhaftungskonzept im Vergleich zu einer gesamtschuldnerischen Außenhaftung die Durchsetzung der Gläubigeransprüche erschweren; in gebotener Abwägung der Interessen von Gläubiger und Gesellschafter seien diese Erschwernisse aber für den Gläubiger nicht unzumutbar[299]. Eine Außenhaftung bedeute für ihn nur dann ein erleichtertes Vorgehen, wenn die Gründergesellschafter bei einer Inanspruchnahme die Verbindlichkeiten der Vorgesellschaft ohne weitere Beanstandung befriedigten. Dieses sei aber unwahrscheinlich, da erklärter Wille der Gründergesellschafter sei, nur im Innenverhältnis zum Verband zu haften[300]. Zum Schutz der Gläubigerinteressen sei die Verlustausgleichspflicht der Gesellschafter im Innenverhältnis daher ausreichend[301]. Eine unbeschränkte Außenhaftung würde dem Gläubiger ein nicht gebotenes Maß an Schutz gewähren[302].

Die unbeschränkte Außenhaftung sei ferner kapitalgesellschaftsfremd und widerspreche dem Wesen des GmbH-Rechts. Wichtigstes Strukturmerkmal des Kapitalgesellschaftsrechts sei die interne, anteilige Haftung der Gesellschafter sowie eine Haftung nur für die Aufbringung und Erhaltung des Stammkapitals. Nur darauf könne sich das schutzwürdige Interesse Dritter richten[303]. Da die Vorgesellschaft nach Möglichkeit dem Bild der fertigen GmbH anzunähern ist, sei das für die GmbH typische Innenhaftungskonzept (vgl. z.B. §§ 9, 9a, 22, 23, 24, 26 ff., 30 ff. GmbHG) auch für die Vorgesellschaft zu übernehmen[304]. Zudem könne eine direkte Haftung kleine Gesellschafter, die der Geschäftsführung nicht nahe stünden, erheblich belasten: Sie müssten sich informieren, ob die Vorgesellschaft überhaupt wirksam verpflichtet wurde und der Forderung nachkommen muss[305].

Eine Außenhaftung würde auch potentielle Interessenten in der Praxis von der GmbH-Gründung abhalten, da sie die Abwicklungslast nicht den Gesellschaftsgläubigern auferlege[306]. Darüber hinaus entstünden für die Gläubiger bei Annahme einer Außenhaftung durch den entstehenden Wettlauf der Gläubiger Nachteile: Nur derjenige, der zuerst pfände, könne seine Forderung verwirklichen; den übrigen Gläubigern drohe der Forderungsausfall, wobei gerade im Insolvenzfalle ungleiche Befriedigungschancen zu befürchten seien. Bei einer Innenhaftung sei hingegen in der Regel eine

[299] BGHZ 134, 333, 339 f.; Gehrlein, DB 1996, 561, 567; Hachenburg/Ulmer, GmbHG, § 11 Rn 66.
[300] Schütz, GmbHR 1996, 727, 735.
[301] Stimpel, FS Fleck, S. 345, 363.
[302] BGHZ 134, 333, 340; Ulmer, ZIP 1996, 733, 736.
[303] Dauner-Lieb, GmbHR 1996, 82, 90 f.; Lutter, JuS 1998, 1073, 1077; Hueck-Fastrich in Baumbach/Hueck, GmbHG, § 11 Rn 25; Ulmer, ZIP 1996, 733, 737 f. mwN.
[304] BGHZ 134, 333; ThürOLG Jena, NZG 1999, 461, 461; Schütz, GmbHR 1996, 727, 732; Gehrlein, DB 1996, 561, 567; vgl. Dauner-Lieb, GmbHR 1996, 82, 91; Kort, ZIP 1996, 109, 112; Ulmer, ZIP 1996, 733, 734, 737 f.; Stimpel, FS Fleck, S. 345, 362; Goette, DStR 1998, 179, 180; Kort, EWiR 1998, 123, 124; Wiedenmann, ZIP 1997, 2029, 2032 f.; Hachenburg/Ulmer, GmbHG, § 11 Rn 65; Lutter/Hommelhoff, GmbHG, § 11 Rn 9 f.; Roth, in Roth/Altmeppen, GmbHG, § 11 Rn 51.
[305] BGHZ 134, 333, 340; Kübler, Gesellschaftsrecht, S. 326; Dauner-Lieb, GmbHR 1996, 82, 91; Ulmer, ZIP 1996, 733, 736; Stimpel, FS Fleck, S. 345, 361, 363; vgl. Michalski/Barth, NZG 1998, 525, 529.
[306] Baumann/Müller, NZG 2001, 218, 219; Baumann, JZ 1998, 597, 597 f.; Kort, ZIP 1996, 109, 113.

gleichmäßige Befriedigung der Gläubiger zu erwarten[307]. Den Gesellschaftern der Vorgesellschaft sei es daneben nicht zuzumuten, der Inanspruchnahme durch die Gläubiger auch bei Solvenz der Vorgesellschaft ausgesetzt zu sein[308].

Einige unterinstanzliche Gerichte[309] und Teile der Literatur[310] favorisieren demgegenüber eine unbeschränkte Außenhaftung der Gründer. Ihr Hauptkritikpunkt richtet sich gegen die Abwägung der Interessen durch den BGH insbesondere hinsichtlich der Haftungsabwicklung, die zu Lasten der Gläubiger gehe. Zudem beruhe das Konzept der Innenhaftung insgesamt auf ungerechtfertigten Billigkeitserwägungen[311]. Die Außenhaftung würde dem Schutz der Gläubigerinteressen gerechter, weil sie die Durchsetzung der Forderungen der Gläubiger dadurch vereinfache, dass diese neben der Vollstreckung in das Gesellschaftsvermögen unmittelbar auf den Gesellschafter ohne den Umweg der Pfändung und Überweisung des Einlageanspruchs zugreifen könnten[312]. Die Verweisung auf die Pfändung der Verlustdeckungsansprüche aufgrund eines gegen die Vorgesellschaft gerichteten Titels und das Einklagen von Teilbeträgen sowie die anschließende Geltendmachung der Ausfallhaftung nach § 24 GmbHG sei unzumutbar. Durch die gegebenenfalls notwendige Vielzahl von Klagen und Zwangsvollstreckungen werde den Gläubigern die Durchsetzung ihres Anspruchs derart erschwert, dass sie einer materiellen Haftungsbeschränkung gleichkäme[313]. Die damit verbundenen Risiken könnten nicht durch die geringen Vorteile einer späteren Eintragung der Gesellschaft in das Handelsregister wettgemacht werden[314]. Da das Haftungsvolumen bei Außen- und Innenhaftung aufgrund der unbeschränkten Haftung in beiden Fällen gleich und nur der Abwicklungsmodus unterschiedlich sei, sei nicht zu begründen, warum den Gesellschaftern bei der Innenhaftung das Risiko der vollen

---

[307] BGHZ 134, 333, 340 f.; Gehrlein, DB 1996, 561, 567; Kübler, Gesellschaftsrecht, S. 326; Lutter/Hommelhoff, GmbHG, § 11 Rn 9; Grunewald, Gesellschaftsrecht, S. 325; Priester, ZIP 1982, 1141, 1151; Ulmer, ZIP 1996, 733, 734 ff.

[308] Ulmer, ZIP 1996, 733, 736; Dauner-Lieb, GmbHR 1996, 82, 91; vgl. Beuthien GmbHR 1996, 309, 312.

[309] LAG Köln, DStR 1998, 178, 178 f.; LAG Köln, ZIP 1997, 1921, 1922; LSG Baden-Württemberg, ZIP 1997, 1651, 1652 mit zust. Anm. Altmeppen; LSG Baden-Württemberg, DStR 1998, 177, 177; kritisch auch LAG Hessen, GmbHR 1998, 782, 783, 785, OLG Thüringen, GmbHR 1999, 772, 773.

[310] Altmeppen, NJW 1997, 1509, 1509 ff.; Altmeppen, NJW 1997, 3272, 3272 ff.; Raab, WM 1999, 1596, 1607; Michalski/Barth, NZG 1998, 525, 527; Beuthien GmbHR 1996, 309, 312 f.; Flume, DB 1998, 45, 46 ff.; Ensthaler, BB 1997, 1209, 1210 f.; K. Schmidt, ZIP 1996, 353, 357; K. Schmidt, ZIP 1997, 671, 672 f.; Huber, FS Fischer, S. 263, 286 ff.; Raiser/Veil, BB 1996, 1344, 1346 f.; Dregger, Haftungsverhältnisse, S. 79; Schultz, JuS 1982, 732, 736 ff.; Priester, ZIP 1982, 1141, 1151 ff.; Jäger, Gesellschafterhaftung, S. 205 ff.; Kusserow, Einmann-GmbH, S. 184 ff.; Derwisch-Ottenberg, Haftungsverhältnisse, S. 67 ff.; Scholz/K. Schmidt, GmbHG, § 11 Rn 82; Roth, in Roth/Altmeppen, GmbHG, § 11 Rn 51; Ehses, Gründerhaftung, S. 95; i.E. ebenso Wilhelm, DB 1996, 921, 922 f.; Wilhelm, DStR 1998, 457, 458.

[311] Altmeppen, NJW 1997, 3272, 3275; vgl. auch Flume, DB 1998, 45, 47 ff.

[312] Sandberger, FS Fikentscher, S. 389, 410.

[313] LAG Köln, DStR 1998, 178, 179; Ensthaler, BB 1997, 1209, 1210; Beuthien, GmbHR 1996, 309, 131; Raiser/Veil, BB 1996, 1344, 1349; Kleindiek, ZGR 1997, 427, 443 ff.; Scholz/K. Schmidt, GmbHG, § 11 Rn 82; K. Schmidt, GmbHR 2001, 27, 27; K. Schmidt, ZHR 156 (1992), 93, 116 f.; Altmeppen, NJW 1997, 1509, 1510.

[314] Ehses, Gründerhaftung, S. 74 ff.

Haftung, nicht aber das der Haftungsabwicklung aufgebürdet werden könne, zumal sich der Gesellschafter und nicht der Gläubiger die anderen Gründungsgesellschafter ausgesucht habe[315].

Ferner sei problematisch, dass den Gläubigern bei der Geltendmachung der Forderung für die Gesellschaft auch die Darlegungs- und Beweislast obliege. Durch die Überweisung der Forderung trete der Pfändende nur bis zur Leistung an die Stelle seines Schuldners als Gläubiger, und könne keine bessere Stellung als der alte Gläubiger erhalten[316]. Eine Außenhaftung führe hingegen sowohl zu einem angemessenen Gläubigerschutz als auch zu einer für Gläubiger und Gründer angemessenen Verteilung des wirtschaftlichen Risikos, da weder das Regressrisiko noch die Abwicklungslast den Gesellschaftsgläubigern auferlegt werde[317].

Dem vom BGH befürchteten Wettlauf der Gläubiger im Insolvenzfall wird entgegengehalten, dass dies jedenfalls seit dem 01.01.1999 durch § 93 InsO (analog) bzw. § 735 BGB analog verhindert werde, der die Geltendmachung der persönlichen Haftung eines Gründergesellschafters dem Insolvenzverwalter vorbehalte[318]. Auf diese Weise würde die Haftungsproblematik einer spezifisch insolvenzrechtlichen Lösung zugeführt, ohne dass diese zugleich generell zur richtungsweisenden Determinante wird[319]. Zudem sei es widersprüchlich, die Befürchtung um einen Wettlauf der Gläubiger als Argument gegen eine Außenhaftung anzuführen, gleichzeitig aber in den Fällen, in denen die persönliche Haftung der Gesellschafter eine besondere Bedeutung erlange, ausnahmsweise eine Außenhaftung zuzulassen[320]. Auch sei der Gleichlauf zwischen Verlustdeckungs- und Vorbelastungshaftung nicht zwingend. Beide stünden zwar in engem Zusammenhang, da ihnen die einheitliche Entscheidung über die Zuweisung des Geschäftsrisikos der Gesellschaft in der Gründungsphase zugrunde liege, doch stehe dies einer unterschiedlichen Ausgestaltung von Vorbelastungshaftung bei Eintragung und Gründerhaftung vor Eintragung nicht entgegen[321].

Des Weiteren wird vorgebracht, das vom BGH zur Begründung der Unbeschränktheit der Haftung angeführte Prinzip der grundsätzlich unbeschränkten Haftung lege eine Außenhaftung nahe[322]. Eine Innenhaftung sei nicht typisch für das GmbHG und stelle kein durchgängiges Strukturprinzip des GmbHG dar, zumal die Vorschriften des GmbHG für das Gründungsstadium sowohl eine Innen- als auch eine Außenhaf-

---

[315] Michalski/Barth, NZG 1998, 525, 529; Schmidt, ZHR 156 (1992), 93, 115.

[316] Müther, MDR 2001, 366, 367.

[317] Vgl. Baumann/Müller, NZG 2001, 218, 219; Kleindiek, ZGR 1997, 427, 438; Raab, WM 1999, 1596, 1611; Ehses, Gründerhaftung, S. 95; Gehrlein, DB 1996, 561, 566 f.; Beuthien, GmbHR 1996, 309, 314; Raiser/Veil, BB 1996, 1344, 1346 ff.; K. Schmidt, ZIP 1996, 353, 357; Ulmer, ZIP 1996, 733.

[318] Michalski/Barth, NZG 1998, 525, 530 f.; K. Schmidt, ZIP 1997, 671, 673; K. Schmidt, ZGR 1998, 633, 669 f.; K. Schmidt, GmbHR 2001, 27, 29; Baumann/Müller, NZG 2001, 218, 219. Demgegenüber sieht Wilken, ZIP 1995, 1163, 1166 zu Unrecht in § 93 InsO ein Argument für eine Innenhaftung. Vgl. K. Schmidt/Bitter, ZIP 2000, 1077, 1082 ff. zum Streitstand.

[319] Baumann/Müller, NZG 2001, 218, 219.

[320] Michalski/Barth, NZG 1998, 525, 531.

[321] Kleindiek, ZGR 1997, 427, 442 ff.; vgl. Michalski/Barth, NZG 1998, 525, 529.

[322] Das konstatiert schon Stimpel, FS Fleck, S. 345, 359; so auch Altmeppen, NJW 1997, 1509, 1509; K. Schmidt, ZIP 1996, 353, 358; Flume, DB 1998, 45, 46; Kleindiek, ZGR 1997, 427, 46.

tung kennen würden[323]. Gegen die Annahme einer Vorwirkung der GmbH-Regeln spreche, dass § 13 Abs. 2 GmbHG auf die eingetragene GmbH zugeschnitten sei, so dass die Beschränkung der Haftung auf das Gesellschaftsvermögen erst nach Eintragung der Gesellschaft eingreifen könne[324].

Letztlich wird der Streit über die Ausgestaltung als Innen- oder Außenhaftung von beiden Seiten unter Abwägung der Gründer- und der Gläubigerinteressen sowie unter Einbeziehung von Aspekten der Praktikabilität geführt. Die Argumente und dogmatischen Bedenken der Gegenmeinung waren dem BGH größtenteils schon vor seinem Urteil von 1997 bekannt. Er hat sie gegeneinander abgewogen, ist ihnen aber letztlich nicht gefolgt[325]. Für die vorliegende Untersuchung des Rechts in den jeweiligen Ländern zum Zwecke der Rechtsvergleichung ist von der herrschenden Rechtspraxis auszugehen, die das Prinzip der Innenhaftung vertritt. Es bedarf daher keiner Entscheidung des Streits, auch wenn das Konzept der Außenhaftung vorzugswürdig erscheint.

d. Pro rata oder gesamtschuldnerische Haftung

Die Frage, ob die Gründergesellschafter nur pro rata entsprechend ihrer Beteiligung an der Gesellschaft oder gesamtschuldnerisch haften, ist sowohl für die grundsätzliche Annahme der Innenhaftung als auch für die Ausnahmen von der Innenhaftung umstritten.

Die höchstrichterliche Rechtsprechung und Teile der Literatur nehmen grundsätzlich eine anteilige Haftung der Gründergesellschafter gegenüber der Vorgesellschaft an[326]. Daher haften die Gesellschafter der Vorgesellschaft bis zur Eintragung entsprechend den jeweiligen Beteiligungsverhältnissen anteilig in Höhe der nicht durch das Stammkapital gedeckten Verluste[327]. Diese Haftung ist für die entstandenen Verluste durch die Ausfallhaftung analog § 24 GmbHG gesichert[328]. Zur Begründung der pro rata - Haftung wird angeführt, dass die Verlustdeckungshaftung als notwendiges Äquivalent der Vorbelastungshaftung weitestgehend wie diese ausgestaltet sein

---

[323] Kleindiek, ZGR 1997, 427, 437; Raiser/Veil, BB 1996, 1344, 1349; Michalski/Barth, NZG 1998, 525, 528; Beuthien GmbHR 1996, 309, 312 f.; Flume, DB 1998, 45, 48.

[324] LSG Baden-Württemberg, DStR 1998, 177, 177; LAG Köln, DStR 1998, 178, 178 f.; J. Meyer, Haftungsbeschränkung, S. 519; K. Schmidt, ZIP 1996, 593, 593; Scholz/K. Schmidt, GmbHG, § 11 Rn 82; Ehses, Gründerhaftung, S. 63; Kleindiek, ZGR 1997, 427, 437.

[325] Vgl. BGH, DStR 1996, 515, 516 f.; Goette, DStR 1998, 179, 180; Ulmer, ZIP 1996, 733, 737 ff.; J. Meyer, Haftungsbeschränkung, S. 345.

[326] BGHZ 134, 333, 340; BAG, NZA 1998, 27, 28; BAG, NZA 1997, 1053, 1054 (10. Senat); BAG, NZG 1998, 103 f. (9. Senat) lässt dies offen; BFH, NZG 1998, 723, 723f.; Roth, in Roth/Altmeppen, GmbHG, § 11 Rn 50 f.; Stimpel, FS Fleck, S. 345, 361 ff.; Ulmer, ZIP 1996, 733, 737; Meyke, Haftung GmbH–Geschäftsführer, S. 246; Hueck-Fastrich in Baumbach/Hueck, GmbHG, § 11 Rn 59.

[327] Die quotale Haftungsbeschränkung führt zu Teilschulden im Sinne des § 420 BGB. Daher hat die Befriedigung eines Gesellschaftsgläubigers durch einen Gründergesellschafter über seine anteilige Haftung hinaus keine Erfüllungswirkung zugunsten der anderen Gesellschafter.

[328] BGHZ 134, 333, 340; BGH, ZIP 1996, 590, 590 ff.; BAG, ZIP 1997, 2199; zuvor insb. Stimpel, FS Fleck, S. 345, 355 ff.; Meister, FS Werner, S. 521, 548 ff.; Hachenburg/Ulmer, GmbHG, § 11 Rn 60 ff.; Lieb, FS Stimpel, S. 399, 411 ff.; Gummert, DStR 1997, 1007, 1008.

müsse[329]. Daneben folge die anteilige Haftung schon aus der Annahme einer Innenhaftung, weil diese auf das Verhältnis der Gesellschafter zur Gesellschaft abstelle. Eine gesamtschuldnerische Außenhaftung böte den Gläubigern ein nicht gebotenes Maß an Schutz[330] und sei unzumutbar, da sie bedeute, dass ein Gründergesellschafter mit der Haftungsklage eines Gesellschaftsgläubigers rechnen, notfalls in Vorlage treten und Rückgriff im Regresswege bei der Gesellschaft und seinen Mitgründern nehmen müsse[331]. Im System bleibend versteht die herrschende Meinung auch die ausnahmsweise vorliegende Außenhaftung der Gründer als anteilige Haftung[332].

Die Vertreter der Außenhaftung gehen unter Betonung des Verhältnisses der Gründergesellschafter zum Dritten sowie unter Berufung auf die Einordnung der Haftung als Durchgriffshaftung von einer gesamtschuldnerischen Haftung entsprechend § 128 HGB oder § 54 BGB aus[333]. Auch wenn das Konzept der Außenhaftung und damit auch die Annahme einer gesamtschuldnerischen Haftung der Gründergesellschafter vorzugswürdig erscheint, ist für die vorliegende Untersuchung von der höchstrichterlichen Rechtsprechung und damit von einer anteiligen Innenhaftung auszugehen.

e. Zustimmung zur Geschäftsaufnahme

Einschränkende Voraussetzung der persönlichen Haftung der Gründergesellschafter für Verbindlichkeiten der Vorgesellschaft ist, dass diese der vorzeitigen Geschäftsaufnahme durch die Vorgesellschaft zugestimmt haben. Zwar wird teilweise das Erfordernis einer Zustimmung wegen der für den Gläubiger unüberschaubaren Innenverhältnisse abgelehnt[334], doch ist mit der hier relevanten Rechtspraxis davon auszugehen, dass sowohl bei der Vorbelastungshaftung[335] als auch bei der Verlustdeckungshaftung diejenigen Gründer nicht haften, die mit der Geschäftsaufnahme nicht einverstanden waren, zumal die Verlustdeckungshaftung der Vorbelastungshaftung

---

329 BGHZ 134, 333, 337; Ulmer, ZIP 1996, 733, 734.

330 BGHZ 134. 333. 340; Flume, DB 1998, 45, 46; Ulmer, ZIP 1996, 733, 736.

331 Vgl. K. Schmidt, ZIP 1997, 671, 672 unter Bezug auf den BGH; Dauner-Lieb, GmbHR 1996, 82, 91.

332 Vgl. dazu BAG, NZA 1997, 1053, 1055; BAG, NZA 1998, 27, 28; BFH, ZIP 1998, 1149, 1151; BSG, ZIP 2000, 494, 497.

333 LAG Köln, DStR 1998, 178, 178 ff.; LSG Stuttgart, GmbHR 1997, 893, 894; LAG Hessen, GmbHR 1998, 782, 784; vgl. BAG, ZIP 1997, 2199 (9. Senat); Beuthien GmbHR 1996, 309, 311 ff.; Ensthaler, BB 1997, 1209, 1209 f.; Theobald, Vor-GmbH, S. 135 ff.; Altmeppen, NJW 1997, 1509, 1510; Altmeppen, NJW 1997, 3272, 3274; Raiser/Veil, BB 1996, 1344, 1344 ff.; Flume, DB 1998, 45, 46 f.; K. Schmidt, GmbHR 2001, 27, 27; K. Schmidt, ZIP 1997, 671, 672 f.; Michalski/Barth, NZG 1998, 525, 528 f.; Gehrlein, DB 1996, 561, 566; Raab, WM 1999, 1596, 1607; Wilhelm, DStR 1998, 457, 458; Scholz/K. Schmidt, GmbHG, § 11 Rn 82 ff.; Roth in Roth/Altmeppen, GmbHG, § 11 Rn 51; J. Meyer, Haftungsbeschränkung, S. 347; Hirte, Kapitalgesellschaftsrecht, Rn 81.

334 Weimar, GmbHR 1988, 289, 292; Theobald, Vor-GmbH, S. 26; Binz, Haftungsverhältnisse, S. 143; K. Schmidt, Gesellschaftsrecht, § 34 III 3 b; MünchHdb./Gummert, § 16 Rn 61.

335 BGHZ 80, 129, 139; BGHZ 105, 300, 303; Hachenburg/Ulmer, GmbHG, § 11 Rn 26 f.; 54 f.; 82, 85; Lutter, JuS 1998, 1073, 1075 f. Diese Voraussetzung wird aber zumeist nicht ausdrücklich erwähnt; vgl. etwa Rittner/Schmidt-Leithoff in Rowedder u.a., GmbHG, § 11 Rn 27; Hueck-Fastrich in Baumbach/Hueck, GmbHG, § 11 Rn 59.

entspricht[336]. Die Begründung von Verbindlichkeiten für die Vorgesellschaft setzt daher jenseits der gründungsnotwendigen Rechtsgeschäfte eine entsprechende übereinstimmende Ermächtigung durch die Gründergesellschafter voraus[337]. Erst die Zustimmung zur vorzeitigen Geschäftsaufnahme führt zu einer wirksamen Verpflichtung der Vorgesellschaft[338] und damit zur Haftung der Gründergesellschafter für diese Verbindlichkeiten. Diese Zustimmung rechtfertigt die Risikozuweisung an die Gründer, die dadurch ihre unbeschränkte Haftung in Kauf genommen haben[339].

f. Inhalt der Verlustdeckungshaftung

Die Frage des Inhalts der Verlustdeckungshaftung wird in Rechtsprechung und Literatur selten erörtert. Sie hängt teilweise mit der Eintragung für die Ausgestaltung als Innen- oder Außenhaftung zusammen. Die Innenhaftung ist ihrer Rechtsnatur zufolge auf Geldzahlung gerichtet, die Außenhaftung kann hingegen auch die Erfüllung der geschuldeten Primärleistungen beinhalten[340] und wird dann auch nicht erst sekundär eingreifen[341]. Da die herrschende Rechtspraxis in Deutschland von einer als Haftung nach innen ausgestalteten Verlustdeckungshaftung ausgeht, kann der Gläubiger vom Gesellschafter nicht die im Gründungsgeschäft vereinbarte Leistung verlangen. Sein Anspruch ist vielmehr auf die Zahlung von Geld gerichtet, den er durch Pfändung und Überweisung des Anspruches der Vorgesellschaft gegen den Gründergesellschafter durchsetzen kann.

g. Entstehen und Fälligkeit des Verlustdeckungshaftungsanspruches

Der Verlustdeckungsanspruch der Vorgesellschaft gegen die Gründer entsteht nach der neuen höchstrichterlichen Rechtsprechung mit dem Scheitern der Eintragung und wird fällig mit Eröffnung des Insolvenzverfahrens bzw. mit Beginn der Liquidation[342]. Diesem Konzept wird entgegengehalten, dass, abgesehen vom Fall der Insolvenz, bis zur Eintragung bzw. bis zum endgültigen Scheitern der Gesellschaft

---

[336] BSG, ZIP 2000, 494, 495 f.; OLG Dresden, NZG 1998, 311, 312; wohl auch BGHZ 134, 333, 338ff.; Kleindiek, ZGR 1997, 427, 434; Schütz, Verlustausgleichspflicht, S. 25; Raiser, Recht der Kapitalgesellschaften, § 26 Rn 69; Goette, DStR 1998, 179, 179; Wiegand, BB 1998, 1065, 1071; Michalsky/Barth, NZG 1998, 525, 530; Fleck, GmbHR 1983, 5, 9; Lutter, JuS 1998, 1073, 1076; a.A. Scholz/K. Schmidt, GmbHG, § 11 Rn 83.

[337] BGHZ 80, 129, 139; BGHZ 105, 300, 303; Kleindiek, ZGR 1997, 427, 434; zustimmend Lutter/Hommelhoff, GmbHG, § 11 Rn 5; Hachenburg/Ulmer, GmbHG, § 11 Rn 26 f., 54 f., 85; a.A. Schmidt, ZHR 156 (1992) 93, 108 f.; Scholz/K. Schmidt, GmbHG, § 11 Rn 63 f. mwN; OLG Dresden, NZG 1998, 311, 312.

[338] s. dazu ausführlich auch den Abschnitt „Haftung der Vorgesellschaft" auf S. 95 ff.

[339] Kleindiek, ZGR 1997, 427, 434; Altmeppen, NJW 1997, 1509, 1510; vgl. Schütz, Verlustausgleichspflicht, S. 25; Hachenburg/Ulmer, GmbHG, § 11 Rn 85.

[340] So Beuthien, GmbHR 1996, 309, 313.

[341] Scholz/K. Schmidt, GmbHG, § 11 Rn 85; a.A. Roth, ZGR 1984, 597, 626.

[342] BGHZ 134, 333, 341; offengelassen in BSG, ZIP 2000, 494, 497; so auch Gummert, DStR 1997, 1007, 1009 f.; Michalski/Barth, NZG 1998, 525, 526; Gehrlein, DB 1996, 561, 567; Monhemius, GmbHR 1997, 384, 387; Wiegand, BB 1998, 1065, 1067; Hachenburg/Ulmer, GmbHG, § 11 Rn 95.

keine Haftung der Gesellschafter bestehe[343]. Das Entstehen des Anspruchs mit Scheitern der Eintragung sei Relikt des bis zur Änderung der Rechtsprechung im Jahre 1997 vertretenen Haftungsmodells, nach dem die Binnenhaftung im Zeitpunkt der Eintragung (nun auch ihres Scheiterns) gleichsam aus dem Nichts entstand. Diese Einschränkung sei aber durch die im Urteil von 1997 gefundene Interessenabwägung nicht mehr gerechtfertigt[344]. Zudem entstünden erhebliche praktische Probleme, weil schwierig zu bestimmen sei, wann ein Scheitern der Eintragung vorliege[345]. Der Verlustdeckungsanspruch der Vorgesellschaft könne allenfalls vor Eröffnung des Insolvenzverfahrens entstehen; andernfalls könne der Geschäftsführer ihn nicht geltend machen, sondern müsse zur Gläubigerbefriedigung ein Insolvenzverfahren beantragen, mit dessen Eröffnung der Insolvenzgrund aber entfalle, da nun die unbeschränkte Haftung auf Verlustausgleich entstehen solle[346].

Andere Vertreter der Gegenmeinung haben sich für ein Entstehen des Verlustdeckungsanspruches bereits bei Entstehen von das Stammkapital überschreitenden Verlusten sowie für die Möglichkeit einer jederzeitigen Geltendmachung des Anspruches nach Geschäftsaufnahme ausgesprochen[347]. Die Annahme eines während des gesamten Gründungsstadiums fälligen, jederzeit durchsetzbaren und für die Gläubiger per Pfändung und Überweisung verwertbaren Anspruchs liefe aber auf eine permanente Verlustdeckung hinaus. Dieses sei weder praktikabel noch sachgerecht, da die Verluste nur durch Aufstellung einer Verlustdeckungsbilanz festgestellt und bis zum Scheitern der Vorgesellschaft laufend durch Gewinne aus anderen Gründungsgeschäften kompensiert werden könnten. Auch würden Unsicherheiten und Prozessrisiken für den Gläubiger auftreten, da diese die Darlegungs- und Beweislast für das Entstehen eines Verlustes tragen[348].

Die Ansicht der höchstrichterlichen Rechtsprechung ist aber vom Innenhaftungskonzept her konsequent, da die Verlustdeckungspflicht notwendigerweise stichtagsbezogen ist. Jede Festlegung solcher Stichtage während des Gründungsstadiums wäre willkürlich[349]. Daher ist am eindeutigen Zeitpunkt des Scheiterns der Eintragung als Entstehungsvoraussetzung für die Verlustdeckungshaftung und der Eröffnung des Insolvenzverfahrens bzw. dem Beginn der Liquidation als Zeitpunkte für die Fälligkeit des Anspruches festzuhalten.

h. Beginn und Ende der Verlustdeckungshaftung

Eindeutig ist der Beginn der Verlustdeckungshaftung der Gründer. Die Verlustdeckungshaftung setzt auch nach dem neuen Haftungsmodell des BGH mit dem Eintritt der Gründung in das Stadium der Vorgesellschaft durch Abschluss des notari-

---

343 Michalski/Barth, NZG 1998, 525, 527; Flume, DB 1998, 45, 48.
344 Scholz/K. Schmidt, GmbHG, § 11 Rn 80.
345 Altmeppen, NJW 1997, 1509, 1510; vgl. K. Schmidt, Gesellschaftsrecht, § 34 III 3 c; K. Schmidt, ZIP 1997, 671, 672 f.; Gehrlein, DB 1996, 561, 566.
346 Altmeppen, NJW 1997, 1509, 1510; Altmeppen, ZIP 1997, 273, 273 ff.
347 Ulmer, ZIP 1996, 733, 738; vgl. auch Wiegand, BB 1998, 1065, 1067.
348 Wiegand, BB 1998, 1065, 1067.
349 Monhemius, GmbHR 1997, 384, 387.

ell beurkundeten Gesellschaftsvertrages ein. Ob die Verlustdeckungshaftung im Zeitpunkt der Eintragung erlischt, wie dies von der herrschenden Meinung unter Geltung der auf die Einlage beschränkten Außenhaftung und anderer Haftungsmodelle angenommen wurde[350], ist angesichts des neuen Haftungsmodells der einheitlichen Gründerhaftung fraglich. Eine Fortgeltung der Gründerhaftung wird sowohl von Vertretern des Innen- als auch des Außenhaftungskonzepts vertreten[351]. Einige Vertreter gehen in analoger Anwendung von § 224 UmwG vom Fortbestehen des Verlustdeckungshaftungsanspruchs über die Eintragung der GmbH bis zur fünfjährigen Grenze dieser Vorschrift aus[352]. Andere wenden § 171 HGB analog an, so dass der Verlustdeckungshaftungsanspruch erst mit Erfüllung des Verlustausgleichsanspruchs erlischt[353]. Noch andere sehen in der Anmeldung zum Handelsregister eine wesentliche Zäsur, so dass die Gesellschafter nur für diejenigen Verbindlichkeiten fortdauernd haften, die vor der Anmeldung entstanden sind[354].

Für das Festhalten an der bisher herrschenden Meinung und damit am Erlöschen der Gründerhaftung mit Eintragung der Gesellschaft spricht, dass die Gründerhaftung zum Ziel hat, die Benachteiligungen der mit der Vorgesellschaft Rechtsgeschäfte abschließenden Gläubiger auszugleichen, die sie aufgrund der noch nicht registerrechtlich kontrollierten Kapitalausstattung der Gesellschaft hinnehmen müssen. Dieses Ausgleichs bedarf es nicht mehr, sobald die juristische Person durch Eintragung entstanden ist und die Rechte und Pflichten der Vorgesellschaft auf sie übergegangen sind. Der Entstehungsgrund der persönlichen Haftung verliert durch das Entstehen der juristischen Person als Haftungssubjekt und der im Zeitpunkt der Eintragung eingreifenden Vorbelastungshaftung der Gesellschafter seine Berechtigung[355]. Eine weitergehende Haftung kann keine zusätzliche Schutzwirkung für die Gläubiger entfalten. Zudem soll der Altgläubiger nicht besser stehen als der Neugläubiger[356].

---

[350] Vgl. BGHZ 80, 129, 144 f.; BGHZ 80, 182, 183 ff.; Harrer, Haftungsverhältnisse, S. 251; Derwisch-Ottenberg, Haftungsverhältnisse, S. 44, 76 ff.; Fleck, GmbHR 1983, 5, 13 f.; Ulmer, ZGR 1981, 593, 610; Wiedemann, JurA 1970, 439, 456 f.; Theobald, Vor-GmbH, S. 140 ff.; Roth, ZGR 1984, 597, 627; John, BB 1982, 505, 511; Flume, FS v. Caemmerer, S. 517, 528 f.; Flume, DB 1998, 45 ff.; K. Schmidt, NJW 1981, 1345, 1347; K. Schmidt, GmbHR 1987, 77, 85; Raiser, Kapitalgesellschaften, § 26 Rn 78; Raiser/Veil, BB 1996, 1344 ff.; J. Meyer, Haftungsbeschränkung, S. 351; Altmeppen, NJW 1997, 3272, 3272 ff.; Wilhelm, DStR 1998, 457, 457 ff.; Gummert, DStR 1997, 1007, 1007 ff.; Kleindiek, ZGR 1997, 427, 427 ff.; Schwaiger in Müller/Hense, Beck'sches Handbuch GmbH, § 2 Rn 37; Rittner/Schmidt-Leithoff in Rowedder u.a., GmbHG, § 11 Rn 32; Hueck-Fastrich in Baumbach/Hueck, GmbHG, § 11 Rn 60.

[351] Vgl. OLG Saarbrücken, GmbHR 1992, 307, 308 f. mit Anm. Jestaedt; Beuthien, GmbHR 1996, 309, 311; Beuthien, ZIP 1996, 360, 361 f., 365 f.; Hachenburg/Ulmer, GmbHG, 7. Aufl., § 11 Rn 64; Roth, in Roth/Altmeppen, GmbHG, § 11 Rn 48; K. Schmidt, Gesellschaftsrecht, § 34 III 4 b; Scholz/K. Schmidt, GmbHG, § 11 Rn 88.

[352] J. Meyer, Haftungsbeschränkung, S. 591.

[353] Beuthien, ZIP 1996, 360, 361 f., 365 f.; Roth, in Roth/Altmeppen, GmbHG, § 11 Rn 48; vgl. auch OLG Saarbrücken, GmbHR 1992, 307, 308 f. mit Anm. Jestaedt.

[354] Baumann/Müller, NZG 2001, 218, 218 f.; Schultz, JuS 1982, 732, 738 f.

[355] Vgl. Wiegand, BB 1998, 1065, 1067; Derwisch-Ottenberg, Haftungsverhältnisse, S. 44.

[356] Vgl. Scholz/K. Schmidt, GmbHG, § 11 Rn 88; Hueck-Fastrich in Baumbach/Hueck, GmbHG, § 11 Rn 60; Rittner/Schmidt-Leithoff in Rowedder u.a., GmbHG, § 11 Rn 31 f., 97, 130; Reith, Phänomen

Daher kann die persönliche Verlustdeckungshaftung der Gründer im Zeitpunkt der Eintragung erlöschen. Dem Gläubiger haftet ab diesem Zeitpunkt nur noch das Gesellschaftsvermögen[357], so dass er im Augenblick der Eintragung alles erreicht hat, was er beim Kontrahieren mit einem als „GmbH" auftretenden Geschäftspartner erwarten konnte. Für das Erlöschen der Verlustdeckungshaftung im Zeitpunkt der Eintragung der Gesellschaft spricht auch das neue einheitliche Haftungsmodell des BGH, das sich aus einer bis zur Eintragung der Gesellschaft andauernden Verlustdeckungshaftung und einer an die Eintragung anknüpfenden Vorbelastungshaftung zusammensetzt, so dass sich die Verlustdeckungshaftung mit Eintragung der Gesellschaft als Vorbelastungshaftung der Gesellschafter fortsetzt[358]. Eine vertraglich übernommene zusätzliche Haftung der Gründer bleibt allerdings auch nach Eintragung der Gesellschaft bestehen[359].

Scheitert die Eintragung oder betreiben die Gründer das Gründungsverfahren nicht weiter, gelten für die bis zu diesem Zeitpunkt wahrgenommene Geschäftstätigkeit die vorgenannten Grundsätze: die Handelnden trifft die Handelndenhaftung und die Gründergesellschafter die Verlustdeckungshaftung. Führen die Gründer die Geschäftstätigkeit gemeinschaftlich fort, gilt von nun an das Recht der OHG oder der BGB-Gesellschaft, und die Gesellschafter haften unbeschränkt nach außen[360].

i. „GmbH in Anwartschaft"

Um die Haftungsproblematik bei der Vor-GmbH vom Problem des Nachweises der fehlenden Eintragungsabsicht zu lösen und die Abgrenzungsprobleme zwischen Vorgründungsgesellschaft, echter und unechter Vorgesellschaft zu vermeiden, entwickelte Baumann[361] jüngst eine neue Grundkonzeption, in der er eine neue Zwischenstufe bei Entstehung der GmbH einführt. Das Konzept unterscheidet drei Entstehungsphasen der Gesellschaft bis zur Eintragung: Vorgründungsgesellschaft, Vorgesellschaft und ab Eingang der den Anforderungen des § 8 GmbHG entsprechenden Anmeldung beim Registergericht eine „GmbH in Anwartschaft".

Hinsichtlich der Haftungsregeln solle sowohl in der Vorgründungsgesellschaft als auch in der Vorgesellschaft nach allgemeinen Regeln eine unbeschränkte

---

Vorgesellschaft, S. 109; J. Schneider, Vorbelastungshaftung, S. 53; Schmidthoff/Sudhoff, Gesellschaftsvertrag, S. 43.

[357] § 13 Abs. 2 GmbHG.

[358] Vgl. BGHZ 134, 333, 333 ff.; Kleindiek, ZGR 1997, 427, 431, 443; Sandberger, FS Fikentscher, S. 389, 393; Hueck-Fastrich in Baumbach/Hueck, GmbHG, § 11 Rn 57, 61, 23 ff.; Rittner/Schmidt-Leithoff in Rowedder u.a., GmbHG, § 11 Rn 130; Scholz/K. Schmidt, GmbHG, § 11 Rn 88, 138; Fleck, GmbHR 1983, 5, 13; K. Schmidt, Gesellschaftsrecht, § 34 III 4 b; MünchHdb./Gummert, § 16 Rn 97; J. Schneider, Vorbelastungshaftung, S. 52 ff.

[359] Hueck-Fastrich in Baumbach/Hueck, GmbHG, § 11 Rn 61.

[360] Scholz/K. Schmidt, GmbHG, § 11 Rn 89; Roth in Roth/Altmeppen, GmbHG, § 11 Rn 53. vgl. auch die Abschnitte "Unechte Vorgesellschaft" auf S. 41 ff. und „Haftung der Gründer im Falle einer unechten Vorgesellschaft" auf S. 88 ff.

[361] Baumann, JZ 1998, 597, 597 ff., insb. 598 f.; Baumann/Müller, NZG 2001, 218, 219 ff.; der Anmeldungszeitpunkt wurde schon früher als maßgebliches Abgrenzungskriterium für die Beurteilung der Haftungsfragen gesehen: vgl. Schultz, JuS 1982, 732, 738; Jäger, Gesellschafterhaftung, S. 85 ff.

Außenhaftung gelten. Mit der Annahme einer Außenhaftung im Rahmen der Vorgründungsgesellschaft folgt Baumann der ganz herrschenden Meinung. Er stellt sich aber mit Annahme einer Außenhaftung im Rahmen der Vorgesellschaft gegen die herrschende Rechtspraxis. Ferner nimmt er entgegen der herrschenden Meinung an, dass mit der Anmeldung zum Handelsregister die Vorwirkung der Haftungsstruktur des GmbH-Rechts verbunden sei, so dass die Gesellschafter der „GmbH in Anwartschaft“ ab diesem Zeitpunkt anteilig nach innen haften. Zur Begründung des Konzepts der „GmbH in Anwartschaft“ führt er aus, dass dem deutschen Recht die Anerkennung einer Vorwirkung des (Voll-) Rechtserwerbs während eines Zwischenstadiums nicht fremd sei[362].

Die Konzeption der „GmbH in Anwartschaft“ scheint dem Sachenrecht des BGB entlehnt zu sein, das grundsätzlich auf den Zeitpunkt des Antrags auf Eintragung beim Grundbuchamt abstellt, vgl. § 878 BGB. Sie dient zwar auf den ersten Blick sowohl dem Schutz der Gläubiger als auch dem der Gründergesellschafter, doch löst sie weder die Probleme der Vollstreckung noch die Ungereimtheiten der Gesellschafter-Innenhaftung im Verhältnis zur Handelndenhaftung von Fremdgeschäftsführern. Auch ist die Prämisse fraglich, wonach eine Privilegierung der Gesellschafter allein deshalb gerechtfertigt sei, weil diese alles nach dem Prinzip der Normativbestimmungen für die Entstehung der juristischen Person Mögliche und Erforderliche getan hätten. Gegen eine Verlagerung der anteiligen Innenhaftung auf den Zeitpunkt der Anmeldung der Gesellschaft zum Handelsregister spricht weiterhin, dass eine Freistellung von der Außenhaftung nur in der eingetragenen GmbH gesetzlich vorgesehen ist, und dass die Bestimmungen der §§ 11 Abs. 1, 13 Abs. 2 GmbH eine Vorwirkung nicht zulassen[363].

Zudem sind die Gläubiger mit Anmeldung der Gesellschaft beim Handelsregister noch nicht in gleicher Weise wie nach der Eintragung geschützt, da weder ein garantierter Haftungsfond besteht noch die Gläubigerschutzregeln über die Kapitalaufbringung und –erhaltung (§§ 30, 31 GmbHG) gelten. Ferner ist die Anmeldung grundsätzlich frei widerruflich und kann bis zur Eintragung berichtigt werden, so dass die Gefahr von Manipulation und Missbrauch weiterbesteht, die den Schutz der Gläubigerinteressen bis zum Eintragungszeitpunkt als externes Kontrollmoment verlangt[364]. Soweit einige Ansichten dem Anmeldungszeitpunkt Bedeutung zumessen[365], braucht deshalb nicht ein neues Gründungsstadium erfunden zu werden, zumal die Rechtsfigur der Vorgesellschaft den gesamten Zeitraum von der Satzungszeichnung bis zur Eintragung umfasst[366].

---

362 Baumann/Müller, NZG 2001, 218, 219 ff.

363 erstmals hervorgehoben von BGHZ 21, 242; mittlerweile ganz h.M.; vgl. nur BGHZ 134. 333. 336; Stimpel, FS Fleck, S. 345, 360; Sandberger, FS Fikentscher, S. 389, 408; Hachenburg/Ulmer, GmbHG, § 11 Rn 60 mwN; M. Scholz, Gründungsstadium, S. 82; K. Schmidt, ZIP 1997, 671, 671; Hueck-Fastrich in Baumbach/Hueck, GmbHG, § 11 Rn 23 mwN.

364 Jäger, Gesellschafterhaftung, S. 86 f.

365 so Scholz/K. Schmidt, GmbHG, § 11 Rn 126, der die Anmeldung als Stichtag für die Vorbelastung ansieht; s.a. Schultz, JuS 1982, 732, 726 f.; Priester, ZIP 1996, 1141, 1146 ff.

366 Scholz/K. Schmidt, GmbHG, § 11 Rn 21.

Das Konzept Baumanns ist folglich abzulehnen und mit der hier maßgeblichen herrschenden Rechtspraxis von nur zwei möglichen Gründungsphasen sowie der als Innenhaftung ausgestalteten Verlustdeckungshaftung auszugehen.

j. Vermeidung der Gründerhaftung

aa. Haftungsvereinbarung

Zu untersuchen ist, ob die Gründergesellschafter ihre Haftung durch individuelle Vereinbarung mit dem Dritten beschränken oder ausschließen können. Der BGH musste sich mit dieser Frage seit der Entwicklung des Verlustdeckungshaftungskonzepts noch nicht befassen. Die vor Änderung der Rechtsprechung herrschende Meinung ging Abdingbarkeit der Haftung der Gründer aus[367].

Die Verlustdeckungshaftung begründet nach der herrschenden Innenhaftungstheorie eine Haftung der Gründer gegenüber der Vorgesellschaft für die in der Gründungsphase eingegangenen Verbindlichkeiten der Gesellschaft. Vereinbaren Gründer und Dritter einen Haftungsausschluss, so entsteht dennoch eine Verbindlichkeit, für die der Gründer eigentlich der Vorgesellschaft gegenüber haften müsste. Die Annahme der Wirksamkeit des Haftungsausschlusses würde dazu führen, dass die Gesellschaft für die Verbindlichkeiten ohne Möglichkeit des Geltendmachens eines Anspruches gegen die Gründer haften würde. Dieses ist wertungsmäßig nicht gewollt, da diejenigen Gründer, welche die Gründung der Gesellschaft und das Eingehen von Gründungsgeschäften veranlasst haben, für die Gründungsgeschäfte haften sollen.

Die Möglichkeit eines Haftungsausschlusses würde zudem dazu führen, dass dieser nicht zwischen den unmittelbar an der Verlustdeckungshaftung Beteiligten vereinbart werden würde, sondern zwischen Gründer und außenstehendem Dritten. Zwar kann sich der Dritte jederzeit seines Schutzes begeben und auf eine Forderung verzichten, doch kann dieses nicht einseitig erfolgen[368]. Der Verzicht auf eine Forderung und damit der Verzicht auf die Haftung des Gründers stellt einen Vertrag zwischen Gläubiger und Schuldner dar[369], der folglich zwischen dem haftenden Gründer als Schuldner und der Vorgesellschaft als Gläubigerin vereinbart werden müsste. Der Abschluss einer solchen Vereinbarung zwischen Gründer und Vorgesellschaft ist nicht möglich, da er den von der Gründerhaftung beabsichtigten Schutz des Dritten aushöhlen würde. Zudem zeigt der Vergleich mit § 9b Abs. 2 GmbHG, dass die Gesellschaft grundsätzlich nicht auf Ansprüche verzichten kann, soweit dadurch der Schutz der Gläubiger der Gesellschaft umgangen würde. Daher kann die Vorgesellschaft grundsätzlich nicht auf ihren Anspruch gegen die Gründer aus der Verlustdeckungshaftung verzichten, da ansonsten der Dritte benachteiligt würde. Folglich kann der Dritte seine Haftung grundsätzlich nicht wirksam durch Vereinbarung mit der Vorgesellschaft

---

[367] Vgl. BGH, DStR 1992, 365; BGH, GmbHR 1992, 164, 165; BGH, BB 1983, 1433, 1433; Jäger, Gesellschafterhaftung, S. 122; Theobald, Vor-GmbH, S. 121; Roth, ZGR 1984, 597, 613; Flume, NJW 1981, 1753, 1754; Flume, FS Geßler, S. 3, 32; K. Schmidt, OHG, S. 345; Lutter/Hommelhoff, GmbHG, § 11 Rn 2.

[368] § 397 Abs. 1 BGB.

[369] Vgl. Palandt-Heinrichs, BGB, § 397 Rn 2.

ausschließen. Bei Annahme einer Innenhaftung gegenüber der Vorgesellschaft kann ein externer Haftungsausschluss zwischen dem unbeteiligten Dritten und Gründer somit keine Wirkung für die Gesellschaft haben. Die Verlustdeckungshaftung tritt in diesem Fall unabhängig von einer Haftungsvereinbarung der Gründer mit dem Dritten bei der Begründung von Verbindlichkeiten für die Vorgesellschaft ein.

Durch einen Verzicht des Dritten sowohl auf die Haftung der Vorgesellschaft als auch auf die der Gründer, kann allerdings auch die Haftung der Gründer wirksam abbedungen werden. Der Dritte ist in diesem Fall nicht mehr schutzbedürftig und –würdig, so dass die Vorgesellschaft auch auf die Verlustdeckungshaftung der Gründergesellschafter verzichten kann. Verzichtet der Dritte also auf die Haftung der Vorgesellschaft und die der Gründer, können beide Haftungen wirksam ausgeschlossen werden.

bb. Aufschiebende Bedingung

Die Gründergesellschafter können ihre Haftung aus den Gründungsgeschäften auch vermeiden, indem sie die Wirksamkeit des Gründungsgeschäftes im Einzelfall von der späteren Eintragung der Gesellschaft abhängig machen[370]. In diesem Fall schließen die Gründergesellschafter kein das Gesellschaftsvermögen im Gründungsstadium belastendes Rechtsgeschäft ab und haften folglich nicht. Voraussetzung ist aber ein entsprechender Wille beider Parteien, dessen Vorliegen nicht schon dann vermutet werden kann, wenn die künftige Firma ohne Gründungszusatz bezeichnet wird oder die Leistung erst nach der Eintragung erbracht werden soll[371].

cc. Mantel- und Vorratsgesellschaft

Weiterhin können die Gründergesellschafter ebenso wie die Handelnden[372] ihre Haftung durch Verwendung einer Vorrats- oder Mantelgesellschaft ausschließen. Die Erwerber einer Mantel- oder Vorratsgesellschaft trifft keine Verlustdeckungshaftung, da es sowohl an einem Tätigwerden vor Eintragung der Gesellschaft als auch am Anknüpfungspunkt der Eintragung bzw. des Scheiterns der Eintragung für das Entstehen des Verlustdeckungsanspruches fehlt. Die Erwerber erlangen vielmehr zugleich mit dem Erwerb der Geschäftsanteile die mit der existenten juristischen Person verbundene Haftungsbeschränkung. Aufgrund der fehlenden Tätigkeit der Gesellschaft vor ihrer Eintragung scheidet eine Gefährdung des Rechtsverkehrs aus, so dass es des Schutzes des Dritten durch die Verlustdeckungshaftung nicht bedarf[373].

---

[370] § 158 Abs. 1 BGB; vgl. Klein, Rückgriffsanspruch, S. 43; Scholz/K. Schmidt, GmbHG, § 11 Rn 135.

[371] Vgl. Hueck-Fastrich in Baumbach/Hueck, GmbHG, § 11 Rn 17; Rittner/Schmidt-Leithoff in Rowedder u.a., GmbHG, § 11 Rn 88. Für eine automatische Wirksamkeit bei Abschluss der Rechtsgeschäfte im Rahmen der Vertretungsmacht des Handelnden: Scholz/K. Schmidt, GmbHG, § 11 Rn 135.

[372] S. den Abschnitt „Haftungsverhältnisse" auf S. 64 f.

[373] Hachenburg/Ulmer, GmbHG, Rn 28 ff.; vgl. Kantak, Mantelgründung, S. 25; Priester, DB 1983, 2291, 2291; Gummert, DStR 1997, 1007, 1011; Scholz/K. Schmidt, GmbHG, § 11 Rn 83; vgl. auch OLG Frankfurt, GmbHR 1992, 456; Bommert, GmbHR 1983, 209, 211.

Rechtspolitisch mag es zwar geboten sein, die Gründungsgesellschafter bei Aufnahme der Gesellschaftstätigkeit vor dem Vollzug der Mantelverwendung durch Satzungsänderung für die Vorbelastungen haften zu lassen. Zum Teil wird daher eine Anwendung der Rechtsprechungsgrundsätze über die Vorbelastungshaftung auf die Mantel-GmbH gefordert[374]. Dogmatisch ist eine solche Haftung aber bedenklich, da bei der Mantelverwertung die Registereintragung der Satzungsänderungen im Gegensatz zur rechtlichen Neugründung gerade nicht die Unversehrtheit des Stammkapitals dokumentiert[375]. Es erfolgt keine Eintragung über die Höhe des Stammkapitals, und die Gründe für die Anwendung des Unversehrtheitsgrundsatzes bei der rechtlichen Neugründung einer GmbH sind gerade nicht auf die Mantelverwendung übertragbar. Dieser setzt das Entstehen einer neuen juristischen Person voraus, was bei der Mantel- und Vorratsgesellschaft nicht der Fall ist[376]. Der BGH hat die Vorbelastungshaftung aber nur für die Ersteintragung der Gesellschaft begründet[377]. Die Eintragung der Umgründungsbeschlüsse entspricht aber nicht der Eintragung einer neuen GmbH, da die Mantelgesellschaft schon als GmbH besteht, und der BGH die Vorbelastungshaftung darauf stützt, dass die GmbH als juristische Person nur mit garantiertem Mindestkapital entstehen dürfe[378]. Die Vorratsgesellschaft weist hingegen grundsätzlich eine gesicherte Kapitalausstattung auf, so dass es auch bei ihr nicht des Schutzes der Gläubiger durch eine Vorbelastungshaftung bedarf.

2. Haftung der Gründergesellschafter als Gründer

Eine Haftung der Gesellschafter in ihrer Eigenschaft als Gründer kommt in Form der Haftung für die Ordnungsmäßigkeit des Gründungsvorganges in Betracht. Nach § 9a GmbHG besteht eine Schadensersatzhaftung der Gründergesellschafter, wenn sie falsche Angaben zum Zweck der Errichtung der Gesellschaft gemacht haben[379]. Daneben ist eine Differenzhaftung bei Überbewertung der Sacheinlagen[380] sowie in bestimmten Fällen eine Ausfallhaftung der übrigen Gesellschafter bei

---

[374] So Lutter/Hommelhoff, GmbHG, § 3 Rn 8; Ulmer, BB 1983, 1123, 1126; Ihring, BB 1988, 1197, 1202 f.; a.A. BayObLG, GmbHR 1999, 607, 608; Priester, DB 1983, 2291, 2296, 2296; Banerjea, GmbHR 1998, 814, 815; Bärwaldt/Schabacker, GmbHR 1998, 1005, 1012; Scholz/K. Schmidt, GmbHG, § 11 Rn 125; s. auch den Abschnitt "Zulässigkeit der Verwendung von Mantel- und Vorratsgesellschaft" auf S. 61 ff.

[375] Mayer, in Brambring/Jerschke, Beck'sches Notar-Handbuch, S. 797 ff., 844; Neuling, Deutsche GmbH, S. 60; K. Schmidt, Gesellschaftsrecht, § 4 III 3 e; Scholz/K. Schmidt, GmbHG, § 11 Rn 125; Bärwaldt/Schabacker, GmbHR 1998, 1005, 1012; vgl. Priester, ZIP 1982, 1141, 1144; gegen eine Anwendung der Vorbelastungsgrundsätze auf die Mantelgesellschaft auch: AG Duisburg, GmbHR 1998, 87, 88; KG NZG 1998, 73; Scholz/K. Schmidt, GmbHG, § 11 Rn 125; Peters, GmbH-Mantel, S. 121 f.; Priester, DB 1983, 2291, 2296, 2299; Sudhoff-Ihrig, GmbH & Co. KG, S. 173, Rn 28; wohl auch OLG Frankfurt, GmbHR 1992, 456, 456; OLG Frankfurt, GmbHR 1999, 32, 33 f. mit Anm. Börner; BayObLG, GmbHR 1999, 607, 608.

[376] Bärwaldt/Schabacker, GmbHR 1998, 1005, 1012.

[377] Vgl. BGHZ 80, 129, 142.

[378] Priester, DB 1983, 2291, 2296; Priester, ZIP 1982, 1141, 1144; Bärwaldt/Schabacker, GmbHR 1998, 1005, 1012; Scholz/K. Schmidt, § 11 Rn 125; a.A. Ulmer, BB 1983, 1123, 1124, 1126.

[379] § 9a GmbHG.

[380] § 9 Abs. 1 GmbHG.

Zahlungsunfähigkeit eines Gesellschafters[381] gesetzlich angeordnet. Zweck dieser Haftung, die erst mit Eintragung der Gesellschaft entsteht[382], ist die Ergänzung der Kapitalaufbringungsvorschriften und folglich der Gläubigerschutz[383]. Die frühere Rechtsprechung, nach der die Gesellschafter verpflichtet waren, Einlagen, die sie vor Fälligkeit erbracht hatten und die verbraucht waren, noch einmal zu erbringen, ist mittlerweile aufgegeben[384].

3. Haftung der Gründergesellschafter als Handelnde

Die Handelndenhaftung ist, wie oben festgestellt, als Organhaftung ausgestaltet, so dass nur die echten und die faktischen Geschäftsführer der Gesellschaft nach § 11 Abs. 2 GmbHG haften[385]. Aus diesem Grund trifft die Handelndenhaftung nicht mehr die Gründer als wirtschaftliche Herren der Gründungsgeschäfte. Sie haften ausnahmsweise nur dann als Handelnde, wenn sie entweder als gleichzeitig bestelltes Vertretungsorgan der Gesellschaft tätig geworden oder wie ein solches aufgetreten sind[386].

4. Haftung der Gründer im Fall der unechten Vorgesellschaft

Auf die unechte Vorgesellschaft als Personenzusammenschluss ohne Ziel der Gründung einer GmbH findet vielmehr vom Zeitpunkt des Wegfalls der Gründungsabsicht an je nach Gesellschaftsgegenstand und Tätigkeitsumfang entweder das Recht der BGB-Gesellschaft oder das Recht der OHG Anwendung[387]. Dieses bedeutet eine unbeschränkte, persönliche und gesamtschuldnerische Außenhaftung der Gründer nach §§ 718, 421, 427 BGB bzw. §§ 123 Abs. 2, 128 HGB[388] für Neu- und für Altschulden

---

381 § 24 GmbHG.

382 Vgl. MünchHdb./Heinrich, § 13 Rn 6, 8; Hueck-Fastrich in Baumbach/Hueck, GmbHG, § 9a Rn 13.

383 Vgl. MünchHdb./Heinrich, § 13 Rn 1.

384 BGHZ 105, 300, 303; vgl. Wilken, ZIP 1995, 1163, 1165; so früher: BGHZ 37, 75, 78; BGHZ 51, 157, 159 f.; vgl. dazu Meister, FS Werner, S. 521, 523, 531.

385 s. den Abschnitt „Begriff der Handelnden" auf S. 47 ff.

386 st. Rspr. seit BGHZ 47, 25, 27; s.a. BGHZ 65, 378, 381; BGHZ 72, 45, 46 f.; Rittner/Schmidt-Leithoff in Rowedder u.a., GmbHG, § 11 Rn 103 ff.; Hachenburg/Ulmer, GmbHG, § 11 Rn 105; Lutter/Hommelhoff, GmbHG, § 11 Rn 14; Scholz/K. Schmidt, GmbHG, § 11 Rn 101 ff.; K. Schmidt, Gesellschaftsrecht, § 34 III 3 d.

387 BGHZ 22, 240, 243 f.; BGHZ 80, 129, 142; BGH, NJW 1998, 1079, 1080; BGH, NJW 2000, 1193, 1194; OLG Dresden, GmbHR 1998, 186, 189; OLG Thüringen, GmbHR 1999, 772, 773; OLG Bremen, GmbHR 2001, 25, 26; BAG, NJW 1998, 628, 629; BFH, NZG 1998, 723, 723f.; Hueck-Fastrich in Baumbach/Hueck, GmbHG, § 11 Rn 29 f.; Lutter/Hommelhoff, GmbHG, § 11 Rn 11; Wilken, GmbHR 1997, 405, 409; Stimpel, FS Fleck, S. 345, 358; Michalsky/Barth, NZG 1998, 724, 725; Theobald, Vor-GmbH, S. 51, 134; Goette, DStR 1998, 179, 181; Goette, EWiR 1997, 849, 850; Kleindiek, ZGR 1997, 427, 446; Gummert, DStR 1997, 1007, 1010; Kohte, EWiR 1998, 373; a.A. Schütz, Verlustausgleichspflicht, S. 84, der die unechte Vorgesellschaft immer als OHG ansieht.

388 BAG, NJW 1998, 628, 629; BFH, NZG 1998, 723, 724; Gummert, DStR 1997, 1007, 1010; Hachenburg/Ulmer, GmbHG, § 11 Rn 19; Scholz/K. Schmidt, GmbHG, § 11 Rn 143; Kleindiek, ZGR 1997, 427, 446; Goette, DStR 1998, 179, 181; Lutter, JuS 1998, 1073, 1077 f.; a.A. LG Dresden, EWiR 1999, 171, das bedenklich danach differenziert, ob die Gesellschafter sich an einer werbenden

aus der Zeit vor Umwandlung der Gesellschaft[389]. Voraussetzung dieser unbeschränkten Außenhaftung ist, dass die Gründer den Geschäftsbetrieb einverständlich aufgenommen haben[390], wobei auch diejenigen Gesellschafter haften, die zwar an der Geschäftstätigkeit nicht aktiv beteiligt waren, davon aber Kenntnis hatten und nach Scheitern der Eintragung weder die Liquidation der Gesellschaft herbeigeführt noch den Gesellschaftsvertrag gekündigt haben[391].

Aufgrund der im Ergebnis stärkeren Belastung der Gründer bei Vorliegen einer gescheiterten Vorgesellschaft als bei Eintragung der Gesellschaft, aufgrund der unvermeidlichen Abgrenzungsprobleme und aufgrund der Möglichkeit eines Bruchs im neuen System der einheitlichen Gründerhaftung hat der BGH im Zuge der Entwicklung der neuen Verlustdeckungshaftung die Inanspruchnahme der Gründer nach den Gründsätzen der Haftung in der OHG in seiner Vorlageentscheidung zunächst in Frage gestellt. Er erwog, auch bei Vorliegen einer unechten Vorgesellschaft nur einen als Innenhaftung ausgestalteten Verlustdeckungshaftungsanspruch zu gewähren[392], hat aber in seiner sodann getroffenen Grundsatzentscheidung die Übernahme des Binnenhaftungskonzepts auf die unechte Vor-GmbH ausdrücklich offen gelassen[393]. Da diese Ausführungen nicht in einer divergenzfähigen Entscheidung im Sinn von § 2 RsprEinhG enthalten sind, binden sie die Gerichte in ihren nachfolgenden Entscheidungen nicht. BFH, BAG und BSG gehen daher zulässigerweise in Kenntnis und Billigung der neuen Rechtsprechung des BGH von einem Fortgelten der bisherigen Haftungsgrundsätze für die unechte Vorgesellschaft aus[394]. Sie weisen zutreffend darauf hin, dass angesichts des numerus clausus der Gesellschaftsformen die Fortführung eines Unternehmens auf unbestimmte Zeit kaum zu einer erst im Liquidationsfall entstehenden und durchsetzbaren Verlustdeckungshaftung führen kann[395]. Auch vom Standpunkt des Innenhaftungskonzepts ist nicht ersichtlich, warum ohne Eintragungs-

---

Tätigkeit beteiligt haben oder nicht; waren sie nicht beteiligt, soll eine unbeschränkte Innenhaftung gelten. Dagegen mit guter Begründung Saenger, EWiR 1999, 171, 172.

389 Bei der OHG nach §§ 25, 28 HGB (vgl. BGHZ 80, 129, 142; BAG, NJW 1998, 628, 629; Hueck-Fastrich in Baumbach/Hueck, GmbHG, § 11 Rn 30; Wiegand, BB 1998, 1065, 1070; Scholz/K. Schmidt, GmbHG, § 11 Rn 143; Lutter/Hommelhoff, GmbHG, § 11 Rn 11); bei der BGB-Gesellschaft nach §§ 420 ff. (vgl. Palandt/Sprau, BGB, § 718 Rn 8; K. Schmidt, Gesellschaftsrecht, § 60 III 2 d).

390 BFH, NZG 1998, 723, 724; BFH, DStR 1994, 1010.

391 OLG Koblenz, GmbHR 2001, 433, 433.

392 BGH, NJW 1996, 1210, 1212.; zust. Gehrlein, DB 1996, 561, 565; Goette, EWiR 1997, 849, 850.

393 BGH, NJW 1997, 1507, 1509; erneut offengelassen in BGH, NJW 2000, 1193, 1194; vgl. auch Goette, EWiR 1997, 849, 850; Michalsky/Barth, NZG 1998, 724, 725.

394 BAG, NJW 1998, 628, 629 (9. Senat) unter Hinweis auf BVerwG, NJW 1976, 1420; BAG, ZIP 2000, 1546, 1549; BFH, NZG 1998, 723, 724 (7. Senat); BSG, GmbHR 2000, 425, 427; so auch OLG Dresden, NZG 1998, 311, 312; OLG Thüringen, GmbHR 1999, 772, 773; OLG Stuttgart, NZG 2001, 86; vgl. Scholz/K. Schmidt, GmbHG, § 11 Rn 81, 89; J. Meyer, Haftungsbeschränkung, S. 347; Lutter/Hommelhoff, GmbHG, § 11 Rn 11; Stimpel, FS Fleck, S. 345, 358; Goette, EWiR 1997, 849, 850; a.A. Ehses, Gründerhaftung, S. 45 ff.; OLG Bremen, GmbHR 2001, 25, 26 f. mit zust. Anm. Münnich, EWiR 2000, 1015 f., die für eine einheitliche unbeschränkte Gründerhaftung in unechter und echter Vorgesellschaft und damit eine konsequente Durchführung der neuen Haftungssystematik des BGH, plädieren. Argumentativ dagegen: K. Schmidt, GmbHR 2001, 27, 28; Baumann/Müller, NZG 2001, 218, 218 f.

395 OLG Dresden, NZG 1998, 311, 312; Gummert, DStR 1997, 1007, 1010.

absicht Wirtschaftende durch die Annahme einer nur anteiligen Innenhaftung privilegiert werden sollten[396].

5. Haftung aus Gründungsgeschäften während des Stadiums der Vorgründungsgesellschaft

Hinsichtlich der Beurteilung der Haftung der Gründer für die in der Phase der Vorgründungsgesellschaft abgeschlossenen Gründungsgeschäfte besteht Einigkeit. Die im Vorgründungsstadium eingegangenen Verbindlichkeiten werden nach allgemeinen Regeln dem Gesellschafter oder einzelnen künftigen Gründern als konkret vertretene Rechtsträger zugerechnet. Sie haften als Gesellschafter nach den für eine Mitunternehmer-BGB-Gesellschaft geltenden Grundsätzen grundsätzlich persönlich und unbeschränkt als Gesamtschuldner[397], soweit mit dem Geschäftspartner nicht ausdrücklich anderes vereinbart wurde[398]. Auch bei Vorliegen einer OHG ist in der Regel eine persönliche, unbeschränkte und gesamtschuldnerische Außenhaftung der Gründer anzunehmen[399]. Dies gilt wegen § 123 Abs. 2 HGB auch dann, wenn der Gesellschaftsvertrag nicht beurkundet war, und die Gründer daher nicht zur Errichtung der GmbH verpflichtet waren[400]. Die Haftung ist in diesem Stadium also eine Gesellschafterhaftung und keine Gründer- oder Handelndenhaftung.

Da die für die Vorgründungsgesellschaft begründeten Rechte und Pflichten mangels Identität mit der Vorgesellschaft oder der GmbH nicht automatisch auf diese übergehen[401], bewirkt weder die Auflösung der Vorgründungsgesellschaft noch das Entstehen der GmbH grundsätzlich ein Erlöschen der Haftung[402]. Das Entstehen der persönlichen Haftung kann aber durch vertragliche Beschränkung der Haftung auf das

---

[396] J. Meyer, Haftungsbeschränkung, S. 348; Schwarz, ZIP 1996, 2005, 2005 ff.; Kleindiek, ZGR 1997, 427, 445 ff.

[397] §§ 718, 421, 427 BGB; vgl. BGHZ 91, 148, 151; FG Köln, EFG 1997, 934, 934; MünchHdb./Priester, § 15 Rn 36; K. Schmidt, Gesellschaftsrecht, § 34 III 2 c; Scholz/K. Schmidt, GmbHG, § 11 Rn 16; zur Haftung bei der BGB-Gesellschaft s. K. Schmidt, Gesellschaftsrecht, § 60 II, 1, III mwN.

[398] BGHZ 91, 148, 151; BGH, GmbHR 1982, 183, 184; BGH, GmbHR 1985, 115, 115 f.; BGH, GmbHR 1985, 214, 214; LAG Berlin, GmbHR 1999, 181, 182; Gehrlein, DB 1996, 561, 561; K. Schmidt, GmbHR 1998, 613, 613; Hueck-Fastrich in Baumbach/Hueck, GmbHG, § 11 Rn 33; MünchHdb./Heinrich, § 13, Rn 19; Scholz/K. Schmidt, GmbHG, § 11 Rn 16; Bock, Haftungssituation, S. 118.

[399] § 128 HGB; vgl. BGHZ 91, 148, 151; FG Köln, EFG 1997, 934, 934; Bock, Haftungssituation, S. 118; Dreher, DStR 1992, 33, 33; K. Schmidt, Gesellschaftsrecht, § 34 III c; Scholz/K. Schmidt, GmbHG, § 11 Rn 16; Meyke, Haftung GmbH–Geschäftsführer, S. 5; Kort, DStR 1991, 1317, 1317 ff.; Hueck-Fastrich in Baumbach/Hueck, GmbHG, § 11 Rn 33 a.

[400] Hirte, Kapitalgesellschaftsrecht, Rn 55.

[401] Vgl. dazu den Abschnitt „Vorgründungsgesellschaft" auf S. 33 ff.

[402] BGHZ 91, 148, 151; BGH, ZIP 1992, 1303, 1304; BGH, GmbHR 1998, 633, 634; BGH, GmbHR 1984, 41, 41 f.; OLG Celle, GmbHR 1999, 612, 612; Hueck-Fastrich in Baumbach/Hueck, GmbHG, § 11 Rn 33 b, 61; vgl. Dreher, DStR 1992, 33, 34; Hachenburg/Ulmer, GmbHG, § 2 Rn 51; Schmidthoff/Sudhoff, Gesellschaftsvertrag, S. 43; K. Schmidt, GmbHR 1998, 613, 613.

Vermögen der Vorgründungsgesellschaft[403] oder durch Abschluss der Gründungsgeschäfte unter aufschiebender Bedingung[404] des Entstehens der GmbH und Vorbehalt ihrer Genehmigung nach § 177 BGB vermieden werden[405]. Für die Annahme einer stillschweigenden Vereinbarung reicht der bloße Bezug des Gründungsgeschäftes zur künftigen GmbH ebenso wenig wie das Auftreten eines Bevollmächtigten der Vorgründungsgesellschaft namens der GmbH oder der GmbH in Gründung[406]. Erforderlich, aber ausreichend ist die Offenlegung, dass die GmbH noch nicht errichtet ist, und die Klarstellung, dass die Leistung nur aus den Erträgen der späteren GmbH erbracht werden soll[407]. Daneben erlischt die Haftung der Gründer, wenn die Verbindlichkeiten durch gesonderte Übernahme nach §§ 414, 415 BGB von der Vorgesellschaft oder der GmbH mit Genehmigung oder Zustimmung des Dritten[408] übernommen werden[409].

6. Haftung der Gründergesellschafter nach Eintragung der GmbH

Mit Eintragung der Gesellschaft in das Handelsregister gehen aufgrund der Identität im Sinne der Kontinuität zwischen Vorgesellschaft und GmbH alle für die Vorgesellschaft begründeten Rechte und Pflichten unmittelbar ohne besondere Übertragung des Aktivvermögens oder Übernahme der Verbindlichkeiten auf die so entstandene GmbH über[410]. Für die Verbindlichkeiten der entstandenen GmbH haftet den Gläubigern kraft gesetzlicher Anordnung mithin nur noch das Gesellschaftsvermögen[411]. Der Übergang aller Verbindlichkeiten von der Vorgesellschaft auf die GmbH

---

[403] Vgl. BGH, NJW 1999, 3483, 3484 f.; BGH, DStR 1992, 365, 365 f.; BGH, GmbHR 1992, 164, 164; OLG Hamm, GmbHR 1993, 105, 105; OLG Karlsruhe, GmbHR 1988, 482, 483; Schmidthoff/Sudhoff, Gesellschaftsvertrag, S. 43; Hachenburg/Ulmer, GmbHG, § 2 Rn 51; Scholz/K. Schmidt, GmbHG, § 11 Rn 17; K. Schmidt, GmbHR 1998, 613, 613, 616; Hueck-Fastrich in Baumbach/Hueck, GmbHG, § 11 Rn 33a; BGH, NJW 1983, 2822, 2822 f.: dem Haftungsschuldner obliegt die Beweislast für die Vereinbarung einer Haftungsbegrenzung.

[404] § 158 Abs. 1 BGB.

[405] BGH, GmbHR 1984, 41, 41 f.; K. Schmidt, GmbHR 1998, 613, 615 ff.; Hueck-Fastrich in Baumbach/Hueck, GmbHG, § 11 Rn 33a.

[406] BGH, GmbHR 1998, 633, 634; BGH, NJW 1983, 2822; BGH, GmbHR 1992, 164, 164; OLG Hamm, GmbHR 1993, 105, 105 f.; Schwaiger in Müller/Hense, Beck'sches Handbuch der GmbH, § 2 Rn 32; vgl. K. Schmidt, GmbHR 1998, 613, 616.

[407] BGHZ 91, 148, 152; BGH, ZIP 1983, 933, 934; BGH, DStR 1996, 1015, 1016; BGH, DStR 1992, 365, 365 f.; OLG Celle, GmbHR 1999, 612, 612; OLG Hamm GmbHR 1993, 105, 105 f.; Jäger, Gesellschafterhaftung, S. 66; Kort, DStR 1991, 1317, 1319 f.; Hueck-Fastrich in Baumbach/Hueck, GmbHG, § 11 Rn 33a.

[408] § 415 Abs. 1 S. 2 BGB.

[409] BGH, GmbHR 1985, 214, 214; BGH, GmbHR 1998, 633, 634; vgl. BGHZ 91, 148, 151; Hirte, Kapitalgesellschaftsrecht, Rn 59, Hueck-Fastrich in Baumbach/Hueck, GmbHG, § 11 Rn 33b; Hachenburg/Ulmer, GmbHG, § 2 Rn 51; K. Schmidt, GmbHR 1998, 613, 616 f.; Gehrlein, DB 1996, 561, 561; MünchHdb./Priester, § 15 Rn 43; Hirte, Kapitalgesellschaftsrecht, Rn 59.

[410] BGHZ 80, 129, 137, 140; MünchHdb./Heinrich, § 13 Rn 26; Beuthien, ZIP 1996, 360, 361; Hueck-Fastrich in Baumbach/Hueck, GmbHG, § 11 Rn 51; Lutter/Hommelhoff, GmbHG, § 11 Rn 3; Rittner/Schmidt-Leithoff in Rowedder u.a., GmbHG, § 11 Rn 30; Roth, in Roth/Altmeppen, GmbHG, § 11 Rn 13; Scholz/K. Schmidt, GmbHG, § 11 Rn 36 ff.

[411] § 13 Abs. 2 GmbHG. Weitere Folge der Eintragung ist die Enthaftung der Handelnden von ihrer Haftung aus § 11 Abs. 2 GmbHG und die der Gründer von der Verlustdeckungshaftung; s. die

entbindet allerdings nicht vom Grundsatz der Aufbringung und Erhaltung des Stammkapitals[412] (sog. Unversehrtheitsgrundsatz[413]). Dieser strengste Grundsatz im Gründungsrecht gebietet die Sicherstellung der vollen Kapitalausstattung der GmbH im Zeitpunkt der Eintragung[414].

Das Gesellschaftsvermögen kann aber durch Vorbelastungen aus dem Gründungszeitraum bereits im Zeitpunkt des Entstehens der Gesellschaft ganz oder teilweise aufgezehrt und die volle Kapitalausstattung der GmbH bei ihrer Entstehung nicht mehr vorhanden sein. Daher hat der BGH, gestützt auf Vorarbeiten der Literatur, die sog. Vorbelastungshaftung[415] zum Schutz der Gläubiger entwickelt. Denn Kerngedanke des Kapitalgesellschaftsrechts ist es, die juristische Person nur mit einem garantierten Mindestkapital als unerlässliche Betriebs- und Haftungsgrundlage rechtlich ins Leben treten zu lassen. Der Rechtsverkehr soll sich darauf verlassen dürfen, dass die GmbH wenigstens im Augenblick ihres Entstehens über den öffentlich verlautbarten Haftungsfond tatsächlich verfügt[416].

Inhalt der Vorbelastungshaftung ist, dass die Gesellschafter gegenüber der GmbH anteilig im Verhältnis der übernommenen Stammeinlagen haften, soweit sich durch Verbindlichkeiten der Vorgesellschaft im Zeitpunkt der Eintragung eine Differenz zwischen Stammkapital und Wert des Gesellschaftsvermögens zuzüglich der Gründungskosten[417] ergibt[418]. Maßgeblicher Zeitpunkt der Vorbelastungshaftung ist

---

Abschnitte „Dauer der Haftung“ auf S. 56 f. und „Beginn und Ende der Verlustdeckungshaftung“ auf S. 81 ff.

[412] Hueck-Fastrich in Baumbach/Hueck, GmbHG, § 11 Rn 53.

[413] BGHZ 80, 129, 136; BayObLG, DStR 1992, 76; Stimpel, FS Fleck, S. 345, 348; Fleck, GmbHR 1983, 5, 9; Priester, ZIP 1982, 1141, 1146; Schütz, GmbHR 1996, 727, 728; Rittner/Schmidt-Leithoff in Rowedder u.a., GmbHG, § 11 Rn 14; Heinrich in Priester/Mayer, Münchener Handbuch des Gesellschaftsrechts, Bd. 3, § 13 Rn 26; Kübler, Gesellschaftsrecht, S.321; Baumbach-Hueck/Fastrich, GmbHG, § 11 Rn 4 f., 53, 57.

[414] BGHZ 80, 129, 136; BGH, NJW 1989, 710, 710; BayObLG, DStR 1992, 76, 76; Schütz, GmbHR 1996, 727, 728; Stimpel, FS Fleck, S. 345, 348; Fleck, GmbHR 1983, 5, 9; Priester, ZIP 1982, 1141, 1146; MünchHdb./Heinrich, § 13 Rn 26; Kübler, Gesellschaftsrecht, S.321; Rittner/Schmidt-Leithoff in Rowedder u.a., GmbHG, § 11 Rn 14; Scholz/K. Schmidt, GmbHG, § 11 Rn 124; Lutter/Hommelhoff, GmbHG, § 11 Rn 20.

[415] Terminologisch werden statt des vorherrschenden Begriffs der Vorbelastungshaftung auch die Bezeichnungen Unterbilanz- und Differenzhaftung äquivalent verwendet; vgl. Rittner/Schmidt-Leithoff in Rowedder u.a., GmbHG, § 11 Rn 14. Bei der Bezeichnung der Haftung als Differenzhaftung besteht aber die Gefahr, diese mit der Differenzhaftung nach § 9 Abs. 1 GmbHG zu verwechseln. Beide Haftungen dienen zwar der Gewährleistung der Kapitalaufbringung, sind aber nach Inhalt und Funktion verschieden. Auch die Bezeichnung als Unterbilanzhaftung erscheint irreführend, da die Verlustdeckungshaftung nicht auf den Ausgleich einer Unterbilanz beschränkt ist.

[416] BGHZ 80, 129, 136; BGHZ 80, 182, 182 ff.; BGHZ 105, 300, 303; BGH, NJW 1982, 932, 932 f.; vgl. BGHZ 134, 333, 335; Stimpel, FS Fleck, S. 345, 348 f.; Sandberger, FS Fikentscher, S. 389, 393 ff.; Michalski/Barth, NZG 1998, 525, 525; Rittner/Schmidt-Leithoff in Rowedder u.a., GmbHG, § 11 Rn 14, 26; Raiser, Kapitalgesellschaften, § 26 Rn 63; MünchHdb./Heinrich, § 13 Rn 26; Hueck-Fastrich in Baumbach/Hueck, GmbHG, § 11 Rn 56; K. Schmidt, Gesellschaftsrecht, § 34 III 4 d; Kübler, Gesellschaftsrecht, S. 322.

[417] Der Gründungsaufwand ist nicht auszugleichen, sondern geht zu Lasten der GmbH, wenn er in der Satzung übernommen wurden. Vgl. BGH, NJW 1998, 233, 234; MünchHdb./Heinrich, § 13 Rn 28; Hachenburg/Ulmer, GmbHG, § 11 Rn 87 ff.; Lutter/Hommelhoff, GmbHG, § 11 Rn 20.

die Eintragung der Gesellschaft[419]. Daneben kann wie bei der (restlichen) Einlagepflicht eine Ausfallhaftung nach § 24 GmbHG der übrigen Gesellschafter in Betracht kommen[420]. Die persönliche Haftung der Gesellschafter ist im Rahmen der Vorbelastungshaftung nicht auf die Höhe der Stammeinlage beschränkt, weil die Vorbelastungshaftung auf einen vollen Ausgleich aller zwischen Gründung und Eintragung angefallenen Verluste gerichtet ist. Daher haben die Gesellschafter einen Wertausgleich ohne Rücksicht auf den Grund der Kapitallücke - wie Wertverlust, Verbrauch oder Verbindlichkeiten aus der Gründungsphase - zu leisten[421].

Die Vorbelastungshaftung ist notwendigerweise als Innenhaftung konstruiert, da § 13 Abs. 2 GmbHG die Haftung nach Eintragung der Gesellschaft auf das Gesellschaftsvermögen beschränkt und damit eine direkte Haftung der Gesellschafter gegenüber den Gesellschaftsgläubigern ausschließt[422]. Voraussetzung des Eingreifens der Vorbelastungshaftung ist aber die Ermächtigung der Geschäftsführer bzw. die Zustimmung zur vorzeitigen Geschäftsaufnahme durch die Gründer[423]. Dieses Erfordernis folgt aus der Abhängigkeit der Vertretungsmacht der Geschäftsführer vom Einverständnis der Gründer für die zur vorzeitigen Geschäftsaufnahme erforderlichen Rechtshandlungen. Begründet der Geschäftsführer Verpflichtungen, die mangels

---

[418] BGHZ 80, 129, 129 ff.; BGH, GmbHR 1989, 74, 75; Michalski/Barth, NZG 1998, 525, 525; MünchHdb./Heinrich, § 13 Rn 26; Gehrlein, DB 1996, 561, 563; so schon Meister, FS Werner, S. 521, 528; eingehend zum Umfang der Vorbelastungshaftung: J. Schneider, Vorbelastungshaftung, S. 109 ff.

[419] BGHZ 80, 129, 141; OLG Düsseldorf, GmbHR 1993, 104; Stimpel, FS Fleck, S. 345, 349 ff., 357 f.; MünchHdb./Heinrich, § 13 Rn 27; Sandberger, FS Fikentscher, S. 389, 396 ff. Fleck, GmbHR 1983, 5, 11; Michalski/Barth, NZG 1998, 525, 525; Schütz, GmbHR 1996, 727, 729 ff.; Lutter/Hommelhoff, GmbHG, § 11 Rn 20 mwN. In der neueren Literatur wird die Maßgeblichkeit des Zeitpunkts der Eintragung aus verschiedenen Gründen angezweifelt und der Anmeldungszeitpunkt vorgezogen: vgl. Priester, ZIP 1982, 1141, 1146 ff.; differenzierend Scholz/K. Schmidt, GmbHG, § 11 Rn 126; Harrer, Haftungsverhältnisse, S. 256; ausführlich zum Streitstand J. Schneider, Vorbelastungshaftung, S. 88 ff. und MünchHdb./Gummert, § 16 Rn 83 f.;

[420] BGHZ 80, 129, 141; BGHZ 80, 182, 183 f.; BGHZ 105, 300, 302 ff.; BGHZ 134, 333, 338, 342; Meister, FS Werner, S. 521, 526; Kübler, Gesellschaftsrecht, S. 327; Flume, DB 1998, 45, 45 f.; MünchHdb./Gummert, § 16 Rn 87; Scholz/K. Schmidt, GmbHG, § 11 Rn 129; K. Schmidt, Gesellschaftsrecht, § 34 III 4 d; Fleck, GmbHR 1983, 5, 9 ff.; Rittner/Schmidt-Leithoff in Rowedder u.a., GmbHG, § 11 Rn 24 ff.

[421] BGHZ 80, 129, 139 f.; BGHZ 80, 182, 182; BGHZ 105, 300, 303; BGH, NJW 1989, 710, 710; J. Schneider, Vorbelastungshaftung, S. 107; Gehrlein, DB 1996, 561, 563; K. Schmidt, ZIP 1997, 671, 672; MünchHdb./Heinrich, § 13 Rn 28; Meister, FS Werner, S. 521, 528; Sandberger, FS Fikentscher, S. 389, 394 f.; Hueck-Fastrich in Baumbach/Hueck, GmbHG, § 11 Rn 59; Lutter/Hommelhoff, GmbHG, § 11 Rn 20; Roth, in Roth/Altmeppen, GmbHG, § 11 Rn 12; Scholz/K. Schmidt, GmbHG, Rn 129 mwN; Hachenburg/Ulmer, GmbHG, § 11 Rn 88 mwN; nur bei Bargründungen: Rittner/Schmidt-Leithoff in Rowedder u.a., GmbHG, § 11 Rn 27.

[422] Michalski/Barth, NZG 1998, 525, 525 f.; Altmeppen, NJW 1997, 3272, 3272; vgl. Scholz/K. Schmidt, GmbHG, § 11 Rn 129.

[423] Vgl. BGHZ 80, 129, 139; BGHZ 105, 300, 303; BSG, ZIP 2000, 494, 495 f.; Lutter, JuS 1998, 1073, 1075 f.; Hachenburg/Ulmer, GmbHG, § 11 Rn 26 f., 54 f.; Lutter/Hommelhoff, GmbHG, § 11 Rn 6; Hueck-Fastrich in Baumbach/Hueck, GmbHG, § 11 Rn 18; Schütz, Verlustausgleichspflicht, S. 23 ff.; Fleck, GmbHR 1983, 5, 8 f.; Ulmer, ZGR 1981, 593, 596 ff.; Wiegand, BB 1998, 1065, 1971; a.A. J. Schneider, Vorbelastungshaftung, S. 69, der aufgrund der Annahme einer unbeschränkten Vertretungsmacht zu einer Entbehrlichkeit der Zustimmung gelangt.

Zustimmung der Gründer außerhalb seiner Vertretungsbefugnis liegen, führt dieses nicht zur Verpflichtung der Vorgesellschaft, so dass diese Verpflichtungen nicht Bestandteil der Vorbelastungshaftung werden können[424]. Der Vorbelastungshaftungsanspruch der Gesellschaft entsteht im Zeitpunkt der Eintragung[425] und verjährt nicht wie der Anspruch auf Leistung der Einlage in 30 Jahren, sondern analog § 9 Abs. 2 GmbHG in fünf Jahren ab Handelsregistereintragung der Gesellschaft[426].

7. Zusammenfassung: Haftung der Gründergesellschafter

Die Gesellschafter der Vorgesellschaft trifft vor Eintragung der Gesellschaft in das Handelsregister eine anteilige, der Höhe nach unbeschränkte Verlustdeckungshaftung gegenüber der Vorgesellschaft. Sie Haftung ist aufgrund ihrer Rechtsnatur als Innenhaftung inhaltlich auf Geldzahlung gerichtet. Der Verlustdeckungsanspruch entsteht mit Scheitern der Eintragung der Gesellschaft und wird fällig mit Eröffnung des Insolvenzverfahrens bzw. mit Beginn der Liquidation. Liegt einer der Ausnahmefälle vor, haften die Gründergesellschafter den Gläubigern direkt in Form der unbeschränkten, aber anteiligen Außenhaftung. Nach Eintragung der Gesellschaft wandelt sich die Verlustdeckungshaftung in eine unbeschränkte, anteilige Vorbelastungshaftung der Gründergesellschafter gegenüber der entstandenen Gesellschaft um. Ihre Haftung können die Gründergesellschafter am wirksamsten durch Verwendung einer Mantel- oder Vorratsgesellschaft vermeiden. Der Ausschluss der Verlustdeckungshaftung durch individuelle Vereinbarung mit dem Dritten ist hingegen nicht möglich, sondern nur bei einem Verzicht des Dritten sowohl auf die Haftung der Gesellschaft als auch auf die der Gründer.

Neben der Verlustdeckungs- und Vorbelastungshaftung können die Gesellschafter als Gründer für die Ordnungsmäßigkeit des Gründungsvorganges haften. Die Handelndenhaftung aus § 11 Abs. 2 GmbHG trifft sie nur, wenn sie ausnahmsweise gleichzeitig zum Geschäftsführer bestellt worden sind oder wie ein solcher für die Gesellschaft auftreten. Hat sich die Vorgesellschaft in eine unechte Vorgesellschaft gewandelt, besteht eine persönliche, unbeschränkte und gesamtschuldnerische Haftung der Gesellschafter.

III. Haftung der Gesellschaft

1. Haftung der Vorgründungsgesellschaft

Wird für die Vorgründungsgesellschaft gehandelt und war der Handelnde dazu als Gesellschafter oder Bevollmächtigter befugt, so haftet zunächst die Vorgründungsgesellschaft als wahrer Rechtsträger aus den für sie eingegangenen Gründungsgeschäften nach den Regeln der unternehmensbezogenen Rechtsgeschäfte mit ihrem

[424] Hachenburg/Ulmer, GmbHG, § 11 Rn 85; J. Schneider, Vorbelastungshaftung, S. 68.
[425] BGHZ 80, 129, 141; vgl. BGHZ 134, 333, 342.
[426] BGHZ 105, 300, 304; BGH, NJW 1989, 710, 711; MünchHdb./Heinrich, § 13 Rn 31; Scholz/K. Schmidt, GmbHG, § 11 Rn 131; Hueck-Fastrich in Baumbach/Hueck, GmbHG, § 11 Rn 59; Hachenburg/Ulmer, GmbHG, § 11 Rn 94; Roth, in Roth/Altmeppen, GmbHG, § 11 Rn 12.

Vermögen, soweit sie ein solches schon besitzt[427]. Die vom Handelnden gewählte Bezeichnung der Gesellschaft ist unerheblich. Die Vorgründungsgesellschaft wird als Verband auch dann aus den Gründungsgeschäften verpflichtet, wenn im Namen der „GmbH“ oder der „GmbH in Gründung“ kontrahiert wird, da nur eine falsche Bezeichnung des Unternehmens vorliegt, für das gehandelt wurde[428].

Die Haftung der Vorgründungsgesellschaft endet ebenso wenig wie die ihrer Gesellschafter mit Errichtung oder Eintragung der GmbH, sondern dauert über diese Ereignisse an[429]. Da sich die Vorgründungsgesellschaft nicht automatisch als Vorgesellschaft und später als Kapitalgesellschaft fortsetzt, gehen die Verbindlichkeiten aus dem Vorgründungsstadium nur auf die Vorgesellschaft und damit auf die spätere GmbH über, wenn diese die Verbindlichkeiten nach §§ 414, 415 BGB übernimmt[430]. Im Rahmen einer solchen Schuldübernahme kann die nach § 415 Abs. 1 S. 2 BGB erforderliche Zustimmung des Vertragspartners nicht schon konkludent aus der Tatsache abgeleitet werden, dass dieser im Zeitpunkt des Vertragsschlusses im Glauben war, mit einer beschränkt haftenden Gesellschaft zu kontrahieren. Darin läge die Auswechselung eines unbeschränkt haftenden gegen einen bloß beschränkt haftenden Vertragspartner[431].

2. Haftung der Vorgesellschaft

Entsprechend dem heutigen Verständnis von der Vorgesellschaft als teilrechtsfähiges Gebilde sui generis kann diese Trägerin von Rechten und Pflichten sein. Sie haftet grundsätzlich wie jeder Rechtsträger für die in ihrem Namen oder im Namen der künftigen GmbH[432] wirksam begründeten rechtsgeschäftlichen Verbindlichkeiten mit ihrem Gesellschaftsvermögen[433]. Die Haftung der Vorgesellschaft ist keine Haftung

---

[427] BGHZ 62, 216, 219 ff.; BGHZ 91, 148, 151; BGH, NJW 1998, 1645, 1645 f. mit Anm. Dreher/Kießling in EWiR 1998, 417; BGH, NJW 1998, 2897, 2897; Müther, MDR 2001, 366, 367; vgl. Hirte, NJW 2000, 3321, 3327; Scholz/K. Schmidt, GmbHG, § 11 Rn 16.

[428] BGHZ 91, 148, 152; BGH, GmbHR 1998, 633, 634; BGH, NJW 1998, 2897, 2897; MünchHdb./Priester, § 15 Rn 37; Hirte, Kapitalgesellschaftsrecht, Rn 56; Klauss/Mittelbach, GmbH, Rn 107; Müther, MDR 2001, 366, 367; Hirte, NJW 2000, 3321, 3327; Hueck-Fastrich in Baumbach/Hueck, GmbHG, § 11 Rn 33; Scholz/K. Schmidt, GmbHG, § 11 Rn 16.

[429] MünchHdb./Priester, § 15 Rn 38.

[430] Vgl. BGHZ 91, 148, 151; BGH, DStR 1992, 365, 365; BGH, GmbHR 1998, 633, 634; BGH, GmbHR 1998, 633, 634; BGH, GmbHR 1984, 316; K. Schmidt, GmbHR 1998, 613, 614; MünchHdb./Priester, § 15 Rn 43; Lutter/Hommelhoff, GmbHG, § 11 Rn 2; Scholz/Emmerich, GmbHG, § 2 Rn 86; vgl. auch den Abschnitt „Vorgründungsgesellschaft“ auf S. 33 ff.

[431] BGH, GmbHR 1992, 164, 164; BGH, GmbHR 1985, 214, 214; BGH, ZIP 1998, 646, 647 f.; BGH, NJW 1998, 1645, 1645 f. mit Anm. Dreher/Kießling in EWiR 1998, 417; Hirte, Kapitalgesellschaftsrecht, Rn 60; Jäger, Gesellschafterhaftung, S. 66; Hirte, NJW 2000, 3321, 3327.

[432] Ein Handeln im Namen der künftigen Gesellschaft wird vom BGH, dahingehend ausgelegt, dass auch im Namen der Vorgesellschaft als wahrer Unternehmensträger gehandelt wurde: BGHZ 72, 45 (47 f.). s.a. Abschnitt „Handeln im Namen der Gesellschaft“ auf S. 51 ff.

[433] BGHZ 65, 378, 381; BGHZ 72, 45, 47; BGHZ 79, 239, 241; BGHZ 80, 129, 132; BGHZ 80, 182, 183; BAG, BB 1997, 1208, 1208; M. Scholz, Gründungsstadium, S. 79; MünchHdb./Gummert, § 16 Rn 53; Kübler, Gesellschaftsrecht, S. 324; Bock, Haftungssituation, S. 41; v. Einem, DB 1987, 621, 622; Schütz, GmbHR 1996, 727, 728; Raiser, Kapitalgesellschaften, § 26 Rn 76; Lutter/Hommelhoff,

der Gründer mit dem Gesellschaftsvermögen[434], sondern Haftungssubjekt ist die Vorgesellschaft selbst. Die wirksame Begründung der Verbindlichkeiten für die Vorgesellschaft setzt neben dem Handeln in ihrem Namen eine rechtswirksame Vertretung und demzufolge sowohl eine wirksame Bestellung als auch eine entsprechende Vertretungsmacht des Vertretungsorgans voraus[435]. Hat der Geschäftsführer seine Vertretungsmacht überschritten oder war er nicht wirksam bestellt, kommt daher eine Verpflichtung der Vorgesellschaft nach den allgemeinen Grundsätzen der §§ 177, 179 BGB nicht in Betracht.

Aufgrund der schwerwiegenden Folge der fehlenden Vertretungsmacht der Geschäftsführer der Vorgesellschaft ist der Umfang ihrer Vertretungsmacht auch heute noch umstritten. Unter Geltung des von der Rechtsprechung entwickelten Vorbelastungsverbotes wurde der Umfang der Vertretungsmacht zum Schutz der künftigen Gesellschaft, die nicht durch Verbindlichkeiten aus ihrer Entstehungsphase belastet werden sollte, generell auf die juristisch oder wirtschaftlich notwendigen Gründungsvorgänge beschränkt[436]. Diese in der Praxis schwer durchzuführende Beschränkung der Geschäftsführung entfiel mit Aufgabe des Vorbelastungsverbotes. Der Schutz der zukünftigen Gesellschaft wird seither durch die Vorbelastungshaftung der Gesellschafter sichergestellt[437]. In Zusammenhang mit der Anerkennung, dass der Zweck der Vorgesellschaft nicht mehr auf die Gründung und Herbeiführung der Eintragung begrenzt sein muss, wurde der Umfang der Vertretungsmacht ausgedehnt.

Seither wird angenommen, dass die Vertretungsmacht in der Vorgesellschaft zum Schutz der Gründer durch den Gesellschaftszweck begrenzt wird. Da der Hauptzweck der Vorgesellschaft darin besteht, die Eintragung der Gesellschaft herbeizuführen, ist die Vertretungsmacht grundsätzlich auf die zum Abschluss der Gründung erforderlichen Aktivitäten und folglich auf die zur Entstehung der Gesellschaft notwendigen Rechtsgeschäfte beschränkt[438]. Darunter fallen die auf Eintragung und

---

GmbHG, § 11 Rn 9; Jäger, Gesellschafterhaftung, S. 75; Rittner/Schmidt-Leithoff in Rowedder u.a., GmbHG, § 11 Rn 77; Hachenburg/Ulmer, GmbHG, § 11 Rn 57.

[434] so aber noch Hueck-Fastrich in Baumbach/Hueck, GmbHG, § 11 Rn 21, nach denen die Vorgesellschaft als von den gesamthänderisch verbundenen Gründern gebildete Trägerin des Gesellschaftsvermögens durch das Handeln des Vertretungsorgans verpflichtet wird.

[435] Harrer, Haftungsverhältnisse, S. 241; MünchHdb./Gummert, § 16 Rn 53; Scholz/K. Schmidt, GmbHG, § 11 Rn 62; Kübler, Gesellschaftsrecht, S. 324.

[436] RGZ 58, 55, 56; RGZ 105, 228, 229; BGHZ 53, 210, 212; vgl. J. Schneider, Vorbelastungshaftung, S. 33; Sandberger, FS Fikentscher, S. 389, 391; Gehrlein, DB 1996, 561, 562; Hachenburg/Ulmer, GmbHG, § 11 Rn 51 f.; K. Schmidt, Gesellschaftsrecht, § 34 III 3 b bb; vgl. auch Roth, ZGR 1984, 597, 597, 601 mwN.

[437] BGHZ 80, 129, 133 ff.; Gehrlein, DB 1996, 561, 563; vgl. K. Schmidt, Gesellschaftsrecht, § 34 III 3 b bb; Hueck-Fastrich in Baumbach/Hueck, GmbHG, § 11 Rn 10, 18; Hachenburg/Ulmer, GmbHG, § 11 Rn 52; s. zur Vorbelastungshaftung den Abschnitt „Haftung der Gründergesellschafter nach Eintragung der Gesellschaft" auf S. 91 ff.

[438] BGHZ 80, 129, 139 f.; BGHZ 80, 182, 183; BGHZ 86, 122, 125; OLG Hamm, WM 1985, 658, 659; Harrer, Haftungsverhältnisse, S. 242 ff.; Grunewald, Gesellschaftsrecht, S. 323; Jäger, Gesellschafterhaftung, S. 18, 78 f.; Hachenburg/Ulmer, GmbHG, § 11 Rn 25, 55; Flume, FS Geßler, S. 3, 36; Ulmer, FS Ballerstedt, S. 279, 290; John, BB 1982, 505, 511; Fleck, GmbHR 1983, 5, 9; Wiegand, BB 1998, 1065, 1071; MünchHdb./Gummert, § 16 Rn 48, 61 mwN; Lutter/Hommelhoff, GmbHG, § 11 Rn 5, 8 mwN. Für eine unbegrenzte Vertretungsmacht nach § 37 Abs. 2 GmbHG aber: K. Schmidt,

Herbeiführung der Eintragungsvoraussetzungen gerichteten Rechtshandlungen[439]. Die Gründer haben es aber in der Hand, die grundsätzlich eng begrenzte Vertretungsmacht der Geschäftsführer schon vor Eintragung der Gesellschaft zu erweitern, indem sie die Geschäftsführer einstimmig zur vorzeitigen Geschäftsaufnahme ermächtigen und ihnen dadurch die entsprechende Vertretungsmacht für die Vorgesellschaft einräumen. Die Vertretungsmacht kann im Gesellschaftsvertrag oder durch späteren einstimmigen Beschluss bis hin zu einer umfassenden Vertretungsmacht erweitert werden, ohne dass es auf die Beschaffenheit der Einlagen oder die wirtschaftliche Notwendigkeit des einzelnen Geschäfts ankommt[440]. Die Erweiterung der Vertretungsmacht kann auch konkludent erfolgen[441].

Der Umfang der Vertretungsmacht lässt sich also nur für die einzelne Vorgesellschaft bestimmen, wobei allerdings gewisse Typisierungen stattfinden: Die Gründung einer GmbH unter Leistung von Sacheinlagen, insbesondere unter Einbringung eines Unternehmens, bedingt automatisch die Erweiterung der Vertretungsmacht auf Maßnahmen für die Verwaltung und Erhaltung der Sacheinlagen. In der Vereinbarung einer wird Sacheinlage das konkludente Einverständnis der Gründer zur Geschäftsaufnahme gesehen. Durch diese Typisierung wird berücksichtigt, dass ein eingebrachtes Unternehmen nicht stillgelegt werden kann, sondern auch in der Zeit zwischen Errichtung und Eintragung der Gesellschaft fortgeführt werden muss[442]. Im Ergebnis entspricht die Vertretungsmacht damit der unbeschränkten Vertretungsmacht des § 37 Abs. 2 GmbHG. Bei Bargründungen bedarf es für eine weitergehende geschäftliche Betätigung der Geschäftsführer der expliziten Ermächtigung im Gesellschaftsvertrag bzw. des einstimmigen Gesellschafterbeschlusses[443]. Ohne eine solche Ermächtigung

---

Gesellschaftsrecht, § 34 III 3 b bb; Weimar, GmbHR 1988, 289, 292; Roth, ZGR 1984, 597, 609; Theobald, Vor-GmbH, S. 29 ff., 38 mwN auf S. 24; Scholz/K. Schmidt, GmbHG, § 11 Rn 64 mwN.

439 BGHZ 80, 129, 139; BGHZ 80, 182, 183; OLG Hamm, WM 1985, 658, 659; Hachenburg/Ulmer, GmbHG, § 11 Rn 25, 55; Lutter/Hommelhoff, GmbHG, § 11 Rn 5; vgl. Grunewald, Gesellschaftsrecht, S. 323; Rittner/Schmidt-Leithoff in Rowedder u.a., GmbHG, § 11 Rn 83 f.; Fleck, GmbHR 1983, 5, 9.

440 Hachenburg/Ulmer, GmbHG, § 11 Rn 25 f., 60 ff., 81 ff.; Kleindiek, ZGR 1997, 427, 434; MünchHdb./Gummert, § 16 Rn 48; Hueck-Fastrich in Baumbach/Hueck, GmbHG, § 11 Rn 10, 19; Rittner/Schmidt-Leithoff in Rowedder u.a., GmbHG, § 11 Rn 83; Jäger, Gesellschafterhaftung, S. 78; Grunewald, Gesellschaftsrecht, S. 323; vgl. K. Schmidt, GmbHR 1987, 77, 84; K. Schmidt, Gesellschaftsrecht, § 34 III 3 b bb.

441 BGHZ 80, 129, 139; BGHZ 80, 182, 183; OLG Hamm WM 1985, 658, 659; Hachenburg/Ulmer, GmbHG, § 11 Rn 55; Hueck-Fastrich in Baumbach/Hueck, GmbHG, § 11 Rn 19; Rittner/Schmidt-Leithoff in Rowedder u.a., GmbHG, § 11 Rn 83 ff.; Lutter, JuS 1998, 1073, 1076; Grunewald, Gesellschaftsrecht, S. 323; Gummert, DStR 1997, 1007, 1009; vgl. auch MünchHdb./Gummert, § 16 Rn 48 ff. mwN zu den strittigen Fragen.

442 BGHZ 45, 338, 343; BGHZ 65, 378, 382; BGHZ 72, 45; BGHZ 80, 129, 139; BGHZ 86, 122, 125 f. obiter; Harrer, Haftungsverhältnisse, S. 242; Kübler, Gesellschaftsrecht, S. 324; Hirte, Kapitalgesellschaftsrecht, Rn 78; Meyke, Haftung GmbH–Geschäftsführer, S. 241; Hueck-Fastrich in Baumbach/Hueck, GmbHG, § 11 Rn 10; Hachenburg/Ulmer, GmbHG, § 11 Rn 52, 54 ff.; MünchHdb./Gummert, § 16 Rn 48; Rittner/Schmidt-Leithoff in Rowedder u.a., GmbHG, § 11 Rn 83 ff.; Roth, in Roth/Altmeppen, GmbHG, § 11 Rn 44.

443 BGHZ 80, 129, 139; BGHZ 86, 122, 126; Harrer, Haftungsverhältnisse, S. 241; Hueck-Fastrich in Baumbach/Hueck, GmbHG, § 11 Rn 10; Lutter/Hommelhoff, GmbHG, § 11 Rn 3; Scholz/K. Schmidt,

durch die Gesellschafter kann wegen des Haftungsrisikos eine faktische Teilnahme am Rechtsverkehr keine unbeschränkte Vertretungsmacht der Geschäftsführer begründen[444].

Somit gilt für die Haftung der Vorgesellschaft, dass sie jedenfalls für die von den Vertretungsorganen in ihrem Namen vorgenommenen gründungsnotwendigen Maßnahmen haftet. Bei anderen Gründungsgeschäften ist im Einzelfall zu klären, inwieweit die Geschäftsführer zur Vornahme vertretungsbefugt waren, wobei eine entsprechende Befugnis bei Einbringung eines Unternehmens angenommen werden kann. Infolge fehlender Vertretungsbefugnis nicht wirksam für die Vorgesellschaft begründete Rechtsgeschäfte können nur dann auf die GmbH übergehen, wenn der Geschäftsführer sie nach Eintragung der Gesellschaft gem. § 177 BGB genehmigt[445]. Die Gläubiger sind aber in jedem Fall durch die in § 11 Abs. 2 GmbHG angeordnete Handelndenhaftung der Geschäftsführer geschützt.

3. Haftung der entstandenen Gesellschaft

a. Haftung für Verpflichtungen aus dem Stadium der Vorgründungsgesellschaft

Für Verpflichtungen, die für die Vorgründungsgesellschaft begründet wurden, hat die entstandene Gesellschaft nur dann einzustehen, wenn sie diese aufgrund eines gesonderten Übertragungsaktes in Form der Einzelübertragung der Rechte verbunden mit einer Schuldübernahme im Sinn von §§ 414, 415 BGB oder aufgrund einer umfassenden Vertragsübernahme übernommen hat[446]. Da die Vorgründungsgesellschaft rechtlich weder Vorgängerin der GmbH noch der Vorgesellschaft ist, können die Rechte und Pflichten aus den Rechtsgeschäften der Vorgründungsgesellschaft nicht automatisch auf die Vorgesellschaft oder die GmbH bei deren Entstehen übergehen[447].

GmbHG, Rn 49; Flume, Bürgerliches Recht, § 5 III 2; vgl. Grunewald, Gesellschaftsrecht, S. 323; Rittner/Schmidt-Leithoff in Rowedder u.a., GmbHG, § 11 Rn 83 aber unter stärkerer Betonung des Gründungszwecks.

[444] Hueck-Fastrich in Baumbach/Hueck, GmbHG, § 11 Rn 10; a.A. Kießling, Vorgründungs- und Vorgesellschaften, S. 250 ff. Daneben kann es namentlich bei Bargründungen zur Begründung einer Rechtsscheinhaftung der Gründergesellschafter kommen, wenn die Vertretungsmacht nicht ausreicht und die Geschäftsführer gleichwohl im Namen der Vorgesellschaft handeln. Sie trifft dann diejenigen Gesellschafter, die das Handeln der Geschäftsführer gebilligt oder geduldet haben, persönlich als Gesamtschuldner, allerdings begrenzt durch die Höhe des Stammkapitals; vgl. Rittner/Schmidt-Leithoff in Rowedder u.a., GmbHG, § 11 Rn 86.

[445] Gehrlein, DB 1996, 561, 562; Hachenburg/Ulmer, GmbHG, § 11 Rn 70, 75 mwN.

[446] BGHZ 91, 148, 151; BGH, GmbHR 1998, 633, 634; Meyke, Haftung GmbH–Geschäftsführer, S. 293; Hachenburg/Ulmer, GmbHG, § 11 Rn 74; Hirte, Kapitalgesellschaftsrecht, Rn 59.

[447] BGHZ 91, 148, 151; BGH, ZIP 1992, 1303, 1304; BGH, NJW 1998, 1645, 1645 f. mit Anm. Dreher/Kießling in EWiR 1998, 417; vgl. BGH, GmbHR 1997, 164, 164 f.; K. Schmidt, GmbHR 1998, 613, 614; MünchHdb./Gummert, § 16 Rn 2; Hueck-Fastrich in Baumbach/Hueck, GmbHG, § 11 Rn 33b, § 2 Rn 32; Gehrlein, DB 1996, 561, 561; Rittner/Schmidt-Leithoff in Rowedder u.a., GmbHG, § 11 Rn 7; K. Schmidt, Gesellschaftsrecht, § 34 III 2 b; MünchHdb./Priester, § 15 Rn 43; Jäger, Gesellschafterhaftung, S. 68; v. Bismarck, Rechtsnatur, S. 37 ff., 59 ff. Abweichend für ein Modell eines einzigen einheitlichen Gründerverbandes Kießling, Vorgründungs- und Vorgesell-

Die Schuld- bzw. Vertragsübernahme setzt die Zustimmung des Vertragspartners und eine besondere Vereinbarung voraus, die nicht konkludent aus der Tatsache abgeleitet werden kann, dass der Vertragspartner im Zeitpunkt des Vertragsschlusses in dem Glauben war, mit einer beschränkt haftenden Gesellschaft zu kontrahieren. Denn darin läge die Auswechselung eines unbeschränkt haftenden gegen einen bloß beschränkt haftenden Vertragspartner[448].

b. Haftung für Verpflichtungen aus dem Stadium der Vorgesellschaft

Nach Eintragung der Gesellschaft haftet dem Gläubiger nur noch das Gesellschaftsvermögen der GmbH[449]. Seit Aufgabe des Vorbelastungsverbotes[450] sind sich Rechtsprechung und Lehre einig, dass alle für die Vorgesellschaft wirksam durch die Vertretungsorgane begründeten Rechte und Pflichten mit Eintragung der Gesellschaft in das Handelsregister aufgrund der Identität im Sinne der Kontinuität zwischen Vorgesellschaft und GmbH unmittelbar auf die so entstandene GmbH übergehen[451]. Handlungen, die zwar im Namen der entstandenen Gesellschaft vor ihrem Entstehen vorgenommen wurden, welche die Vorgesellschaft aber wegen Überschreitens der Vertretungsmacht durch die Geschäftsführer nicht wirksam berechtigt und verpflichtet haben, können nur für und gegen die GmbH wirken, wenn diese sie nach ihrer Eintragung nach § 177 BGB genehmigt. Entsprechendes gilt bei Verträgen, die von den Vertretungsorganen mit Wirkung für die eingetragene GmbH geschlossen wurden und erst mit der Eintragung zur Entstehung gelangen sollen, soweit sie von der Vertretungsmacht der Geschäftsführer nicht gedeckt sind[452].

4. Zusammenfassung: Haftung der Gesellschaft

Die Vorgesellschaft haftet aus den in ihrem Namen oder im Namen der künftigen GmbH wirksam begründeten Rechtsgeschäften mit ihrem Gesellschaftsvermögen. Grundsätzlich umfasst die Haftung alle vom Geschäftsführer im Namen der Vorgesellschaft oder im Namen der künftigen GmbH eingegangenen gründungsnotwendigen Maßnahmen. Bei anderen Gründungsgeschäften ist der Umfang der Vertretungsmacht

---

schaften, S. 352 ff.; Roth, in Roth/Altmeppen, GmbHG, § 2 Rn 30, § 11 Rn 68; zur Kritik s. Ulmer, ZHR 164 (2000), 76, 80 ff.; vgl. auch den Abschnitt „Vorgründungsgesellschaft" auf S. 33 ff.

448 Vgl. BGH, GmbHR 1985, 214, 214; BGH, ZIP 1998, 646, 647 f.; BGH, NJW 1998, 1645, 1645 f. mit Anm. Dreher/Kießling in EWiR 1998, 417; Hirte, NJW 2000, 3321, 3327; Hirte, Kapitalgesellschaftsrecht, Rn 60; Jäger, Gesellschafterhaftung, S. 66.

449 § 13 Abs. 2 GmbHG.

450 In BGHZ 80, 129, 133 ff.

451 BGHZ 80, 129, 137 ff.; BGHZ 80, 182, 183; BGHZ 91, 148, 151; BGHZ 134, 333, 338 f.; Hachenburg/Ulmer, GmbHG, § 11 Rn 74; Beuthien, ZIP 1996, 360, 361; Weimar, GmbHR 1988, 289, 290; Gehrlein, DB 1996, 561, 562; Lutter/Hommelhoff, GmbHG, § 11 Rn 3; Dregger, Haftungsverhältnisse, S. 75 ff.; Rittner/Schmidt-Leithoff in Rowedder u.a., GmbHG, § 11 Rn 30, 126f.

452 Hachenburg/Ulmer, GmbHG, § 11 Rn 75; a.A. nur die Vertreter der Ansicht, die § 37 Abs. 2 GmbHG schon im Gründungsstadium anwenden wollen: Schmidt, Gesellschaftsrecht, § 34 III 3 b bb; Theobald, Vor-GmbH, S. 24, 29 ff., 38 mwN; Weimar, GmbHR 1988, 289, 292; vgl. auch den Abschnitt „Rechtsnatur der Vorgesellschaft" S. 37 ff.

der Geschäftsführer im Einzelfall zu klären, um feststellen zu können, inwieweit die Vorgesellschaft durch diese Rechtsgeschäfte gebunden wird. Bei Einbringung eines Unternehmens ist die Vertretungsmacht in der Regel konkludent auf die volle Geschäftsführungsbefugnis erweitert.

Mit Eintragung der Gesellschaft in das Handelsregister gehen die wirksam für die Vorgesellschaft begründeten Rechtsgeschäfte automatisch auf die entstandene GmbH über. Den Gläubigern haftet ab diesem Zeitpunkt nur noch das Gesellschaftsvermögen der GmbH. Für Verbindlichkeiten aus dem Stadium der Vorgründungsgesellschaft haftet die GmbH nur, wenn sie diese im Sinn von §§ 414, 415 BGB übernommen hat.

IV. Verhältnis der Haftungsgründe untereinander

Im Gründungsstadium der GmbH bestehen für abgeschlossene Gründungsgeschäfte folgende Haftungstatbestände: die von Rechtsprechung und Lehre entwickelten Haftungen der Vorgesellschaft und der Gründergesellschafter sowie die gesetzliche Haftung der Handelnden. Nach Eintragung der Gesellschaft haftet dem Dritten hingegen nur noch das Gesellschaftsvermögen[453], wobei die Gesellschafter der GmbH gegenüber im Sinne der Vorbelastungshaftung haften. Die Eintragung der Gesellschaft im Handelsregister bewirkt das Erlöschen der persönlichen Haftung der Handelnden, die eventuell bestehende Verlustdeckungshaftung aus dem Gründungsstadium geht in der Vorbelastungshaftung auf[454], und die Haftung der Vorgesellschaft endet, da im Zeitpunkt der Eintragung alle im Gründungsstadium begründeten Rechte und Pflichten auf die entstandene Gesellschaft übergehen. Zu klären bleibt das Verhältnis der einzelnen Haftungstatbestände untereinander.

Vor Änderung der Rechtsprechung zur Gründerhaftung war allgemeine Meinung, dass die Haftung der Gründergesellschafter grundsätzlich die gesamtschuldnerische Haftung der Handelnden ergänzte und daher neben und unabhängig von dieser eingriff[455]. Daneben trat die Haftung der Vorgesellschaft[456]. Denn alle Haftungen seien Primär- und keine bloßen Ausfallhaftungen[457]. Die Haftung der Handelnden setzte zwar nicht in jedem Fall voraus, dass der Handelnde mit Vertretungsmacht gehandelt

---

[453] § 13 Abs. 2 GmbHG.

[454] Diese Fallkonstellation ist allerdings auf der Grundlage der Rechtsprechung kaum denkbar, da die Verlustdeckungshaftung vom Scheitern der Eintragung abhängig ist.

[455] Grunewald, Gesellschaftsrecht, S. 326; Petersen, Gründerhaftung, S. 28; Schütz, GmbHR 1996, 727, 728; Raiser, Kapitalgesellschaften, § 26 Rn 77; Maulbetsch, DB 1984, 1561, 1562; K. Schmidt, Gesellschaftsrecht, § 34 III 3 c; K. Schmidt, NJW 1981, 1345, 1347; Müther, MDR 2001, 366, 367; Klein, Rückgriffsanspruch, S. 165; John, BB 1982, 505, 512; Roth, ZGR 1984, 597, 627; Theobald, Vor-GmbH, S. 41; Ulmer, BB 1983, 1123, 1124; Roth, ZGR 1984, 597, 618.

[456] Müther, MDR 2001, 366, 367; Ulmer, ZIP 1996, 733, 736; Ulmer, BB 1983, 1123, 1124; Roth, ZGR 1984, 597, 618; Stimpel, FS Fleck, S. 345, 361, 363; Lieb, FS Stimpel, S. 399, 414; Theobald, Vor-GmbH, S. 41; Raiser, Kapitalgesellschaften, § 26 Rn 77; K. Schmidt, NJW 1981, 1345, 1347; Schütz, GmbHR 1996, 727, 728; John, BB 1982, 505, 512.

[457] Scholz/K. Schmidt, § 11 Rn 113; Beuthien, ZIP 1996, 305, 307.

und eine Gesellschaftsverbindlichkeit begründet hatte[458]. War dies aber der Fall, hafteten Gesellschaft und Handelnder unmittelbar und primär nebeneinander[459].

An diesen Grundsätzen ist auch nach Entwicklung der Verlustdeckungshaftung der Gesellschafter durch die Rechtsprechung festzuhalten. Handelnde, Vorgesellschaft und Gesellschafter haften damit weiterhin nebeneinander. Die Vorgesellschaft haftet mit ihrem gesamten Vermögen, und die Handelnden haften persönlich und unbeschränkt. Die Einführung einer als Innenhaftung ausgestalteten Verlustdeckungshaftung führt allerdings dazu, dass die Gesellschafter den Gläubigern nur in den Sonderfällen einer Außenhaftung unmittelbar haften, im Regelfall haften sie nur gegenüber der Vorgesellschaft, und zwar jeweils nur anteilig. Das LAG Köln hat zwar kürzlich entschieden, dass sich die Haftung der Vorgesellschaft und die der Handelnden gegenseitig ausschlössen, weil es Zweck von § 11 Abs. 2 GmbHG sei, sicherzustellen, dass einem Dritten, der mit einer noch nicht bestehenden GmbH kontrahiere, überhaupt ein Schuldner verschafft werde und die GmbH im Fall ihrer Eintragung von Belastungen aus früheren Geschäften freigehalten werden solle[460]. Dem ist aber nicht zu folgen, da die Handelndenhaftung seit Fortfall des Vorbelastungsverbots nicht mehr einen fehlenden Schuldner, sondern nur noch die fehlende Kontrolle der Normativbestimmungen ersetzen soll. Aus diesem Grund erlischt die Handelndenhaftung auch bei Eintragung der Gesellschaft.

Damit ist noch nicht geklärt, ob die Haftungsvarianten in einem Alternativverhältnis oder Rangverhältnis zueinander stehen. Abzustellen ist einerseits darauf, dass dem Dritten das bereits vorhandene Vermögen der Vorgesellschaft als Zugriffsobjekt zur Verfügung steht. Ihm daneben zwei weitere Zugriffsmöglichkeiten zu gewähren, würde den notwendigen Gläubigerschutz übersteigen. Andererseits ist die grundsätzlich geringe Risikobereitschaft der Gründer anzuerkennen, welche in der Wahl der Gesellschaftsform der GmbH zum Ausdruck kommt. Eine Beschränkung der Haftung auf das Gesellschaftsvermögen setzt aber ein kontrolliertes Garantiekapital, die Erfüllung bestimmter Publizitätspflichten und die Einhaltung der Kapitalaufbringungs- und Kapitalerhaltungsvorschriften voraus, woran es in der Vorgesellschaft fehlt. Diese Lücke kann nur durch eine entsprechende persönliche Haftung anderer Personen als der Gesellschaft oder ihres Vermögens ersetzt werden. Weiterhin wäre die Annahme einer Vorrangstellung der Handelndenhaftung im Verhältnis zur Gründerhaftung bedenklich, da sie der Risikoverteilung in der Vorgesellschaft nicht gerecht würde. Es liegt in der Hand der Gründer, die vorzeitige Geschäftsaufnahme durch ihre Einwilligung zu

---

[458] Vgl. den Abschnitt „Begriff des Handelnden" auf S. 47 ff.

[459] Dabei wurde zum Teil eine gesamtschuldnerische Haftung sowohl zwischen Handelndem und Gesellschaft als auch zwischen Handelndem und Gesellschaftern angenommen (RGZ 72, 401, 406; Rittner/Schmidt-Leithoff in Rowedder u.a., GmbHG, § 11 Rn 119); zum Teil wurde zwischen Handelndem und Gesellschaft aber nur eine akzessorische Haftung ähnlich wie beim Bürgen und beim Gesellschafter einer OHG angenommen (Scholz/K. Schmidt, GmbHG, § 11 Rn 113). Eine gesamtschuldnerische Haftung zwischen Handelndem und Gründergesellschafter kommt nach jetziger Rechtsprechung allenfalls in den Sonderfällen der Verlustdeckungshaftung, in denen eine Außenhaftung vorliegt, in Betracht (MünchHdb./Heinrich, § 13 Rn 23; MünchHdb./Gummert, § 16 Rn 75; Hueck-Fastrich in Baumbach/Hueck, GmbHG, § 11 Rn 47; Rittner/Schmidt-Leithoff in Rowedder u.a., GmbHG, § 11 Rn 117).

[460] LAG Köln, NZA-RR 2001, 129, 130.

ermöglichen, durch entsprechende Gestaltung der Satzung für ausreichendes Kapital zu sorgen und die Gründungsphase durch baldige Einzahlung der Einlagen und Bereitstellung der notwendigen Unterlagen für die Anmeldung der Gesellschaft zum Handelsregister möglichst kurz zu halten.

Ferner können sie den Geschäftsführern durch Weisungen den Rahmen und die Richtung der vorzeitigen Geschäftstätigkeit vorgeben. Daher wäre es unbillig, die eigentlichen Gesellschaftsbeteiligten, die Gründer, von der Haftung frei zu stellen oder nur subsidiär haften zu lassen, und dem Geschäftsführer als Organ der Gesellschaft eine alleinige, vorrangige Haftung aufzubürden[461]. Die Gründergesellschafter können folglich im Ausnahmefall der unbeschränkten Außenhaftung unmittelbar neben dem Handelnden und der Vorgesellschaft verklagt werden. Die Beklagten sind dann einfache Streitgenossen im Sinne von § 59 ZPO.

D. Vereinbarkeit mit dem europäischen Gemeinschaftsrecht

Ein wichtiger Faktor in der neueren Entwicklung des Gründungsrechts der GmbH und der Gründerhaftungsproblematik ist die europäische Rechtsangleichung. So dient die Erste Richtlinie des Rates der Europäischen Gemeinschaften vom 9. März 1968 (Publizitätsrichtlinie)[462] der Schaffung eines gemeinsamen europäischen Standards auf dem Gebiet des Drittschutzes bei Kapitalgesellschaften[463] sowie der Ausbalancierung des zwischen Gesellschaftern und Gläubigern bestehenden Interessenkonflikts[464]. Regelungsschwerpunkte sind daher die Wirksamkeit von Handlungen im Namen einer sich in Gründung befindlichen Gesellschaft und die Haftung der im Gründungsstadium handelnden Personen nach Art. 7 Publizitätsrichtlinie[465]. Diese Vorschrift bezweckt den Schutz des Vertrauens außenstehender Dritter auf die Wirksamkeit der im Namen der Gesellschaft abgegebenen Willenserklärungen[466] und will die Verfügbarkeit wenigstens einer Haftungsmasse sicherstellen, da die

[461] Die Wertung, dass die Gründer und nicht die Handelnden das Haftungsrisiko zu tragen haben, hat schon das Reichsgericht explizit formuliert: RGZ, 55, 302, 304.
[462] (68/151/EWG), ABl. EG 1968 L 65/8 = Lutter, Europäisches Unternehmensrecht, S. 104 ff. Rechtsgrundlage der Richtlinie ist Art. 44 Abs. 3 lit. g) EGV (bisher Art. 54 Abs. 3 lit. g) EGV). Normen des EGV werden im Folgenden in der Fassung des EGV vom 02.10.1997 (Vertrag von Amsterdam) zitiert. Die alte Bezeichnung wird in der Fußnote angegeben.
[463] Habersack, Europäisches Gesellschaftsrecht, Rn 78; Lutter, EuR 1969, S. 1, 17; Fischer-Zernin, Rechtsangleichungserfolg, S. 58; vgl. auch Präambel, Erwägungsgrund 2 der Publizitätsrichtlinie.
[464] Vgl. Begr. RegE vom 13.2.1969 in BT-Drucks. 5/3862, S. 8; vgl. auch Fischer-Zernin, Rechtsangleichungserfolg, S. 1; Habersack, Europäisches Gesellschaftsrecht, Rn 78; Kalss, in Koppensteiner (Hg.), Österreichisches und europäisches Wirtschaftsprivatrecht, S. 119, 169.
[465] Art. 7 Publizitätsrichtlinie lautet: „Ist im Namen einer in Gründung befindlichen Gesellschaft gehandelt worden, ehe diese die Rechtsfähigkeit erlangt hat, und übernimmt die Gesellschaft die sich aus diesen Handlungen ergebenden Verpflichtungen nicht, so haften die Personen, die gehandelt haben, aus diesen Handlungen unbeschränkt als Gesamtschuldner, sofern nichts anderes vereinbart worden ist."
[466] Vgl. Habersack, Europäisches Gesellschaftsrecht, Rn 78.

Verbindlichkeiten, die im Namen der sich in Gründung befindlichen Gesellschaft eingegangen worden sind, von der Gesellschaft nicht erfüllt werden könnten[467].

Die nationalen Gesetzgeber waren nach Erlass der Publizitätsrichtlinie verpflichtet, ihrerseits gesetzgeberisch auf dem Gebiet des nationalen Rechts tätig zu werden[468]. Die Richtlinie verlangt als Rechtsangleichungsmaßnahme keine absolut einheitliche Ausgestaltung der nationalen Regelungen in den Mitgliedstaaten, sondern gibt nur einen gewissen Standard vor, dessen Umsetzung durch geeignete Angleichungsmaßnahmen innerhalb der nationalen Rechtsordnungen dem Gesetzgeber überlassen bleiben. Die Richtlinie ist gerade kein *loi uniforme* (Einheitsgesetz)[469], wie sich aus Art. 249 Abs. 3 EGV[470] ergibt. Diese Bestimmung erklärt Richtlinien im Gegensatz zu Verordnungen nur hinsichtlich des Ziel für verbindlich, nicht aber hinsichtlich der Art und Weise der Umsetzung. Unter dem Ziel der Richtlinie wird die Beschreibung eines von den Mitgliedstaaten anzustrebenden rechtlichen, wirtschaftlichen oder sozialen Erfolgs im Sinne eines Rechtsgestaltungsergebnisses verstanden[471]. Die Mitgliedstaaten sind daher gezwungen, das Ziel der Publizitätsrichtlinie, ein bestimmtes Maß an Drittschutz zu gewährleisten, in ihrem nationalen Recht zu erreichen. Dem nationalen Gesetzgeber ist es dabei überlassen, ob er die Substanz des vorhandenen Rechtssystems angreift und ändert, oder ob er lediglich Anpassungen innerhalb des bestehenden Systems vornimmt. Denn die Richtlinie ist dogmatisch weitgehend neutral, auch wenn nicht von der Hand zu weisen ist, dass ihr eine gewisse Systematik zugrunde liegt, die sich in denjenigen nationalen Rechtsordnungen wieder finden lässt, auf denen die Richtlinie aufbaut[472].

Noch nicht abschließend geklärt ist, ob die auf dem Gebiet des Gesellschaftsrechts ergangenen Richtlinien lediglich Mindest- oder zugleich Höchststandards festlegen, ob also das innerstaatliche Recht strengere bzw. weitergehende Vorschriften erlassen kann, oder ob die Richtlinie die Obergrenze bildet[473]. Eine Klärung bietet letztlich nur die Auslegung der jeweiligen Richtlinienbestimmung. Da Regelungszweck der Publizitätsrichtlinie die Erreichung eines bestimmten Niveaus an Gläubigerschutz ist[474] und dem Gläubiger eine maximal mögliche Sicherheit geboten werden soll[475], ergibt die Auslegung von Art. 7 Publizitätsrichtlinie unter Berücksichtigung

---

[467] Klein, Rückgriffsanspruch, S. 135, 31; Fischer-Zernin, Rechtsangleichungserfolg, S. 102 f.; vgl. Meister, FS Werner, S. 521, 554.

[468] Vgl. Art. 249 Abs. 3, 10 Abs. 1 EGV (bisher Art. 189 Abs. 3, 5 Abs. 1 EGV); vgl. auch MünchHdb./Grziwotz, § 1 Rn 41. Ausführlich zur Richtlinie als Angleichungsmaßstab: Grabitz in Grabitz/Hilf, EWGV, Bd. II, Art. 189 Rn 51 ff., 57 ff.; Habersack, Europäisches Gesellschaftsrecht, Rn 212 ff.

[469] Fischer-Zernin, Rechtsangleichungserfolg, 58, 109; vgl. Klein, Rückgriffsanspruch, S. 73; Van Ommeslaghe, Cah.dr.europ. (5) 1969, 619, 639.

[470] Bisher Art. 189 Abs. 3 EGV.

[471] Schwarz, Europäisches Gesellschaftsrecht, Rn 219; Bleckmann, Europarecht, Rn 423.

[472] Vgl. Fischer-Zernin, Rechtsangleichungserfolg, S. 48 f.; Baumann/Müller, NZG 2001, 218, 220.

[473] Vgl. zu diesem Problem EuGH, Rs. C-42/95 (Siemens AG/Henry Nold), Slg 1996, I-6017; vgl. auch Habersack, Europäisches Gesellschaftsrecht, Rn 40 f.

[474] Klein, Rückgriffsanspruch, S. 31; Lutter, EuR 1969, 1, 17; Fischer-Zernin, Rechtsangleichungserfolg, S. 7 ff., 58, 134;

[475] Houin, RTDE (1) 1965, 11, 18.

seines Schutzzweckes, dass er nur einen Mindeststandard zum Schutz des mit einer noch nicht entstandenen Gesellschaft kontrahierenden Dritten festlegt. Diesen Mindeststandard hat der nationale Gesetzgeber bei der Umsetzung der Norm in das nationale Recht zu beachten. Eine strengere Regelung im nationalen Recht zum Schutz des Dritten ist damit grundsätzlich zulässig[476]. Dieses entspricht auch dem Sinn und Zweck der Richtlinie, die nur einen gewissen Angleichungsmaßstab vorgibt. Dieser Angleichungsmaßstab hindert die Mitgliedstaaten nicht daran, bei Umsetzung der Richtlinienbestimmung andere Maßstäbe im Hinblick auf die Ausgestaltung der nationalen Norm anzulegen[477]. Nur bei einem expliziten Ausschluss strengerer Regelungen in der Richtlinienbestimmung kann von einer Nichtzulässigkeit strengerer nationaler Vorschriften ausgegangen werden.

Einer anderen Ansicht zufolge definiert Art. 7 Publizitätsrichtlinie einen grundsätzlich genau zu erreichenden Standard, so dass sowohl ein niedrigeres als auch ein höheres Schutzniveau ausgeschlossen sei, soweit das Balanceverhältnis zwischen dem Schutz Dritter und dem Schutz der Gesellschafter betroffen sei. Ist dieses nicht betroffen, sei ein höheres Schutzniveau gestattet[478]. Diese Meinung findet weder in Art. 7 Publizitätsrichtlinie noch in Art. 249 Abs. 3 EGV eine Grundlage. Keine dieser Vorschriften schreibt eine absolut gleiche Ausgestaltung vor. Sie legen nur die Art und Weise der Erreichung des in der Richtlinienbestimmung vorgegebenen Ziels durch die Mitgliedstaaten fest. Nur der angegebene Standard der Richtliniennorm, der in der Regel ein Mindeststandard ist, ist zu erreichen. In den meisten Fällen kommt die differenzierende Ansicht zu dem Ergebnis, dass die Mitgliedstaaten bei Umsetzung von Art. 7 Publizitätsrichtlinie ein strengeres Schutzniveaus bestimmen können[479] und stimmt damit mit der hier vertretenen Ansicht überein.

Im folgenden ist zu untersuchen, ob das Angleichungsziel der Publizitätsrichtlinie im deutschen Recht erreicht worden ist. Dafür sind zunächst die Voraussetzungen der Handelndenhaftung nach dem Gemeinschaftsrecht zu klären. Anschließend soll durch Anwendung dieses Ergebnisses überprüft werden, inwieweit die nationalen Regelungen im deutschen Recht den gemeinschaftsrechtlichen Vorgaben genügen. In erster Linie wird auf die Vereinbarkeit der nationalen Rechtspraxis, wie sie sich im deutschen Recht darstellt, mit dem Gemeinschaftsrecht abgestellt. Eine richtlinienkonforme Auslegung wird nur insoweit vorgenommen als es an einer Rechtspraxis fehlt und die Rechtslage unklar ist. Im übrigen ist es Sache des nationalen Rechts, einen erkannten Gemeinschaftsrechtsverstoß der Rechtspraxis durch richtlinienkonforme Auslegung oder durch Gesetzesänderung zu beheben.

---

[476] Vgl. Einmahl, AG 1969, 167, 168; Habersack, Europäisches Gesellschaftsrecht, Rn 97; Klein, Rückgriffsanspruch, S. 136, 32; Schwarz, Europäisches Gesellschaftsrecht, Rn 340; Fischer-Zernin, Rechtsangleichungserfolg, S. 109 f.

[477] Fischer-Zernin, Rechtsangleichungserfolg, S. 109 f.; Einmal, AG 1969, 131, 168.

[478] Kersting, Vorgesellschaft im europäischen Gesellschaftsrecht, S. 302 ff., insb. S. 309 f.

[479] Vgl. Kersting, Vorgesellschaft im europäischen Gesellschaftsrecht, S. 310 ff.

I. Die Voraussetzungen von Art. 7 Publizitätsrichtlinie

Art 7 Publizitätsrichtlinie will im Interesse des Gläubigers klären, wer für die Verbindlichkeiten der entstehenden Kapitalgesellschaft haftet, wenn diese im Rechtsverkehr vor Erlangung ihrer Rechtsfähigkeit auftritt. Durch die Regelung in Art. 7 Publizitätsrichtlinie wird erreicht, dass dem Dritten jederzeit eine Haftungsmasse zur Verfügung steht, da ihm entweder die Gesellschaft nach Erlangen der Rechtsfähigkeit oder derjenige haftet, der im Namen der Gründungsgesellschaft gehandelt hat. Ihm steht d jederzeit und unabhängig von der Eintragung der Gesellschaft ein Haftungspartner zur Verfügung, der für die eingegangenen Verbindlichkeiten aufzukommen hat[480]. Folglich geht Art. 7 Publizitätsrichtlinie nicht zwingend davon aus, dass dem Dritten ausschließlich der Handelnde haftet. Mindeststandard ist insoweit nur, dass die Haftung entweder den Handelnden oder die entstandene Gesellschaft trifft[481].

1. Begriff des Handelnden

Art. 7 Publizitätsrichtlinie stellt auf die Person des „Handelnden" ab, verzichtet aber auf eine Definition. Entscheidend ist ein Handeln im Namen einer in Gründung befindlichen Gesellschaft, so dass eine eindeutige Abgrenzung ohne weiteres möglich ist. Für die Feststellung der Person des Handelnden kommt es auf die Sicht des Vertragspartners an. Unter den europäischen Handelndenbegriff fallen damit alle Personen, die im Rechtsverkehr unmittelbar für die Gesellschaft auftreten und den Vertrag tatsächlich mit dem Dritten abschließen. Desgleichen zählen dazu die mittelbar Handelnden, also diejenigen Personen, die andere zum Handeln im Namen der Gründungsgesellschaft veranlasst haben. Folglich können sowohl Geschäftsführer als auch Gründer Handelnde im Sinn von Art. 7 Publizitätsrichtlinie sein[482]. Da in der Bestellung der Vertretungsorgane eine Veranlassung zum gründungsnotwendigen Handeln liegt, haften die Gründungsgesellschafter aus Sicht des Gemeinschaftsrechts in der Regel neben den Vertretungsorganen als Handelnde[483].

Einer neuen Ansicht zufolge sind außenstehende Dritte, die in keiner Beziehung zur Gründungsgesellschaft stehen, aufgrund des Normzwecks von Art. 7 Publizitätsrichtlinie keine Handelnden im Sinne dieser Vorschrift. Diese schütze auch die Gesellschafter, wie die Rechtsgrundlage der Publizitätsrichtlinie, Art. 44 Abs. 2 lit. g) EGV, zeige[484]. Die übrige Literatur geht bislang ohne Problematisierung dieser Frage davon aus, dass auch außenstehende Dritte unter den Handelndenbegriff fallen[485]. Dem ist zuzustimmen. Art. 7 Publizitätsrichtlinie lässt eine Begrenzung des Handelndenbe-

---

[480] Vgl. Fischer-Zernin, Rechtsangleichungserfolg, S. 104; Klein, Rückgriffsanspruch, S. 135 f.; Schwarz, Europäisches Gesellschaftsrecht, Rn 333.
[481] Klein, Rückgriffsanspruch, S. 32; Fischer-Zernin, Rechtsangleichungserfolg, S. 106 ff.
[482] Fischer-Zernin, Rechtsangleichungserfolg, S. 108 f.; Baumann/Müller, NZG 2001, 218, 220; Klein, Rückgriffsanspruch, S.136; Schwarz, Europäisches Gesellschaftsrecht, Rn 335.
[483] Kersting, Vorgesellschaft im europäischen Gesellschaftsrecht, S. 314 f.
[484] Kersting, Vorgesellschaft im europäischen Gesellschaftsrecht, S. 220 ff., 266.
[485] Schwarz, Europäisches Gesellschaftsrecht, Rn 335; Fischer-Zernin, Rechtsangleichungserfolg, S. 105 ff.; Baumann/Müller, NZG 2001, 218, 220; Klein, Rückgriffsanspruch, S.136.

griffs weder vom Wortlaut noch vom Sinn und Zweck her zu. Vielmehr kommt eine Auslegung nach diesen Grundsätzen zu dem Ergebnis, dass eine Erstreckung der Handelndenhaftung auch auf Außenstehende erforderlich ist. Zur Erreichung des anvisierten, möglichst breiten Schutzes Dritter ist der Handelndenbegriff weit auszulegen[486]. Der gemeinschaftsrechtliche Handelndenbegriff erfasst damit neben den Vertretungsorganen der Gesellschaft sowohl die unmittelbar als auch die mittelbar Handelnden, die sowohl Gründer, Gesellschafter als auch außenstehende Dritte sein können.

2. Anerkennung einer Gründungsgesellschaft

Den Worten der deutschen Fassung von Art. 7 Publizitätsrichtlinie zufolge muss „im Namen einer in Gründung befindlichen Gesellschaft gehandelt worden [sein], ehe diese die Rechtsfähigkeit erlangt hat". Ebenso verlangt die französische Fassung ein Handeln « *au nom d'une société en formation avant l'acquisition par celle-ci de la personnalité morale* »[487]. Damit erfordert Art. 7 Publizitätsrichtlinie als Tatbestandsmerkmal das objektive Vorliegen einer in Gründung befindlichen Gesellschaft, in deren Namen gehandelt wird[488]. Der Gründungsprozess muss also tatsächlich begonnen haben[489]. Dieses Ergebnis wird durch Art. 10 Publizitätsrichtlinie bestätigt. Aus dieser Bestimmung folgt, dass die Publizitätsrichtlinie von der regelmäßigen Unterwerfung der Gesellschaftsgründung unter eine gerichtliche oder behördliche Kontrolle vor Erlangung der Rechtsfähigkeit ausgeht. Da eine derartige Kontrolle eine gewisse Zeit in Anspruch nimmt, besteht zwischen Vornahme des Errichtungsaktes und Existenz der Gesellschaft als solche durch Erlangung der Rechtsfähigkeit ein gewisser Zeitraum, in dem eine Art Gründungsgesellschaft existieren kann.

Fraglich ist, ob der Wortlaut von Art. 7 Publizitätsrichtlinie der deutschen Terminologie entsprechend sowohl eine Art Vorgründungs- als auch eine Vorgesellschaft erfasst[490], da beide Gesellschaftsformen sich „in Gründung" zu befinden scheinen. Eine derartige Auslegung würde dem gemeinschaftsrechtlich auszulegenden Begriff der „in Gründung befindlichen Gesellschaft" aber nicht gerecht. Von einer solchen Gesellschaft kann erst gesprochen werden, wenn mit der Gründung der Gesellschaft begonnen wurde, auch wenn die Gründer schon vorher nach deutschem Verständnis eine Vorgründungsgesellschaft bilden können. Das Gemeinschaftsrecht versteht daher unter der „in Gründung befindlichen Gesellschaft" eine Gesellschaft im Stadium zwischen Gründungsakt (Satzungszeichnung oder Abschluss eines Gründungsvertrages)

---

[486] so auch Schwarz, Europäisches Gesellschaftsrecht, Rn 335; Baumann/Müller, NZG 2001, 218, 220; Klein, Rückgriffsanspruch, S. 136 ff.

[487] „Im Namen einer Gründungsgesellschaft vor Erwerb ihrer Rechtspersönlichkeit". - Die englische Version von Art. 7 Publizitätsrichtlinie erwähnt eine solche Gründungsgesellschaft nicht, doch ist sie auch keine Originalfassung, weil das Vereinigte Königreich im Zeitpunkt des Erlasses der Richtlinie noch nicht Mitglied der EG und Englisch keine offizielle Amtssprache war.

[488] Kersting, Vorgesellschaft im europäischen Gesellschaftsrecht, S. 198 f.; vgl. Kalss, in Koppensteiner (Hg.), Österreichisches und europäisches Wirtschaftsprivatrecht, S. 119, 170; a.A. die englische Entscheidung Phonogram v Lane [1981] 3 All ER, 182, 186, 187 f. bzw. 188.

[489] s. dazu ausführlich Kersting, Vorgesellschaft im europäischen Gesellschaftsrecht, S. 189 f.

[490] so Habersack, Europäisches Gesellschaftsrecht, Rn 96 f.

und konstitutiver Eintragung[491]. Daraus folgt, dass die Handelndenhaftung nach Gemeinschaftsrecht erst ab dem Stadium der Vorgesellschaft und nicht schon im Stadium der deutschen Vorgründungsgesellschaft eingreift[492].

Eine Ausdehnung auf die deutsche Vorgründungsgesellschaft ist vom Gemeinschaftsrecht schon deshalb nicht beabsichtigt, weil sie keine Regelung mehr im Bereich des Gesellschaftsrechts darstellen, sondern einen zusätzlichen Eingriff in das mitgliedstaatliche Recht der vertraglichen Schuldverhältnisse bedeuten würde[493]. Dem steht schon das gemeinschaftsrechtliche Prinzip der begrenzten Einzelermächtigung entgegen, wonach keine Allzuständigkeit der Gemeinschaft zur Vornahme von Rechtshandlungen besteht. Sie darf vielmehr nur auf Grundlage einer der Kompetenznormen des EGV tätig werden[494]. Den Mitgliedstaaten ist es damit unbelassen, für die Vorgründungsphase im nationalen Recht eine eigene Regelung zu finden. Sie können entweder die allgemeinen Regeln des Zivil- oder Personengesellschaftsrechts anwenden, aber auch die des Kapitalgesellschaftsrechts und damit die von Art. 7 Publizitätsrichtlinie[495].

Das Gemeinschaftsrecht geht somit von der Möglichkeit der Existenz einer Gründungsgesellschaft aus, bestimmt aber die Ausgestaltung dieser Gesellschaftsform nicht. Aus der Regelung in Art. 7 Publizitätsrichtlinie folgt, dass die Rechtsfähigkeit der Gründungsgesellschaft nicht vorausgesetzt, sondern vom Erlangen der Rechtsfähigkeit durch die Gesellschaft zu einem späteren Zeitpunkt ausgegangen wird. Sie ist also grundsätzlich weder teilrechtsfähig noch rechtsfähig. Die Bestimmung des Zeitpunktes der Erlangung der Rechtsfähigkeit und die Ausgestaltung der Vorgesellschaft als rechtsfähig, teil- oder nicht rechtsfähig wurde der mitgliedstaatlichen Regelung überlassen[496].

3. Handeln im Namen der in Gründung befindlichen Gesellschaft

Neben einem „Handeln“ verlangt Art. 7 Publizitätsrichtlinie, dass dieses im Namen der Gründungsgesellschaft erfolgt. Der Handelnde muss also nach außen kundtun, dass er nicht im eigenen Namen, sondern in dem der Gründungsgesellschaft

---

[491] Obwohl die Richtlinie nicht das Konstitutionsprinzip einführt, sehen alle untersuchten mitgliedstaatlichen Rechte eine konstitutive Eintragung der Gesellschaft vor.

[492] Vgl. auch Kalss, in Koppensteiner (Hg.), Österreichisches und europäisches Wirtschaftsprivatrecht, S. 119, 170.

[493] Schwarz, Europäisches Gesellschaftsrecht, Rn 334; a. A. Kalss, in Koppensteiner (Hg.), Österreichisches und europäisches Wirtschaftsprivatrecht, S. 119, 170.

[494] Art. 5 EGV (bisher Art. 3b Abs. 1 EGV); vgl. dazu Schwarz, Europäisches Gesellschaftsrecht, Rn 190; von Bogdandy/Nettesheim in Grabitz/Hilf, EWGV, Bd. I, Art. 3b Rn 3 ff.; vgl. auch EuGH, verb. Rs. 188-190/80 (Frankreich u.a./Kommission), Slg. 1982, 2545, 2573.

[495] Vgl. Kersting, Vorgesellschaft im europäischen Gesellschaftsrecht, S. 330.

[496] Kommission, berichtet in EuGH, Rs. 136/87 (Ubbink Isolatie BV), Slg. 1988-5, 46665, 4670; vgl. Werlauff, EC Company Law, S. 116; vgl. auch ausführlich Kersting, Vorgesellschaft im europäischen Gesellschaftsrecht, S. 210 ff.

Rechtsgeschäfte abschließt[497]. Dieses entspricht dem allgemeinen Prinzip des Vertragsrechts, wonach der Handelnde selbst haftet, wenn sein Vertretungswille nicht eindeutig zum Ausdruck kommt[498]. Da die gemeinschaftsrechtliche Regelung nur die Gründungsgesellschaft erfasst, kommt auch nur ein Handeln im Namen dieser und nicht auch in dem der Vorgründungsgesellschaft in Betracht[499].

Strittig ist, ob der Handelnde daneben deutlich machen muss, dass sich die Gesellschaft, für die er auftritt, noch in Gründung befindet. Der Wortlaut spricht für diejenige Ansicht, die eine solche Offenlegung verlangt[500]. Dem europäischen Recht scheint aber eine Differenzierung zwischen einem Handeln im Namen der zukünftigen Gesellschaft und einem Handeln nur im Namen der Vorgesellschaft unbekannt zu sein. Es erfasst damit beide Varianten[501], wofür auch Sinn und Zweck von Art. 7 Publizitätsrichtlinie sprechen. Fiele das Handeln im Namen der künftigen Gesellschaft nicht unter die Handelndenhaftung, würden die allgemeinen nationalen Regeln über das Handeln im Namen nicht existenter Personen eingreifen, so dass das Rechtsgeschäft jedenfalls in Frankreich und England aufgrund der Nichtexistenz des Vertretenen nichtig wäre[502]. Der Handelnde wäre daher bei einem Handeln im Namen der zukünftigen Gesellschaft besser gestellt, weil ihn in diesem Fall keine Haftung, insbesondere auch nicht die unbeschränkte Handelndenhaftung treffen würde. Sowohl Sicherungs- als auch Druckfunktion von Art. 7 Publizitätsrichtlinie verlangen daher, dass über den Wortlaut hinaus auch ein Handeln im Namen der zukünftigen Gesellschaft für das Eingreifen der Haftung ausreicht, damit die Bestimmung nicht durch eine Differenzierung nach der Art des Handeln umgangen werden kann[503].

4. Übernahme der Verbindlichkeiten durch die Gesellschaft

Die Richtlinie geht nicht davon aus, dass ausschließlich der Handelnde haften muss[504]. Nach Art. 7 Publizitätsrichtlinie haftet der Handelnde nur, wenn die Gesellschaft die in ihrem Namen eingegangenen Verbindlichkeiten nach Erlangung der Rechtsfähigkeit nicht übernimmt. Durch die Übernahme wird die entstandene

---

497 Van Ommeslaghe, Cah.dr.europ. (5) 1969, 619, 639; Kalss, in Koppensteiner (Hg.), Österreichisches und europäisches Wirtschaftsprivatrecht, S. 119, 170; Fischer-Zernin, Rechtsangleichungserfolg, S. 106; vgl. Klein, Rückgriffsanspruch, S. 39.

498 Fischer-Zernin, Rechtsangleichungserfolg, S. 106; vgl. im deutschen Recht die Regelung des § 164 Abs. 2 BGB.

499 Kalss, in Koppensteiner (Hg.), Österreichisches und europäisches Wirtschaftsprivatrecht, S. 119, 170; vgl. auch Habersack, Europäisches Gesellschaftsrecht, Rn 97.

500 so Habersack, Europäisches Gesellschaftsrecht, Rn 97.

501 Vgl. Schwarz, Europäisches Gesellschaftsrecht, Rn 335; Fischer-Zernin, Rechtsangleichungserfolg, S. 106, 97 FN 8; Kersting, Vorgesellschaft im europäischen Gesellschaftsrecht, S. 267 ff.; Kalss, in Koppensteiner (Hg.), Österreichisches und europäisches Wirtschaftsprivatrecht, Teil 1, S. 119, 170.

502 Vgl. die Abschnitte „Voraussetzung der Handelndenhaftung" auf S. 152 f. und „Der Präzedenzfall Kelner v Baxter" auf S. 212 ff.

503 ausführlich Kersting, Vorgesellschaft im europäischen Gesellschaftsrecht, S. 268 f.; zu den Funktionen der Handelndenhaftung s. dort S. 229 ff.

504 Klein, Rückgriffsanspruch, S. 32; Fischer-Zernin, Rechtsangleichungserfolg, S. 106 ff.

Gesellschaft Schuldnerin der im Gründungsstadium in ihrem Namen eingegangenen Verbindlichkeiten, und der Handelnde kann von seiner Haftung befreit werden.

Umstritten ist, ob die Erwähnung der Übernahme in Art. 7 Publizitätsrichtlinie eine verbindliche Anweisung an die Mitgliedstaaten darstellt, eine Möglichkeit der Übernahme in ihren nationalen Rechtsordnungen vorzusehen. Ein Teil der Literatur nimmt an, dass Art. 7 Publizitätsrichtlinie eine Übernahme der Gründungsgeschäfte nicht verbindlich vorschreibt[505]. Das zu erreichende Mindestmaß an Drittschutz erfordere nicht zwingend die Übernahme der Verpflichtungen durch die Gesellschaft, sondern verlange nur, dass den Gläubigern überhaupt eine Haftungsmasse zur Verfügung stehe. Dieses müsse aber nicht notwendigerweise das Vermögen der Gesellschaft sein[506].

Nach anderer Ansicht ist die Möglichkeit der Übernahme durch Art. 7 Publizitätsrichtlinie verbindlich für die nationalen Regelungen vorgegeben. Ansonsten wäre dieser Teil der gemeinschaftsrechtlichen Regelung überflüssig[507]. Dem ist zuzustimmen, da diese Ansicht dem eindeutigen Wortlaut der Bestimmung entspricht, der durch die Formulierung „und übernimmt die Gesellschaft die [...] Verpflichtungen nicht" von der Übernahme als Regelfall ausgeht. Zudem eröffnet die Übernahme dem Handelnden die Möglichkeit, sich von seiner Haftung zu befreien. Gerade gegen die Haftungsbefreiung durch Übernahme richtete sich schon nach Veröffentlichung des Entwurfes der Publizitätsrichtlinie die Kritik: Da die persönliche Haftung eine Garantie darstelle, müsse sie, den kritischen Stimmen zufolge, unabhängig vom Verhalten der Gesellschaft fortbestehen. Trotz dieser Kritik und einem entsprechenden Änderungsvorschlag des Europäischen Parlaments behielten Kommission und Rat der EG die Möglichkeit der Haftungsbefreiung in Art. 7 Publizitätsrichtlinie bei[508]. Daher ist davon auszugehen, dass die Vorgabe der Übernahmemöglichkeit der Verbindlichkeiten durch die entstandene Gesellschaft für die Mitgliedstaaten verbindlich ist.

Die konkrete Ausgestaltung der Haftungsübernahme durch die Gesellschaft als zwingend oder nicht zwingend, und damit die Frage einer automatischen oder rechtsgeschäftlichen Übernahme hat Art. 7 Publizitätsrichtlinie den Mitgliedstaaten überlassen[509]. Allerdings verlangt diese Vorschrift, dass bei einem automatischen Übergang der Rechte und Pflichten auf die Gesellschaft eine Zustimmung aller Gesellschafter vorliegt. Denn sie dient nicht nur dem Schutz Dritter, sondern auch den Belangen der Gesellschafter und damit indirekt auch denen der Gesellschaft. Die Gesellschafter haben ein schutzwürdiges Interesse daran, dass nur diejenigen Personen über eine

---

[505] Vgl. Fischer-Zernin, Rechtsangleichungserfolg, S. 104; Kalss, in Koppensteiner (Hg.), Österreichisches und europäisches Wirtschaftsprivatrecht, S. 119, 170; Schwarz, Europäisches Gesellschaftsrecht Rn 337 und die herrschende Meinung im englischen Recht; s.a. die Entscheidung Phonogram Ltd v Lane, [1981] 3 All ER 182, 186 ff.; Green, 47 MLR 671, 689; Heinemann, Pre-incorporation transactions, S. 30.

[506] Meyer, Haftungsbeschränkung im Recht der Handelsgesellschaften, S. 354; Green, 47 MLR 671, 689; Fischer-Zernin, Rechtsangleichungserfolg, S. 106 f.; vgl. Kalss, in Koppensteiner (Hg.), Österreichisches und europäisches Wirtschaftsprivatrecht, S. 119, 170.

[507] Kersting, Vorgesellschaft im europäischen Gesellschaftsrecht, S. 284.

[508] Vgl. Einmahl, AG 1969, 167, 168.

[509] Fischer-Zernin, Rechtsangleichungserfolg, S. 104, 107; vgl. Meyer, Haftungsbeschränkung im Recht der Handelsgesellschaften, S. 354.

Belastung der späteren Gesellschaft mit Verbindlichkeiten befinden, die dazu tatsächlich berufen sind. Dies liegt bei einer Einzelfallentscheidung nach Entstehung der Gesellschaft vor, da die Entscheidung nach den im Gesellschaftsvertrag niedergelegten Prinzipien erfolgt. Bei einem automatischen Übergang der Verbindlichkeiten auf die Gesellschaft fehlt es hingegen an einer entsprechenden Entscheidung der Gesellschaft. Diese kann nur dadurch ersetzt werden, dass alle Gesellschafter einer Handlung vor ihrer Übernahme zugestimmt haben. Bei gründungsnotwendigen Handlungen folgt die notwendige Zustimmung aller Gesellschafter bereits aus der Vornahme des Gründungsgeschäftes, da sie dem Abschluss des Gesellschaftsvertrags entnommen werden kann. Im übrigen muss sie im Einzelfall nachgewiesen werden[510].

Übernahmefähig sind nach Art. 7 Publizitätsrichtlinie nicht nur Verträge, sondern grundsätzlich alle Rechtsgeschäfte[511], die zur Zeit des Bestehens der Gründungsgesellschaft in ihrem Namen eingegangen wurden. Damit ist zum einen das objektive Vorliegen der Gründungsgesellschaft Voraussetzung der Übernahme. Zum anderen besteht keine Beschränkung auf gründungsnotwendige Rechtsgeschäfte oder Rechtsgeschäfte im Rahmen des Gesellschaftszwecks, weil sich aus Art. 9 Publizitätsrichtlinie ergibt, dass die Gesellschaft auch durch Rechtsgeschäfte außerhalb ihres Geschäftsgegenstandes verpflichten werden kann[512].

Zu klären bleibt, wie die Übernahme zu qualifizieren ist. Teilweise wird sie als aufschiebend bedingte Haftung des Handelnden interpretiert: Aufschiebende Bedingung der Handelndenhaftung sei das Fehlen der Übernahme der Verbindlichkeiten durch die Gesellschaft[513]. Andere beurteilen sie als auflösende Bedingung, die das Erlöschen der Handelndenhaftung bewirkt[514]. Letzterer Ansicht ist zuzustimmen. Gegen die Annahme einer aufschiebenden Bedingung spricht, dass die Haftung des Handelnden vom Nichteintritt eines ungewissen, zukünftigen Ereignisses abhinge, so dass über einen relativ langen Zeitraum ein Schwebezustand bestünde, in welchem dem Dritten weder der Handelnde noch die Gesellschaft hafteten. Die regelmäßig als Handelnde auftretenden Gesellschafter hätten es nach Entstehung der Gesellschaft sogar in der Hand, diesen Schwebezustand zu verlängern, indem sie keine Entscheidung über die Übernahme treffen[515]. Dieses widerspricht dem Schutzzweck von Art. 7 Publizitätsrichtlinie, wonach dem Dritten zumindest eine Haftungsmasse zur Verfügung stehen muss. Diesem Erfordernis wird nur genügt, wenn die Übernahme als auflösende Bedingung der Haftung verstanden wird.

---

[510] Kersting, Vorgesellschaft im europäischen Gesellschaftsrecht, S. 292 ff.

[511] Vgl. Van Ommeslaghe, Cah.dr.europ. (5) 1969, 619, 639.

[512] Kersting, Vorgesellschaft im europäischen Gesellschaftsrecht, S. 289.

[513] Fischer-Zernin, Rechtsangleichungserfolg, S. 105 ff.; Habersack, Europäisches Gesellschaftsrecht, Rn 97; wohl auch Klein, Rückgriffsanspruch, S. 138 f.; vgl. Kalss, in Koppensteiner, Österreichisches und europäisches Privatrecht, Teil 1, S. 119, 170 f.

[514] Einmahl, AG 1969, 167, 168; Sinay, Gaz. Pal. 1971, Doctr., 146, 155 no 73; Van Ommeslaghe, Cah.dr.europ. (5) 1969, 619, 639; Schwarz, Europäisches Gesellschaftsrecht, Rn 337; vgl. Werlauff, EC Company Law, S. 116; Meyer, Haftungsbeschränkung im Recht der Handelsgesellschaften, S.354.

[515] Vgl. Schwarz, Europäisches Gesellschaftsrecht, Rn 337; Kersting, Vorgesellschaft im europäischen Gesellschaftsrecht, S. 279 mwN.

Art. 7 Publizitätsrichtlinie regelt nicht ausdrücklich die Folgen der Haftungsübernahme für die Haftung des Handelnden[516]. Aus dem Verständnis der Übernahme als auflösende Bedingung für die Haftung des Handelnden folgt aber, dass mit Übernahme der Verbindlichkeiten durch die Gesellschaft gleichzeitig eine Befreiung des Handelnden von seiner Haftung eintritt. Denn die Übernahme der Verbindlichkeiten führt zu einem Schuldnerwechsel. Dadurch wird aber nicht ausgeschlossen, dass das nationale Recht eine kumulative Haftung von Handelndem und Vorgesellschaft bzw. Gesellschaft vorsieht[517]. Ziel und damit Mindeststandard der Richtlinie ist, dass dem Dritten zumindest ein Haftungspartner zur Verfügung steht. Folglich ist eine alleinige Haftung der Handelnden für die aus den Gründungsgeschäften resultierenden Verbindlichkeiten nicht zwingend. Daraus folgt, dass eine Haftungsbefreiung des Handelnden frühestens erfolgen kann, wenn die entstandene Gesellschaft die Verbindlichkeit übernommen hat.

Der durch die Übernahme bewirkte Schuldnerwechsel erfordert keine Zustimmung des Dritten. Dies ist dadurch gerechtfertigt, dass der Dritte durch das Handeln im Namen der in Gründung befindlichen Gesellschaft bei Vertragsschluss auf die Möglichkeit der Übernahme hingewiesen wurde. Wurde im Namen der zukünftigen Gesellschaft gehandelt, wird der Dritte ebenfalls nicht beschwert, weil er nur den Schuldner erhält, den er sich bei Vertragsschluss vorgestellt hatte[518]. Damit kann sich die Gesellschaft das Rechtsgeschäft des Handelnden mit dem Dritten einseitig zu eigen machen. Da die Handelnden in der Gründungsphase Rechtsgeschäfte für die Gründungsgesellschaft abschließen können, ist es konsequent, wenn die Gesellschaft aus diesen Rechtsgeschäften auch Vorteile ziehen kann. Ihr müssen folglich zusammen mit den Verbindlichkeiten auch die aus dem Vertrag resultierenden Rechte zustehen. Die Gesellschaft kann also in vollem Umfang in die Gründungsgeschäfte eintreten[519].

5. Ausgestaltung der Haftung

Art. 7 Publizitätsrichtlinie bestimmt als Mindeststandard die Ausgestaltung der Handelndenhaftung als persönliche, verschuldensunabhängige, unbeschränkte und gesamtschuldnerische Haftung[520]. Alle weiteren regelungsbedürftigen Fragen überlässt die gemeinschaftsrechtliche Vorschrift der Bestimmung durch die Mitgliedstaaten[521]. Die Mitgliedstaaten können bei der Umsetzung der Norm in das nationale Recht die Haftung als Erfüllungs- oder als Garantiehaftung auf das positive Interesse ausgestalten[522].

---

[516] Vgl. Meyer, Haftungsbeschränkung im Recht der Handelsgesellschaften, S. 354.
[517] Vgl. Kalss, in Koppensteiner, Österreichisches und europäisches Privatrecht, Teil 1, S. 119, 170 f.; Klein, Rückgriffsanspruch, S. 32; Fischer-Zernin, Rechtsangleichungserfolg, S. 128 ff.
[518] Kersting, Vorgesellschaft im europäischen Gesellschaftsrecht, S. 285, s. aber auch S. 318.
[519] Kersting, Vorgesellschaft im europäischen Gesellschaftsrecht, S. 286; vgl. Bowen, Fox & Bowen on the law of private companies, S. 40.
[520] Baumann/Müller, NZG 2001, 218, 220; Werlauff, EC Company Law, S. 116.
[521] Van Ommeslaghe, Cah.dr.europ. (5) 1969, 619, 639; Einmahl, AG 1969, 131, 168; Schwarz, Europäisches Gesellschaftsrecht, Rn 339; Fischer-Zernin, Rechtsangleichungserfolg, S. 104.
[522] Schwarz, Europäisches Gesellschaftsrecht, Rn 339; Kersting, Vorgesellschaft im europäischen Gesellschaftsrecht, S. 272.

Art. 7 Publizitätsrichtlinie erwähnt auch nicht, wem gegenüber die Haftung des Handelnden besteht. Vom Wortlaut her könnte sowohl eine Innenhaftung gegenüber der Gründungsgesellschaft als auch eine Außenhaftung gegenüber dem Dritten in Frage kommen. Eine Innenhaftung kann konsequenterweise allerdings nur in Betracht gezogen werden, wenn das nationale Recht die Existenz einer zumindest teilrechtsfähigen Vorgesellschaft anerkennt. Im Gemeinschaftsrecht sprechen zwingende Gründe für die Annahme einer Außenhaftung. Die Gründungsgesellschaft ist zum einen nach Gemeinschaftsrecht weder rechts- noch teilrechtsfähig und kann somit nicht Rechtsträgerin und primäre Schuldnerin des Dritten sein. Zum anderen sprechen Sinn und Zweck der Regelung in Art. 7 Publizitätsrichtlinie dagegen. Art. 7 Publizitätsrichtlinie bezweckt den Schutz des Dritten, indem ihm ein Haftungspartner zur Verfügung gestellt wird. Ein effektiver Drittschutz ist nur zu erreichen, wenn der Dritte seine Ansprüche unmittelbar gegen den Handelnden geltend machen und durchsetzen kann und nicht erst auf die komplizierte und langwierige Durchsetzung einer Innenhaftung verwiesen wird. Die Handelndenhaftung soll nicht das Gesellschaftskapital, sondern den Dritten schützen. Daher ist nur ein direkter Anspruch gegen den Handelnden sinnvoll[523].

6. Ausschluss der Haftung

Art. 7 Publizitätsrichtlinie eröffnet explizit die Möglichkeit, durch Vereinbarung zwischen Drittem und Handelndem die Haftung zu beschränken oder abzubedingen. Folglich handelt es sich bei der Handelndenhaftung nicht um zwingendes, sondern um dispositives Recht[524]. Der von der Richtlinie angestrebte Schutz Dritter spricht nicht gegen die Möglichkeit einer freiwilligen Beschränkung oder eines freiwilligen Ausschlusses der Haftung, weil sich der Gläubiger freiwillig des gesetzlichen Schutzes begeben kann und dann nicht mehr schutzbedürftig und –würdig ist. Die Beschränkung bzw. der Wegfall der Haftung ist bei einer freiwilligen Vereinbarung interessengerecht und widerspricht nicht dem Drittschutzziel der Richtlinie[525]. Der Formulierung „sofern" in Art. 7 Publizitätsrichtlinie lässt sich entnehmen, dass der Handelnde die Beweislast für das Vorliegen einer solchen Vereinbarung trägt[526].

Da Art. 7 Publizitätsrichtlinie keine bestimmte Form für den Haftungsausschluss vorschreibt, kann er grundsätzlich sowohl ausdrücklich als auch konkludent geschlossen werden. Um den Schutz des Dritten zu gewährleisten, sind an das Vorliegen eines konkludenten Haftungsausschlusses gewisse Anforderungen zu stellen: Er darf nicht schon allein aus dem Auftreten des Handelnden im Namen der in Gründung befindlichen Gesellschaft gefolgert werden. Ansonsten fände die Handelndenhaftung in Art. 7 Publizitätsrichtlinie kaum eine Anwendung und liefe praktisch leer.

---

523 so auch Kersting, Vorgesellschaft im europäischen Gesellschaftsrecht, S. 273 f.

524 Kalss, in Koppensteiner, Österreichisches und europäisches Privatrecht, Teil 1, S. 119, 171; Fischer-Zernin, Rechtsangleichungserfolg, S. 107 f.; Jäger, Gesellschafterhaftung, S. 124; Bock, Haftungssituation, S. 114 f.; ähnlich Lieb, FS Stimpel, S. 399, 405; Meister, FS Werner, S. 521, 554 f.

525 Fischer-Zernin, Rechtsangleichungserfolg, S. 108.

526 Kersting, Vorgesellschaft im europäischen Gesellschaftsrecht, S. 277.

7. Zusammenfassung: Voraussetzungen von Art. 7 Publizitätsrichtlinie

Die Publizitätsrichtlinie geht grundsätzlich davon aus, dass vor Entstehung der Kapitalgesellschaft eine gerichtliche oder behördliche Kontrolle des Gründungsvorgangs erfolgt. Da eine derartige Kontrolle eine gewisse Zeit in Anspruch nimmt, besteht zwischen Vornahme des Errichtungsaktes und Entstehung der Gesellschaft ein Zeitraum, in dem eine Art Gründungsgesellschaft existieren kann. So setzt auch Art. 7 Publizitätsrichtlinie das objektive Vorliegen einer sich in Gründung befindlichen Gesellschaft als Tatbestandsmerkmal der Haftung voraus. Unter dieser Gründungsgesellschaft versteht das Gemeinschaftsrecht eine Gesellschaft im Stadium zwischen Gründungsakt (Satzungszeichnung oder Abschluss eines Gründungsvertrages) und konstitutiver Eintragung, so dass die Handelndenhaftung noch nicht entsprechend der deutschen Terminologie im Stadium der Vorgründungsgesellschaft eingreifen kann.

Zur Erreichung des von der Publizitätsrichtlinie anvisierten möglichst weiten Schutzes Dritter ist der gemeinschaftsrechtliche Handelndenbegriff weit auszulegen. Er erfasst alle unmittelbar und mittelbar Handelnden und damit außer den Vertretungsorganen der Gesellschaft auch Gründer, Gesellschafter und außenstehende Dritte. Art. 7 Publizitätsrichtlinie geht dabei nicht zwingend von einer ausschließlichen Haftung der Handelnden aus, da nur erforderlich ist, dass dem Dritten jederzeit eine Haftungsmasse zur Verfügung steht. Festgelegter Mindeststandard ist vielmehr, dass dem Dritten entweder die Gesellschaft selbst nach Erlangen der Rechtsfähigkeit oder der im Namen der Gründungsgesellschaft Handelnde haftet. Daher ist die Entscheidung, ob Handelnder und Gesellschaft kumulativ oder alternativ haften, den Mitgliedstaaten bei der Umsetzung der Norm in das nationale Recht überlassen.

Die Haftung der Gesellschaft tritt durch Übernahme der in ihrem Namen begründeten Verbindlichkeiten nach Erlangung der Rechtsfähigkeit ein. Art. 7 Publizitätsrichtlinie legt für die Mitgliedstaaten verbindlich fest, dass im nationalen Recht eine Übernahmemöglichkeit der Verbindlichkeiten bestehen muss, wobei die konkrete Ausgestaltung als automatische Übernahme oder als individuelle Entscheidung der Gesellschaft nach ihrer Entstehung den Mitgliedstaaten überlassen ist. Der automatische Übergang der Rechte und Pflichten auf die Gesellschaft erfordert nach Gemeinschaftsrecht die Zustimmung aller Gesellschafter. Die Zustimmung zu gründungsnotwendigen Rechtsgeschäften kann aber bereits dem Abschluss des Gesellschaftsvertrages entnommen werden. Durch die Übernahme wird die entstandene Gesellschaft Schuldnerin der im Gründungsstadium in ihrem Namen eingegangenen Verbindlichkeiten, und der Handelnde wird von seiner Haftung befreit, da die Handelndenhaftung durch die Übernahme auflösend bedingt ausgestaltet ist. Voraussetzung der Übernahme ist, dass der Handelnde bei Abschluss des Gründungsgeschäftes deutlich gemacht hat, dass er nicht im eigenen Namen, sondern in dem der zukünftigen Gesellschaft das Rechtsgeschäft abschließt. Dabei differenziert das Gemeinschaftsrecht nicht zwischen einem Handeln im Namen der zukünftigen Gesellschaft und einem Handeln nur im Namen der Vorgesellschaft, sondern erfasst beide Varianten.

Die Haftung des Handelnden ist nach Art. 7 Publizitätsrichtlinie als persönliche, verschuldensunabhängige, unbeschränkte und gesamtschuldnerische Haftung ausgestaltet. Alle weiteren regelungsbedürftigen Fragen überlässt die gemeinschaftsrechtliche Vorschrift der Bestimmung durch die Mitgliedstaaten, welche die Haftung als Erfüllungs- oder als Garantiehaftung auf das positive Interesse ausgestalten können. Aus dem Schutzzweck der Publizitätsrichtlinie folgt aber, dass das nationale Recht eine Außenhaftung der Handelnden vorsehen muss. Da die Handelndenhaftung dispositives Recht darstellt, kann der Handelnde durch explizite oder konkludente Vereinbarung mit dem Dritten seine Haftung beschränken oder ausschließen. Damit die Handelndenhaftung nicht leer läuft, kann das Vorliegen eines konkludenten Haftungsausschlusses nicht schon aus dem Auftreten des Handelnden im Namen der Gründungsgesellschaft geschlossen werden.

II. Vereinbarkeit der deutschen Regelungen mit dem Gemeinschaftsrecht

1. Umsetzung von Art. 7 Publizitätsrichtlinie

Deutschland ist der Verpflichtung zur Umsetzung der Richtlinie durch das Gesetz zur Durchführung der Ersten Richtlinie des Rates der Europäischen Gemeinschaften zur Koordinierung des Gesellschaftsrechts vom 15.08.1969[527] und durch die Verordnung vom 23.07.1969[528] nachgekommen. Die Umsetzung der Richtlinie in das nationale Recht hat allerdings kaum Änderungen für das deutsche Recht gebracht, weil Art. 7 Publizitätsrichtlinie in offenbarer Anlehnung an § 11 Abs. 2 GmbHG, § 41 Abs. 1 AktG erlassen wurde[529] und damit wesentlich durch das deutsche Recht beeinflusst ist[530]. Der deutsche Gesetzgeber hat durch die nicht erfolgte Änderung von § 11 Abs. 2 GmbHG zum Ausdruck gebracht, dass diese Regelung der des Art. 7 Publizitätsrichtlinie voll entspricht[531].

Grundsätzlich erfordert das Gemeinschaftsrecht, dass die Mitgliedstaaten bei der Wahl der Form und Mittel diejenigen ergreifen, die für die Gewährleistung der praktischen Wirksamkeit der Richtlinie am besten geeignet sind. Die Mitgliedstaat müssen daher die Richtlinien in innerstaatliche Vorschriften mit zwingendem Charakter umsetzen, die den Erfordernissen der Rechtssicherheit und -klarheit genügen. Es sind entsprechende Rechtsvorschriften zu erlassen, die „geeignet sind, eine so bestimmte, klare und transparente Lage zu schaffen, dass der einzelne seine Rechte erkennen und sich vor den nationalen Gerichten auf sie berufen kann“[532]. Schlichte Verwaltungspraktiken[533] genügen ebenso wenig wie beliebig abänderbare Verwal-

---

[527] Ausführungsgesetz („Koordinierungsgesetz“), BGBl 1969 I, S. 1146; s. dazu auch Begr. RegE vom 13.2.1969, BT-Drucks. V/3862, S. 8 ff., Anlagen Band 127.

[528] BGBl. 1969 I, S. 1152.

[529] Lutter, EuR 1969, 1, 6; Van Ommeslaghe, Cah.dr.europ. (5) 1969, 619, 619; vgl. auch Kalss, in Koppensteiner, Österreichisches und europäisches Wirtschaftsprivatrecht, S. 119, 169.

[530] Vgl. Deutscher Bundestag - Rechtsausschuss - 5. Wahlperiode, 1969, Protokoll Nr. 119, S. 21; Begr. RegE vom 13.2.1969, BT-Drucks. 5/3862, S. 8; vgl. auch MünchHdb./Grziwotz, § 1 Rn 42; Habersack, Europäisches Gesellschaftsrecht, Rn 82.

[531] Bock, Haftungssituation, S. 113; Meister, FS Werner, S. 521, 554; Roth, ZGR 1984, 597, 618 in Fn 105.

[532] EuGH, Rs. C-220/94 (Kommission/Luxemburg), Slg. 1995-6, I-1589, I-1607, Tz. 10.

[533] st. Rspr., z.B. EuGH, Rs. 168/85 (Kommission/Italien), Slg. 1986, 2945/29960; EuGH, Rs. 300/81 (Kommission/Italien), Slg. 1983-I, 449, 456 Tz. 10.

tungsrundschreiben[534]; der Erlass eines Gesetzes ist zur Umsetzung der Richtlinie aber auch nicht zwingend erforderlich[535]. Die Pflicht zur ordnungsgemäßen Umsetzung von Richtlinien wird allgemein aus Art. 249 Abs. 3, 10 Abs. 1 S. 1 EGV[536] abgeleitet[537].

Die Umsetzung der Richtlinienbestimmung durch die schon bestehende Regelung in § 11 Abs. 2 GmbHG in Verbindung mit der damaligen höchstrichterlichen Rechtsprechung entspricht diesen Anforderungen des Gemeinschaftsrechts nicht. Denn bereits bei Erlass der Richtlinie hatte sich die höchstrichterliche Rechtsprechung geändert und statt des ehemals weiten einen engen Handelndenbegriff angenommen[538]. Heute basiert das deutsche Recht der Haftung in der Gründungsphase der GmbH in weiten Bereichen auf der Rechtsprechung des BGH. Ob dieses den Anforderungen des EuGH genügt, wurde von diesem bisher noch nicht entschieden[539]. Der BGH ist der Auffassung, er könne mit seiner Rechtsprechung Richtlinien umsetzen[540]. Angesichts des von ihm entwickelten, komplexen Systems der Gründerhaftung bestehen allerdings hinreichende Zweifel, dass die Rechtsprechung den Erfordernissen einer ordnungsgemäßen Umsetzung von Art. 7 Publizitätsrichtlinie, insbesondere den Erfordernissen einer bestimmten, klaren und transparenten Regelung genügt. Zudem hat die herrschende Rechtsprechung Art. 7 Publizitätsrichtlinie nicht in allen Punkten ordnungsgemäß umgesetzt, wie zu zeigen sein wird. Insofern fehlt es an einer korrekten Umsetzung der Richtlinienbestimmung in formeller Hinsicht.

2. Vorgesellschaft

Das deutsche Haftungssystem in der Gründungsphase der GmbH stützt sich anders als das Gemeinschaftsrecht neben der Haftung der Handelnden auf die Haftung der teilrechtsfähigen Vorgesellschaft, die schon Rechte und Pflichten erwerben und Haftungspartner des Dritten sein kann. Die Annahme der Existenz einer Vorgesellschaft bzw. Gründungsgesellschaft entspricht der Publizitätsrichtlinie[541]. Konform mit dem Gemeinschaftsrecht beginnt das Stadium der Vorgesellschaft in Deutschland mit der Unterzeichnung des Gesellschaftsvertrages durch die Gesellschafter und endet im Zeitpunkt der Eintragung der Gesellschaft in das Handelsregister. Der Gründungsgesellschaft kommt nach Gemeinschaftsrecht allerdings keine Rechtsfähigkeit zu, so dass sie nicht aus Gründungsgeschäften haften kann. Die Annahme der Haftung der Vorge-

---

[534] EuGH, Rs. 239/85 (Kommission/Belgien), Slg. 1986-5, 3645, 3659, Tz 7.

[535] EuGH, Rs. 29/84 (Kommission/Deutschland), Slg. 1985, 1601, Leitsatz 1; vgl. auch Schwarz, Europäisches Gesellschaftsrecht, Rn 229.

[536] Bisher Art. 189 Abs. 3, 5 Abs. 1 EGV.

[537] Schwarz, Europäisches Gesellschaftsrecht, Rn 75; EuGH, Rs. 48/75 (Royer), Slg. 1976, 497 Rn 74 f.

[538] Vgl. den Abschnitt „Begriff des Handelnden" auf S. 47 ff.

[539] Vgl. aber EuGH, 08.10.1996, Rs. C-178/94, C-179/94, C-188/94, C-189/94, C-190/94 (Dillenkofer u.a.), Slg. 1996-10, I-4845, I-4845 ff., in der die Frage nicht entschieden wurde, weil die Richtlinie selbst bei Bejahung der Frage nicht ordnungsgemäß umgesetzt war.

[540] BGHZ 138, 55, 59 ff.; vgl. EuGH, Rs. C-106/89 (Marleasing), Slg. 1990-6, I-4135 ff. zur Pflicht der nationalen Gerichte, das nationale Gesellschaftsrecht richtlinienkonform auszulegen.

[541] Vgl. zum Gemeinschaftsrecht den Abschnitt „Anerkennung einer Gründungsgesellschaft" auf S. 105; zum deutschen Recht s. den Abschnitt „Vorgesellschaft" auf S. 35 ff.

sellschaft im deutschen Recht verstößt aber nicht gegen das Gemeinschaftsrecht. Die Haftung der Handelnden ist nur ein Mindeststandard und schließt daher eine zusätzliche Haftung der Vorgesellschaft nicht aus[542]. Die dadurch entstehende rigorosere Ausgestaltung des deutschen Rechts ist zulässig. Das nationale Recht kann dem Dritten neben der Haftungsmasse des Handelnden eine weitere zur Verfügung stellen und damit seinen Schutz verbessern.

Gemeinschaftsrechtskonform werden in Deutschland die Handelnden- und die Gründerhaftung nur auf das Stadium der Vorgesellschaft und nicht auch auf das der Vorgründungsgesellschaft angewandt. Art. 7 Publizitätsrichtlinie regelt nur die Haftung während des Bestehens der Gründungsgesellschaft, also zwischen Gründungsakt (Satzungszeichnung oder Abschluss eines Gründungsvertrages) und konstitutiver Eintragung. Damit erfüllt das deutsche Recht zugleich das Erfordernis des objektiven Vorliegens einer Gründungsgesellschaft für das Eingreifen der Handelnden- und Gründerhaftung und für den Übergang der Gründungsgeschäfte auf die entstandene Gesellschaft. Da es den Mitgliedstaaten gemeinschaftsrechtlich unbelassen ist, für die Vorgründungsphase im nationalen Recht eine eigene Regelung zu finden, steht es dem deutschen Recht offen, entweder die Handelndenhaftung des Kapitalgesellschaftsrechts oder die Regeln des Personengesellschaftsrechts auf die Vorgründungsgesellschaft anzuwenden.

3. Handelndenbegriff, Handelndenhaftung und Gesellschafterhaftung

In Deutschland verstanden sowohl das RG als auch zunächst der BGH zur Zeit der Publizitätsrichtlinienvorschläge von 1964 und 1966 die Handelndenhaftung weit und bezogen in den persönlichen Anwendungsbereich des § 11 Abs. 2 GmbHG diejenigen Personen ein, die der vorzeitigen Aufnahme des Geschäftsbetriebes zugestimmt haben[543]. Diese weite Auslegung des Handelndenbegriffs entspricht den Anforderungen des gemeinschaftsrechtlichen Handelndenbegriffs[544]. Daher wurde in Deutschland trotz der bei Erlass der Richtlinie schon geänderten Rechtsprechung kein Anpassungsbedarf gesehen. Mittlerweile wird der Handelndenbegriff in Deutschland eng ausgelegt und umfasst nur noch die Vertretungsorgane der Gesellschaft und diejenigen Personen, die wie ein solches auftreten. Damit fallen Gründer und außenstehende Dritten nach deutschem Verständnis grundsätzlich nicht mehr unter den Handelndenbegriff, außer sie treten ausnahmsweise wie ein Vertretungsorgan auf. Insoweit besteht eine Diskrepanz zwischen deutschem und europarechtlichem Verständnis des Handelndenbegriffs. Die Begrenzung des Handelndenbegriffs bewirkt eine Beschränkung sowohl der Verfügbarkeit als auch des Zugriffes auf die Haftungsmassen. Da die Publizitätsrichtlinie eine Einschränkung des Handelndenbegriffs weder vom Wortlaut noch vom Sinn und Zweck der Regelung her zulässt, liegt grundsätzlich ein Verstoß gegen das Gemeinschaftsrecht vor.

Allerdings nimmt das deutsche Recht die Gründer nicht vollständig von der

[542] Vgl. den Abschnitt „Vereinbarkeit mit dem europäischen Gemeinschaftsrecht“ auf S. 102 ff.
[543] s. den Abschnitt „Begriff des Handelnden“ auf S. 47 ff.
[544] Vgl. zum Gemeinschaftsrecht den Abschnitt „Begriff der Handelnden“ auf S. 105 f.

Haftung aus, sondern unterwirft sie einer gesonderten, von der Rechtsprechung entwickelten Haftung: der Verlustdeckungshaftung. Diese Haftung der Gründer in ihrer Eigenschaft als Gründungsgesellschafter der GmbH ist mit dem Gemeinschaftsrecht konform, weil die dogmatische Umsetzung den Mitgliedstaaten überlassen ist und die Zielvorgabe der Haftung „auch der Gründer" in Deutschland grundsätzlich erreicht wird[545]. Zudem ist der von der Richtlinie beabsichtigte Gläubigerschutz im deutschen Recht dadurch erweitert, dass nicht nur eine Haftung der Handelnden nach § 11 Abs. 2 GmbHG und der Gründer aufgrund der Verlustdeckungshaftung in Frage kommt, sondern daneben die Möglichkeit der Inanspruchnahme der teilrechtsfähigen Vorgesellschaft besteht. Die von Art. 7 Publizitätsrichtlinie bestimmte Handelndenhaftung bildet nur das Mindestmaß und schließt nicht aus, dass ein weiterer Haftender in Person der Vorgesellschaft neben die Handelnden tritt[546].

Die Ausgestaltung der Haftung der Handelnden und die der Gründer im Rahmen der Verlustdeckungshaftung als jeweils unbeschränkte Haftung stimmt mit dem Gemeinschaftsrecht überein. Die Ansicht, dass auch die Haftung der Handelnden in den nationalen Regelungen beschränkt werden könne[547] widerspricht sowohl dem Wortlaut von Art. 7 Publizitätsrichtlinie, der ausdrücklich eine unbeschränkte Haftung bestimmt, als auch dem Sinn und Zweck der Regelung, wonach dem Dritten ein umfassender Schutz durch den Zugriff auf zumindest einen Haftungspartner gewährt werden soll[548].

Problematisch ist aber, dass die Verlustdeckungshaftung der Gründergesellschafter nach herrschender Rechtspraxis als Innenhaftung gegenüber der Vorgesellschaft ausgestaltet ist. Diese Haftungskonzeption schützt zunächst die Gesellschaft vor Verlusten und bietet den Gläubigern einen nur mittelbaren Schutz. Ihr liegen Erwägungen des Kapitalschutzes zugrunde, die der gemeinschaftsrechtlichen Regelung fremd sind. Denn das europäische Recht stellt die Schutzinteressen der Gläubiger und nicht die der Gesellschaft durch Anordnung der Außenhaftung in den Mittelpunkt. Zu prüfen ist daher, ob die deutsche Ausgestaltung der Haftung der Gründergesellschafter gemeinschaftswidrig ist.

Aus Sicht des Gläubigers ist die deutsche Innenhaftung der Gründergesellschafter nicht gleichwertig mit einer Außenhaftung, auch wenn im Ergebnis die Gründergesellschafter über eine Pfändung der Ansprüche der Gesellschaft haftbar gemacht werden können. Der Weg der Anspruchspfändung ist zeitaufwendiger, kostenintensiver, komplizierter und schwerer durchsetzbar als eine unmittelbare Haftung den Gläubigern gegenüber. Die Innenhaftung stellt sich somit für den Gläubiger nachteiliger dar. Auch ist die Bestimmung des Entstehungszeitpunktes der Innenhaftung auf den Moment des endgültigen Scheiterns der Eintragung problematisch. Dieses führt im Ergebnis dazu, dass bis zum endgültigen Scheitern der Eintragung bzw. bis zum Einsetzen der Vorbelastungshaftung keine Haftung der Gründer besteht. Dieser, wenn

[545] Vgl. Baumann/Müller, NZG 2001, 218, 220.
[546] Klein, Rückgriffsanspruch, S. 136, 32.
[547] Schwarz, Europäisches Gesellschaftsrecht, Rn 339.
[548] Die Ansicht im deutschen Recht, die eine nur beschränkte Haftung der Gründergesellschafter annimmt (vgl. den Abschnitt „Umfang der Verlustdeckungshaftung" auf S. 71 ff.), verstößt daher gegen das Gemeinschaftsrecht.

auch nur vorübergehend, für die Gründer haftungsfreie Zeitraum ist nicht mit Art. 7 Publizitäts-richtlinie vereinbar, weil die Haftung nach Art. 7 Publizitätsrichtlinie gerade nicht aufschiebend, sondern auflösend bedingt ausgestaltet ist. Das deutsche Innenhaftungs-konzept hält sich folglich nicht mehr im Rahmen der von Art. 249 Abs. 3 EGV[549] bei der Richtlinienumsetzung erteilten Freiheit für das nationale Recht. Die durch den engen Handelndenbegriff hervorgerufene verminderte Verfügbarkeit und der eingeschränkte Zugriff auf die Haftungsmassen wird durch die zusätzliche Innenhaftung der Gründer neben dem Handelnden im deutschen Recht nicht ausgeglichen.

Eine weitere Abweichung des deutschen Recht vom Gemeinschaftsrecht liegt in der Ausgestaltung der Verlustdeckungshaftung als nur anteilige Haftung. Die anteilige Haftung der Gründergesellschafter verringert die Befriedigungschancen der Gläubiger, da auch ein solventer Gründergesellschafter nur seinem Anteil entsprechend in Anspruch genommen werden kann. Da die Haftung zudem als Innenhaftung ausgestaltet ist, kann sich eine gepfändete Forderung der Gesellschaft gegen einen Gründungsgesellschafter wegen dessen Insolvenz als uneinbringlich erweisen, und der Gläubiger kann mit seiner Forderung in dieser Höhe ausfallen, wenn die anderen Gründungsgesellschafter ihren Anteil schon geleistet haben. Die Ausfallhaftung des § 24 GmbHG kann dieses zwar ausgleichen, doch bedeutet sie einen zusätzlichen Zeit- und Kostenaufwand für den Gläubiger. Damit sind nach dem deutschen Recht Konstellationen denkbar, in denen die Gläubiger materiell schlechter stehen als nach der gemeinschaftsrechtlichen Vorgabe, so dass es hinsichtlich des Gläubigerschutzes hinter den Anforderungen von Art. 7 Publizitätsrichtlinie zurückbleibt. Durch die Annahme einer als anteilige Innenhaftung ausgestaltete Gründerhaftung kann die Beschränkung des Handelndenbegriffs also insgesamt nicht ausgeglichen werden. Die deutsche Rechtsprechung sollte daher richtlinienkonform zu einer gesamtschuldnerischen Außenhaftung der Gründer geändert werden.

Die Ausgestaltung der deutschen Handelndenhaftung als unbeschränkte, gesamtschuldnerische Haftung[550] ist mit dem Gemeinschaftsrecht konform. Ebenso stimmt die Ausgestaltung als Erfüllungshaftung mit dem EG-Recht überein. Den Mitgliedstaaten stand es offen, die Haftung als Erfüllungs- oder Garantiehaftung auf das positive Interesse auszugestalten[551].

4. Handeln im Namen der Gesellschaft

Art. 7 Publizitätsrichtlinie verlangt für das Eingreifen der Handelndenhaftung ein Handeln im Namen der Gründungsgesellschaft. Der Handelnde muss also erkennbar in fremdem Namen tätig geworden sein[552]. Diesem Erfordernis entspricht das deutsche Recht, das grundsätzlich auch ein Handeln im Namen der Gesellschaft erfordert. Tritt der Handelnde hingegen in eigenem Namen auf, so haftet er nach den allgemeinen Grundsätzen des Vertretungsrechts selbst als Vertragspartner nach § 164 Abs. 2

[549] Bisher Art. 189 Abs. 3 EGV.

[550] Vgl. zum deutschen Recht den Abschnitt „Inhalt und Umfang der Handelndenhaftung“ auf S. 53 ff.

[551] Vgl. zum Gemeinschaftsrecht den Abschnitt „Ausgestaltung der Haftung“ auf S. 111 f.

[552] s. zum Gemeinschaftsrecht den Abschnitt „Handeln im Namen der in Gründung befindlichen Gesellschaft“ auf S. 107 f.

BGB[553]. Anders als das Gemeinschaftsrecht differenziert das deutsche Recht aber zwischen einem Handeln im Namen der zukünftigen Gesellschaft und einem Handeln nur im Namen der Vorgesellschaft. Es verlangt für die Anwendbarkeit der Handelndenhaftung ein Handeln im Namen der zukünftigen Gesellschaft, während ein Handeln nur im Namen der Vorgesellschaft grundsätzlich nicht ausreicht. Für eine Haftung der Gründungsgesellschafter ist es hingegen erforderlich, dass für die Vorgesellschaft gehandelt wurde, weil nur so eine Verpflichtung der Vorgesellschaft begründet werden kann. Damit Gründer und Vertretungsorgane nach deutschem Recht nebeneinander haften, muss also sowohl im Namen der Vorgesellschaft als auch im Namen der zukünftigen Gesellschaft gehandelt werden. Die Erklärungen der Vertretungsorgane werden dementsprechend von der herrschenden Rechtspraxis dahingehend ausgelegt, dass bei einem Handeln im Namen der Gesellschaft „in Gründung" gleichzeitig für die künftige Gesellschaft gehandelt wurde. Gleiches gilt im umgekehrten Fall des Handelns für die zukünftige GmbH. Damit stimmt das deutsche Recht insoweit mit dem Gemeinschaftsrecht überein.

Probleme entstehen im deutschen Recht nur, wenn das Vertretungsorgan ausdrücklich nur für die Vorgesellschaft gehandelt hat. In diesem Fall hat die Erklärung dem Wortlaut nach einen eindeutigen Inhalt und kann nach allgemeinen Auslegungsregeln nicht zu einem Handeln auch im Namen der zukünftigen Gesellschaft ausgelegt werden. Die Handelndenhaftung greift nicht ein, obwohl das Gemeinschaftsrecht sie verlangt. Folglich liegt ein Verstoß gegen das Gemeinschafsrecht vor. Um diesen Verstoß zu vermeiden, sollte das deutsche Recht richtlinienkonform dahingehend ausgelegt werden, dass sowohl ein Handeln im Namen der zukünftigen Gesellschaft als auch ein Handeln ausdrücklich nur im Namen der Vorgesellschaft die Handelndenhaftung begründet[554].

5. Übernahmemöglichkeit

Die gesetzliche Regelung des § 11 Abs. 2 GmbHG sieht eine Übernahme der im Gründungsstadium der Gesellschaft eingegangenen Verbindlichkeiten nicht vor. Nach herrschender Rechtsprechung gehen aber alle für die Vorgesellschaft wirksam begründeten Rechte und Pflichten auf die Gesellschaft mit ihrem Entstehen im Zeitpunkt der Eintragung in das Handelsregister über. Die Gesellschaft wird damit ipso iure Schuldnerin des Dritten[555]. Damit entspricht das deutsche Recht den Anforderungen von Art. 7 Publizitätsrichtlinie, der zwingend vorschreibt, dass das nationale Recht eine Übernahmemöglichkeit der Gründungsgeschäfte durch die entstandene Gesellschaft vorsieht und sowohl eine automatische Übernahme als auch die Übernahme durch Einzelentscheidung zulässt[556]. Der vom Gemeinschaftsrecht bei der automatischen Übernahme geforderten Zustimmung aller Gesellschafter wird dadurch genügt, dass die entstandene Gesellschaft in Deutschland nur verpflichtet wird, wenn vorher die Vorgesellschaft gebunden war. Diese kann wiederum nur gebunden werden, wenn

[553] Vgl. zum deutschen Recht den Abschnitt „Handeln im Namen der Gesellschaft" auf S. 51 ff.
[554] Vgl. auch Kersting, Vorgesellschaft im europäischen Gesellschaftsrecht, S. 316.
[555] S. den Abschnitt "Haftung für Verpflichtungen aus dem Stadium der Vorgesellschaft" auf S. 98 f.
[556] S. den Abschnitt "Übernahme der Verbindlichkeiten durch die Gesellschaft" auf S. 108 ff.

der Handelnde im Rahmen seiner Vertretungsmacht handelt, die von allen Gesellschaftern erteilt werden muss. Die Vertretungsmacht für gründungsnotwendige Geschäfte folgt aus dem Gesellschaftsvertrag, dem alle Gesellschafter durch die Unterzeichnung zugestimmt haben. Dadurch ist sichergestellt, dass nur diejenigen Rechtsgeschäfte auf die entstandene Gesellschaft übergehen, denen alle Gesellschafter zugestimmt haben. Die nach deutschem Recht zwar für die Vorgesellschaft in ihrem Namen begründeten, aber mangels Vertretungsmacht nicht übergehenden Verbindlichkeiten, können individuell nach Eintragung der Gesellschaft übernommen werden. Entsprechend dem Gemeinschaftsrecht setzt das deutsche Recht auch keine Zustimmung des Dritten für den durch den Übergang der Rechte und Pflichten bewirkten Schuldnerwechsel voraus. Das deutsche Recht ist hinsichtlich der Übernahme der Gründungsgeschäfte also mit dem Gemeinschaftsrecht konform.

6. Ausschluss der Haftung

Die Richtlinie stellt die Handelndenhaftung zur Disposition der Vertragspartner, indem sie die Möglichkeit des Abschlusses einer abweichenden Vereinbarung zwischen Handelndem und Gläubiger eröffnet[557]. Die deutsche Regelung der Handelndenhaftung sieht einen Ausschluss der Haftung des Handelnden durch Vereinbarung mit dem Dritten nicht vor, doch wird die gesetzliche Regelung in § 11 Abs. 2 GmbHG als dispositiv angesehen, so dass abweichende Vereinbarungen zulässig sind[558]. Diese Auslegung der deutschen Rechtsnorm stimmt folglich mit Art. 7 Publizitätsrichtlinie überein.

Zweifelhaft ist, ob die deutsche Gründerhaftung auch durch individuelle Vereinbarung mit dem Gläubiger beschränk- oder abdingbar ist. Die herrschende Meinung vor Änderung der Rechtsprechung im Jahre 1997 ging von der Zulässigkeit einer haftungsbeschränkenden und –ausschließenden Vereinbarung aus. Ob dieses auch nach Annahme einer als Innenhaftung ausgestaltete Verlustdeckungshaftung der Gründergesellschafter vertreten werden kann, ist fraglich. Wie oben dargelegt[559], muss eine solche Vereinbarung zwischen Gläubiger und Schuldner getroffen werden, also zwischen Gründer und Vorgesellschaft. Bei Annahme einer Innenhaftung gegenüber der Vorgesellschaft kann ein externer Haftungsausschluss mit dem Dritten als Unbeteiligter keine Wirkung für die Gesellschaft haben. Die Verlustdeckungshaftung tritt folglich grundsätzlich unabhängig von einer Haftungsvereinbarung zwischen Gründer und Drittem ein, außer der Dritte verzichtet sowohl auf die Haftung von Vorgesellschaft als auch auf die der Gründergesellschafter. Das deutsche Recht ist somit grundsätzlich strenger als die Vorgabe der Richtlinie. Da die Richtlinie insoweit nur einen Mindeststandard festlegt, sind rigorosere Bestimmungen im nationalen Recht zulässig. Zudem ist die Möglichkeit des Abschlusses eines Haftungsausschlusses für das Ziel des Drittschutzes nicht erforderlich und ist damit nicht als verbindlich vom Gemeinschaftsrecht vorgegeben anzusehen. Damit liegt kein Verstoß gegen Art. 7

[557] S. den Abschnitt "Ausschluss der Haftung" auf S. 112 f.
[558] S. den Abschnitt "Haftungsvereinbarung" auf S. 59 f.
[559] Vgl. dazu den Abschnitt "Haftungsvereinbarung" auf S. 85 f.

Publizitätsrichtlinie vor[560].

Nach deutschem Recht erlöschen die Handelnden- und die Gründergesellschafterhaftung im Zeitpunkt der Eintragung der Gesellschaft im Handelsregister. Eine derartige Haftungsbefreiung entspricht dem von der Richtlinie aufgestellten Standard. Art. 7 Publizitätsrichtlinie schreibt keine unbegrenzte Solidarhaftung der Handelnden neben der Gesellschaft vor, sondern normiert als Mindeststandard die Haftung der Handelnden, wobei die Eintragung der Gesellschaft der frühestmögliche Zeitpunkt der Befreiung des Handelnden aus seiner Haftung ist[561].

7. Zusammenfassung: Vereinbarkeit mit dem Gemeinschaftsrecht

In formeller Hinsicht fehlt es an einer korrekten Umsetzung von Art. 7 Publizitätsrichtlinie, da das deutsche Haftungssystem neben der gesetzlichen Regelung in § 11 Abs. 2 GmbHG hauptsächlich auf Richterrecht beruht. Erforderlich wäre eine gesetzliche Niederlegung der Gründerhaftungssystematik, um den Anforderungen des Gemeinschaftsrechts, dem Vorliegen einer bestimmten, klaren und transparenten Regelung, zu genügen. Inhaltlich stimmt das deutsche Recht grundsätzlich mit dem Gemeinschaftsrecht überein. Die Existenz einer rechtsfähigen Vorgesellschaft ist nach Gemeinschaftsrecht zulässig. Die Diskrepanz zwischen weitem Handelndenbegriff nach Gemeinschaftsrecht und engem Handelndenbegriff nach deutschem Verständnis wird durch die Gründerhaftung ausgeglichen. Der automatische Übergang der Rechte und Pflichten aus den Gründungsgeschäften von der Vorgesellschaft auf die Gesellschaft und die Haftungsbefreiung von Handelnden und Gründern mit Eintragung der Gesellschaft in das Handelsregister sind mit dem Gemeinschaftsrecht konform. Ebenso wie das Gemeinschaftsrecht sieht das deutsche Recht die Möglichkeit der Abbedingung der Haftung der Handelnden vor. Die Nichtermöglichung der Vereinbarung eines Haftungsausschlusses zwischen Gründer und Drittem ist mit Art. 7 Publizitätsrichtlinie als rigorosere Regelung vereinbar. Doch verstößt das deutsche Recht gegen das Gemeinschaftsrecht, indem es eine anteilige Innenhaftung der Gründergesellschafter statt der vom Gemeinschaftsrecht geforderten gesamtschuldnerischen Außenhaftung vorsieht. Eine richtlinienkonforme Auslegung würde zu einer gesamtschuldnerischen Außenhaftung der Gründungsgesellschafter führen. Hinsichtlich der festgestellten Verstöße gegen das Gemeinschaftsrecht kann Deutschland ein Vertragsverletzungsverfahren nach Art. 226 EGV[562] sowie ein gemeinschaftsrechtlicher Staatshaftungsanspruch wegen mangelhafter Umsetzung der Richtlinie drohen[563].

---

[560] Bei Annahme einer Verlustdeckungshaftung in Form der Außenhaftung wäre die Möglichkeit, durch Vereinbarung zwischen Gründer und Dritten die Haftung des Gründers auszuschließen oder zu beschränken, eröffnet. Bei einer Außenhaftung haftet der Gründer dem Dritten direkt für die Verbindlichkeiten aus der Gründungsphase, so dass sie unmittelbar einen wirksamen Haftungsausschluss oder –beschränkung vereinbaren können. Dieses würde der Vorgabe von Art. 7 Publizitätsrichtlinie entsprechen.

[561] Klein, Rückgriffsanspruch, S. 33; vgl. Fischer-Zernin, Rechtsangleichungserfolg, S. 105.

[562] Bisher Art. 169 EGV; vgl. dazu Schwarz, Europäisches Gesellschaftsrecht, Rn 90, 230.

[563] Vgl. zu den Voraussetzungen des gemeinschaftsrechtlichen Staatshaftungsanspruchs: Bleckmann, Europarecht, Rn 1038 ff. mwN; EuGH, Rs. C-6/90 (Francovich), Slg. 1991-9, I-5357,I-5413 ff.;

E. Zusammenfassung: Rechtslage in Deutschland

Das durch Rechtsfortbildung entwickelte Haftungssystem bei Gründung einer GmbH erweist sich zusammenfassend als komplex und vielschichtig. Zum einen sind die verschiedenen Gründungsphasen einer GmbH zu differenzieren, da in der Vorgründungsgesellschaft, der Vorgesellschaft und der eingetragenen GmbH eklatante Unterschiede in der Rechtsanwendung und damit auch in der Haftung besteht. So haften die Gründer in der Phase der Vorgründungsgesellschaft als Gesellschafter der Vorgründungsgesellschaft, die entweder in Form der BGB-Gesellschaft oder der OHG besteht, persönlich und unbeschränkt. Während des Stadiums ab Unterzeichnung der Gesellschaftssatzung, das von der Existenz einer teilrechtsfähigen Vorgesellschaft geprägt ist, haften die Gründergesellschafter im Rahmen der Verlustdeckungshaftung für die Verbindlichkeiten der Vorgesellschaft unbeschränkt. Diese Haftung ist nach herrschender Rechtspraxis als anteilige, unbeschränkte Innenhaftung gegenüber der Vorgesellschaft ausgestaltet, so dass die Gläubiger die Gründer nicht unmittelbar in Anspruch nehmen können, sondern ihre Forderungen zunächst gegen die Gesellschaft richten müssen. Die Ausgestaltung als anteilige Innenhaftung verstößt allerdings gegen das Gemeinschaftsrecht. Nach Entstehen der Gesellschaft als solche durch Eintragung in das Handelsregister gehen alle für die Vorgesellschaft wirksam begründeten Rechte und Pflichten ipso iure auf diese über. Die Verlustdeckungshaftung der Gründer setzt sich als unbeschränkte, anteilige Vorbelastungshaftung gegenüber der entstandenen Gesellschaft fort. Bei Vorliegen einer unechten Vorgesellschaft haften die Gründer allein persönlich und unbeschränkt nach den allgemeinen Haftungsregeln, je nach Geschäftsumfang also nach dem Recht der BGB-Gesellschaft oder der OHG. Eine daneben bestehende Haftung der Handelnden kommt mangels Anwendbarkeit des § 11 Abs. 2 GmbHG auf die unechte Vorgesellschaft nicht in Betracht.

Zum anderen stellt die deutsche Haftungsverfassung den Gläubigern zu ihrem Schutz mehrere Haftungsmassen zur Verfügung. Neben der Verlustdeckungshaftung der Gründergesellschafter besteht bei Abschluss von Gründungsgeschäften die Haftung der Vertretungsorgane nach § 11 Abs. 2 GmbHG, welche als unbeschränkte, solidarische Außenhaftung ausgestaltet ist. Da die Vorgesellschaft als teilrechtsfähiges Gebilde Geschäfte aller Art betreiben und aus diesen wirksam verpflichtet werden kann, steht den Gläubigern daneben das noch ungeprüfte Gesellschaftsvermögen der Vorgesellschaft als Haftungsmasse zur Verfügung. Sowohl die Handelndenhaftung als auch die Verlustdeckungshaftung erlöschen im Zeitpunkt der Eintragung der Gesellschaft, wobei sich die Verlustdeckungshaftung aber als Vorbelastungshaftung fortsetzt. Dem Gläubiger haftet nach Eintragung der Gesellschaft nur noch das Gesellschaftsvermögen (§ 13 Abs. 2 GmbHG).

Hinsichtlich der Vereinbarkeit mit dem Gemeinschaftsrecht wurde festgestellt, dass das deutsche Recht Art. 7 Publizitätsrichtlinie formell nicht korrekt umgesetzt hat, weil das deutsche Haftungssystem neben der gesetzlichen Regelung in § 11 Abs. 2 GmbHG hauptsächlich auf Richterrecht beruht und damit nicht diejenigen Formen und

---

EuGH, Rs. C-46/93, C-48/93 (Brasserie du pêcheur), Slg. 1996-3, I-1029, I-1141 ff.; EuGH, Rs. C-178/94, C-179/94, C-188/94, C-189/94, C-190/94 (Dillenkofer u.a.), Slg. 1996-10, I-4845, I-4878 ff.

Mittel ergriffen wurden, die für die Gewährleistung der praktischen Wirksamkeit der Richtlinie am besten geeignet sind. Zum anderen verstößt das deutsche Recht insofern gegen das Gemeinschaftsrecht, als es nur eine anteilige Innenhaftung der Gründergesellschafter statt der vom Gemeinschaftsrecht geforderten gesamtschuldnerischen Außenhaftung vorsieht. Im übrigen stimmen die deutschen Regeln zur Gründerhaftungsproblematik aber mit dem Gemeinschaftsrecht überein; die aufgezeigten Abweichungen sind mit ihm vereinbar. So wird die Diskrepanz zwischen weitem Handelndenbegriff nach Gemeinschaftsrecht und engem Handelndenbegriff nach deutschem Verständnis durch das System der Gründerhaftung ausgeglichen, und die grundsätzliche Nichtermöglichung der Vereinbarung eines Haftungsausschlusses zwischen Gründer und Drittem ist mit Art. 7 Publizitätsrichtlinie ist als rigorosere Regelung mit dem Gemeinschaftsrecht vereinbar.

Kapitel 2 Die Rechtslage in Frankreich

A. Einleitung

Die *société à responsabilité limitée* (*SARL*) ist das aus dem deutschen Recht übernommene, ungefähre Gegenstück der GmbH. Die *SARL* ist in Frankreich als Gesellschaftstyp bisher aber nicht so weit verbreitet wie die GmbH in Deutschland, doch gewinnt die Gesellschaftsform aufgrund ihres gegenüber der bisher bevorzugten *société anonyme (SA)*[564] niedrigeren Stammkapitals und der einfacheren Gestaltung der Organe zunehmend an Bedeutung[565].

Die *SARL* wird grundsätzlich durch das Gesetz vom 24. Juli 1966[566], das erstmals die Handelsgesellschaften betreffenden Gesetzestexte konsolidierte und eine kohärente Gesamtregelung schuf, sowie durch das Gesetz vom 4. Januar 1978[567] und durch die entsprechenden Durchführungsverordnungen (*décret*)[568] von 1967 und 1978[569] geregelt. Die *SARL* kann vom deutschen Verständnis her als Kapitalgesellschaft eingeordnet werden, auch wenn sie aus französischer Sicht eine hybride Form aus Personen- und Kapitalgesellschaft aufweist[570]. Denn die Gesellschaftssatzung wird wie bei der Personengesellschaft intuitus personae[571] abgeschlossen[572], die Gesellschaftsanteile sind im Prinzip nicht frei übertragbar[573] und die Zahl der Gesellschafter ist auf fünfzig begrenzt[574], wobei die Gesellschafter aber wie bei der Kapitalgesellschaft grundsätzlich nur beschränkt haften[575]. Neuere gesetzliche

---

564 Die *SA* entspricht der deutschen AG. Im übrigen entspricht die *société en commandite par action* (*SCA*) der deutschen KGaA, und die zivilrechtlichen Gesellschaftsformen der *société en nom collectif* (*SNC*) und der *société en commandite simple* (*SCS*) ähneln der OHG und KG.

565 1993 waren in Frankreich schon 591.102 *SARL* gegenüber 196 296 *SA* eingetragen; vgl. Venandet, Société à responsabilité limitée – Généralités, Fasc. 71-10, n° IV.B.37; Baudelet, Banque 1986, 66; Plantamp, RTD com. 1994, 1, 3.

566 Loi n° 66-537 du 24 juillet 1966 sur les sociétés commerciales. Im folgenden wird dieses Gesetz als L 1966 abgekürzt.

567 Loi n° 78-9 du 4 janvier 1978. Im folgenden wird dieses Gesetz als L 1978 abgekürzt.

568 Das *décret* ist ein materielles Gesetz, eine Verordnung der Exekutive.

569 Décret n° 67-236 du 23 mars 1967 und décret n° 78-704 du 3 juillet 1978.

570 Boucourechliev/Huet, in Boucourechliev/Hommelhoff, Europäische Privatgesellschaft, S. 171 ff., 174, 183; Guyon, Droit des affaires, S. 503; Sonnenberger/Autexier, Französisches Recht, S. 193; Lefebvre, Droit des affaires, n° 771; Juglart/Ippolita, Sociétés commerciales, n° 767.

571 Intuitu personae = in Ansehung der Person.

572 Vgl. Art. 1832 Code Civil. Im folgenden wird der Code Civil als CC abgekürzt. Vgl. auch Sonnenberger, Französisches Handels- und Wirtschaftsrecht, S. 118; Sonnenberger/Autexier, Französisches Recht, S. 189.

573 Art. 47 al. 1, 44 al. 1, 45 al. 1 L 1966.

574 Art. 36 L 1966.

575 Art. 34 L 1966. Im Fall der Überbewertung der Sacheinlagen haften aber alle Gesellschafter fünf Jahre für die Differenz zum vertraglich festgelegten Stammkapital, Art. 40 al. 3, Art. 370 L 1966 , Art. 180 Loi du 25.01.1985. Im Insolvenzfall kann die Haftung unter Umständen sogar auf die Gesellschaftergeschäftsführer ausgedehnt und Insolvenz über das Vermögen bestimmter Gesellschafter eröffnet werden. Vgl. Jeantin, Droit des sociétés, n° 578 f.; Venandet, Société à responsabilité limitée –

Bestimmungen lassen allerdings eine Entwicklung in Richtung der Kapitalgesellschaften erkennen[576].

Die Problematik der Haftung aus Gründungsgeschäften wurde in Frankreich von Rechtsprechung und Lehre früher als unbedeutend angesehen, da davon ausgegangen wurde, dass die Errichtung der *SARL* mit der Erlangung ihrer Rechtspersönlichkeit (*personnalité morale)* im Zeitpunkt der Satzungsfeststellung zusammenfiel. Vor Feststellung der Gesellschaftssatzung (*statuts*) existierte noch keine Gesellschaft und nach der Feststellung bereits eine mit Rechtspersönlichkeit[577], so dass die nach Satzungsfeststellung vorgenommenen Rechtsgeschäfte die *SARL* wirksam und unmittelbar verpflichten konnten[578]. Seit Einführung des Konstitutionsprinzips durch den französischen Gesetzgeber im Jahre 1966 erwirbt die Gesellschaft wie in England und Deutschland erst mit Eintragung in das Handelsregister ihre Rechtspersönlichkeit[579]. Die lange und schwerfällige Eintragungsprozedur sollte zwar durch fortwährende Reformen vereinfacht und beschleunigt werden[580], doch verlängert sich die Gründungsphase insbesondere bei Sacheinlagen (*apports en nature*) aufgrund der durchzuführenden Bewertung[581]. Insgesamt ist das Gründungsstadium aber kürzer als in Deutschland, zumal die Prüfung des französischen Registergerichts eingeschränkt ist und nicht der Legalitätskontrolle des deutschen Rechts entspricht[582].

In der Gründungsphase der *SARL* ist es den Gründern im Gegensatz zum englischen Recht nicht überlassen, Gründungsgeschäfte abzuschließen. Vielmehr sind sie

---

Généralités, Fasc. 71-10, n° II.A.18; Hübner/Constantinesco, Französisches Recht, S. 221; Tillmans, in Hohloch (Hg.), EU-Handbuch Gesellschaftsrecht, Rn 295 f.

576 Limon, in Eiselsberg (Hg.), Gesellschaftsrecht in Europa, S. 43, 56.

577 Chaput, Droit des sociétés, S. 49; Paillet, Rev. soc. 1980, 419, 419 und 423 f.

578 Chaput, Droit des sociétés, S. 50; Pues, Haftungsverhältnisse im Gründungsstadium, S. 69.

579 Art. 5 al. 1 L 1966, Art. 1842 al. 1 CC; vgl. Saintourens, L'entreprise en société à responsabilité limitée, S. 64; Lutter, NJW 1967, 1153, 1154; Tillmans, in Hohloch (Hg.), EU-Handbuch Gesellschaftsrecht, Rn 99; Paillet, Rev. soc. 1980, 419, 419 f.; Merle, Droit commercial, S. 74.

580 Der Kommission des Senats nach sollte das Reformgesetz 1966 die Formalitäten der Eintragung in das Handelsregister größtmöglichst zu reduzieren, um Verzögerungen zu vermeiden; vgl. J.O. Sénat 21.04.1966, S. 171. Durch décret vom 18.03.1981 und Gesetz vom 11.02.1994 wurde in Frankreich nun eine zentrale Anlaufstelle für Unternehmensgründungen geschaffen (*Centre de formalités des entreprises* (*CFE*)), die von der französischen Handelskammer abhängig ist. Sie soll alle für die Gründung einer Gesellschaft notwendigen Dokumente zentralisieren und sie an weitere zuständige Stellen, wie den für die Eintragung zuständigen Registerbeamten am Handelsgericht, weiterleiten. Theoretisch müssten die Einlageprüfer beim Handelsgericht (*greffe*) die anschließende Meldung an das Handelsregister binnen fünf Tagen erledigen (Art. 17 décret du 03.12.1987), doch beträgt die durchschnittliche Gründungsdauer weiterhin 3-4 Wochen. Vgl. auch Hébert, in De Kluiver/Van Gerven (Hg.), The European Private Company?, S. 77, 80; Limon, in Eiselsberg (Hg.), Gesellschaftsrecht in Europa, S. 43, 59; Cozian/Viandier/Deboissy, Droit des sociétés, S. 97; Trouillat, Sociétés commerciales, S. 85; Mestre/Blanchard-Sébastien, in Lamy sociétés commerciales, n° 385. Die Gründungsphase kann aber auch weiterhin mehr als ein oder zwei Jahre, manchmal sogar 5 oder 6 Jahre dauern, vgl. Plantamp, RTD com. 1994, 1, 2, 6 in Fn 37 ff.

581 Art. 40 L 1966.

582 Sonnenberger/Autexier, Französisches Recht, S. 190.

schon aufgrund der Registerverordnung vom 27.12.1958[583] gezwungen, diese einzugehen. Denn für die Eintragung der Gesellschaft in das Handelsregister (*registre du commerce et des sociétés*) ist der Nachweis von Geschäftsräumen für den künftigen Gesellschaftssitz Voraussetzung[584], so dass die Gründer schon vor Eintragung der *SARL* Geschäftsräume anmieten, pachten oder erwerben müssen, um das Eintragungsverfahren einleiten zu können[585]. Daneben müssen die Gründer häufig weitere Verbindlichkeiten durch Bestellung eines Sachverständigen zur Schätzung der Sacheinlagen[586] oder durch Eröffnung eines Bankkontos für die Einlage der Anteilszeichner in bar[587] eingehen. Die Gründerhaftungsproblematik stellt sich dabei im französischen Recht anders als im deutschen Recht dar, weil es zwar die Existenz einer Gründungsgesellschaft im Gründungsstadium der *SARL* anerkennt, dieser aber keine (Teil-) Rechtsfähigkeit zukommen lässt. Die Behandlung des Problems der Gründerhaftung setzt die Abgrenzung des Zeitraums voraus, in dem die Gründungsgesellschaft besteht und in dem die Gründungsgeschäfte von Interesse sind. Daher wird zunächst in gedrängter Form der Gründungsvorgang dargestellt, um danach eine Abgrenzung des Stadiums der Gründungsgesellschaft vornehmen zu können. Anschließend wird die Haftung der Handelnden, der Gründer und der Gesellschaft im französischen Recht untersucht.

---

583 Art. 1 bis Ordonnance n° 58-1352, eingefügt durch das Gesetz n° 84-1149 vom 21.12.1984; vgl. auch Didier, Droit commercial, S. 168; Dagot, JCP 1969.I.2277, n° 2; Guyon, Droit des affaires, n° 164.

584 Vgl. Trouillat, Sociétés commerciales, S. 85; Paillet, Rev. soc. 1980, 419, 421; Lefebvre, Droit des affaires, n° 810, n° 822 ff.; Dagot, JCP 1969.I.2277, n° 2; vgl. auch Rép. Min. Justice, n° 8406, J.O. Déb. Sénat 30.04. 1969, S. 191, JCP 1969, Ed. G, IV, S. 194.

585 Eine gewisse Erleichterung besteht dadurch, dass der Nachweis von Geschäftsräumen der Geschäftsstelle des Handelsgerichts (*greffe*) gegenüber durch alle möglichen Arten von Dokumenten erbracht werden kann, z.B. durch Vorlage der Kopie eines gewerblichen Mietvertrages, Vorlage neuerer Rechnung des Elektrizitätswerks (*Electricité de France* (*EDF*)) oder neuerer Telefonrechnungen. Ebenso kann der Gesellschaftssitz durch Vertrag mit einer Domizilierungsgesellschaft (*société de domiciliation*) nachgewiesen werden. Diese Gesellschaften stellen einer Vielzahl von Firmen ihre Geschäftsräume zum Nachweis des Sitzes zur Verfügung. Zudem kann der Sitz neugegründeter Gesellschaften vorübergehend bis zur Dauer von 2 Jahren in der Privatwohnung des zukünftigen Geschäftsführers liegen (Art. 1 ter Ordonnance n°58-1352 vom 27.12.1958); vgl. *greffe* des Tribunal Paris in www.*greffe*-tc-paris.fr/Economique/*SARL*.htm. Die Einrichtung von Geschäftsräumen stellt insbesondere in der Pariser Region ein Verwaltungsproblem dar. Denn dort ist die Einrichtung von Geschäftsräumen mit einer bestimmten Fläche von der vorherigen Zustimmung des für die Städteplanung zuständigen Ministers abhängig ist (Art. R. 510-1 ff. Code de l'urbanisme). Zudem unterliegt die Schaffung oder Vergrößerung eines Handelsgeschäfts mit einer Verkaufsfläche von mehr als 300 qm der vorherigen Zustimmung der commission départementale d'équipement commercial (Art. 29 ff. loi "Royer", n° 73-1193 von 27.12.1973, geändert durch das Gesetz n° 96-603 vom 05.07.1996); vgl. Lefebvre, Droit des affaires, n° 827.

586 Art. 40 L 1966.

587 Vgl. Art. 38 L 1966, 22 décret n° 67-236.

B. Gründung einer société à responsabilité limitée (SARL)

I. Gründung und Rechtsnatur der SARL

Die Gründung der *SARL* ist ebenso wie die der deutschen GmbH Gegenstand präziser gesetzlicher Bestimmungen. Sie erfolgt entweder durch Vertrag oder - bei der Einpersonengründung - durch einseitigen Willensakt[588], die jeweils die Basis der Gesellschaft darstellen[589]. Aus Art. 1832 CC[590] folgt zunächst, dass die Satzung der Gesellschaft (*statuts*) für das Vorliegen einer Gesellschaft drei Vorraussetzungen zu erfüllen hat: Sie muss als subjektives Element die Absicht der zukünftigen Gesellschafter zur aktiven und partnerschaftlichen Zusammenarbeit im gemeinsamen Interesse zum Ausdruck bringen (*affectio societatis*)[591], die Beiträge der Gesellschafter festlegen und auf Erzielung und Teilung von Gewinn oder Ersparung gerichtet sein. Bei Fehlen einer dieser Voraussetzungen liegt keine Gesellschaft vor[592].

Die von den Gründern zu unterzeichnende Satzung (*statuts*) bedarf der schriftlichen Form[593], wobei die notarielle Form anders als im deutschen Recht nur bei Grundstücken oder Immobilien als Sacheinlage verlangt wird[594]. Notwendige Angaben in der Satzung sind die Rechtsform, die Firma, der Sitz, der Gesellschaftszweck, die Bewertung eventueller Sacheinlagen, die Namen der Gesellschafter, die Aufteilung der Anteile und die Versicherung jedes Gesellschafters, dass das Kapital erbracht wurde[595]. Ferner sind die Höhe des Stammkapitals, das mindestens 50.000 FF betra-

---

588 Art. 34 L 1966 , 1832 CC; vgl. auch Michalsky, DStR 1991, 1563, 1563; Maul, RIW 1997, 911, 911 ff.

589 Sonnenberger, Französisches Handels- und Wirtschaftsrecht, S. 118; vgl. Sonnenberger/Autexier, Französisches Recht, S. 189.

590 Nach Art. 1832 CC besteht die Gesellschaft aus zwei oder mehreren Personen, die durch Vertrag vereinbaren, Güter oder Arbeitsleistung in ein gemeinsames Unternehmen einzubringen, um den Gewinn zu teilen oder sich diejenigen Ersparnisse zu Nutze zu machen, die sich daraus ergeben können. Nach traditionellem französischen Verständnis ist Grundlage der Gesellschaft ein Vertrag, der aber auch in der Satzung (*statuts*) liegen kann; vgl. Sonnenberger, Französisches Handels- und Wirtschaftsrecht, S. 118; Chassaude-Klein, Gesellschaftsrecht in Frankreich, S. 9. Art. 1832 ff. CC bilden seit der Gesetzesreform von 1978 den „Allgemeinen Teil" des französischen Gesellschaftsrechts.

591 *Affectio societatis* = Wille, der die Gesellschafter dazu bewegt, auf der Grundlage der Gleichwertigkeit zusammenzuarbeiten. Er enthält nicht nur den Gedanken der Zusammenarbeit, sondern auch das Recht eines jeden Gesellschafters, die Handlungen derjenigen Personen zu kontrollieren, die die Gesellschaft verwalten. Vgl. Guillien/Vincent, Lexique de terms juridiques, S. 25; vgl. zur affectio societatis auch Cass. com., 03.06.1986, Rev. soc. 1986, 585, mit Anm. Y.G.; TGI Paris, 14.03.1973, Rev. soc. 1974, 92 mit Anm. Guilberteau.

592 Sonnenberger, Französisches Handels- und Wirtschaftsrecht, S. 120 f.

593 Art. 1835 CC. Die Schriftform dient Beweiszwecken und ist nicht Gültigkeitsvoraussetzung der Gesellschaft; vgl. Cozian/Viandier/Deboissy, Droit des sociétés, n° 257; Maul, RIW 1997, 911, 913; Merle, Droit commercial, S. 72.

594 Der Gesellschaftsvertrag wird in diesem Fall im Hypothekenregister eingetragen, das die notarielle Form verlangt, Art. 4 décret du 04.01.1955; vgl. auch Maul, RIW 1997, 911, 913; Merle, Droit commercial, S. 73; Maier, GmbHR 1990, 379, 380.

595 Art. 2, 35, 38 al. 3, 49 L 1966; vgl. ausführlich Tillmans, in Hohloch (Hg.), EU-Handbuch Gesellschaftsrecht, Rn 295 ff.; Maul, RIW 911, 913; Lefebvre, Droit des affaires, n° 829 ff.

gen muss[596], und die Dauer der Gesellschaft, die 99 Jahre nicht übersteigen darf[597], anzugeben. Daneben muss die Satzung die Namen der Geschäftsführer und ihre Befugnisse aufführen[598]. Wie im deutschen Recht wird die Bestellung der Geschäftsführer also schon vor Eintragung der Gesellschaft verlangt, da diese die Anmeldung der Gesellschaft zu betreiben haben.

Auch in Frankreich ist sicherzustellen, dass die Gesellschaft mit einem Haftkapital ausgestattet ist, um ihre Verbindlichkeiten erfüllen zu können. Die beschränkte Haftung der Gesellschafter nach Eintragung der Gesellschaft in das Handelsregister geht mit der Aufbringung und dem späteren Erhalt eines besonderen Mindesthaftkapitals der Gesellschaft einher[599]. Anders als im deutschen Recht müssen die Bareinlagen, die das Gesellschaftskapital bilden, schon vor Eintragung der Gesellschaft bis zur Gänze übernommen und sofort, d.h. spätestens bei Unterzeichnung des Gesellschaftsvertrages, vollständig eingezahlt sein[600]. Sie müssen acht Tage nach ihrem Empfang entweder bei einem Notar, auf einem im Namen der *SARL* eröffneten Bankkonto oder bei der *Caisse des Dépôts et Consignations* hinterlegt werden, die eine Sperrbescheinigung (*attestation de blocage*) ausstellen und die Gelder erst nach Vorlage des Handelsregisterauszuges als Bestätigung der Eintragung wieder freigeben[601]. Dieses strenge Erfordernis wird in der Praxis häufig dadurch gemildert, dass die Banken, bei denen die Einlage hinterlegt ist, den Gründern einen Vorschuss gewähren, der dem Betrag des blockierten Kapitals entsprechen kann, da das hinterlegte Kapital eine gewisse Sicherheit bietet. Diese Praxis ist mittlerweile gerichtlich für zulässig erklärt worden[602]. Die Sacheinlagen werden durch einen von den Gründern zu bestellenden, unabhängigen Prüfer (*commissaire aux apports*) bewertet, dessen Bericht der Satzung als Anhang beizufügen ist[603]. Daneben können die Gründer im Rahmen von Art. 38 al. 2

---

596 Art. 35 al. 1 L 1966. 50.000 FF entsprechen € 7622,45; zur Einführung des Euro am 01.01.1999 s. Art. 17 Loi n° 98-546 du 02.07.1998, JO 03.07.1998, 10127 = Rev. soc. 1998.644 ff. Da das Mindestkapitalerfordernis in der Praxis als zu niedrig angesehen wird, wird von den Geschäftsführern und/oder den Gründern häufig verlangt, dass sie selbst Sicherheiten für die der *SARL* gewährte Darlehen bieten.

597 Art. 2 L 1966. Nach Art. 36 L 1966 wird die Gesellschaft mit Ablauf dieser Zeit automatisch aufgelöst, eine Verlängerung ist aber möglich.

598 Art. 49 L 1966. Fehlen erforderliche Angaben in der Satzung, wird für jeden Interessierten ein Regulierungsverfahren eröffnet, Art. 6 al. 2 L 1966.

599 Vgl. Helms, Europäische Privatgesellschaft, S. 115. Nach Art. 68 L 1966 bedarf es einer Entscheidung der Hauptversammlung über die Auflösung der Gesellschaft, wenn das Gesellschaftskapital aufgrund von ständigen Verlusten nur noch die Hälfte des Stammkapitals beträgt; vgl. Jeantin, Droit des sociétés, n° 597 ff.

600 Art. 38 al. 1 L 1966; vgl. auch Limon, in Eiselsberg (Hg.), Gesellschaftsrecht in Europa, S. 43, 53; Maul, RIW 1997, 911, 195.

601 Art. 39 al. 1 L 1966 , Art. 22, 62 décret n° 67-236; vgl. Cozian/Viandier/Deboissy, Droit des sociétés, n° 276; Guyon, Droit des affaires, 9. Aufl., n° 103.

602 Nach der vehementen Kritik des Pariser CA (CA Paris, 15è ch., 30.11.1976, Gaz. Pal. 1977.I.314 = D. 1977, I.R. 449 mit Anm. Vasseur) wurde das Verfahren vom CA Aix-en-Provence, 21.11.1980, D. 1981, I.R. 449 mit Anm. Vasseur) als zulässig anerkannt. Vgl. auch Plantamp, RTD com. 1994, 1, 4; Cozian/Viandier/Deboissy, Droit des sociétés, n° 276; Baudelet, Banque 1986, 66, 67.

603 Art. 38, 40 al. 1 L 1966. Ausnahmsweise kann von der Bestellung eines Prüfers durch einstimmigen Beschluss der Gesellschafter abgesehen werden, wenn keine Sacheinlage einen höheren Wert als

L 1966[604] ausnahmsweise auch Dienstleistungen einbringen (*apport en industrie*). Bei diesen handelt es sich trotz des Begriffes "*apport*" nicht um echte Einlagen, weil sie nicht zum Gesellschaftskapital gezählt werden[605]. Sie können eher mit "Beiträgen" im deutschen Recht verglichen werden[606].

Mit Unterzeichnung der Satzung ist die *SARL* grundsätzlich errichtet[607] und existiert als Gründungsgesellschaft (*société en formation*)[608]. Nach Registrierung der Satzung und Veröffentlichung in einer örtlichen Zeitung im *Département* des Gesellschaftssitzes überprüft der Registerbeamte (*greffe du tribunal*) des Amtsbezirks, in dem sich der Gesellschaftssitz befindet[609], ob die Gründungsvorschriften eingehalten wurden[610]. Eine umfassende, dem deutschen Recht entsprechende Legalitätskontrolle findet aber nicht statt[611]. Anschließend wird die Gesellschaft in das Handelsregister eingetragen und die Gründung der *SARL* im *BODAC*[612] bekannt gemacht[613]. Mit der Eintragung erwirbt die Gesellschaft den Status einer juristischen Person[614] und kann

---

50.000FF hat oder der Gesamtwert der Sacheinlagen nicht die Hälfte des Stammkapitals übersteigt, Art. 40 al. 2 L 1966.

604 Eingefügt durch das Loi du 10. juillet 1982; vgl. dazu Jeantin, Droit des sociétés, n° 589, 97.

605 Art. 1843-2 Abs. 2 CC.

606 Maul, RIW 197, 911, 916.

607 Vgl. Merle, Droit commercial, S. 74, 91; R.M. J.O. déb. Sénat 23.04.1982, S. 1335; Bastian, Mélanges Cabrillac, S. 23, 27 ff.

608 Tillmanns, in Hohloch (Hg.), EU-Handbuch Gesellschaftsrecht, n° 315; vgl. ausführlich den Abschnitt „Anfang und Ende der Gründungsgesellschaft" auf S. 132 ff.

609 Art. 14 al. 1 décret n° 84-406 vom 30.05.1984.

610 Art. 8 Loi du 11 février 1994. Die Wirksamkeit dieser materiellen Prüfungskompetenz wird allerdings in der Literatur bestritten: vgl. Guyon, Droit des affaires, n° 148; Maul, RIW 1997, 911, 918.

611 Vgl. Art. 8 Loi du 11. février 1994; s.a. Sonnenberger/Autexier, Französisches Recht, S. 190; Guyon, Droit des affaires, n° 148; Maul, RIW 1997, 911, 918.

612 BODAC = Bulletin officiel des annonces civil et commerciales.

613 Lefebvre, Droit des affaires, n° 900; Maul, RIW 1997, 911, 919.

614 Cass. com., 26.04.1988, Rep. Defr., 1988, 1391; Cass. com., 07.06.1994, Rev. soc. 1995, 38; Rép. M. Braconnier, JO Déb. Sénat 23.04.1982, S. 1335; Lefebvre, Droit des affaires, n° 875, 1073 ; Didier, Droit commercial, S. 180, 167; Cozian/Viandier/Deboissy, Droit des sociétés, n° 278; Tillmans, in Hohloch (Hg.), EU-Handbuch Gesellschaftsrecht, Rn 315; Plantamp, RTD com. 1994, 1, 1; Paillet, Rev. soc. 1980, 419, 419 f.; Germain/Vogel, Ripert/Roblot Traité de droit commercial, n° 1058; Saintourens, L'entreprise en société à responsabilité limitée, S. 64. Der Begriff der juristischen Person wird im französischen Recht weiter als im deutschen und englischen Recht gefasst. So erlangen nicht nur die Kapitalgesellschaften, sondern auch die Personengesellschaften Rechtspersönlichkeit. Die „eingeschränkte" Rechtspersönlichkeit der deutschen Personenhandelsge-sellschaften ist dem französischen Gesellschaftsrecht unbekannt. Zudem schließt die eigene Rechtspersönlichkeit der Gesellschaft nach französischem Verständnis nicht unbedingt die persönliche Haftung der Gesellschafter aus; vgl. Tillmans, in Hohloch (Hg.), EU-Handbuch Gesellschaftsrecht, Rn 21; Sonnenberger/Autexier, Französisches Recht, S. 190.

Inhaberin von Rechten und Pflichten sein[615]. Vor diesem Zeitpunkt kommt ihr keine Rechtspersönlichkeit zu[616].

Auch nach Inkrafttreten des Reformgesetzes von 1966 und Einführung des Konstitutionsprinzips in Art. 5 al. 1 L 1966 finden sich noch Stimmen im Schrifttum, die den Zeitpunkt des Erwerbs der Rechtspersönlichkeit und damit des Entstehens der *SARL* auf den Zeitpunkt der Satzungsunterzeichnung vorverlegen wollen. Sie stützen sie sich auf den Ausdruck *„jouissance"*[617] der Rechtspersönlichkeit in Art. 5 al. 1, 2 L 1966 und Art. 1842 al. 1 CC[618]. Beide Bestimmungen machten nur die *„jouissance"* der Folgen der Rechtspersönlichkeit von der Eintragung abhängig, schlössen aber nicht aus, dass die Gesellschaft als juristische Person bereits im Augenblick der Unterzeichnung der Satzung entstehe[619]. Denn der Gesetzgeber habe anstelle des Begriffs *„acquisition"*[620] der Rechtspersönlichkeit den der *„jouissance"* verwendet. Der noch nicht eingetragenen Gesellschaft komme daher eine embryonale oder unvollständige Rechtsfähigkeit zu. Dass die Eintragung der Gesellschaft nicht Voraussetzung der Erlangung der Rechtsfähigkeit sei, ergebe sich zudem aus einem Vergleich mit den Gesellschaften bürgerlichen Rechts (*sociétés civiles*), die ebenfalls ohne Erfüllung besonderer Formalitäten und Publizitätserfordernisse eine gewisse Rechtspersönlichkeit genössen[621]. Auch die der Übernahme der Gründungsgeschäfte zukommende ex tunc - Wirkung[622] zeige, dass die Gesellschaft vor ihrer Eintragung eine embryonale Rechtspersönlichkeit erlange, mittels derer sie zwar keine Dritten gegenüber wirksamen Rechtsgeschäfte eingehen könne, sie diene aber als Stütze für die Übernahme der Verpflichtungen nach Eintragung der Gesellschaft[623].

Die Unterscheidung zwischen *jouissance* und *acquisition* der Rechtspersönlichkeit steht eigentlich in Zusammenhang mit der Diskussion, ob der Gesellschaft während des Errichtungszeitraums Rechtspersönlichkeit zukommt oder nicht[624]. Von der ganz herrschenden Meinung im französischen Recht wird die Verwendung des Begriffes der *„jouissance"* als sprachliche Ungenauigkeit des Gesetzgebers gewertet und daher die Gewährung einer Rechtspersönlichkeit vor Eintragung der Gesellschaft abge-

---

615 Guyon, Droit des affaires, S. 174; Paillet, Rev. soc. 1980, 419, 419 f., 422 ff.; Legeais, Droit commercial, n° 268; Maul, RIW 1997, 911, 918; Merle, Droit commercial, n° 76; Cass. com., 07.06.1994, Rev. soc. 1995, 38 mit Anm. Chartier; vgl. Philippe, Anm. zu Cass. com., 04.05.1981, Rev. soc. 1982, 277, 279; Bastian, Mélanges Cabrillac, S. 23 ff., insb. S. 26.

616 Art. 5 al. 1 L 1966; Didier, Droit commercial, S. 180, 167; Cozian/Viandier/Deboissy, Droit des sociétés, n° 278; Lefebvre, Droit des affaires, n° 875, 1073; Tillmans, in Hohloch (Hg.), EU-Handbuch Gesellschaftsrecht, Rn 315; vgl. auch Rép. M. Braconnier, JO Déb. Sénat 23.04.1982, S. 1335.

617 *Jouissance* = Ausübung / Genuss.

618 Vgl. Bastian, Mélanges Cabrillac, S. 23, 26; Champaud/Le Floch, RTD com. 1989, 469, 474.

619 So der Berichterstatter der Assemblée nationale, M. Le Douarqc im Rapport n. 1368, Bd. 1, S. 27 anlässlich der Beratungen über das Reformgesetz 1966. Wiedergegeben in Bastian, Mélanges Cabrillac, S. 23, 26.

620 *Acquisition* = Erwerb.

621 Vgl. Bastian, Mélanges Cabrillac, S. 23, 26 unter Bezugnahme auf Thaller/Percerou, Traité droit commercial, n° 315, 501; vgl. auch Champaud/Le Floch, RTD com. 1989, 469, 474 f.

622 s. den Abschnitt „Wirkung der Übernahme der Gründungsgeschäft" auf S. 178 ff.

623 Vgl. Bastian, Mélanges Cabrillac, S. 23, 26; Champaud/Le Floch, RTD com. 1989, 469, 474 f.

624 Vgl. den Abschnitt „Rechtsnatur der Gründungsgesellschaft" auf S. 135 ff.

lehnt[625]. Die Einführung der konstitutiven Registereintragung durch das Reformgesetz von 1966 habe die Frage zugunsten der Erlangung der Rechtspersönlichkeit im Zeitpunkt der Eintragung gelöst. Ein Festhalten an der Differenzierung zwischen beiden Begriffen widerspreche daher der gesetzlichen Regelung in Art. 5 al. 1, 2 L 1966 und Art. 1842 al. 1 CC[626]. Zudem bestätige Art. 2 décret n° 67-236 diese Auslegung. Danach werde der Anfangspunkt der Berechnung der Dauer der Gesellschaft, die 99 Jahre nicht überschreiten darf[627], zwingend vom Zeitpunkt der Eintragung und nicht der Satzungsfeststellung an gerechnet[628]. Ferner verwende auch der 1978 eingeführte Art. 1843 CC, der die Regelung aus Art. 5 al. 2 L 1966 auf alle Arten von Gesellschaften anwendbar erklärt, die Begriffe „*jouissance*" oder „*acquisition*" nicht mehr, sondern spricht nur noch von der Zeit „[...] *avant l'immatriculation*", also vor der Eintragung. Damit ist festzuhalten, dass nach herrschender Rechtspraxis die Gesellschaft in Frankreich erst im Zeitpunkt der Eintragung im Handelsregister mit Rechtspersönlichkeit entsteht.

II. Gründungsgesellschaft (société en formation)

Nach Art. 5 al. 2 L 1966 haften diejenigen Personen, die im Namen der „in Gründung befindlichen Gesellschaft" gehandelt haben[629]. Daraus ergibt sich, dass auch das französische Recht spätestens seit dem Reformgesetz von 1966 eine Art Gründungsgesellschaft (*société en formation*) vor Eintragung der *SARL* anerkennt[630]. Dieses wird durch den Erlass des Justizministeriums vom 23.3.1967 bestätigt, in dem es heißt: „*Avant l'immatriculation, il existe une société sans personnalité morale qui*

625 Trouillat, Sociétés commerciales, S. 84; Bastian, Mélanges Cabrillac, S. 23, 27; Sortais, Anm. Cass. com., 17.05.1989, Rev. soc. 1990, 33, 33; Champaud, RTD com. 1969, 989, 991 f.; Guyon, Droit des affaires, n° 148, 150; Lefebvre, Droit des affaires, n° 1172; Paillet, Rev. soc. 1980, 419, 429.

626 Cozian/Viandier/Deboissy, Droit des sociétés, n° 278.

627 Art. 2 L 1966.

628 Lefebvre, Droit des affaires, n° 1172 .

629 Wortlaut von Art. 5 al. 2 L 1966 bei in Fn 758.

630 Auch wenn der Begriff der Gründungsgesellschaft mangels gesetzlicher Definition teilweise als „obskur" angesehen wird (vgl. Jeantin, Droit des sociétés, n° 162; Bastian, Mélanges Cabrillac, S. 23; Hémard/Terré/Mabilat, Sociétés commerciales, n° 173) und einige Autoren eher eine Art "Sendepause" (*temps mort*) der Gesellschaft während der Gründungsperiode annehmen (vgl. Daublon, Rép. Not. Defrénois, 1977, 657, 660), wird die Existenz der Gründungsgesellschaft als solche mittlerweile nicht mehr bestritten. So wird auch die sog. klassische Theorie, die die Existenz einer Gründungsgesellschaft bestritten hat, weil die Gesellschaft mit Satzungsunterzeichnung komplett errichtet sei und sofort Rechtspersönlichkeit besitze, seit Einführung des Konstitutionsprinzip durch das Gesetz von 1966 und der expliziten Erwähnung der "société en formation" in Art. 5 al. 2 L 1966 nicht mehr vertreten (vgl. Paillet, Rev. soc. 1980, 419, 419, 424; Hémard/Terré/Mabilat, Sociétés commerciales, n° 165; Hamel/Lagarde/Jauffret, Droit commercial, S. 87; Bastian, Mélanges Cabrillac, S. 23, 30 ff.; Baudelet, Banque 1986, 66, 67; Micha-Goudet, Constitution des sociétés, in Collection des Juris-Classeur, éd. 1996, Fasc. 27-10, n° 3; Plantamp, RTD com. 1994, 1, 1, 5 f.). Nach Cozian/Viandier/Deboissy, Droit des sociétés, S. 103 ist die Gesellschaft vor der Eintragung allerdings weder Realität noch Fiktion, sondern eine sich in einem Zwischenzustand befindende Form.

n' est donc pas habile à être titulaire de droits et d' obligations, ni à agir par elle-même [...]"[631].

Der Begriff der *société en formation* wird vom Gesetzgeber zwar verwendet, aber nicht definiert[632]. Nach einhelliger Ansicht erfolgt die Definition durch zwei sich ergänzende Elemente: Zum einen ist die Gründungsgesellschaft eine regulär errichtete Gesellschaft, da alle für das Vorliegen einer Gesellschaft notwendigen Elemente gegeben sind; zum anderen ist sie mangels Eintragung in das Handelsregister eine Gesellschaft ohne Rechtspersönlichkeit, so dass ihr im Gegensatz zur deutschen Vorgesellschaft keine Teilrechtsfähigkeit zukommt[633]. Dennoch ist sie von zentraler Bedeutung für die Haftungsfragen im Gründungsstadium der *SARL*, da ihr Vorliegen Voraussetzung für die Haftung der Handelnden und die Übernahme der Gründungsgeschäfte durch die entstandene Gesellschaft ist. Allerdings ist nicht jede nicht eingetragene Gesellschaft automatisch eine Gründungsgesellschaft. Zwar wurde diese Schlussfolgerung vom Cour de Cassation 1981 implizit in Betracht gezogen[634], doch kann bei einem Fehlen der Eintragung auch eine *société créée de fait* (faktische Gesellschaft) oder eine *société en participation* vorliegen[635].

1. Anfang und Ende der Gründungsgesellschaft

Das Ende der Gründungsphase und damit der Gründungsgesellschaft ist vom Gesetzgeber eindeutig bestimmt worden. Wie Art. 5 al. 1 L 1966 und Art. 1842 al. 1 CC zeigen, entsteht die *SARL* im Zeitpunkt der Eintragung in das Handelsregister als juristische Person[636], so dass in diesem Zeitpunkt das Gründungsstadium und die *société en formation* endet[637]. Solange die Gesellschaft nicht eingetragen ist, bleibt sie grundsätzlich als Gründungsgesellschaft bestehen, außer sie wird liquidiert oder sie wandelt sich in eine andere Gesellschaftsform, wie die der *société créée de fait,* um[638].

---

631 „Vor der Eintragung besteht eine Gesellschaft ohne Rechtspersönlichkeit, die weder Trägerin von Rechten und Pflichten ist noch selbst handeln kann [...]". J. O., 24.03.1967, S. 2882; vgl. auch Didier, Droit commercial, S. 172; Plantamp, RTD com. 1994, 1, 5; Jeantin, Droit des sociétés, n° 162; Pues, Haftungsverhältnisse im Gründungsstadium, S. 72; Bastian, Mélanges Cabrillac, S. 23, 28 f.; Plantamp, RTD com. 1994, 1, 5 f.

632 Champaud/Le Floch, RTD com. 1989, 469, 475; Plantamp, RTD com. 1994, 1, 1; Guyon, Droit des affaires, S. 167.

633 Vgl. Jeantin, Droit des sociétés, n° 162; Merle, Droit commercial, S. 74; Paillet, Rev. soc. 1980, 419, 419 f.; Van Ommeslaghe, Cah.dr.europ. (5) 1969, 619, 634.

634 Cass. com., 04.05.1981, Rev. soc. 1982, 277 mit Anm. Philippe, S. 280 = D. 1982. J. 482 mit Anm. Daigre.

635 Zur Abgrenzung der Gründungsgesellschaft von der *société créée de fait* s. den Abschnitt „société créée de fait" auf S. 143 ff.; zur *société en participation* s. den Abschnitt „Rechtsnatur der Gründungsgesellschaft" auf S. 135 ff.

636 Vgl. ausführlich auch den Abschnitt „Gründung und Rechtsnatur der SARL", auf S. 127 ff.

637 Daublon, Rép. Not. Defrénois, 1977, 657, 663; Maul, RIW 1997, 911, 920; Saintourens, L'entreprise en société à responsabilité limitée, S. 64; Tillmans, in Hohloch (Hg.), EU-Handbuch Gesellschaftsrecht, Rn 313; Legeais, Droit commercial, n° 268; Germain/Vogel, Ripert/Roblot Traité de droit commercial, S. 828; Merle, Droit commercial, n° 59, 77; Lefebvre, Droit des affaires,n° 1080.

638 S. dazu den Abschnitt „société créée de fait" auf S. 143 ff.

Der Zeitpunkt des Beginns der Gründungsgesellschaft ist gesetzlich nicht festgelegt und in Rechtsprechung und Literatur umstritten[639]. So bestimmt eine Ansicht den Anfang der Gründungsphase anhand der Umstände des Einzelfalls[640]. Anhaltspunkte seien der Abschluss eines Rechtsgeschäftes, das in direkter Beziehung zur Errichtung der Gesellschaft stehe[641], wobei schon vorbereitende Handlungen für das Vorliegen einer Gründungsgesellschaft ausreichten[642]. Der Beginn der Gründungsgesellschaft wird daher teilweise bereits festgemacht an der Einzahlung der Einlage in bar auf ein im Namen der Gesellschaft eröffnetes Konto[643], der Suche nach Kapitalgebern[644] oder der Korrespondenz zwischen den Gründern über die Schaffung der Gesellschaft[645]. Für andere genügen Behördengänge der Gründer[646] oder der erste Akt des Schaffens eines Kollektivdaseins, das spätestens mit Satzungsunterzeichnung vorliegt[647].

Die französische Finanzverwaltung stellt auf das Vorliegen von Handlungen mit Außenwirkung ab, die Dritten gegenüber wirksam sind und von den gesetzlichen und verordnungsrechtlichen Gründungsbestimmungen vorgesehen werden. Dafür reiche der bloße Wille, eine Gesellschaft zu gründen, ebenso wenig wie die Verpflichtung der zukünftigen Gesellschafter zur Teilnahme an Vorbesprechungen aus. Aus diesem Grund legt die Finanzverwaltung den Beginn des Gründungszeitraums der *SARL* auf den Zeitpunkt der Hinterlegung der Bareinlagen oder im Fall der Einlage in natura auf den Zeitpunkt der Bestellung des Prüfers der Sacheinlagen durch die zukünftigen Ge-

639 Die Frage des Beginns der Gründungsgesellschaft wurde lange als Tatsachenfrage betrachtet, die damit allein der Kompetenz des Tatsachenrichters überlassen war. Mittlerweile hat sich aber die Tendenz herausgebildet, sie als Rechtsfrage zu behandeln; vgl. Plantamp, RTD com. 1994, 1, 2 f.

640 Vgl. Cass. com., 10.12.1973, Bull. civ. IV, n° 356; Cass. com., 08.03.1977, Rev. soc. 1978, 83 mit Anm. Chartier; Paris, 24.09.1991, JCP 1992.I.3561, n° 2 mit Anm. Viandier/Caussain = Bull. Joly 1992.512 mit Anm. Barbièri = RTD com. 1992, 808 mit Anm. Champaud/Danet; Plantamp, RTD com. 1994, 1, 12 f.; Jeantin, Droit des sociétés, S. 84; Germain/Vogel, Ripert/Roblot Traité de droit commercial, S. 828.

641 Vgl. Sortais, Anm. zu CA Paris, 11.06.1971, Rev. soc. 1972, 228, 230; Germain/Vogel, Ripert/Roblot Traité de droit commercial, n° 1058.

642 Lefebvre, Droit des affaires, n° 1081 f.; Cass. com., 23.05.1977, Bull. civ. IV, n° 159; CA Paris, 26.04.1984, BRDA 1984/13, S. 8; s.a. CA Paris, 03.06.1981, BRDA 1981/19, S. 8; vgl. auch die laxen Entscheidungen des CA Paris, 17.12.1991, RJDA 1992, 363 und des Cass. com., 12.04.1976, Rev. soc. 1977, 104 mit Anm. Hémard, nach denen allein der deutliche Wille der Beteiligten zur Errichtung der Gesellschaft ausreiche. Nach Daublon, Rép. Not. Defrénois, 1977, 657, 664 besteht die Gründungsgesellschaft, sobald ein Gründer sich dahingehend äußert, dass die Gesellschaft in Gründung ist.

643 Cass. com., 17.11.1970, Rev. soc. 1971. 553 mit Anm. J.H.; CA Rouen, 05.07.1974, 1974, unveröffentlicht, berichtet in der Berufungsentscheidung Cass. com., 23.05.1977, Bull. IV, n° 150; Germain/Vogel, Ripert/Roblot Traité de droit commercial, S. 828; Guyon, Droit des affaires, S. 168; Dagot, JCP 1969.I.2277, n° 10; Plantamp, RTD com. 1994, 1, 16; Lefebvre, Droit des affaires, n° 1082; Mercadal/Janin, Sociétés commerciales, n° 304.

644 Plantamp, RTD com. 1994, 1, 16.

645 CA Rouen, 05.07.1974, 1974, unveröffentlicht, berichtet in der Berufungsentscheidung Cass. com., 23.05.1977, Bull. civ. IV, n° 150; vgl. auch Lefebvre, Droit des affaires, n° 1082.

646 Lefebvre, Droit des affaires, n° 1082; Daublon, Rép. Not. Defrénois, 1977, 657, 665.

647 Champaud/Le Floch, RTD com. 1989, 469, 475 und 476.

sellschafter oder den Vorsitzenden des Handelsgerichts fest[648]. Die Anwendung dieser im Bereich des Steuerrechts entworfenen Regeln wurde auch für das Gesellschaftsrecht vorgeschlagen[649].

Gegen diese Ansichten wird eingewandt, dass sie ein gewisses Maß an Willkür enthielten und den Beginn der Gründungsgesellschaft nicht immer eindeutig bestimmen ließen[650]. Zutreffend sei aber, dass allein der Wille, eine Gesellschaft zu gründen, für den Beginn der Gründungsphase nicht ausreiche[651]. Die Gesellschaft befinde sich daher erst in Gründung, sobald die vorgenommenen Handlungen und Förmlichkeiten in bestimmter, unzweideutiger und unzweifelhafter Weise den Willen der Gründer zur Gründung der Gesellschaft deutlich werden ließen[652]. Daher sei der Gründungsgesellschaftsbeginn auf den Zeitpunkt der Unterzeichnung der Gesellschaftssatzung (*statuts*) festzulegen, so dass sich der Entstehungszeitpunkt auch für Dritte eindeutig und einfach bestimmen lasse[653]. In diesem Sinn hat sich auch der Justizminister geäußert: „*La société n'en existe pas moins entre les parties dès la signature des statuts qui constitue l'acte de naissance de la société. Une société doit donc être considérée comme „constituée" [...] à la date de la signature des statuts*"[654]. So hat auch das oberste französische Verwaltungsgericht, der *Conseil d'État,* entschieden, dass sich die erste Betriebsrechnung der Gesellschaft nicht auf einen Zeitraum beziehen kann, der vor der Unterzeichnung der Satzung liegt[655].

Insgesamt lässt sich feststellen, dass die Gründungsgesellschaft jedenfalls ab Unterzeichnung der Satzung existiert und im Einzelfall schon in einem früheren Stadium angenommen werden kann. Das entscheidende Kriterium scheint der gemein-

---

648 Anweisung der Finanzverwaltung vom 10.06.1969, B.O.E.D., 1969.10602; JCP 1969, éd. C.I., n° 86.596; vgl. auch Sortais, Anm. CA Paris, 11.06.1971, Rev. soc. 1972, 228, 230; Chaput, Droit des sociétés, S. 50; Plantamp, RTD com. 1994, 1, 17; Champaud/Le Floch, RTD com. 1989, 469, 476; Dagot, JCP 1969.I.2277, n° 10.; Lefebvre, Droit des affaires, n° 853, n° 1080.

649 Dagot, JCP 1969.I.2277, n° 11; Micha-Goudet, Constitution des sociétés, in Juris-Classeur des sociétés, n° 54 mwN.

650 Vgl. CA Paris, 13.05.1987, RJDA 1/98, n° 51; Lefebvre, Droit des affaires, n° 1081; vgl. auch Plantamp, RTD com. 1994, 1, 17.

651 Guyon, Droit des affaires, S. 168; Jeantin, Droit des sociétés, S. 84; Germain/Vogel, Ripert/Roblot Traité de droit commercial, S. 828; Du Pontavice/Dupichot, Traité de droit commercial, n° 394-1; Mercadal/Janin, Sociétés commerciales, n° 304.

652 Cass. com., 12.04.1976, Rev. soc. 1977, 104 mit Anm. Hémard; Merle, Droit commercial, n° 77; Chaput, Droit des sociétés, S. 51; Legeais, Droit commercial, n° 268; Merle, Droit commercial, S. 94; Guyon, Droit des affaires, S. 167; Germain/Vogel, Ripert/Roblot Traité de droit commercial, S. 828.

653 Bastian, Mélanges Cabrillac, S. 23 ff., insb. S. 27; vgl. Sortais, Anm. zu CA Paris, 11.06.1971, Rev. soc. 1972, 228, 230 f.; Y. Reinhard, Anm. zu CA Lyon, 10.11.1983, D. 1984, 124; Merle, Droit commercial, S. 74, 91; Daublon, Rép. Not. Defrénois, 1977, 657, 663, s. aber S. 664 f.; Didier, Droit commercial, S. 167; Tillmans, in Hohloch (Hg.), EU-Handbuch Gesellschaftsrecht, Rn 315; Bastian, Mélanges Cabrillac, S. 23, 27; Chaput, Droit des sociétés, S. 51; Plantamp, RTD com. 1994, 1, 5; Chaput, Droit des sociétés, n° 83.

654 „Die Gesellschaft besteht zwischen den Parteien nicht vor der Unterzeichnung der Satzung, die die Geburt der Gesellschaft darstellt. Eine Gesellschaft kann daher ab dem Zeitpunkt der Unterzeichnung der Satzung als „bestehend" angesehen werden." - Ministerielle Antwort zum Anwendungsdatum des Gesetzes 81-1162 vom 30.12.1981 über die Harmonisierung des Rechtes der Handelsgesellschaften mit der 2. Europäischen Richtlinie: Rép. Min. n° 4567, JO Sénat, 23.04.1982, S. 1335.

655 C.E., 28.02.1997, Quot. Jur., n° 38, 13.05.1997, S. 6, 6 f., mit Anm. Davoust.

same Wille zur Gesellschaftsgründung zu sein, der grundsätzlich durch Abschluss des Gesellschaftsvertrages kundgetan wird. Dieses Ergebnis wird zum einen durch Art. 1842 al. 2 CC, Art. 39, 83 L 1966 und Art. 71 décret n° 67-236 bestätigt. Art. 1842 al. 2 CC ist zu entnehmen, dass eine gesellschaftsrechtliche Beziehung vorliegt, sobald der Gesellschaftsvertrag abgeschlossen, d.h. die Satzung unterzeichnet ist. Nach Art. 39 al. 2 L 1966 für die *SARL* bzw. Art. 83 al. 2 L 1966 für die *SA* können die Unterzeichner des Gesellschaftsvertrages die Rückzahlung der Einlage beantragen, wenn die Gesellschaft nicht innerhalb von sechs Monaten ab erster Hinterlegung der Einlage (bzw. bei der *SA* ab Hinterlegung des Satzungsentwurfes bei der Geschäftsstelle des Handelsgerichts) errichtet wird. Dabei gilt die *SA* nach Art. 71 décret n° 67-236 erst nach Abhaltung der konstitutiven Versammlung als errichtet. Für die *SARL* besteht keine dem Art. 71 décret n° 67-236 entsprechende Regelung, woraus geschlossen wird, dass es bei der *SARL* keiner gesonderten Regelung bedurfte und die Unterzeichnung der Satzung die Errichtung der Gesellschaft beinhaltet[656]. Damit ist der Beginn der Gründungsgesellschaft in der Regel im Zeitpunkt der Satzungszeichnung.

Zum anderen zeigen Art. 6 al. 1, 2 décret n° 78-704 und Art. 26 al. 1, 2 décret n° 67-236, dass im Einzelfall das Vorliegen der Gründungsgesellschaft schon zu einem früheren Zeitpunkt angenommen werden kann[657]. Nach diesen Bestimmungen kann der Satzung vor ihrer Unterzeichnung durch die zukünftigen Gesellschafter eine Auflistung der für Rechnung der Gründungsgesellschaft vorgenommenen Rechtsgeschäfte beigefügt werden. Mit Satzungsunterzeichnung gehen diese Rechtsgeschäfte automatisch auf die Gesellschaft im Zeitpunkt der Eintragung über[658].

2. Rechtsnatur der Gründungsgesellschaft

Die Rechtsnatur der Gründungsgesellschaft als eigenständige Gesellschaftsform ist in Frankreich umstritten, auch wenn dieser Problematik in Rechtsprechung und Lehre weniger Beachtung geschenkt wird als der Frage des Zeitpunkts ihres Beginns.

Früher wurde vertreten, dass die Gründungsgesellschaft als faktische Gesellschaft (*société créée de fait*) einzuordnen sei, auf welche die Regeln der französischen OHG (*société de nom collectif)*[659] Anwendung finden[660]. Mittlerweile ist aber allgemein anerkannt, dass das Rechtsinstitut der *société créée de fait* nicht mit der Gründungsgesellschaft (*société en formation*) gleichzusetzen ist[661], auch wenn sich diese in eine *société créée de fait* wandeln kann, sobald die Bedingungen für letztere vorliegen[662]. Ebenso wenig ist die Gründungsgesellschaft mit der *société en participation* gleichzusetzen. Bei der *société en participation*, die seit dem Reformgesetz vom 04.01.1978 sowohl als Innen- als auch als Außengesellschaft ausgestaltet sein

[656] Bastian, Mélanges Cabrillac, S. 23, 28; Cozian/Viandier/Deboissy, Droit des sociétés, n° 269.
[657] Vgl. Jeantin, Droit des sociétés, S. 84; ausführlich auch Plantamp, RTD com. 1994, 1, 1 ff.
[658] s. ausführlich den Abschnitt „Rechtsgeschäfte vor Satzungsunterzeichnung" auf S. 167 ff.
[659] Art. 1873 iVm 1871-1 CC.
[660] Champaud, RTD com. 1967, 168, 177.
[661] Jeantin, Droit des sociétés, S. 83.
[662] Cass. com., 15.11.1983, D. 1985 I J. 149 mit Anm. Y. Chartier; s. den Abschnitt „société créée de fait" auf S. 143 ff.

kann[663], sind sich die Gesellschafter im Gegensatz zur Gründungsgesellschaft einig, dass die Gesellschaft keine Rechtsfähigkeit erlangen soll, und sie betreiben nicht die Eintragung der Gesellschaft[664]. Daher erfolgt die Abgrenzung zur Gründungsgesellschaft grundsätzlich nach dem intentionellen Kriterium, ob die Unterzeichner des Rechtsgeschäftes im Namen einer Gesellschaft gehandelt haben, von der sie dachten, sie befinde sich in Gründung, oder ob sie den Willen zum Ausdruck gebracht haben, an einer gemeinsamen Bewirtschaftung innerhalb einer *société en participation* teilzunehmen[665].

Umstritten ist nun, ob der Gründungsgesellschaft Rechtspersönlichkeit zukommt. Einige Stimmen im Schrifttum erkennen der Gründungsgesellschaft eine gewisse, embryonale oder unvollständige Rechtspersönlichkeit zu. Aus der Verwendung des Begriffs „*jouissance*"[666] in Art. 5 al. 1, 2 L 1966 und Art. 1842 al. 1 CC folgern sie, dass der Gesellschaft schon vor der Eintragung im Handelsregister Rechtspersönlichkeit zukomme, sie die damit verbundenen Folgen aber erst nach Eintragung „genießen" könne[667]. Hätte der Gesetzgeber gewollt, dass die Gesellschaft erst mit Eintragung rechtsfähig werde, hätte er anstelle des Begriffes der „*jouissance*" den der „*acquisition*"[668] verwenden sollen[669]. Diese allein auf Begrifflichkeiten beruhende Ansicht wird heute überwiegend abgelehnt. Die Verwendung des Begriffes der „*acquisition*" in den gesetzlichen Bestimmungen wird als sprachliche Ungenauigkeit gewertet[670], da das Reformgesetz von 1966 mit Einführung der konstitutiven Registereintragung in Art. 5 al. 1 L 1966 die Frage zugunsten der Erlangung der Rechtspersönlichkeit im Zeitpunkt der Eintragung gelöst hat[671]. Ein Festhalten an der Differenzierung zwischen beiden Begriffen widerspreche dieser gesetzlichen Regelung und stimme zudem nicht mit dem 1978 eingeführten Art. 1843 CC überein, der die Begriffe „*jouissance*" und „*acquisition*" nicht mehr verwendet.

Durch die Gesetzreform von 1966, die die Qualität einer Gesellschaft als juristische Person explizit von der Eintragung der Gesellschaft abhängig macht, haben auch die anderen Theorien an Boden verloren. So können die zwischenzeitlich vertretenen

---

663 Guyon, Droit des affaires, S. 140; Legeais, Droit commercial, n° 276; Dekeuwer-Défossez, RDT Com., 1984, 569. Damit passt die bisherige Übersetzung des Begriffs der *société en participation* als „stille Gesellschaft" nicht mehr.

664 Cozian/Viandier, Droit des sociétés, n° 277; Jeantin, Droit des sociétés, S. 83; vgl. Philippe, Anm. zu Cass. com., 04.05.1981, Rev. soc. 1982, 277, 277; Chassaude-Klein, Gesellschaftsrecht in Frankreich, S. 9; Ferid/Sonnenberger, Französisches Zivilrecht, S. 368.

665 Cass. com., 07.12.1981, Rev. soc. 1982, 858; vgl. aber auch Philippe, Anm. zu Cass. com., 04.05.1981, Rev. soc. 1982, 277, 282 und Chartier, JCP 1978.I.2917, n° 123, die versuchen, materielle Kriterien zu entwickeln und das Vorliegen einer *société en participation* annehmen ab dem effektiven Beginn des Gesellschaftsbetriebs, der die Absicht der Gesellschafter deutlich werden lasse, dass sie sich mit einer rein vertraglichen Gesellschaft ohne Rechtspersönlichkeit zufrieden geben.

666 *Jouissance* = Ausübung / Genuss.

667 Vgl. Champaud/Le Floch, RTD. com., 1989, 469, 474 f.

668 *Acquisition* = Erwerb.

669 Vgl. auch den Abschnitt „Anfang und Ende der Gründungsgesellschaft" auf S. 132 ff.

670 Trouillat, Sociétés commerciales, S. 84; Bastian, Mélanges Cabrillac, S. 23, 27; Sortais, Anm. Cass. com., 17.05.1989, Rev. soc. 1990, 33, 33; Champaud, RTD com. 1969, 989, 991 f.; Guyon, Droit des affaires, n° 148, 150; Lefebvre, Droit des affaires, n° 1172; Paillet, Rev. soc. 1980, 419, 420.

671 Cozian/Viandier/Deboissy, Droit des sociétés, n° 278.

Theorie, die der Gesellschaft eine gewisse Rechtspersönlichkeit (*certaine personnalité*) vor ihrer Eintragung zuerkennen wollten, nicht mehr vertreten werden. Diese Theorien erkannten der Gesellschaft teilweise vor ihrer Eintragung eine im Außenverhältnis wirksame *personnalité juridique anticipé* zu[672]. Teilweise differenzierten sie zwischen einer inneren Rechtspersönlichkeit *(personnalité morale intérieur)*, die aufgrund der körperschaftlichen Struktur der Gründungsgesellschaft schon vor der Eintragung bestehe, und einer Rechtspersönlichkeit im Außenverhältnis (*personnalité morale extérieur*) ab Eintragung der Gesellschaft. Danach konnte die Gesellschaft schon vor ihrer Eintragung Eigentümerin der Sacheinlagen sein[673]. Begründet wurde diese Ansicht damit, dass die Einlagen nach Art. 77 L 1977, Art. 62 décret n° 67-236 „*pour la compte de la société en formation*", also für Rechnung der Gründungsgesellschaft, zu hinterlegen seien[674].

Auch wenn die Anerkennung einer Teilrechtsfähigkeit auch heute noch in Betracht gezogen wird[675], geht die herrschende Ansicht in Rechtsprechung und Lehre davon aus, dass der Gründungsgesellschaft keine Rechtsfähigkeit zukommt[676]. Die Gründungsgesellschaft kann folglich aus den für sie geschlossenen Rechtsgeschäften auch dann nicht berechtigt oder verpflichtet werden, wenn ihre Satzung die Handelnden zum Abschluss ermächtigt. Ihr kommt daher ihr auch noch keine aktive Prozessführungsbefugnis zu[677], und sie ist noch nicht insolvenzfähig[678]. Die Gründungsgesellschaft unterliegt als nichtrechtsfähige Gesellschaft vielmehr dem allgemeinen französischen Schuldrecht[679]. Im Innenverhältnis gelten während des

672 Hamel/Lagarde, Traité de droit commercial, n° 577; Lescot, Essai sur la période constitutive, S. 242 ff., 281 ff.; Champaud, RTD. com., 1969, 989, 991 f., n° 2; so auch heute noch Paillet, Rev. soc. 1980, 419, 435; vgl. auch Butt, Probleme der Vorgesellschaft, S. 66.

673 Thaller/Percerou, Traité droit commercial, n° 315, 501; vgl. Bastian, Mélanges Cabrillac, S. 23, 26; Trouillat, Sociétés commerciales, S. 43; Paillet, Rev. soc. 1980, 419, 427; Butt, Probleme der Vorgesellschaft, S. 61 ff. mwN; Escarra/Escarra/Rault, Traité théorique et pratique de droit commercial, n° 523 mwN.

674 Mayrhofer, Einmann-GmbH, S. 42.

675 Paillet, Rev. soc. 1980, 419, 435.

676 Vgl. Cass. com., 07.12.1981, Rev. soc. 1982, 858, 861; Cass. com., 26.04.1988, Rep. Defr., 1988, 1391; Cass. com., 31.05.1988, Rev. soc. 1989, 39 mit Anm. Stoufflet; Cass. com., 07.06.1994, Rev. soc. 1995, 38; Cass. com., 30.11.1999, RTD. com., 53 (2), avril - juin 2000, S. 369; C. E., 13.05.1992, R.D.C. 1994, 56 mit Anm. Champaud/Danet; vgl. auch Germain/Vogel, Ripert/Roblot Traité de droit commercial, S. 831; Chaput, Droit des sociétés, n° 78; Guyon, Droit des affaires, n° 164; Hamel/Lagarde/Jauffret, Droit commercial, S. 88; Cozian/Viandier/Deboissy, Droit des sociétés, n° 278; Merle, Droit commercial, S. 74, 91; Houpin/Bosvieux, Traité général théorique et pratique, n° 621; Escarra/Escarra/Rault, Traité théorique et pratique de droit commercial, n° 522; Van Ommeslaghe, Cahier de droit européen, Bd. 5, 2, 1965, 619, 634.

677 Vgl. Art. 32 Nouveau Code de Procédure Civile; vgl. auch Cass. com., 07.06.1994, Rev. soc. 1995, 38 mit Anm. Chartier; Cass. com., 25.10.1983, Gaz. Pal. 1984, 5, 6 mit Anm. Guinchard; Legeais, Droit commercial, n° 10. Gegen die Möglichkeit der Klageerhebung im Namen der Gründungsgesellschaft und gegen eine spätere Übernahme einer solchen Handlung durch die Gesellschaft vgl. Cass. com., 30.11.1999, JCP 2000, éd. E, 369, 369 mit kritischer Anm. Croze/Craye.

678 Legeais, Droit commercial, n° 10.

679 Vgl. Sonnenberger/Autexier, Französisches Recht, S. 190.

Gründungszeitraums unter den Gesellschaftern bereits der Gesellschaftsvertrag neben den allgemeinen Regeln des Schuldrechts[680].

Aus der fehlenden (Teil-) Rechtsfähigkeit der Gründungsgeschäft folgt, dass sie vor ihrer Eintragung noch nicht Eigentümerin der Einlagen werden kann[681]. Vielmehr bleiben die Einbringenden grundsätzlich Eigentümer der Sach-, Dienst- oder Bareinlagen. Zwar muss das gesamte Barkapital bei der Gründung nicht nur bereits gezeichnet, sondern auch geleistet werden. Doch ist es aus Sicherheitsgründen bis zur Vorlage des Handelsregisterauszuges auf einem im Namen der Gesellschaft eröffneten Bankkonto, bei einem Notar oder der *Caisse des Dépôts et Consignations* zu hinterlegen[682]. Damit wird sichergestellt, dass der Gesellschaft im Zeitpunkt ihrer Entstehung ein ausreichendes Haftungskapital zur Verfügung steht. Mangels Rechtsträgerschaft der Gesellschaft ist mit Hinterlegung der Bareinlagen kein Eigentumsübergang auf die Gründungsgesellschaft verbunden. Inwieweit mit der Hinterlegung dennoch ein Eigentumsverlust des Einbringenden verbunden ist, ist ungeklärt[683]. Gesetzlich ist nur bestimmt, dass über die hinterlegten Bareinlagen bis zur Eintragung der Gesellschaft nicht verfügt werden kann[684], und dass den Einbringenden ein gerichtlich durchsetzbarer Anspruch auf Rückzahlung der Einlage gewährt wird, wenn die *SARL* nicht innerhalb von sechs Monaten ab Hinterlegung der Einlage errichtet wird[685]. Diese Regelungen bestätigen einerseits, dass sich die Bareinlagen noch nicht im Eigentum der Gründungsgesellschaft befindet, sondern im Eigentum der Einbringenden bleibt. Andererseits können die Einbringenden nicht mehr über sie verfügen und sind damit in ihrem Eigentumsrecht beschränkt. Für die Leistung von Sacheinlagen gelten zwar die allgemeinen Regeln, so dass das Eigentum und andere Rechte sowie die Verfügungsmöglichkeit an ihnen zu verschaffen sind[686]. Da das französische Zivilrecht aber nicht zwischen Verpflichtungs- und Verfügungsgeschäft differenziert und andererseits ein Rechtsübergang erst mit Rechtsfähigkeit möglich ist, erwirbt die Gesellschaft das Eigentum und sonstige Rechte an den Sacheinlagen erst mit ihrer Eintragung[687].

Auch die Sacheinlage in Form des *fonds de commerce*, d.h. unter Einbringung aller materiellen und immateriellen Güter eines Unternehmens unter Ausschluss der Passiva[688], kann mangels Rechtsfähigkeit der Gründungsgesellschaft nicht auf diese übertragen werden, sondern verbleibt bis zur Eintragung im Eigentum des Einbringen-

---

680 Merle, Droit commercial, S. 74, 92; Germain/Vogel, Ripert/Roblot Traité de droit commercial, S. 1056.

681 Mercadal/Janin, Sociétés commerciales, n° 153; Mestre/Blanchard-Sébastien, in Lamy sociétés commerciales, n° 235, 259.

682 Art. 39 al. 1 L 1966, Art. 22, 62 décret n° 67-236; vgl. Maul, RIW 1997, 911, 915; Guyon, Droit des affaires, n° 103; Cozian/Viandier/Deboissy, Droit des sociétés, n° 276; Sonnenberger, Französisches Handels- und Wirtschaftsrecht, S. 123, III 41.

683 Vgl. Houin, Anm. zu Cass. com., 29.01.1974, RTD com. 1974, 529, 530; vgl. auch Mayrhofer, Einmann-GmbH, S. 44, 65 mwN.

684 Art. 39 al. 1 L 1966, Art. 22, 62 décret n° 67-236.

685 Art. 39 al. 2 L 1966.

686 Art. 1843-3 II iVm 1834 CC.; vgl. Meyer, Haftungsbeschränkung, S. 358.

687 Guyon, Droit des affaires, n°, 104 ff.; Merle, Droit commercial, n° 31.

688 Vgl. Lutz, in Witz/Schmidt/Zierrau (Hg.), Unternehmenserwerb in Frankreich, S. 24; Mercadal/Janin, Sociétés commerciales, n° 30.

den[689]. Daher muss der Einbringende das Unternehmen zunächst bei eigener Haftung für Rechnung der Gesellschaft fortführen. Die für die Gesellschaft eingegangenen Verbindlichkeiten können aber gemäß Art. 5 al. 2 L 1966 nach Eintragung der Gesellschaft von dieser übernommen werden, so dass der Fortführende von seiner Haftung befreit wird[690]. Da Stichtag für die Bewertung der Sacheinlage der Tag der Satzungszeichnung ist[691], fallen demjenigen, der das Unternehmen fortführt eventuelle Verluste nicht zur Last, eventuelle Gewinne kommen ihm aber auch nicht zugute[692]. Insgesamt wird die Eigentumsübertragung der Einlagen auf die Gesellschaft anders als in Deutschland erst im Zeitpunkt der Eintragung wirksam.

3. Projet de société und andere Vereinbarungen

Weitere Etappen im Gründungsprozess der *SARL* können das Vorhaben der Gesellschaft (*projet de société*), das Versprechen der Gesellschaft (*promesse de société*), das Vereinbarungsprotokoll (*protocole d'accord*) oder die *société d'études* (Studiengesellschaft) sein. Diese Vereinbarungen und Gruppierungen könnten mit der deutschen Vorgründungsgesellschaft vergleichbare Gesellschaftsformen darstellen, zumal sich aus Art. 6 décret n° 78-704, der die Übernahme von vor der Satzungszeichnung abgeschlossenen Rechtsgeschäften regelt, ergibt, dass die Phase der Gründung schon zu einem früheren Zeitpunkt als dem der Unterzeichnung der Satzung begonnen haben kann[693].

Die Satzung der Gesellschaft wird von den zukünftigen Gesellschaftern in der Regel nicht sofort abgeschlossen. Vielmehr gehen ihr oft Vorbesprechungen der Gründer voraus, die die Möglichkeit der Gründung einer Gesellschaft in Betracht ziehen und sich unter Umständen bemühen, weitere Gesellschafter zu finden oder bei Banken nach öffentlichen Hilfen fragen, sich aber noch nicht hinsichtlich aller essentiellen Elemente der künftigen juristischen Person einig sind[694]. Diese Besprechungen stellen das Vorhaben der Gesellschaft (*projet de société*) dar[695]. Wie die informelle Vorbesprechung bringt dieses noch keine Verpflichtungen der Parteien mit sich[696]. Sie sind

---

689 Vgl. Mercadal/Janin, Sociétés commerciales, n° 171.

690 Mercadal/Janin, Sociétés commerciales, n° 171; Mestre/Blanchard-Sébastien, in Lamy sociétés commerciales, n° 259; zur Übernahme dieser Rechtsgeschäft s. ausführlich den Abschnitt „Wirkung der Übernahme der Gründungsgeschäfte", auf S. 178 ff.

691 Mestre/Blanchard-Sébastien, in Lamy sociétés commerciales, n° 234.

692 Die Gründer können ihre Dienstleistungen in diesen Fällen ausnahmsweise in die Gesellschaft einbringen, vgl. Art. 38 al. 2 L 1966, wodurch sie eine Vergütung in der Form von Anteilen erhalten. Zur Vergütung der Gründer: Germain/Vogel, Ripert/Roblot Traité de droit commercial, n° 924, 1086.

693 Jeantin, Droit des sociétés, S. 84.

694 Daublon, Rép. Not. Defrénois, 1977, 657, 663; Merle, Droit commercial, S. 71 f.; vgl. Guyon, Anm. zu Cass. 1re civ., 16.02.1977, Rev. soc. 1977. 682, 682 f.; Plantamp, RTD com. 1994, 1, 4, 8; Micha-Goudet, Constitution des sociétés, in Collection des Juris-Classeur, éd. 1996, Fasc. 27-10, 10.

695 Merle, Droit commercial, S. 71 f.; Plantamp, RTD com. 1994, 1, 8; vgl. Cass. 1re civ. 16.02.1977, Rev. soc. 1977.681 mit Anm. Guyon, S. 682, 683.

696 Versailles, 05.03.1992, Bull. Joly 1992, S. 636, n° 209; Versailles, 12.04.1991, Bull. Joly 1991, 69 mit Anm. Le Cannu; vgl. Cass. 1re civ. 16.02.1977, Rev. soc. 1977.681 mit Anm. Guyon, S. 682, 683; Merle, Droit commercial, S. 72; Chassaude-Klein, Gesellschaftsrecht in Frankreich, S. 14.

daher in der Entscheidung frei, ob sie dem Vorhaben der Gesellschaft entsprechen oder es zu den Bedingungen des Rechts der Vorverträge (*droit commun des avants-contrats)* aufgeben wollen[697]. Ein Schadensersatzanspruch wegen Nichtbefolgung des Vorhabens der Gesellschaft kann grundsätzlich erst bestehen, wenn über das Stadium einfacher Besprechungen hinausgegangen wurde[698]. Das *projet de société* kann daher kein der deutschen Vorgesellschaft entsprechendes Gebilde darstellen.

Schreiten die Verhandlungen im Rahmen des Vorhabens der Gesellschaft fort, wandelt es sich in ein Versprechen der Gesellschaft (*promesse de société)*, das unilateral oder synallagmatisch sein kann[699]. Die Gründer können dieses Versprechen abgeben, wenn sie die Gesellschaft nicht sofort errichten wollen oder können, weil sie sich zwar über die Errichtung einig sind, aber noch nicht in allen Details übereinstimmen, dennoch aber ihren übereinstimmenden Willen zur Gründung einer *SARL* konkretisieren und festlegen möchten[700]. Voraussetzung des Vorliegens eines *promesse de société* (Versprechen der Gesellschaft) ist, dass eine Einigung über die Form, Gegenstand, Dauer und Umfang der zukünftigen Gesellschaft, die Aufteilung der Gesellschafterrechte und die Art und Höhe der Einlagen vorliegt[701]. Bei einem synallagmatischen Vertragsversprechen verpflichten sich beide Parteien zum Abschluss eines Hauptvertrages[702], also des Gründungsvertrages der zu gründenden Gesellschaft. Das *promesse de société* kann stillschweigend oder konkludent vereinbart werden[703]; es bedarf zur Herbeiführung einer rechtswirksamen Bindung also nicht der Form des endgültigen Gesellschaftsvertrages. Oft werden die Absichten zur Errichtung einer Gesellschaft schriftlich im sog. *protocole d'accord* (Vereinbarungsprotokoll)

697 Vgl. Cass. 1re civ. 16.02.1977, Rev. soc. 1977.681 mit Anm. Guyon, S. 682, 682 f.; Guyon, Droit des affaires, S. 141.

698 Cozian/Viandier/Deboissy, Droit des sociétés, S. 95. Ausnahmsweise greift vorher schon die allgemeine zivilrechtliche Haftung nach Art. 1382 CC wegen schuldhaftem Abbruch der Vertragsverhandlungen, s. dazu Chassaude-Klein, Gesellschaftsrecht in Frankreich, S. 14.

699 Cass. com., 11.06.1979, Bull. civ. IV, n° 193, S. 158; Merle, Droit commercial, S. 72; Guyon, Droit des affaires, S. 141; vgl. Sortais, Anm. zu CA Paris, 11.06.1971, Rev. soc. 1972, 228, 230; Chassaude-Klein, Gesellschaftsrecht in Frankreich, S. 14. Die Abgrenzung zwischen einfachen Vorhaben und Versprechen der Gesellschaft bereitet in der Praxis oft Schwierigkeiten: s. Cass. 1re civ., 16.02.1977, Rev. soc. 1977.681 mit Anm. Guyon, S. 682, 682 f.; Cass. com., 09.04.1996, Rev. soc. 1997, 81, mit Anm. F. Bénac-Schmidt; Merle, Droit commercial, S. 72.

700 Cass. com., 28.04.1987, Rev. soc. 1988, 59 mit Anm. F. Bénac-Schmidt; vgl. auch CA Versailles, 1re ch., 16.11.2000, Bull. Joly, avril 2001, S. 403 mit Anm. Saintourens; Cass. com., 09.04.1996, Rev. soc. 1997, 81 mit Anm. Bénac-Schmidt; CA Paris, 13.11.1998, Bull. Joly 1999, 270 mit Anm. Ascensio; Lefebvre, Droit des affaires, n° 840 f.; Plantamp, RTD com. 1994, 1, 8; Mestre/Blanchard-Sébastien, in Lamy sociétés commerciales, n° 316; Guyon, Droit des affaires, S. 141.

701 Cass. com., 28.04.1987; Rev. soc. 1988, 59 mit Anm. F. Bénac-Schmidt; vgl. Cass. 1re civ. 16.02.1977, Rev. soc. 1977.681 mit Anm. Guyon, S. 682, 682 f.; CA Paris, 13.11.1998, Bull. Joly 1999, 270 mit Anm. Ascensio; vgl. auch CA Versailles, 1re ch., 16.11.2000, Bull. Joly, avril 2001, S. 403 mit Anm. Saintourens; Cozian/Viandier/Deboissy, Droit des sociétés, S. 95; Merle, Droit commercial, S. 72; Lefebvre, Droit des affaires, n° 84 0 f.

702 Vgl. Ferid/Sonnenberger, Französisches Zivilrecht, Rn 1 F 262.

703 Cozian/Viandier/Deboissy, Droit des sociétés, S. 95; Merle, Droit commercial, S. 72; Chassaude-Klein, Gesellschaftsrecht in Frankreich, S. 14; Escarra/Escarra/Rault, Traité théorique et pratique de droit commercial, n° 531, S. 42.

niedergelegt[704]. Dieses Schriftstück enthält neben dem Inhalt des *promesse de société* oft eine Bestimmung über die Aufteilung der anfallenden Gründungsaufgaben und der bei der Gründung anfallenden Kosten[705].

Einer Ansicht zufolge beginnt die Gründungsphase aufgrund der Verpflichtung der Parteien zum späteren Abschluss der Gesellschaftssatzung schon mit Vorliegen des *promesse de société*[706], die mit Unterzeichnung der Satzung ende[707]. Da aber weder der *promesse de société* noch das *protocole d'accord* ein Gesellschaftsverhältnis begründen, können sie nicht als ein der deutschen Vorgründungsgesellschaft entsprechendes Gebilde angesehen werden[708]. Sie werden in Frankreich als der Gesellschaftsgründung vorhergehende Gründungsvereinbarungen eingeordnet[709], die durch das allgemeine Recht der Vorverträge bzw. durch die auf zivil- und handelsrechtliche Verträge anwendbaren Bestimmungen geregelt werden[710]. Dass diese Vereinbarungen keine Vorgründungsgesellschaft darstellen, wird auch dadurch bestätigt, dass die Verletzung bzw. das missbräuchliche Nichtbefolgen des *promesse de société* und des *protocole d'accord* durch Weigerung der definitiven Errichtung der Gesellschaft keine Auswirkung auf die Errichtung der Gesellschaft hat. Dieses Verhalten kann nur zu einem Anspruch auf Schadensersatz auf Grund der vertragsrechtlichen Haftung der Art. 1142, 1147 CC führen, da die Wirksamkeit der Errichtung der Gesellschaft allein anhand der Gesetze über die Handelsgesellschaften beurteilt wird[711]. Der Schadenser-

---

704 Vgl. z.B. Versailles, 12.04.1991, Bull. Joly 1991, 699, n° 253 mit Anm. Le Cannu; Merle, Droit commercial, S. 72; Guyon, Droit des affaires, S. 141; Cozian/Viandier/Deboissy, Droit des sociétés, S. 95; vgl. Daublon, Rép. Not. Defrénois, 1977, 657, 665; Plantamp, RTD com. 1994, 1, 14; Chassaude-Klein, Gesellschaftsrecht in Frankreich, S. 14.

705 Lefebvre, Droit des affaires, n° 811; vgl. auch Versailles, 12.04.1991, Bull. Joly 1991, 699, n° 253 mit Anm. Le Cannu.

706 Sortais, Anm. zu CA Paris, 11.06.1971, Rev. soc. 1972, 228, 230 f., der von einer "*période de fondation*" spricht; s.a. Hamel/Lagarde/Jauffret, Droit commercial, S. 89.

707 Lefebvre, Droit des affaires, n° 800; Plantamp, RTD com. 1994, 1, 2; vgl. auch Jeantin, Droit des sociétés, S. 84; Guyon, Droit des affaires, S. 133; Sortais, Anm. zu CA Paris, 11.06.1971, Rev. soc. 1972, 228, 231.

708 Lefebvre, Droit des affaires, n° 840; vgl. Didier, Droit commercial, S. 176: Vor Unterzeichnung der Satzung gibt es grundsätzlich weder Gesellschafter noch eine Gesellschaft; s.a. CA Versailles, 12.04.1991, Bull. Joly 1991, 69 mit Anm. Le Cannu; Germain/Vogel, Ripert/Roblot Traité de droit commercial, n° 1058; a.A. Butt, Probleme der Vorgesellschaft, S. 23 ff. unter so nicht nachvollziehbarer Bezugnahme auf Escarra/Escarra/Rault, Traité théorique et pratique de droit commercial.

709 Plantamp, RTD com. 1994, 1, 14; Sonnenberger, Französisches Handels- und Wirtschaftsrecht, S. 127; Lefebvre, Droit des affaires, n° 840, 811; Versailles, 12.04.1991, Bull. Joly 1991, 69 mit Anm. Le Cannu.

710 Guyon, Droit des affaires, S. 141; Gallet, Anm. zu Cass. com., 13.03.1984 und 15.11.1983, Rev. soc. 1984, 755, 755.

711 Cass. com., 28.04.1987, Rev. soc. 1988, 59 mit Anm. F. Bénac-Schmidt; Cozian/Viandier/Deboissy, Droit des sociétés, S. 95, 102; Merle, Droit commercial, S. 72; Chassaude-Klein, Gesellschaftsrecht in Frankreich, S. 14; Lefebvre, Droit des affaires, n° 842; Guyon, Droit des affaires, S. 141. Die Haftung setzt aber voraus, dass der Abbruch der Besprechungen zu einem Zeitpunkt erfolgte, in dem der definitiven Willensübereinstimmung keine Hindernisse mehr entgegenstanden und die Risiken und Chancen des Vertrages evaluiert waren. So ist der Abbruch der Verhandlungen nicht missbräuchlich, wenn er unvermeidliche Folge gegenseitiger Meinungsverschiedenheiten über die Bedingungen der zu gründenden Gesellschaft war. Vgl. CA Paris, 18.12.1990,

satzanspruch ist nur auf die Wiedergutmachung des Nachteils gerichtet, der dem Begünstigten aus der Nichterrichtung der Gesellschaft entsteht (Naturalrestitution)[712]. Ein Gründer muss den anderen Gründern zudem Entschädigung leisten, wenn er selbst eine Gesellschaft mit demselben Ziel und derselben Bezeichnung wie die der *société en formation*, deren Mitglied er vorher war, gründet und die Errichtung der ursprünglichen gemeinsamen Gesellschaft verhindert hat. Denn die Gründer sind in der Phase der *société en formation* zur gegenseitigen Loyalität verpflichtet[713]. Bei Nichteintragung der *SARL* haften die Gründer bei Fehlen einer gegenteiligen Bestimmung im *protocole d'accord* grundsätzlich anteilig für die bisher bei der Gründung der Gesellschaft entstandenen Kosten[714]. Damit besteht in diesem Zeitraum aber auch keine dem Art. 5 al. 2 L 1966 entsprechende Haftung, weil niemand zum Eintritt in eine Gesellschaft gezwungen werden kann und die Parteien noch nicht unwiderruflich gebunden sind[715].

In der Literatur wurde insbesondere vor Erlass des Reformgesetzes von 1966 vereinzelt von der Existenz einer "*société d'études*" (Studiengesellschaft), "*sorte de présociété*" (einer Art Vorgesellschaft) oder „*groupement d'intérêt économique*" (wirtschaftliche Interessengemeinschaft) gesprochen, die neben der Gründungsgesellschaft bis zur endgültigen Gründung der *SARL* bestehen sollen[716]. Diese Gruppierungen übernehmen gelegentlich selbst die Rolle des Gründers und werden in der Regel mit Errichtung der Gesellschaft, also mit Satzungszeichnung, aufgelöst[717]. Sie stellen zwar echte Gesellschaften, aber keine Gründungsgesellschaften dar, weil ihr Zweck nicht auf die Errichtung der geplanten Kapitalgesellschaft gerichtet ist[718].

Nach allgemeiner Ansicht besteht im französischen Recht somit vor der Satzungsunterzeichnung weder eine Gründungsgesellschaft noch ein „Gesellschaftsembryo"[719]. Denn Art. 5 al. 1 L 1966, Art. 1842 al. 1 CC, Art. 6 décret n° 78-704 und Art. 26 décret n° 67-236 gehen von einer einheitlichen Gründungsphase aus und diffe-

---

RJDA 4/91, n° 301; Cass. com., 12.01.1999, RJDA 4/99, n° 371; vgl. auch CA Versailles, 1re ch., 16.11.2000, Bull. Joly, avril 2001, S. 403 mit Anm. Saintourens.

712 Die Gründer können den Schadensersatzanspruch durch eine Klausel im promesse de société ausschließen, so dass jeder von ihnen ohne Schadensersatzleistungspflicht vom Vorhaben absehen kann; vgl. Lefebvre, Droit des affaires, n° 842 f.; Cass. 1re civ., 05.11.1996, RJDA 2/97, n° 164; CA Paris, 13.11.1998, Bull. Joly 1999, 270 mit Anm. Ascensio.

713 CA Aix-en-Provence, 07.12.1977, Bull. Cour d'Aix, 1977/4, 60; CA Paris, 21.09.1989, BRDA 1989/21, 8; CA Paris, 15.12.1995, RJDA 3/96, n° 352; vgl. Lefebvre, Droit des affaires, n° 816.

714 CA Paris, 24.09.1991, JCP 1992.I.3561, n° 2 mit Anm. Viandier/Caussain = Bull. Joly. 1992.512 mit Anm. Barbièri = RTD com. 1992, 808 mit Anm. Champaud/Danet.

715 Cozian/Viandier/Deboissy, Droit des sociétés, S. 95.

716 Plantamp, RTD com. 1994, 1, 14; Guyon, Droit des affaires, S. 141; vgl. Cass. 1re civ. 16.02.1977, Rev. soc. 1977.681 mit Anm. Guyon, S. 682, 683; Butt, Probleme der Vorgesellschaft, S. 23; Escarra/Escarra/Rault, Traité théorique et pratique de droit commercial, n° 531, S. 42.

717 Ripert/Roblot, Traité de droit commercial, 12. Aufl., S. 784; Butt, Probleme der Vorgesellschaft, S. 28; Guyon, Droit des affaires, S. 141.

718 Vgl. Cass. 1re civ. 16.02.1977, Rev. soc. 1977.681 mit Anm. Guyon, S. 682, 683 f.; Plantamp, RTD com. 1994, 1, 14. Die *société d'études* ist eine eigenständige Gesellschaft zum Sammeln von Erfahrungen und kann verschiedene Gesellschaftsformen annehmen, u.a. auch die einer Kapitalgesellschaft. Vgl. Guyon, Droit des affaires, n° 140; Germain/Vogel, Ripert/Roblot Traité de droit commercial, n° 1046.

719 Bastian, Mélanges Cabrillac, S. 23, 30.

renzieren nicht zwischen den Phasen der Vorgründungsgesellschaft und der Gründungsgesellschaft, sondern nur zwischen dem Stadium der Gründungsgesellschaft und dem der eingetragenen *SARL*.

4. Société créée de fait

Das Rechtsinstitut der Gründungsgesellschaft (*société en formation*) ist von dem der *société créée de fait* abzugrenzen, auch wenn sich die Gründungsgesellschaft in eine *société créée de fait* wandeln kann[720] und die *société créée de fait* zu Unrecht vereinzelt auch als „unechte Gründungsgesellschaft" bezeichnet wird[721].

Die ursprünglich von Rechtsprechung und Lehre entwickelte *société créée de fait* wurde mit der Gesetzesreform von 1978 vom Gesetzgeber anerkannt. Sie ist eine faktische Gesellschaft, die nicht in das Handelsregister eingetragen werden kann und daher keine Rechtspersönlichkeit besitzt722, die aber - wie auch die Gründungsgesellschaft - alle Bestandteile des Gesellschaftsbegriffes beinhaltet[723]. Nach Art. 1873 CC finden auf sie grundsätzlich die Regeln der *société en participation* Anwendung[724], die in Art. 1871 ff. CC geregelt sind. Nach Art. 1873 iVm 1871-1 CC kommen grundsätzlich die Vorschriften der französischen OHG (*SNC*) zur Anwendung, wenn es sich bei der société créée de fait um eine Handelsgesellschaft handelt[725]; andernfalls kommen die Vorschriften der französischen BGB-Gesellschaft (*société civile*)[726] zur Anwendung. Abzugrenzen ist die *société créée de fait* noch von der *société de fait* (faktischen Gesellschaft)[727], auch wenn beide Gesellschaftsformen in der französischen Literatur und Rechtsprechung häufig synonym verwendet werden[728]. Andere sehen die *société de fait* fälschlicherweise als Oberbegriff für die Gesellschaftsformen der *société créée de fait* und der *société en participation* an[729]. Die *société de fait* ist auch eine von den Gesellschaftern gewollte Gesellschaft, ist aber wegen Nichtbeach-

---

720 Cass. com., 15.11.1983, D. 1985 I J. 149 mit Anm. Y. Chartier; Lagarde, Encyclopédie Dalloz, S. 10; Cozian/Viandier/Deboissy, Droit des sociétés, n° 277; Jeantin, Droit des sociétés, S. 83.

721 Butt, Probleme der Vorgesellschaft, S. 42.

722 Art. 1873, 1871 al. 1 CC

723 Vgl. den Abschnitt „Gründung und Rechtsnatur der *SARL*" auf S. 127 ff.

724 Vgl. Legeais, Droit commercial, n° 277; Sortais, Anm. zu Cass. com., 17.05.1989, Rev. soc. 1990, 33, 33; zur *société en participation* s. den Abschnitt „Rechtsnatur der Gründungsgesellschaft" auf S. 135 ff.

725 Vgl. auch Butt, Probleme der Vorgesellschaft, S. 41; Jeantin, Droit des sociétés, S. 84; Mercadal/Janin, Sociétés commerciales, n° 303; Chassaude-Klein, Gesellschaftsrecht in Frankreich, S. 9; Dekeuwer-Défossez, Anm. zu Cass. com., 07.12.1981, Rev. soc. 1982, 860, 860; a.A. Philippe, Anm. zu Cass. com., 04.05.1981, Rev. soc. 1982, 277, 280; Paillet, Rev. soc. 1980, 419, 440.

726 Art. 1845 ff. CC.

727 Die *société de fait* wird auch *société devenue de fait* oder *société putative* genannt; vgl. Guyon, Droit des affaires, S. 146.

728 Vgl. nur Cass. com., 17.05.1989, Bull. civ. IV., n° 151 = Rev. soc. 1990. 32 mit Anm. Sortais, wo der Begriff der *société de fait* statt des richtigen Begriffs der *société créée de fait* verwendet wird.

729 So aber Daigre, Anm. Cass. com., 04.05.1981, D. 1982.J.482, 482 f.; Ferid/Sonnenberger, Französisches Zivilrecht, S. 368.

tung der Gründungsregeln nichtig bzw. wurde für nichtig erklärt[730]. Für die Haftung der Gesellschafter bedeutet dies, dass sie als Gesellschafter einer De-facto-Gesellschaft haften. Die Nichtigkeit der Gesellschaft wirkt also nur ex nunc[731].

Die Abgrenzung zwischen Gründungsgesellschaft und *société créée de fait* ist in Rechtsprechung und Literatur umstritten. Die herrschende Meinung beurteilt sie anhand der Umstände des Einzelfalls im Rahmen einer Gesamtwertung[732]. Das charakteristischste Merkmal der *société créée de fait* ist der Beginn der dauerhaften Ausübung der Geschäftstätigkeit in wesentlichem Umfang während der Gründungsphase[733], die über die Erfüllung der gründungsnotwendigen Rechtsgeschäfte hinausgeht[734]. Eine andere Ansicht nimmt die Abgrenzung durch die Kombination eines subjektiven Elements, nämlich der Intention der Urheber des Rechtsgeschäftes, und eines objektiven Elements, nämlich der Dauer der Gründungsphase, vor[735]. Der *Cour de Cassation* hat hingegen in einem Fall entschieden[736], dass die Differenzierung nach der Art der Gründungsgeschäfte letztlich dazu führe, dass jede Gründungsgesellschaft ab Beginn der gesellschaftlichen Tätigkeit eine *société créée de fait* sei. Aus diesem Grund sei statt auf die Art der Gründungsgeschäfte auf den Grad des *affectio societatis*[737] abzustellen. Danach liege eine *société créée de fait* bei einem bedeutenderem *affectio societatis* vor. Eine Ansicht in der Literatur will diese Kriterien kombinieren: Bei der Abgrenzung zwischen Gründungsgesellschaft und *société créée de fait* sei sowohl der Art der Tätigkeiten der Gesellschafter als auch dem Grad der *affectio societatis* Rechnung zu tragen[738].

Die neuere Rechtsprechung des *Cour de Cassation* und die übrige herrschende Meinung folgt diesem nicht, sondern hält daran fest aus dem Verhalten der

---

730 Vgl. Sonnenberger, Französisches Handels- und Wirtschaftsrecht, S. 125; Chassaude-Klein, Gesellschaftsrecht in Frankreich, S. 9; Lagarde, Encyclopédie Dalloz, S. 2.

731 Brachvogel, Aktiengesellschaft und Gesellschaftsgruppe, S. 173; Ferid/Sonnenberger, Französisches Zivilrecht, S. 351.

732 CA Bordeaux, 14.05.1990, Rev. soc. 1990.591 mit Anm. Le Cannu; CA Paris, 13.05.1997, RJDA 1/98, n° 51; Cass. 1re civ., 18.06.1985, Bull. civ. I, n° 191, 172; Sortais, Anm. zu Cass. com., 17.05.1989, Rev. soc. 1990, 33, 35; Lefebvre, Droit des affaires, n° 1076; Guyon, Droit des affaires, S. 145.

733 Cass. com., 17.05.1989, Rev. soc. 1990, 32, mit zust. Anm. Sortais = Bull. civ. IV, n° 151 = D. 1989.IR.185; Cass. com., 07.12.1981, Rev. soc. 1982, 858 mit Anm. Dekeuwer-Defossez; Cass. com., 09.11.1987, Bull. civ. IV, n° 236; Mayrhofer, Einmann-GmbH, S. 98 f., 54 f.; Lefebvre, Droit des affaires, n° 1076; Legeais, Droit commercial, n° 12; Serlooten, Société en formation, in Joly Sociétés – Traité, n° 53; Didier, Droit commercial, S. 177.

734 Cass. com., 17.05.1989, Rev. soc. 1990. 32 mit Anm. Sortais, S. 33, 35; Cass. Cass. com., 07.04.1992, Bull. Joly 1992, 622 mit Anm. Le Cannu, der die Entscheidung CA Bordeaux, 14.05.1990, Rev. soc. 1990. 591 mit Anm. Le Cannu bestätigte; vgl. auch Cass. com., 20.11.1990, Rev. soc. 1991.71 = Bull. Joly 1991.204 mit Anm. Le Cannu; Cass. com., 14.01.1992, Rev. soc. 1992, 303 mit Anm. N.N.; Plantamp, RTD com. 1994, 1, 18; Guyon, Droit des affaires, S. 165, 167; Baudelet, Banque 1986, 66, 67.

735 Cozian/Viandier, Droit des sociétés, n° 277; Jeantin, Droit des sociétés, n° 162.

736 Cass. com., 07.12.1981, Rev. soc. 1982, 858 mit Anm. Dekeuwer-Défossez; vgl. auch Chassaude-Klein, Gesellschaftsrecht in Frankreich, S. 6.

737 Vgl. zur *affectio societatis* oben bei Fn 590.

738 Vgl. Jeantin, Droit des sociétés, S. 84.

Gesellschafter ableitet, die unmittelbar mit der Verfolgung des Gesellschaftszwecks, der Aufnahme der Geschäftstätigkeit beginnen, ohne die Eintragung der Gesellschaft abzuwarten. Die Gründungsgesellschaft kann sich somit in eine *société créée de fait* gewandelt haben, wenn die Geschäftstätigkeit der Gesellschaft schon im Gründungsstadium dauerhaft und in wesentlichem Umfang aufgenommen wurde[739]. Denn Art. 5 al. 2 L 1966 ermöglicht nicht die Aufnahme der wahren wirtschaftlichen Gesellschaftsaktivität vor Eintragung der Gesellschaft[740]. Das Vorliegen der *société créée de fait* kann dabei mit allen Mitteln bewiesen werden[741].

Die Abgrenzung kann in der Praxis insbesondere bei Rechtsgeschäften Schwierigkeiten bereiten, die nur die Eintragung der Gesellschaft vorbereiten, für die Verwirklichung der Gesellschaft oder für den Schutz der Einlagen in natura unerlässlich sind. Denn Art. 5 al. 2 L 1966 lässt zwar grundsätzlich nicht die vorzeitige Aufnahme der Geschäftstätigkeit der Gesellschaft zu, aber ermöglicht den Gründern das Handeln und die Vorbereitung der späteren Tätigkeit der Gesellschaft in der Gründungsphase[742]. Die sich auf den ersten Blick ergebenden Schwierigkeiten für die Fortführung des eingebrachten Unternehmens *(fonds de commerce)* werden dadurch gelöst, dass trotz Aufnahme einer dauerhaften Geschäftstätigkeit in wesentlichen Umfang keine Umwandlung der Gründungsgesellschaft in eine *société créée de fait* angenommen wird. Denn das Erbringen der Sacheinlage in Form des Unternehmens dient der Gründung der Gesellschaft und ist daher gründungsnotwendig[743].

Darüber hinaus kann eine *société créée de fait* nach herrschender Meinung entstehen, wenn die Gründer die Eintragung der Gesellschaft zu lange herauszögern oder die Eintragungsabsicht aufgeben[744]. Da das Gesetz den Gründern aber keinen be-

---

739 Vgl. Cass. com., 04.05.1981, D. 1982, 277 mit Anm. Philippe; Cass. com., 20.11.1990, Bull. Joly 1991.204 mit Anm. Le Cannu; Cass. com., 17.05.1989, Rev. soc. 1990, 32 mit Anm. Sortais, S. 32, 35; vgl. auch Plantamp, RTD com. 1994, 1, 6 ff., 10; Merle, Droit commercial, S. 92 f.; Baudelet, Banque 1986, 66, 67; Mercadal/Janin, Sociétés commerciales, n° 303; Lefebvre, Droit des affaires, n° 1076; Lagarde, Encyclopédie Dalloz, S. 2.

740 Paillet, Rev. soc. 1980, 419, 422; vgl. Daigre, Anm. Cass. com., 04.05.1981, D. 1982.J.482, 483.

741 Vgl. Art. 1873 iVm Art. 1871 al. 1 S. 3 CC; vgl. auch Cass. com., 13.03.1984 und 15.11.1983, Rev. soc. 1984, 753 mit Anm. Gallet; Guyon, Droit des affaires, S. 140.

742 Cass. Cass. com., 07.04.1992, Bull. Joly 1992, 622 mit Anm. Le Cannu, der die Entscheidung Bordeaux, 14.05.1990, Rev. soc. 1990.591 mit Anm. Le Cannu bestätigte; vgl. Lefebvre, Droit des affaires, n° 1076; Jeantin, Droit des sociétés, S. 84; Baudelet, Banque 1986, 66, 67 . Es gibt eine bestimmte Anzahl von Rechtsgeschäften, die eine Gesellschaft nicht erfüllen kann, da sie sich noch in Gründung befindet: So wurde z.B. entschieden, dass eine Gesellschaft in Gründung mangels Rechtspersönlichkeit kein höheres Gebot erteilten kann (*surenchérir*); Cass. 2è civ., 18.05.1989, JCP éd. N 1990.II.205 mit Anm. Garcon; Cass. com., 14.01.1992, Rev. soc. 1992, 303 mit Anm. N.N.; Sortais, Anm. Cass. com., 17.05.1989, Rev. soc. 1990, 33, 35; vgl. auch Champaud, RTD com. 1969, 989, 992; Mercadal/Janin, Sociétés commerciales, n° 303

743 Vgl. Cass. com., 10.10.1984, Rev. soc. 1985, 821, 821 f. mit Anm. Burst; N.N. Anm. zu CA Paris, 03.06.1981, Dr. soc. 1981, n° 163; Mercadal/Janin, Sociétés commerciales, n° 308, 171; Mestre/Blanchard-Sébastien, in Lamy sociétés commerciales, n° 349, 259

744 Merle, Droit commercial, n° 76; Legeais, Droit commercial, n° 268, vgl. Cass. com., 17.05.1989, Rev. soc. 1990, 33 mit zust. Anm. Sortais; Cass. com., 20.11.1990, Bull. Joly 1991.204 mit Anm. Le Cannu; Cozian/Viandier, Droit des sociétés, S. 103; Lefebvre, Droit des affaires, n° 1077, 1074; vgl.

stimmten Zeitraum vorgibt, in dem die Eintragung zu bewirken ist[745], kann nicht schon allein aus dem Vorliegen einer längeren Gründungsphase gefolgert werden, dass statt der Gründungsgesellschaft nun eine *société créée de fait* vorliegt. Anders als die Tatsachengerichte ist der *Cour de Cassation* aber sehr zurückhaltend bei der Annahme der Umwandlung der Gründungsgesellschaft in eine *société créée de fait*[746].

Die Wandlung der Gründungsgesellschaft in eine *société créée de fait* hat insbesondere Auswirkung auf die Haftung. Da die Handelndenhaftung des Art. 5 al. 2 L 1966 nur auf die Gründungsgesellschaft Anwendung findet[747], haften bei der *société créée de fait* statt der Handelnden alle Gesellschafter für die eingegangenen Rechtsgeschäfte unbeschränkt persönlich als Gesamtschuldner[748], und zwar unabhängig davon, ob sie an dem Rechtsgeschäft teilgenommen haben oder nicht[749]. Eine Ausnahme von der gesamtschuldnerischen Haftung liegt allerdings vor, wenn die Gesellschafter dem Dritten gegenüber nicht als Gesellschafter auftreten, sondern mit ihm persönlich Verträge abschließen und damit alleine aus diesen Verträgen verpflichtet sind[750]. Hat die *société créée de fait* kein Handelsgewerbe zum Gesellschaftsgegenstand, haften die Gesellschafter nach dem Recht der *société civile* zwar auch persönlich, aber nur anteilig[751]. Die Haftung im Rahmen der *société créée de fait* ist folglich nicht auf die im Sinn von Art. 5 al. 2 L 1966 Handelnden beschränkt, sondern erfasst alle Gesellschafter der *société créée de fait*[752]. Im Unterschied zur klassischen

---

auch CA Rouen, 05.07.1974, 1974, unveröffentlicht, berichtet in der Berufungsentscheidung Cass. com., 23.05.1977, Bull. civ. IV, n° 150.

745 Cozian/Viandier, Droit des sociétés, S. 103; Plantamp, RTD com. 1994, 1, 2.

746 CA Paris, 02.12.1983, Rev. soc. 1983, 325 mit Anm. Sortais; CA Paris, 22.12.1983, Rev. soc. 1984, 745 mit Anm. Sortais; Cass. com., 07.12.1981, Rev. soc. 1982, 858 mit Anm. Dekeuwer-Defossez; Cass. com., 09.11.1987, Bull. civ. IV, n° 236, S. 176; Cass. com., 17.05.1989, Rev. soc. 1990.32 mit Anm. Sortais; Cass. com., 20.11.1990, Bull. Joly 1991.204 mit Anm. Le Cannu; Cass. Cass. com., 07.04.1992, Bull. Joly 1992, 622 mit Anm. Le Cannu.

747 Merle, Droit commercial, S. 92 f.; vgl. auch Cass. com., 17.05.1989, Rev. soc. 1990.32 mit Anm. Sortais; Cass. com., 20.11.1990, Bull. Joly 1991.204 mit Anm. Le Cannu; CA Rouen, 05.07.1974, 1974, unveröffentlicht, berichtet in der Berufungsentscheidung Cass. com., 23.05.1977, Bull. civ. IV, n° 150; Cozian/Viandier/Deboissy, Droit des sociétés, n° 277; Lefebvre, Droit des affaires, n° 1077.

748 Art. 1873 iVm 1872-1 al. 2 CC.

749 Lefebvre, Droit des affaires, n° 1075; Jeantin, Droit des sociétés, S. 84; Cozian/Viandier/Deboissy, Droit des sociétés, n° 277. Vgl. für ein Beispiel, wo der Beweis für das Vorliegen des Verhaltens als De-facto-Gesellschafters nicht ausreichte: Cass. com., 26.11.1996, RJDA 2/97, n° 226; vgl. auch Art. 1873 iVm 1872-1 al. 3 CC, wonach es für die Haftung ausreicht, dass erweisen ist, dass das Rechtsgeschäft für einen Gesellschafter vorteilhaft ist oder dass dieser durch Einmischung in das Rechtsgeschäft den Eindruck erweckt hat, er wolle sich selbst verpflichten.

750 Art. 1873 iVm 1872-1 I CC; vgl. auch Cass. com., 15.07.1987, D. 1987, IR 182; Sortais, Anm. Cass. com., 17.05.1989, Rev. soc. 1990, 33, 34.

751 Vgl. Art. 1857 CC; vgl. auch Jeantin, Droit des sociétés, S. 84; Ferid/Sonnenberger, Französisches Zivilrecht, S. 371.

752 CA Paris, 22.12.1983, Rev. soc. 1984, 745 mit Anm. Sortais; Cass. com., 14.01.1992, Rev. soc. 1992, 303 mit Anm. N.N.; Cass. com., 13.03.1984, D. 1985, 244 mit Anm. Y. Reinhard; Sortais, Anm. zu Cass. com., 17.05.1989, Rev. soc. 1990, 33, 34, 36; Gallet, Anm. zu Cass. com., 13.03.1984 und 15.11.1983, Rev. soc. 1984, 755, 755; Lagarde, Encyclopédie Dalloz, S. 10; Mercadal/Janin, Sociétés commerciales, n° 303; Jeantin, Droit des sociétés, S. 84; Lefebvre, Droit des affaires,

individuellen Verantwortung in der Gründungsgesellschaft liegt bei der *société créée de fait* also grundsätzlich eine kollektive Verantwortung vor[753].

Die Haftung der Handelnden im Rahmen der Gründungsgesellschaft und die Haftung al Gesellschafter einer *société créée de fait* sind alternativ und stehen hinsichtlich ein und desselben Gesellschafters in einem Ausschließlichkeitsverhältnis[754]: Für denselben Gesellschafter kann die Gesellschaft nur Gründungsgesellschaft oder *société créée de fait* sein[755]. Andererseits kann aber eine Gesellschaft hinsichtlich einiger Mitglieder eine *société créée de fait* und hinsichtlich anderer Mitglieder eine Gründungsgesellschaft darstellen, wenn sich einige Mitglieder wie Gesellschaftsgründer und andere wie faktische Gesellschafter verhalten haben[756].

III. Zusammenfassung: Gründung der SARL

Die Gründung der *SARL* bedarf der Durchführung eines gesetzlich genau geregelten Gründungsverfahrens, das grundsätzlich mit Unterzeichnung der Gesellschaftssatzung *(statuts)* beginnt und mit Eintragung der Gesellschaft in das Handelsregister endet. Das französische Recht hat sich in gewissem Maße von der gesetzlichen Vorgabe des Nichtbestehens der Gesellschaft vor dem Zeitpunkt der Eintragung gelöst, indem es mittlerweile die Existenz einer nichtrechtsfähigen Gründungsgesellschaft (*société en formation*) jedenfalls mit Unterzeichnung der Satzung anerkennt. Vor dieser Gründungsgesellschaft besteht in Frankreich grundsätzlich kein wie auch immer geartetes Gesellschaftsgebilde; im Einzelfall kann das Vorliegen einer Gründungsgesellschaft aber auch schon in einem früheren Stadium angenommen werden.

Anders als im deutschen Recht müssen die das Gesellschaftskapital bildenden Bareinlagen schon vor Eintragung der Gesellschaft bis zur Gänze übernommen und spätestens bei Unterzeichnung des Gesellschaftsvertrages vollständig eingezahlt sein. Das Eigentum an den Einlagen geht mangels Rechtsfähigkeit nicht auf die Gründungsgesellschaft über, sondern steht weiterhin den Einbringenden zu. Bareinlagen unterliegen allerdings nach der erforderlichen Hinterlegung bei einer offiziellen Stelle bis zum Nachweis der Eintragung der Gesellschaft einer Verfügungsbeschränkung. Auch in

---

n° 1075; Didier, Droit commercial, S. 177; Cozian/Viandier, Droit des sociétés, S. 103; Jeantin, Droit des sociétés, S. 84; Guyon, Droit des affaires, S. 167.

753 Daigre, Anm. Cass. com., 04.05.1981, D. 1982.J.482.

754 Sortais, Anm. zu CA Paris, 22.12.1983, Rev. soc. 1984, 749, 751 f.; Mercadal/Janin, Sociétés commerciales, n° 303; Sortais, Anm. zu Cass. com., 17.05.1989, Rev. soc. 1990, 33, 33 f.: In der Vorinstanz hatte der Cour d'appel die Gesellschafter gesamtschuldnerisch zur Zahlung verurteilt, nachdem er festgestellt hatte, dass zwischen den Gesellschaftern eine *société créée de fait* besteht und dass sie im Namen einer *société en formation* gehandelt hatten. Es wurden also kumulativ die Regeln der *société créée de fait* und die aus Art. 5 al. 2 L 1966 angewandt. Diese Möglichkeit wurde vom Cour de Cassation ausdrücklich verworfen.

755 Sortais, Anm. zu Cass. com., 17.05.1989, Rev. soc. 1990, 32, 33, 33 ff.; Sortais, Anm. zu CA Paris, 22.12.1983, Rev. soc. 1984, 749, 751 f.; Mercadal/Janin, Sociétés commerciales, n° 303; vgl. auch Lefebvre, Droit des affaires, Rn 1078.

756 Sortais, Anm. Cass. com., 17.05.1989, Rev. soc. 1990, 33, 35 f.; CA Paris, 22.12.1983, Rev. soc. 1984, 745 mit Anm. Sortais; CA Bordeaux, 14.05.1990, Rev. soc. 1990.591 mit Anm. Le Cannu; Lefebvre, Droit des affaires, n° 1077; Jeantin, Droit des sociétés, S. 83.

Frankreich erfolgt eine Überprüfung der Einhaltung der gesetzlichen Gründungsvorschriften, doch findet eine dem deutschen Recht entsprechende umfassende Legalitätskontrolle nicht statt. Mit Eintragung der Gesellschaft im Handelsregister erwirbt sie den Status einer juristischen Person und kann damit selbst Inhaberin von Rechten und Pflichten sein.

C. Haftung aus Gründungsgeschäften

Auch wenn das französische Recht die Existenz einer (teil-) rechtsfähigen Gründungsgesellschaft nicht anerkennt, kommt es dennoch zu einem Handeln im Namen der in Gründung befindlichen Gesellschaft. Der französische Gesetzgeber hat das Problem der vorzeitigen Geschäftsaufnahme in der Gründungsphase der *SARL* im Hinblick auf den Erlass der Publizitätsrichtlinie[757] schon im Jahre 1966 geregelt. Die entsprechende Umsetzungsnorm ist für die Kapitalgesellschaften in Art. 5 al. 2 L 1966 zu finden. Entsprechende Verfahrensvorschriften für die Übernahme der Gründungsgeschäfte wurden in Art. 26 décret n° 67-236 und Art. 6 décret n° 78-704 geregelt. Im Gegensatz zum deutschen Recht ist die Haftungsproblematik damit umfassend zum Schutz des Dritten und im Interesse des Rechtsverkehrs in den gesetzlichen Bestimmungen geregelt worden. Zu prüfen ist, welche Personen in Frankreich für die Gesellschaft in der Gründungsphase handeln können und aus den abgeschlossenen Rechtsgeschäften haften.

Das Haftungssystem in der Gründungsphase der *SARL* beruht anders als im deutschen Recht mangels Rechtsfähigkeit der Gründungsgesellschaft nicht auf deren Haftung. Zwar müssen die Einlagen, die das Gesellschaftskapital bilden, schon vor Eintragung der Gesellschaft bis zur Gänze übernommen und eingezahlt sein, doch besteht noch kein Gesellschaftsvermögen, über das die Gründungsgesellschaft verfügen und mit dem sie haften kann, weil die Einlagen bis zur Eintragung der Gesellschaft im Eigentum des Einbringenden bleiben. Aus diesem Grund kann auch keine akzessorische Haftung der Gründergesellschafter für Verbindlichkeit der Gründungsgesellschaft bestehen. Die Haftung in der Gründungsphase beruht allein auf einer Haftung der Handelnden. Das Prinzip der Handelndenhaftung wird durch Art. 5 al. 2 L 1966[758] aufgestellt. Dieser gesetzlichen Bestimmung kommt im Interesse der Dritten sowohl eine Schutz- als auch Druckfunktion zu, um die Gründer zu einer schnellen Eintragung der Gesellschaft in das Handelsregister zu veranlassen. Daneben ist Art. 5 al. 2 L 1966

---

757 Erste Richtlinie des Rates der EG vom 09.03.1968 (68/151/EWG), ABl. EG 1968 L 65/8.

758 Art. 5 al. 2 L 1966 lautet: „Personen, die im Namen einer in Gründung befindlichen Gesellschaft gehandelt haben, bevor sie die Rechtspersönlichkeit erlangt hat, haften als Gesamtschuldner unbeschränkt für die vorgenommenen Rechtsgeschäfte, wenn nicht die Gesellschaft die eingegangenen Verbindlichkeiten übernimmt, nachdem sie ordnungsgemäß gegründet und eingetragen worden ist. Diese Verpflichtungen gelten dann als von Anfang an von der Gesellschaft eingegangen." Text und deutsche Übersetzung bei Behrens, in Behrens (Hg.), GmbH im internationalen und europäischen Recht. Art. 5 L 1966 gilt als Bestimmung aus dem allgemeinen Teil des Gesetzes für die Kapitalgesellschaften. Das Gesetz vom 04.01.1978 und sein Anwendungsverordnung (*décret*) vom 03.07.1978 erstrecken diese Regelung nun auf alle Gesellschaften (Zivilrechts- und Handelsgesellschaften), vgl. Art. 1843 CC. Somit gilt die von Art. 5 L 1966, Art. 1843 CC aufgestellte Regelung für alle Gesellschaften.

auf den Schutz der zukünftigen Gesellschafter vor Verpflichtungen, die außerhalb ihrer Kontrolle liegen, sowie auf den Schutz der Gesellschaft vor den Nachteilen, die sich aus den rückwirkend übernommenen Gründungsgeschäften ergeben, gerichtet[759].

I. Haftung der Handelnden nach Art. 5 al. 2 L 1966

1. Begriff der Handelnden

Im französischen Recht fehlt es trotz der Verwendung des Begriffs des Handelnden an einer gesetzlichen Definition. Der Gesetzgeber hat die Bestimmung daher Rechtsprechung und Lehre überlassen.

Unstrittig ist jedenfalls, dass alle unmittelbar handelnden Personen vom Begriff der Handelnden in Art. 5 al. 2 L 1966 erfasst werden, unabhängig von ihrer Eigenschaft als Gründer der Gesellschaft, zukünftiger Gesellschafter, Geschäftsführer oder außenstehender Dritter. Anders als im deutschen Recht wird der Begriff also nicht auf die Vertretungsorgane beschränkt. Die gesetzliche Bestimmung ist auf die konkrete Handlung einer Person bezogen. Daraus folgt, dass jeder am konkreten Abschluss des Rechtsgeschäftes im Namen der Gründungsgesellschaft Beteiligte haftet[760]. Die Bedeutung von Art. 5. al. 2 L 1966 dürfte damit wie bei § 11 Abs. 2 GmbHG darin liegen, dass sich die Handelndenhaftung auch auf Nichtgesellschafter erstrecken kann. Dieses bedeutet eine Erleichterung der Beweislast in Fällen zweifelhafter gesellschaftlicher Stellung: Ob der Handelnde Gesellschafter wird oder nicht, bleibt ohne Einfluss auf seine Haftung.

Um der Schutzfunktion des Art. 5 al. 2 L 1966 Nachdruck zu verleihen, wird der französische Handelndenbegriff dahingehend erweitert, dass er jegliche Förderung eines Gründungsgeschäftes erfasst. Damit werden nicht nur die Unterzeichner des Gründungsgeschäftes als unmittelbar Handelnde vom Handelndenbegriff erfasst, sondern auch die mittelbar Handelnden. In die Handelndenhaftung werden also auch diejenigen Personen miteinbezogen, die der Vornahme eines Gründungsgeschäftes zuge-

---

759 Cass. Com, 03.04.1973, RTD com. 1973, 804 mit Anm. Houin; CA Paris, 11.06.1971, Gaz. Pal. 1971.2.673 mit Anm. Delaisi = Rev. soc. 1972, 222 mit Anm. Sortais = JCP 1972.II.16981 mit Anm. Guyon; Merle, Droit commercial, S. 92; Klein, Rückgriffsanspruch, S. 66 f.; Germain/Vogel, Ripert/Roblot Traité de droit commercial, S. 827 f.; Jeantin, Droit des sociétés, S. 88.

760 Vgl. Cass. com., 13.03.1984 und 15.11.1983, Rev. soc. 1984, 753 mit Anm. Gallet, S. 755, 756 f.; Cass. com., 01.04.1974, Rev. soc. 1975.62 mit Anm. Guilbertcau; Cass. com., 04.05.1981, D. 1982.J.482 mit Anm. Daigre; Cass. com., 20.11.1990, Bull. civ. IV, n° 296 = Rev. soc. 1991.71 = D. 1990. IR. 299 = Bull. Joly 1991.204 mit Anm. Le Cannu; Cass. com., 07.04.1992, Bull. Joly 1992, 622 mit Anm. Le Cannu ; CA Paris, 11.06.1971, Rev. soc. 1972, 228 mit zust. Anm. Sortais, S. 228, 232 = JCP 1972.II.16981 mit Anm. Guyon = Gaz. Pal. 1971.2.673 mit Anm. Delaisi; vgl. auch Cass. 1re civ., 19.11.1996, Rev. soc. 1996, 769, 770, mit zust. Anm. Chartier = Dr. soc., 1997, n° 23 mit zust. Anm. Bonneau.; N.N., Anm. zu Cass. com., 26.04.1988, Rep. Defr., 1988, 1392, 1392 f.; Jeantin, Droit des sociétés, S. 85; Guyon, Droit des affaires, S. 172; Lefebvre, Droit des affaires, n° 1134, 1137, 1074; Daublon, Rép. Not. Defrénois, 1977, 657, 667; Cozian/Viandier/Deboissy, Droit des sociétés, n° 268; Plantamp, RTD com. 1994, 1, 9; Mestre/Blanchard-Sébastien, in Lamy sociétés commerciales, n° 346;.

stimmt[761], die am Abschluss des Gründungsgeschäfts durch Mitwirken an den vorbereitenden Verhandlungen o.ä. teilgenommen haben[762] sowie diejenigen, welche die unmittelbar Handelnden entsprechend beauftragt und bevollmächtigt haben[763]. Im Gegensatz zum allgemeinen Stellvertretungsrecht schließt die Haftung des Vollmachtgebers nicht die des unmittelbar Handelnden aus, so dass beide gemeinsam für die vorgenommene Handlung haften[764]. Damit erfasst die Haftung des Art. 5 al. 2 L 1966 grundsätzlich auch Untervertreter, und zwar auch dann, wenn sie in Vertretung von Gesellschaftern oder Vertretungsorganen für die Gesellschaft tätig geworden sind[765]. Das Vorliegen eines derartigen Auftrags und Vollmacht (*mandat*)[766] wird allerdings nur unter engen Voraussetzungen angenommen. Der Handlungswille, also der Verpflichtungswille bzw. der Wille zur Erteilung eines *mandat* muss klar hervortreten.

Das französische Recht verlangt nicht, dass der Haftende das Gründungsgeschäft selbst unterzeichnet hat, ausreichend ist die Teilnahme am Abschluss eines Gründungsgeschäftes, das mit einer gewissen Initiative einhergeht[767]. Ob ein allgemeines Einverständnis mit der Aufnahme des Geschäftsbetriebs genügt, haben Rechtsprechung und Lehre bisher nicht erörtert[768]. Unstrittig ist aber, dass eine vorherige Zustimmung zur Begründung der Haftung nicht erforderlich ist, sondern auch eine nachträgliche Zustimmung ausreicht[769]. Denn nach französischem Verständnis fallen unter den Handelndenbegriff des Art. 5 al. 2 L 1966 auch diejenigen Personen, die die Handlungen anderer genehmigt haben, also ihr nachträglich zugestimmt haben[770]. Den Fall der vorherigen Zustimmung erfassen die Regelungen in Art. 6 al. 3 décret n° 78-704 und Art. 26 al. 3 décret n° 67-236. Im Fall der Erteilung einer Vollmacht

761 Cass. com., 04.05.1981, D. 1982.J.482 mit Anm. Daigre; Klein, Rückgriffsanspruch, S. 67; Butt, Probleme der Vorgesellschaft, S. 111 mwN.

762 Cass. com., 01.04.1974, Rev. soc. 1975.62 mit Anm. Guilberteau; TGI Paris, 04.07.1969, JCP 1970.II.88304; Daigre, Anm. Cass. com., 04.05.1981, D. 1982.J.482; Sortais, Anm. zu CA Paris, 11.06.1971, Rev. soc. 1972, 228, 232; Daublon, Rép. Not. Defrénois, 1977, 657, 676.

763 Vgl. CA Paris, 11.06.1971, Gaz. Pal. 1971.2.673 mit Anm. Delaisi = Rev. soc. 1972, 222 mit Anm. Sortais = JCP 1972.II.16981 mit Anm. Guyon; CA Paris, 27.06.1978, D. 1980, IR. 162 mit Anm. Bousquet; Chartier, Anm. zu Cass. com., 19.11.1996, Rev. soc. 1996, 770, 771; Cass. com., 14.01.1992, Rev. soc. 1992, 303 mit Anm. N.N. = Dr. soc., 1992, n° 44 mit Anm. Bonneau; Plantamp, RTD com., 1994, 1, 9; Cozian/Viandier, Droit des sociétés, n° 268; Merle, Droit commercial, S. 96; Saintourens, L'entreprise en société à responsabilité limitée, S. 65; weitergehend *Daublon*, Rép. Not. Defrénois, Bd. 97, 1977, 657, 676 f.

764 Vgl. Daigre, Anm. zu Cass. com., 04.05.1981, D. 1982.J.482.

765 Klein, Rückgriffsanspruch, S. 67; Butt, Probleme der Vorgesellschaft, S. 41 ff.

766 Das französische Recht differenziert nicht zwischen dem Auftrag und der Bevollmächtigung. Das *mandat* beinhaltet die Erteilung des Auftrags und die entsprechende Vertretungsmacht; vgl. Ferid/Sonnenberger, Französisches Zivilrecht 1/1, Rn 1 F 1002.

767 Cass. com., 04.05.1981, D. 1982.J.482 mit Anm. Daigre; Cass. com., 21.10.1974, Rev. soc. 1976. 75 mit Anm. J.H.; vgl. Sortais, Anm. zu Cass. com., 17.05.1989, Rev. soc. 1990, 33, 34; Plantamp, RTD com. 1994, 1, 9; Guyon, Anm. zu Orléans, 1re civ., 22.02.1978, JCP 1980.II.19403, n° II. A.; Gallet, Anm. zu Cass. com., 13.03.1984 und 15.11.1983, Rev. soc. 1984, 755, 756.

768 Butt, Probleme der Vorgesellschaft, S. 111; Klein, Rückgriffsanspruch, S. 67.

769 anders Klein, Rückgriffsanspruch, S. 67; Butt, Probleme der Vorgesellschaft, S. 41 ff.

770 Cass. 1re civ., 19.11.1996, Rev. soc. 1996, 769, 770 mit zust. Anm. Chartier = Dr. soc., 1997, n° 23 mit zust. Anm. Bonneau.

zum Abschluss von Gründungsgeschäften für die Gründungsgesellschaft im Sinn von Art. 6 al. 3 décret n° 78-704 und Art. 26 al. 3 décret n° 67-236 werden die Gesellschafter, die eine Vollmacht erteilt haben, den Handelnden gleichgestellt, so dass auch sie die Haftung des Art. 5 al. 2 L 1966 trifft[771]. Erfolgt die Bevollmächtigung in der Satzung, dann haften die Vollmachtgeber gesamtschuldnerisch mit dem Bevollmächtigten, wenn dieser selbst auch Gesellschafter ist[772]. Denn als Gesellschafter war der Bevollmächtigte an der Satzungsunterzeichnung beteiligt und hat folglich seine Bevollmächtigung zusammen mit den anderen Gesellschaftern erlassen. Aus Art. 26 al. 1, 2 décret n° 67-236 und Art. 6 al. 1, 2 décret n° 78-704 folgt, dass auch eine nachträgliche Zustimmung ausreicht, weil im Fall der Beifügung einer Liste mit Handlungen im Namen der Gründungsgesellschaft zur Satzung auch diejenigen Personen haften, die diese Liste unterzeichnen und so die spätere automatische Übernahme dieser Handlungen verursachen[773].

Auch wenn einige Stimmen in der Literatur die Personen der Handelnden mit denen der Gründer (*fondateurs*)[774] gleichsetzen[775], stimmen beide Personenkreise nicht notwendigerweise überein[776]. Die Gründer fallen nicht aus plein droit allein wegen ihrer Beteiligung an der Gründung der Gesellschaft unter den Handelndenbegriff, sondern nur dann, wenn sie im oben genannten Sinn gehandelt haben, also wenn sie das Gründungsgeschäft selbst unterzeichnet, am Abschluss des Geschäftes selbst hinreichend mitgewirkt, das Gründungsgeschäft genehmigt oder eine Vollmacht zu

771 Cass. Com, 03.04.1973, RTD com. 1973, 804 mit Anm. Houin; CA Paris, 11.06.1971, Gaz. Pal. 1971.2.673 mit Anm. Delaisi = Rev. soc. 1972, 222 mit Anm. Sortais = JCP 1972.II.16981 mit Anm. Guyon; Gallet, Anm. zu Cass. com., 13.03.1984 und 15.11.1983, Rev. soc. 1984, 755, 756 f.; Sortais, Anm. zu Cass. com., 17.05.1989, Rev. soc. 1990, 33, 34.

772 Vgl. Daigre, Anm. zu Cass. com., 04.05.1981, D. 1982.J.482.

773 Vgl. Serlooten, Société en formation, in Joly Sociétés – Traité 5, n° 46; Daublon, Rép. Not. Defrénois, 1977, 657, 677.

774 Gründer sind nach einer mittlerweile allgemein anerkannten Definition des Cour de Cassation (Cass. civ., 01.07.1930, DP, 1931.1.97 mit Anm. Hamel) diejenigen Personen, die aktiv an der Organisation und dem in Gang setzen der Gesellschaft teilnehmen und folglich die Satzung ausarbeiten, Kapitalgeber suchen oder die Erfüllung der rechtlichen Förmlichkeiten für die Eintragung der Gesellschaft sicherstellen. Vgl. auch CA Paris, 11.06.1971, Rev. soc. 1972, 222 mit Anm. Sortais, 228, 232; CA Paris, 24.09.1991, JCP 1992.I.3561, n° 2 mit Anm. Viandier/Caussain = Bull. Joly. 1992. 512 mit Anm. Barbièri = RTD com. 1992, 808 mit Anm. Champaud/Danet; Gallet, Anm. zu Cass. com., 13.03.1984 und 15.11.1983, Rev. soc. 1984, 755, 756; Sibon, Anm. zu Cass. com., 25.10.1983, Rev. soc. 1984, 524, 525; Guyon, Anm. zu Orléans, 1re civ., 22.02.1978, JCP 1980.II.19403, n° II.a; Didier, Droit commercial, S. 176, 192 f.; Plantamp, RTD com. 1994, 1, 9, 14; Lefebvre, Droit des affaires, n° 810; Daublon, Rép. Not. Defrénois, 1977, 657, 664 f. Da der Gründerbegriff kein Tatsachenbegriff sondern einen rechtlicher Begriff ist, ist er der Kontrolle des Cour de Cassation unterworfen, vgl. Micha-Goudet, Constitution des sociétés, in Collection des Juris-Classeur, éd. 1996, Fasc. 27-10, n° 13.

775 Houin, RTDE (1) 1965, 11, 14; Sinay, Gaz. Pal. 1971, Doctr. 146, 155 n° 71; Van Ommeslaghe, Cah.dr.europ. (5) 1969, 619, 639 n° 37; vgl. auch Roth, ZGR 1984, 597, 618 Fn 105; Guyon, Droit des affaires, n° 164; Gallet, Anm. zu Cass. com., 13.03.1984 und 15.11.1983, Rev. soc. 1984, 755, 756; Chaput, Droit des sociétés, n° 80.

776 Daigre, Anm. Cass. com., 04.05.1981, D. 1982.J.482; Jeantin, Droit des sociétés, n° 165; vgl. auch CA Paris, 11.06.1971, JCP, 1972.II.16981 mit Anm. Guyon = Rev. soc. 1972, 222 mit Anm. Sortais.

dessen Abschluss erteilt haben[777]. Sie haften selbst dann nicht, wenn sie von dem Abschluss des Gründungsgeschäfts Kenntnis hatten[778], wenn sie bei der Errichtung der Gesellschaft eine aktive Rolle eingenommen haben[779] oder wenn ihre Rolle zwar für die Realisierung der Gründungsgeschäfte beherrschend war, sie diese aber nicht unterzeichnet haben[780].

Der französische Handelndenbegriff wird damit sehr weit verstanden und erfasst letztlich jegliche Förderung eines Gründungsgeschäftes. Nicht nur die unmittelbar Handelnden, sondern auch diejenigen Personen, die die unmittelbar Handelnden beauftragt oder deren Handlungen genehmigt haben, trifft die Haftung. Ob diese Personen gleichzeitig Gründer der Gesellschaft, zukünftige Gesellschafter, Geschäftsführer oder Außenstehende sind, ist für die Frage der Haftung nach Art. 5 al. 2 L 1966 unerheblich. Die Einbeziehung der Gründer in den persönlichen Anwendungsbereich der Handelndenhaftung ist angesichts der Druck- und Sicherungsfunktion dieser Haftung konsequent.

2. Voraussetzung der Handelndenhaftung

Voraussetzung für das Eingreifen der gesetzlich geregelten Handelndenhaftung ist, dass die Handelnden *„au nom d'une société en formation"* gehandelt haben. Daraus wird zunächst geschlossen, dass das Handeln im Namen der Gründungsgesellschaft erfolgt sein muss. Wird das Rechtsgeschäft hingegen im Namen der zukünftigen Gesellschaft abgeschlossen, findet Art. 5 al. 2 L 1966 keine Anwendung. Das Rechtsgeschäft ist nach allgemeinen Regeln zu beurteilen. Danach ist das Rechtsgeschäft nichtig, weil die Gesellschaft im Zeitpunkt des Vertragsschlusses noch nicht existiere

---

777 Cass. com., 04.05.1981, Rev. soc. 1982.277 mit Anm. Philippe = D. 1982.J.482 mit Anm. Daigre; Cass. com., 13.03.1984 und 15.11.1983, Rev. soc. 1984, 753 mit Anm. Gallet, S. 755, 757; Cass. com., 14.01.1992, Rev. soc. 1992, 303 mit Anm. N.N. = Bull. Joly, 1992.291 mit Anm. Cuisance = Dr. soc. 1992, n° 44 mit Anm. Bonneau; Cass. com., 07.04.1992, Bull. Joly 1992, 622 mit Anm. Le Cannu; Cass. com., 25.10.1983, Rev. soc. 1984, 523 mit Anm. Sibon = D. 1985 I J. 149 mit Anm. Chartier; Cass. 1re civ., 19.11.1996, Rev. soc. 1996, 769, 770, mit zust. Anm. Chartier = Dr. soc., 1997, n° 23 mit zust. Anm. Bonneau; CA Paris, 11.06.1971, Rev. soc. 1972, 222 mit zust. Anm. Sortais, S. 228, 232 = Gaz. Pal. 1971.2.673 mit Anm. Delaisi; vgl. auch Cass. com., 20.11.1990, Bull. Joly 1991.204 mit Anm. Le Cannu; Guyon, Anm. zu Orléans, 1re civ., 22.02.1978, JCP 1980.II.19403, n° II. A.; Sortais, zu Anm. Cass. com., 17.05.1989, Rev. soc. 1990, 33, 34; Plantamp, RTD com. 1994, 1, 10; Didier, Droit commercial, S. 177; Guyon, Droit des affaires, S. 172; Lefebvre, Droit des affaires, n° 1134; Chaput, Droit des sociétés, S. 55; Germain/Vogel, Ripert/Roblot Traité de droit commercial, n° 1060; Jeantin, Droit des sociétés, n° 165; a.A. noch Daublon, Rép. Not. Defrénois, 1977, 657, 677, der davon ausgeht, dass all diejenigen Personen aus vor der Satzungsunterzeichnung geschlossenen Gründungsgeschäften haften, die sich dafür entschieden haben, an der Gründung der Gesellschaft teilzunehmen, da sie mit Unterzeichnung der Satzung ihre Zustimmung zum Gründungsgeschäft geäußert und dieses damit genehmigt hätten.

778 Chartier, Anm. zu Cass. com., 25.10. und 15.11.1983, D. 1985 I J. 150, 150.

779 Cass. com., 12.04.1983, Bull. Joly 1983.624; Cass. com, 25.10.1983, Rev. soc. 1985.523 mit Anm. Sibon; Chaput, Droit des sociétés, S. 55; vgl. Sortais, Anm. Cass. com., 17.05.1989, Rev. soc. 1990, 33, 34.

780 Vgl. Lefebvre, Droit des affaires, n° 1134.

und der Vertrag folglich mit einem nichtexistierenden Vertragspartner geschlossen wurde[781].

Weitere Voraussetzung ist, dass die Handlung im fremden Namen erfolgt ist. Die französische Rechtsprechung verlangt, dass der Handelnde diejenigen Tatsachen angibt, die eine Identifizierung der Gründungsgesellschaft erlauben (z.B. der Name der Firma oder der zukünftige Gesellschaftssitz)[782]. Wie auch im deutschen Recht verpflichtet sich der Handelnde selbst, wenn er nicht deutlich macht, dass er im Namen der Gründungsgesellschaft handelt. Er gilt dann als im eigenen Namen handelnd[783]. Daher ist die spätere Übernahme eines solchen Rechtsgeschäfts durch die Gesellschaft nicht nach Art. 5 al. 2 L 1966 möglich; der Gesellschaft bleibt nur die Übernahme außerhalb der Handelndenhaftungsregelung und damit nur mit Zustimmung des Vertragspartners[784]. Hintergrund des Erfordernisses ist, dass der Vertragspartner über die Möglichkeit der späteren Übernahme des Gründungsgeschäftes und der Ersetzung seines ursprünglichen Schuldners informiert wird[785]. Daher besteht auch keine generelle Vermutung, dass ein Rechtsgeschäft im Namen der Gründungsgesellschaft geschlossen wurde. Der Beweis kann aber mit allen Mitteln erbracht werden, da die Gründungsgeschäfte Handelsgeschäfte sind[786].

Erforderlich ist ferner, dass tatsächlich eine Gründungsgesellschaft vorliegt[787]. Ist die Gründungsgesellschaft objektiv noch nicht entstanden oder besteht sie objektiv nicht mehr, greift die gesetzliche Handelndenhaftung nicht ein. Daher findet sie auch keine Anwendung, wenn sich die Gründungsgesellschaft in eine *société créée de fait* gewandelt hat. In diesem Fall haften nicht die Handelnden nach Art. 5 al. 2 L 1966, sondern die Gesellschafter der faktischen Gesellschaft nach dem Recht der *SNC* (OHG)[788].

---

781 Cass. 3è civ., 28.10.1992, Bull. Joly 1993, § 13, S. 85 f. mit Anm. Le Cannu; Cozian/Viandier/Deboissy, Droit des sociétés, n° 278. Daher unzutreffend Butt, Probleme der Vorgesellschaft, S. 111. Dem Dritten steht in diesem Fall nur ein verschuldensabhängiger Schadensersatzanspruch zu, dessen Voraussetzungen und Umfang im einzelnen ungeklärt sind; s. zur Vertragsnichtigkeit und den Rechtsfolgen in Frankreich Ferid/Sonnenberger, Französisches Zivilrecht, Rn 1 F 945 f., 1 F 282 f.

782 Lefebvre, Droit des affaires, n° 850.; vgl. auch Guyon, Droit des affaires, S. 168.

783 CA Lyon, 27.11.1998, JCP 1999, éd. E, S. 1015 mit Anm. Micha-Goudet; vgl. Cass. Com, 03.04.1973, RTD com. 1973, 804 mit Anm. Houin; CA Paris, 27.06.1978, D. 1980, IR.162 mit Anm. Bousquet; Germain/Vogel, Ripert/Roblot Traité de droit commercial, n° 1058; Cozian/Viandier/Deboissy,Droit des sociétés, n° 278; Jeantin, Droit des sociétés, S.88; Guyon, Droit des affaires,S.168.

784 Cass. com., 27.10.1975, Rev. soc. 1976, 297, 297 f., mit zust. Anm. Randoux; Cass. com., 18.12.1990, Rev. soc. 1991, 517, 517 f. mit Anm. Chartier; Cass. 3è civ., 28.10.1992, Bull. Joly 1993, § 13, S. 85 f. mit Anm. Le Cannu; Mestre/Blanchard-Sébastien, in Lamy sociétés commerciales, n° 349.

785 Cass. com., 27.10.1980, D. 1981, IR.342 mit Anm. M. Vasseur = RTD com. 1981.330 mit Anm. Cabrillac/Teyssie; Cass. com., 27.10.1975, Rev. soc. 1976, 297 mit zust. Anm. Randoux, 298, 299 f.; Chaput, Droit des sociétés, S. 50; Didier, Droit commercial, S. 177; CA Paris, 11.06.1971, Rev. soc. 1972, 222; Chartier, Anm. zu Cass. com., 18.12.1990, Rev. soc. 1991, 518, 519.

786 Chartier, Anm. zu Cass. com., 18.12.1990, Rev. soc. 1991, 518, 519.

787 Mercadal/Janin, Sociétés commerciales, n° 311.

788 Vgl. dazu den Abschnitt „société créée de fait" auf S. 143 ff.

Art. 5 al. 2 L 1966 erlaubt ein uneingeschränktes Handeln in der Gründungsphase der Gesellschaft und beschränkt das Handeln nicht auf die gründungsnotwendigen Rechtsgeschäfte. Denn diese Bestimmung ist diesbezüglich allgemein abgefasst und spricht ohne Präzisierung von „*actes*“ und „*engagements*“[789], woraus geschlossen wird, dass die Handelnden Rechtsgeschäfte aller Art für die Gründungsgesellschaft abschließen können[790]. Eine Grenze wird allerdings dort gezogen, wo das Handeln in die Aufnahme der eigentlichen Gesellschaftstätigkeit übergeht[791], weil sich die Gründungsgesellschaft bei Ausübung der Gesellschaftstätigkeit schon in der Gründungsphase in eine *société créée de fait* wandelt und Art. 5 al. 2 L 1966 keine Anwendung mehr finden kann.

3. Inhalt und Umfang der Handelndenhaftung

Zum Schutz der Gläubiger bestimmt Art. 5 al. 2 L 1966 eine unbeschränkte und gesamtschuldnerische[792] Haftung der Handelnden für die aus den Gründungsgeschäften resultierenden Verpflichtungen[793]. Anerkannt ist, dass den Handelnden im Gegenzug zu ihrer Verpflichtung aus den Gründungsgeschäften auch die daraus resultierenden Rechte zustehen[794]. Hingegen wird die zukünftige Gesellschaft durch die Gründungsgeschäfte nicht gebunden[795], weil sie im Zeitpunkt des Abschlusses noch nicht existierte und daher noch nicht rechtsfähig war[796].

---

789 *Actes* = Rechtsgeschäfte; *engagements* = Verpflichtungen.

790 Die Entscheidungen Cass. 2è civ., 13.12.1995, Dr. soc. 1996, n° 50 mit Anm. Bonneau und Cass. 2è civ., 18.05.1989, JCP éd. N 1990.II.205 mit Anm. Garcon, wonach im Namen der Gründungsgesellschaft kein höheres Gebot (*déclaration de surenchère*) abgegeben werden könne, da die Gesellschaft im Zeitpunkt dieser Erklärung rechtlich gesehen noch nicht existiert habe, sind durch die Besonderheiten des höheren Gebots bedingt und nicht zu verallgemeinern; vgl. Lefebvre, Droit des affaires, n° 1120.

791 Vgl. Daublon, Rép. Not. Defrénois, 1977, 657, 665 ff.; Baudelet, Banque 1986, 66.

792 Die französische Konzeption der Gesamtschuld stimmt grundsätzlich mit der deutschen überein, wie der Wortlaut von Art. 1200 Code Civil und § 421 BGB zeigen. Allerdings ist der Gesamtschuldbegriff des französischen Rechts enger als der des deutschen Rechts, weil die gegenseitige Abhängigkeit der Schuldner größer ist. So wirken nicht nur Erfüllung und Erfüllungssurrogate für alle Gesamtschuldner, sondern auch die Verjährungsunterbrechung (Art. 1206 Code Civil; vgl. aber § 425 BGB), der verschuldete Untergang oder teilweise der Schuldnerverzug (Art. 1205, 1207 Code Civil). Nach Art. 1202 Code Civil besteht wegen dieser weitreichenden Gesamtwirkung eine Gesamtschuldnerschaft nur kraft ausdrücklicher Vereinbarung oder wenn sie in gesetzlichen Regelungen bestimmt ist. Dieses ist bei Art. 5 al. 2 L 1966 und Art. 1842 al. 1 CC der Fall; vgl. zur Gesamtschuld weiter Hübner/Constantinesco, Französisches Recht, S. 149 f.

793 Die Haftung umfasst dabei nicht die Gesellschaftsschulden; Lefebvre, Droit des affaires, n° 1074.

794 Didier, Droit commercial, S. 176.

795 Cass. com., 17.05.1989, Bull. civ. IV., n° 151 = Rev. soc. 1990. 32 mit Anm. Sortais; Cass. Com, 03.04.1973, RTD com. 1973, 804 mit Anm. Houin; Cass. com., 03.01.1996, Rev. soc. 1996, 274; Orléans, 1re civ., 22.02.1978, JCP 1980.II.19403 mit Anm. Guyon = RTD. com., 1981, 763 mit Anm. Champaud; Guyon, Droit des affaires, S. 172.

796 Cass. 3è civ., 28.10.1992, Bull. Joly 1993, § 13, S. 85 f. mit Anm. Le Cannu; Cass. civ., 22.03.1995, Dr. soc., 1995, n° 115 mit Anm. Bonneau; vgl. Lefebvre, Droit des affaires, n° 847, n° 850; Daublon, Rép. Not. Defrénois, 1977, 657, 663, 676; Cozian/Viandier/Deboissy, Droit des sociétés, S. 104.

Der Umfang der Handelndenhaftung richtet sich nach dem abgeschlossenen Gründungsgeschäft. Die Handelnden müssen die eingegangenen Verbindlichkeiten erfüllen, weil sie zunächst selbst Vertragspartei sind und dies bleiben, wenn die eingetragene Gesellschaft das Gründungsgeschäft nicht übernimmt. Sie haften damit im selben Umfang wie die Gesellschaft haften würde, wenn sie das Rechtsgeschäft übernommen hätte. Zwar wird in der französischen Literatur nicht erörtert, wem gegenüber die Haftung des Handelnden besteht, doch scheint sie nur gegenüber dem Vertragspartner zu bestehen[797]. Dieser hat damit inhaltlich einen Anspruch auf Erfüllung[798], nicht aber wahlweise auch einen Anspruch auf Schadensersatz. Denn er wusste im Zeitpunkt des Abschlusses des Rechtsgeschäftes, dass dieses im Namen einer Gründungsgesellschaft geschlossen wurde. Er ist das Risiko eingegangen, dass die Gesellschaft nicht eingetragen wird und das Rechtsgeschäft mangels Erlangung der Rechtsfähigkeit nicht übernehmen kann. Abweichende Vereinbarungen über den Umfang der persönlichen Haftung der Handelnden sind jedoch zulässig.

Können die nach Art. 5 al. 2 L 1966 Haftenden ihre Verpflichtungen aus den Gründungsgeschäften nicht erfüllen, so kann gegen sie das Insolvenzverfahren (*redressement judiciare*) eingeleitet werden. Voraussetzung ist, dass sie darlegen, persönlich und üblicherweise Handelsgeschäfte erfüllt[799] oder üblicherweise eine handwerkliche Tätigkeit ausgeübt zu haben[800]. Dabei kann ein Kollektivverfahren (*procédure collective*) gegen jeden der Gesellschafter erhoben werden, auch wenn diese das Handlesgeschäft nicht persönlich geschlossen haben, sie aber einen allgemeinen Bevollmächtigten bestimmt haben, der die Rechtsgeschäfte geschlossen hat[801].

4. Dauer der Handelndenhaftung

Art. 5 al. 2 L 1966 bestimmt nicht explizit, ab welchem Zeitpunkt die Handelndenhaftung eingreift. Aus dem Inhalt der Vorschrift folgt aber, dass sie grundsätzlich für den Zeitraum ab dem Bestehen einer Gründungsgesellschaft konzipiert ist. Die Handelndenhaftung verlangt, dass die Handelnden die Gründungsgeschäfte für die Gründungsgesellschaft abschließen, wobei eine solche Gesellschaft objektiv vorliegen muss[802]. Die Gründungsgesellschaft entsteht grundsätzlich erst mit Unterzeichnung der Satzung[803]. Da nach Art. 6 al. 1 décret n° 78-704 und Art. 26 al. 1 décret

---

797 Vgl. Guyon, Droit des affaires, n° 164. Die Beziehungen der Gesellschafter untereinander werden hingegen durch den Gesellschaftsvertrag geregelt (Art. 1842 al. 2 CC).

798 Vgl. Cass. com., 19.05.1992, Dr. soc., 1992, n° 199; Serlooten, Société en formation, in Joly Sociétés – Traité 5, n° 43.

799 Cass. com., 18.01.1986, Bull. civ. IV, n° 215; Lefebvre, Droit des affaires, n° 1138.

800 Vgl. Art. 2 Loi 85-98 du 25.01.1985.

801 CA Paris, 31.05.1983, BRDA 1983/15, S. 16; vgl. Lefebvre, Droit des affaires, n° 1138.

802 Mercadal/Janin, Sociétés commerciales, n° 311; implizit auch Chaput, Droit des sociétés, n° 79 ff; Cozian/Viandier/Deboissy, Droit des sociétés, n° 266 ff.; Merle, Droit commercial, n° 77

803 S. den Abschnitt „Anfang und Ende der Gründungsgesellschaft“ auf S. 132 ff. Auch die Übernahmemöglichkeit besteht nur, wenn im Zeitpunkt des Handelns tatsächlich eine Gründungsgesellschaft vorliegt; Chartier, Droit des affaires, n° 45; Guyon, Droit des affaires, n° 282; Daublon, Rép. Not. Defrénois, 1977, 657, 662 f.; Germain/Vogel, Ripert/Roblot Traité de droit commercial, n° 708.

n° 67-236 aber auch vor der Unterzeichnung der Satzung abgeschlossene Rechtsgeschäfte von der entstandenen Gesellschaft übernommen werden können und die Gründungsgesellschaft im Einzelfall schon zu einem früheren Zeitpunkt existieren kann, gilt die Handelndenhaftung für den gesamten Gründungszeitraum während des Bestehens einer Gründungsgesellschaft.

Die Handelndenhaftung erlischt, wenn die Gesellschaft eingetragen wird und die im Namen der Gründungsgesellschaft begründeten Verbindlichkeiten auf die *SARL* übergehen. Der Übergang dieser Verpflichtungen setzt nur voraus, dass die in Art. 6 décret n° 78-704 und Art. 26 décret n° 67-236 genannten Übernahmeverfahren eingehalten wurden[804]. Das Erlöschen erfolgt daher ohne Mitwirkung des Dritten und ohne dass dieser einen Einfluss darauf hätte.

5. Regressmöglichkeit

Da Art. 5 al. 2 L 1966 nicht als endgültige Risikoverteilung interpretiert wird, kann dem Handelnden ein Anspruch gegen die *SARL* aus Bereicherungsrecht (*enrichissement sans cause*)[805] oder Geschäftsführung ohne Auftrag (*gestion d'affaire*) nach Art. 1375 CC[806] zukommen, insbesondere wenn sich die entstandene Gesellschaft weigert, die Gründungsgeschäfte zu übernehmen, obwohl sie aus diesen Vorteile erlangt hat[807].

Der Anspruch nach Art. 1375 CC kann dem Handelnden auch nach Erlass des Reformgesetzes von 1966 noch zustehen. Zwar ist Pues der Ansicht, dass mit Erlass von Art. 5 al. 2, Art. 6 décret n° 78-704 und Art. 26 décret n° 78-704 ein solcher Anspruch ausgeschlossen sei, weil diese abschließende Sonderregelungen darstellten, die einen Rückgriff auf das allgemeine Recht verbäten[808]. Doch sind diese Bestimmungen nur hinsichtlich der Möglichkeit der Übernahme von Gründungsgeschäften abschließend. Sie schließen nicht aus, dass nach anderen Vorschriften ein Regressan-

---

804 S. den Abschnitt „Verfahren der Übernahme" auf S. 166 ff.

805 Das französische Recht hat im Gegensatz zum deutschen Recht die ungerechtfertigte Bereicherung nicht als selbständige Rechtsfigur ausgebaut und hat damit keine allgemeine Bestimmung über die Herausgabe der ungerechtfertigten Bereicherung erlassen. Nur die condictio indebiti (*répétitio de l' indu*) wurde im Code Civil geregelt, Art. 1376 ff. CC. Lehre und Rechtsprechung haben aber dem Satz „*nul ne droit s'enrichir au dépens d'autrui*" seit der grundlegenden Entscheidung „*Boudier*" des Cour de Cassation im Jahre 1892 durch Entwicklung einer *actio in rem verso* weitestgehend Geltung verschafft. Vgl. Ferid/Sonnenberger, Französisches Zivilrecht, S. 427.

806 Die *gestion d'affaire* wird im französischen Recht als gesetzliches Schuldverhältnis begriffen und trotz der Verbindung zum Auftragsrecht zusammen mit der Bereicherung geregelt. Ihr kommt ein weiterer Anwendungsbereich als der Geschäftsführung ohne Auftrag nach §§ 677 ff. BGB zu. Viele Fälle der Rückabwicklung rechtsgrundlos erfolgter Vermögensverschiebungen werden in Frankreich daher über die Regeln der *gestion d'affaire* gelöst. Vgl. Hübner/Constantinesco, Französisches Recht, S. 160; Ferid/Sonnenberger, Französisches Zivilrecht, S. 317.

807 Guyon, Anm. zu Orléans, 1re civ., 22.02.1978, JCP 1980.II.19403, n° II.B; Merle, Droit commercial, S. 96; Saintourens, L'entreprise en société à responsabilité limitée, S. 65; Lefebvre, Droit des affaires, n° 1134; Chaput, Droit des sociétés, S. 55, vgl. Lacorne, GmbHR 1996, 594, 595.

808 Pues, Haftungsverhältnisse im Gründungsstadium, S. 75.

spruch besteht, insbesondere wenn eine Übernahme der Gründungsgeschäfte nicht erfolgt ist und die Gesellschaft dennoch Vorteile aus diesen erlangt hat.

Voraussetzung der *gestion d'affaire* ist die Vornahme eines fremden Geschäfts sowie die Notwendigkeit und Nützlichkeit der vorgenommenen Maßnahme[809]. Notwendig und nützlich sind grundsätzlich alle Ausgaben, die für die Gründung der Gesellschaft erforderlich sind, sowie alle Rechtsgeschäfte, die der Gesellschaft Vorteile bringen[810]. Maßgeblicher Beurteilungszeitpunkt für die Notwendig- und Nützlichkeit ist die Vornahme des Rechtsgeschäftes durch den Geschäftsführer[811]. Liegen die Voraussetzungen der *gestion d'affaire* vor, tritt die *SARL* nach Art. 1375 CC unmittelbar in die in ihrem Namen und ihrem Interesse begründeten Verbindlichkeiten ein und muss als Geschäftsherr die eingegangenen Verpflichtungen erfüllen[812]. Dem Handelnden steht also nicht nur ein Anspruch gegen die Gesellschaft auf Entschädigung der in Erfüllung der *gestion d'affaire* eingegangen Verbindlichkeiten zu, sondern auch ein Anspruch auf Erstattung seiner nützlichen und notwendigen Aufwendungen[813]. Genehmigt die Gesellschaft nach ihrer Eintragung die Gründungsgeschäfte, entfällt die Beschränkung der Erstattungs- und Ersatzpflicht auf die zweckmäßige Geschäftsführung. Die *gestion d'affaire* wird rückwirkend in eine Vollmacht umgewandelt[814], so dass insbesondere Art. 2000 CC Anwendung findet, wonach auch die Verluste des Handelnden zu ersetzen sind.

Neben der *gestion d'affaire* kann dem Handelnden ein Anspruch wegen ungerechtfertigter Bereicherung (*enrichissement sans cause*) auf Grundlage der ***répétitio de l'indu***[815] oder der subsidiären *actio in rem verso*[816] gegen die Gesellschaft zustehen. Diese Ansprüche kommen insbesondere in Betracht, wenn die Erfordernisse der Notwendig- und Nützlichkeit der Maßnahme im Rahmen der *gestion d'affaire* nicht erfüllt sind. Denn Voraussetzung der bereicherungsrechtlichen Ansprüche ist grundsätzlich nur eine Vermögensverschiebung ohne rechtlichen Grund, die vorliegt, wenn die Ge-

809 Die Notwendigkeitsvoraussetzung wird aus Art. 1372 CC abgeleitet, weil der Geschäftsführer die Geschäfte solange führen soll, bis der Geschäftsherr „in der Lage ist, dieses selbst zu besorgen"; vgl. Ferid/Sonnenberger, Französisches Zivilrecht, S. 319 f.

810 Butt, Probleme der Vorgesellschaft, S. 82.

811 Didier, Droit commercial, S. 173; Goubeaux/Voirin, Droit Civil, S. 421; Ferid/Sonnenberger, Französisches Zivilrecht, S. 325, 319.

812 Die Geschäftsführung begründet also nicht nur wie im deutschen BGB einen Freistellungsanspruch, sondern bindet den Geschäftsherrn unmittelbar nach Art. 1375 CC; vgl. Sonnenberger/Autexier, Französisches Recht, S. 126.

813 Vgl. Goubeaux/Voirin, Droit Civil, S. 422.

814 Ferid/Sonnenberger, Französisches Zivilrecht, S. 325.

815 Art. 1376 - 1381 CC. Voraussetzung dieses Anspruchs ist eine nichtgeschuldete Leistung (*donner*) oder ein Geldzahlung (*payement*) sowie nach einigen Ansichten ein Irrtum des Leistenden. Der größte Unterschied zum deutschen Recht ist, dass die ***répétitio de l'indu*** nicht vom Fortbestehen der Bereicherung abhängig ist; vgl. Ferid/Sonnenberger, Französisches Zivilrecht, S. 428.

816 Voraussetzung dieser von Rechtsprechung und Lehre entwickelten Klage ist eine mit einer Entreicherung (*appauvrissement*) in Zusammenhang stehende Bereicherung (*enrichissement*) sowie eine nicht gerechtfertigte Vermögensverschiebung (*sans cause, sans justification*); vgl. Ferid/Sonnenberger, Französisches Zivilrecht, S. 428, 431.

sellschaft Vorteile durch ein Gründungsgeschäft erlangt, ohne dass sie dieses übernommen hat[817].

6. Vermeidung der Handelndenhaftung

a. Haftungsvereinbarung

Art. 5 al. 2 L 1966 enthält keine Bestimmung über die Möglichkeit der Vereinbarung einer Beschränkung oder eines Ausschlusses der persönlichen Haftung der Handelnden, vielmehr erscheint der Eintritt der Haftung der Handelnden dem Wortlaut nach als zwingendes Recht. Dennoch gehen Rechtsprechung und Literatur davon aus, dass die gesetzliche Regelung insoweit dispositiv ist[818]. Der Gläubiger kann freiwillig auf eine ihm durch Gesetz verliehene Sicherheit verzichten und ist dann nicht mehr schutzbedürftig. Erforderlich ist wohl ein ausdrücklicher Haftungssausschluss, da der Gläubiger ersichtlich davon Kenntnis haben muss, dass er auf seinen einzigen Haftungspartner verzichtet.

b. Aufschiebende Bedingung

Der Handelnde kann das Gründungsgeschäft auch unter der aufschiebenden Bedingung des späteren Entstehens der Gesellschaft mit dem Ziel abschließen, die Gesellschaft nach ihrer Entstehung als juristische Person unmittelbar zu berechtigen und zu verpflichten[819]. Wird die Gesellschaft nicht innerhalb eines bestimmten Zeitraums eingetragen, entfällt das Rechtsgeschäft ohne haftungsrechtliche Folgen für den Handelnden. Eine andere Möglichkeit der Vermeidung der Haftung der Handelnden stellt der Abschluss des Gründungsgeschäftes unter aufschiebender Bedingung der Übernahme durch die eingetragene Gesellschaft dar[820]. Beide Bedingungsvarianten können sinnvollerweise auch kombiniert werden, da die Übernahme der Gründungsgeschäfte nicht in jedem Fall automatisch mit Eintragung der Gesellschaft erfolgt[821].

Die Eingehung der Gründungsgeschäftes unter einer Bedingung stellt keinen Verstoß gegen Art. 5 al. 2 L 1966 dar, weil die Gesellschafter frei in ihrer Entscheidung über die Übernahme der Gründungsgeschäfte bleiben. Der Dritte verliert zwar

---

817 Van Ommeslaghe, Cah.dr.europ. (5) 1969, 619, 637; Lacorne, GmbHR 1996, 594, 595; Saintourens, L'entreprise en société à responsabilité limitée, S. 65; Chaput, Droit des sociétés, S. 55; Lefebvre, Droit des affaires, n° 948, n° 1134; a.A. Sortais, Anm. CA Paris, 11.06.1971, Rev. soc. 1972, 228, 233; Hamel/Lagarde/Jauffret, Droit commercial, S. 89.

818 Germain/Vogel, Ripert/Roblot Traité de droit commercial, S. 830 f.; Daublon, Rép. Not. Defrénois, 1977, 657, 662.

819 Vgl. Lefebvre, Droit des affaires, n° 851, n° 1137; Chaput, Droit des sociétés, S. 55; Hamel/Lagarde/Jauffret, Droit commercial, S. 90; Dagot, JCP 1969.I.2277, n° 32; Mestre/Blanchard-Sébastien, in Lamy sociétés commerciales, n° 345. Früher war die Wirksamkeit der unter aufschiebender Bedingung mit der nichtrechtsfähigen Gesellschaft geschlossenen Rechtsgeschäfte umstritten, vgl. Butt, Probleme der Vorgesellschaft, S. 93 ff. mwN.

820 Lefebvre, Droit des affaires, n° 851; Sortais, Anm. zu CA Paris, 11.06.1971, Rev. soc. 1972, 228, 229; vgl. Dagot, JCP 1969.I.2277, n° 26-27.

821 Hamel/Lagarde/Jauffret, Droit commercial, S. 90.

die Möglichkeit, die Erfüllung des Rechtsgeschäftes vom Handelnden zu verlangen, doch ist es an ihm, ob er dieses Risiko eingehen will[822]. Die Handelnden haften bei Vereinbarung einer aufschiebenden Bedingung nur dann, wenn sie den Eintritt der Bedingung böswillig verhindern[823].

c. Mantelgesellschaft

Die Haftung der Handelnden kann auch durch käuflichen Erwerb einer Mantelgesellschaft bzw. stillgelegten Gesellschaft (*société en sommeil*)[824] vermieden werden. Auch wenn die *société en sommeil* in der Praxis häufig verwendet wird, so wurde sie bisher gesetzlich nicht geregelt und war nur selten Gegenstand der französischen Rechtsprechung[825]. Grundsätzlich ist sie eine Gesellschaft, die keine Gesellschaftstätigkeit mehr ausübt, aber aufgrund eines Beschlusses der Gesellschafter nicht aufgelöst wurde, weil diese die spätere Wiederaufnahme derselben oder einer anderen Gesellschaftstätigkeit oder eine spätere Veräußerung der Gesellschaftsanteile in Betracht gezogen haben. Der Beschluss der Gesellschafter kann explizit oder implizit erfolgen[826], zu Beweiszwecken ist aber eine schriftliche Niederlegung zu empfehlen. Die Aufgabe der Geschäftstätigkeit ist innerhalb eines Monats durch entsprechende Änderung der bisherigen Eintragung im Handelsregister zu vermerken[827]. Häufig wird in vielen Fällen schon aus Kostengründen auch der bisherige Gesellschaftssitz aufgegeben, so dass auch diese Änderung im Handelsregister einzutragen ist[828]. Dies bedeutet, dass die Gesellschaft weiterhin im Handelsregister eingetragen bleibt und ihre Rechtspersönlichkeit behält, aber keine Aktivität mehr ausübt, diese jederzeit aber wieder aufnehmen kann[829].

---

822 Lefebvre, Droit des affaires, n° 851.

823 Pues, Haftungsverhältnisse, S. 76; Klein, Rückgriffsanspruch, S. 68.

824 Die *société en sommeil* wird auch als *société inactive, société sans activité, société dormantes, société en veilleuse* oder umgangssprachlich als *coquilles vides* (leere Schale) bezeichnet; vgl. Notte, JCP 1981 I 3022, 1; Auskunft des Euro Info Centre (CCI de Strasbourg et du Bas-Rhin), Direction Juridique, www.cfce.fr/cfce/europe; s.a. Com., 17.01.1977, D. 1977, I.R. 311 mit Anm. Bouloc für die SNC als *société de sommeil*; CA Paris, 29.09.1989, JCP éd. E. 1990, I.19384; CA Paris, 03.07.1996, Bull. Joly 1996, S. 1015, n° 371 mit Anm. J.-J. Daigre; s. CA Lyon, 13.06.1997, BRDA n° 15-16/1997, 4 zu den Bedingungen der Auflösung.

825 Cass. com., 17.01.1977, D. 1977, I.R. 311, note Bouloc = Gaz. Pal. 1978.2.519, note Guyénot.

826 Notte, JCP 1981 I 3022, 23.

827 Art. 22, 23 al. 1 décret n° 84-406 du 30.05.1984. Die Änderung der Eintragung kann bis zu einem Monat nach der Beendigung der Tätigkeit verlangt werden. Der Eintrag bestimmt den Tag der Beendigung der Tätigkeit der Gesellschaft und lautet: „mise à sommeil à compter du ..". Auskunft des Euro Info Centre (CCI de Strasbourg et du Bas-Rhin), Direction Juridique, www.cfce.fr/cfce/europe.

828 Vgl. Art. 15 al. 4 décret n° 84-406 du 30.05.1984; CA Douai, 06.11.1997, Gaz. Pal. 04.05.1997, 16. Statt der Anmietung von Geschäftsräumen bietet sich der Vertrag mit einer Domizilierungsgesellschaft (*société de domiciliation*) an, die einer Vielzahl von Firmen ihre Geschäftsräume kostengünstig zum Nachweis des Gesellschaftssitzes zur Verfügung stellen. Dieser Weg ist auch deshalb zu empfehlen, weil der Vertrag über die Anmietung von Geschäftsräumen durch die *SARL* vom Vermieter gekündigt werden kann, wenn in diesen Räumen keine Geschäftstätigkeit mehr ausgeübt wird.

829 Vgl. Cass. com., 17.01.1977, D. 1977.IR.311 mit Anm. Bouloc; Gaz. Pal. 1978.2.519 mit Anm. Guyénot; Cass. com., 05.01.1953, Bull. civ. III, n° 4; Merle, Droit commercial, n° 106.

Den Organen der Gesellschaft obliegt es trotz Stilllegung der Gesellschaft, die gesetzlichen Verpflichtungen zu erfüllen. So muss zumindest alljährlich eine Hauptversammlung zur Genehmigung der Jahresrechnung (*comptes annuels*) stattfinden[830], die anfallenden Steuern beglichen und die Buchungsbelege erstellt werden. Dies ist insofern problematisch als die Bilanz der *société en sommeil* grundsätzlich negativ ist, da diese nur Ausgaben, wie Mietzinszahlungen für die Geschäftsräume oder Begleichung anfallender Steuern, und keine Einnahmen aufgrund der Aufgabe der Geschäftstätigkeit hat. Sind die laufenden Verluste höher als die Hälfte des Gesellschaftskapitals, verstoßen die Geschäftsführer gegen Art. 68 L 1966[831]. Die Gesellschaft müsste in diesem Fall aufgelöst werden, wenn die Gesellschafter nicht im Rahmen einer außerordentlichen Versammlung die Fortführung der Gesellschaft erklären[832]. Weiterhin ist problematisch, dass der Gesellschaftszweck der *société en sommeil* ungewiss ist bzw. mit dem Ende der Gesellschaftstätigkeit nicht mehr besteht. Auch liegt die Voraussetzung des Bestehens einer Gesellschaft, der *affectio societatis*[833], an sich nicht mehr vor, denn die Gesellschafter bringen nicht mehr ihre Absicht zur aktiven und partnerschaftlichen Zusammenarbeit im gemeinsamen Interesse zum Ausdruck[834]. Dennoch hat die Rechtsprechung die Gesellschaftsform der *société en sommeil* ohne Problematisierung dieser Punkte für zulässig anerkannt und erklärt, dass die Stillegung der Gesellschaft (*mise en sommeil*) keinen ausreichenden Grund für das Gericht biete, die Gesellschaft aufzulösen[835].

Die *société en sommeil* kann jederzeit aufgelöst werden, ihre alte Tätigkeit wieder aufnehmen oder eine andere, neue Tätigkeit ausüben[836]. Dieses ist jeweils durch entsprechende Änderung der Eintragung im Handelsregister zu vermerken[837]. Nimmt die *société en sommeil* ihre Geschäftstätigkeit nicht innerhalb von zwei Jahren nach Änderung der Eintragung im Handelsregister wieder auf, läuft sie Gefahr, nach entsprechender Benachrichtigung auf Betreiben des Urkundsbeamten der Geschäftsstelle (*greffier*) hinaus dem Handelsregister gelöscht zu werden. Dieses Verfahren kommt einer Auflösung gleich[838].

---

830 Vgl. Art. 56 al. 1 L 1966; Cass. com., 17.01.1977, D. 1977, I.R. 311 mit Anm. Bouloc.

831 Vgl. auch Art. 50 f. décret n° 67-236 und die strafrechtliche Sanktion des Art. 428 décret n° 67-236.

832 Vgl. Notte, JCP 1981 I 3022, 9. ff.; Cass. crim., 07.11.1983, Rev. soc. 1984, 327 mit Anm. Bouloc.

833 Für eine Definition der *affectio societatis* s. Fn 590.

834 Notte, JCP 1981 I 3022, 25.

835 Vgl. die explizite Entscheidung des Cour de Cassation: Cass. com., 17.01.1977, D. 1977. IR 311 mit Anm. Bouloc = Rev. soc. 1978, 419 = Gaz. Pal. 1978.2.519 mit Anm. Guyénot; vgl. auch Cass. com., 05.01.1953, Bull. civ. III, n° 4; Notte, JCP 1981 I 3022, n°23, 25, 14.

836 Com., 17.01.1977, D. 1977. IR 311 mit Anm. Bouloc; Gaz. Pal. 1978.2.519 mit Anm. Guyénot; Merle, Droit commercial, n° 106. Nach Art. 1844-7, n° 2 CC ist das Erlöschen des Gesellschaftszwekkes ein Auflösungsgrund.

837 Ebenso sind z.B. die Namen der neuen Gesellschafter, der neuen Geschäftsführer, die Änderung des Gesellschaftssitzes einzutragen; vgl. Art. 15 décret n° 84-406 du 30.05.1984; CA Douai, 06.11.1997, Gaz. Pal. 04.05.1997, 16.

838 Art. 42-1 décret n° 84-406 du 30.05.1984; vgl. Merle, Droit commercial, n° 106.

Da die Handelndenhaftung des Art. 5 al. 2 L 1966 nur im Gründungsstadium der Gesellschaft Anwendung findet, kann diese Haftung durch Erwerb einer *société en sommeil* wirksam vermieden werden. Die Erwerber der Gesellschaft trifft keine Haftung nach Art. 5 al. 2 L 1966, da die erworbene Gesellschaft schon gegründet und eingetragen ist. Der Geschäftsbetrieb kann daher unmittelbar mit der Beschränkung der Haftung auf das Gesellschaftsvermögen aufgenommen werden. Auch stellt sich das Problem der eventuellen Haftung nach dem Recht der *société créée de fait* nicht, da sich die schon eingetragene Gesellschaft nicht mehr in eine solche wandeln, sondern ohne Beschränkung ihre volle Geschäftstätigkeit wieder aufnehmen kann.

7. Zusammenfassung: Haftung der Handelnden

Die Haftung der Handelnden richtet sich nach der gesetzlichen Bestimmung in Art. 5 al. 2 L 1966. Voraussetzung der Haftung ist, dass im Namen der Gründungsgesellschaft gehandelt wurde und dass im Zeitpunkt des Handelns objektiv eine Gründungsgesellschaft vorlag. Der Handelndenbegriff wird im französischen Recht weit verstanden und erfasst nicht nur die unmittelbar Handelnden, sondern auch diejenigen Personen, die die unmittelbar Handelnden beauftragt oder deren Handlungen genehmigt haben. Ob diese Personen gleichzeitig Gründer der Gesellschaft, zukünftige Gesellschafter, Geschäftsführer oder Außenstehende sind, ist für die Frage der Haftung nach Art. 5 al. 2 L 1966 unerheblich.

Die Handelndenhaftung ist als unbeschränkte, gesamtschuldnerische Haftung ausgestaltet, wobei sich ihr Umfang nach dem abgeschlossenen Gründungsgeschäft richtet. Als Äquivalent zu seiner Haftung stehen dem Handelnden auch die aus dem Gründungsgeschäft resultierenden Rechte zu. Die Handelndenhaftung erlischt mit Eintragung der Gesellschaft und Übernahme der Gründungsgeschäfte durch diese. Sie kann durch entsprechende Vereinbarung mit dem Dritten abbedungen werden, da die gesetzliche Bestimmung insoweit als dispositiv angesehen wird. Daneben kann die Handelndenhaftung durch Verwendung einer *société en sommeil* vermieden werden.

II. Haftung der Gesellschafter

Eine Haftung der Gesellschafter kann sich aus ihrer Eigenschaft als Gründer oder als Handelnde ergeben. Aufgrund des weiten französischen Handelndenbegriffs, der auch die mittelbar Handelnden erfasst, haften die Gründungsgesellschafter regelmäßig als Handelnde nach Art. 5 al. 2 L 1966. Diese Haftung beruht allerdings nicht auf ihrer Stellung als Gesellschafter, sondern auf einem unmittelbaren oder mittelbaren Handeln im Namen der Gründungsgesellschaft.

Als Gründer haften die Gesellschafter gesamtschuldnerisch für unvollständige Angaben in der Satzung sowie für Fehler bei der Errichtung der Gesellschaft[839]. Zudem trifft die Gründer eine Schadensersatzpflicht nach Art. 1382 CC, wenn sie die im *protocole d'accord* niedergelegten Bestimmungen verletzen oder die Verhandlungen

839 Art. 7 L 1966, Art. 1840 CC; vgl. Lefebvre, Droit des affaires, n° 810, n° 813; Lacorne, GmbHR 1996, 594, 594.

über die Gründung einer Gesellschaft missbräuchlich abbrechen. Im Falle der Nichteintragung der *SARL* haften sie bei Fehlen einer gegenteiligen Bestimmung im *protocole d'accord* grundsätzlich anteilig nach Köpfen für die bisher bei der Gründung der Gesellschaft entstandenen Kosten[840]. Daneben muss ein Gründer den anderen Gründern Entschädigung leisten, wenn er selbst eine Gesellschaft mit demselben Ziel und derselben Bezeichnung wie die der *société en formation*, deren Mitglied er vorher war, gründet und die Errichtung der ursprünglichen gemeinsamen Gesellschaft verhindert hat. Denn die Gründer sind in der Phase der *société en formation* zur gegenseitigen Loyalität verpflichtet[841].

Anders als im deutschen Recht besteht im französischen Recht keine akzessorische Haftung der Gesellschafter für Verbindlichkeiten der Gründungsgesellschaft, weil dieser keine Rechtsfähigkeit zukommt und folglich keine Verbindlichkeiten der Gründungsgesellschaft existieren können. Nur im Falle des Vorliegens einer *société créée de fait* haften die Gesellschafter aufgrund ihrer Eigenschaft als Gesellschafter unbeschränkt nach dem Recht der französischen OHG (*SNC)* oder BGB-Gesellschaft (*société civile*)[842].

Die Gesellschafter trifft auch nach Eintragung der *SARL* keine Haftung in ihrer Eigenschaft als Gesellschafter, und zwar insbesondere keine Vorbelastungshaftung, zumal die Gründungsgeschäfte die Gesellschaft vor ihrer Eintragung nicht verpflichten können. Zwar kann durch die spätere Übernahme der im Gründungsstadium eingegangenen Verpflichtungen eine Unterbilanz der entstandenen Gesellschaft entstehen, wenn die übernommenen Rechte die übernommenen Pflichten wertmäßig nicht abdecken und kein freies Kapital zur Deckung der Verluste vorhanden ist, doch sind die Gesellschafter nach französischem Recht nicht verpflichtet, eine entstandene Unterbilanz auszugleichen. Eine Haftung der Gesellschafter in ihrer Eigenschaft als solche ist im französischen Recht also weder vor noch nach Eintragung der Gesellschaft vorgesehen.

III. Haftung der Gesellschaft

Die Haftung der französischen Gesellschaft aus Gründungsgeschäften stellt sich anders als im deutschen Recht dar. Das französische Recht erkennt zwar mittlerweile die Existenz einer Gründungsgesellschaft an, in deren Namen gehandelt werden kann, doch kommt dieser Gründungsgesellschaft keine Rechtsfähigkeit zu, so dass für sie keine Rechte und Pflichten begründet werden können. Somit scheidet eine Haftung der Gründungsgesellschaft selbst aus. In Betracht kommt nur eine Haftung der entstandenen Gesellschaft. Ein Rechtserwerb durch die Gesellschaft kann vor ihrer Eintragung mangels Rechtsfähigkeit nicht erfolgen, so dass die Gründungsgeschäfte sie auch nicht unmittelbar berechtigen und verpflichten können. Ein automatischer Übergang der im

---

840 CA Paris, 24.09.1991, JCP 1992.I.3561, n° 2 mit Anm. Viandier/Caussain = Bull. Joly. 1992. 512 mit Anm. Barbièri = RTD com. 1992, 808 mit Anm. Champaud/Danet; vgl. auch den Abschnitt „Projet de société und andere Vereinbarungen“ auf S. 139 ff.

841 CA Paris, 21.09.1989, BRDA 1989/21, S. 8; CA Paris, 15.12.1995, RJDA 3/96, n° 352; Lefebvre, Droit des affaires, n° 816.

842 S. dazu den Abschnitt „société créée de fait“ auf S. 143 ff.

Gründungsstadium eingegangenen Verbindlichkeiten auf die Gesellschaft mit Eintragung ist nicht möglich, da das französische Recht - anders als das deutsche Recht - keine Identität zwischen Gründungsgesellschaft und entstandener Gesellschaft annimmt. Der entstandenen Gesellschaft bietet sich allerdings die Möglichkeit, sich die vor ihrer Entstehung im Namen der Gründungsgesellschaft eingegangenen Verbindlichkeiten durch das von Art. 5 al. 2 L 1966 vorgesehene Verfahren der Übernahme zu eigen zu machen. Sie kann die Gründungsgeschäfte rückwirkend übernehmen und somit ex tunc in die von den Handelnden begründeten Rechte und Pflichten einzutreten[843].

1. Voraussetzungen der Übernahme

a. Handeln im Namen der Gründungsgesellschaft

Voraussetzung der Übernahme ist nach ständiger Rechtsprechung, dass die Verpflichtungen erkennbar im Namen oder auf Rechnung der Gründungsgesellschaft geschlossen wurden[844]. Der Abschluss der Gründungsgeschäfte in eigenem Namen oder für eigene Rechnung verhindert eine spätere Übernahme der Rechtsgeschäfte durch die entstandene Gesellschaft[845]. Der Handelnde hat sich in diesem Fall - wie auch im deutschen Recht – selbst verpflichtet[846]. Eine Übernahme der Gründungsgeschäfte scheidet auch dann aus, wenn im Namen der zukünftigen Gesellschaft gehandelt wird, weil das Gründungsgeschäft dann mangels existierendem Vertragspartner

---

843 Auf die vor Erlass der gesetzlichen Bestimmung in Art. 5 al. 2 L 1966 vertretene klassische Theorie muss daher nicht mehr eingegangen werden. Diese Lehre lehnte die Möglichkeit einer unmittelbaren Berechtigung und Verpflichtung der Gesellschaft durch die Gründungsgeschäfte ab, weil die Gesellschaft im Zeitpunkt des Vertragsschlusses noch nicht existiert und die Rechtsgeschäfte daher nichtig seien bzw. nur die Gründer binden würden; vgl. Butt, Probleme der Vorgesellschaft, S. 76 f., 99; Pues, Haftungsverhältnisse, S. 76.

844 Vgl. Cass. com., 18.12.1990, Rev. soc. 1991, 517 mit zust. Anm. Chartier, S. 518, 519; Cass. com., 01.04.1974, Rev. soc. 1975, 62 mit Anm. Guilberteau, S. 63, 65; Cass. com., 27.10.1975, Rev. soc. 1976, 297; Cass. 3è civ., 28.10.1992, Bull. Joly 1993, § 13, S. 85 f. mit Anm. Le Cannu; CA Paris, 18.01.1994, Bull. Joly 1994, 293 mit Anm. P.L.C.; CA Paris, 27.06.1978, D. 1980, IR. 162 mit Anm. Bousquet; Champaud/Le Floch, RTD com. 1989, 469, 472, 475; Champaud/Le Floch, RTD com. 1988, 62, 64; Cozian/Viandier/Deboissy, Droit des sociétés, n° 271; Jeantin, Droit des sociétés, n° 167; Lefebvre, Droit des affaires, n° 850; Bastian, Mélanges Cabrillac, S. 23, 31; Chaput, Droit des sociétés, S. 50; Guyon, Droit des affaires, S. 168; Mestre/Blanchard-Sébastien, in Lamy sociétés commerciales, n° 349. Nach Randoux, Anm. zu Cass. com., 27.10.1975, Rev. soc. 1976, 298, 299 f. liegt der Grund für das Erfordernis des Handelns im Namen der Vorgesellschaft darin, dass dem Dritten die mögliche spätere Ersetzung seines Schuldners nicht verheimlicht werden darf.

845 Cass. com., 18.12.1990, Rev. soc. 1991, 517, 517 f. mit Anm. Chartier; s.a. CA Paris, 18.01.1994, Bull. Joly 1994, 293 mit Anm. P.L.C.; Cass. 3è civ., 28.10.1992, Bull. Joly 1993, § 13, S. 85 f. mit Anm. Le Cannu .

846 CA Lyon, 27.11.1998, JCP 1999, éd. E, 1015 mit Anm. Micha-Goudet; Cass. Com, 03.04.1973, RTD com. 1973, 804 mit Anm. Houin; Cozian/Viandier/Deboissy, Droit des sociétés, n° 278, 271; Germain/Vogel, Ripert/Roblot Traité de droit commercial, n° 1058; Jeantin, Droit des sociétés, S. 88; Lefebvre, Droit des affaires, n° 1129; Guyon, Droit des affaires, S. 168; vgl. im deutschen Recht § 164 Abs. 2 BGB.

nichtig ist[847]. Da das Gründungsgeschäft nichtig ist, haftet in diesem Fall auch der Handelnde nicht persönlich.

Das Erfordernis des Handelns im Namen der Gründungsgesellschaft bedingt zudem, dass im Zeitpunkt des Handelns objektiv eine Gründungsgesellschaft (*société en formation*) besteht[848]. Daran fehlt es in der Regel, wenn die Satzung noch nicht unterzeichnet wurde und die Gründungsgesellschaft somit noch nicht existiert[849], oder wenn sich die Gründungsgesellschaft durch dauerhafte Aufnahme des Geschäftsbetriebes in wesentlichem Umfang in eine *société créée de fait* gewandelt hat[850]. Existierte die Gründungsgesellschaft im Zeitpunkt des Vertragsschlusses noch nicht, ist eine Übernahme zwar nach Art. 5 al. 2 L 1966 ausgeschlossen, doch bleibt für die entstandene Gesellschaft die Möglichkeit, sich das Rechtsgeschäft durch eine allgemeine Schuldübernahme zu eigen zu machen[851].

b. Übernahmefähige Verpflichtungen

Übernahmefähig im Sinn von Art. 5 al. 2 L 1966 sind nur Verpflichtungen, die aus Rechtsgeschäften (*actes juridiques*) resultieren[852]. Von der Übernahme durch die entstandene Gesellschaft sind daher ausgeschlossen sowohl bloße Besprechungen und Werbungen, die keine rechtliche Bindung mit sich bringen[853], als auch nach Rechtsprechung und herrschender Lehre auf Delikt oder Quasidelikt beruhende Verpflichtungen[854]. Dies gilt auch dann, wenn die deliktische Handlung bei Abschluss eines Gründungsgeschäfts von den Handelnden begangen wurden. Die Folgen eines Delikts

---

847 Champaud/Le Floch, RTD com. 1989, 469, 474 f. unter Bezugnahme auf ein unveröffentlichtes Urteile des TGI Renne vom 16.02.1987.

848 Micha-Goudet, Constitution des sociétés, in Collection des Juris-Classeur, éd. 1999, Fasc. 27-10, 80; Dagot, JCP 1969.I.2277, n° 10; Plantamp, RTD com. 1994, 1, 11 f.; Daublon, Rép. Not. Defrénois, 1977, 657, 662; Chartier, Droit des affaires, n° 45; Germain/Vogel, Ripert/Roblot Traité de droit commercial, n° 708; Mercadal/Janin, Sociétés commerciales, n° 311; Mayrhofer, Einmann-GmbH, S. 83.

849 Vgl. dazu den Abschnitt „Anfang und Ende der Gründungsgesellschaft" auf S. 132 ff.

850 Vgl. dazu den Abschnitt „société créée de fait" auf S. 143 ff.

851 Daublon, Rép. Not. Defrénois, 1977, 657, 663. Diese Schuldübernahme hat aber nur mit Zustimmung des Dritten schuldbefreiende Wirkung für den Handelnden; vgl. Pues, Haftungsverhältnisse, S. 75.

852 Cozian/Viandier, Droit des sociétés, n° 271; Jeantin, Droit des sociétés, n° 167.

853 Vgl. Orléans, 1re civ., 22.02.1978, JCP 1980.II.19403 mit Anm. Guyon = RTD. com., 1981, 763 mit Anm. Champaud; CA Paris, 24.02.1977, D., I., 1978, J., 32 mit zust. Anm. Bousquet = JCP 1978.II.18957 mit zust. Anm. Chartier = Rev. soc. 1978, 471 mit zust. Anm. Randoux; Chaput, Droit des sociétés, S. 50; Didier, Droit commercial, S. 178; Guyon, Droit des affaires, S. 168.

854 CA Paris, 24.02.1977, D., I., 1978, J., 32 mit zust. Anm. Bousquet = JCP 1978.II.18957 mit zust. Anm. Chartier = Rev. soc. 1978, 471 mit zust. Anm. Randoux; Cass. com., 10.01.1978, Bull. civ. IV., n° 18, S. 14; Merle, Droit commercial, n° 77; Chartier, Droit des affaires, S. 108; Hémard/Terré/Mabilat, Sociétés commerciales, n° 170; Jeantin, Droit des sociétés, n° 163; Germain/Vogel, Ripert/Roblot Traité de droit commercial, n° 708, 1058; Serlooten, Société en formation, in Joly Sociétés – Traité 5, n° 30; Lefebvre, Droit des affaires, n° 1133. Für die Möglichkeit der Übernahme deliktischer Verbindlichkeiten Dagot, JCP 1969.I.2277, n° 9; Guyon, Droit des affaires, S. 167; Chaput, Droit des sociétés, S. 51; Philippe, Anm. zu Cass. com., 04.05.1981, Rev. soc. 1982, 277, 281.

oder Quasidelikts trägt allein der Urheber, ohne sie auf die Gesellschaft durch Übernahme der Verpflichtungen abwälzen zu können[855]. Zwar wollen Teile der Literatur auch quasideliktische und deliktische Verpflichtungen in die Übernahme miteinbeziehen, da Vertragliches und Deliktisches oft zusammenspiele und finanziell schwer zu trennen sei[856]. Doch folgt die herrschende Meinung dem nicht, sondern stützt sich beim Ausschluss dieser Verpflichtungen auf das Recht der Stellvertretung, aus dem die Übernahmefähigkeit der Gründungsgeschäfte grundsätzlich abgeleitet wird. Nach französischem Stellvertretungsrecht haften die Vollmachtgeber nicht für anlässlich der Ausführung der Vollmacht begangene deliktische und quasideliktische Handlungen der Vertreter, weil die Vollmacht nicht die Begehung von Delikten und Quasidelikten umfasst[857]. Zudem wäre eine Enthaftung des Schädigers durch eine Übernahme der Verpflichtungen unbillig[858].

c. Zweck der Gründungsgesellschaft

Voraussetzung der Übernahme ist weiterhin, dass die Verbindlichkeiten vor dem Hintergrund des Zwecks der Gründungsgesellschaft, die Gesellschaft zum Entstehen zu bringen, begründet worden sind[859]. Teilweise wird gefordert, dass nur Verbindlichkeiten übernommen werden können, die für die Eintragung unumgänglich sind (z.B. Miet- oder Kaufverträge über die Geschäftsräume zur Begründung des Gesellschaftssitzes) oder die Aufnahme des Geschäftsbetriebes alsbald nach Eintragung der Gesellschaft ermöglichen[860]. Nach herrschender Meinung im französischen Recht sind die Handlungen in der Gründungsphase nicht auf den Abschluss gründungsnotwendiger Rechtsgeschäfte beschränkt. Vielmehr können alle für die Gründungsgesellschaft eingegangenen Handlungen vorgenommen und später von der Gesellschaft übernommen werden, die mit dem Gesellschaftszweck in einem Zusammenhang stehen[861]. Die Grenze wird dort gezogen, wo im Namen der Gründungsgesellschaft dau-

---

855 CA Paris, 24.02.1977, D., I., 1978, J., 32 mit zust. Anm. Bousquet = JCP 1978.II.18957 mit zust. Anm. Chartier = Rev. soc. 1978, 471 mit zust. Anm. Randoux; Lefebvre, Droit des affaires, n° 847, n° 1133.

856 Als Beispiele werden der Abschluss eines Arbeitsvertrages in Verbindung mit dem Betrug eines Angestellten oder der Kauf eines Handelsunternehmens in Verbindung mit dem zivilrechtlichen Delikt des unlauteren Wettbewerbs (*debauchage ou concurrence deloyale*) genannt; vgl. Chaput, Droit des sociétés, S. 51.

857 Guyon, Droit des affaires, S. 167.

858 Vgl. ausführlich Mayrhofer, Einmann-GmbH, S. 82.

859 Vgl. CA Paris, 03.06.1981, Dr. soc. 1981, n° 163, mit krit. Anm. N.N. Kritisch zu diesem Urteil auch Stoufflet, Anm. zu Cass. com., 31.05.1988, Rev. soc. 1989, 40, 43; vgl. auch Mestre/Blanchard-Sébastien, in Lamy sociétés commerciales, n° 343; Paillet, Rev. soc. 1980, 419, 419 ff.

860 Daublon, Rép. Not. Defrénois, 1977, 657, 666 ff.; Guyon, Droit des affaires, n° 164; Serlooten, Société en formation, in Joly Sociétés – Traité 5, n° 24, n° 27.

861 Cass. com., 20.11.1990, Bull. Joly 1991.204 mit Anm. Le Cannu; Cass. com., 17.05.1989, Rev. soc. 1990, 32, 33 mit zust. Anm. Sortais; CA Bordeaux, 14.05.1990, Rev. soc. 1990, 591, 592 mit Anm. Le Cannu, 593, 595; vgl. Cass. Cass. com., 07.04.1992, Bull. Joly 1992, 622 mit Anm. Le Cannu; Stoufflet, Anm. zu Cass. com., 31.05.1988, Rev. soc. 1989, 40, 43; Germain/Vogel, Ripert/Roblot Traité de droit commercial, n° 708; Jeantin, Droit des sociétés, n° 167.

erhaft und in wesentlichem Umfang mit dem Geschäftsbetrieb begonnen wird[862]. Denn in diesem Fall wandelt sich die Gründungsgesellschaft in eine *société créée de fait*[863], so dass es schon an der Voraussetzung für die Übernahme, dem objektiven Vorliegen einer Gründungsgesellschaft im Zeitpunkt des Handelns, fehlt.

Folglich sind grundsätzlich alle im Namen der Gründungsgesellschaft getätigten Rechtsgeschäfte übernahmefähig[864], die im Hinblick auf den Zweck der Gesellschaft geschlossen wurden und nicht den effektiven Beginn der eigentlichen Gesellschaftstätigkeit bedeuten. Da diese Rechtspraxis Schwierigkeiten bei der Fortführung eines eingebrachten Unternehmens *(fonds de commerce)* mit sich bringen würde, wird in diesem Fall trotz Aufnahme des Geschäftsbetriebes die Übernahme der daraus resultierenden Verbindlichkeiten zugelassen, da die Fortführung des Unternehmens gründungsnotwendig ist und der Sicherung der Haftungsgrundlage der Gesellschaft dient[865].

2. Verfahren der Übernahme

Die Modalitäten der Übernahme wurden vom französischen Gesetzgeber nicht in Art. 5 al. 2 L 1966 geregelt, sondern finden sich in den Ausführungsverordnungen *(décrets)* zu der gesetzlichen Bestimmung aus den Jahren 1967 und 1978[866]. Nach Art. 6 décret n° 78-704 und Art. 26 décret n° 67-236[867] kann die Übernahme der im Namen der Gründungsgesellschaft eingegangenen Verpflichtungen auf unterschiedliche Art und Weise erfolgen, und zwar abhängig davon, zu welchem Zeitpunkt das Gründungsgeschäft eingegangen wurde. So ist ein automatischer Übergang im Zeitpunkt der Eintragung der Gesellschaft für Rechtsgeschäfte vorgesehen, die in einem Anhang zur Satzung aufgelistet wurden oder die aufgrund einer bestimmten Beauftragung durch die Gesellschafter vorgenommen wurden[868]. Der automatische Übergang der Verpflichtungen auf die entstandene Gesellschaft ist durch das in diesen Fällen vorliegende Einverständnis der Gesellschafter mit den Gründungsgeschäften, das in der Unterzeichnung der Satzung bzw. in der Beauftragung des Handelnden liegt, gerechtfertigt. Andere Rechtsgeschäfte können nach Entstehen der Gesellschaft durch Einzelfallentscheidung von ihr übernommen werden. Die Übernahme der

862 Vidal, Droit des sociétés, n° 315, 319 ff.

863 Vgl. dazu den Abschnitt „société créée de fait" auf S. 143 ff.

864 Z.B. Arbeitsverträge (Cass. soc., 28.11.1974, RTD. com., 1975. 527 mit Anm. Houin = Rev. soc. 1976, 75 mit Anm. J.H.), wirtschaftliche Verpflichtungen (Cass. com., 11.06.1981, D. 1981, IR 517; Cass. com., 01.04.1974, Rev. soc. 1975, 62 mit Anm. Guilbereau), Bürgschaften (Cass. 1re civ., 03.12.1980, Bull. civ. I. n° 314).

865 Cass. com., 10.10.1984, Rev. soc. 1985, 821 mit Anm. Burst; Mercadal/Janin, Sociétés commerciales, n° 308, 171; Mestre/Blanchard-Sébastien, in Lamy sociétés commerciales, n° 349, 259; N.N., Anm. zu CA Paris, 03.06.1981, Dr. soc. 1981, n° 163.

866 Décret n° 67-236 du 23 mars 1967 und décret n° 78-704 du 3 juillet 1978.

867 Art. 6 décret n° 78-704 ist auf alle Gesellschaften anwendbar, Art. 26 décret n° 67-236 gilt hingegen nur für die *SARL*. Die betreffenden Regelungen für die *SA* finden sich in Art. 67, 74 décret n° 67-236.

868 Lefebvre, Droit des affaires, n° 1124; vgl. Chaput, Droit des sociétés, n° 89 ff.; Jeantin, Droit des sociétés, n° 166; Cozian/Viandier/Deboissy, Droit des sociétés, n° 270.

Verpflichtungen durch die Gesellschaft ist grundsätzlich das einzige Verfahren, das die Entlastung der Handelnden ohne Mitwirkung des Vertragspartners bewirkt. Denn die neben der Übernahme im Sinne von Art. 5 al. 2 L 1966 mögliche allgemeine Schuldübernahme der Rechtsgeschäfte durch die entstandene Gesellschaft befreit den Handelnden nur bei entsprechender Zustimmung des Dritten von seiner Haftung[869].

Bei den Verfahren der Übernahme werden damit drei Phasen unterschieden: die Phase vor Unterzeichnung der Satzung, der Zeitraum nach Unterzeichnung der Satzung und vor Eintragung der Gesellschaft sowie das Stadium nach Eintragung der Gesellschaft.

a. Rechtsgeschäfte vor Satzungsunterzeichnung

Verbindlichkeiten aus der Zeit vor Unterzeichnung der Satzung können dieser in einem Anhang als Liste beigefügt werden[870]. Diese Liste muss nach Art. 6 al. 1 décret n° 78-704 und Art. 26 al. 1 décret n° 67-236 sämtliche auf Rechnung oder im Namen der Gründungsgesellschaft eingegangenen Rechtsgeschäfte einzeln mit Angabe der sich daraus für die Gesellschaft ergebenden Verpflichtungen angeben[871]. Allein die Angabe in der Satzung, dass den Gesellschaftern eine Liste mit den Gründungsgeschäften vorgelegt wurde, genügt nicht[872]. Bei Einbringung eines Unternehmens (*fonds de commerce*) gewährt die französische Rechtsprechung aber eine Erleichterung von dem Erfordernis der expliziten Aufführung aller Verbindlichkeiten, indem sie die Angabe in der Satzung für ausreichend hält, dass die Gesellschaft alle Rechtsgeschäfte, Vereinbarungen und Übereinkünfte, welche die Fortführung des eingebrachten Unternehmens mit sich bringt, übernimmt[873]. Sinn und Zweck der Auflistung ist die Information der zukünftigen Gesellschafter über den Umfang der sich für die Gesellschaft ergebenden Verbindlichkeiten. Die Unterzeichnung der Satzung bewirkt den automatischen Übergang der in der Liste aufgeführten übernahmefähigen Gründungsgeschäfte auf die Gesellschaft im Zeitpunkt ihrer Eintragung[874]. Die Handelnden wissen bei

---

869 Cass. com., 27.10.1975, Rev. soc. 1976, 297, 297 f. mit zust. Anm. Randoux; Cass. com., 18.12.1990, Rev. soc. 1991, 517, 517 f., mit Anm. Chartier; Cass. 3è civ., 28.10.1992, Bull. Joly 1993, § 13, S. 85 f. mit Anm. Le Cannu; Mestre/Blanchard-Sébastien, in Lamy sociétés commerciales, n° 349.

870 Art. 26 al. 1, 2 décret n° 67-236; Art. 6 al. 1, 2 décret n° 78-704; vgl. auch Cass. com., 20.01.1987, Bull. Joly 1987.90 mit Anm. P.L.C. = JCP 1987.II.20890 mit Anm. Randoux; Cass. com., 03.01.1996, Rev. soc. 1996.274 = Bull. Joly 1996.314 mit Anm. Priéto; Orléans, 1re civ., 22.02.1978, JCP 1980.II.19403 mit Anm. Guyon = RTD. com., 1981, 763 mit Anm. Champaud; CA Paris, 11.09.1993, Bull. Joly 1996. 134 mit Anm. Le Cannu = Dr. soc. 1996, n° 25 mit Anm. Bonneau = RTD com. 1998.343 mit Anm. Champaud/Danet; Didier, Droit commercial, S. 170; Saintourens, L'entreprise en société à responsabilité limitée, S. 64; Legeais, Droit commercial, n° 269; Le Cannu, Anm. zu Cass. com., 21.07.1987, Rev. soc. 1987, 592, 592.

871 Jeantin, Droit des sociétés, S. 87; N.N., Anm. zu Cass. com., 26.04.1988, Rep. Defr., 1988, 1392, 1393.

872 Lefebvre, Droit des affaires, n° 848.

873 Cass. com., 10.10.1984, Rev. soc. 1985.821 mit Anm. Burst; Lefebvre, Droit des affaires, n° 1124.

874 Art. 26 al. 1, 2 décret n° 67-236; Art. 6 al. 1, 2 décret n° 78-704; vgl. auch Lefebvre, Droit des affaires, n° 849, 1124; Legeais, Droit commercial, n° 269; Didier, Droit commercial, S. 170; Jeantin,

dieser Übernahmealternative also schon im Zeitpunkt der Satzungsunterzeichnung, ob die Gründungsgeschäfte von der Gesellschaft übernommen und sie aus ihrer Haftung befreit werden oder nicht, wobei die Übernahme aber erst ab Entstehung der Gesellschaft durch Eintragung im Handelsregister Wirkung entfaltet[875].

Art. 26 al. 1, 2 décret n° 67-236 und Art. 6 al. 1, 2 décret n° 78-704 bestimmen für die Vorlage der Liste an die zukünftigen Gesellschafter keine Frist. Eine Ansicht in der französischen Literatur schließt dennoch aus den für die *SA sans appel à l'épargne* (AG)[876] geltenden Vorschriften der Art. 73 und 74 décret n° 67-236, dass eine Pflicht zur Vorlage der Liste vor Unterzeichnung der Satzung bestehe. Nach Art. 74 décret n° 67-236 müsse die der Satzung als Anhang beizufügende Auflistung der Gründungsgeschäfte den zukünftigen Aktionären spätestens drei Tage vor Unterzeichnung der Satzung zur Verfügung gestellt worden sein[877]. Zwar sei diese Regelung nicht unmittelbar auf die *SARL* anwendbar, doch erscheine es angesichts der Bedeutung der Übernahmeentscheidung als sinnvoll, den Gesellschaftern eine gewisse Überlegungszeit durch zeitige Vorlage der Auflistung zu gewähren[878]. So wird verlangt, dass die Liste den zukünftigen Gesellschaftern der *SARL* einen bzw. drei Tage vor Satzungszeichnung am zukünftigen Sitz der Gesellschaft zur Verfügung gestellt wird[879]. Die herrschende Meinung lehnt die Aufstellung einer Frist ab. Art. 73 und 74 décret n° 67-236 sind Bestimmungen, die spezifisch nur für die *SA sans appel à l'épargne* gelten und sind nicht auf die *SARL* übertragbar. Hätte der Gesetzgeber auch für die *SARL* eine Frist vorsehen wollen, hätte er diese spätestens bei Erlass des *décret* von 1978 geregelt. Folglich reicht es aus, wenn die Liste den zukünftigen Gesellschaftern der *SARL* bei Unterzeichnung der Satzung vorgelegt wird[880].

Art. 26 décret n° 67-236 und Art. 6 décret n° 78-704 scheinen im Gegensatz zu Art. 5 al. 2 L 1966 auf den ersten Blick den Gesellschaftern keine freie Entscheidung über die Übernahme zu lassen. Die Weigerung, ein vor Unterzeichnung der Satzung geschlossenes Rechtsgeschäft zu übernehmen, hindert die Gesellschaft scheinbar daran, sich zu errichten, weil die Unterzeichnung der Satzung mit der Genehmigung der Liste verbunden ist. Doch können sich die Gesellschafter trotz des Wortlautes der Bestimmungen weigern, die Verantwortung für die vor Unterzeichnung der Satzung

---

Droit des sociétés, S. 87; Serlooten, Société en formation, in Joly Sociétés – Traité 5, n° 35; Vidal, Droit des sociétés, n° 324.

875 Dagot, JCP 1969.I.2277, n° 15; Vidal, Droit des sociétés, n° 324; Serlooten, Société en formation, in Joly Sociétés – Traité 5, n° 35.

876 Das französische Aktienrecht unterscheidet zwischen einfacher *SA* (AG) nach Art. 84 ff. L 1966, Art. 54-57, 72 ff. décret n° 67-236 und *SA faisant publiquement appel à l'épargne* (Publikums-AG), die Spargelder des Publikums in Anspruch nimmt (Art. 74 ff. L 1966 , Art. 58 ff. décret n° 67-236); vgl. Jaeger, Europäische Aktiengesellschaft, S. 31 f.

877 Bei der Publikums-*SA* kann dasselbe Ergebnis erzielt werden, indem die Verbindlichkeiten in einem Gründerbericht (*rapport des fondateurs*) angeführt werden und die Gründungshauptversammlung darüber Beschluss fasst (Art. 67 décret n° 67-236). Dann werden die Handelnden von ihrer Haftung befreit.

878 Guyon, Droit des affaires, S. 168 f.; vgl. auch N.N., Anm. zu Cass. com., 26.04.1988, Rep. Defr., 1988, 1392, 1393.

879 Didier, Droit commercial, S. 170, 178.

880 Dagot, JCP 1969.I.2277, n° 15.

eingegangenen Gründungsgeschäfte zu übernehmen, indem sie im Sinne einer *„vote bloqué"* gänzlich von der Unterzeichnung der Satzung und damit von der Errichtung der Gesellschaft absehen[881]. Wollen sie aber mit der Gründung der Gesellschaft fortschreiten, können sie übereinkommen, der Satzung die Liste nicht beizufügen oder die Liste abzuändern. In diesem Fall wird die Satzung ohne oder mit geänderter Liste im Anhang unterzeichnet, und nur die in der geänderten Liste aufgeführten Gründungsgeschäfte werden von der Gesellschaft mit Eintragung übernommen[882]. Die Übernahme der Gründungsgeschäfte ist eine Möglichkeit der Gesellschaft und keine Pflicht[883].

b. Rechtsgeschäfte nach Satzungsunterzeichnung und vor Eintragung

Im Zeitraum zwischen Satzungsunterzeichnung und Eintragung der Gesellschaft können die Gesellschafter andere Gesellschafter, Nichtgesellschafter oder die ersten Geschäftsführer, die in der Gesellschaftssatzung bestimmt wurden, bevollmächtigen und beauftragen[884] für Rechnung der Gründungsgesellschaft Verbindlichkeiten einzugehen[885]. Sofern eine hinreichend bestimmte Bevollmächtigung und Beauftragung einer bestimmten Person vorliegt, führt die Eintragung der Gesellschaft automatisch zur Übernahme der aus den im Rahmen dieser Vollmacht für die Gründungsgesellschaft eingegangenen Rechtsgeschäfte[886]. Mit dieser Übernahmemöglichkeit wurde zwar ein nicht ganz mit dem Wortlaut von Art. 5 al. 2 L 1966 konformes Verfahren gefunden, da diese Vorschrift die Übernahme auf eine Entscheidung der Gesellschaft nach ihrer Eintragung beschränkt („[...] à moins que la société, *après avoir été régulièrement constituée et immatriculée*, ne reprenne les engagements souscrits")[887]. Doch wird das in Art. 6 al. 3 décret n° 78-704 und Art. 26 al. 3 décret n° 67-236 vom Gesetzgeber bestimmte Verfahren insbesondere den Anforderungen der Praxis gerecht, weil es die Einberufung einer speziellen Versammlung zur Bevollmächtigung der handelnden Personen durch gesonderten Beschluss vermeidet[888].

---

881 Chaput, Droit des sociétés, S. 52; Guyon, Droit des affaires, S. 168 f.; Randoux, Anm. zu Cass. com., 20.01.1987, JCP 1987.II.20890; vgl. auch Dagot, JCP 1969.I.2277, n° 15.

882 Didier, Droit commercial, S. 170; Lefebvre, Droit des affaires, n° 849; Chaput, Droit des sociétés, S. 53; Jeantin, Droit des sociétés, S. 88; Mercadal/Janin, Sociétés commerciales, n° 244.

883 Cass. civ., 01.07.1971, D. 1972 J 436 mit Anm. Lorromet; Chartier, Droit des affaires, S. 108; Serlooten, Société en formation, in Joly Sociétés – Traité 5, n° 41. Anders noch eine vor der Gesetzesreform von 1978 weit verbreitete Meinung, die einen Zwang zur Übernahme aus der *gestion d'affaire* (Geschäftsführung ohne Auftrag) ableitete; vgl. Ferid/Sonnenberger, Französisches Zivilrecht, S. 352.

884 Das französische *mandat* beinhaltet die Erteilung des Auftrages und der entsprechenden Vertretungsmacht; vgl. Ferid/Sonnenberger, Französisches Zivilrecht, Rn 1 F 1002.

885 Art. 6 al. 3 décret n° 78-704, Art. 26 al. 3 décret n° 67-236; vgl. auch Didier, Droit commercial, S. 170, 178; Jeantin, Droit des sociétés, S. 88; Le Cannu, Anm. zu Cass. com., 21.07.1987, Rev. soc. 1987, 592, 595; Guyon, Droit des affaires, S. 170.

886 Art. 26 al. 3 décret n° 67-236, Art. 6 al. 3 décret n° 78-704; Lefebvre, Droit des affaires, n° 947; Jeantin, Droit des sociétés, S. 88; Mestre/Blanchard-Sébastien, in Lamy sociétés commerciales, n° 351; Serlooten, Société en formation, in Joly Sociétés – Traité 5, n° 39.

887 „Wenn nicht die Gesellschaft, *nachdem sie ordnungsgemäß gegründet und eingetragen worden ist*, die eingegangenen Verbindlichkeiten übernimmt." Hervorhebung durch die Autorin.

888 Didier, Droit commercial, S. 174.

Die automatische Übernahme der Gründungsgeschäfte nach dieser Alternative setzt also das Vorliegen einer hinreichend bestimmten Vollmacht und eine entsprechende Beauftragung (*mandat*) voraus[889]. Die Bevollmächtigung und Beauftragung erfolgt durch Erteilung einer Vollmacht entweder in der Satzung selbst oder durch einen separaten Beschluss vor Eintragung der Gesellschaft[890]. Dabei verlangen Art. 6 al. 3 S. 2 décret n° 78-704 und Art. 26 al. 3 S. 2 décret n° 67-236 eine doppelte Bestimmtheit: Die Bevollmächtigung muss sowohl im Hinblick auf die Art der vorzunehmenden Handlung als auch auf deren Ausgestaltung im einzelnen bestimmt sein. Die Rechtsprechung stellt insofern strenge Anforderungen. So sind in der Bevollmächtigung die Art der entstehenden Verpflichtungen, deren voraussichtliche Höhe und die näheren Modalitäten anzugeben[891]. Aus der allgemeinen Bestellung einer Person zum Geschäftsführer der zukünftigen Gesellschaft folgt nicht schon die Befugnis, auch vor Eintragung der Gesellschaft für diese zu handeln[892].

So erfüllen folgende Klauseln in der Gesellschaftssatzung nicht die Anforderungen der Rechtsprechung: die Bestimmung, dass die Eintragung der Gesellschaft die Übernahme aller Gründungsgeschäfte mit sich bringt[893] oder dass alle vom

---

[889] Cass. com., 24.03.1998, Defrénois 1998, 677 mit Anm. Honorat/Hovasse = Bull. Joly 1998, 770 mit Anm. Le Cannu; Cass. com., 20.01.1987, Bull. Joly 1987.90 mit Anm. P.L.C. = JCP 1987.II.20890 mit Anm. Randoux; Cass. com., 20.06.1989, Bull. Joly 1989, 716 mit Anm. Le Cannu; Cass. com., 03.01.1996, Rev. soc. 1996.274 = Bull. Joly 1996.314 mit Anm. Priéto; CA Paris, 11.09.1993, Bull. Joly 1996.134 mit Anm. Le Cannu = Dr. soc. 1996, n° 25 mit Anm. Bonneau = RTD com. 1998.343 mit Anm. Champaud/Danet; Baudelet, Banque 1986, 66, 67; Germain/Vogel, Ripert/Roblot Traité de droit commercial, S. 829; Guyon, Droit des affaires, S. 170; Didier, Droit commercial, S. 178; Micha-Goudet, Constitution des sociétés, in Collection des Juris-Classeur, éd. 1999, Fasc. 27-10, 73; Jeantin, Droit des sociétés, S. 88; Mercadal/Janin, Sociétés commerciales, n° 308; zu Rechtslage vor dem Gesetz von 1966: s. Le Cannu, Anm. zu Cass. com., 21.07.1987, Rev. soc. 1987, 592, 593 f.

[890] Art. 6 al. 3 décret n° 78-704, Art. 26 al. 3 décret n° 67-236; vgl. auch Cass. com., 21.07.1987, Bull. civ. IV, n° 209 = Rev. soc. 1987.590 mit Anm. Le Cannu, S. 592, 592, 595; Legeais, Droit commercial, n° 269; Saintourens, L'entreprise en société à responsabilité limitée, S. 64; Dagot, JCP 1969.I.2277, n° 20.

[891] Cass. com., 20.01.1987, Bull. Joly 1987.90 mit Anm. P.L.C. = JCP 1987.II.20890 mit Anm. Randoux; Cass. com., 24.03.1998, Defrénois 1998, 677 mit Anm. Honorat/Hovasse = Bull. Joly 1998, 770 mit Anm. Le Cannu; vgl. auch Cass. com., 20.06.1989, Bull. Joly 1989, 716 mit Anm. Le Cannu; Cass. 3è civ., 05.01.1994; Bull. Joly 1994, 289 mit Anm. Micha-Goudet; Cass. com., 03.01.1996, Bull. Joly 1996.314 mit Anm. Priéto; CA Paris, 11.09.1993, Bull. Joly 1996.134 mit Anm. Le Cannu = Dr. soc., 1996, n° 25 mit Anm. Bonneau; CA Paris, 17.03.1998, RTD com. 1998.343 mit Anm. Champaud/Danet; s.a. Cass. Com, 03.04.1973, RTD com. 1973, 804 mit Anm. Houin, der die Entscheidung des CA Paris, 11.06.1971, Gaz. Pal. 1971.2.673 mit Anm. Dalaisi bestätigte; vgl. Le Cannu, Anm. zu Cass. com., 21.07.1987, Rev. soc. 1987, 592, 595; Baudelet, Banque 1986, 66, 67; Serlooten, Société en formation, in Joly Sociétés – Traité 5, n° 38; Guyon, Droit des affaires, S. 170; Didier, Droit commercial, S. 178; Micha-Goudet, Constitution des sociétés, in Collection des Juris-Classeur, éd. 1999, Fasc. 27-10, 73.

[892] Guyon, Droit des affaires, S. 170.

[893] Cass. Com, 03.04.1973, Rev. soc. 1974, 90 = RTD com. 1973, 804 mit Anm. Houin = JCP 1973, éd. G, IV, 203, der die Entscheidung des CA Paris, 11.06.1971, JCP, 1972.II.16981 mit Anm. Guyon bestätigte; Le Cannu, Anm. zu Cass. com., 21.07.1987, Rev. soc. 1987, 592, 593; Didier, Droit commercial, S. 178.

Geschäftsführer im Rahmen des Gesellschaftszwecks für Rechnung der Gründungsgesellschaft eingegangenen Verpflichtungen übernommen werden[894]. Ein neueres Urteil des *Cour de Cassation*[895] scheint auf den ersten Blick die strengen Anforderungen zu lockern, doch erklärt sich diese Entscheidung wohl aus den Umständen des Falles und ist nicht zu verallgemeinern[896]. Auch die in der Praxis häufig in der Satzung erteilten Generalvollmachten können in der Regel wegen mangelnder Bestimmtheit keinen automatischen Übergang der Verbindlichkeiten auf die Gesellschaft im Zeitpunkt der Eintragung bewirken[897]. Zudem würde eine Generalvollmacht den *dirigeants sociaux*[898] der Gesellschaft schon vor Eintragung der Gesellschaft Befugnisse geben, die denjenigen entsprechen, die ihnen erst in einer Gesellschaft mit Rechtspersönlichkeit zugewiesen sind. Wie der die Innenverhältnisse in der Gründungsgesellschaft regelnde Art. 1842 al. 2 CC zeigt[899], entsprechen sich die Befugnisse vor und nach Eintragung der Gesellschaft aber nicht[900]. Allerdings wird die generelle Bevollmächtigung hinsichtlich der Erteilung der Vertretungsmacht für die Auftraggeber und damit für deren Haftung als Handelnde als wirksam angesehen[901]. Hintergrund dieser strengen Erfordernisse ist der von Art. 5 al. 2 L 1966 neben dem Schutz Dritter bezweckte Schutz der Gesellschafter[902].

Weiterhin ist erforderlich, dass die bestimmte Bevollmächtigung ausdrücklich erteilt worden ist, so dass eine stillschweigende Vollmacht nicht die automatische Übernahme der eingegangenen Gründungsgeschäfte bewirken kann[903]. Schließlich müssen die Gesellschafter für die Bewirkung der automatischen Übernahme der Gründungsgeschäfte eine bestimmte Person bevollmächtigt und beauftragt haben, die auch kraft dieser Vollmacht und nicht nur in ihrer Eigenschaft als Organ der Gesellschaft

---

894 Cass. com., 21.07.1987, Rev. soc. 1987, 590 mit Anm. Le Cannu; vgl. auch Paillet, Rev. soc. 1980, 419, 431 f.; Kessler/Naudin, Droit commercial français, S. 81, 83; Serlooten, Société en formation, in Joly Sociétés – Traité 5, n° 38 ff.; Didier, Droit commercial, S. 178; Randoux, Anm. zu Cass. com., 20.01.1987, JCP 1987.II.20890; vgl. aber Cass. com., 10.10.1984, Rev. soc. 1985, S. 821 mit Anm. Burst, der dies noch zuließ.

895 Cass. com., 20.06.1989, Bull. Joly 1989, § 259, S. 716 ff. mit Anm. Le Cannu.

896 Germain/Vogel, Ripert/Roblot Traité de droit commercial, S. 829; Serlooten, Société en formation, in Joly Sociétés – Traité 5, n° 38.

897 CA Paris, 27.06.1978, D. 1980, IR.162 mit Anm. Bousquet; Cass. com., 21.07.1987, Rev. soc. 1987, 590, mit Anm. Le Cannu, 592, 593 mwN; Cass. com., 20.06.1989, Bull. Joly, 1989, 716 mit Anm. Le Cannu; Serlooten, Société en formation, in Joly Sociétés – Traité 5, n° 38 ff.; Cozian/Viandier, Droit des sociétés, S. 99; Jeantin, Droit des sociétés, S. 88; Didier, Droit commercial, S. 170; Lefebvre, Droit des affaires, n° 947; Paillet, Rev. soc. 1980, 419, 431 f.; Kessler/Naudin, Droit commercial français, S. 81, 83

898 *dirigeants sociaux* = Geschäftsführer.

899 Nach Art. 1842 al. 2 CC werden bis zur Eintragung die Beziehungen zwischen den Gesellschaftern (inter partes) durch den Gesellschaftsvertrag und dass allgemeine Vertrags- und Schuldrecht geregelt.

900 Le Cannu, Anm. zu Cass. com., 21.07.1987, Rev. soc. 1987, 592, 594 f.

901 Vgl. kritisch Serlooten, Société en formation, in Joly Sociétés – Traité 5, n° 39.

902 CA Paris, 11.06.1971, Gaz. Pal. 1971.2.673 mit Anm. Delaisi = Rev. soc. 1972, 222 mit Anm. Sortais = JCP 1972. II.16981 mit Anm. Guyon; Jeantin, Droit des sociétés, S. 88.

903 Cass. com., 21.07.1987, Rev. soc. 1987, S. 590 mit Anm. Le Cannu; Cozian/Viandier, Droit des sociétés, S. 100.

gehandelt hat[904]. Das Erfordernis, eine bestimmte Person zu bevollmächtigen, wird in der Literatur teilweise als zu streng angesehen, da es zu mit der Entwicklung der Gesellschaft nicht zu vereinbarenden Schwierigkeiten führen könne[905]. Die für die vorliegende Untersuchung relevante herrschende Rechtspraxis folgt dieser Kritik aber nicht. Bei unvorhergesehenen Gründungsgeschäften, zu deren Abschluss die Handelnden nicht bei Satzungszeichnung bevollmächtigt worden sind, kann eine bestimmte Vollmacht auch nach Unterzeichnung der Satzung durch Gesellschafterbeschluss erteilt werden, weil nach Art. 6 al. 3 décret n° 78-704, Art. 26 al. 3 décret n° 67-236 die Bevollmächtigung entweder in der Satzung oder per separaten Beschluss erfolgen kann[906]. Der entsprechende Beschluss der Gesellschafter kann dabei formlos erfolgen, zumal er keine Satzungsänderung beinhaltet[907].

Liegen die genannten Voraussetzungen nicht vor, wird die Gesellschaft durch die zwar in ihrem Namen eingegangenen, aber nicht von einer hinreichend bestimmten Vollmacht gedeckten Gründungsgeschäfte nicht gebunden[908]. Vielmehr trifft die Haftung aus diesen Rechtsgeschäften sowohl die Gesellschafter als Auftrag- und Vollmachtgeber der Handelnden als auch die unmittelbar Handelnden nach Art. 5 al. 2 L 1966. Der Vertragspartner des Handelnden kann sich zur Herbeiführung einer Bindung der Gesellschaft an die Gründungsgeschäfte auch nicht auf das Vorliegen einer Anscheinsvollmacht (*theorie de l'apparance*)[909] berufen, weil Art. 6 décret n° 78-704 und Art. 26 décret n° 67-236 die Annahme einer Anscheinsvollmacht ausschließen[910]. Nach Eintragung der Gesellschaft sind die Gesellschafter aber nicht gehindert, die im Namen der Gründungsgesellschaft abgeschlossenen Rechtsgeschäfte zu übernehmen, und zwar nach dem dritten Übernahmeverfahren.

---

904 Vgl. Cass. 3è civ., 13.03.1996, Bull. Joly 1996, § 174, S. 513 mit Anm. D.L., der auf Cass. 3è civ., 28.10.1992, Bull. Joly 1993, § 13, S. 85 f. verweist.

905 Vgl. Cass. Com, 03.04.1973, RTD com. 1973, 804 mit Anm. Houin, der die Entscheidung in CA Paris, 11.06.1971, JCP 1972. II. 16982 mit Anm. Guyon bestätigte. In dieser Entscheidung wurde dem Präsidenten des Verwaltungsrates einer Gesellschaft eine Vollmacht erteilt, um im Namen der Gesellschaft zu handeln. Der Präsident verstarb aber zwischen Errichtung und Eintragung der Gesellschaft. Die überlebenden *administrateurs* bestimmten daraufhin einen von ihnen, bestimmte finanzielle Verpflichtungen für die Gesellschaft einzugehen, ließen diese Vollmacht aber nicht von den Aktionären bestätigen. Der Cour de Cassation entschied daher, dass die Gesellschaft aus diesen Rechtsgeschäften nicht verpflichtet ist. Die Lösung wurde von Guyon, Droit des affaires, S. 170 als zu formalistisch bezeichnet, da sie die Sicherheit der Dritten für den Schutz der Gesellschafter opfere.

906 Guyon, Droit des affaires, S. 171; Dagot, JCP 1969.I.2277, n° 20.

907 Dagot, JCP 1969.I.2277, n° 20.

908 Cass. com., 24.03.1998, Bull. Joly 1998, S. 770 mit Anm. Le Cannu; Lefebvre, Droit des affaires, n° 948; Micha-Goudet, Constitution des sociétés, in Collection des Juris-Classeur, éd. 1999, Fasc. 27-10, 73; Didier, Droit commercial, S. 170.

909 Nach dieser Lehre treten die entsprechenden Rechtsfolgen ein, wenn ein Sachverhalt alle äußeren Zeichen einer nichtbestehenden Rechtslage aufweist und einen allgemeinen Irrtum verursacht hat; vgl. Brachvogel, Aktiengesellschaft und Gesellschaftsgruppe, S. 174.

910 Lefebvre, Droit des affaires, n° 948; Dagot, JCP 1969.I.2277, n° 27.

c. Übernahme nach Eintragung

Wurden Verpflichtungen weder der Satzung beigefügt noch kraft hinreichend bestimmter Bevollmächtigung eingegangen, können sie seit Erlass des décret n° 78-704 auch nach Eintragung der Gesellschaft kraft Einzelfallentscheidung übernommen werden[911]. Anders als bei den ersten beiden Übernahmeverfahren erfolgt die Übernahme der Gründungsgeschäfte durch die Gesellschaft nicht mehr automatisch[912]. Die Möglichkeit der Übernahme durch Einzelentscheidung mildert damit die strengen Anforderungen des décret n° 67-236[913]. Das Übernahmeverfahren nach Eintragung der Gesellschaft wird daher oft als *„reprise-balai"* bezeichnet, da es die Übernahme aller Verpflichtungen erlaubt, bei denen das Verfahren nach Art. 6 al. 1-3 décret n° 78-704, Art. 26 al. 1-3 décret n° 67-236 nicht eingehalten wurde[914].

Art. 6 al. 4 décret n° 78-704 verlangt für die Übernahme der Gründungsgeschäfte grundsätzlich einen Mehrheitsbeschluss der Gesellschafter, außer die Satzung enthält eine anderweitige Bestimmung[915]. Der Gesetzgeber hat damit die von Rechtsprechung und Lehre in Ausweitung der Regeln in Art. 5 al. 2 L 1966 und Art. 26 décret n° 67-236 entwickelte Lösung übernommen[916]. Allerdings erlaubt die Formulierung von Art. 6 al. 4 décret n° 78-704, wonach die Übernahme ohne anderslautende Satzungsklausel einen Mehrheitsbeschluss der Gesellschafter erfordert, zwei Interpretationen[917]. Nach der ersten Auslegungsmöglichkeit verlangt die Bestimmung, dass in der Satzung kein leichteres Abstimmungserfordernis als das eines Mehrheitsbeschlusses aufgestellt wird. Nicht ausgeschlossen wäre folglich die Vereinbarung eines stren-

---

[911] Art. 6 al. 4 décret n° 78-704; vgl. auch Cass. com., 12.02.1974, JCP 1975.II.17965 mit Anm. N. Bernard = Rev. soc. 1974, 493 mit Anm. Hénard = RTD com., 1974, 527 mit Anm. Champaud; Chartier, Anm. zu Cass. com., 18.12.1990, Rev. soc. 1991, 518, 519; Guyon, Anm. zu Orléans, 1re civ., 22.02.1978, JCP 1980.II.19403, n° II.B; Le Cannu, Anm. zu Cass. com., 21.07.1987, Rev. soc. 1987, 592, 592; Germain/Vogel, Ripert/Roblot Traité de droit commercial, S. 983, 829; Chaput, Droit des sociétés, S. 53; Cozian/Viandier, Droit des sociétés, S. 100; Lefebvre, Droit des affaires, n° 1126.

[912] Saintourens, L'entreprise en société à responsabilité limitée, S. 65; Legeais, Droit commercial, n° 269.

[913] Cass. com., 12.02.1974, JCP 1975.II.17965 mit Anm. N. Bernard = Rev. soc. 1974, 493 mit Anm. Hénard = RTD com., 1974, 527 mit Anm. Champaud; Guyon, Droit des affaires, S. 170 f.; Guyon, Anm. zu Orléans, 1re civ., 22.02.1978, JCP 1980.II.19403, n° II. B.

[914] Guyon, Droit des affaires, S. 170 f.; vgl. auch Cozian/Viandier, Droit des sociétés, S. 100.

[915] Cass. com., 20.01.1987, Bull. civ. IV, n° 28 = Bull. Joly 1987.90 mit Anm. P.L.C. = JCP 1987.II.20890 mit Anm. Randoux; vgl. auch Cass. 3è civ., 05.01.1994; Bull. Joly 1994, 289 mit Anm. Micha-Goudet; Cass. com., 03.01.1996, Rev. soc. 1996.274 = Bull. Joly 1996.314 mit Anm. Priéto; CA Paris, 11.09.1993, Bull. Joly 1996.134 mit Anm. Le Cannu = RTD com. 1998.343 mit Anm. Champaud/Danet = Dr. soc. 1996, n° 25 mit Anm. Bonneau.

[916] Cass. com., 12.02.1974, JCP 1975.II.17965 mit Anm. N. Bernard = Rev. soc. 1974, 493 mit Anm. Hénard = RTD com., 1974, 527 mit Anm. Champaud; Daigre, Anm. zu CA Paris, 30.04.1980, Rev. soc. 1981, 64, 65; Le Cannu, Anm. zu Cass. com., 21.07.1987, Rev. soc. 1987, 592, 592; Didier, Droit commercial, S. 178; Guyon, Anm. zu Orléans, 1re civ., 22.02.1978, JCP 1980.II.19403, n° II. B; Dagot, JCP 1969.I.2277, n° 21 ff.; Paillet, Rev. soc. 1980, 419, 420; Jeantin, Droit des sociétés, S. 88; Germain/Vogel, Ripert/Roblot Traité de droit commercial, S. 829.

[917] Jeantin, Droit des sociétés, S. 88; Die Formulierung wird daher auch als „ungeschickt" bezeichnet: Ripert/Roblot, Traité de droit commercial, 12. Aufl., n° 744-2.

geren Formerfordernisses als das der einfachen Mehrheit, weil die Gesellschafter immer strengere Erfordernisse als die vom Gesetz vorgesehenen vereinbaren können. Die Gesellschafter können damit als „anderweitige Bestimmung in der Satzung" die Entscheidungsfindung per qualifizierter Mehrheit oder Einstimmigkeit regeln[918]. Mit dieser Regelung kann vermieden werden, dass bei einer Mehrheit von Gesellschaftern, die im Sinn von Art. 5 al. 2 L 1966 vor Eintragung der Gesellschaft gehandelt haben, diese der Minderheit der Gesellschafter die Folgen ihrer Handlungen durch Übernahme der Gründungsgeschäfte aufzwingen[919].

Nach der zweiten Interpretationsmöglichkeit besagt Art. 6 al. 4 décret n° 78-704, dass die Entscheidungskompetenz der Hauptversammlung durch ausdrückliche Satzungsregelung aufgehoben und einem anderen Gesellschaftsorgan zugewiesen werden kann. Zwar hat die französische Rechtsprechung diese Möglichkeit mehrfach erwähnt[920], doch kann dieser Auslegung nicht gefolgt werden[921]. Zum einen bezieht sich der Satzteil in Art. 6 al. 4 décret n° 78-704 schon vom Zusammenhang her nicht auf die Entscheidung selbst, sondern auf die Bedingung, unter der sie getroffen wird[922]. Zum anderen gehört die Kompetenz der Vollversammlung der Gesellschafter zum *„ordre public"*, so dass die Entscheidung über die Übernahme nach der Eintragung weiterhin den Gesellschaftern obliegen muss. Daneben würde eine Satzungsbestimmung, die den Geschäftsführern (*dirigeants sociaux*) die Entscheidungsbefugnis über die Übernahme überträgt, eine allgemeine Vollmacht darstellen und damit in Widerspruch zum Erfordernis der hinreichend bestimmten Vollmacht nach Art. 26 al. 3 décret n° 67-236 und Art. 6 al. 3 décret n° 78-704 stehen[923]. Der zum Schutz der Gesellschafter und Dritten eingerichtete komplexe Mechanismus der Übernahme wäre unnütz, wenn nach Eintragung der Gesellschaft eine Entscheidung ihres rechtlichen Vertreters ausreichen würde, um die Gesellschaft zu verpflichten[924]. Damit kann Art. 6 al. 4 décret n° 78-704 nicht dahingehend ausgelegt werden, dass die Gesellschafter einem anderen Organ die Befugnis zur alleinigen Entscheidung über die Übernahme übertragen kann[925].

Die Entscheidung der Gesellschafterversammlung über die Übernahme eines Gründungsgeschäftes muss ausdrücklich erfolgen, eine stillschweigende Entscheidung ist nach heute herrschender Meinung grundsätzlich nicht ausreichend[926]. In früheren

918 Guyon, Anm. zu Orléans, 1re civ., 22.02.1978, JCP 1980.II.19403, n° II. B; Germain/Vogel, Ripert/Roblot Traité de droit commercial, S. 830; Jeantin, Droit des sociétés, S. 89; Chaput, Droit des sociétés, S. 54; Guyon, Droit des affaires, S. 171.

919 Vgl. Didier, Droit commercial, S. 178.

920 Cass. com., 17.04.1980, D. 1982, IR 14 mit Anm. Bousquet; Jeantin, Droit des sociétés, S. 89.

921 Germain/Vogel, Ripert/Roblot Traité de droit commercial, S. 830; Guyon, Droit des affaires, S. 171; Paillet, Rev. soc. 1980, 419, 419.

922 Vgl. Chaput, Droit des sociétés, S. 54.

923 Jeantin, Droit des sociétés, S. 89; Lefebvre, Droit des affaires, n° 1127.

924 Guyon, Anm. zu Orléans, 1re civ., 22.02.1978, JCP 1980.II.19403, n° II. B.

925 Jeantin, Droit des sociétés, S. 89; vgl. Lefebvre, Droit des affaires, n° 1127.

926 Vgl. nur Cass. com., 20.01.1987, Bull. civ. IV, n° 28 = Bull. Joly 1987.90 mit Anm. P.L.C. = JCP 1987.II.20890 mit Anm. Randoux = RTD. com., 1987, 214 mit Anm. Alfandri/Jeantin; CA Paris, 17.03.1998, RTD com. 1998.343 mit Anm. Champaud/Danet; CA Versailles, 30.10.1985, D. 1987, Somm. 30 mit Anm. Bousquet; Merle, Droit commercial, S. 94; Jeantin, Droit des sociétés, S. 87;

Entscheidungen wurde eine implizite Übernahme für zulässig erklärt, solange der Wille zur Übernahme der Gründungsgeschäfte anhand von Tatsachen festgestellt werden kann[927]. So wurde die Übernahme in der Anerkennung des ersten Jahresabschlusses durch die Gesellschafter, in der Genehmigung der Gesellschaftskonten, in der Ausführung von Verträgen, in der Anerkennung erster Abrechnungen oder im Versand von Rechnungen für ein Gründungsgeschäft durch die entstandene Gesellschaft gesehen[928]. Dergestalt sei die Übernahme aller Gründungsgeschäfte ohne besondere Förmlichkeiten gesichert. Es würde sowohl dem Interesse der Handelnden Rechnung getragen, nicht länger dem Risiko der Haftung ausgesetzt zu sein, als auch dem des Dritten, welcher die Haftungsmasse der entstandenen Gesellschaft als Sicherheit erlange[929].

Die mittlerweile herrschende Meinung lehnt eine stillschweigende Übernahme ab, da sie das positive Recht verletze[930]. Die Regelung des Art. 5 al. 2 L 1966 bezweckt auch den Schutz der Gesellschafter der *SARL* vor unbedachten Verpflichtungen durch die Handelnden und verlangt eine in voller Kenntnis des Grundes und damit eine explizit getroffene Entscheidung der Gesellschafterversammlung[931]. Zwar kann sich die Annahme der Zulässigkeit der impliziten Übernahme auf den Vorschlag der Gesetzeskommission der *Assemblée Nationale* im Rahmen der Diskussion des Gesetzes von 1966 stützen, doch wurde der Vorschlag aus Gründen der Harmonisierung mit der Publizitätsrichtlinie[932] nicht durchgesetzt[933]. Die allein aus der Ausführung der Grün-

---

Saintourens, L'entreprise en société à responsabilité limitée, S. 65; Legeais, Droit commercial, n° 269; Guyon, Droit des affaires, S. 171; Micha-Goudet, Constitution des sociétés, in Collection des Juris-Classeur, éd. 1999, Fasc. 27-10, 78; Champaud/Le Floch, RTD com. 1988, 62, 66.

927 Cass. com., 23.01.1978, D. 1980.IR.162 mit Anm. Bousquet; Cass. com., 01.04.1974, Rev. soc. 1975, 62 mit Anm. Guilberteau; Cass. com., 10.10.1984, Rev. soc. 1985, S. 821 mit Anm. Burst; Cass. com., 12.05.1998, RJDA 1998, n° 985 = RTD com. 1998, 852 mit Anm. Champaud/Danet; CA Versailles, 30.10.1985, D. 1987, Somm. 30 mit Anm. Bousquet; CA Paris, 12.05.1990, Dr. soc., 1990, n° 116; CA Paris, 30.04.1980, Rev. soc. 1981, 63, 63 f., mit ablehnender Anm. Daigre; Daublon, Rép. Not. Defrénois, 1977, 657, 674; Randoux, Anm. zu Cass. com., 20.01.1987, JCP 1987.II.20890; Micha-Goudet, Constitution des sociétés, in Collection des Juris-Classeur, éd. 1999, Fasc. 27-10, n° 78; Champaud/Le Floch, RTD com. 1988, 62, 66.

928 Vgl. nur CA Paris, 30.04.1980, Rev. soc. 1981, 63 mit ablehnender Anm. Daigre.

929 Vgl. Daigre, Anm. zu CA Paris, 30.04.1980, Rev. soc. 1981, 64, 65.

930 Cass. com., 23.01.1978, Bull. civ. IV, n° 32 = D. 1980.IR.162 mit Anm. Bousquet; Cass. com., 20.01.1987, Bull. Joly 1987.90 mit Anm. P.L.C. = JCP 1987.II.20890 mit Anm. Randoux = RTD. com., 1987, 214 mit Anm. Alfandri/Jeantin; Cass. 3è civ., 05.01.1994, Bull. Joly 1994, § 73 mit Anm. Micha-Goudet; Vidal, Droit des sociétés, n° 326; Mestre/Blanchard-Sébastien, in Lamy sociétés commerciales, n° 356; Daigre, Anm. zu CA Paris, 30.04.1980, Rev. soc. 1981, 64, 66; N.N., Anm. zu Cass. com., 26.04.1988, Rep. Defr., 1988, 1392, 1394; Kessler/Naudin, Droit commercial français, S. 82 f.

931 Cass. com., 23.01.1978, D. 1980, IR.162 mit Anm. Bousquet; Cass. com., 11.06.1981, RDC 1982.763 mit Anm. Champaud; Daigre, Anm. zu CA Paris, 30.04.1980, Rev. soc. 1981, 64, 66; Guyon, Anm. zu Orléans, 1re civ., 22.02.1978, JCP 1980.II.19403, n° II.b; Germain/Vogel, Ripert/Roblot Traité de droit commercial, S. 829; vgl. CA Paris, 11.06.1971, Rev. soc. 1972, 222: Ziel von Art. 5 al. 2 L 1966 ist der Schutz der Interessen der Gesellschafter und der Dritten.

932 Erste Richtlinie vom 09.03.1968 (68/151/EWG), ABl. EG 1968 L. 65/8.

933 Daigre, Anm. zu CA Paris, 30.04.1980, Rev. soc. 1981, 64, 66; vgl. Hémard/Terré/Mabilat, Sociétés commerciales, S. 168.

dungsgeschäfte durch die Gesellschaft folgende Übernahme würde dazu führen, dass den Geschäftsführern die Entscheidungsbefugnis über die Übernahme zukäme. Die Eintragung über die Übernahme ist aber gerade den Gesellschaftern überlassen[934]. Letztlich würde die Zulässigkeit einer stillschweigenden Übernahme auch Art. 26 al. 1, 2 décret n° 67-236 und Art. 6 al. 1, 2 décret n° 78-704 widersprechen, welche die Aufzählung aller für die Übernahme vorgeschlagenen Gründungsgeschäfte mit der daraus für die Gesellschaft resultierenden Verpflichtung verlangen[935]. Die Entscheidung der Übernahme muss von den Gesellschaftern also ausdrücklich getroffen werden. Allerdings schein der Cour de Cassation in einer neuen Entscheidung seine Meinung zu lockern[936]. Die Auswirkung dieser Entscheidung bleibt abzuwarten.

Weitere Voraussetzung für die Wirksamkeit der Übernahme ist, dass die Gesellschafterversammlung ihre Entscheidung in Kenntnis aller Gegenstände der Übernahme und mit dem eindeutigen Willen, die eingegangenen Verpflichtungen zu übernehmen und die Handelnden zu entlasten, trifft[937]. Die Fassung des Mehrheitsbeschlusses bedarf grundsätzlich nicht der Einberufung einer besonderen Gesellschafterversammlung am Tag nach der Eintragung, vielmehr kann der Beschluss im Rahmen der ersten ordentlichen Versammlung gefasst werden. Dieses ist für die Handelnden und Gesellschafter insofern von Vorteil, als die Übernahme eines Gründungsgeschäftes zu diesem Zeitpunkt in der Regel schwerlich abgelehnt wird[938]. Da Art. 6 al. 4 décret n° 78-704 für die Übernahmeentscheidung keine Frist bestimmt[939], kann die Entscheidung aber auch erst lange Zeit nach der Eintragung erfolgen. Für den Dritten ist es daher empfehlenswert, im Gründungsgeschäft eine Frist für die Übernahme zu vereinbaren, um sich gegen das Risiko einer Verzögerung der Entscheidung abzusichern[940].

d. Weitere Übernahmemöglichkeiten

Zu untersuchen ist, ob neben den explizit in Art. 6 décret n° 78-704 und Art. 26 décret n° 67-236 genannten Übernahmeverfahren weitere Übernahmemöglichkeiten für die Gesellschaft bestehen.

Die in den *décrets* aufgeführten Verfahren sind nach allgemeiner Ansicht abschließend und können grundsätzlich nur durch gesetzliche Regelung erweitert

---

934 Cass. com., 23.01.1978, Bull. civ. IV, n° 32 = D. 1980.IR.162 mit Anm. Bousquet; Lefebvre, Droit des affaires, n° 1128; vgl. Daigre, Anm. zu CA Paris, 30.04.1980, Rev. soc. 1981, 64, 66; Germain/Vogel, Ripert/Roblot Traité de droit commercial, S. 830; a.A. CA Aix-en-provence, 21.02.1975, RTD com. 1977, 514 mit Anm. Houin.

935 Vgl. Daigre, Anm. zu CA Paris, 30.04.1980, Rev. soc. 1981, 64, 66; Champaud/Le Floch, RTD com. 1988, 62, 66; Randoux, Anm. zu Cass. com., 20.01.1987, JCP 1987.II.20890; Chartier, Droit des affaires, S. 96; Germain/Vogel, Ripert/Roblot Traité de droit commercial, n° 744-2.

936 Cass. com., 12.05.1998, RTD com. 1998, 852, mit Anm. Champaud/Danet; vgl. auch Champaud/Danet, RTD com. 54 (3), juillet-septembre 2001, S. 708, 709.

937 Cass. com., 11.06.1981, D. 1981, IR 517 = RDC 1982.763 mit Anm. Champaud; Didier, Droit commercial, S. 179.

938 Didier, Droit commercial, S. 170.

939 Le Cannu, Anm. zu Cass. com., 21.07.1987, Rev. soc. 1987, 592, 597; Guyon, Droit des affaires, S. 171.

940 Guyon, Droit des affaires, S. 171.

werden[941]. Dem System nach will Art. 5 al. 2 L 1966 eine automatische Verpflichtung der eingetragenen Gesellschaft vermeiden[942] und nur in den ausdrücklich genannten Fällen bei Einhaltung der bestimmten Verfahren die Übernahme der Gründungsgeschäfte zulassen. Die Ausschließlichkeit der Übernahmeverfahren wird durch das décret n° 78-704 bestätigt, das in Art. 6 al. 4 den Mechanismus der Übernahme durch ein drittes Übernahmeverfahren vervollständigt[943]. Eine Regelung per Verordnung wäre nicht erforderlich gewesen, wenn die Verfahren der Übernahme beliebig von der Rechtsprechung erweiterbar gewesen wären. Insbesondere der *Cour de cassation* wendet Übernahmeverfahren sehr restriktiv an. So wurde entschieden, dass die Übernahme eines Gründungsgeschäftes unwirksam ist, weil das Gründungsgeschäft weder in einer Liste der Satzung beigefügt noch zu dessen Abschluss eine Vollmacht erteilt worden war noch ein Übernahmebeschluss nach Eintragung vorlag[944]. Die Übernahme ist daher bei Nichtbeachtung der Übernahmeverfahren grundsätzlich unwirksam[945]. Allein die Teilnahme aller Gesellschafter an den Gründungsgeschäften oder die deutliche Bekundung ihres Willens zur Übernahme eines Gründungsgeschäftes bewirkt die Übernahme noch nicht[946]. Auch die Annahme der Gesellschaft als Schuldnerin der aus einem nicht im Namen der Gründungsgesellschaft geschlossenen Rechtsgeschäft resultierenden Verpflichtung durch den Dritten kann nicht zu einer wirksamen Übernahme und Befreiung der Handelnden von ihrer Haftung führen[947]. Daher treten die Folgen des Art. 5 al. 2 L 1966 auch dann nicht ein, wenn der Handelnde beweist, dass eine Übernahme außerhalb der Verfahren von Art. 6 décret n° 78-704, Art. 26 décret n° 67-236 stattgefunden hat[948]. A contrario Art. 26 décret n° 67-236, Art. 6 décret n° 78-704 können die Gesellschafter die vorgeschriebenen Verfahren auch nicht ausschließen[949].

---

941 Randoux, Anm. zu Cass. com., 20.01.1987, JCP 1987.II.20890; Jeantin, Droit des sociétés, S. 87; Champaud/Le Floch, RTD com. 1988, 62, 65; vgl. Sibon, Anm. zu Cass. com., 25.10.1983, Rev. soc. 1984, 524, 525; N.N., Anm. zu Cass. com., 26.04.1988, Rep. Defr., 1988, 1392, 1393 f.; Chaput, Droit des sociétés, n° 88.

942 Chaput, Droit des sociétés, n° 95.

943 N.N., Anm. zu Cass. com., 26.04.1988, Rep. Defr., 1988, 1392, 1394; Chaput, Droit des sociétés, n° 88.

944 Cass. com., 20.01.1987, JCP 1987.II.20890 mit Anm. Randoux; Cass. com., 26.04.1988, Rep. Defr., 1988, 1391; Cass. 3è civ., 05.01.1994; Bull. Joly 1994, 289 mit Anm. Micha-Goudet; vgl. auch Champaud/Le Floch, RTD com. 1988, 62, 65; Lefebvre, Droit des affaires, n° 1137.

945 Cass. com., 18.12.1990, Rev. soc. 1991, 517 mit Anm. Chartier; Cass. com., 12.05.1998, RTD com. 1998, 852 mit Anm. Champaud/Danet; Cass. com., 20.01.1987, Bull. civ. IV, n° 28 = Bull. Joly 1987.90 mit Anm. P.L.C. = JCP 1987.II.20890 mit Anm. Randoux = RTD. com., 1987, 214 mit Anm. Alfandri/Jeantin; Cass. com., 26.04.1988, Rep. Defr., 1988, 1391; vgl. Lefebvre, Droit des affaires, n° 1128; Jeantin, Droit des sociétés, S. 87; Van Ommeslaghe, Cahier de droit européen, Bd. 5, 2, 1965, 619, 637.

946 Randoux, Anm. zu Cass. com., 20.01.1987, JCP 1987.II.20890; Jeantin, Droit des sociétés, S. 87; Champaud/Le Floch, RTD com. 1988, 62, 66.

947 Cass. com., 18.12.1990, Rev. soc. 1991, 517 mit Anm. Chartier.

948 N.N., Anm. zu Cass. com., 26.04.1988, Rep. Defr., 1988, 1392, 1394.

949 Chaput, Droit des sociétés, S. 51.

e. Beweislast für die Übernahme

Das Gesetz sieht die persönliche Verpflichtung der Handelnden als Normalfall und die Übernahme als Ausnahme an[950]. Daher trägt nach den allgemeinen Beweislastverteilungsregeln derjenige für die Übernahme die Beweislast, der sich auf ihr Vorliegen beruft[951]. Da der Handelnde in der Praxis zumeist die Übernahme der Gründungsgeschäfte geltend macht, um seine persönliche Haftung zu vermeiden, obliegt ihm in der Regel die Beweislast für die Übernahme[952]. Sie liegt hingegen beim Dritten, wenn dieser die Erfüllung des Gründungsgeschäftes durch die Gesellschaft wünscht[953]. Beruft sich der Handelnde im Zeitraum nach Satzungszeichnung und vor Eintragung der Gesellschaft auf die Übernahme der Gründungsgeschäfte, muss er zudem darlegen und beweisen, dass die Gesellschafter ihm eine hinreichend bestimmte Vollmacht zum Abschluss der Gründungsgeschäfte erteilt haben[954].

3. Wirkung der Übernahme der Gründungsgeschäfte

a. Prinzip des Schuldnerwechsels

Die Übernahme der Verbindlichkeiten durch die Gesellschaft bewirkt, dass die Rechtsgeschäfte als von Anfang an von der Gesellschaft geschlossen gelten. Die entstandene Gesellschaft tritt vollständig und rückwirkend an die Stelle des Handelnden als ursprünglicher Vertragspartner[955]. Dies bedeutet, dass die Gesellschaft nicht nur die Verpflichtungen, sondern auch die Rechte aus den im Namen der

---

950 Cass. com., 13.03.1984 und 15.11.1983, Rev. soc. 1984, 753 mit Anm. Gallet, S. 755, 756 f.; Cass. com., 01.04.1974, Rev. soc. 1975.62 mit Anm. Guilberteau; Cass. com., 04.05.1981, D. 1982.J. 482, Anm. Daigre; CA Paris, 11.06.1971, Rev. soc. 1972, 222 mit zust. Anm. Sortais, S. 228, 232; N.N., Anm. zu Cass. com., 26.04.1988, Rep. Defr., 1988, 1392, 1393; Lefebvre, Droit des affaires, n° 1134, 1137 ; Guyon, Droit des affaires, S. 172; Jeantin, Droit des sociétés, S. 85.

951 N.N., Anm. zu Cass. com., 26.04.1988, Rep. Defr., 1988, 1392, 1393; Cass. com., 21.07.1987, Rev. soc. 1987, 590 mit Anm. Le Cannu, Cass. com., 27.10.1980, D. 1981.IR.342 mit Anm. M. Vasseur = RTD com. 1981.330 mit Anm. Cabrillac/Teyssie; Cass. com., 23.01.1978, D. 1980.IR.162 mit Anm. Bousquet; Lefebvre, Droit des affaires, n° 1135.

952 Cass. com., 27.10.1980, D. 1981.IR.342 mit Anm. M. Vasseur = RTD com. 1981.330 mit Anm. Cabrillac/Teyssie; Guyon, Droit des affaires, S. 167; Guyon, Anm. zu Orléans, 1re civ., 22.02.1978, JCP 1980.II.19403, n° I.a.

953 Le Cannu, Anm. zu Cass. com., 21.07.1987, Rev. soc. 1987, 592, 597; Guyon, Anm. zu Orléans, 1re civ., 22.02.1978, JCP 1980.II.19403, n° I.a.

954 Cass. Com, 03.04.1973, RTD com. 1973, 804 mit Anm. Houin; Cass. com., 21.07.1987, Rev. soc. 1987, 590 mit Anm. Le Cannu; Mestre/Blanchard-Sébastien, in Lamy sociétés commerciales, n° 351; Serlooten, Société en formation, in Joly Sociétés – Traité 5, n° 37; s.a. Guyon, Droit des affaires, S. 170; Jeantin, Droit des sociétés, S. 89.

955 Cass. 1re civ., 03.12.1980, Bull. civ. I. n° 314 = D. 1983.IR.69 mit Anm. Bousquet; Chartier, Anm. zu Cass. com., 18.12.1990, Rev. soc. 1991, 518, 519; Randoux, Anm. zu Cass. com., 27.10.1975, Rev. soc. 1976, 298, 299; Cozian/Viandier/Deboissy, Droit des sociétés, n° 272; Didier, Droit commercial, S. 169; Dagot, JCP 1969.I.2277, n° 26; Serlooten, Société en formation, in Joly Sociétés – Traité 5, n° 42 ff.; Legeais, Droit commercial, n° 22; Sinay, Gaz. Pal. 1971, Doctr. 146, 155 n° 73.

Gründungsgesellschaft geschlossenen Rechtsgeschäften erlangt[956]. Gleichzeitig wird der Handelnde aus der zunächst für ihn begründeten persönlichen Verpflichtung befreit. Die Übernahme bewirkt also einen rückwirkenden Schuldnerwechsel[957]. In Ausnahme zum regulären Schuldnerwechsel bedarf es nicht der Zustimmung des Gläubigers[958], da diesem aufgrund des Abschlusses des Rechtsgeschäftes im Namen der Gründungsgesellschaft bekannt war, dass die Möglichkeit der Übernahme des Gründungsgeschäftes und damit des Schuldnerwechsels besteht. Dem Schuldnerwechsel ohne Zustimmung des Gläubigers steht auch nicht Art. 1275 CC entgegen. Zwar bestimmt Art. 1275 CC, dass die Übertragung einer Schuld nur eintritt, wenn der Gläubiger den früheren Schuldner ausdrücklich aus seiner Schuld entlassen hat. Diese Regelung findet aber aufgrund der spezielleren Regelung in Art. 5 al. 2 L 1966 keine Anwendung. Der Dritte kann dem Schuldnerwechsel auch nicht durch ein Berufen auf die *theorie de l'apparance* entgehen, wonach die entsprechenden Rechtsfolgen eintreten, wenn ein Sachverhalt alle äußeren Zeichen einer nichtbestehenden Rechtslage aufweist und einen allgemeinen Irrtum verursacht[959]. Denn selbst bei Annahme des Vorliegens eines Anscheins beruht dieser nicht auf einem unüberwindbaren Irrtum, da der Dritte aufgrund des Handelns im Namen der Gründungsgesellschaft Kenntnis von einem möglichen Schuldnerwechsel hatte[960].

Der Schuldnerwechsel bewirkt, dass anstelle des Handelnden nur noch die eingetragene Gesellschaft für Verpflichtungen aus den Gründungsgeschäften haftet[961], so dass der Dritte nach Eintragung der Gesellschaft die Erfüllung des Gründungsgeschäftes nicht mehr vom Handelnden verlangen kann[962]. Da die Übernahme nicht zu einer Gesamtschuldnerschaft zwischen Handelndem und Gesellschaft führt, kann er auch nicht zwischen Erfüllung des Gründungsgeschäftes durch die eingetragene Gesellschaft oder durch den Handelnden wählen[963]. Die Haftung ist vielmehr alternativ: Entweder übernimmt die Gesellschaft die Verbindlichkeiten und haftet, während die Haftung des Handelnden rückwirkend erlischt, oder sie übernimmt die Verbindlichkeit nicht und der Handelnde haftet allein. Die Übernahme stellt damit eine auflösende

---

956 Bastian, Mélanges Cabrillac, S. 23, 31.

957 Cass. com., 22.05.1991, Bull. Joly, 1991, 702 mit Anm. Le Cannu; Cass. com., 12.02.1974, JCP 1975.II.17965 mit Anm. N. Bernard = Rev. soc. 1974, 493 mit Anm. Hénard = RTD com., 1974, 527 mit Anm. Champaud; Cozian/Viandier, Droit des sociétés, S. 101; Dagot, JCP 1969.I.2277, n° 26; Guyon, Droit des affaires, S. 172; Jeantin, Droit des sociétés, S. 89; Chaput, Droit des sociétés, S. 51; Guyon, Droit des affaires, S. 170; Didier, Droit commercial, S. 179; Sortais, Anm. zu CA Paris, 11.06.1971, Rev. soc. 1972, 228, 232 f.; Guyon, Anm. zu Orléans, 1re civ., 22.02.1978, JCP 1980.II.19403, n° I b.

958 Le Cannu, Anm. zu Cass. com., 21.07.1987, Rev. soc. 1987, 592, 595; Pues, Haftungsverhältnisse, S. 75; Chartier, Anm. zu Cass. com., 18.12.1990, Rev. soc. 1991, 518, 519.

959 Vgl. Brachvogel, Aktiengesellschaft und Gesellschaftsgruppe, S. 174.

960 Dagot, JCP 1969.I.2277, n° 27; Lefebvre, Droit des affaires, n° 948.

961 Cass. com., 22.05.1991, Bull. Joly, 1991, 702 mit Anm. Le Cannu = RTD com. 1992.618 mit Anm. Champaud/Danet; Sibon, Anm. zu Cass. com., 25.10.1983, Rev. soc. 1984, 524, 524.

962 Guyon, Droit des affaires, S. 166.

963 Orléans, 1re civ., 22.02.1978, JCP 1980.II.19403 mit Anm. Guyon = RTD. com., 1981, 763 mit Anm. Champaud; Cass. com., 12.02.1974, JCP 1975.II.17965 mit Anm. N. Bernard = Rev. soc. 1974, 493 mit Anm. Hénard = RTD com., 1974, 527 mit Anm. Champaud.

Bedingung der Haftung der Handelnden dar[964]. Dem Dritten steht nach Übernahme der Gründungsgeschäfte durch die Gesellschaft selbst dann kein Anspruch gegen den Handelnden zu, wenn die Gesellschaft sich als insolvent herausstellt, da die Wirkung der Übernahme grundsätzlich unabhängig von der Solvenz der Gesellschaft eintritt[965]. Zwar hat der *Cour de Cassation* entschieden, dass der Unterzeichner eines Gründungsgeschäfts gesamtschuldnerisch mit der Gesellschaft haftet, und zwar auch dann, wenn diese das in ihrem Namen abgeschlossene Rechtsgeschäft nicht übernommen hat[966]. Diese von der Lehre vehement kritisierte Entscheidung[967] wurde allerdings später vom *Cour de Cassation* nicht länger aufrechterhalten[968].

Der Mechanismus der Übernahme gewährleistet, dass dem Dritten zu jedem Zeitpunkt ein Schuldner zur Verfügung steht: entweder der Handelnde oder im Falle der Übernahme die *SARL*[969]. Beide Alternativen sind allerdings nicht gleichwertig: Der Dritte hat in der Regel weniger Interesse an der Erfüllung des Gründungsgeschäftes durch den Handelnden als durch die Gesellschaft, mit der er das Rechtsgeschäft an sich eingehen wollte. Die persönliche Verpflichtung der Handelnden ist daher eine Notlösung[970], die vermeiden soll, dass dem Dritten überhaupt kein Haftungspartner zur Verfügung steht.

Der Grund für die Einführung der Rückwirkung bei der Übernahme liegt in der Steuerordnung. Ohne die Rückwirkung würde bei Eigentumsübertragungsgeschäften ein doppelter Eigentumsübergang stattfinden: Zuerst vom Dritten auf den Handelnden, der als für eine nicht rechtsfähige Person Handelnder zunächst als im eigenen Namen handelnd gilt und nach Übernahme des Gründungsgeschäfts vom Handelnden auf die eingetragene Gesellschaft. Beide Vorgänge sind grundsätzlich steuerpflichtig[971]. Da die Gesellschaft nach Art. 5 al. 2 L 1966 so gestellt wird, als wäre sie von Anfang an Vertragspartnerin des Dritten, erhält sie das Eigentum an den in ihrem Namen

---

964 Mestre/Blanchard-Sébastien, in Lamy sociétés commerciales, n° 345; Hémard/Terré/Mabilat, Sociétés commerciales, n° 175, S. 156; Fischer-Zernin, Rechtsangleichungserfolg, S. 118.

965 Vgl. z. B. Cass. com., 22.05.1991, Bull. Joly, 1991, 702 mit Anm. Le Cannu =Bull. civ. IV, n° 175 = RTD. com., 1992.618 mit Anm. Champaud/Danet.

966 Cass. 1re civ., 16.02.1971, JCP 1971.II.16772 = Rev. soc. 1971.381 mit Anm. J.H.; Daublon, Rép. Not. Defrénois, 1977, 657, 677; Sortais, Anm. CA Paris, 11.06.1971, Rev. soc. 1972, 228, 232.

967 Daublon, Rép. Not. Defrénois, 1977, 657, 676 f.; Guyon, Anm. zu Orléans, 1re civ., 22.02.1978, JCP 1980.II.19403, n° I.b.; Sortais, Anm. CA Paris, 11.06.1971, Rev. soc. 1972, 228, 232 f.

968 Guyon, Anm. zu Orléans, 1re civ., 22.02.1978, JCP 1980.II.19403, n° I b; Cass. com., 12.02.1974, JCP 1975.II.17965 mit Anm. N. Bernard = Rev. soc. 1974, 493 mit Anm. Hénard = RTD com., 1974, 527 mit Anm. Champaud, anders noch die Vorinstanz.

969 Guyon, Droit des affaires, S. 166.

970 so Guyon, Droit des affaires, S. 166.

971 Es fällt eine Veräußerungssteuer an (*droit de mutation*); Daublon, Rép. Not. Defrénois, 1977, 657, 662; Limon, in Eiselsberg (Hg.), Gesellschaftsrecht in Europa, S. 43, 51. Zu beachten ist, dass das französische Recht ein Abstraktionsprinzip nicht kennt. Es differenziert daher nicht wie das deutsche Recht zwischen Verpflichtungs- und Verfügungsgeschäft, da der auf Verschaffung eines Rechts gerichtete Konsens diesen unmittelbar übergehen lässt (vgl. Art. 1138, 711, 1583 CC). Das Verfügungsgeschäft ist also immer im Verpflichtungsgeschäft enthalten. Vgl. Sonnenberger/Autexier, Französisches Recht, S. 144.

erworbenen Gegenständen, so dass eine doppelte Besteuerung vermieden wird[972]. Das französische Recht geht hier folglich einen anderen Weg als das deutsche Recht, das aufgrund der Verpflichtung der Vorgesellschaft durch die Gründungsgeschäfte und dem späteren automatischen Übergang der Verpflichtungen auf die entstandene Gesellschaft die Auslösung eines weiteren Steuertatbestandes vermeidet. Dieser Lösungsweg ist dem französischen Recht nicht eröffnet, da es die Teilrechtsfähigkeit der Gründungsgesellschaft nicht anerkennt.

Ist die Übernahme eines Gründungsgeschäftes wegen Nichteinhaltung der Verfahren der Art. 6 décret n° 78-704 und Art. 26 décret n° 67-236 unwirksam, tritt der Schuldnerwechsel aufgrund der unwirksamen Übernahme nicht ein. Dies gilt auch dann, wenn der Dritte schon Erfüllung von der Gesellschaft verlangt, von ihr eine Teilzahlung erhalten und seine Restforderung im Insolvenzverfahren der Gesellschaft geltend gemacht hat. Die Annahme der Zahlungen der Gesellschaft bedeutet zwar die implizite Annahme der Gesellschaft als Schuldnerin, doch beinhaltet sie nicht die erforderliche Zustimmung des Dritten zum Schuldnerwechsel außerhalb der Übernahmeverfahren der Art. 6 décret n° 78-704, Art. 26 décret n° 67-236[973]. Die neben diesen Übernahmeverfahren mögliche Übernahme der Verbindlichkeiten nach allgemeinem Schuldrecht bewirkt zwar auch einen Schuldnerwechsel, enthält aber nicht die Verfahrenserleichterungen der Art. 6 décret n° 78-704, Art. 26 décret n° 67-236 und bewirkt zudem keinen rückwirkenden Austausch der Schuldner[974].

Hintergrund der für die Wirksamkeit der Übernahme erforderlichen strikten Einhaltung der Übernahmeverfahren ist, dass die Aktiva der Gesellschaft vor Beginn ihrer eigentlichen Geschäftstätigkeit grundsätzlich nicht reduziert werden sollen[975]. Da aber Art. 6 al. 4 décret n° 78-704 keine zeitliche Beschränkung für die Übernahme der Gründungsgeschäfte durch Mehrheitsbeschluss enthält, kann die entstandene Gesellschaft jederzeit noch die Übernahme entsprechend beschließen und somit den Schuldnerwechsel auch ohne Zustimmung des Gläubigers bewirken, und zwar noch nach Erhebung einer Zahlungsklage[976].

Ebenso bleibt die Haftung der Handelnden bestehen, wenn die Eintragung der Gesellschaft scheitert[977] oder die Übernahme der Gründungsgeschäfte durch die

---

972 Serlooten, Société en formation, in Joly Sociétés – Traité 5, n° 45, 49; Daublon, Rép. Not. Defrénois, 1977, 657, 662; Chaput, Droit des sociétés, S. 54; Trouillat, Sociétés commerciales, S. 85; Bastian, Mélanges Cabrillac, S. 23, 32; Merle, Droit commercial, S. 94; Dagot, JCP 1969.I.2277, n° 28; Hamel/Lagarde/Jauffret, Droit commercial, S. 88; Guyon, Droit des affaires, S. 166.

973 Cass. com., 27.10.1975, Rev. soc. 1976, 297, 297 f., mit Anm. Randoux; Le Cannu, Anm. zu Cass. com., 21.07.1987, Rev. soc. 1987, 592, 596; Chartier, Anm. zu Cass. com., 18.12.1990, Rev. soc. 1991, 518, 519; Klein, Rückgriffsanspruch, S. 68; Hémard/Terré/Mabilat, Sociétés commerciales, n° 168.

974 Le Cannu, Anm. zu Cass. com., 21.07.1987, Rev. soc. 1987, 592, 597; Klein, Rückgriffsanspruch, S. 68; Hémard/Terré/Mabilat, Sociétés commerciales, n° 168.

975 N.N., Anm. zu Cass. com., 26.04.1988, Rep. Defr., 1988, 1392, 1393.

976 Le Cannu, Anm. zu Cass. com., 21.07.1987, Rev. soc. 1987, 592, 597.

977 Die fehlende Eintragung führt wegen Art. Art. 5 al. 1 L 1966 allerdings nicht zur Nichtigkeit der Gesellschaft (Cass. com., 04.05.1981, D. 1982, 277 mit Anm. Philippe, 278 = D. 1982.J.482 mit Anm. Daigre; Merle, Droit commercial, S. 91; Lefebvre, Droit des affaires, n° 1139). Sie muss auch nicht

Gesellschafterversammlung abgelehnt wird[978]. Eine zum Handeln im Namen der Gründungsgesellschaft erteilte Vollmacht behält aber trotz Nichtübernahme der Gründungsgeschäfte ihre Wirkung, so dass die Vollmachtgeber mit den unmittelbar Handelnden gesamtschuldnerisch haften[979].

b. Ausnahme vom Prinzip des Schuldnerwechsels

Die schuldbefreiende Wirkung der Übernahme tritt nicht ein, wenn die Entscheidung der Übernahme missbräuchlich oder betrügerisch erfolgte[980]. Zwar ist die finanzielle Situation der Gesellschaft für die Übernahme grundsätzlich selbst dann irrelevant, wenn sie die übernommenen Verpflichtungen nicht erfüllen kann[981]. Daher sieht die französische Rechtsprechung den auf Veranlassung eines Mehrheitsgesellschafters, der im Namen der Gründungsgesellschaft gehandelt hat, getroffenen Übernahmebeschluss auch dann nicht als missbräuchlich oder betrügerisch an, wenn dieser durch den Vertragspartner nur wenige Monate vor der Insolvenz der Gesellschaft zur Erfüllung des Rechtsgeschäfts aufgefordert worden war[982]. Erfolgt die Übernahme aber verspätet und soll sie nur die Haftung einer insolventen juristischen Person an die Stelle der persönlichen Haftung des Handelnden setzen, erlischt die Haftung des Handelnden wegen Vorliegens einer betrügerischen Übernahme nicht[983]. Zudem bleibt der Handelnde bei Vorliegen einer Vollmacht seinen Vollmachtgebern gegenüber unabhängig von der Übernahme des Gründungsgeschäfts für Fehler der Ausführung nach dem Vertretungsrecht[984] verpflichtet[985].

---

aufgelöst werden, da ein rechtlichen Nichts nicht aufgelöst werden kann (CA Versailles, 12.04.1991, Bull. Joly, 1991, 699, n° 253 mit Anm. Le Cannu).

978 Chaput, Droit des sociétés, S. 55; Legeais, Droit commercial, n° 269. Für die aus der Übernahme und Nichtübernahme folgenden Probleme hinsichtlich örtlicher Zuständigkeitsvereinbarungen s. Goudet, D., I. 1997 C., 121 ff.

979 CA Paris, 27.06.1978, D. 1980, IR.162 mit Anm. Bousquet; Le Cannu, Anm. zu Cass. com., 21.07.1987, Rev. soc. 1987, 592, 596.

980 CA Paris, 3è ch., 22.11.1988, RTD. com., 1989, 241 mit Anm. Champaud/Le Floch = Rev. soc. 1989, 88 mit Anm. Guyon.

981 Cass. com., 22.05.1991, Bull. Joly, 1991, 702 mit Anm. Le Cannu = RTD. com., 1992.618 mit Anm. Champaud/Danet; Cozian/Viandier, Droit des sociétés, S. 104.

982 Cass. com., 02.07.1996, Bull. Joly 1996, 928.

983 Mestre/Blanchard-Sébastien, in Lamy sociétés commerciales, n° 350; Cozian/Viandier, Droit des sociétés, S. 101; Vidal, Droit des sociétés, n° 327; Serlooten, Société en formation, in Joly Sociétés – Traité 5, n° 43; Lefebvre, Droit des affaires, n° 1130; vgl. CA Paris, 3è ch., 22.11.1988, Rev. soc. 1989, somm. 88 = RTD. com., 1989, 241 mit Anm. Champaud/Le Floch = Rev. soc. 1989, 88 mit Anm. Guyon: In diesem Fall eröffnete der Geschäftsführer ein Kontokorrentkonto im Namen der Gründungsgesellschaft. Die Gesellschaft wurde aber erst mehr als zwei Jahre nach Eröffnung des Kontos eingetragen und war insolvent. Die Übernahmeentscheidung erfolgte wenige Tage nach Eintragung der Gesellschaft durch die Gesellschafterversammlung, doch hatte die Bank schon eine Zahlungsklage gegen den Geschäftsführer erhoben, was der Gesellschafterversammlung bekannt war. Da der Übernahmebeschluss nur der Befreiung des Geschäftsführers von der Handelndenhaftung diente, wurde sie als betrügerisch und damit unwirksam beurteilt. In Cass. com., 02.07.1996, RJDA 10/96, n° 1197 erfolgte die Übernahme zwar auch zu einem sehr späten Zeitpunkt, war aber ohne betrügerischen Charakter.

984 Art. 1991 ff. CC.

Eine weitere Ausnahme liegt bei Ausstellung eines Schecks vor, und zwar auch dann, wenn dieser für Rechnung der Gründungsgesellschaft ausgestellt wurde oder auf ein Depot- oder Kontokorrentkonto bezogen ist, das für die Gründungsgesellschaft eröffnet wurde. Der Aussteller des Schecks bleibt auch bei späterer Genehmigung der eingegangenen Verpflichtungen durch die Gesellschafterversammlung persönlich aus dem Scheck verpflichtet[986], da der Aussteller eines Schecks persönlicher Garant der Zahlung bleibt. Er ist selbst dann persönlicher Garant, wenn der Scheck für Rechnung einer anderen Person ausgestellt wurde[987]. Zudem sind die Handelnden Inhaber des bezogenen Kontos, nicht aber die nichtrechtsfähige Gründungsgesellschaft[988]. Das Übernahmeverfahren findet also auf Schecks keine Anwendung[989]. Diese Ausnahme ist auf andere Fälle wie die Zahlung mit einem Wechsel nicht übertragbar[990]. Auch führt allein die Eröffnung eines Kontos für die Gründungsgesellschaft nicht zur automatischen Verpflichtung des Handelnden aus Rechtsgeschäften, die während der Gründungsphase abgeschlossen und über dieses Konto abgewickelt werden[991].

Eine weitere Ausnahme von der schuldbefreienden Wirkung der Übernahme der Gründungsgeschäfte liegt vor, wenn sich der Handelnde persönlich für die Erfüllung des Gründungsgeschäftes durch Bürgschaft[992] oder andere Sicherheiten[993] verpflichtet hat oder der Schuld der Gesellschaft beigetreten ist[994]. Die Übernahme des Gründungsgeschäfts befreit in diesen Fällen den Handelnden von seiner Rolle als Hauptschuldner nach Art. 5 al. 2 L 1966, aber nicht von der als Bürge bzw. als selbständig Verpflichteter[995]. Wird die Gesellschaft nicht eingetragen, ist die Bürgschaft allerdings unwirksam[996].

---

985 Lefebvre, Droit des affaires, n° 948.

986 CA Paris, 24.03.1988, D. 1988.556 mit Anm. Martin; Lefebvre, Droit des affaires, n° 1131.

987 Vgl. Art. 32, 28 al. 1 décret-loi du 30. octobre 1935; vgl. auch Lefebvre, Droit des affaires, n° 1131; Germain/Vogel, Ripert/Roblot Traité de droit commercial, S. 253.

988 Vgl. Cass. com., 06.02.1990, Rev. soc. 1990. 237 mit Anm. Stoufflet = Bull. Joly 1990. 352 mit Anm. P.L.C.; Bonnet, Anm. zu Cass. com., 11.01.2000, Dr. soc., éd. Du Juris-Classeur, Avril 2000, S. 15, 16.

989 Lefebvre, Droit des affaires, n° 949, 1131. Mit der Ausgabe von Schecks verfahren die französischen Banken vorsichtig, da sie einem Schecknehmer bei Nichteinlösung gegebenenfalls außervertraglich haften; vgl. Cass. com., 31.05.1988, Rev. soc. 1989, 39 mit Anm. Stoufflet.

990 Lefebvre, Droit des affaires, n° 1131.

991 Chartier, Anm. zu Cass. com., 25.10. und 15.11. 1983, D. 1985 I J., 150, 150.

992 Art. 2011 CC. Vgl. dazu Le Cannu, Anm. zu Cass. com., 21.07.1987, Rev. soc. 1987, 592, 595 f. Selbst wenn der Betrag der Verpflichtungen zum Zeitpunkt der Unterzeichnung der Bürgschaft nicht beziffert werden kann, ist die Bürgschaft nicht wegen Unbestimmtheit des Gegenstandes nichtig; vgl. Cass. com., 22.02.1994, RTD com. 1994. 907 mit Anm. Bandrac.

993 Micha-Goudet, Constitution des sociétés, in Collection des Juris-Classeur, éd. 1999, Fasc. 27-10, 86; Champaud/Le Floch, RTD com. 1988, 62, 64; Cozian/Viandier/Deboissy, Droit des sociétés, n° 272.

994 Cass. com., 22.05.1991, Bull. Joly, 1991, 702 mit Anm. Le Cannu =Bull. civ. IV, n° 175 = RTD. com., 1992. 618 mit Anm. Champaud/Danet; Cozian/Viandier, Droit des sociétés, S. 101; Lefebvre, Droit des affaires, n° 1124, 1120; Jeantin, Droit des sociétés, S. 89; Chaput, Droit des sociétés, S. 54.

995 Le Cannu, Anm. zu Cass. com., 21.07.1987, Rev. soc. 1987, 592, 596; Cozian/Viandier/Deboissy, Droit des sociétés, n° 272; Champaud/Le Floch, RTD com. 1988, 62, 64.

996 Cass. com., 29.04.1997, D. 1998. Somm. 178 mit Anm. Hallouin.

c. Rechtliche Einordnung der Übernahme

Die durch Art. 5 al. 2 L 1966 geschaffene Möglichkeit der Bindung der entstandenen Gesellschaft an in der Gründungsphase begründete Rechtsgeschäfte und die Haftung der Handelnden im Fall der Nichtübernahme dieser Rechtsgeschäfte oder der fehlenden Eintragung der Gesellschaft ist dem französischen Recht grundsätzlich fremd. In der Lehre finden sich daher mehrere Begründungsversuche.

Eine Ansicht stellt die Gründungsgesellschaft dem ungeborenen, aber schon empfangenen Kind gleich und wendet auf sie das Sprichwort „*infans conceptus pro nato habetur quoties de commodis eius agitur*" an, so dass die zu gründende Gesellschaft bei einem Handeln in ihrem Interesse schon als rechtsfähig angesehen werden kann[997]. Diesem Begründungsversuch steht zum einen das in Art. 5 al. 1 L 1966 niedergelegte Konstitutionsprinzip entgegen, demzufolge die *SARL* erst im Zeitpunkt der Eintragung ihre Rechtspersönlichkeit erlangt[998]. Zum anderen kann aus einem Sprichwort keine rechtliche Begründung abgeleitet werden. Eine andere Ansicht nimmt das Vorliegen einer Stellvertretung und Beauftragung der Handelnden durch die Gesellschaft an. Da aber Voraussetzung der Stellvertretung und Beauftragung ist, dass der Vollmachtgeber zumindest bei Erteilung der Vollmacht geschäftsfähig ist, und die Gesellschaft zu diesem Zeitpunkt noch nicht existiert, kann sie weder eine wirksame Vollmacht noch einen wirksamen Auftrag erteilen[999]. Zudem handelt der Handelnde nicht auf Rechnung des Vertretenen, so dass die im Rahmen seines Dürfens eingegangenen Verpflichtungen allein zu dessen Lasten gehen; vielmehr entscheidet die Gesellschaft nach ihrer Errichtung oder Eintragung frei darüber, ob sie die Gründungsgeschäfte übernimmt[1000].

Bedenken bestehen weiterhin gegen die These, die in der Rechtsbeziehung zwischen Handelndem, später eingetragener Gesellschaft und Drittem einen Vertrag zugunsten Dritter (*stipulation pour autrui*) sieht[1001]. Sie kann nicht erklären, warum auch die Verpflichtungen aus dem Gründungsgeschäft auf die eingetragene Gesellschaft übergehen. Nach dem Rechtsinstitut des Vertrages zugunsten Dritter können dem Dritten grundsätzlich nur Vorteile übertragen werden[1002]. Zudem erfüllt die

---

997 Vgl. Guyon, Droit des affaires, S. 166; Germain/Vogel, Ripert/Roblot Traité de droit commercial, S. 831.

998 Vgl. C. E., 13.05.1992, R.D.C. 1994, 56 mit Anm. Champaud/Danet; Germain/Vogel, Ripert/Roblot Traité de droit commercial, S. 831.

999 Cass. com., 12.02.1991, Bull. civ. IV, n° 73; Daigre, Anm. zu CA Paris, 30.04.1980, Rev. soc. 1981, 64, 67; Daublon, Rép. Not. Defrénois, 1977, 657, 668; Didier, Droit commercial, S. 176; Chartier, Anm. zu Cass. com., 18.12.1990, Rev. soc. 1991, 518, 519; Ferid/Sonnenberger, Französisches Zivilrecht, Rn 1 F 1049; Butt, Probleme der Vorgesellschaft, 48; Brockmann, Vertrag zugunsten Dritter, S. 258.

1000 Daublon, Rép. Not. Defrénois, 1977, 657, 668 f.

1001 Vgl. die Nachweise bei Brockmann, Vertrag zugunsten Dritter, S. 258.

1002 Art. 1121 CC; vgl. auch Guyon, Droit des affaires, n° 164; Daublon, Rép. Not. Defrénois, 1977, 657, 669; Baudelet, Banque 1986, 66, 68; Nicht ausgeschlossen ist aber, dass der begünstigte Dritte bei Annahme der Zuwendung bestimmte Verpflichtungen übernimmt; der Abschluss eines Vertrages zu Lasten Dritter ist aber unzulässig; Cass. 1re civ., 08.12.1987, Bull. civ. I, n° 343; D. 1989. Somm.

Gesellschaft mangels Existenz nicht die Voraussetzung der Bestimmbarkeit des Drittbegünstigten im Zeitpunkt des Vertragsschlusses[1003]. Auch die freie Widerrufbarkeit des aus dem Vertrag resultierenden Rechts des Drittbegünstigten durch den Versprechensempfänger bis zur rechtsbestätigenden Annahmeerklärung durch den Dritten[1004] wird Art. 5 al. 2 L 1966 nicht gerecht. Auch die Einordnung der Übernahme als Institut sui generis[1005] führt nicht weiter.

Eine andere Konstruktion zur Begründung der Ausgestaltung von Art. 5 al. 2 L 1966 liefert die Annahme des Vorliegens einer Geschäftsführung ohne Auftrag (*gestion d'affaires*). Diese Theorie scheitert aber ebenfalls an der fehlenden Existenz der Gesellschaft als Geschäftsherr im Zeitpunkt des Vertragsschlusses[1006]. Daneben ist der Geschäftsherr bei der *gestion d'affaires* nach Art. 1375 CC verpflichtet, die vom Geschäftsführer in seinem Namen eingegangenen Verpflichtungen zu erfüllen und die notwendigen oder nützlichen Ausgaben des Geschäftsführers zu erstatten, während Art. 5 al. 2 L 1966 der Gesellschaft die Entscheidung überlässt, ob sie das Rechtsgeschäft übernimmt oder nicht und keine Pflicht zur Erstattung der Ausgaben des Handelnden begründet[1007]. Eine andere Ansicht nimmt daher an, dass die Handelnden die Gründungsgeschäfte zunächst provisorisch in ihrem eigenen Namen abschließen und diese anschließend rückwirkend an die entstandene Gesellschaft abtreten[1008]. Diese Begründung scheitert schon daran, dass Handelnden nicht im eigenen Namen handeln, sondern explizit in dem der Gründungsgesellschaft.

Auch der Rückgriff auf das Rechtsinstitut der Bürgschaft (*engagement de porté fort*) kann die Gestaltungsweise des Art. 5 al. 2 L 1966 nicht erklären. Zwar sind die Handelnden subsidiäre Schuldner, doch wollen sie nicht in jedem Fall für die Verpflichtung eintreten, werden aber zu Hauptschuldnern, wenn die Gesellschaft das Rechtsgeschäft nicht übernimmt[1009]. Zudem setzt die Wirksamkeit der Bürgschaft die Existenz derjenigen Person im Zeitpunkt der Erteilung des Bürgschaftsversprechens voraus, für die sich verbürgt werden soll[1010]. Dieses fehlt hier gerade. Wiederum andere vertreten daher, dass die Verpflichtung des Handelnden unter die aufschiebende Bedingung der Übernahme des Rechtsgeschäfts durch die Gesellschaft gestellt sei[1011]. Doch genügt diese Ansicht nicht der Sicherungsfunktion von Art. 5 al. 2 L 1966. Die Haftung des Handelnden würde vom Nichteintritt eines ungewissen,

---

233 mit Anm. Aubert = RTD civ. 1988, 534 mit Anm. Mestre; Butt, Probleme der Vorgesellschaft, S. 100; Brockmann, Vertrag zugunsten Dritter, S. 259.

1003 Vgl. Daublon, Rép. Not. Defrénois, 1977, 657, 668.

1004 Vgl. Art. 1121 S. 2 CC. Diese Vorschrift gesteht dem Versprechensempfänger im Gegensatz zum deutschen Recht ausdrücklich das Recht zu, den Vertrag zugunsten Dritter bis zur Annahmeerklärung des Dritten zu widerrufen; vgl. Brockmann, Vertrag zugunsten Dritter, S. 259, 75 ff.

1005 so Dagot, JCP 1969.I.2277, n° 4.

1006 Vgl. Germain/Vogel, Ripert/Roblot Traité de droit commercial, S. 831; Daublon, Rép. Not. Defrénois, 1977, 657, 668.

1007 Daublon, Rép. Not. Defrénois, 1977, 657, 669.

1008 Walet, Les sociétés de construction, n° 96, S. 83.

1009 Champaud/Le Floch, RTD com. 1988, 62, 65.

1010 Vgl. Art. 1120 CC; s. a. Daublon, Rép. Not. Defrénois, 1977, 657, 668 f.

1011 Dagot, JCP 1969.I.2277, n° 27; Germain/Vogel, Ripert/Roblot Traité de droit commercial, S. 831 n° 1061; Sibon, Anm. zu Cass. com., 25.10.1983, Rev. soc. 1984, 524, 525.

zukünftigen Ereignisses abhängen[1012], so dass über einen relativ langen Zeitraum ein Schwebezustand bestünde, in welchem dem Dritten weder ein Handelnder noch die Gesellschaft haften würde. Die regelmäßig als Handelnde auftretenden Geschäftsführer hätten es nach Entstehung der Gesellschaft sogar in der Hand, diesen Schwebezustand zu verlängern, indem sie keine Entscheidung über die Übernahme treffen.

Richtig erscheint daher die Ansicht, nach der die Übernahme der Verbindlichkeiten eine auflösende Bedingung der Haftung der Handelnden darstellt[1013]. Die Nichtübernahme der Gründungsgeschäfte durch die Gesellschaft stellt keine Bedingung für die Haftung der Handelnden dar[1014], sondern die Übernahme ist eine Bedingung für deren Nichthaftung. Diese Ansicht wird insbesondere dem von Art. 5 al. 2 L 1966 bezweckten Schutz des Dritten gerecht und kann die rückwirkende Übernahme und Haftung der Handelnden im Fall der fehlenden Eintragung oder der fehlenden Übernahme am besten erklären.

4. Zusammenfassung: Haftung der Gesellschaft

Für die im Gründungsstadium der *SARL* abgeschlossenen Rechtsgeschäfte kann grundsätzlich nur die entstandene Gesellschaft haften. Eine Haftung der Gründungsgesellschaft scheidet bereits aufgrund ihrer fehlenden Rechtsfähigkeit aus. Die für die Gesellschaft begründeten Rechte und Pflichten gehen nicht automatisch im Zeitpunkt der Eintragung im Handelsregister auf die so entstandene Gesellschaft über. Vielmehr kann die entstandene Gesellschaft die aus den Gründungsgeschäften resultierenden Rechte und Pflichten nur im Sinn von Art. 5 al. 2 L 1966 übernehmen. Diese Übernahme bewirkt, dass die Gesellschaft vollständig und rückwirkend Vertragspartnerin des Dritten wird. Sie tritt damit in die zunächst vom Handelnden erworbenen Rechtspositionen ein und haftet für die vom Handelnden eingegangenen Verbindlichkeiten. Gleichzeitig wird der Handelnde von seiner Haftung befreit.

Voraussetzung der Übernahme ist zunächst ein Handeln im Namen der Gründungsgesellschaft, das im Hinblick auf den Zweck der Gründungsgesellschaft erfolgen muss, und ein objektives Vorliegen der Gründungsgesellschaft im Zeitpunkt des Handelns. Weiterhin ist erforderlich, dass die in Art. 6 décret n° 78-704 und Art. 26 décret n° 67-236 geregelten Übernahmeverfahren eingehalten werden. Gründungsgeschäfte, die in einem Anhang zur Satzung aufgelistet wurden oder die aufgrund eines bestimmten Auftrages der Gesellschafter vorgenommen wurden, gehen automatisch auf die entstandene Gesellschaft über. Andere Gründungsgeschäfte können nach Eintragung der Gesellschaft durch Einzelfallentscheidung übernommen werden.

1012 Vgl. Daublon, Rép. Not. Defrénois, 1977, 657, 670; Sortais, Anm. zu CA Paris, 11.06.1971, Rev. soc. 1972, 228, 230.

1013 Guyon, Droit des affaires, S. 167; Merle, Droit commercial, S. 95 f.; Mestre/Blanchard-Sébastien, in Lamy sociétés commerciales, n° 345; Hémard/Terré/Mabilat, Sociétés commerciales, n° 175, S. 156; Fischer-Zernin, Rechtsangleichungserfolg, S. 118 f.; Cozian/Viandier/Deboissy, Droit des sociétés, n° 272.

1014 Dagot, JCP 1969.I.2277, n° 4; vgl. Fischer-Zernin, Rechtsangleichungserfolg, S. 119.

D. Vereinbarkeit der französischen Regelung mit dem europäischen Gemeinschaftsrecht

Als Mitgliedstaat der Europäischen Gemeinschaften ist Frankreich verpflichtet, die Bestimmung in Art. 7 Publizitätsrichtlinie[1015] in das nationale Recht umzusetzen. Zu untersuchen ist, ob die französischen Regelungen der Gründerhaftungsproblematik den Vorgaben des europäischen Gemeinschaftsrechts entsprechen.

I. Umsetzung von Art. 7 Publizitätsrichtlinie

Der französische Gesetzgeber hat von einer Umsetzung des Art. 7 Publizitätsrichtlinie in das nationale Recht abgesehen, da die fast wortgleiche Vorschrift des Art. 5 al. 2 L 1966 vor dem Hintergrund des Richtlinienentwurfes und im Hinblick auf die zukünftige Regelung in Art. 7 der Richtlinie erlassen wurde[1016]. Mithin bestand zur Zeit des Erlasses der Publizitätsrichtlinie im französischen Recht schon eine gesetzliche Regelung, die den gemeinschaftsrechtlichen Vorgaben und damit den Anforderungen von Art. 7 Publizitäts-richtlinie gerecht wurde. Textlich unverändert fortgeltendes nationales Recht kann nach Erlass einer Richtlinie auch angeglichenes Recht sein. Es ändert seinen Rechtscharakter insofern als das nationale Recht nun europäisiertes nationales Recht ist[1017]. Insofern liegt eine korrekte Umsetzung der Richtlinienbestimmung in formeller Hinsicht vor.

Die Regelung der Modalitäten der Übernahme in Frankreich durch Verordnungen (*décrets*) ist zulässig. Zum einen ist anerkannt, dass der französische Gesetzgeber den Anforderungen an eine möglichst wirksame Umsetzung der Richtlinie auch durch den Erlass von *décrets* nachkommen kann[1018]. Zum anderen ist von der Regelung per *décret* nur das Verfahren der Übernahme betroffen, bei der die Mitgliedstaaten mangels weiterer Bestimmungen in der Richtlinie in der Umsetzung frei waren[1019].

II. Gründungsgesellschaft

Die französische Bestimmung des Art. 5 al. 2 L 1966 stimmt fast wörtlich mit Art. 7 Publizitätsrichtlinie überein. Daher ähneln sich die Rechtslagen in der Gründungsphase der Gesellschaft im französischen und im europäischen Recht: Das französische Haftungssystem stützt sich wie das Gemeinschaftsrecht grundsätzlich auf die Haftung der Handelnden und nicht auf die einer Gründungsgesellschaft. Zwar besteht nach französischem Recht in der Regel mit Abschluss des Gesellschaftsvertrages eine

---

[1015] Die französische Fassung lautet: „Si des actes ont été accomplis au nom d'une société en formation avant l'acquisition par celle-ci de la personnalité morale, et si la société ne reprend pas les engagements résultant de ces actes, les personnes qui les ont accomplis en sont solidairement et indéfiniment responsables, sauf convention contraire."

[1016] Art. 8 des Richtlinienvorschlages, J.O.C.E., n° 194 vom 27.11.1964, S. 3245/64.

[1017] Schwarz, Europäisches Gesellschaftsrecht, Rn 225.

[1018] Vgl. Houin, RTDE (1) 1965, 11, 15; Schwarz, Europäisches Gesellschaftsrecht, Rn 224, 229; Lutter, Europäisches Unternehmensrecht, S. 16.

[1019] Vgl. Van Ommeslaghe, Cah.dr.europ. (5) 1969, 619, 639.

Gründungsgesellschaft, doch kann diese mangels (Teil-) Rechtsfähigkeit nicht durch Rechtsgeschäfte im Gründungsstadium gebunden werden[1020]. Das objektive Vorliegen einer Gründungsgesellschaft ist in Frankreich Voraussetzung für das Eingreifen der Handelndenhaftung und für die Übernahme der Gründungsgeschäfte durch die entstandene Gesellschaft; der Gründungsprozess muss also tatsächlich begonnen haben. Insoweit entspricht das französische Recht dem Gemeinschaftsrecht, welches auch das objektive Vorliegen einer Gründungsgesellschaft als Voraussetzung der Handelndenhaftung sieht, eine Ausgestaltung dieser Gesellschaft als rechtsfähiges Gebilde aber nicht zwingend vorschreibt sondern dem nationalen Recht überlässt. Erforderlich ist nur, dass dem Dritten jederzeit ein Haftungspartner gegenübersteht, der für die eingegangenen Verbindlichkeiten aufkommt, also entweder die Gesellschaft nach Erlangung ihrer Rechtsfähigkeit oder die handelnde Person[1021].

Unter der Gründungsgesellschaft versteht das Gemeinschaftsrecht eine Gesellschaft im Stadium zwischen Gründungsakt (Satzungszeichnung oder Abschluss eines Gründungsvertrages) und konstitutiver Eintragung. Zwar ist der Beginn der Gründungsgesellschaft in Frankreich umstritten. Nach herrschender Rechtspraxis liegt in der Regel aber eine Gründungsgesellschaft vor, sobald die vorgenommenen Handlungen und Förmlichkeiten in bestimmter, unzweideutiger und unzweifelhafter Weise die Absichten der Gesellschafter zur Gründung der Gesellschaft deutlich werden lassen. So wird die Äußerung des Gründungswillens der Gesellschafter in der Regel in der Unterzeichnung der Gesellschaftssatzung (*statuts*) gesehen[1022]. Diese Ansicht stimmt mit dem Gemeinschaftsrecht überein. Dass eine Gründungsgesellschaft nach französischem Recht im Einzelfall schon zu einem früheren Zeitpunkt vorliegen kann, verstößt nicht gegen das Gemeinschaftsrecht. Denn dadurch wird der Anwendungsbereich der Handelndenhaftung und damit der Schutz des Dritten erweitert. Die strengere Ansicht der Finanzverwaltung, die für den Beginn der Gründungsgesellschaft auf den Zeitpunkt der Hinterlegung der Bareinlagen abstellt, verstößt hingegen gegen das Gemeinschaftsrecht. Denn die Hinterlegung erfolgt zu einem späteren Zeitpunkt als die Satzungszeichnung, so dass der Zeitraum der Gründungsgesellschaftsexistenz und damit der Handelndenhaftung eingeschränkt wird, was mit Art. 7 Publizitätsrichtlinie und dem von ihm bezweckten Schutzes nicht vereinbar ist.

III. Handelndenbegriff

Der französische Handelndenbegriff ist dahingehend erweitert, dass er jegliche Förderung eines Gründungsgeschäftes erfasst, da die Handelndenhaftung nicht als Organ- sondern als Gründerhaftung verstanden wird[1023]. Somit fallen nicht nur die unmittelbar Handelnden unter den Handelndenbegriff, sondern auch diejenigen Personen, welche die unmittelbar Handelnden bevollmächtigt und beauftragt oder deren

---

1020 Vgl. zum französischen Recht den Abschnitt „Rechtsnatur der Gründungsgesellschaft" auf S. 135 ff.

1021 Vgl. zum Gemeinschaftsrecht den Abschnitt „Anerkennung einer Gründungsgesellschaft" auf S. 105 ff.

1022 s. den Abschnitt "Anfang und Ende der Gründungsgesellschaft" auf S. 132 ff.

1023 Vgl. den Abschnitt „Begriff des Handelnden" auf S. 149 ff.

Handlungen genehmigt haben. Irrelevant ist die Eigenschaft der un- oder mittelbar Handelnden als Gründer der Gesellschaft, zukünftige Gesellschafter, Geschäftsführer oder außenstehender Dritte. Die Erfassung aller unmittelbar und mittelbar Handelnden entspricht grundsätzlich dem weiten Handelndenbegriff des Gemeinschaftsrechts[1024]. Das französische Verständnis des Handelndenbegriffs geht aber über das des Gemeinschaftsrechts hinaus, indem es auch die Untervertreter in die Haftung einbezieht, die auch dann haften, wenn sie in Vertretung der Gesellschafter oder Vertretungsorgane für die Gesellschaft tätig geworden sind. Da Art. 7 Publizitätsrichtlinie aber insoweit nur einen Mindeststandard vorgibt, bleibt es den Mitgliedstaaten überlassen, strengere Regelungen in ihren nationalen Umsetzungsnormen niederzulegen.

Gegen die Einbeziehung derjenigen Personen in die Handelndenhaftung, welche die Handlungen der unmittelbar Handelnden genehmigen, lässt sich einwenden, dass Art. 7 Publizitätsrichtlinie auf die Kausalität zwischen Handlung und den sich aus dieser Handlung ergebenden Verpflichtungen abstellt. Bei einer Genehmigung als nachträgliche Zustimmung fehlt es aber an dieser Kausalität, so dass die Genehmigung nach dem Gemeinschaftsrecht nicht zur Haftung des Genehmigenden als Handelnden führen kann. Jedoch kann die Genehmigung auch als erneute Handlung im Namen der Gesellschaft angesehen werden, wodurch sich der Genehmigende die Handlung des Untervertreters zu eigen macht und für die Verbindlichkeit kausal wird. Die Genehmigung als nachträgliche Zustimmung muss der Einwilligung als vorherige Zustimmung gleichgestellt werden, so dass in beiden Fällen die Handelndenhaftung eintritt. Diese Ausgestaltung des Handelndenbegriffs stimmt folglich mit dem Mindeststandard des Gemeinschaftsrechts überein[1025].

IV. Handeln im Namen der Gesellschaft

Die französische Bestimmung verlangt für das Eingreifen der Handelndenhaftung ein Handeln im Namen der Gründungsgesellschaft. Für den Vertragspartner muss erkennbar sein, dass der Handelnde nicht im eigenen Namen sondern für eine sich in Gründung befindliche Gesellschaft handelt[1026]. Insoweit stimmt das französische Recht mit dem Gemeinschaftsrecht überein, das voraussetzt, dass der Handelnde deutlich macht, dass die Gesellschaft, für die er auftritt, sich noch in Gründung befindet und dass er nicht in eigenem Namen handelt[1027]. Allerdings erfasst das französische Recht nur ein Handeln im Namen der Gründungsgesellschaft, nicht auch ein solches im Namen der zukünftigen Gesellschaft. Letzteres wird nach allgemeinem Recht beurteilt, so dass dieses Rechtsgeschäft nichtig ist, weil die Gesellschaft als Vertretene im Zeitpunkt des Vertragsschlusses noch nicht existierte und Verträge mit einem nichtexistierenden Vertragspartner nichtig sind. Dem Dritten steht in diesem Fall nur ein verschuldensabhängiger Schadensersatzanspruch zu, dessen Voraussetzungen und Umfang im einzelnen ungeklärt sind. Damit wird dem Dritten die Möglichkeit der ver-

---

1024 Vgl. den Abschnitt „Handelndenbegriff" auf S. 105 f.

1025 Kersting, Die Vorgesellschaft im europäischen Gesellschaftsrecht, S. 344 f.

1026 Vgl. den Abschnitt „Voraussetzungen der Handelndenhaftung" auf S. 152 ff.

1027 Vgl. den Abschnitt „Handeln im Namen der in Gründung befindlichen Gesellschaft" auf S. 107 ff.

schuldensunabhängigen, unbeschränkten Haftung des Art. 5 al. 2 L 1966 vorenthalten. Gleichsam wird der Gesellschaft die Möglichkeit der Übernahme und der Geltendmachung von Ansprüchen aus diesen Gründungsgeschäften genommen. Damit bleibt das französische Verständnis des Handelns im Namen der Gründungsgesellschaft hinter dem des Gemeinschaftsrechtes zurück, das beide Varianten des Handelns erfasst. Insoweit verstößt das französische Recht gegen das Gemeinschaftsrecht.

V. Übernahmemöglichkeit

Nach französischem Recht bleibt die Haftung der Handelnden solange bestehen bis die Gesellschaft nach Erlangung ihrer Rechtsfähigkeit durch Eintragung in das Handelsregister die eingegangenen Verbindlichkeiten übernimmt und an die Stelle des Handelnden als Schuldner tritt[1028]. Die Nichtübernahme der Verbindlichkeiten durch die Gesellschaft stellt in Frankreich keine Bedingung für die Haftung der Handelnden dar. Vielmehr ist die Übernahme eine Bedingung für deren Nichthaftung, so dass die Haftung auflösend bedingt ausgestaltet ist[1029]. Diese Ausgestaltung stimmt mit dem Gemeinschaftsrecht überein, das die fehlende Übernahme nicht als Tatbestandsmerkmal der Haftung ansieht, sondern die Haftung durch die Übernahme auch als auflösend bedingt beurteilt[1030].

Durch die Festlegung der Modalitäten der Übernahme hat der französische Gesetzgeber von der ihm eingeräumten Gestaltungsfreiheit bei der Umsetzung der Publizitätsrichtlinie Gebrauch gemacht, da Art und Weise der Umsetzung der Richtlinie dem nationalen Gesetzgeber überlassen sind. Nach den in den *décrets* geregelten, unterschiedlichen Übernahmeverfahren ist unter bestimmten Voraussetzungen sowohl ein automatischer Übergang der aus den Gründungsgeschäften resultierenden Rechte und Pflichten auf die entstandene Gesellschaft als auch eine Übernahme durch Einzelfallentscheidung möglich[1031]. Damit hat Frankreich beide von der Publizitätsrichtlinie eingeräumten Möglichkeiten der Übernahme in das nationale Recht umgesetzt. Es sieht auch entsprechend der Vorgabe des Gemeinschaftsrechts eine Zustimmung aller Gesellschafter zur Übernahme der Verbindlichkeiten bzw. zu den Handlungen, aus denen die Verbindlichkeiten resultieren, bei der automatischen Übernahme vor. Insofern ist das französische Recht also mit dem Gemeinschaftsrecht konform.

Die Übernahme bewirkt im französischen Recht - wie von Art. 7 Publizitätsrichtlinie vorgesehen - dass die entstandene Gesellschaft mit Eintragung Schuldnerin der im Gründungsstadium in ihrem Namen eingegangenen Verbindlichkeiten wird und gleichzeitig die damit verbundenen Rechte erwirbt. Es findet also ein Schuldnerwechsel statt, für den eine Zustimmung des Dritten nicht erforderlich ist. Diese Rechtslage stimmt mit dem Gemeinschaftsrecht überein. Allerdings verleiht Art. 5 al. 2 L 1966 der Übernahme der im Namen der Gründungsgesellschaft geschlossenen Rechtsgeschäfte aus fiskalischen Gründen einen rückwirkenden Effekt, den Art. 7 Publizitätsrichtlinie

---

1028 Vgl. den Abschnitt „Wirkung der Übernahme der Gründungsgeschäfte" auf S. 178 ff.

1029 Vgl. den Abschnitt „Rechtliche Einordnung der Übernahme" auf S. 184 ff.

1030 Vgl. den Abschnitt „Übernahme der Verbindlichkeiten durch die Gesellschaft " auf S. 108 ff.

1031 Décret n° 67-236 vom 23.03.1967 und décret n° 78-704 vom 03.07.1978; vgl. den Abschnitt „Verfahren der Übernahme" auf S. 166 ff.

nicht vorsieht. Der nationale Gesetzgeber ist aber nicht zur wortgetreuen Übernahme der Richtlinienbestimmung in das nationale Recht verpflichtet. Die rückwirkende Wirkung der Übernahme bedeutet keine Gefährdung des von der Publizitätsrichtlinie bezweckten Schutzes Dritter. Ihm steht in jedem Fall eine Haftungsmasse zur Verfügung: Entweder haftet ihm der Handelnde oder im Falle der Übernahme der Gründungsgeschäfte die Gesellschaft. Damit erfüllt die französische Regelung den von der Publizitätsrichtlinie verlangten Mindeststandard und verstößt nicht gegen das Gemeinschaftsrecht.

VI. Ausgestaltung der Haftung

Nach französischem Recht tritt eine persönliche und gesamtschuldnerische Außenhaftung der Handelnden ein[1032]. Diese Ausgestaltung der Haftung ist mit dem Gemeinschaftsrecht konform.

VII. Ausschluss durch Vereinbarung

Im Gegensatz zu Art. 7 Publizitätsrichtlinie sieht der französische Gesetzestext die Möglichkeit einer abweichenden Vereinbarung zwischen Handelndem und Drittem nicht vor. Jedoch wird Art. 5 al. 2 L 1966 von Rechtsprechung und Literatur in Frankreich als dispositiv angesehen, so dass die Handelnden trotz fehlender Regelung im Gesetz eine abweichende Haftungsvereinbarung mit dem Dritten treffen können. Diese Auslegung stimmt mit dem Gemeinschaftsrecht überein[1033]. Daneben wäre eine rigorosere Bestimmung im nationalen Recht, die den Schutz des Dritten ausweitet, zulässig, da Art. 7 Publizitätsrichtlinie insoweit nur einen Mindeststandard an Schutz festlegt.

VIII. Zusammenfassung: Vereinbarkeit mit dem Gemeinschaftsrecht

Die französische Bestimmung des Art. 5 al. 2 L 1966 stimmt fast wörtlich mit Art. 7 Publizitätsrichtlinie überein. Dennoch fehlt es in einigen Bereichen an einer gemeinschaftsrechtskonformen Auslegung und Anwendung der französischen Norm. Der weitere Handelndenbegriff, die Ausgestaltung der verschiedenen Übernahmeverfahren, der rückwirkende Effekt der Übernahme und die Annahme des Vorliegens einer Gründungsgesellschaft sind aber konform mit dem Gemeinschaftsrecht. Doch darf der Beginn der Gründungsgesellschaft nicht von der Finanzverwaltung auf den Zeitpunkt der Hinterlegung der Einlagen festgelegt werden, sondern ist mit der herrschenden Meinung gemeinschaftsrechtskonform grundsätzlich an der Unterzeichnung der Gesellschaftssatzung festzumachen. Zudem muss das französische Recht nicht nur ein Handeln im Namen der Gründungsgesellschaft sondern auch ein solches im Namen der zukünftigen Gesellschaft erfassen und darf bei letzterem nicht durch Anwendung

---

[1032] Vgl. für das französische Recht den Abschnitt „Inhalt und Umfang der Handelndenhaftung" auf S. 154 ff. und für das Gemeinschaftsrecht den Abschnitt „Ausgestaltung der Haftung" auf S. 111 f.

[1033] Vgl. für das französische Recht den Abschnitt „Haftungsvereinbarung" auf S. 158 und für das Gemeinschaftsrecht den Abschnitt „Ausschluss der Haftung" auf S. 112 f.

allgemeiner Regeln die Nichtigkeit des Rechtsgeschäftes annehmen. Andernfalls setzt sich Frankreich der Gefahr der Einleitung eines Vertragsverletzungsverfahrens nach Art. 226 EGV[1034] sowie eines gemeinschaftsrechtlichen Staatshaftungsanspruches wegen mangelhafter Umsetzung der Richtlinie aus[1035].

E. Zusammenfassung: Rechtslage in Frankreich

Das französische Recht hat sich in gewissem Maße von der gesetzlichen Vorgabe des Nichtbestehens der Gesellschaft vor dem Zeitpunkt der Eintragung gelöst. Es erkennt mittlerweile die Existenz einer nichtrechtsfähigen Gründungsgesellschaft mit Abschluss des Gesellschaftsvertrages an. Dabei muss der Beginn der Gründungsgesellschaft gemeinschaftsrechtskonform auf die Unterzeichnung der Gesellschaftssatzung und nicht, wie dies von der Finanzverwaltung vertreten wird, auf den Zeitpunkt der Hinterlegung der Einlagen festgelegt werden. Durch ein Handeln im Namen der Gründungsgesellschaft wird diese allerdings mangels Rechtsfähigkeit weder berechtigt noch verpflichtet. Die im Gründungsstadium eingegangenen Verbindlichkeiten können daher auch nicht automatisch mit Erlangung der Rechtsfähigkeit im Zeitpunkt der Eintragung auf die *SARL* übergehen, da eine Identität zwischen Gründungsgesellschaft und Gesellschaft nicht angenommen wird. Dennoch kommt der Gründungsgesellschaft für die Haftung im Gründungsstadium sowie für die Übernahme der Gründungsgeschäfte große Bedeutung zu, da die Anwendbarkeit von Art. 5 al. 2 L 1966 ihr Vorliegen sowie ein Handeln in ihrem Namen voraussetzt.

Auch die zukünftige Gesellschaft wird grundsätzlich nicht durch die aus den Gründungsgeschäften resultierenden Verpflichtungen gebunden, da sie im Zeitpunkt des Rechtsgeschäftsabschlusses noch nicht existiert und damit noch nicht Trägerin von Rechten und Pflichten sein kann. Die aus den Handlungen im Namen der Gründungsgesellschaft resultierenden Verpflichtungen können von der entstandenen Gesellschaft aber nach dem normativ vorgesehenen Übernahmeverfahren rückwirkend übernommen werden. Die Übernahme bewirkt einen Schuldnerwechsel: Die Gesellschaft setzt sich vollständig und rückwirkend an die Stelle des ursprünglichen Vertragspartners, des Handelnden, der aus seiner Haftung befreit wird. Das Gesetz sieht dabei drei verschiedene Übernahmemöglichkeiten vor, deren Wirkung zum Teil automatisch mit Eintragung der Gesellschaft eintritt. Im übrigen wird eine Einzelfallentscheidung der Gesellschafterversammlung nach Eintragung der Gesellschaft verlangt.

Da die Übernahme eine Bedingung für die Nichthaftung der Handelnden darstellt, werden diese durch die Übernahme der Gründungsgeschäfte von ihrer Handelndenhaftung befreit. Daneben können sie durch explizite Vereinbarung mit dem Dritten ihre Haftung abbedingen oder beschränken. Sie können die Haftung durch Abschluss des Gründungsgeschäftes unter der aufschiebenden Bedingung der Eintragung der Ge-

---

1034 bisher Art. 169 EGV; vgl. dazu Schwarz, Europäisches Gesellschaftsrecht, Rn 90, 230.

1035 Vgl. zu den Voraussetzungen des gemeinschaftsrechtlichen Staatshaftungsanspruchs: Bleckmann, Europarecht, Rn 1038 ff. mwN; EuGH, Rs. C-6/90 (Francovich), Slg. 1991-9, I-5357 (I-5413 ff.); EuGH, Rs. C-46/93, C-48/93 (Brasserie du pêcheur), Slg. 1996-3, I-1029, I-1141 ff.; EuGH, Rs. C-178/94, C-179/94, C-188/94, C-189/94, C-190/94 (Dillenkofer u.a.), Slg. 1996-10, I-4845, I-4878 ff.

sellschaft oder unter der aufschiebenden Bedingung der Übernahme des Gründungsgeschäftes durch die eingetragene Gesellschaft vermeiden. Zudem kann die Handelndenhaftung durch käuflichen Erwerb einer *société en sommeil* (Mantelgesellschaft) vermieden werden. Wurden solche Vorkehrungen nicht getroffen oder der Handelnde mangels Übernahme nicht von den Verpflichtungen befreit, bleibt es bei der unbeschränkten und gesamtschuldnerischen persönlichen Haftung der Handelnden, die auf Erfüllung der eingegangenen Verbindlichkeit gerichtet ist. Als Ausgleich für die eingreifende Handelndenhaftung steht den Handelnden gegebenenfalls ein Regressanspruch gegen die entstandene Gesellschaft aus Bereicherungsrecht (*enrichissement sans cause*) oder Geschäftsführung ohne Auftrag (*gestion d'affaire*) zu.

Der französische Handelndenbegriff wird dabei weit verstanden und umfasst jegliche Förderung eines Gründungsgeschäftes. Damit fallen sowohl die unmittelbar Handelnden als auch diejenigen Personen unter den Handelndenbegriff, die ein „*mandat*" zur Vornahme der Handlung erteilt oder die Handlung genehmigt haben. In der Regel erfasst die Handelndenhaftung des Art. 5 al. 2 L 1966 auch die Gründergesellschafter als mittelbar Handelnde, die die Bevollmächtigung zum Handeln schon in der Satzung erteilen können. Allein die Tatsache, dass eine Person in die rechtliche Kategorie eines Gründers fällt, führt jedoch in Frankreich selbst dann nicht zur Handelndenhaftung, wenn diese Person vom Abschluss des Gründungsgeschäftes Kenntnis hatte, bei Errichtung der Gesellschaft eine aktive Rolle eingenommen hatte, zum Geschäftsführer bestimmt worden war oder ihre Rolle zwar für die Realisierung der Gründungsgeschäfte beherrschend war, sie diese aber nicht selbst abgeschlossen hatte. Die Gründer haften nur dann für die Gründungsgeschäfte, wenn sie selbst unmittelbar oder mittelbar handeln oder das Gründungsgeschäft im Nachhinein in dem Sinne genehmigen, dass sie für die daraus folgende Verpflichtung einstehen wollen.

Eine unbeschränkte Außenhaftung aller Gründungsgesellschafter für die eingegangenen Gründungsgeschäfte ergibt sich bei Vorliegen einer *société créée de fait*, also insbesondere, wenn sich die Gründungsgesellschaft durch Aufnahme der der zukünftigen Gesellschaft zugedachten Geschäftstätigkeit in dauerhaftem und wesentlichem Umfang in eine *société créée de fait* wandelt. Vor oder nach Eintragung der Gesellschaft trifft die Gründergesellschafter keine weitere Haftung allein aufgrund ihrer Eigenschaft als Gesellschafter. Mangels Rechtsfähigkeit der Gründungsgesellschaft kann es eine akzessorische Haftung der Gründergesellschafter für Verbindlichkeiten der Gründungsgesellschaft nicht geben, und eine Vorbelastungshaftung ist dem französischen Recht fremd.

Kapitel 3 Die Rechtslage in England

A. Einleitung

Das Vereinigte Königsreich von Großbritannien und Nordirland umfasst die Landesteile England, Schottland, das Fürstentum Wales und die Provinz Ulster (Nordirland). Die Landesteile England und Wales bilden vom Ursprung her eine einheitliche, Schottland und Nordirland jeweils eine eigenständige Teilrechtsordnung[1036]. Dementsprechend unterscheidet sich auch das Gesellschaftsrecht in den verschiedenen Ländern Großbritanniens. Die in England und Wales geltenden gesellschaftsrechtlichen Gesetzesbestimmungen sind inhaltlich und formell identisch, die Nordirlands stimmen inhaltlich vollständig und die Schottlands mehrheitlich mit den englischen überein[1037]. Auch wenn in England und Wales für die hier untersuchte Rechtslage im Gründungsstadium der *private limited company*[1038] oft die gleichen Regelungen wie auch in Schottland Anwendung finden, so gilt dieses nicht uneingeschränkt. Insbesondere im Bereich des *common law* ergeben sich oft Unterschiede zwischen dem Recht in England (und Wales) und dem in Schottland. Die folgende Darstellung beschränkt sich auf die Frage der Haftung im Gründungsstadium der *private company* im englischen Recht.

Die *private company* (Ltd) ist trotz ihrer aktienrechtlichen Wesensmerkmale und wesentlicher Unterschiede in Gründungsvorgang, Haftung und Organisation funktional mit der GmbH des deutschen Rechts gleichzusetzen[1039]. Sie ist - wie die GmbH - eine durch die persönlichen Beziehungen der Gesellschafter gekennzeichnete Organisationsform, die typischerweise für kleinere und mittlere Unternehmen gedacht ist. Daher ähneln sich die Gesellschaftsformen der GmbH und der *private company* soweit, dass sie einen Vergleich zulassen. Die neben der *private company* am häufigsten verwendete *public limited company* (plc) wird vor allem von Großunternehmen verwendet und steht im Vergleich zum deutschen Recht der Aktiengesellschaft nahe. Anders als die kontinentaleuropäischen Gesellschaften mit beschränkter Haftung ist die *private company* keine Schöpfung des Gesetzgebers, sondern das Ergebnis einer auf der Grundlage des Prinzips der einheitlichen Kapitalgesellschaftsform entwickelten Differenzierung zwischen Gesellschaften, die sich über den öffentlichen Kapitalmarkt finanzieren (*public companies*), und anderen Gesellschaften, deren Kapital durch einen kleinen Kreis persönlich miteinander verbundener Gesellschafter aufgebracht wird (*private companies*). Da letztere im Wege der freien Rechtsschöpfung durch Satzungsänderungen aus der *public company* hervorgegangen ist[1040], bilden

---

[1036] Triebel/Hodgson/Kellenter/Müller, Englisches Handels- und Wirtschaftsrecht, Rn 1320, 1327.

[1037] St. Clair/Young, Corporate Insolvency in Scotland, S. 13 ff.

[1038] Im folgenden auch kurz „*private company*" genannt.

[1039] BayObLG, WM 1985, 1202, 1203: „Die *private limited company* ist mit einer deutschen GmbH trotz vorhandener aktienrechtlicher Züge vergleichbar"; Schmitthoff, in Lutter (Hg.), Gründung einer Tochtergesellschaft im Ausland, S. 185, 191 f.; Hahn/Svoboda, GmbHR 1984, 85, 85.

[1040] Neuling, Deutsche GmbH, S. 2; vgl. auch Boucourechliev/Huet, in Boucourechliev/Hommelhoff, Europäische Privatgesellschaft, S. 171, 172; Behrens, in Behrens (Hg.), GmbH im internationalen und

public und *private companies* „Typen im Sinne von Abwandlungen ein und derselben Kapitalgesellschaftsform“[1041] (Monismus)[1042]. Bis heute bilden sie eine einzige Rechtsform, die durch den Companies Act 1985[1043] geregelt wird, auf die aber jeweils besondere Bestimmungen anwendbar sind[1044]. Die im Rahmen der Untersuchung der Gründerhaftung in der *private company* aufgezeigten Ergebnisse gelten daher aufgrund des gleichsam anwendbaren Gesetzestextes oft auch für die *public company.*

Die Gründerhaftungsproblematik, die im englischen Recht unter dem Begriff der „*pre-incorporation transactions*“ behandelt wird[1045], nimmt auch im englischen Recht einen breiten Raum ein, obwohl eine Gesellschaftsgründung in relativ kurzer Zeit erfolgen kann[1046]. Denn der im deutschen Recht herrschende Grundsatz der Mindestkapitalausstattung ist dem englischen Recht fremd, und eine zeitraubende Registerkontrolle entfällt, da sich die Registerprüfung auf die Formalitäten und die zulässige Angabe des Unternehmensgegenstandes beschränkt[1047]. Daneben ermöglicht ein Schnellverfahren beim Companies House seit März 1991 eine Gesellschaftsgrün-

---

europäischen Recht, Rn GB/NI/El 8; Prime/Scanlan, Private Limited Companies, S. 6 ff.; Michalsky, DStR 1991, 1660, 1660. Die im Companies Act vom 1907 (7 Edw. 7, c. 50 (1907)) festgelegte Höchstgrenze von 50 Gesellschaftern besteht seit 1980 nicht mehr. Diese Höchstzahl verdeutlicht, dass die *private company* zu jener Zeit nur als kleine Unterart der *public company* verstanden wurde.

[1041] Hachenburg/Behrens, GmbHG, Einl. Rn. 601 ff.; vgl. auch Hohloch, in Hohloch (Hg.), EU-Handbuch Gesellschaftsrecht, Rn 122.

[1042] In Deutschland und Frankreich gilt hingegen der Dualismus, da GmbH und *SARL* vom Gesetzgeber als eigenständige Rechtsform geschaffen und in einem Sondergesetz, getrennt von der Aktiengesellschaft bzw. *SA*, als eigenständige Rechtsform geregelt wurden. Die Einheitsthese des englischen Rechts findet mittlerweile die Unterstützung der EG-Kommission, die sich für ein Einheits-Kapitalgesellschaftsrecht ausspricht und den Typ der GmbH als bloße Unterform der AG einstuft. Dabei soll die Unterscheidung nicht mehr nach der Rechtsform, sondern nach der Größe des Unternehmens getroffen werden.

[1043] Der Companies Act 1985 wird nachfolgend als CA 1985 bezeichnet. Das *company law*, das sich anders als das deutsche Gesellschaftsrecht nur auf Kapitalgesellschaften bezieht, da die Personengesellschaften vom *law of partnerships* erfasst werden, ist erst seit der Konsolidierungsmaß-nahme des englischen Gesetzgebers im Jahre 1985 in einem eigenständigen, umfassenden Gesetz geregelt. Die letzte Änderung hat das Gesellschaftsrecht durch den Companies Act 1989 erfahren. Trotz dieser umfangreichen Konsolidierung liegt kein abschließendes Gesellschaftsrechtssystem vor, so dass das von den Gerichten gesetzte Recht (*common law*) und das Billigkeitsrecht (*equity*) weiterhin eine große Rolle spielen. Dabei korrigiert das *law of equity* als eigenes, neben dem *common law* bestehendes Rechtssystem das *common law.*

[1044] Habersack, Europäisches Gesellschaftsrecht, S. 74; Behrens, in Behrens (Hg.), GmbH im internationalen und europäischen Recht, Rn GB/NI/El 1.

[1045] *Provisional contracts* sind hingegen Verträge, die von einer noch nicht geschäftsfähigen *public company* zwischen Erteilung des *certificate of incorporation* (Gründungsbescheinigung) und der Ausstellung des *trading certificate* (Handelsschein) abgeschlossen werden. Die *public company* kann erst mit Erteilung des *trading certificate* ihre Geschäftstätigkeit aufnehmen, die *private company* hingegen schon mit Aushändigung des *certificate of incorporation.*

[1046] In der Regel erfolgt die Eintragung der Gesellschaft innerhalb von drei bis vier Wochen, vgl. Triebel/Hodgson/Kellenter/Müller, Englisches Handels- und Wirtschaftsrecht, S. 223; s.a. Heinemann, ZIP 1991, 760, 760; J. Meyer, Haftungsbeschränkung, S. 364.

[1047] Vgl. s. 11 CA 1985, der nur für die *public company* gilt.

dung binnen 24 Stunden[1048]. Trotz dieser faktischen Gegebenheiten stellt sich das Problem der Gründerhaftung auch in England noch[1049], da die Entstehung der Gesellschaft aus den unterschiedlichsten Gründen verzögert werden kann; die tatsächliche Dauer der Gründung ist erst im nachhinein bekannt. In der Zwischenzeit ist es sinnvoll, dass die Gründer bindende Vereinbarungen schließen und die Gelegenheit zum Abschluss von vorteilhaften Rechtsgeschäften nutzen.

Die Gründerhaftungsproblematik stellt sich im englischen Recht anders als im deutschen Recht dar, da der *private company* vor ihrem Entstehen durch Inkorporation keine Rechtsfähigkeit zukommt und das englische Recht ein Rechtsgebilde wie das der deutschen Vorgesellschaft nicht anerkennt. Zum besseren Verständnis der Lösung des englischen Rechts ist daher zunächst die Gründung der *private company* darzustellen, um anschließend auf die Haftung der Gesellschaft, der Gründer und der Handelnden einzugehen.

B. Gründung der private company

I. Gründung und Rechtsnatur der private company

Zur Gründung einer *private company* bedarf es zunächst der Errichtung der Gründungsurkunde (*memorandum of association*) und der Gesellschaftssatzung (*articles of association)*[1050]. Die Satzung der Gesellschaft besteht im englischen Recht aus zwei Teilen, wobei beide Dokumente zusammen diejenigen Bestimmungen enthalten, die auch in einer deutschen Satzung zu finden sind[1051]. Sie bilden einen bindenden Vertrag zwischen der Gesellschaft und jedem einzelnen Mitglied[1052] sowie zwischen den einzelnen Mitgliedern inter se[1053], wobei die Mitglieder der Gesellschaft nur qua Mitglied gebunden und berechtigt sind (sog. *Hickman principle*)[1054]. Sowohl *memorandum* als auch *articles of association* müssen von den Gründergesellschaftern persönlich oder durch einen Vertreter schriftlich erstellt und unterzeichnet werden,

---

[1048] Dieses ist allerdings mit den geringen Zusatzkosten von ca. £ 200 verbunden; vgl. Triebel/Hodgson/Kellenter/Müller, Englisches Handels- und Wirtschaftsrecht, Rn 596; Heinemann, ZIP 1991, 760, 760; Klein, Rückgriffsanspruch, S. 70.

[1049] a.A. Buknill, (1986) 12 N.Z.L.Rev. S. 27, 47.

[1050] S. 1 (3A) CA 1985; Shearman, GmbHR 1992, 149, 150; Behrens, in Behrens (Hg.), GmbH im internationalen und europäischen Recht, Rn GB/NI/EI 16.

[1051] Hohloch, in Hohloch (Hg.), EU-Handbuch Gesellschaftsrecht, Rn 126; vgl. Triebel/Hodgson/Kellenter/Müller, Englisches Handels- und Wirtschaftsrecht, Rn 602.

[1052] S. 14 (1) CA 1985; vgl. auch Quin & Axtens v Salomon [1909] AC 422 (H.L.); Astbury J. in Hickman v Kent and Rommey Marsh Shep Breeders Assoc. [1915] 1. Ch. 881, 897; Mayson/French/Ryan, Company Law, S. 82; Morse (Hg.), Charlesworth & Morse on Company Law, S. 61; Davies/Prentice, Gower's Principles of Modern Company Law, S. 116 ff.

[1053] S. 14 (1) CA 1985; vgl. auch Quin & Axtens v Salomon [1909] AC 422 (H.L.); Borland's Trustee v Steel [1901] Ch. 279; Stirling J. in Wood v Odessa Waterworks Co. (1889) 42 Ch D 636, 642; Steyn L.J. in Bratton Seymore Service Co. Ltd v Oxborough [1992] BCLC 693, 698.

[1054] Vgl. Hickman v Kent and Rommey Marsh Shep Breeders Assoc. [1915] 1. Ch. 881; s.a. Morse (Hg.), Charlesworth & Morse on Company Law, S. 61 f.; Boyle/Sykes/Sealy, Gore-Brown on Companies, Suppl. 28, S. 4002; Mayson/French/Ryan, Company Law, S. 86.

wobei die Unterschriften durch mindestens einen bei der Unterzeichnung anwesenden Zeugen zu beglaubigen sind[1055]. Taugliche Gründungsgesellschafter (*subscriber*) sind alle juristischen und natürlichen Personen, auch Minderjährige[1056], sowie Personengesellschaften.

Das *memorandum* regelt die Grundfragen der Gesellschaft und ihr Außenverhältnis[1057]. Nach s. 2 CA 1985 sind bei seiner Errichtung bestimmte Inhaltsanforderungen einzuhalten: Anzugeben sind die Firma der Gesellschaft, der Gesellschaftssitz[1058], der Gesellschaftszweck, die Höhe und Aufteilung des Stamm- bzw. Grundkapitals[1059] sowie der Nennwert der einzelnen Anteile. Weiterhin ist festzulegen, dass die Haftung der Gesellschafter beschränkt ist, da eine Haftungsbeschränkung nur aus einer entsprechenden ausdrücklichen Vereinbarung der Gründer im *memorandum* folgt[1060]. Ohne eine solche Vereinbarung, ist die Haftung der Gesellschafter unbeschränkt[1061]. Im Anhang zum CA 1985 findet sich ein Muster für das *memorandum* (Table B), das die Gründungsgesellschafter statt einer individuellen Regelung übernehmen können[1062].

Es gehörte bisher zu den traditionellen Besonderheiten des englischen Rechts, dass der Umfang der Rechts- und Handlungsfähigkeit der inkorporierten Gesellschaft zum Schutz Dritter grundsätzlich streng auf ihren Gesellschaftszweck, wie er in der *objects clause* der Gründungsurkunde umschrieben sein musste, beschränkt war. Daher kamen der Gesellschaft grundsätzlich nur diejenigen Befugnisse zu, die zur Erfüllung des Gesellschaftszwecks notwendig waren[1063]. Rechtsgeschäfte, die vom Gegenstand der Gesellschaft nicht gedeckt waren, waren grundsätzlich unheilbar nichtig (*ultra-vires-doctrine)*[1064]. Diese Regelung führte gleichzeitig zu einer Beschränkung

---

[1055] S. 2 (6), 7 (3) (c) CA 1985; vgl. Behrens, in Behrens (Hg.), GmbH im internationalen und europäischen Recht, Rn GB/NI/El 16.

[1056] Re Laxon & Co. (No. 2) [1892] 3 Ch. 555.

[1057] S. 10 CA 1985; Vgl. Morse (Hg.), Charlesworth & Morse on Company Law, S. 60; Behrens, in Behrens (Hg.), GmbH im internationalen und europäischen Recht, S. 856; Habersack, Europäisches Gesellschaftsrecht, S. 76.

[1058] Mit Gesellschaftssitz ist hier das *domicile* gemeint, also der Ort, an dem die Gesellschaft ansässig ist. Diese Festlegung ist nach der für England maßgeblichen Gründungstheorie für das anwendbare Recht (England oder Schottland) entscheidend und kann nicht geändert werden; vgl. Triebel/Hodgson/Kellenter/Müller, Englisches Handels- und Wirtschaftsrecht, Rn 614 f.

[1059] Bei dem Stammkapital handelt es sich um den Maximalbetrag an Kapital, den die Gesellschaft in Geschäftsanteilen gegen Geld oder andere Wertgegenstände ausgeben darf. Es ist daher weniger mit dem Stammkapital der deutschen GmbH als mit dem genehmigten Kapital der deutschen AG vergleichbar, so dass es präziser wäre, von einem Grundkapital zu sprechen.

[1060] Vgl. s. 2 (3) CA 1985.

[1061] Die Möglichkeit der Haftungsbeschränkung (sog. *veil of incorporation*) wurde erstmals in der Entscheidung Salomon v Salomon & Co. Ltd. [1897] A.C. 22 (H.L.) anerkannt. Sie schließt aber eine Durchgriffshaftung nicht aus, sog. *lifting the veil of incorporation*; vgl. Davies/Prentice, Gower's Principles of Modern Company Law, S. 108 ff.

[1062] Vgl. s. 8 (2) CA 1985.

[1063] Vgl. das grundlegende Urteil Ashbury Railway Carriage and Iron Co. Ltd. v Riche (1875) L.R. 7 H.L. 653; Triebel/Hodgson/Kellenter/Müller, Englisches Handels- und Wirtschaftsrecht, Rn 618.

[1064] Vgl. Triebel/Hodgson/Kellenter/Müller, Englisches Handels- und Wirtschaftsrecht, Rn 618; Behrens, in Behrens (Hg.), GmbH im internationalen und europäischen Recht, Rn GB/NI/El 15.

der Vertretungsmacht der Organe, des *board of directors*[1065]. Aus diesem Grund wurden umständliche und lange Gegenstandsklauseln gewählt, um möglichst alle denkbaren Rechtsgeschäfte zu erfassen. Mit Inkrafttreten von ss. 108-112 CA 1989 wurde die *ultra-vires*-Lehre mit Wirkung vom 04.02.1991 so gut wie abgeschafft. Mittlerweile ist gesetzlich vorgesehen, dass der Gesellschaftszweck in der *objects clause* umfassend im Sinne einer beliebigen Teilnahme am Geschäftsverkehr formuliert werden kann, so dass eine praktisch uneingeschränkte Rechts- und Handlungsfähigkeit der Gesellschaft hergestellt werden kann[1066]. In der Praxis wird diese Gesetzesänderung aber wohl nicht zu einer Verkürzung der Angaben der Gesellschaftszwecke im *memorandum* führen, da die Einschränkung des Gesellschaftsrahmens für das Innenverhältnis und insbesondere für die Geschäftsführungsbefugnisse der *directors* von Bedeutung bleibt.

Die *articles of association* regeln das Innenverhältnis der Gesellschaft[1067]. Der Satzungsautonomie steht in England ein breiter Raum zur Verfügung, so dass die Gesellschaftsmitglieder die internen Gesellschaftsverhältnisse frei vereinbaren können. An die Stelle zwingender inhaltlicher Gesetzesvorschriften treten typischerweise die weitgehenden Publizitätspflichten. Diese Flexibilität bei der Satzungsgestaltung ermöglicht es, die Satzung auf die Bedürfnisse der Mitglieder abzustimmen und ein entsprechendes Organisationsrecht festzulegen. Machen die Gesellschafter von der eigenen Gestaltungsmöglichkeit keinen Gebrauch oder werden dem Registrator für Kapitalgesellschaften (*registrar*) bei Anmeldung der Gesellschaft[1068] keine *articles of association* vorgelegt, gilt ipso iure die in einer vom Secretary of State erlassenen Verordnung abgedruckte Mustersatzung, die sich als Table A im Anhang zum CA 1985 befindet[1069]. Im Falle einer Unvereinbarkeit von Bestimmungen des

[1065] Die mindestens zwei Direktoren (s. 282 CA 1985) bilden das Direktorium (*board of directors*), welches das einheitliche Leitungs- und Kontrollorgan der Gesellschaft darstellt; vgl. Behrens, in Behrens (Hg.), GmbH im internationalen und europäischen Recht, Rn GB/NI/EI 23 ff.; Michalsky, DStR 1991, 1660, 1661. Der Begriff des *directors* lässt sich nicht ohne weiteres mit dem des Geschäftsführers übersetzen, da das englische Recht sowohl aktive/geschäftführende als auch inaktive *directors* kennt. Für den vorliegenden Zweck wird *director* dennoch mit Geschäftsführer übersetzt.

[1066] s. 3 (1), 35 CA 1985 i. d. F. von s. 110 CA 1989; vgl. Prime/Scanlan, Private Limited Companies, S. 17 ff.; Morse (Hg.), Charlesworth & Morse on Company Law, S. 85 ff.; Triebel/Hodgson/Kellenter/Müller, Englisches Handels- und Wirtschaftsrecht, Rn 618 ff.

[1067] Morse (Hg.), Charlesworth & Morse on Company Law, S. 60; Habersack, Europäisches Gesellschaftsrecht, S. 77.

[1068] Der *registrar* ist Beamter des mit dem deutschen Wirtschaftsministerium vergleichbaren *Departement of Trade and Industry* mit Sitz in Cardiff für England und Wales bzw. in Edinburgh für Schottland. Die Adresse lautet: Companies Registration Office, Crown Way, Maindy, Cardiff CF4 3UZ, Großbritannien. Diese Registerbehörde ist als reines Zentralregister bzw. zentrale Erfassungsstelle organisiert; ein dezentralisiertes Handelsregister beim örtlich zuständigen Amtsgericht wie in Deutschland existiert in England nicht; vgl. Hohloch, in Hohloch (Hg.), EU-Handbuch Gesellschaftsrecht, Rn 139; Fischer-Zernin, Rechtsangleichungserfolg, S. 66; Habersack, Europäisches Gesellschaftsrecht, S. 73.

[1069] Vgl. s. 8 (2) CA 1985. Aufgrund der ipso iure Wirkung ist es in der Praxis üblich, Table A explizit auszuschließen und maßgeschneiderte *articles of association* zu entwerfen, auch wenn diese tatsächlich in vielen Punkten mit den Bestimmungen des Table A übereinstimmen; vgl. Triebel/Hodgson/Kellenter/Müller, Englisches Handels- und Wirtschaftsrecht, Rn 589.

memorandum und der *articles of association* sind letztere allerdings nachrangig[1070].

Kapitalzufluss und Gründungsvorgang sind im englischen Recht zwei unterschiedliche Vorgänge: Die Einzahlung auf das Grundkapital muss nicht vor Ausübung der Geschäftstätigkeit nachgewiesen werden, und es wird kein zugeteiltes Mindestkapital verlangt[1071]. In Deutschland kann die GmbH dagegen nicht eingetragen werden, bevor das Mindestkapital im Sinn von § 7 Abs. 2 GmbHG aufgebracht ist. Weder die teilweise Aufbringung des Kapitals noch seine vollständige Zeichnung sind Voraussetzungen für das Erlangen der Rechtsfähigkeit der *private company*[1072]. Eine Pflicht zur Mindesteinlage für den einzelnen Gesellschafter besteht in England nicht; verlangt wird nur, dass jeder Gründer zumindest einen Anteil (*share*) übernimmt[1073]. Da für diesen Anteil kein Mindestbetrag wie im deutschen Recht in § 5 Abs. 1 GmbHG vorgeschrieben ist, kann er beliebig klein sein. So kann mit der Mindestzahl von einem Gesellschafter[1074], der nur einen Geschäftsanteil von £ 1 oder sogar von nur 1 p hält, eine Gesellschaft gegründet werden[1075].

Wie die Merkmale des fehlenden Mindestkapitals als Haftungsfond für die Gesellschaftsgläubiger und die Anordnung der Haftungsbeschränkung durch Vereinbarung der Gesellschafter im *memorandum* statt durch gesetzliche Anordnung zeigen, muss die beschränkte Haftung der Gesellschafter im Gegensatz zum deutschen und französischen Recht nicht „erkauft" werden[1076]. Das Recht der Kapitalaufbringung ist damit bei der *private company* traditionell von großer Gestaltungsfreiheit geprägt und unterliegt vollkommen der Satzungsautonomie[1077]. Im Gegensatz zum deutschen und französischen Recht kann der Fälligkeitszeitpunkt der Einzahlung weitgehend dispositiv geregelt werden. Die Kapitalaufbringung erfolgt zumeist zu einem späteren

---

[1070] Re Duncan Gilmour & Co Ltd. [1952] 2 ALL ER 871; Morse (Hg.), Charlesworth & Morse on Company Law, S. 60.

[1071] Vgl. s. 13 (4) und 117 CA 1985. Danach benötigt nur die *public company* für die Geschäftsaufnahme eine vom *registrar* ausgestellte Gewerbebescheinigung (*trading certificate*) über das erforderliche Grundkapital. Denn der *registrar* erteilt die Gewerbebescheinigung nur, wenn eine eidesstattliche Erklärung (*statutory declaration*) eines *director* oder eines *secretary* der Gesellschaft eingereicht wird, die bestätigt, dass der Nennbetrag des gezeichneten Kapitals nicht weniger als £ 50.000 beträgt und dass mindestens ein Viertel des Aktiennennbetrages eingezahlt worden ist. Dadurch soll gewährleistet werden, dass das Grundkapital einer *public company* auch tatsächlich aufgebracht wird. Bei unzulässiger Aufnahme der Geschäftstätigkeit macht sich nicht nur die *public company* selbst strafbar, sondern auch die verantwortlichen *directors*. Nach englischem Strafrecht ist eine persönliche Schuld nicht notwendig, so dass auch eine juristische Person strafbar sein kann. Vgl. dazu Triebel/Hodgson/Kellenter/Müller, Englisches Handels- und Wirtschaftsrecht, Rn 591.

[1072] Pennington, in Jura Europae, Gesellschaftsrecht, 90.10, no 2, 19 f.; Reith, Phänomen Vorgesellschaft, S. 29.

[1073] S. 2 (5) (b) CA 1985; Behrens, in Behrens (Hg.), GmbH im internationalen und europäischen Recht, Rn GB/BI/EI 44; Pennington, in Jura Europae, Gesellschaftsrecht, 90.10, no 11, 18 ff.; Hohloch, in Hohloch (Hg.), EU-Handbuch Gesellschaftsrecht, Rn 135 f.; Shearman, GmbHR 1992, 149, 151.

[1074] Vgl. s. 1 (3A) CA 1985.

[1075] Shearman, in Centrale für GmbH (Hg.), GmbH-Rechte in den EG-Staaten, S. 49, 56.

[1076] Vgl. s. 2 (3) CA 1985; Helms, Europäische Privatgesellschaft, S. 121 f.; Neuling, Deutsche GmbH, S. 53 f.

[1077] Vgl. Triebel/Hodgson/Kellenter/Müller, Englisches Handels- und Wirtschaftsrecht, Rn 631.

Zeitpunkt nach Inkorporation der Gesellschaft und Aufforderung durch den Geschäftsführer[1078]. Im Gegensatz zum deutschen und französischen Recht kommt es in England daher vor Eintragung der Gesellschaft nicht zur Bildung von Gesellschaftsvermögen, so dass die Gesellschaft bei ihrer Entstehung über kein wesentliches Gesellschaftskapital verfügt[1079].

Hintergrund dieser Ausgestaltung des Gründungsrechts ist, dass im englischen Gesellschaftsrecht die Ansicht vertreten wird, beim Gläubigerschutz ohne die Aufbringung eines gesetzlich vorgeschriebenen Mindest-Haftkapitals auszukommen. Der eigenverantwortlichen Absicherung der Gläubiger wird damit ein deutlich höheres Gewicht zugemessen als im kontinentaleuropäischen Schutzsystem, wie die Leitentscheidung *Salomon* v *Salomon* zeigt: „*The unsecured creditors* [...] *may be entitled to sympathy, but they have only themselves to blame for their misfortunes*“[1080]. Am Fehlen einer Mindestkapitalausstattung im englischen Gesellschaftsrecht wird sich vermutlich auch künftig nichts ändern, da sich die Ablehnung eines formellen Mindestkapitals nach der isolierten Einführung eines gesetzlich festgelegten Mindestkapitals für die *public company* verfestigt hat. Ein festgesetztes Mindestkapital muss auch angesichts der historisch gewachsenen Vielfältigkeit der Aufgaben und Erscheinungsformen der *private company* als verfehlt erscheinen[1081].

Nächster Schritt bei der Gründung einer *private* company ist die Anmeldung der Gesellschaft zur Eintragung beim Registrator für Kapitalgesellschaften (*registrar of companies)*. Bei der Anmeldung sind bestimmte Dokumente wie die ordnungsgemäß errichteten *memorandum* und *articles of association*[1082] und die Formblätter 10 und 12[1083] vorzulegen. Auf dem Formblatt 10 sind die ersten *directors*, der *company secretary*[1084] und der Gesellschaftssitz anzugeben[1085]. Das Formblatt 12 hat hingegen eine eidesstattliche Versicherung (*statutory declaration)* des mit der Gründung beauftragten Rechtsanwaltes oder des in der Liste erwähnten *director* oder *secretary* darüber zu enthalten, dass die Gründungsvoraussetzungen erfüllt sind[1086].

Die Prüfung des *registrar* erstreckt sich eher auf die formale Ordnungsmäßigkeit als auf die materielle Rechtmäßigkeit der Anmeldung, da er nur die eingereichten Dokumente zu sichten und die Erfüllung der gesetzlichen Gründungsanforderungen festzustellen hat. Darüber hinausgehende Befugnisse wie die materiellrechtliche

---

1078 Helms, Europäische Privatgesellschaft, S. 117.

1079 Klein, Rückgriffsanspruch, S. 70; Butt, Probleme der Vorgesellschaft, S. 19 ff.; vgl. Pennington, in Jura Europae, Gesellschaftsrecht, 90-10, No. 19; Reith, Phänomen Vorgesellschaft, S. 29.

1080 „Die ungesicherten Gläubiger [...] mögen zu Mitleid berechtigt sein, müssen sich ihr Unglück aber selbst zuschreiben“; Salomon v Salomon & Co. Ltd. [1897] A.C. 22, 33 (H.L.).

1081 Neuling, Deutsche GmbH, S. 145.

1082 s. 10 (1) CA 1985. Werden die *articles of association* nicht vorgelegt, gilt ipso iure die in einer Verordnung des Secretary of State abgedruckte Mustersatzung, sog. Table A.

1083 s. 10 (2) CA 1985. Die Formblätter sind vorgeschrieben durch SI 1995/736.

1084 Der *secretary* ist ein dem kontinentaleuropäischen Recht unbekannter Urkundsbeamter; vgl. Behrens, in Behrens (Hg.), GmbH im internationalen und europäischen Recht, Rn GB/NI/EI 22, 30.

1085 s. 10 (2), (6) CA 1985. Mit Gesellschaftssitz ist hier die Geschäftsadresse der Gesellschaft, ihr *registered office*, und nicht der satzungsmäßige Sitz (*domicile*) gemeint; vgl. Triebel/Hodgson/Kellenter/Müller, Englisches Handels- und Wirtschaftsrecht, Rn 616.

1086 s.12 (3) CA 1985.

Prüfung der Gründungsvoraussetzungen kommen ihm nicht zu[1087]. Auch erfolgt keine Prüfung der Einlagenbewertung, und zwar unabhängig davon, ob es sich um Bar-, Sacheinlagen oder Einlagen in Form von Dienstleistungen[1088] handelt, da bei der *private company* die Ausstattung mit einem Mindestkapital nicht vorgesehen und die Aufbringung des Gesellschaftskapitals nicht Bestandteil des Gründungsvorganges ist. Die Einlagen werden vielmehr durch die Parteien oder den *director* bewertet, wobei die Bewertung nur in seltenen Fällen angefochten werden kann[1089]. Die auch im englischen Gesellschaftsrecht geltende *doctrine of consideration* (Aufbringung eines „Gegenopfers für den Gesellschaftsanteil") verlangt nur, dass die Leistung der Einlage einen wirtschaftlichen Wert hat. Parteien, die die Sacheinlage nach Inkorporation der Gesellschaft erbringen, können grundsätzlich einen beliebigen Wert für die Sacheinlage ansetzen und auch über ihren Wert verhandeln, da sie nicht vollwertig sein muss[1090]. Der Grundsatz der „realen Kapitalaufbringung" ist dem englischen Recht folglich unbekannt.

Nach erfolgter Prüfung trägt der *registrar* die Gesellschaft ein und erteilt eine Gründungsbescheinigung (*certificate of incorporation*)[1091], wobei die Ausstellung der Gründungsbescheinigung vom *registrar* in der London Gazette bekannt zu machen ist[1092]. Funktion dieser Gründungsbescheinigung ist, eine unwiderlegliche Vermutung für die Erfüllung der gesetzlichen Gründungsvoraussetzungen und damit den zwingenden Beweis zu begründen, dass die Gesellschaft als juristische Person entstanden ist. Die Existenz der Gesellschaft kann daher nur in seltenen Fällen in Frage gestellt werden[1093]. Die Beweiskraft der Gründungsbescheinigung soll das Vertrauen Dritter in die Existenz der Gesellschaft schützen und verhindert unwirksame

---

[1087] Vgl. s. 12 (1) CA 1985: "The registrar of companies shall not register a company's memorandum delivered under section 10 unless he is satisfied that all the requirements of this Act in respect of registration and of matters precedent and incidental to have been complied with". Vgl. auch R v Registrar of Companies, ex parte Bowen [1914] 3 K.B. 1161; R v Registrar of Joint Stock Companies, ex parte More [1931] 2 K.B. 197; Pennington, Pennington's Company Law, S. 27; Morse (Hg.), Charlesworth & Morse on Company Law, S. 15; vgl. auch Goulding, in De Kluiver/Van Gerven (Hg.), The European Private Company?, S. 55, 56; Bowen, Fox & Bowen on the law of private companies, S. 43; Triebel/Hodgson/Kellenter/Müller, Englisches Handels- und Wirtschaftsrecht, Rn 590.

[1088] In England können auch Dienstleistungen erbracht werden, vgl. s. 99 (1), (2) CA 1985.

[1089] Re White Star Line [1938] Ch. 458; Tintin Exploration Syndicate v Sansya (1947) L.T. 412; vgl. auch s. 100 CA 1985.

[1090] Vgl. s. 88 (2) b) (i) CA 1985; vgl. Reith, Phänomen Vorgesellschaft, S. 29; Davies/Prentice, Gower's Principles of Modern Company Law, S. 48; Helms, Europäische Privatgesellschaft, S. 117.

[1091] Das *certificate of incorporation* wird entweder vom *registrar* unterschrieben oder durch sein offizielles Siegel beglaubigt, s. 13 (2) CA 1985. Letzteres richtet sich nach s. 704 (4) CA 1985. Die Gründungsbescheinigung hat folgenden Wortlaut: „Ich bescheinige hiermit, dass die ... Limited an diesem Tage gemäß Companies Act 1985 gegründet wurde und dass die Haftung beschränkt ist".

[1092] S. 13 (1) CA 1985.

[1093] Vgl. s. 13 (7) CA 1985; Behrens, in Behrens (Hg.), GmbH im internationalen und europäischen Recht, Rn GB/NI/El 19; Farrar/Hannigan, Farrar's Company Law, S. 65; Bowen, Fox & Bowen on the law of private companies, S. 44; Triebel/Hodgson/Kellenter/Müller, Englisches Handels- und Wirtschaftsrecht, Rn 588, 593 f.

Gesellschaftsgründungen[1094]. Dies mag ein Grund sein, weshalb es im englischen Recht keine Lehre von der faktischen oder fehlerhaften Gesellschaft gibt[1095].

Die *private company* erwirbt somit – ebenso wie die deutsche GmbH und die französische *SARL* - den Status einer juristischen Person nicht stufenweise, sondern durch konstitutive Registereintragung[1096]. Es besteht aber insofern im englischen Gesellschaftsrecht eine Besonderheit, als dass nicht die Eintragung in das Handelsregister für die Erlangung der Rechtsfähigkeit der Gesellschaft entscheidend ist, sondern die Inkorporation. Die Gesellschaft entsteht folglich erst mit dem Datum der Ausstellung der Gründungsbescheinigung als juristische Person[1097]. Da diese Bescheinigung aber im Anschluss an die Registrierung erteilt wird, stellt dies nur eine marginale Abweichung vom Eintragungsprinzip dar. Nach Erteilung der Gründungsbescheinigung kann die *private company* unmittelbar ihre Geschäftstätigkeit aufnehmen. Da für sie keine Mindestkapitalaufbringung vorgeschrieben ist, muss sie im Gegensatz zur *public company* nicht zuvor den Nachweis über des erforderliche Grundkapital erbringen und die Erlaubnis zum Beginn ihrer Geschäftstätigkeit (*trading certificate*[1098]) abwarten. Vielmehr genießt sie das Privileg, unmittelbar nach ihrer Entstehung voll handlungs- und geschäftsfähig zu sein[1099].

II. Vorgesellschaft

Die Gesellschaftsgründung ist in England weniger formalisiert, so dass das Gründungsverfahren wenig Raum für die klassischen Probleme der Vorgesellschaft lässt. Das englische Recht kennt zwar eine Gründungsphase, diese hat jedoch nicht dieselbe rechtliche Bedeutung wie im deutschen Recht. Ein der künftigen Gesellschaft vorgelagertes Gebilde wie das der deutschen Vorgesellschaft oder der französischen Gründungsgesellschaft besteht nicht. Die Errichtung einer Vorgesellschaft durch

[1094] Davies/Prentice, Gower's Principles of Modern Company Law, S. 279.

[1095] Triebel/Hodgson/Kellenter/Müller, Englisches Handels- und Wirtschaftsrecht, Rn 594.

[1096] Vgl. s. 13 (4) CA 1985; vgl. auch Behrens, in Behrens (Hg.), GmbH im internationalen und europäischen Recht, S. 859.

[1097] S. 13 (1), (3), (4) CA 1985; vgl. auch die Entscheidung Arab Monetary Fund Verbindlichkeit Hashim (No. 3), [1991] 2 AC 114, 116, in der der *Court of Appeal* bestätigte, dass die Gesellschaft erst mit Eintragung und Erteilung des *certificate of incorporation* existiert und Rechtspersönlichkeit erhält; vgl. Goulding, in De Kluiver/Van Gerven (Hg.), The European Private Company?, S. 55, 56; J. Meyer, Haftungsbeschränkung, S. 364, Hohloch, in Hohloch (Hg.), EU-Handbuch Gesellschaftsrecht, Rn 144, S. 49; Michalsky, DStR 1991, 1660, 1661; Shearman, GmbHR 1992, 149, 150; Triebel/Hodgson/Kellenter/Müller, Englisches Handels- und Wirtschaftsrecht, Rn 588, 590; vgl. auch Jubilee Cotton Mills v Lewis [1924] AC 958 (H.L.), wonach die Gründungsbescheinigung auch den schlüssigen Beweis hinsichtlich des Datums der Inkorporation erbringt.

[1098] Die eigentliche Bezeichnung dieser Bescheinigung lautet: *„certificate of entitlement to do business"*, s. 109 CA 1948. In Zusammenhang mit dem *certificate of incorporation* hat sich in England eingebürgert, auch vom *companies trading certificate* zu sprechen.

[1099] Vgl. s. 13 (4) CA 1985 und s. 101, 117 CA 1985. Danach gilt nur für die *public company* die Beschränkung, die Geschäftstätigkeit erst nach Erteilung der Gründungsurkunde und Aushändigung des *trading certificate* aufzunehmen; Hohloch, in Hohloch (Hg.), EU-Handbuch Gesellschaftsrecht, Rn 148 f.; Michalsky, DStR 1991, 1660, 1661; Bowen, Fox & Bowen on the law of private companies, S. 44; Farrar/Hannigan, Farrar's Company Law, S. 65.

Zeichnung des Gesellschaftsvertrages bzw. der Gründungsurkunde ist nach englischem Verständnis schon deshalb nicht möglich, weil der Gesellschaftsvertrag bis zur Inkorporation weder Wirkung nach außen noch nach innen entfaltet[1100]. Da weder die teilweise Aufbringung eines Mindestkapitals noch seine vollständige Zeichnung Voraussetzung der Erlangung der Rechtsfähigkeit ist[1101], stellen sich die Probleme, wie sie sich im deutschen und französischen Recht bezüglich der Vorgesellschaft bzw. Gründungsgesellschaft und der späteren Gesellschaft zeigen, im englischen Recht nicht. Auch besteht kein institutionalisierter Bezug zu einem Gebilde wie die deutsche Vorgründungsgesellschaft, da die Gründungsphase insoweit als einheitlich angesehen wird.

Die noch nicht entstandene Gesellschaft birgt damit konzeptionelle Probleme in sich, da sie nach englischer Vorstellung nur in den Köpfen der Gründer existiert. Es wird angenommen, dass vor Entstehung der Gesellschaft noch keine abgrenzbare Gruppe von handlungsbefugten Personen besteht[1102]; nach der englischen Dogmatik fällt die Entstehung der Gesellschaft vielmehr mit der Erlangung der Rechtsfähigkeit zusammen[1103]. Die *private company* existiert erst ab dem Tag der Erteilung der Gründungsbescheinigung (*certificate of incorporation*) als juristische Person und kann unmittelbar von diesem Zeitpunkt an mit der Geschäftstätigkeit beginnen[1104]. Mit Inkorporation der Gesellschaft setzt auch die Haftungsbeschränkung der Gesellschafter der *private company* ein. Zwischen den Gründern, die nicht notwendigerweise selbst Gesellschafter der *private company* werden, besteht grundsätzlich kein wie auch immer geartetes Gesellschaftsverhältnis[1105]. Auch aus dem trotz fehlender Treuhänder- oder Organstellung des Gründers nach englischem Billigkeitsrecht (*equity*) bestehenden besonderen Vertrauensverhältnis und der treuhänderischen Beziehung (*fidicuary relationship*) zur Gesellschaft[1106] lässt sich kein Gesellschaftsverhältnis ableiten, sondern nur bestimmte Pflichten des Gründers wie die der Offenlegung der im Rahmen der Gründung erzielten Gewinne.

Die Gruppe der Gründer kann einer der englischen Gesellschaftsformen nur zugeordnet werden, wenn besondere Umstände auf einen bestimmten Gesellschaftstyp hinweisen. Im englischen Recht ist es höchst unklar, ob die Vereinigung mehrerer

---

[1100] Neuling, Deutsche GmbH, S. 56.

[1101] Goulding, in De Kluiver/Van Gerven (Hg.), The European Private Company?, S. 55, 59; Pennington, in Jura Europae, Gesellschaftsrecht, 90.10, no 2, 19 f.; Reith, Phänomen Vorgesellschaft, S. 29.

[1102] Heinemann, ZIP 1991, 760, 761.

[1103] Klein, Rückgriffsanspruch, S. 70; Michalsky, DStR 1991, 1660, 1660.

[1104] Vgl. den Abschnitt „Gründung und Rechtsnatur der private company“ auf S. 196 ff.

[1105] Keith Spicer Ltd v Mansell [1970] 1 W.L.R. 333; Reith, Phänomen Vorgesellschaft, S. 95 ff.; Lord Hailsham of St. Marylebone, Halsbury's Laws of England, Bd. 7(1), para 55; Banks, Lindley & Banks on Partnerships, Rn 2 ff.; Neuling, Deutsche GmbH, S. 55.

[1106] Lord Blackburn und Lord Cairns in Erlanger v The New Sombrero Phosphate Co. (1878) 3 App. Cas. 1218, 1236; Gluckstein v Barnes [1900] A.C. 240 (H.L.); Re Leeds and Hanley Theatres of Varieties, Ltd. [1902] 2 Ch.D. 809 (C.A.); vgl. Morse (Hg.), Charlesworth & Morse on Company Law, S. 69; Boyle/Sykes/Sealy, Gore-Brown on Companies, Suppl. 25, S. 8002; Griffin, Company Law, S. 33; Lord Hailsham of St. Marylebone, Halsbury's Laws of England, Bd. 7(1), para 41.

Personen zur Gründung einer Gesellschaft ein *partnership*[1107] bilden können[1108]. Zwar lässt das englische Recht grundsätzlich die bloße Tatsache der gemeinsamen Geschäftstätigkeit für die Einordnung der Rechtsbeziehung zwischen den Beteiligten als *partnership* ausreichen, weil eine Eintragung des *partnerhips* im Handelsregister nicht erfolgt[1109]. Doch sollen reine Vorbereitungshandlungen das konstituierende Merkmal eines *partnership*, das *business*[1110], noch nicht ausfüllen[1111]. Auch fehlt die nach s. 1 (1) Partnership Act 1980 erforderliche Gewinnerzielung, da alleiniger Gesellschaftszweck grundsätzlich die Gründung einer *private company* wäre[1112]. Daher ist die Gründervereinigung grundsätzlich nicht als *partnership* anzusehen, wenn sie nur Vorbereitungshandlungen ausführt[1113]. So entschied der *Court of Appeal* in dem Fall, in dem A und B gemeinsam ein Restaurant in Form einer *private company* eröffnen wollten und B im Gründungsstadium bereits Waren für das von A eingebrachte, aber noch nicht betriebene Restaurant bestellt hatte, dass nur vorbereitende Handlungen getätigt wurden und damit kein *partnership* vorlag[1114].

Beginnen die Gründer allerdings vor Entstehen der *private company* dauerhaft mit der Geschäftstätigkeit, oder führen sie im Gründungsstadium ein eingebrachtes bzw. einzubringendes Geschäft gemeinsam zur Gewinnerzielung weiter, kann ein *partnership* vorliegen[1115]. Dabei kann auch ein einmaliges gemeinschaftliches Handeln, ähnlich wie bei der deutschen Gelegenheitsgesellschaft, ausreichen[1116]. So wurde von der Rechtsprechung ein *partnership* in dem Fall angenommen, in dem die Gründer gemeinsam ein Theater einrichten wollten, um es mit Gewinn an eine zu gründende Gesellschaft zu verkaufen[1117]. Die Einordnung scheint im Ergebnisaber von

[1107] Das *law of partnership* ist ähnlich dem deutschen Personengesellschaftsrecht, kennt aber die Einteilung des deutschen Rechts in Gesellschaften des Zivilrechts (GbR) und des Handelsrechts (OHG, KG) nicht. Das *partnership* entspricht weder der OHG noch der GbR; je nach Aktivität und Geschäftsvolumen kann es aber diesen Gesellschaftsformen gleichkommen.

[1108] Heinemann, ZIP 1991, 760, 761; Lord Hailsham of St. Marylebone, Halsbury's Laws of England, Bd. 7(1), para 208 mit zahlreichen Rspr.-Hinweisen; Schmitthoff/u.a., Palmer's Company Law, S. 40.

[1109] Hicks/Drury, in Boucourechliev/Hommelhoff, Europäische Privatgesellschaft, S. 69, 71.

[1110] Vgl. s. 1 (1) Partnership Act 1890. Der Begriff wird in s. 45 Partnership Act 1890 definiert: business is "every trade, occupation or profession".

[1111] Vgl. Harman, L.J. und Widgerly, L.J. in Keith Spicer Ltd. v Mansell [1970] 1 All ER 462, 464 f. (C.A.). Anders noch die erste Instanz, in der den *promoter* generell das Interesse abgesprochen wurde, vor Inkorporation der Gesellschaft den Geschäftsbetrieb aufzunehmen und damit ein *business* im Sinne des Partnership Acts zu betreiben; vgl. auch Morse (Hg.), Charlesworth & Morse on Company Law, S. 16.

[1112] Keith Spicer Ltd v Mansell [1970] 1 All ER 462 (C.A.).

[1113] allg. Meinung seit Mant v Smith (1859) 4 H & N 324, 326; vgl. Schmitthoff/u.a., Palmer's Company Law, S. 43; Heinemann, ZIP 1991, 760, 761; Reith, (1988) 37 I.C.L.Q. 109, 116 f.; Reith, Phänomen Vorgesellschaft, S. 95.

[1114] Keith Spicer v Mansell (1970), 1 WLR 333, insb. S. 335 (C.A.).

[1115] Vgl. Butt, Probleme der Vorgesellschaft, S. 41; Pues, Haftungsverhältnisse, S. 14; Klein, Rückgriffsanspruch, S. 74.

[1116] Vgl. Mann v D. Arcy (1968) 1 WLR 893, 895 ff.; Pennington, in Jura Europae, Gesellschaftsrecht, 90.00, No. 9.

[1117] Re The Royal Victoria Theatre Syndicate (1873) 29 L.T. 668; bestätigt in (1874) 30 L.T. 3; vgl. Reith, (1988) 37 I.C.L.Q. 109, 116 f.

Zufälligkeiten abzuhängen, die Unsicherheiten für den Rechtsverkehr mit sich bringen. Bei Vorliegen eines *partnerships* haften die Gründer persönlich und unbeschränkt[1118]. Das *partnership* steht der zu gründenden Kapitalgesellschaft aber selbstständig gegenüber und bildet insbesondere kein der Vorgesellschaft gleichkommendes Gebilde. Daher können auch die im Rahmen des *partnerships* begründeten Rechte und Pflichten nicht auf die entstandene Gesellschaft automatisch übergehen.

Reformbestrebungen, eine Vorgesellschaft anzuerkennen und den Übergang der Rechte und Pflichten auf die eingetragene Gesellschaft zu regeln, haben sich bislang nicht durchgesetzt[1119]. Zwar wurde vom Vertreter des Berufungsklägers in der Entscheidung *Phonogram v Lane*[1120] die Existenz einer Vorgesellschaft angedacht. Er stütze sich dabei nicht auf den an sich einschlägigen s. 9 (2) European Communities Act 1972[1121], sondern auf den französischen Text von Art. 7 Publizitätsrichtlinie[1122], auf dem s. 9 (2) ECA 1972 beruht. Der französische Wortlaut gelte, da Englisch zur Zeit des Erlasses der Publizitätsrichtlinie noch keine der Amtssprachen war. Dem Wortlaut von Art. 7 Publizitätsrichtlinie zufolge finde die Norm nur Anwendung, wenn eine Gesellschaft „*en formation*" (in Gründung) vorliege, also ab einem Stadium, in dem der Gründungsprozess bereits eingeleitet wurde. Nach französischem Recht befindet sich eine Gesellschaft ab Unterzeichnung des Gesellschaftsvertrages „*en formation*"[1123]. Wären die Richter des *Court of Appeal* dieser Begründung gefolgt, könnte man seit der Entscheidung auch im englischen Recht von der Existenz einer Art Vorgesellschaft bei Gründung einer *private company* ausgehen. Der *Court of Appeal* lehnte jedoch die Argumentationsweise des Vertreters des Berufungsklägers ab. Zur Lösung eines englischen Rechtsstreites könne nicht vom französischen Text der Richtlinie ausgegangen werden, da dieser Text im Hinblick auf ein anderes Gesellschaftsrechtssystem entworfen worden sei. Daher sei von der englischen Umsetzungsnorm s. 9 (2) ECA 1972 auszugehen, die konform mit der Publizitätsrichtlinie sei und keine derartige Einschränkung enthalte. Da die englische Norm nur von "*at a time when the company has not been formed*" spricht, könne nach dem eindeutigen Wortlaut kein Bestehen eines Gebildes wie das einer Vorgesellschaft im Gründungsstadium der *private company* angenommen werden[1124]. Eine Vorgesellschaft wäre im englischen Recht aufgrund der fehlenden Mindestkapitalausstattung und einer entsprechenden registerrechtlichen Kontrolle zudem kaum von nennenswerter Lebensdauer.

1118 Vgl. s. 5 Partnership Act 1890; s.a. Morse, Partnership Law, S. 93 ff.; Pennington, in Jura Europae, Gesellschaftsrecht, 90-00, No. 18; Klein, Rückgriffsanspruch, S. 74.

1119 Vgl. nur Davies/Prentice, Gower's Principles of Modern Company Law, S. 144; Heinemann, ZIP 1991, 760, 761.

1120 Lord Denning M.R. in Phonogram Ltd v Lane, [1981] 3 All ER 182, 186 (C.A.); s. ausführlicher zu diesem Fall auch den Abschnitt „Phonogram v Lane" auf S. 224 ff.

1121 Nachfolgend wird der European Communities Act abgekürzt zu ECA 1972. Die ursprüngliche Vorschrift s. 9 (2) ECA 1972 ist später mit leichten Änderungen im Wortlaut in s. 36 (4) CA 1985 aufgegangen. Nach der Gesellschaftsrechtsreform von 1989 findet sich die Regelung ohne Änderungen (vgl. s. 130 (4) CA 1989) in der heute gültigen Vorschrift s. 36C (1) CA 1985.

1122 Erste Richtlinie vom 09.03.1968 (68/151/EWG), ABl. EG 1968 L 65/8; zur französischen Fassung von Art. 7 Publizitätsrichtlinie s. Fn 1015.

1123 Phonogram Ltd v Lane, [1981] 3 All ER 182, 186 (C.A.).

1124 Lord Denning M.R. in Phonogram Ltd v Lane, [1981] 3 All ER 182, 186 (C.A.).

Die Entscheidung des *Court of Appeal* in *Phonogram v Lane* bedeutet zugleich, dass der heutige s. 36C (1) CA 1985 nun auf alle noch nicht inkorporierten Gesellschaften anwendbar ist, und zwar unabhängig davon, in welcher Gründungsphase sie sich befinden. Er verlangt nicht, dass die Gesellschaft im Zeitpunkt des Handelns bereits besteht, vielmehr kann ein Gründungsgeschäft auch dann für eine Gesellschaft geschlossen werden, wenn beide Parteien wissen, dass die Gesellschaft sich noch in Gründung befindet[1125]. Die Tragweite der Entscheidung in *Phongram v Lane* wird durch das Urteil in *Cotronic v Dezonie*[1126] bestätigt. In dieser Folgeentscheidung nahm der *Court of Appeal* an, dass der Sachverhalt für die Anwendbarkeit der gesellschaftsrechtlichen Handelndenhaftung zumindest einen Bezug zur Gründung einer Gesellschaft aufweisen muss. In der Literatur wird dies dahingehend interpretiert, dass der Vertrag eine bestimmte, wenn auch noch nicht existente Gesellschaft als vermeintlichen Vertragspartner identifizieren muss[1127]. Aus dieser Entscheidung lässt sich aber kein Schritt in Richtung auf die Anerkennung eines der inkorporierten Gesellschaft vorgelagerten Gebildes mit institutionalisiertem Bezug folgern.

Im 19. Jahrhundert wurden Gesellschaften von den englischen Gerichten als *partnership* eingeordnet, deren Inkorporierungsgesuch noch nicht bewilligt oder abgelehnt wurde. Da der später erlassene *Partnership Act* von 1890 lediglich auf das gemeinschaftliche, unternehmerische Handeln abstellt und nur die registrierten Gesellschaften ausnimmt[1128], könnte die Konstellation der deutschen unechten Vorgesellschaft im englischen Recht als *partnership* beurteilt werden. Dieses würde zu einer unbeschränkten persönlichen Haftung aller Gesellschafter führen. Soweit ersichtlich, sind derlei Entscheidungen nach 1855 aber nicht mehr berichtet[1129]. Vielmehr wird seitdem betont, dass die bloß gemeinschaftliche Gründungstätigkeit grundsätzlich noch kein *partnership* entstehen lässt[1130].

Das amerikanische Recht kennt zwar ein der deutschen unechten Vorgesellschaft ähnelndes Gebilde, die *de facto corporation.* Dieses Rechtsinstitut wurde vom amerikanischen *common law* entwickelt, um eine Gruppe von Personen schon als körperschaftlich strukturiert ansehen zu können, obwohl eine eingetragene juristische Person nicht oder noch nicht vorliegt. Eine Gemeinschaft von *promoter* kann demnach de facto als *corporation* angesehen werden, wenn eine solche von Rechts wegen überhaupt errichtet werden kann, ein ernsthafter Versuch der *promoter* vorliegt, die Eintragung der Gesellschaft zu bewirken, die *promoter* tatsächlich schon körperschaftlich handelnd auftreten und die Eintragung aus Gründen unterblieb oder noch nicht vollzogen ist, für die die *promoter* vernünftigerweise nicht einzustehen haben[1131]. Im

[1125] Phonogram Ltd v Lane, [1981] 3 All ER 182, 183 und 186 g, 187 f, 188 j (C.A.).
[1126] Cotronic (UK) Ltd v Dezonie and others, [1991] BCLC 721 (C.A.).
[1127] Davies/Prentice, Gower's Principles of Modern Company Law, S. 143.
[1128] S. 1 (1), (2) lit. a des Partnership Acts 1890; vgl. auch J. Meyer, Haftungsbeschränkung, S. 365.
[1129] Vgl. Reith, (1988) 37 I.C.L.Q. 109, 118, 116, demzufolge solche Fälle selten sind, und der lediglich ältere Fälle anführt.
[1130] Keith Spicer Ltd. v Mansell (1970) 1 W.L.R. 333. (C.A.); vgl. J. Meyer, Haftungsbeschränkung, S. 365; s. aber auch Reith, (1988) 37, I.C.L.Q. 109, 111 f.
[1131] Vgl. S. Robertson v Levy, 197 A. 2 d 443, 445, Dct. Colum. Ct. App. (1964); Cantot v Sunshine Greenery, 398 A. 2 d. 571, 574 f., 165 N.J. 411 (1979).

englischen Recht wurde die Einführung eines derartigen Rechtsinstitutes bisher jedoch nicht diskutiert, so dass weiterhin von der Nichtexistenz einer echten oder unechten Vorgesellschaft im englischen Recht auszugehen ist.

Das englische Recht nimmt gegenüber der Gesellschaft vor ihrer Inkorporierung nach wie vor eine sehr strenge Haltung ein. Es zeigt damit aber, dass auch eine von Kapitalgesellschaften geprägte Unternehmerlandschaft nicht zur Aufwertung der Vorgesellschaft gezwungen ist[1132]. Die Frage der Rechtsnatur stellt sich in England eher unter dem Gesichtspunkt der Haftung für vor Inkorporation der Gesellschaft in ihrem Namen eingegangene Rechtsgeschäfte. Dieses liegt u.a. daran, dass das englische Rechtsdenken pragmatisch und ganz auf die Lösung des spezifischen Einzelfalles ausgerichtet ist und damit größere rechtsdogmatische und –systematische Überlegungen allenfalls beim Erlass von Gesetzen (*statutes*) angestellt werden. Die rechtliche Lage vor Eintragung der Gesellschaft ist vor dem Hintergrund der englischen Gründungsregeln, insbesondere der Kapitalaufbringungsvorschriften, zu sehen, die das Verfahren bis zur Inkorporation der Gesellschaft verkürzen. Die Nichtanerkennung einer Vorgesellschaft ist Ausdruck eines strikten Ordnungsprinzips, das die These von einem wirtschaftlichen Bedürfnis nach Anerkennung der Vorgesellschaft zweifelhaft erscheinen lässt[1133]. Es ist daher im englischen Recht nicht möglich, den Gründern einen institutionalisierten Bezug zur späteren Gesellschaft zu geben. Aufgrund der Nichtexistenz der Gesellschaft vor ihrer Inkorporation[1134] können die Rechte und Verpflichtungen aus der Gründungsphase nicht mit Erlangen der Rechtsfähigkeit auf die Gesellschaft übergehen. Die Frage nach dem Eigentümer der Einlagen kann unproblematisch zugunsten der Gesellschafter beantwortet werden und auch die Fortführung eines eingebrachten Unternehmens wirft keine Probleme auf.

III. Zusammenfassung: Gründung der Gesellschaft

Die Gründung der *private company* ist nicht allein dem Willen der Gründer überlassen, sondern bedarf des Durchlaufens eines vorgeschriebenen Gründungsverfahrens, das mit der Unterzeichnung der aus *memorandum of association* und *articles of association* bestehenden Gesellschaftssatzung beginnt und mit der Inkorporation der Gesellschaft durch Aushändigung der Gründungsbescheinigung (*certificate of incorporation*) endet. Zu diesem Zeitpunkt entsteht die Gesellschaft und kann unmittelbar ihre Geschäftstätigkeit aufnehmen. Vor Ausübung der Geschäftstätigkeit muss weder die Einzahlung auf das Grundkapital nachgewiesen werden noch ist ein zugeteiltes Mindestkapital Voraussetzung der Inkorporation, da Kapitalzufluss und Gründungsvorgang im englischen Recht zwei unterschiedliche Vorgänge sind. Die Kapitalaufbringung erfolgt zumeist zu einem späteren Zeitpunkt nach Inkorporation der Gesell-

---

1132 Vgl. Fabricius, FS Kastner, S. 85, 96 f.; J. Meyer, Haftungsbeschränkung, S. 366.

1133 Vgl. J. Meyer, Haftungsbeschränkung, S. 366.

1134 Vgl. Kelner v Baxter and others, (1866) L.R. 2 C.P. 174; Pennington, Pennington's Company Law, S. 106; Sealy, Cases and Materials in Company Law, S. 21; Morse (Hg.), Charlesworth & Morse on Company Law, S. 73; Griffin, Company Law, S. 45; Klein, Rückgriffsanspruch, S. 71; Butt, Probleme der Vorgesellschaft, S. 40; Heinemann, ZIP 1991, 760, 760; Farrar/Hannigan, Farrar's Company Law, S. 49.

schaft und Aufforderung durch den Geschäftsführer, so dass es nicht zur Bildung von Gesellschaftsvermögen vor Entstehen der *private company* kommt. Daher ist auch ein der künftigen Gesellschaft vorgelagertes Gebilde wie das der deutschen Vorgesellschaft oder der französischen Gründungsgesellschaft dem englischen Recht unbekannt.

C. Haftung aus Gründungsgeschäften

Auch wenn die Existenz einer Vorgesellschaft dem englischen Recht unbekannt ist, kommt es auch in England zu einem Handeln im Namen einer in Gründung befindlichen Gesellschaft. Der englische Gesetzgeber hat das Problem der vorzeitigen Geschäftsaufnahme in der Gründungsphase der Gesellschaft erst mit Beitritt des Vereinigten Königreiches zu den Europäischen Gemeinschaften im Jahre 1972[1135] gesetzlich gelöst, indem er die in Art. 7 Publizitätsrichtlinie geregelte Handelndenhaftung in s. 9 (2) ECA 1972 übernahm. Heute ist die entsprechende Umsetzungsnorm in s. 36C (1) CA 1985 zu finden. Die englische Gründerhaftungsproblematik ist - wie auch in Deutschland und Frankreich - vom Gesetzgeber nur fragmentarisch durch Bestimmung der Haftung der vor Inkorporation der Gesellschaft Handelnden zum Schutz der Gläubiger und im Interesse des Rechtsverkehrs gelöst worden.

Vor Erlass der gesetzlichen Regelung wurden die Fragen zur Gründungshaftung allein vom *common* und *equity law* behandelt. Die Regelungen des *common law*, das trotz der umfangreichen Konsolidierungsmaßnahmen des englischen Gesetzgebers im CA 1985 weiterhin einen wichtigen Grundpfeiler des englischen Gesellschaftsrechts darstellt[1136], bestehen auch nach der gesetzlichen Regelung ergänzend neben dieser fort[1137]. Daher ist im Rahmen der Untersuchung zwischen der Haftung nach dem *common* und *equity law* und nach der gesetzlichen Regelung in s. 36C (1) CA 1985 zu differenzieren. Weil die Auslegung der gesetzlichen Norm nur vor dem Hintergrund des *common law* verständlich ist, wird zunächst auf die Haftung nach dem von den englischen Gerichten gesetzten Recht eingegangen, um anschließend die Haftung nach der gesetzlichen Regelung zu untersuchen. Ähnlich wie im deutschen und französischen Recht ist dabei zwischen der Haftung der „Gründer" und der Haftung der Gesellschaft zu differenzieren. Das Problem der Haftung von Personen, die vor Entstehung der *private company* für diese handeln, wird in England unter dem Stichwort der „*promoter liability*" behandelt[1138]. Die englische Rechtsterminologie verwendet damit

---

[1135] Das Vereinigte Königreich vollzog seinen Beitritt zum 01.01.1973 innerstaatlich durch den European Communities Act 1972.

[1136] Vgl. Neuling, Deutsche GmbH, S. 21; Meinhardt, RIW 1987, 10, 10.

[1137] Ausführlich zum Verhältnis beider Rechtssysteme s. den Abschnitt „Verhältnis von common law und gesetzlicher Regelung" auf S. 220 f.

[1138] Vgl. die Bezeichnungen u.a. bei Griffin, Company Law, S. 37 a.E.; Lord Hailsham of St. Marylbone, Halsbury's Laws of England, para 54; McMullen, [1982] 41 C.L.J. 47, 48 ff.; Heinemann, Pre-incorporation transactions, S. 5 ff., 14 ff.; Heinemann, ZIP 1991, 760, 760 ff.; MacQueen, 1982 S.L.T. 257, 257 ff.; Schmitthoff/u.a., Palmer's Company Law, S. 3008; Gross, [1970] 86 L.Q.R., 493, 493 ff.; Report of the Company Law Committee 1962 (Cmnd. 1749), para 44; auch frühere Gerichtsentscheidungen verwenden den Begriff des *promoter* synonym mit dem des Handelnden; allerdings ist zu beachten, dass die Handelndenhaftung erst gesetzlich 1972 in England eingeführt wurde; vgl. Kelner v Baxter and others, (1866) L.R. 2 C.P. 174, 179; Touche v Metropolitan Railway

nicht den nach deutschem Verständnis zu erwartenden Begriff der „*acting person*" (Handelnder), sondern den der „*promoter*"[1139]. Folglich ist zunächst zu klären, welche Personen unter den Begriff des *promoter* fallen. Anschließend ist ihre Haftung aus den von ihnen geschlossenen Gründungsgeschäften zu untersuchen, um danach auf die Problematik der Haftung der Gesellschaft einzugehen.

I. Haftung der promoter

1. Begriff des promoter

Trotz der Bedeutung des Begriffes des *promoter* für die Frage der Haftung aus Gründungsgeschäften besteht bisher weder eine geltende gesetzliche Definition noch eine der englischen Rechtsprechung, auch wenn er vom Gesetzgeber häufig verwendet wird[1140] und sich viele Gerichtsentscheidungen mit ihm beschäftigten. Das Versäumnis einer gesetzlichen wie einer richterlichen Bestimmung des Begriffs ist aus deutscher Sicht wenig verständlich angesichts der Tatsache, dass die Person des *promoter* stetig an Bedeutung gewonnen hat und ihm, wie auch dem *director*, bedeutende Aufgaben in der körperschaftlichen Organisation zukommen[1141]. Das Fehlen einer Definition entspricht aber der Abneigung englischer Juristen gegen Abstraktionsbegriffe und der Bevorzugung einer möglichst präzisen Kasuistik, wodurch das englische Recht zu einem höheren Maß an Flexibilität gelangt. In einer starren und genauen Begriffsbestimmung wird die Gefahr der Umgehung und der Vermeidung der Haftung gesehen[1142]. Daher wird der Begriff des *promoter* als Tatsachenfrage eingeordnet und als *term of business* anhand des Einzelfalls beurteilt[1143]. Einige Vertreter der

---

Warehousing Company (1871) L.R. 6 Ch. App. 671, 675; Bagnall v Carlton (1877) 6 Ch.D. 371 (C.A.); Natal Land and Colonization Company, Limited v Pauline Colliery and Development Syndicate, Limited, [1904] A.C. 120, 126 (P.C.); s. aber auch Morse (Hg.), Charlesworth & Morse on Company Law, S. 74, der von "*individuals*" spricht, und Birds/u.a., Boyle & Birds Company Law, S. 57, die von "*promoter* und other *agents*" sprechen.

[1139] Vgl. z.B. Morse (Hg.), Charlesworth & Morse on Company Law, S. 74 ff.; Griffin, Company Law, S. 34 ff.; Bowen, Fox & Bowen on the law of private companies, S. 37.

[1140] In s. 3 Joint Stock Companies Act 1844 (7 & 8 Vict. C. 110) wurde der Begriff als „every person acting by whatever name in the forming and establishing of a company at any period prior to the company obtaining a certificate of complete registration" definiert. Die Regelung wurde aber im Companies Act 1862 aufgehoben. Auch erneute Definitionen in s. 43 (5) Companies Act 1948 und s. 67 (3) Companies Act 1985 wurden später gesetzlich widerrufen.

[1141] Vgl. Gross, [1970] 86 L.Q.R., 493, 491 f., der Arthur Dewing, Professor of Finance an der Harvard University, zitiert: "All business entreprises owe their existence, in the beginning to the imagination of some man. [...] The American Telephone and Telegraph Company owed its existence to the imagination of Alexander Graham Bell. [...] but the success of the company in its earliest years was due quite as much to the skill of another man. [...] Bell's associates are all to be looked upon as "promoter" because their united efforts were required to launch the new undertaking."

[1142] Gross, [1970] 86 L.Q.R., 493, 498; Boyle/Sykes/Sealy, Gore-Brown on Companies, Suppl. 25, S. 8001.

[1143] Lydney and Wigpool Iron Ore Co v Bird (1885) 31 Ch.D. 328, bestätigt in (1886) 33 ChD 85, 93 (C.A.); Twycross v Grant (1877) 2 CPD 469, 476 und 541 (C.A.); Whaley Bridge Calico Printing Co v Green (1880) 5 QBD 109. Dies bedeutet auch, dass der Richter, der den Fall für die Jury zusammen-

Rechtsprechung und Literatur weigern sich sogar, überhaupt eine Definition festzulegen[1144]. Die seltenen Versuche der Begriffsbestimmungen durch die Rechtsprechung sind zwar mittlerweile anerkannt, doch bieten sie keine umfassende Definition und weisen einige Unsicherheiten auf[1145].

Insgesamt lässt sich feststellen, dass unter den Begriff des *promoter* jedenfalls diejenigen natürlichen Personen fallen, die ein essentielles Element zur Inkorporation der Gesellschaft beitragen und im Hinblick hierauf Rechtsgeschäfte abschließen[1146]. Dies können die Gründungsgesellschafter (*subscriber*), die künftigen *directors*, aber auch beliebige andere Personen sein, die zudem zu der einmal entstandenen Gesellschaft in keinem Rechtsverhältnis stehen müssen. Die Gründer der Gesellschaft sind also nach englischem Recht nicht notwendigerweise gleichzeitig Gründungsgesellschafter. Letztere sind vielmehr nur diejenigen Personen, die das *memorandum* unterzeichnen[1147], so dass die *promoter* Gründungsmitglieder sein können, der Gesellschaft aber nicht als Mitglied beitreten müssen. In der Regel wird es sich bei den handelnden Personen wie in Deutschland aber um die künftigen Gesellschafter oder Geschäftsführer handeln[1148].

Neben den unmittelbar handelnden natürlichen Personen können auch diejenigen Personen den Umständen des Einzelfalls nach *promoter* sein, die sich bei der Gründung der Gesellschaft im Hintergrund halten[1149]. So kann grundsätzlich auch der mittelbar Handelnde haften, da er der Haftung aus der gesetzlichen Regelung des s. 36C (1) CA 1985 nicht dadurch entgehen kann, dass er andere bevollmächtigt und für sich handeln lässt. Die gesetzliche Vorschrift der Handelndenhaftung soll nicht durch formelle Kunstgriffe umgangen werden können[1150]. Weiterhin ist die Handelndenhaf-

---

fasst, den Begriff nicht für die Jury definieren muss; vgl. Emma Silver Mining Co. v Lewis & Son (1879) 4 CPD 396, 407.

[1144] Vgl. z.B. die Aussage von Bacon V.-C. in Emma Silver Mining Co. v Grant (1878) 11 ChD 918, wonach „it is impossible to define the term"; Schmitthoff/u.a., Palmer's Company Law, 17. Aufl., S. 22; Stiebe, Company Law and precedents, S. 95; Gross, [1970] 86 L.Q.R., 493, 498; Wrenbuy/Lindon/Buckley, Companies Act, S. 108, die eine Definition wegen der inneren Komplexität und Schwierigkeit der Aufgabe ablehnen.

[1145] Vgl. nur die Definitionen von Cockburn C.J. in Twycross v Grant (1877) 2 CPD 469, 541 (C.A.); Bowen L.J. in Whaley Bridge Calico Printing Co v Green (1880) 5 QBD 109, 111; Lindley L.J. in Emma Silver Mining Co. v Lewis & Son (1879) 4 CPD 396, 407 unter Bezugnahme auf Bacon V.-C. in Re Great Wheal Polgooth Co. (1883) 53 L.J.Ch. 42, 46.

[1146] Lord Hailsham of St. Marylebone, Halsbury's Laws of England, Bd. 7(1), para 37; vgl. auch Griffin, Company Law, S. 32; Prime/Scanlan, Private Limited Companies, S. 33 f.; Farrar/Hannigan, Farrar's Company Law, S. 51 f.

[1147] Triebel/Hodgson/Kellenter/Müller, Englisches Handels- und Wirtschaftsrecht, Rn 599; Butt, Probleme der Vorgesellschaft, S. 31 f.

[1148] Heinemann, ZIP 1991, 760, 761.

[1149] Boyle/Sykes/Sealy, Gore-Brown on Companies, Suppl. 25, S. 8001; Birds/u.a., Boyle & Birds Company Law, S. 52; Charlesworth & Morse on Company Law, S.68; Lindley J in Emma Silver Mining Co Ltd. v Lewis (1879) 4 CPD 396, 308; Tracy v Mandalay Pty. Ltd (1952-53), 88 CLR 215.

[1150] Phosphate Sewage Co v Hartmont (1877) 5 ChD 394 (C.A.); Official Receiver and Liquidator of Jubilee Cotton Mills Ltd v Lewis [1924] AC 958 (H.L.); Lord Hailsham of St. Marylebone, Halsbury's Laws of England, Bd. 7(1), para 37; Green, (1984) 47 M.L.R. 671, 672; Farrar/Hannigan,

tung nicht auf die *director* beschränkt, sondern findet auf alle Vertreter Anwendung, die unabhängig von ihrer tatsächlichen Stellung oder Fähigkeit vorgeben, die Gesellschaft vor ihrer Inkorporation zu vertreten[1151]. So haftet der Vertreter, der eine andere Person vertritt, welche für eine sich in Gründung befindliche Gesellschaft handeln soll, da auch er persönlich aktiv an der Gründung teilnimmt[1152]. Ausgenommen von der Haftung sind aber Personen, die beruflich im Zusammenhang mit der Gründung einer Gesellschaft tätig werden, also Rechtsanwälte (*solicitors)*, Wirtschaftsprüfer und andere Berater[1153]. Ungeklärt ist, ob der Begriff des *promoter* auch juristische Personen erfasst. Bei der Frage der Haftung aus der die Handelndenhaftung niederlegenden gesetzlichen Regelung des s. 9 (2) ECA 1972 [heute s. 36C (1) CA 1985] scheint die Aussage Lord Dennings M.R. in *Phonogram v Lane*[1154] darauf hinzudeuten, dass auch juristische Personen Handelnde sein können. Denn die Ansicht des Vertreters des Berufungsklägers, dass eine Gesellschaft „handelnde Person" im Sinn des heutigen s. 36C (1) CA 1985 sein könne, wurde nicht aus dem Grund abgelehnt, weil eine juristische Person nicht Handelnder sein kann, sondern weil im konkreten Fall eine natürliche Person und nicht die Gesellschaft selbst gehandelt hat.

Wie oben angedeutet, kann der Begriff des *promoter* irreführend sein. Handelnde können *promoter* sein, doch ist dieses nicht zwangsweise der Fall. Eine Gleichstellung der Gründer mit den Handelnden, wie in der deutschen Rechtsprechung zu § 11 Abs. 2 GmbHG, haben die englischen Gerichte zu keiner Zeit in Betracht gezogen. Daneben werden einige Handelnde im englischen Recht von der Definition des *promoter* und damit von der Handelndenhaftung ausgenommen, nämlich die im Rahmen ihrer beruflichen Tätigkeit Handelnden. Ob eine Person *promoter* ist, bleibt also eine Tatsachenfrage, wobei das Element der *intention* (Absicht) im Zusammenhang mit einem spezifischen Akt in Ausführung dieser Absicht eine große Rolle spielt, so dass actus und mens einen *promoter* ausmachen[1155]. Als Tatsachenfrage wird aber auch die Frage beurteilt, ab welchem Zeitpunkt und bis wann eine Person *promoter* ist, da der Begriff nicht auf die Phase vor der Inkorporation der Gesellschaft beschränkt

---

Farrar's Company Law, S. 52; a.A. Kersting, Vorgesellschaft im europäischen Gesellschaftsrecht, S. 158 unter nicht nachvollziehbarer Berufung auf die Prinzipien der Stellvertretung.

1151 Markesinis, [1976] 35 C.L.R. 112, 126.

1152 Dafür spricht die Entscheidung Lydney and Wigpool Iron Ore Co v Bird (1886) 33 ChD 85, 93, 97 (C.A.); a.A. Kersting, Vorgesellschaft im europäischen Gesellschaftsrecht, S. 158, 359.

1153 Re Great Wheal Polgooth Co (1883) 53 L.J.Ch. 42; Morse (Hg.), Charlesworth & Morse on Company Law, S. 68; Lord Hailsham of St. Marylebone, Halsbury's Laws of England, Bd. 7 (1), para 37.

1154 Phonogram v Lane [1981] 3 All ER 182, 186 h (C.A.), so auch die anderen Richter auf S. 187 f, 188 j.

1155 Vgl. Lord Robertson in Gluckstein v Barnes [1900] A.C. 240, 256 (H.L.): "[...] these men intended, when they bought the mortgages, to sell a company constituted in the mode and form described; and they did sell to the company"; s.a. Bagnall v Carlton (1877) 6 Ch.D. 371 (C.A.), in dem Bacon V.-C betonte, dass der Faktor der "intention" sowie des "fulfilment of this intention" ausschlaggebend für die Einordnung de Personen als *promoter* war. Vgl. auch Vaughan Williams L.J. in Re Leeds and Hanley Theatres of Varieties, Ltd. [1902] 2 Ch.D. 809, 822 (C.A.); Jubilee Cotton Mills v Lewis [1924] A.C. 958 (H.L.); Gross, [1970] 86 L.Q.R., 493, 501 f., 505.

ist[1156]. Die Eigenschaft als *promoter* endet nicht allein durch die Inkorporation und die Ernennung der *director*, sondern erst dann, wenn die *director* die restlichen Schritte für die Gründung der Gesellschaft vollständig in ihre Hand genommen haben[1157] und zwischen *promoter* und Gesellschaft keine offenen Fragen mehr bestehen[1158]. In der folgenden Untersuchung wird im Einklang mit der englischen Terminologie statt des Begriffs des Handelnden der des *promoter* verwendet.

2. Haftung der promoter nach common law

Die englische Haftungssystematik für Gründungsgeschäfte beruht wegen Fehlens eines Geschäftsherrn (*principal*) nicht auf der Haftung der Vorgesellschaft und Gesellschaft, sondern fast ausschließlich auf der Primärhaftung der *promoter* als handelnde Personen. Dabei waren die Haftungsverhältnisse lange Zeit ungeklärt: Fest stand nur, dass der *promoter* rechtlich weder Organ noch Vertreter (*agent*) der noch nicht existierenden Gesellschaft sein kann und jeder *promoter* bis zur Inkorporation der Gesellschaft grundsätzlich für sich alleine steht. Er bildet zusammen mit anderen *promoter* gerade keinen Rechtsträger, für dessen Verbindlichkeiten sie entsprechend dem deutschen Recht nach der Theorie der Doppelverpflichtung oder im Wege der Vorbelastungshaftung einstehen müssen. Vor dem Beitritt des Vereinigten Königreiches zu den Europäischen Gemeinschaften im Jahre 1972 bestimmte ausschließlich das *common law*, ob zwischen *promoter* und Drittem im Gründungsstadium der Gesellschaft ein Vertrag zustande gekommen ist und ob der *promoter* aus diesem haftet. Mittlerweile gilt das *common* law neben der mit Beitritt des Vereinigten Königreichs zur EG erlassenen gesetzlichen Regelung in s. 36C (1) CA 1985. Die Beantwortung dieser Frage war lange Zeit ein Problem der Vertragsauslegung[1159], wobei die Entscheidung auf der Basis einer formalen und künstlichen Differenzierung hinsichtlich der Art und Weise der Unterzeichnung des Gründungsgeschäftes durch die *promoter* erfolgte. Von grundlegender Bedeutung sind insoweit die beiden Präzedenzfälle *Kelner v Baxter*[1160] und *Newborne v Sensolid*[1161].

a. Präzedenzfall Kelner v Baxter

In *Kelner v Baxter*[1162] geht es um die Klage eines Weinhändlers gegen die *promoter* einer Hotelgesellschaft auf Zahlung einer Lieferung Wein. *Kelner* bot *Baxter*

[1156] Vgl. Lord Hailsham of St. Marylebone, Halsbury's Laws of England, Bd. 7(1), para 40; Twycross v Grant (1877) 2 CPD 469, 541 (C.A.); vgl. auch Emma Silver Mining Co. v Lewis & Son (1879) 4 CPD 396, 407.

[1157] Twycross v Grant (1877) 2 CPD 469, 541 (C.A.); Lord Hailsham of St. Marylebone, Halsbury's Laws of England, Bd. 7(1), para 40.

[1158] Eden v Risdales Rly Lamp and Lighting Co Ltd. (1889) 23 QBD 368 (C.A.), Lord Hailsham of St. Marylebone, Halsbury's Laws of England, Bd. 7(1), para 40.

[1159] s. Markesinis/Munday, Law of Agency, S. 67; Markesinis, [1976] 35 C.L.R. 112, Fn 21; McMullen, [1982] 41 C.L.J. 47, 49; Green, (1984) 47 M.L.R. 671, 674.

[1160] Kelner v Baxter and others, (1866) L.R. 2 C.P. 174 (Q.C.).

[1161] Newborne v Sensolid (Great Britain) Ltd. [1954] 1 QB 45; [1953] 1 All ER 708 (C.A.).

[1162] Kelner v Baxter and others, (1866) L.R. 2 C.P. 174 (Q.C.).

und seinen Mitgründern schriftlich „*on behalf of the proposed Gravesend Royal Alexandra Hotel Company, Limited*“[1163] eine Lieferung Wein an. Diese nahmen das Angebot schriftlich an und unterzeichneten mit ihrem Namen und dem Zusatz „*on behalf of the Gravesend Royal Alexandra Hotel Company, Limited*“[1164], wobei das Wort „*proposed*“ als Hinweis darauf, dass die Gesellschaft noch nicht existierte, in der Annahmeerklärung fehlte. Der Wein wurde an das Hotel geliefert und im Rahmen des schon aufgenommenen Geschäftsbetriebs konsumiert. Entsprechend der Vereinbarung sollte die Hotelgesellschaft, sobald sie inkorporiert war, den Vertrag genehmigen, den Kaufpreis zahlen und das Eigentum an der Weinlieferung erhalten, während *Baxter* und seine Mitgründer mit der Genehmigung des Vertrags von jeglicher Haftung befreit werden sollten. Dementsprechend genehmigte die Gesellschaft nach ihrer Inkorporation den Vertrag, wurde aber vor Bezahlung des Kaufpreises an *Kelner* insolvent. *Kelner* reichte daraufhin Klage gegen die *promoter* persönlich ein.

Die Beklagten machten geltend, dass sie nicht persönlich hafteten, da die Gesellschaft durch die Genehmigung des Vertrages gebunden und aufgrund der Vereinbarung mit dem Kläger ihre persönliche Haftung ausgeschlossen sei[1165]. Den Anwälten der Krone (*Queen's counsel*) zufolge sei hingegen eine Genehmigung des Vertrages durch eine zum Zeitpunkt des Vertragsschlusses noch nicht existierende natürliche oder juristische Person nicht möglich. Eine Übernahme des Vertrages durch die Gesellschaft sei, wenn überhaupt, nur durch Abschluss einer neuen Vereinbarung möglich. Denn die Gesellschaft könne nicht durch einen Vertrag gebunden werden, der vor ihrer Inkorporation geschlossen wurde[1166]. Einige ältere Gerichtsentscheidungen belegten, dass in den Fällen, in denen kein verantwortlicher, regressfähiger Vollmachtgeber existiere, ein Regressanspruch gegen die Person zu richten sei, die den Vertrag unterzeichnet habe[1167]. Allein die Tatsache, dass eine Person einen Vertrag "*for or on behalf or as agent for another*"[1168] abschließe, bedeute nicht per se, dass ihre Verantwortung und Haftung als vertragsschließende Partei ausgeschlossen sei[1169].

Die Richter des *Court of Common Pleas* entschieden mit vier im einzelnen unterschiedlichen, im Ergebnis aber übereinstimmenden Urteilsbegründungen, dass ein von einer Person als Vertreter (*agent*) unterzeichneter Vertrag unwirksam sei, wenn der Vertretene zum Zeitpunkt des Vertragsschlusses nicht existiere. Die vertretene Gesellschaft sei bei Abschluss des Rechtsgeschäftes noch nicht inkorporiert gewesen und habe damit noch nicht existiert. Sie entstehe mit ihrer Inkorporation als ein völlig neues Gebilde, das erst ab diesem Zeitpunkt Inhaber von Rechten und Pflichten sein

---

[1163] „Im Namen der geplanten Gravesend Royal Alexandra Hotel GmbH“.

[1164] „Im Namen der Gravesend Royal Alexandra Hotel GmbH“.

[1165] Kelner v Baxter and others, (1866) L.R. 2 C.P. 174, 175 (Q.C.).

[1166] Kelner v Baxter and others, (1866) L.R. 2 C.P. 174, 179 unter Bezugnahme auf Hutchinson v Surrey Consumers Gas-Light Association, 11 C.B. 689; 21 L.J. (C.P.) 1; Payne v New South Wales Coal and Intercolonial Steam Navigation Company, 10 Ex. 283; 24 L.J. (Ex.) 117.

[1167] Kelner v Baxter and others (1866) L.R. 2 C.P. 174, 180 unter Bezugnahme auf Nicholls v Diamond, 9 Ex 154; 23 L.J. (Ex.) 1; Owen v Van Uster, 10 C.B. 318; 20 L.J. (C.P.) 61; Penrose v Martyr, E.B. & E. 499; 28 L.J. (Q.B.) 28.

[1168] „Für oder im Namen oder als Vertreter für einen anderen“.

[1169] Kelner v Baxter and others (1866) L.R. 2 C.P. 174, 180 unter Bezugnahme auf Lord Erskine C. in Ex parte Hartop, 12 Ves. 349, 352.

könne, so dass sei nicht wirksam vertreten werden konnte. Die Wirksamkeit eines Vertrages setze aber notwendigerweise den Abschluss durch zwei existierende Parteien voraus. Hier spricht das Gericht das Prinzip des *privity of contract* an[1170]. Die Nichtexistenz einer Vertragspartei, des Vertretenen, habe an sich die Nichtigkeit des Vertrages zur Folge. Damit aber der in Kenntnis der Umstände geschlossene Vertrag trotzdem gültig sein könne[1171], müssten die als Vertreter Auftretenden Vertragspartner des Dritten sein[1172]. Die unterzeichnenden natürlichen Person seien an den Vertrag gebunden und könnten nicht von dieser Bindung befreit werden, weder durch Übertragung der aus dem Vertrag resultierenden Rechte und Pflichten auf die inkorporierte Gesellschaft noch durch spätere Genehmigung des Vertrages durch diese[1173]. Denn genehmigen könne einen Vertrag nur eine Person, die zum Zeitpunkt des Abschlusses des in ihrem Namen vorgenommenen Rechtsgeschäftes existiert habe. Zudem könne eine Genehmigung nur durch eine zum Vertragsschlusszeitpunkt bestimmbare Person erfolgen, also durch eine Person, die entweder tatsächlich oder dem Recht nach bestehe. Eine Haftung der Gesellschaft und damit eine Befreiung der *promoter* von ihrer Haftung aus dem Vertrag könne allenfalls durch Abschluss eines neuen Vertrages durch die Gesellschaft mit Zustimmung des Klägers zur Entlassung der *promoter* aus ihrer Haftung erfolgen[1174]. Hier wird also auf die Prinzipien der Genehmigung und das Recht der Stellvertretung (*law of agency*) Bezug genommen[1175]. Daraus folgt, dass die *promoter* nicht die Gesellschaft verpflichtet haben, sondern selbst persönlich aus dem Vertrag haften[1176].

Die Entscheidung *Kelner v Baxter* legt nieder, dass die Gesellschaft, die als selbständiges neues Gebilde mit Inkorporation entsteht, erst von diesem Zeitpunkt an Rechte und Verbindlichkeiten erwerben kann. Vor ihrer Inkorporation abgeschlossene Verträge binden die Gesellschaft auch dann nicht, wenn ein Rechtsgeschäft für sie mittels „Vertreter der Gesellschaft“ (*agent*) geschlossen wird. Da die Gesellschaft vor ihrer Entstehung nicht Geschäftsherr (*principal*) sein kann, hat der „Vertreter“ keine Vertretungsmacht und keinen Geschäftsherrn, so dass er die Gesellschaft weder vertreten noch verpflichten kann[1177]. Vielmehr haftet derjenige *promoter* persönlich, der vorgibt, das Rechtsgeschäft für die künftige Gesellschaft zu schließen. Der Zusatz in

[1170] Vgl. dazu ausführlicher den Abschnitt "Prinzipien des Vertragsrechts“ auf S. 251 f.

[1171] „ut res magis valeat quam pereat“ (damit die Sache eher Gültigkeit habe als ungültig zu sein), vgl. Willes J. in Kelner v Baxter and others, (1866) L.R. 2 C.P. 174, 185 (Q.C.).

[1172] Vgl. Erle CJ. in Kelner v Baxter and others (1866) L.R. 2 C.P. 174, 183 (Q.C.).

[1173] Erle CJ. in Kelner v Baxter and others (1866) L.R. 2 C.P. 174, 183 (Q.C.).

[1174] Willes J. in Kelner v Baxter and others (1866) L.R. 2 C.P. 174, 184 ff.

[1175] Vgl. dazu ausführlicher den Abschnitt „Prinzipien der Genehmigung und des Stellvertretungsrechts" auf S. 248 ff.

[1176] Dazu Willes J: „[P]utting in the words „on behalf of the [...] company", would operate no more than if a person should contract for a quantity of corn „on behalf of my horses" in Kelner v Baxter and others (1866) L.R. 2 C.P. 174, 185. Dieser Vergleich ist allerdings insofern schief als Pferde niemals Rechtsfähigkeit erlangen, während die zu gründende Gesellschaft in der Regel inkorporiert und rechtsfähig wird.

[1177] Hutchinson v Surrey Consumer Gas Co. (1851) 11 C.B. 689.

fremden Namen zu handeln, ist gegenstandslos[1178]. Die *promoter* scheinen also selbst dann, wenn sie explizit als Vertreter oder Treuhänder der Gesellschaft auftreten, persönlich aus den Gründungsgeschäften zu haften.

Dieses Ergebnis wird von einem obiter dictum von Denning L.J. in *Nicolene v Simmonds* bestätigt, wonach die Gerichte einen Vertrag nicht für nichtig erklären können, der von einer Person ausdrücklich als Vertreter für eine Gesellschaft unterzeichnet wurde, auch wenn sich später herausstellt, dass eine solche Gesellschaft nicht gegründet wurde und damit noch nicht existierte. Vielmehr sei das Gründungsgeschäft wirksam und der Unterzeichnende Vertragspartner des Dritten[1179]. Aus *Kelner v Baxter* wird daher die Auslegungsregel abgeleitet, dass der *promoter* als für die zukünftige Gesellschaft Handelnder aus den daraus resultierenden Verbindlichkeiten haftet[1180]. Diese Haftung stellt nach englischem Recht eine Haftung aus Vertrag und keine Haftung wegen fehlender Vertretungsmacht (*warranty of authority*) dar[1181].

b. Präzedenzfall Newborne v Sensolid

Der Präzedenzfall *Newborne v Sensolid*[1182] brachte eine Wende in die bis dahin eindeutige Rechtslage. In diesem zu *Kelner v Baxter* spiegelbildlichen Fall der Geltendmachung eines Erfüllungsanspruches kam der *Court of Appeal* zu dem Schluss, dass dem *promoter* kein Anspruch gegen den Vertragspartner des Gründungsgeschäftes zusteht.

Newborne beabsichtigte, die Gesellschaft *Leopold Newborne Ltd.* zu gründen und schloss, bevor seine Gesellschaft die Rechtsfähigkeit erlangt hatte, mit der *Sensolid Ltd.* einen Vertrag über die Lieferung von Schinken. Der Vertrag enthielt sowohl den Namen und die Anschrift der geplanten Gesellschaft, wies *Newborne* als *director* aus und war unterhalb der Worte „*Leopold Newborne Ltd.*" handschriftlich von *Newborne* selbst unterzeichnet worden. Entgegen den Vorstellungen beider Parteien war die *Leopold Newborne Ltd.* zum Zeitpunkt des Vertragsschlusses noch nicht inkorporiert. Als der Marktpreis für Schinken fiel, lehnte die *Sensolid Ltd.* die Abnahme der Ware ab. Die *Leopold Newborne Ltd.* klagte daraufhin auf Schadensersatz. Nach der Aufdeckung im Prozess, dass die *Leopold Newborne Ltd.* zum Vertragsschlusszeitpunkt noch nicht existiert hatte, trat *Newborne* an Stelle der Gesellschaft persönlich als Kläger auf.

[1178] Klein, Rückgriffsanspruch, S. 72; vgl. Heinemann, Pre-incorporation transactions, S. 15; Michalsky, DStR 1991, 1660, 1660.

[1179] Nicolene v Simmonds [1953] 1 Q.B. 543, 551.

[1180] Nach herrschender Auffassung weisen die Urteilsbegründungen in Kelner v Baxter nicht auf das Setzen eines Rechtsgrundsatzes (*rule of law*) durch die Richter hin, sondern auf das einer Auslegungsregel, wie aus der Begründung von Byles J. in Kelner v Baxter and others, (1866) L.R. 2 C.P. 174, 185 folgt, nach der „*generally*" die als Vertreter Auftretenden aus den abgeschlossenen Rechtsgeschäften haften. So auch Heinemann, Pre-incorporation transactions, S. 19, 24; Heinemann, ZIP 1991, 760, 762; vgl. Lücke, 1-2 Adelaide L. Rev. 388, 391 ff.; Lücke, 3 Adelaide L. Rev. 102, 103; a.A. Baxt, [1967] 30 M.L.R 328, 328.

[1181] Parker J. in der erstinstanzlichen Entscheidung Newborne v Sensolid (Great Britain) Ltd. [1952] 2 T.L.R. 763, 765 (Q.B.D.).

[1182] Newborne v Sensolid (Great Britain) Ltd. [1954] 1 QB 45; [1953] 1 All ER 708 (C.A.).

Nach den Grundsätzen von *Kelner v Baxter* wäre hier ein Obsiegen des Klägers zu erwarten gewesen, da er als Vertreter (*agent*) der nicht existenten Gesellschaft gehandelt hat und demnach als Vertragspartner anzusehen ist. So ging das Gericht in der ersten Instanz auch davon aus, dass die in *Kelner v Baxter* gefundene Regel sowohl die Haftung des *promoter* als auch sein Recht tangiere, Erfüllung aus dem Gründungsgeschäft zu verlangen[1183]. Obwohl es damit von den in *Kelner v Baxter* niedergelegten Prinzipien ausging, gelangte es dennoch zu einem anderen Ergebnis und wies die Klage ab. *Newborne* habe bei Vertragsschluss nicht als Vertreter gehandelt, sondern habe den Vertrag für die Gesellschaft geschlossen, indem er nur die Unterschrift der Gesellschaft „beglaubigt" habe und habe daher als Organ[1184] der vermeintlich bestehenden Gesellschaft gehandelt. Weil der Vertrag den Eindruck erwecke, ausschließlich von der Gesellschaft geschlossen worden zu sein, könne der *promoter* nicht Vertragspartei sein. Daraus folge, dass der Vertrag nichtig sei und der Kläger keine Rechte aus ihm ableiten könne, da ein Vertragspartner, die Gesellschaft, bei Vertragsschluss nicht existiert habe. Diese Entscheidung wurde vom *Court of Appeal* bestätigt[1185]. Aus der Nichtigkeit des Gründungsgeschäftes wird in der Literatur in Zusammenhang mit der australischen Entscheidung *Black v Smallwood*"[1186] konsequenterweise gefolgert, dass den *promoter* umgekehrt auch keine Haftung aus dem Gründungsgeschäft trifft[1187].

c. Vereinbarkeit von Kelner v Baxter und Newborne v Sensolid

Die beiden Präzedenzfälle *Kelner v Baxter* und *Newborne v Sensolid* kommen zu konträren Ergebnissen. Im ersten Fall hatten die *promoter* das Gründungsgeschäft als Vertreter der nichtexistenten Gesellschaft unterzeichnet und wurden als Parteien des Vertrages für persönlich haftbar erklärt. Im zweiten Fall handelte der *promoter* als Organ der nichtexistenten Gesellschaft, indem seiner Unterzeichnung nur die Funktion einer Unterschriftsbeglaubigung zugeschrieben wurde[1188]. Das Gründungsgeschäft wurde aufgrund der Nichtexistenz der Gesellschaft als Vertragspartner für nichtig erklärt, so dass der *promoter* aus dem Gründungsgeschäft weder berechtigt noch verpflichtet werden konnte.

Das Problem der Vereinbarkeit beider Entscheidungen stellte sich in der viel beachteten australischen Entscheidung *Black v Smallwood*[1189]. Der zugrundeliegende Sachverhalt ähnelt bis auf den Umstand, dass es sich nicht um einen Erfüllungsanspruch des *promoter*, sondern um dessen Haftung ging, der Fallkonstellation in

---

[1183] Parker J. in Newborne v Sensolid (Great Britain) Ltd. [1952] 2 T.L.R. 763, 765 (Q.B.D.); Heinemann, Pre-incorporation transactions, S.15 f.

[1184] Ein Gesellschaftsorgan im deutschen Sinn ist dem englischen Recht unbekannt.

[1185] Newborne v Sensolid (Great Britain) Ltd. [1953] 1 All ER 708, insb. Lord Goddard und Morris L.J. auf S. 710 (C.A.).

[1186] Black and Another v Smallwood and Another, (1967-1968) 117 CLR 52, 61 (australischer High Court).

[1187] Bowen, Fox & Bowen on the law of private companies, S. 39.

[1188] Lord Goddard CJ. in Newborne v Sensolid (Great Britain) Ltd. [1953] 1 All ER 708, 710; vgl. auch Jenkins Law Committee 1962, No. 44.

[1189] Black and Another v Smallwood and Another, (1967-1968) 117 CLR 52 (australischer High Court).

Newborne v Sensolid. Sowohl der *Full Court of New South Wales* mit Ausnahme von Walsh J als auch der australische *High Court* in der Berufung verwarfen den Gedanken, im *common law* zwischen der Art und Weise der Unterzeichnung eines Gründungsgeschäftes zu differenzieren, zumal die Gesellschaften notwendigerweise nur durch Vertreter (*agents*) handeln könnten[1190]. Die Entscheidungen *Kelner v Baxter* und *Newborne v Sensolid* seien trotz ihrer scheinbaren Unvereinbarkeit auf der Grundlage der Maßgeblichkeit des Parteiwillens zu vereinbaren: Die divergierenden Ergebnisse in den Entscheidungen seien Ausdruck eines voneinander abweichenden Parteiwillens. Daher sei Ausgangspunkt für die Beurteilung der Haftung und der Ansprüche eines *promoter* aus Gründungsgeschäften die Prüfung des Parteiwillens, sog. *intention test*[1191].

Im konkreten Fall folgte das Gericht aufgrund des Parteiwillens, festgemacht an der Unkenntnis beider Parteien von der Nichtexistenz der Gesellschaft, der Entscheidung in *Newborne v Sensolid* und nahm die Nichtigkeit des Vertrags an[1192]. Die Parteien hielten die Gesellschaft wie in *Newborne v Sensolid* für existent, so dass sie von der Haftung der Gesellschaft ausgingen und ihr Wille daher nicht auf die persönliche Haftung des *promoter* gerichtet war. In *Kelner v Baxter* hatten die Parteien hingegen Kenntnis von der Nichtexistenz der Gesellschaft. Aus dem Handeln für eine nichtexistente Gesellschaft wurde auf den Willen der *promoter* zur persönlichen Haftung geschlossen[1193].

Diese Entscheidung hat große Zustimmung in der englischen Literatur gefunden. Folglich hat bei der Frage der Haftung des *promoter* aus Gründungsgeschäften eine Differenzierung zu erfolgen, die auf dem Willen beider Parteien beruht und grundsätzlich an der Art und Weise der Unterschrift der Gründungsgeschäfte festgemacht wird. Es erfolgt also eine rein formalistische Differenzierung auf der Basis einer rein vertraglichen Analyse. Der *promoter* haftet nach dem *common law* dann, wenn eine persönliche Haftung von den Parteien beabsichtigt war. Das Vorliegen einer solchen Absicht wird aus der Kenntnis der Parteien von der Nichtexistenz der Gesellschaft und der Art und Weise der Unterzeichnung des Gründungsgeschäftes abgeleitet[1194]. Treten die *promoter* als Vertreter einer vermeintlich existenten Gesellschaft

---

[1190] Vgl. auch Windeyer J. in Black and Another v Smallwood and Another, (1967-1968) 117 CLR 52, 61 (australischer High Court).

[1191] Windeyer J. in Black and Another v Smallwood and Another, (1967-1968) 117 CLR 52, 61 f.; vgl. Heinemann, Pre-incorporation transactions, S. 22; Green, (1984) 47 M.L.R. 671, 674; Prime/Scanlan, Private Limited Companies, S. 37 f.

[1192] Barwick CJ., Kitto, Taylor und Owen JJ. in Black and Another v Smallwood and Another, (1967-1968) 117 CLR 52, 61, vgl. auch Windeyer J. auf S. 63.

[1193] Einige Vertreter der Literatur rechtfertigen die unterschiedlichen Ergebnisse hingegen damit, dass das Gründungsgeschäft in Kelner v Baxter erfüllt ist (*executed*) und in Newborne v Sensolid noch erfüllungsbedürftig (*executory*) war; oder dass die *promoter* nur in Kelner v Baxter zu erkennen gegeben haben, dass sie persönlich haften (Markesinis, [1976] 35 C.L.R. 112, 117 f.); oder dass der *promoter* in Newborne v Sensolid Kläger und in Kelner v Baxter Beklagter war (vgl. Gross, [1971] 87 L.Q.R. 367, 384); dagegen: Heinemann, Pre-incorporation transactions, S. 16 f.

[1194] Vgl. Gross, [1971] 87 L.Q.R. 367, 386; Boyle/Sykes/Sealy, Gore-Brown on Companies, Suppl. 25, S. 8009; Heinemann, Pre-incorporation transactions, S. 21 f.; Green, (1984) 47 M.L.R. 671, 675;

auf, wird daraus gefolgert, dass beabsichtigt war, eine persönliche Haftung zu vermeiden. Auch aus der Sicht des Dritten kommt dann nur die Gesellschaft als Vertragspartner in Betracht. Weiß der Dritte hingegen, dass die Gesellschaft noch nicht existiert, kommt zwangsläufig nur der Handelnde als Vertragspartner in Betracht. Da es in ersterem Fall aber an einem existenten Vertragspartner fehlt, ist der Vertrag nichtig, hingegen haftet der *promoter* im letzteren. Trotz dieser Ergebnis besteht im *common law* eine grundsätzliche Vermutung dahingehend, dass der *promoter* aus Gründungsgeschäften haftet[1195].

d. Haftung wegen warranty of authority

Eine weitere Möglichkeit für die Begründung der Haftung der *promoter* ergibt sich unabhängig von der Wirksamkeit des Gründungsgeschäfts aus dem Rechtsinstitut des Handelns ohne Vertretungsmacht (*liability for breach of warranty of authority)*[1196].

In der ersten Instanz von *Newborne v Sensolid* hat das Gericht die Möglichkeit der Schadensersatzpflicht des *promoter* nach dem in *Collen v Wright* aufgestellten Prinzip[1197] angezweifelt, weil bei Fehlen eines Vollmachtgebers niemand mit Vertretungsmacht ausgestattet sein könne[1198]. Jedoch sprechen sowohl die obiter dicta - Erwägungen in der australischen Entscheidung *Black v Smallwood*[1199] als auch der englische Fall *Rover v Cannon*[1200] für die Annahme einer Schadensersatzpflicht.

Nach englischem Recht garantiert ein Vertreter das Vorliegen seiner Vertretungsmacht und ist bei Fehlen dieser dem Dritten gegenüber wegen *breach of warranty of authority* für den entstandenen Schaden ersatzpflichtig, und zwar unabhängig davon, ob er gutgläubig oder schuldlos handelt[1201]. Begründet wird dies damit, dass der Dritte sich auf die, wenn auch nur inzidente, falsche Angabe des Vorliegens

---

vgl. auch die Ausführungen von Oliver L.J. in Phonogram Ltd v Lane, [1981] 3 All ER 182, 188 (C.A.) zum *common law*: "[...] I am not convinced that the common law position [...] depends on the narrow distinction between a signature "for and behalf of" and a signature in the name of a company or association. The question I think in each case is what is the real intent as revealed by the contract? [...] In other words, what you have to look at is whether the *agent* intended himself to be a party to the contract." – Nach Erlass von s. 36C (1) CA 1985 gab er diese Unterscheidung aber auf.

[1195] Prime/Scanlan, Private Limited Companies, S. 37; Black and Another v Smallwood and Another, (1967-1968) 117 CLR 52 (australischer High Court).

[1196] Sealy, Cases and Materials in Company Law, S. 25; Markesinis/Munday, Law of Agency, S. 85, Heinemann, Pre-incorporation transactions, S. 25; Birds/u.a., Boyle & Birds Company Law, S. 57; Griffin, Company Law, S. 35; Prime/Scanlan, Private Limited Companies, S. 39.

[1197] Collen v Wright (1857), 8 E. & B. 647 (C.A.). Diese Entscheidung wurde vom House of Lord bestätigt in Starkey v Bank of England [1903] AC 114 und explizit gefolgt in V/O Rasnoimport v Guthrie & Co. Ltd. [1966] 1 Lloyd's Rep. 1.

[1198] Parker J. in Newborne v Sensolid (Great Britain) Ltd. (1953) [1954] 1 QB 45, 47.

[1199] Windeyer J. in Black v Smallwood (1967-68) 117 CLR 52, 64 f. (australischer High Court).

[1200] Kerr L.J. in Rover International Ltd. and others v Cannon Film Sales Ltd. [1989] 1 WLR 912, 922 (C.A.).

[1201] Collen v Wright (1857), 8 E. & B. 647 (C.A.); vgl. auch Young v Toynbee [1910] 1 KB 215, 227; Markesinis/Munday, Law of Agency, S. 85 ff., Gross, [1971] 87 L.Q.R. 367, 385; Treitel, Law of Contract, S. 682.

der Vertretungsmacht verlassen hat[1202]. Gibt der *promoter* also mit seiner Unterschrift im Sinne von *Newborne v Sensolid* vor, als *director* der Gesellschaft zu handeln, obwohl diese im Zeitpunkt des Vertragsschlusses rechtlich noch nicht existierte und daher rechtswirksam noch keine Vertreter bestellen konnte, kann er wegen *breach of warranty* in Anspruch genommen werden[1203].

Voraussetzung des Anspruchs ist keine explizite Zusicherung, vielmehr kann der Vertreter seine Vertretungsmacht auch implizit zusichern, und zwar auch dann, wenn der Vertretene nicht existiert[1204]. Da der „Vertreter" aber nur garantiert, dass er Vertretungsmacht hat und nicht, dass der geschlossene Vertrag eingehalten wird[1205], hat er nur Schadensersatz für den Bruch des Vertrauens zu leisten[1206]. Daher richtet sich die Höhe des Schadensersatzanspruchs danach, was der Dritte vom Vollmachtgeber erhalten hätte, wäre der Vertrag mit diesem geschlossen worden[1207]: Hätte die dritte Partei bei einem wirksamen Vertrag vom Geschäftsherrn volle Befriedigung erlangt, haftet der Vertreter im selben Maße; ist der Geschäftsherr hingegen insolvent, kann die dritte Partei vom Vertreter nicht mehr verlangen, als sie vom Vollmachtgeber hätte erhalten können. Entsteht der Vertretene hingegen nicht, besteht kein Schadensersatzanspruch gegen den „Vertreter", weil die Inanspruchnahme der nichtexistenten Person unmöglich wäre und der Dritte nicht mehr verlangen kann als er vom Vertretenen erhalten würde[1208]. Die Haftung des „Vertreters" ist daher auch in den Fällen ausgeschlossen, in denen der Dritte Kenntnis von der Nichtexistenz des angeblichen Geschäftsherrn hat, weil der Anspruch auf Schadensersatz auch gegen diesen keinen Erfolg hätte[1209]. Handelt der Vertreter hingegen arglistig, steht es dem Dritten offen, ihn wegen *breach for warranty of authority*[1210] oder wegen absichtlicher oder fahrlässiger Täuschung (*deceit*) nach dem Recht der unerlaubten Handlungen (*tort law*) in Anspruch zu nehmen[1211].

1202 Markesinis/Munday, Law of Agency, S. 83.

1203 Griffin, Company Law, S. 35.

1204 McRae v Commonwealth Disposals Commission (1950) 84 CLR 377 (Australien); vgl. auch Sealy, Cases and Materials in Company Law, S. 25.

1205 Treitel, Law of Contract, S. 682.

1206 Markesinis/Munday, Law of Agency, S. 90.

1207 Hughes v Green (1864) 33 L.J.Q.B. 35; Godwin v Francis (1870) L.R. 5 C.P. 295; Heinemann, Pre-incorporation transactions, S. 26; Treitel, Law of Contract, S. 682.

1208 Heinemann, Pre-incorporation transactions, S. 26; vgl. auch das obiter dictum von Shaw L.J. in Phonogram Ltd v Lane, [1981] 3 All ER 182, 188 (C.A.).

1209 Lilly, Wilson & Co v Smaley, Eeles & Co [1892] 1 QB 456; Markesinis/Munday, Law of Agency, S. 87; Treitel, Law of Contract, S. 683; vgl. auch Shaw L.J. in Phonogram Ltd v Lane, [1981] 3 All ER 182, 188 (C.A.).

1210 Die Rechtsnatur des Anspruches ist strittig. Er wird sowohl als vertraglich, als quasi-vertraglich oder als aus einem Nebenvertrag (*collateral contract*) entstehend bezeichnet; vgl. Markesinis/Munday, Law of Agency, S. 81 f.

1211 Allerdings ist eine Inanspruchnahme nur nach den in Hedley Burne & Co. Ltd v Heller & Partners Ltd [1964] AC 465, [1963] 2 All ER 575 entwickelten Regeln möglich; s. dazu Markesinis/Munday, Law of Agency, S. 83.

3. Haftung der promoter nach s. 36C (1) Companies Act 1985

Die Rechtslage nach dem *common law* war bis zum Erlass von s. 36C (1) CA 1985 gewohnheitsrechtlich anerkannt. Mit Beitritt des Vereinigten Königreiches zu den Europäischen Gemeinschaften im Jahre 1972 musste das Vereinigte Königreich auch Art. 7 Publizitätsrichtlinie umsetzen und damit die Haftung des für eine sich in Gründung befindliche Gesellschaft Handelnden gesetzlich regeln. Dieses erfolgte in dem heute geltenden s. 36C (1) CA 1985[1212], der die persönliche Haftung des für eine in Gründung befindliche Gesellschaft Handelnden ohne Differenzierung hinsichtlich der Art der Unterzeichnung oder der zugrundeliegenden Absichten der Parteien festlegt. Die gesetzliche Haftung steht damit teilweise in Widerspruch zum *common law,* so dass das grundsätzliche Verhältnis zwischen *common law* und gesetzlicher Regelung im englischen Recht zu klären ist, bevor das spezielle Verhältnis von s. 36C (1) CA 1985 zum *common law* untersucht wird.

a. Verhältnis von common law und gesetzlicher Regelung

Das *common law* und das englische Gesetzesrecht gelten grundsätzlich nebeneinander. Nur im Falle eines Konflikts geht das Gesetz (*statute*) vor[1213]. Denn der englische Gesetzgeber ist einziger „Kontrolleur" des *common law* und viele Gesetzesakte werden erlassen, um bestimmte richterliche Entscheidungen aufzuheben oder zu ändern[1214]. Daher gilt das *common law* grundsätzlich neben dem Gesetzesrecht weiter, solange es nicht per Gesetz geändert oder aufgehoben wird. Dieser Grundsatz entspricht dem englischen Verfassungsprinzip der parlamentarischen Souveränität (*parliamentary sovereignty*), wonach das Parlament als Legislative die oberste Rechtsetzungsmacht innehat. Vom Parlament gesetztes Recht kann weder aufgehoben noch außer Kraft gesetzt werden[1215]. Allerdings ist heute allgemein anerkannt, dass das europäische Gemeinschaftsrecht Vorrang vor den englischen Gesetzen hat[1216].

[1212] S. 36C (1) CA 1985 lautet: „Ein Vertrag, der den Anschein hat, von einer Gesellschaft oder im Namen einer Gesellschaft geschlossen worden zu sein, die zur Zeit des Vertragsschlusses noch nicht gebildet ist, entfaltet Wirkung - es sei denn, es liegt eine anderweitige Vereinbarung vor - als Vertrag mit derjenigen Person, die vorgibt, für die Gesellschaft oder als ihr Vertreter zu handeln, und diese Person haftet demgemäss persönlich aus diesem Vertrag.". Zunächst wurde Art. 7 Publizitätsrichtlinie durch s. 9 (2) European Communities Act 1972 in das nationale Recht umgesetzt. Er entspricht der Nachfolgeregelung in s. 36 (4) CA 1985 bis auf geringe sprachliche Unterschiede. Die heute geltende Norm wurde durch s. 130 (4) CA 1989 in s. 36C (1) CA 1985 eingefügt und entspricht vollständig ihrer Vorgängerregelung.

[1213] Das dictum von Coke, demzufolge ein *Act of Parliament* die Prinzipien des *common laws* nicht aufheben könne, gilt nicht mehr; vgl. Sealy, Cases and Materials in Company Law, S. 339; Edgar, Craies on Statute Law, S. 331 f.; Dicey, Law of the constitution, S. 41, 61, no. 2.

[1214] Vgl. Walker/Ward, Walker & Walker's English Legal System, S. 17.

[1215] Vgl. De Witte, MJ 2 (1995), 145, 160; Dicey, Law of the Constitution, S. 39 f.

[1216] Dieses wurde vom House of Lords 1990 in der Entscheidung Factortame (R. v Secretary of State for Transport, ex.p. Factortame Ltd (No.2) [1991] 1 All ER 70) förmlich anerkannt. Wie Lord Brigde in der Entscheidung auf S. 101 f. ausführte, hätten die Gerichte mit dieser Rechtsprechung die Souveränität des Parlaments nicht aufgegeben (*sacrified*), vielmehr habe das Parlament selbst den Gerichten auferlegt, dem EG-Recht Vorrang vor den *Acts of Parliament* zu geben (*make prevail*).

Die englischen Gerichte nehmen allerdings keinen allgemeinen Vorrang der gesetzlichen Regelung an, sondern nur insoweit ein Konflikt besteht und insoweit der Wortlaut der gesetzlichen Vorschrift eindeutig zeigt, dass das *common law* geändert werden soll[1217]. Eine Vermutung, dass eine Gesetzesregelung das *common law* aufheben will, besteht nicht. Die Regel ist eher, dass in zweifelhaften Fällen und bei nur allgemeiner Formulierung des Gesetzeswortlautes dieser so auszulegen ist, dass er mit den *common law* – Regeln vereinbar ist. Es kann nicht vermutet werden, dass das Gesetz das *common law* in einem weiteren Umfang ändert als die Vorschrift explizit vorsieht[1218]. Zudem besteht keine dahingehende Vermutung, dass eine scheinbare Kollision zwischen *common law* und gesetzlicher Regelung auch tatsächlich eine solche ist. Vielmehr ist in jedem Fall zu untersuchen, ob sie nicht doch miteinander vereinbar sind und somit nebeneinander Geltung haben können[1219]. Nur bei einer tatsächlichen Kollision geht das Gesetz dem *common law* vor. Es ist daher Aufgabe der Gesetzesauslegung festzustellen, inwieweit das jeweilige Gesetz das *common law* ändert oder aufhebt. Aufgrund der restriktiven Auslegung der Gesetze durch die Gerichte bleibt neben diesen in der Regel weiterhin Raum für eine zumindest ergänzende Anwendung der Grundsätze des *common law*[1220].

b. Common law und s. 36C (1) CA 1985

Nach s. 36C (1) CA 1985 haften die handelnden *promoter* grundsätzlich persönlich aus den für die Gesellschaft oder im Namen der Gesellschaft eingegangenen Gründungsgeschäfte. Im *common law* hängt die Haftung des *promoter* hingegen vom Parteiwillen und von der Art und Weise der Unterzeichnung des Gründungsgeschäftes durch die *promoter* entweder als Gesellschaftsorgan (*Newborne v Sensolid*) oder als Vertreter der Gesellschaft (*Kelner v Baxter*) ab. Zwar ist die Bedeutung von s. 36C (1) CA 1985 noch nicht vollständig geklärt, doch folgt kein Rechtswissenschaftler mehr der Ansicht Schmitthoffs[1221], dass die gesetzliche Regelung das *common law*

[1217] Vgl. Burge v Ashley & Smith Ltd. [1900] 1 Q.B. 744; Steele v Mc'Kinlay (1880) 5 App. Cas. 754; Edgar, Craies on Statute Law, S. 338; Walker/Ward, Walker & Walker's English Legal System, S. 43 f.; Green, (1984) 47 M.L.R. 671, 677; s.a. Devlin J. in National Assistance Board v Wilkinson [1952] 2 Q.B. 648, 661, [1952] 2 All ER 255, 260 (D.C.): "A statute is not to be taken as effecting a fundamental alteration in the general law unless it uses words that point unmistakably to that conclusion".

[1218] Lord Wright in Secretary of State for India v Bank of India (1938) L.R. 65 I.A. 286, 298; Devlin J. in National Assistance Board v Wilkinson [1952] 2 Q.B. 648 (D.C.); vgl. Sealy, Cases and Materials in Company Law, S. 339; Green, (1984) 47 M.L.R. 671, 677; vgl. auch Colerdige J. in R v Scott, (1856) 25 L.J.M.C. 128, 133, der ausführte, dass man nicht ohne weiteres einen echten Konflikt zwischen Gesetz und *common law* annehmen und das *common law* dergestalt "opfern" könne.

[1219] Coleridge J. in R. v Scott, (1856) 25 L.J.M.C. 128, 133; vgl. auch Byles J. in R. v Morris (1867) L.R. 1 C.C.R. 90, 95.

[1220] Triebel/Hodgson/Kellenter/Müller, Englisches Handels- und Wirtschaftsrecht, Rn 37, 24 ff., 35 ff.; Davies/Prentice, Gower's Principles of Modern Company Law, S. 143.

[1221] Schmitthoff, (1972) J.B.L., 85, 86.

überhaupt nicht ändere[1222]. Vielmehr gilt nach dem allgemeinen Grundsatz das *common law* grundsätzlich neben dem Gesetz weiter[1223] und behält schon deshalb seine Bedeutung bei, weil es weiterhin die Grundlage für die Rechtsprechung zu s. 36C (1) CA 1985 bildet. Das zeigt sich daran, dass die Gerichte auch nach Erlass der gesetzlichen Vorschrift weiterhin Bezug auf das *common law* nehmen. So hat sich der *Court of Appeal* in der Entscheidung *Phonogram v Lane*[1224] trotz zwischenzeitlichem Erlass der Vorgängerregelung zu s. 36C (1) CA 1985 mit der Frage der Anwendung der *common law* - Regeln beschäftigt, obwohl diese Frage mangels Berufung in diesem Punkt rechtstechnisch gesehen nicht behandelt werden konnte[1225]. Zudem wird die Vorschrift vor dem Hintergrund der Missstände des *common law* interpretiert, denen sie abhelfen sollte, so dass das *common law* grundsätzlich auch als Auslegungshilfe für s. 36C (1) CA 1985 dient[1226]. Daneben kommt ihm die Aufgabe zu, mögliche Lücken der gesetzlichen Regelung auszufüllen.

Die mit Erlass von s. 36C (1) CA 1985 bezweckte rechtliche Lösung der im *common law* aufgetretenen Probleme wurde nur in Randbereichen erreicht. Die bedeutendste Änderung ist die Aufhebung der künstlichen und subtilen Differenzierung nach Art und Weise der Unterschrift, wie sie durch die Präzedenzfälle *Kelner v Baxter* und *Newborne v Sensolid* begründet wurde[1227]. Ferner wurde der sog. *intention test* abgeschafft, da s. 36C (1) CA 1985 bestimmt, dass der Vertrag den *promoter* unabhängig von der Art und Weise der Unterzeichnung des Vertrages und der Kenntnis des Dritten von der Existenz bzw. Nichtexistenz der Gesellschaft bindet. S. 36C (1) CA 1985 führt folglich dazu, dass der *promoter* unabhängig von seinem Willen und seinem Auftreten als Vertreter (*Kelner v Baxter*) oder Organ (*Newborne v Sensolid*) Vertragspartner des Dritten wird[1228]. Die gesetzliche Regelung bietet damit eine wirksame Maßnahme gegen den Versuch der Vermeidung der Haftung des *promoter* durch Unterzeichnung des Gründungsgeschäftes nach der Art von *Newborne v Sensolid*. Die aus der Differenzierung im *common law* folgende und für den Dritten unbefriedigende Unsicherheit wurde damit beseitigt. Da sich die englischen Gerichte aber auch nach

---

[1222] McMullen, [1982] 41 C.L.J. 47, 49; Prentice [1973] 89 C.L.J. 518, 531 ff.; Heinemann, Pre-incorporation transactions, S. 30; Sullivan, Con. & Prop. Lawyer 1983, 119, 122; vgl. Lord Denning M.R. in Phonogram Ltd v Lane, [1981] 3 All ER 182, 185 (C.A.); Grier, UK Company Law, S. 139.

[1223] Vgl. Green, (1984) 47 M.L.R. 671, 677; Prime/Scanlan, Private Limited Companies, S. 38; Bowen, Fox & Bowen on the law of private companies, S. 37.

[1224] Phonogram Ltd v Lane, [1981] 3 All ER 182, 188 (C.A.); vgl. auch die Entscheidung Badgerhill Properties Ltd v Cottrell, Cottrell v Badgerhill Properties Ltd and another (by counterclaim) [1991] BCLC 805, 810, die zur Lösung des Falls auch Bezug auf das *common law* nimmt.

[1225] Daher sind die Ausführung des Gerichts insoweit nur obiter dictum; vgl. Green, (1984) 47 M.L.R. 671, 675.

[1226] Vgl. Heinemann, ZIP 1989, 760, 761 ff.; J. Meyer, Haftungsbeschränkung, S. 365.

[1227] S. 36C (1) CA 1985 wurde von Lord Denning M.R. und Oliver L.J. in Phonogram Ltd v Lane, [1981] 3 All ER 182, 187 bzw. 188(C.A.) für anwendbar auf jeden für die noch zu gründende Gesellschaft geschlossenen Vertrag erklärt; s. ausführlich den Abschnitt „Phonogram v Lane" auf S. 224 ff.

[1228] Oliver L.J. in Phonogram Ltd v Lane, [1981] 3 All ER 182, 188 (C.A.); Heinemann, Pre-incorporation transactions, S. 33; Green, (1984) 47 M.L.R. 671, 675; Heinemann, ZIP 1991, 760, 762; Bowen, Fox & Bowen on the law of private companies, S. 39; Heinemann, ZIP 1991, 760, 761; Neuling, Deutsche GmbH, S. 57; Boyle/Sykes/Sealy, Gore-Brown on Companies, Suppl. 32, S. 8.009; Pennington, Pennington's Company Law, S. 110; a.A. Sullivan, Con. & Prop. Lawyer 1983, 119, 120.

Erlass von s. 36C (1) CA 1985 auf das *common law* für die Lösung eines Rechtsproblems im Einzelfall beziehen, ist trotz der unterschiedlichen Regelungen grundsätzlich von einem Nebeneinander von *common law* und gesetzlicher Regelung auszugehen.

Ferner sind die gewohnheitsrechtlichen Grundsätze über die Haftung der *promoter* teilweise Gesetz geworden, doch fehlt weiterhin eine Genehmigungs- oder Übernahmemöglichkeit der Gründungsgeschäfte durch die inkorporierte Gesellschaft. Damit gelten die *common law* - Regeln insoweit neben s. 36C (1) CA 1985 weiter: Auch nach Erlass der gesetzlichen Regelung können die aus den Gründungsgeschäften resultierenden Rechte und Pflichten im englischen Recht daher weder wie im deutschen Recht mit Entstehung der Gesellschaft automatisch auf diese übergehen noch wie im französischen Recht durch Einhaltung eines Übernahmeverfahrens übernommen werden. Auch die Möglichkeit einer Genehmigung der Gründungsgeschäfte wurde der Gesellschaft nicht eröffnet, vielmehr bedarf es zur Bindung der Gesellschaft an Gründungsgeschäfte weiterhin der Neuvornahme durch Gesellschaft und Dritten (*novation*). Die *novation* allein bewirkt allerdings noch nicht die Entlassung des *promoter* aus seiner persönlichen Haftung nach s. 36C (1) CA 1985, vielmehr bedarf es dazu eines Erlasses des Vertragspartners, der in der Regel im Rahmen der *novation* erfolgt. Eine Erleichterung besteht im englischen Recht aber insofern als die Satzung die Gesellschafter ermächtigen kann, die Aufwendungen des *promoter* zu erstatten[1229]. Dabei wird die gesetzliche Bestimmung dahingehend ausgelegt, dass sie nicht nur Verträge (*contracts*), sondern alle Rechtsgeschäfte erfasst[1230]. S. 36C (1) CA 1985 bewirkt insgesamt, dass die Regelungen, die vorher nur eine widerlegbare Vermutung der Konstruktion waren, nun Rechtsregeln sind, die durch eine ausdrückliche gegenteilige Vereinbarung ausgeschlossen werden können[1231].

S. 36C (1) CA 1985 könnte dahingehend verstanden werden, dass sie auf jeden Sachverhalt anwendbar ist, bei dem eine Person für eine Gesellschaft einen Vertrag schließt, die zur Zeit des Vertragsschlusses aus irgendeinem Grund nicht inkorporiert war. Jedoch haben die Gerichte bei der Auslegung von s. 36C (1) CA 1985 in der Form des CA 1989 und seinen Vorgängern[1232] einen restriktiven Weg eingeschlagen[1233]. Weitere Auswirkungen des Erlasses von s. 36C (1) CA 1985 auf das *common law* sind daher im Rahmen der Untersuchung der richterlichen Auslegung der Bestimmung festzuhalten.

c. Richterliche Auslegung von s. 36C (1) CA 1985

S. 36C (1) CA 1985 könnte dahingehend verstanden werden, dass sie auf jeden Sachverhalt anwendbar ist, bei dem eine Person für eine Gesellschaft einen Vertrag schließt, die zur Zeit des Vertragsschlusses aus irgendeinem Grund nicht inkorporiert ist. Jedoch haben die Gerichte bei der Auslegung von s. 36C (1) CA 1985 in der Form

---

[1229] Behrens, in Behrens (Hg.), GmbH im internationalen und europäischen Recht, S. 860.
[1230] Meyer, J., Haftungsbeschränkung im Recht der Handelsgesellschaften, S. 365.
[1231] Farrar/Hannigan, Farrar's Company Law, S. 57.
[1232] S. 9 ECA 1972 und s. 36(4) CA 1985.
[1233] Griffin, Company Law, S. 38.

des CA 1989 und seinen Vorgängern[1234] in der Frage der Anwendbarkeit der gesetzlichen Bestimmung einen restriktiven Weg eingeschlagen[1235]. Dieses bestätigen die folgenden Entscheidungen.

aa. Phonogram v Lane

Als erster hat der Fall *Phonogram v Lane*[1236] die Auslegung von s. 36C (1) CA 1985 maßgeblich beeinflusst. *Lane* beabsichtigte die Gründung der Gesellschaft „*Fragile Management Ltd.*", die eine Popgruppe namens „*Cheap, Mean and Nasty*" betreuen sollte. Zu Zwecken der Finanzierung dieses Betreuungsvorhabens verhandelte *Lane* mit der Firma *Phonogram Ltd.* über die Zahlung von £ 12.000. Die Zahlung sollte zur administrativen Vereinfachung an die Firma *Jelly Music Ltd.* erfolgen, deren Geschäftsführer *Lane* gleichzeitig war. *Phonogram Ltd.* ging fälschlicherweise davon aus, dass die *Fragile Management Ltd.* bereits als Gesellschaft bestand und schickte zusammen mit dem Scheck über die erste Rate eine schriftliche Bestätigung mit den Vertragsbedingungen an *Lane* als Geschäftsführer der *Fragile Management Ltd.*, derzufolge der Scheck an *Lane* in Anbetracht des Vertrages zwischen der *Phonogram Ltd.* und der *Fragile Management Ltd.* geschickt wurde. *Lane* unterzeichnete eine Kopie der Bestätigung in seiner Funktion als Geschäftsführer „*for and behalf of Fragile Management Ltd.*". Danach war *Lane* vertraglich verpflichtet, das Geld zurückzuzahlen, wenn die *Fragile Management Ltd.* nicht innerhalb eines Monats einen Aufnahmevertrag mit der Popgruppe abschließt. Die *Fragile Management Ltd.* wurde nie inkorporiert, so dass *Phonogram Ltd.* letztlich *Lane* auf Rückzahlung der ersten Rate verklagte.

Gegen das erstinstanzliche Urteil, das der Klage stattgab und *Lane* nach s. 36C (1) CA 1985[1237] zur Rückzahlung der ersten Ratenzahlung verurteilte[1238], legte *Lane* Berufung ein. Er machte geltend, dass s. 36C (1) CA 1985 aus folgenden Gründen keine Anwendung finde:

- S. 36C (1) CA 1985 setze Art. 7 Publizitätsrichtlinie in das nationale Recht um und sei daher im Kontext dieser in französischer Sprache verfassten Norm zu lesen, da Englisch zur Zeit des Richtlinienerlasses noch keine offizielle Amtssprache der Europäischen Gemeinschaften war. Danach werde das Vorliegen einer Gesellschaft „*en formation*" (in Gründung) verlangt, die ab der Einleitung des Gründungsprozesses bestehe, wobei sich im französischen Recht eine Gesellschaft ab Unterzeichnung des Gesellschaftsvertrages „*en formation*" befinde. Da es an dieser objektiven Voraussetzung hier fehle, könne *Lane* nicht persönlich aus dem Gründungsgeschäft haften.

[1234] S. 9 ECA 1972 und s. 36(4) CA 1985.

[1235] Griffin, Company Law, S. 38.

[1236] Phonogram Ltd. v Lane [1981] 3 All ER 182 (C.A.).

[1237] Dieses Urteil erging zu s. 9 (2) ECA 1972. Diese Vorschrift ist der Vorgänger vom heute geltenden s. 36C (1) CA 1985, der ihr bis auf geringe sprachliche Unterschiede entspricht. Im folgenden wird zum vereinfachten Verständnis s. 36C (1) CA 1985 als Angabe verwendet.

[1238] Vgl. Phonogram Ltd v Lane, [1981] 3 All ER 182, 184 (C.A.).

- Die Verwendung des Ausdruckes *„purports“*[1239] in s. 36C (1) CA 1985 bedeute, dass vorgegeben werden müsse, dass die noch nicht gegründete Gesellschaft bereits existiere und der *promoter* das Gründungsgeschäft für die Gesellschaft abschließe. Dieses habe hier nicht vorgelegen.
- Auch die Gesellschaft könne „Handelnder“ im Sinn von s. 36C (1) CA 1985 sein, so dass *Jelly Music Ltd.*, die vorgab für *Fragile Management Ltd.* zu handeln, als tatsächlich Handelnde an der Stelle von *Lane* in Anspruch zu nehmen sei[1240].

Der *Court of Appeal* folgte dieser Begründung jedoch nicht und bestätigte die Entscheidung des erstinstanzlichen Gerichts. Das erste Argument *Lane*s wurde damit abgelehnt, dass der Entscheidung nicht der französische Text der Richtlinie zugrunde gelegt werden könne, weil er vor dem Hintergrund eines anderen Gesellschaftsrechtssystems formuliert worden sei. Nicht der Richtlinientext sondern die nationale Umsetzungsnorm s. 36C (1) CA 1985 sei anzuwenden, die sich mit dem Geist und der Zielrichtung der Publizitätsrichtlinie in Übereinstimmung befinde[1241]. S. 36C (1) CA 1985 setze aber nicht das objektive Vorliegen einer Gesellschaft *„en formation“* voraus, so dass diese Vorschrift auch auf einen Vertrag Anwendung finden könne, der von einer Person als Stellvertreter einer zukünftigen Gesellschaft, mit deren Gründung zum Zeitpunkt des Vertragsschlusses noch nicht begonnen worden sei, abgeschlossen werde[1242]. Daraus folge, dass das Vorliegen einer Art Gründungsgesellschaft keine Voraussetzung für die Anwendbarkeit von s. 36C (1) CA 1985 sei.

Die Tragfähigkeit dieser Begründung ist insofern zweifelhaft, als sie die Anwendung des französischen Textes der Publizitätsrichtlinie allein aus dem Grund ablehnt, dass dieser im Hinblick auf ein anderes Gesellschaftsrechtssystem entworfen worden ist. Die Richtlinienbestimmung ist nach dem Beitritt des Vereinigten Königreiches zu den Europäischen Gemeinschaften auch in England umzusetzen, so dass es widersprüchlich erscheint, wenn einerseits die Richtlinienbestimmung nicht zu Auslegungszwecken herangezogen und eine richtlinienkonforme Auslegung abgelehnt wird, andererseits aber die Übereinstimmung der englischen Regelung mit dem Geist und der Zielsetzung der Publizitätsrichtlinie festgestellt wird[1243]. Zudem wurde der Text der Publizitätsrichtlinie nicht in englischer Sprache verfasst, da das Vereinigte Königreich bei Erlass der Richtlinie noch nicht Mitgliedstaat der Europäischen Gemeinschaften war. Damit existiert keine im Hinblick auf das englische Gesellschaftsrechtssystem eigens entworfene Regelung. Trotz dieses Kritikpunktes bleibt das Ergebnis festzuhalten, dass s. 36C (1) CA 1985 das Vorliegen einer Gründungsgesellschaft nicht erfordert[1244].

[1239] *purport* = vorgeben, behaupten, besagen.

[1240] Phonogram Ltd v Lane, [1981] 3 All ER 182, 182 und 186 (C.A.).

[1241] Lord Denning M.R. in Phonogram Ltd. v Lane [1981] 3 All ER 182, 186 (C.A.); vgl. auch Green, (1984) 47 M.L.R. 671, 672.

[1242] Phonogram Ltd. v Lane [1981] 3 All ER 182, 182 Entscheidungstenor (2) und Lord Denning M.R. auf S. 186 (C.A.).

[1243] Vgl. Green, (1984) 47 M.L.R. 671, 672, 684 ff., 689; Heinemann, Pre-incorporation transactions, S. 30.

[1244] So auch Morse (Hg.), Charlesworth & Morse on Company Law, S. 75; Birds/u.a., Boyle & Birds Company Law, S. 58; Boyle/Sykes/Sealy, Gore-Brown on Companies, Suppl. 32, S. 8.009; Bowen, Fox & Bowen on the law of private companies, S. 38.

Mit dem zweiten Argument rügt *Lane*, dass der Ausdruck *„purports"* bedeute, dass bei einem Handeln für die Gesellschaft deren Existenz tatsächlich behauptet werden und damit ein Element der Stellvertretung vorliegen müsse. Dieses sei insbesondere dann nicht möglich, wenn beide Parteien von der Nichtexistenz der Gesellschaft Kenntnis hätten. Das Gericht wandte ein, dass der Begriff *„purports"* auch diejenigen Fälle erfasse, in denen beide Parteien wüssten, dass die Gesellschaft noch nicht gegründet sei und die Gründung erst noch bevorstehe. Daher sei die Behauptung, dass die Gesellschaft bereits existiere, nicht Voraussetzung für s. 36C (1) CA 1985[1245], weil die Vorschrift nicht durch formelle Kunstgriffe umgangen werden können[1246]. Mithin ist die Kenntnis der Parteien von der Existenz oder Nichtexistenz der Gesellschaft für die Haftung aus s. 36C (1) CA 1985 unerheblich[1247].

Auch *Lanes* drittes Argument wurde abgelehnt. Allerdings erfolgte die Ablehnung durch das Gericht nicht deshalb, weil eine Gesellschaft kein Handelnder im Sinne von s. 36C (1) CA 1985 sein kann. Vielmehr ging Lord Denning M.R. davon aus, dass nicht *Jelly Music Ltd.* den Vertrag geschlossen habe, sondern *Lane* vorgegeben habe, für die *fragile Management Ltd.* zu handeln. Daher hafte nicht *Jelly Music Ltd.* nach dieser Norm, sondern *Lane* habe sich persönlich verpflichtet[1248]. Mit diesem Urteil ist daher nicht entschieden, dass nur natürliche Personen Handelnde im Sinn von s. 36C (1) CA 1985 sein können, vielmehr wurde dieser Punkt vom *Court of Appeal* offen gelassen.

Das Gericht blieb bei der Ablehnung des Berufungsvorbringens nicht stehen, sondern ging auch auf das *common law* und die Anwendbarkeit dieser Regeln ein. So hielt Oliver L.J. per obiter dictum auf der Grundlage des sog. *intention test* nach dem im Vertrag offenbarten wirklichen Parteiwillen den *promoter Lane* für persönlich haftbar, da das *common law* allein auf dem Parteiwillen und nicht auf der Unterscheidung nach Art und Weise der Unterschrift beruht[1249]. Dieses Ergebnis ist im Lichte der Fälle *Kelner v Baxter, Newborne v Sensolid* und *Black v Smallwood* bemerkenswert. Aufgrund der Tatsache, dass *Phonogram Ltd.* zum Vertragsschlusszeitpunkt keine Kenntnis von der Nichtexistenz der *Fragile Management Ltd.* hatte, der Brief mit den Vertragsbedingungen an *Lane* als Geschäftsführer der *Fragile Management Ltd.* adressiert war und von ihm aus der Sicht der *Phonogram Ltd.* in dieser Funktion unterzeichnet wurde, scheint sich der Fall bei Anwendung der *common law* - Regeln eher in die Reihe der Entscheidungen *Newborne v Sensolid* und *Black v Smallwood* einzureihen. Dann würde *Lane* nach *Newborne v Sensolid* keine Haftung aus dem

---

[1245] Lord Denning M.R. in Phonogram Ltd v Lane, [1981] 3 All ER 182, 186 (C.A.), zustimmend Shaw L.J. und Oliver L.J. auf S. 187, 188; vgl. auch Birds/u.a., Boyle & Birds Company Law, S. 58; Boyle/Sykes/Sealy, Gore-Brown on Companies, Suppl. 32, S. 8.009.

[1246] Lord Hailsham of St. Marylebone, Halsbury's Laws of England, Bd. 7(1), para 37; Phosphate Sewage Co v Hartmont (1877) 5 ChD 394 (C.A.); Official Receiver and Liquidator of Jubilee Cotton Mills Ltd v Lewis [1924] AC 958 (H.L.); Green, (1984) 47 M.L.R. 671, 672; vgl. Farrar/Hannigan, Farrar's Company Law, S. 52.

[1247] Vgl. auch Pennington, Pennington's Company Law, S. 110; Morse (Hg.), Charlesworth & Morse on Company Law, S. 75; Mayson/French/Ryan, Company Law, S. 640 f.

[1248] Phonogram Ltd. v. Lane [1981] 3 All ER 182, 186, 187, 188 (C.A.).

[1249] Phonogram Ltd. v Lane [1981] 3 All ER 182, 186, 188 (C.A.); vgl. auch McMullen [1982] 41 C.L.J. 47, 49.

Gründungsgeschäft treffen, vielmehr wäre der Vertrag aufgrund der Nichtexistenz der Gesellschaft und der eigentlichen Absicht der Parteien, die Gesellschaft zu binden, nichtig. Für *Phonogram Ltd.* hätte dies bedeutet, dass sie nur durch das *law of restitution* (Bereicherungsrecht) in gewissem Maße geschützt wäre. Letztlich fügte Oliver L.J. aber an, dass selbst im Falle der Richtigkeit seiner Argumentation die subtile Unterscheidung des *common law* durch s. 36C (1) CA 1985 aufgehoben wurde, so dass nicht länger an der Differenzierung nach den Absichten der Parteien festzuhalten ist[1250]. Damit kann sowohl der sog. *intention test* als auch die Differenzierung nach Art der Unterzeichnung des Gründungsgeschäftes als abgeschafft gelten[1251]. Nach s. 36C (1) CA 1985 haftet der *promoter* unabhängig von seinem Willen und Auftreten. Er wird selbst dann, wenn er nicht als Vertreter auftritt, sondern wie in *Newborne* v Sensolid als Organ zur Beglaubigung der Unterschrift der zukünftigen Gesellschaft das Gründungsgeschäft unterzeichnet, persönlich aus dem Gründungsgeschäft verpflichtet[1252]. Zudem kann nicht mehr auf die Kenntnis der Parteien von der Existenz bzw. Nichtexistenz der Gesellschaft abgestellt werden. Denn nach *Phonogram v Lane* findet s. 36C (1) CA 1985 auch dann Anwendung, wenn beide Parteien wissen, dass die Gesellschaft nicht existiert[1253].

Wendet man diese neuen Grundsätze auf die Entscheidungen *Kelner v Baxter* und *Newborne v Sensolid* an, käme man zu dem Ergebnis, dass die *promoter* nach s. 36C (1) CA 1985 in beiden Fällen haften würden. Dieses Ergebnis trägt sowohl der gesetzlichen Regelung, die die Missstände des *common* law beseitigen will, als auch den Bedürfnissen der Praxis Rechnung, die wenig Wert auf die konkrete Form der Unterschrift legt. Dem Parteiwillen trägt die gesetzliche Regelung durch die Ermöglichung der Freizeichnung von der Haftung Rechnung[1254].

Weiterhin folgt aus dem Präzedenzfall *Phonogram v Lane,* dass s. 36C (1) CA 1985 auf alle noch nicht inkorporierten Gesellschaften anwendbar ist, unabhängig

---

[1250] Oliver L.J. in Phonogram Ltd. v Lane [1981] 3 All ER 182, 186, 188 (C.A.), s.a. Lord Denning M.R. auf S. 187; McMullen, [1982] 41 C.L.J. 47, 49.

[1251] s. aber Woolf L.J. in Badgerhill Properties Ltd. v Cottrell [1991] B.C.L.C. 805, 809 f., der sich nur auf den ersten Teil der Begründung von Oliver J. in *Phonogram v Lane* [1981] 3 ALL ER 182, 188 stützt, den nachfolgenden Teil aber auslässt und damit übersieht, dass die im ersten Teil aufgeführte „subtile Unterscheidung" aufgrund von s. 36C (1) CA 1985 mittlerweile irrelevant ist.

[1252] Lord Denning M.R. und Oliver L.J. in Phonogram Ltd. v. Lane [1981] 3 All ER 182, 187 b, c, 188 g (C.A.); Birds/u.a., Boyle & Birds Company Law, S. 58; McMullen, [1982] 41 C.L.J. 47, 49; Green, (1984) 47 M.L.R. 671, 675; Heinemann, ZIP 1991, 760, 761; Heinemann, Pre-incorporation transactions, S. 33; Farrar/Hannigan, Farrar's Company Law, S. 57; Boyle/Sykes/Sealy, Gore-Brown on Companies, Suppl. 32, S. 8.009; Markesinis, [1976] 35 C.L.R. 112, 126; Morse (Hg.), Charlesworth & Morse on Company Law, S. 75; vgl. Davies/Prentice, Gower's Principles of Modern Company Law, S. 142 f.; so schon zur Vorgängerregelung Prentice [1973] 89 L.Q.R. 518, 532.

[1253] Heinemann, Pre-incorporation transactions, S. 31 f.; Leigh/Joffe/Goldberg, Northey's & Leigh's Introduction to Company Law, S. 35; McMullen, [1982] 41 C.L.J. 47, 49; Heinemann, ZIP 1991, 760, 761.

[1254] Heinemann, ZIP 1991, 760, 761; Heinemann, Pre-incorporation transactions, S. 30 ff.; vgl. auch Oliver L.J. in Phonogram Ltd v Lane, [1981] 3 All ER 182, 188 (C.A.), der zunächst die Rechtslage nach dem *common law* schildert, um dann festzustellen, dass das Abstellen auf die Absicht der Parteien seit Erlass von s. 9 (2) ECA 1972 irrelevant ist.

davon, in welcher Gründungsphase sie sich befinden[1255]. Die gesetzliche Regelung setzt für ihre Anwendbarkeit weder das objektive Vorliegen einer Gründungsgesellschaft noch das Bestehen der Gesellschaft zur Zeit des Handelns voraus. Insoweit wird das *common law* also geändert.

bb. Oshkosh B'Gosh v Dan Marbel

In *Oshkosh B'Gosh v Dan Marbel*[1256] kaufte *Craze* eine *off the shelf company* (Vorratsgesellschaft) namens *Ergormight Ltd.* und änderte später ihren Namen in *Dan Marbel Inc. Ltd.* durch Gesellschafterbeschluss. Aufgrund eines administrativen Versehens seitens der Gesellschaft wurde die entsprechend geänderte Gründungsbescheinigung (*certificate of incorporation*) erst fünf Jahre später erteilt. Dennoch trat die Gesellschaft in der gesamten Zeit unter dem neuen Namen auf. So schloss die Gesellschaft durch *Craze* handelnd auch mit *Oshkosh B'Gosh* verschiedene Lieferverträge ab, die letztere vollständig vor Aushändigung der geänderten Gründungsurkunde erfüllte. In der Folge nahm die *Oshkosh B'Gosh Craze* persönlich wegen Nichterfüllung der aus den Lieferverträgen resultierenden Forderungen in Anspruch. Sie machte geltend, dass *Craze* auf der Basis von s. 36C (1) CA 1985[1257] hafte, da die Verträge mit ihm als für die noch nicht gegründete Gesellschaft *Dan Marbel Inc. Ltd.* Handelnden geschlossen worden seien.

Der *Court of Appeal* folgte dieser Argumentation nicht. Er erklärte s. 36C (1) CA 1985 für nicht anwendbar, weil im Zeitpunkt des Vertragsschlusses die Gesellschaft, für die *Craze* gehandelt hat, sich nicht in Gründung befand sondern schon bestand, wenn auch unter anderem Namen. Die Aushändigung der neuen Gründungsbescheinigung bedeute rechtlich gesehen nicht, dass die Gesellschaft erneut gegründet oder erneut inkorporiert werde. Die Änderung des Gesellschaftsnamens führe nicht zum Erlöschen der Gesellschaft ab Einreichung des Änderungsantrags und zur Neugründung der Gesellschaft mit Aushändigung der Bescheinigung. Vielmehr bestehe die Gesellschaft fort, und zwar ab Erteilung der geänderten Gründungsurkunde unter neuem Namen[1258]. Daraus folgt, dass s. 36C (1) CA 1985 bei der Namensänderung einer bereits gegründeten Gesellschaft und Abschluss eines Vertrages unter dem neuen Namen vor Ausgabe einer geänderten Gründungsbescheinigung nicht anwendbar ist. Denn die Gesellschaft befindet sich nicht in Gründung sondern existiert schon, so dass kein Gründungsgeschäft vorliegt. Vielmehr wird das Rechtsgeschäft für eine bestehende Gesellschaft abgeschlossen, wenn auch unter falschem Namen. Folglich erfasst s. 36C (1) CA 1985 diejenigen Fälle nicht, in denen eine Gesellschaft lediglich ihren Namen gewechselt hat.

[1255] Vgl. Leigh/Joffe/Goldberg, Northey's & Leigh's Introduction to Company Law, S. 35.

[1256] Oshkosh B'Gosh Inc v Dan Marbel Inc Ltd and another, [1989] BCLC 507.

[1257] Dieses Urteil erging zu s. 9 (2) ECA 1972. Diese Vorschrift ist der Vorgänger vom heute geltenden s. 36C (1) CA 1985, die ihm bis auf geringe sprachliche Unterschiede entspricht. Im folgenden wird zum vereinfachten Verständnis s. 36C (1) CA 1985 als Angabe verwendet.

[1258] Vgl. s. 28 (6), (7) CA 1985; vgl. auch Nourse L.J. in Oshkosh B'Gosh Inc v Dan Marbel Inc Ltd and another, [1989] BCLC 507, 509 ff.; nun bestätigt durch s. 28 (6) CA 1985.

Die Argumentation des *Court of Appeal* ist insofern zweifelhaft, als im konkreten Fall nicht nur eine bloße Namensänderung erfolgte, sondern der Erwerb einer Vorratsgesellschaft vorlag. Die käuflich erworbene Gesellschaft namens *Egormight Ltd.* hat andere Geschäftsführer, andere Gründungsgesellschafter, einen anderen Gesellschaftszweck und damit eine völlig andere Gesellschaftsstruktur als *Dan Marbel Inc Ltd.* Daher sind beide Gesellschaften an sich nicht dieselben Gebilde im Sinne der englischen Körperschaftstheorie, so dass die Gesellschaft *Dan Marbel Inc Ltd.* eigentlich noch nicht existierte und folglich s. 36C (1) CA 1985 zur Anwendung kommen konnte. Das Gericht ist auf diesen Punkt nicht eingegangen. Festzuhalten bleibt daher, dass nach herrschender Rechtsprechung die gesetzliche Regelung in s. 36C (1) CA 1985 bei Änderung des Namens einer Gesellschaft nicht anwendbar ist.

cc. Badgerhill v Cottrell

In *Badgerhill v Cottrell*[1259] vereinbarte *Cottrell* wegen verschiedener anstehender Bauarbeiten einen Termin mit *Twiggs* vom *Plumbing Centre. Cottrell* erhielt drei Kostenvoranschläge, die alle auf denselben Tag datiert waren. Auf zwei der Kostenvoranschläge stand auf dem Briefkopf die Angabe „The Plumbing Centre, 215 Canterbury Street, Gillingham" und am Briefende „Registered Office: 215 Canterbury Street, Gillingham: Badgerhill <u>Property</u> Ltd.". Zudem trugen sie die Unterschrift von *Twiggs* als *director* des *Plumbing Centre* und gaben dieselbe VAT-Nummer an, die für „Badgerhill <u>Properties</u> Ltd., The Plumbing Centre"[1260] registriert ist. Letztere Firmenbezeichnung war die korrekte, während die Angaben im Kostenvorschuss auf einem Druckfehler beruhten. Der dritte Kostenvorschlag war vollkommen identisch mit den beiden anderen, außer dass er statt der Nennung des *„Plumbing Centre"* die Angabe *„Wendell (Builders)"* enthielt und das Wort *„director"* unter der Unterschrift von *Twiggs* fehlte. *Cottrell* unterzeichnete die Kostenvoranschläge, wobei sie jeweils *Twiggs* mit seinen verschiedenen Firmen für ihren Vertragspartner hielt. Als sie Schadensersatzansprüche wegen mangelhafter Ausführung der Arbeiten geltend machte, stellte sich heraus, dass die Firmen insolvent waren. Daher richtete sie ihren Anspruch gegen *Twiggs* und machte geltend, dass dieser nach s. 36C (1) CA 1985[1261] hafte, weil die Gesellschaft *Badgerhill <u>Property</u> Ltd.* im Zeitpunkt des Vertragsschlusses nicht gegründet war.

Der *Court of Appeal* folgte dieser Argumentation nicht, wobei Woolf L.J. sich in seiner Begründung auch auf die Entscheidung in *Oshkosh B'Gosh v Dan Marbel* stützte. Das Gericht erklärte s. 36C (1) CA 1985 für nicht anwendbar, da die Verträge nicht mit einer nichtexistenten Gesellschaft namens *Badgerhill <u>Property</u> Ltd.* geschlossen wurden, sondern mit der gegründeten und bestehenden Gesellschaft namens *Badgerhill <u>Properties</u> Ltd.*, auch wenn sie falsch bezeichnet wurde. Die Verträge

---

[1259] Badgerhill Properties Ltd v Cottrell, Cottrell v Badgerhill Properties Ltd and another (by counterclaim) [1991] BCLC 805.

[1260] Hervorhebung jeweils durch die Verfasserin.

[1261] Das Urteil erging zu s. 36 (4) CA 1985, der mit der heute geltenden Vorschrift wortwörtlich übereinstimmt. Im folgenden wird zum vereinfachten Verständnis s. 36C (1) CA 1985 als Angabe verwendet.

geben nicht vor, von *Badgerhill Property Ltd.* geschlossen worden zu sein, sondern vom *Plumbing Centre* und von *Wendell (Builders)*. Da aber tatsächlich *Badgerhill Properties Ltd.* die Geschäfte unter diesem Namen führte, war sie Vertragspartei. Die falsche Bezeichnung hat insofern keine Auswirkung. Daher scheidet eine Haftung des für die Gesellschaft handelnden *director Twiggs* nach s. 36C (1) CA 1985 aus[1262]. Folglich findet s. 36C (1) CA 1985 keine Anwendung auf zwar eingetragene, aber ungenau oder falsch bezeichnete Gesellschaften.

Zwar nahm Woolf L.J. zur Feststellung, wer beabsichtigter Vertragspartner war, auch auf die Absichten der Parteien und auf die Ausführungen von Oliver L.J. in *Phonogram v Lane* Bezug und kam zu dem Ergebnis, dass *Twiggs* Unterschriften jeweils nur im Sinne von *Newborne v Sensolid* erfolgten und daher nur die Unterschrift der Gesellschaft beglaubigten[1263]. Dieses mag erstaunlich erscheinen, da seit Erlass der Bestimmung in s. 36C (1) CA 1985 sowohl der *test of intenion* als auch die Differenzierung nach Art und Weise der Unterzeichnung des Gründungsgeschäftes wie in *Kelner v Baxter* und *Newborne v Sensolid* unerheblich für die Bestimmung der Haftung aus Gründungsgeschäften sind[1264]. Doch bedeutet die Anwendung der Grundsätze des *common law* keine Aufbereitung der durch die gesetzliche Regelung abgeschafften Grundsätze und beinhaltet daher keinen Verstoß gegen s. 36C (1) CA 1985. Denn diese Regelung war im konkreten Fall nicht anwendbar, da *Twiggs* nicht vorgab, für eine sich in Gründung befindliche Gesellschaft zu handeln. Es war daher unabhängig von s. 36C (1) CA 1985 und der entsprechenden Rechtsprechung nach allgemeinem Vertragsrecht festzustellen, ob *Twiggs* die Verträge persönlich mit *Cottrell* abgeschlossen und sich damit persönlich als Vertragspartner verpflichtet hatte[1265]. Aufgrund der Hinweise auf das *Plumbing Centre* und der Aufmachung der Briefe nahm das Gericht an, dass *Twiggs* nach dem Willen der Vertragsparteien nicht Vertragspartner von *Cottrell* war, sondern nur als Vertreter für die Gesellschaft handelte und daher nicht persönlich haftet.

dd. Cotronic v Dezonie

Die Entscheidung *Cotronic v Dezonie*[1266] revidiert den Fall *Phonogram* v *Lane* in einem Teilbereich. In diesem Fall hatte *Cotronic* Bauarbeiten aufgrund eines zwischen ihm und einer Gesellschaft abgeschlossenen Vertrages erbracht. Die ehemals inkorporierte Gesellschaft war allerdings ohne das Wissen der Parteien schon vor dem Vertragsschluss aus dem Gesellschaftsregister gelöscht worden. Der *director* und Inhaber der Gesellschaft, *Dezonie*, gründete nach Kenntniserlangung von der

---

1262 Badgerhill Properties Ltd v Cottrell, Cottrell v Badgerhill Properties Ltd and another (by counterclaim) [1991] BCLC 805, 812.

1263 Badgerhill Properties Ltd v Cottrell, Cottrell v Badgerhill Properties Ltd and another (by counterclaim) [1991] BCLC 805, 809 f.

1264 Phonogram Ltd v Lane, [1981] 3 All ER 182 (C.A.); vgl. auch McMullen [1982] 41 C.L.J. 47, 49 und den Abschnitt „Phonogram v Lane" auf S. 224 ff.

1265 So das Vorbringen von *Cottrell* in der Berufungsbegründung; vgl. Badgerhill Properties Ltd v Cottrell, Cottrell v Badgerhill Properties Ltd and another (by counterclaim) [1991] BCLC 805, 809 f.

1266 Cotronic (UK) Ltd v Dezonie and others, [1991] BCLC 721 (C.A.).

Löschung eine neue Gesellschaft gleichen Namens. *Dezonies* Vertragspartner *Cotronic* berief sich in der Folge darauf, dass die Verträge nach allgemeinem Vertragsrecht nichtig seien, weil die Gesellschaft als Vertragspartner zum Zeitpunkt des Vertragsschlusses nicht existiert habe. *Dezonie* argumentierte, dass ihn die gesellschaftsrechtliche Haftung aus s. 36C (1) CA 1985[1267] treffe, da er eine neue Gesellschaft gegründet und in deren Namen gehandelt habe. Daraus folge, dass er nicht nur hafte, sondern auch die Ansprüche aus den Verträgen geltend machen könne.

Der *Court of Appeal* folgte dem Vorbringen von *Dezonie* nicht, sondern entschied, dass s. 36C (1) CA 1985 nicht anwendbar ist, weil im Zeitpunkt des Vertragsschlusses niemand an die neue Gesellschaft gedacht hat. *Dezonie* sei davon ausgegangen, dass die gelöschte Gesellschaft noch bestehe, so dass er nicht vorgeben könne, im Sinn von s. 36C (1) CA 1985 für eine sich in Gründung befindliche Gesellschaft gehandelt zu haben[1268]. Dass die Gesellschaft aufgrund der Löschung aus dem Gesellschaftsregister nicht mehr existierte und dass *Dezonie* nach Kenntniserlangung davon eine neue Gesellschaft gründete, sei unerheblich, weil sie nicht mit dem Abschluss der Verträge im Zusammenhang stehe. Da s. 36C (1) CA 1985 nicht anwendbar war, griff das Gericht wie in *Badgerhill v Cottrell* auf das *common law* zurück und erklärte den Vertrag aufgrund der Nichtexistenz eines Vertragspartners für nichtig[1269].

Damit tritt auch hier nicht die nach der Entscheidung *Phonogram v Lane* als überholt anzusehende Regel aus *Newborne v Sensolid*, nach der Rechtsgeschäfte nichtig sind, wenn der Unterzeichende als Organ einer in Gründung befindlichen Gesellschaft handelt, wieder in Kraft. Denn hier war der Sachverhalt dergestalt, dass für eine bereits aufgelöste Gesellschaft und nicht für eine andere, später zu gründende, namensgleiche Gesellschaft gehandelt wurde. Da die Parteien nicht die Verpflichtung von *Dezonie* beabsichtigten, ist er nach allgemeinem Vertragsrecht auch nicht an diese gebunden und kann daher auch keine Ansprüche aus ihnen ableiten. Vielmehr ist der Vertrag nichtig, weil die Gesellschaft aufgrund der Löschung aus dem Handelsregister nicht mehr existierte, und kann auch nicht durch Anwendung von s. 36C (1) CA 1985 gerettet werden. Folglich schränkt die Entscheidung *Cotronic v Dezonie* den zeitlichen Anwendungsbereich von s. 36C (1) CA 1985 ein: Die Vorschrift findet keine Anwendung, wenn im Zeitpunkt des Vertragsschlusses noch niemand an die zu gründende Gesellschaft gedacht hat[1270]. Sie ist auch dann nicht anwendbar, wenn eine Gesellschaft vorliegt, die zwar inkorporiert war, dieses im Zeitpunkt des Vertragsschlusses aber nicht mehr ist, auch wenn sie zu einem späteren Zeitpunkt mit dem gleichen Namen erneut gegründet und eingetragen wird. Allein die Absicht der Gründung einer Gesellschaft im Zeitpunkt des Vertragsschlusses ist für die Anwendung von s. 36C (1) CA 1985 ausschlaggebend.

[1267] Das Urteil erging zu s. 36 (4) CA 1985, der mit der heute geltenden Vorschrift wortwörtlich übereinstimmt. Im folgenden wird zum vereinfachten Verständnis s. 36C (1) CA 1985 als Angabe verwendet.

[1268] Dillon L.J. in Cotronic (UK) Ltd v Dezonie and others, [1991] BCLC 721, 722 f. (C.A.).

[1269] Dillon L.J. und Balcombe LF in Cotronic (UK) Ltd v Dezonie and others, [1991] BCLC 721, 724 bzw. 726.

[1270] Bowen, Fox & Bowen on the law of private companies, S. 38.

Die Entscheidung *Cotronic* v *Dezonie* schränkt daneben in gewissem Maß auch die Tragweite des Präzedenzfalles *Phongram* v *Lane* ein. In *Phonogram v Lane* wurde das Argument von *Lane* zurückgewiesen, dass die Haftung nach s. 36C (1) CA 1985 im Kontext des französischen Texts von Art. 7 Publizitätsrichtlinie zu lesen sei, so dass bei richtlinienkonformer Auslegung das Vorliegen einer Gesellschaft *„en formation"*[1271] verlangt werde[1272]. Hingegen entschied das Gericht in *Cotronic* v *Dezonie*, dass der Sachverhalt für die Anwendbarkeit der gesellschaftsrechtlichen Handelndenhaftung zumindest Bezug zur Gründung einer Gesellschaft aufweisen muss. Die Gründung einer Gesellschaft muss zumindest beabsichtigt sein; hat zur Zeit des Vertragsschlusses noch keiner an die neue Gesellschaft gedacht, findet s. 36C (1) CA 1985 keine Anwendung[1273]. In der Literatur wird dies dahingehend interpretiert, dass der Vertrag eine bestimmte, wenn auch noch nicht existente Gesellschaft als vermeintlichen Vertragspartner identifizieren muss. Denn nur in diesem Fall kann vorgegeben werden („purport"), dass sich der geschlossene Vertrag gerade auch auf diese Gesellschaft bezieht. Wenn hingegen versucht wird, Gründungsgeschäfte mit nichtexistenten Gesellschaften abzuschließen, greift s. 36C (1) CA 1985 nicht ein, da er den Dritten nicht in allen Lagen schützen soll, sondern nur, wenn das Gründungsgeschäft eine bestimmte Gesellschaft als vorgegebene Partei identifiziert und diese sich noch in Gründung befindet[1274]. Insoweit wurde die Entscheidung *Phonogram v Lane* durch *Cotronic v Dezonie* revidiert.

ee. Rover v Cannon

Der persönliche Anwendungsbereich von s. 36C (1) CA 1985[1275] wurde weiterhin durch die Entscheidung *Rover v Cannon*[1276] begrenzt. In diesem Fall gab die ausländische Gesellschaft *Rover* vor, einen Vertrag mit *Cannon* zu schließen. Im Rahmen eines Rechtschutzgesuches *Rovers* wegen behaupteter Vertragsverletzungen wurde entdeckt, dass die Gesellschaft erst nach Vertragsschluss in Guernsey inkorporiert worden war. *Cannon* argumentierte in diesem Verfahren, dass sie aufgrund der Nichtexistenz *Rovers* bei Vertragsschluss nicht an den Vertrag gebunden sei, während *Rover* geltend machte, dass *Cannon* den Vertrag nach *Rovers* Inkorporation anerkannt habe. Alternativ sei der Vertreter *Rovers*, der vorgab, für *Rover* zu handeln, nach s. 36C (1) CA 1985 berechtigt, den Vertrag durchzusetzen.

Die *Chancery Division* entschied, dass s. 36C (1) CA 1985 nur auf inländische Gesellschaften, also solche, die nach den Regeln des CA 1985 registriert wurden, Anwendung findet. Der Begriff der „Gesellschaft" ist im Sinne von s. 735 CA 1985 zu

---

[1271] „in Gründung".
[1272] Phonogram Ltd v Lane, [1981] 3 All ER 182, 182 und 186 (C.A.).
[1273] Dillon L.J. in Cotronic (UK) Ltd. v Dezonie [1991] B.C.L.C. 721, 723 f. (C.A.).
[1274] Davies/Prentice, Gower's Principles of Modern Company Law, S. 143.
[1275] Das Urteil erging zu s. 36 (4) CA 1985, der mit der heute geltenden Vorschrift wortwörtlich übereinstimmt. Im folgenden wird zum vereinfachten Verständnis s. 36C (1) CA 1985 als Angabe verwendet.
[1276] Rover International Ltd. and others v Cannon Film Sales Ltd. [1987] BCLC 540 (Ch.D.); [1989] 3 All ER 423 = [1989] 1 WLR 912 (C.A.).

verstehen, der die Gesellschaft als eine nach diesem Gesetz gegründete und eingetragene Gesellschaft definiert, außer die gegenteilige Absicht des Gesetzgebers ist ersichtlich. Danach fallen Gesellschaften, die nach einem ausländischen Gesellschaftsrecht gegründet wurden, nicht unter diese Definition und werden damit nicht vom Begriff der Gesellschaft in s. 36C (1) CA 1985 erfasst.

Das Gericht folgte auch nicht der Argumentation des Klägers, nach der s. 36C (1) CA 1985 Verträge vor der Undurchsetzbarkeit schützen wolle, nur weil sie zu einem Zeitpunkt geschlossen sind, in dem die Gesellschaft noch nicht inkorporiert ist. Das *common law* hat die Regeln der Gründungsgeschäfte zwar sowohl auf Gesellschaften aus dem Vereinigten Königreich als auch auf ausländische Gesellschaften angewandt. Dieses reicht laut Harman J aber nicht aus, eine gegenteilige Absicht des Gesetzgebers im Sinne von s. 735(4) CA 1985 zu begründen. Das Parlament hat nur Regelungen für inländische Gesellschaften treffen wollen[1277]. Da s. 36C (1) CA 1985 nicht anwendbar ist, ist der für *Rover* bei Vertragsschluss Handelnde nicht Vertragspartner von *Cannon* geworden. Der Vertrag zwischen Ca*nnon* und *Rover* ist vielmehr von Anfang an nichtig, weil er vor der Inkorporation *Rovers* und damit vor ihrer Existenz geschlossen worden war. Daher besteht auch keine Grundlage für die Annahme, dass *Cannon* den Vertrag nach der Inkorporation von *Rover* anerkannt hat[1278]. Aus diesem Grund musste Harman J nicht mehr auf die Frage eingehen, ob der nach s. 36C (1) CA 1985 Haftende auch berechtigt ist, die aus dem Gründungsgeschäft resultierenden Rechte geltend zu machen. In der Berufung musste der *Court of Appeal* über diesen Punkt und über die Frage der Haftung aus Gründungsgeschäften nicht entscheiden, da die Entscheidung der Chancery Division insoweit nicht Gegenstand der Berufung war[1279]; eine ursprüngliche Berufung gegen den letzten Entscheidungspunkt wurde aufgegeben[1280].

Hinsichtlich der Definition der Gesellschaft liegt aber eine nicht veröffentlichte Entscheidung des *Court of Appeal*s zu s. 9 ECA 1972 vor[1281]. Der *Court of Appeal* urteilte, dass der von s. 9 (2) ECA 1972 [s. 36C (1) CA 1985][1282] bezweckte Schutz des Dritten nur Anwendung findet, wenn eine nach dem Companies Act 1948 [Companies Act 1985] gegründete Gesellschaft vorliegt. Ausdrücklich nahm das Gericht nach italienischem Recht gegründete Gesellschaften vom Begriff der Gesellschaft in s. 9 (1) ECA 1972 aus. Erst recht ist die enge Auslegung des Gesellschaftsbegriffs auf s. 9 (2) ECA 1972 anzuwenden, so dass diese Bestimmung keine Anwendung auf nach ausländischem Recht gegründete Gesellschaften findet. Es war zweifelhaft, ob diese Regel bestehen bleiben konnte. Denn s. 9 (2) ECA 1972 beruht auf einer EG-

---

1277 Harman J. in Rover International Ltd. and others v Cannon Film Sales Ltd. [1987] BCLC 540, 543 f. (Ch.D.).

1278 Rover International Ltd. and others v Cannon Film Sales Ltd. [1987] BCLC 540, 543 (Ch. D.).

1279 Vgl. Rover International Ltd. and others v Cannon Film Sales Ltd [1989] 1 WLR 912 (C.A.).

1280 Vgl. Rover International Ltd. and others v Cannon Film Sales Ltd [1989] 1 WLR 912, 920 (C.A.).

1281 Janred Properties v Ente Nazionale Italiane Per Il Tourisme (1983) 14. Juli (C.A.), unveröffentlicht, berichtet von Birds/u.a., Boyle & Birds Company Law, S. 58 Fn 137 und Green, (1984) 47 M.L.R. 671, 682.

1282 Diese Entscheidung erging zu s. 9 (2) ECA 1972, der mit leichten Änderungen im Wortlaut in s. 36 (4) CA 1985 aufgegangen ist. Nach der Gesellschaftsrechtsreform von 1989 findet sich die Regelung ohne Änderungen (vgl. s. 130(4) CA 1989) in der heute gültigen Vorschrift s. 36C(1) CA 1985.

Richtlinie, der Publizitätsrichtlinie, die für alle EG-Mitgliedstaaten und damit auch für alle Gesellschaften aus diesen Staaten gilt. Zudem bezweckt sie die Gewährung eines größtmöglichsten Schutzes für Dritte, was nur bei einer Anwendung der nationalen Vorschriften zumindest auch auf mitgliedstaatliche Gesellschaften gewährleistet ist[1283]. Seit 31.07.1991 war der *Secretary of State* durch s. 130 (6) CA 1989 befugt per Verordnung (*statutory instrument*) zu regeln, dass s. 36C CA 1985 auch auf außerhalb von Groß Britannien inkorporierte Gesellschaften anzuwenden ist. Dieses ist mittlerweile durch die Foreign Companies (Execution of Documents) Regulations 1994[1284] erfolgt, so dass s. 36C (1) CA 1985 nun auch auf außerhalb von Großbritannien inkorporierte Gesellschaften Anwendung findet[1285]. Damit stimmen *common law* und gesetzliche Regelung wieder überein, da auch die *common law* – Grundsätze über Gründungsgeschäfte sowohl für inländische als auch im Ausland inkorporierte Gesellschaften gelten.

Gerichtlich ist damit weiterhin ungeklärt, ob neben der persönlichen Verpflichtung der *promoter* aus s. 36C (1) CA 1985 diesen auch das Recht zusteht, im Gegenzug die Vereinbarungen des Gründungsgeschäftes durchzusetzen[1286], zumal sich s. 36C (1) CA 1985 diesbezüglich nicht äußert. Im *common law* stellte Parker J in der ersten Instanz von *Newborne v Sensolid* obiter dictum fest, dass die Regel aus *Kelner v Baxter* auch das Recht des *promoter* betrifft, das Gründungsgeschäft durchzusetzen[1287]. Der *Court of Appeal* ging in der Berufungsentscheidung auf diese Frage nicht ein[1288]. Dennoch wird in der Literatur aus der erstinstanzlichen Entscheidung von *Newborne v Sensolid* und dem allgemeinen Grundsatz der vertraglichen Gegenseitigkeit (*principle of mutuality*) gefolgert, dass dem *promoter* auch die aus dem Gründungsgeschäft resultierenden Rechte zustehen[1289]. Eine gerichtliche Entscheidung steht aber noch aus. Der *Court of Appeal* entschied zwar in *Cotronic v Dezonie*, dass *Dezonie* kein Recht zur Durchsetzung des Vertrages zusteht. Doch war s. 36C (1) CA 1985 im konkreten Fall nicht anwendbar und der Vertrag nach allgemeinem Vertrags-

---

[1283] Vgl. auch Art. 58 Abs. 1 EGV, der Diskriminierungen ausländischer Gesellschaften verhindert und Art. 54 Abs. 3 lit. g) EGV, auf dem die erste gesellschaftsrechtliche Richtlinie basiert, und der die Freiheit der Niederlassung etabliert. S.a. Green, (1984) 47 M.L.R. 671, 683.

[1284] SI 1994/950 as amended by SI 1995/1729.

[1285] Vgl. s. 2 ff. Foreign Companies (Execution of Documents) Regulations 1994.

[1286] Vgl. Boyle/Sykes/Sealy, Gore-Brown on Companies, Suppl. 32, S. 8.010, Leigh/Joffe/Goldberg, Northey's & Leigh's Introduction to Company Law, S. 35; Birds/u.a., Boyle & Birds Company Law, S. 58; Collier/Sealy, [1973] 32 C.L.J. 1; Davies/Prentice, Gower's Principles of Modern Company Law, S. 143 FN 70; vgl. Triebel/Hodgson/Kellenter/Müller, Englisches Handels- und Wirtschaftsrecht, Rn 598; nach Morse (Hg.), Charlesworth & Morse on Company Law, S. 75 spricht die richterliche Meinung wohl dagegen, wobei er sich auf *Badgerhill v Cottrell* und *Cotronic v Dezonie* beruft. Diese Fälle treffen eine solche Aussage aber ebenso wenig wie der Fall *Rover v Cannon*.

[1287] Newborne v Sensolid (Great Britain) Ltd. [1952] 2 T.L.R. 763, 765 (Q.B.D.).

[1288] Newborne v Sensolid (Great Britain) Ltd. [1954] 1 QB 45.

[1289] Heinemann, Pre-incorporation transactions, S. 14, 17; Lord Hailsham of St. Marylebone, Halsbury's Laws of England, Bd. 7(1), para 54 Fn 3; Davies/Prentice, Gower's Principles of Modern Company Law, S. 143; Griffin, Company Law, S. 36 ff.; Goulding, Company Law, S. 38; Boyle/Sykes/Sealy, Gore-Brown on Companies, Suppl. 32, S. 8.010; Leigh/Joffe/Goldberg, Northey's & Leigh's Introduction to Company Law, S. 35; Collier/Sealy, [1973] 32 C.L.J. 1; Bowen, Fox & Bowen on the law of private companies, S. 40.

recht nichtig, so dass die Frage der Durchsetzbarkeit des Vertrages durch den Handelnden nicht beantwortet werden musste. Auch in *Rover v Cannon* musste über diese Frage nicht geurteilt werden, da auch hier s. 36C (1) CA 1985 keine Anwendung fand. Aus diesen Urteilen lässt sich daher weder ableiten, dass dem Handelnden auch das Recht zur Durchsetzung des Gründungsgeschäftes zusteht, noch dass ihm dieses versagt ist. Mangels gesetzlicher Regelung und höchstrichterlicher Entscheidung ist folglich weiterhin davon auszugehen, dass der *promoter* zwar aus den Gründungsgeschäften haftet, er diese aber im Gegenzug nicht durchsetzen kann.

4. Inhalt und Ausgestaltung der Haftung der promoter

S. 36C (1) CA 1985 schreibt zunächst eine persönliche Haftung der Handelnden vor ohne gleichzeitig eine Gesamtschuldnerschaft zu regeln. Die englischen Gerichte mussten zur Frage der gesamtschuldnerischen Haftung der *promoter* bisher noch keine Stellung nehmen. Eine Gesamtschuld (*joint and several liability*) folgt nach allgemeinen Regeln nicht bereits aus der Tatsache, dass gemeinsam gehandelt wurde. Dies führt regelmäßig zwar zu einer gemeinsamen, aber nur anteiligen Haftung[1290]. Nur wenn ausdrücklich etwas anderes vereinbart ist, kann eine gesamtschuldnerische Haftung angenommen werden[1291]. Ob die Gerichte in richtlinienkonformer Auslegung im Hinblick auf die Regelung in Art. 7 Publizitätsrichtlinie, die eine Gesamtschuldnerschaft vorschreibt, eine solche annehmen, ist zu bezweifeln. Eine gesamtschuldnerische Haftung kommt nach englischem Recht daher nur in Betracht, wenn die *promoter* sich dazu entsprechend verpflichten.

Über die weitere Ausgestaltung der Haftung trifft das Gesetz keine explizite Aussage. Allerdings ergibt sich aus der Formulierung von s. 36C (1) CA 1985, dass der Handelnde als eigentlicher Vertragspartner angesehen wird. Denn der für oder im Namen der Gesellschaft geschlossene Vertrag entfaltet grundsätzlich Wirkung als Vertrag mit der handelnden Person. Damit muss seine Haftung als Erfüllungshaftung ausgestaltet sein. Die Haftung nach s. 36C (1) CA 1985 basiert ebenso wenig wie die nach *common* law auf einer Haftung wegen Handelns ohne Vertretungsmacht (*breach of warranty of authority*), sondern auf einer persönlichen Haftung aus dem geschlossenen Gründungsgeschäft, auch wenn die Gründungsgeschäfte von einer Person als Vertreter der Gesellschaft geschlossen wurde[1292]. Daher ist der *promoter* nicht nur schadensersatzpflichtig, sondern schuldet dem Dritten Erfüllung[1293]. Diese Auslegung entspricht auch dem *common law*, welches die Haftung für Gründungsgeschäfte in *Kelner v Baxter* entwickelte, weil der Handelnde sich selbst verpflichten wollte und

[1290] Burrows in Beale (Hg.), Chitty on Contracts, Rn 18-001 f.; Treitel, Law of Contract, S. 527; anders das deutsche Recht nach § 427 BGB.

[1291] The Argo Hellas [1984] 1 Lloyd's Rep. 296, 300; White v Tyndall (1888) 13 App. Cas. 263; Burrows in Beale (Hg.), Chitty on Contracts, Rn 18-003, 18-005.

[1292] Boyle/Sykes/Sealy, Gore-Brown on Companies, Suppl. 25, S. 8.010; Pennington, Pennington's Company Law, S. 109. Dies schließt eine daneben eingreifende Haftung wegen Handelns ohne Vertretungsmacht (*warranty of authority*) nicht aus, doch bleibt für diese aufgrund der umfassenden Haftungsregelung in s. 36C (1) CA 1985 kaum noch Anwendungsraum.

[1293] Pennington, Pennington's Company Law, S. 109.

der Vertrag ansonsten nichtig wäre[1294]. Der *promoter* wurde damit als Vertragspartei angesehen und schuldete Erfüllung. Wurde im *common law* das Gründungsgeschäft allerdings im Sinn von *Newborne v Sensolid* abgeschlossen, war der Vertrag nichtig und der *promoter* haftete nicht. Mit s. 36C (1) CA 1985 wurden beide Fälle gleichgestellt, so dass der *promoter* bei Eingreifen dieser Regelung grundsätzlich Erfüllung schuldet. Allerdings gewähren die englischen Gerichte eine Verurteilung zur Erfüllung (*specific performance*) nur in Ausnahmefällen, so dass in der Regel nur ein Anspruch auf Schadensersatz wegen Nichterfüllung in Betracht kommt[1295].

5. Vermeidung der Haftung

Das englische Recht sieht im Gegensatz zum deutschen und französischen keine Möglichkeit für das Erlöschen der Haftung des *promoter* nach s. 36C (1) CA 1985 vor. Die einmal entstandene Haftung des *promoter* erlischt insbesondere nicht - wie im deutschen Recht - mit Eintragung bzw. Inkorporation der Gesellschaft, sondern besteht über die Inkorporation hinaus fort[1296]. Der *promoter* haftet nach englischem Verständnis dafür, dass die Gesellschaft, für die er vorgibt zu handeln, noch nicht entstanden und auch nach der Inkorporation noch ungeklärt ist, ob ein erneuter Vertragsschluss mit der Gesellschaft im Sinne der *novation* erfolgt[1297]. Weder *common law* noch s. 36C (1) CA 1985 bieten die Möglichkeit einer haftungsbefreienden Übernahme der Rechte und Pflichten aus den Gründungsgeschäften durch die inkorporierte Gesellschaft und damit der Ersetzung des *promoter* als Haftender im Sinne eines Schuldnerwechsels.

a. Ausdrücklicher Haftungsausschluss

S. 36C (1) CA 1985 eröffnet explizit die Möglichkeit, die persönliche Haftung des *promoter* auszuschließen oder zumindest zu beschränken, indem sie die Haftung unter den Vorbehalt einer gegenteiligen Vereinbarung (*any agreement to the contrary*) stellt. Diese Möglichkeit der Haftungsbefreiung ist mit der befreienden Schuldübernahme mit Genehmigung des Gläubigers vergleichbar, wie sie im kontinentaleuropäischen Recht bekannt ist. Die praktische Auswirkung einer solchen Vereinbarung besteht darin, dass der Dritte daran gehindert wird, Erfüllung des Vertrages oder Schadensersatz wegen Nichterfüllung vom *promoter* zu verlangen, so dass weder die inkorporierte Gesellschaft mangels Übergang der aus den Gründungsgeschäften resultierenden Rechte und Pflichten auf sie noch der *promoter* aus dem Gründungsgeschäft haftet[1298].

Der Gesetzeswortlaut ist insofern nicht eindeutig, als dass zweifelhaft bleibt, ob für einen Haftungsausschluss bzw. eine Haftungsbeschränkung eine explizite Vereinbarung getroffen werden muss oder ob eine implizite ausreicht. So wurde in der

[1294] Vgl. Erle CJ. und Byles J. in Kelner v Baxter and others, (1866) L.R. 2 C.P. 174, 183 bzw. 185.
[1295] Triebel/Hodgson/Kellenter/Müller, Englisches Handels- und Wirtschaftsrecht, Rn 189 ff.; Griffin, Company Law, S. 37.
[1296] Gross, [1971] 87 L.Q.R. 367, 393.
[1297] Klein, Rückgriffsanspruch, S. 73; Heinemann, Pre-incorporation transactions, S. 91, 95 f.
[1298] Griffin, Company Law, S. 37.

Literatur vertreten, dass das Auftreten des *promoter* als Vertreter (*agent*) ausreicht, um implizit einen Haftungsausschluss aus dem Verhalten bzw. den Umständen abzuleisten[1299]. Diese Ansicht ist vor dem Hintergrund, dass zur Begründung oder Ablehnung der Haftung der *promoter* nach dem *common law* bisher vornehmlich auf den Parteiwillen abgestellt wurde[1300], verständlich. Eine implizite Vereinbarung über den Haftungssausschluss könnte daher aus der Unterschrift des *promoter* abgeleitet werden. Doch ist seit der Entscheidung des *Court of Appeal* in *Phonogram v Lane*[1301] geklärt, dass s. 36C (1) CA 1985 zum Ausschluss der Haftung eine explizite Vereinbarung voraussetzt[1302]. Die entsprechende Ausführung Lord Dennings erfolgte zwar nur obiter dictum, doch wurde diese Ansicht, der sich auch die mitentscheidenden Richter Shaw und Oliver L.JJ. anschlossen, von der Literatur angenommen[1303]. Das Erfordernis eines ausdrücklichen Haftungsausschlusses wird auch dem von s. 36C (1) CA 1985 bezweckten Schutz des Dritten am ehesten gerecht[1304]. Damit kann nicht mehr wie im *common law* allein der implizite oder explizite Parteiwillen dazu führen, den *promoter* von seiner persönlichen Haftung auszunehmen[1305], da dieses dem expliziten Wortlaut der gesetzlichen Bestimmung widerspräche.

Grundsätzlich setzt die ausdrückliche Abbedingung der Haftung nicht die Schriftlichkeit der Vereinbarung voraus. Doch ergibt sich im englischen Recht bei schriftlichen Verträgen aufgrund der *parol evidence rule* ein faktischer Zwang auch zur Schriftlichkeit des Haftungssausschlusses[1306]. Nach dieser Beweisregel dürfen bei der Auslegung schriftlicher Erklärungen die außerhalb der Urkunde liegenden Umstände, wie mündliche Nebenabreden nicht ermittelt und verwertet werden, soweit schriftliche Beweisstücke vorliegen[1307]. Eine Ausnahme besteht bei Nebenabmachungen (*collateral agreements*), für die bewiesen werden muss, dass beide Parteien die Nebenabrede rechtlich bindend ausgestalten wollten und dass diese von einer

---

1299 McMullen, [1982] 41 C.L.J. 47, 49; Furmston, Cheshire, Fifoot & Furmston's Law of Contract, 9. Aufl., S. 462; Sullivan, Con. & Prop. Law. 1983, 119, 124.

1300 s.o. Abschnitt „Vereinbarkeit von Kelner v Baxter und Newborne v Sensolid" auf S. 216 ff.

1301 Phonogram Ltd v Lane, [1981] 3 All ER 182, 187, 188 (C.A.)

1302 Vgl. Boyle/Sykes/Sealy, Gore-Brown on Companies, Suppl. 32, S. 8.010; Green, (1984) 47 M.L.R. 671, 678; Bowen, Fox & Bowen on the law of private companies, S. 41; Prime/Scanlan, Private Limited Companies, S. 38.

1303 Morse (Hg.), Charlesworth & Morse on Company Law, S. 75; Birds/u.a., Boyle & Birds Company Law, S. 58; Boyle/Sykes/Sealy, Gore-Brown on Companies, Suppl. 32, S. 8.009 f.; Davies/Prentice, Gower's Principles of Modern Company Law, S. 42; Griffin, Company Law, S. 37; Farrar/Hannigan, Farrar's Company Law, S. 57; Prentice, [1973] 89 L.Q.R. 518, 533; Sullivan, Con. & Prop. Law. 1983, 119, 124 f.; Furmston, Cheshire, Fifoot & Furmston's Law of Contract, S. 489 f.; Green, (1984) 47 M.L.R. 671, 681; Heinemann, Pre-incorporation transactions, S. 33; Mayson/French/Ryan, Company Law, S. 642; Bowen, Fox & Bowen on the law of private companies, S. 41.

1304 McMullen, [1982] 41 C.L.J. 47, 50.

1305 so aber Gross, [1971] 87 L.Q.R. 367, 390.

1306 Boyle/Sykes/Sealy, Gore-Brown on Companies, Suppl. 32, S. 8.010; Green, (1984) 47 M.L.R. 671, 677; Green, (1984) 47 M.L.R. 671, 678; Treitel, Law of Contract, S. 175.

1307 Vgl. Green, (1984) 47 M.L.R. 671, 678; Treitel, Law of Contract, S. 175; s.a. Erle CJ. in Kelner v Baxter and others, (1866) L.R. 2 C.P. 174, 181 f.: „It is a cardinal rule that no real evidence shall be admitted to show an intention different from which appears on the face of the writing. [...] the oral evidence offered is not admissible to contradict the written contract".

separaten Gegenleistung (*consideration*) getragen wird[1308]. Die Gegenleistung kann dabei sowohl entgeltlicher Art sein als auch in dem Versprechen des *promoter* liegen, die Gesellschaft zu gründen und sicherzustellen, dass diese den Vertrag (z.B. durch *novation*) übernimmt[1309].

Ein weiteres Problem des Ausschlusses der Haftung ergibt sich daraus, dass bis zur Inkorporation der Gesellschaft und des Abschlusses eines neuen Vertrages durch die inkorporierte Gesellschaft keine Gegenleistung (*consideration*) vorliegt[1310], das Vorhandensein einer unabhängigen und gegenwärtigen Gegenleistung aber Wirksamkeitsvoraussetzung eines bindenden formlosen Vertrages ist. Daher ist ein unter Ausschluss der Haftung abgeschlossener Vertrag grundsätzlich nicht wirksam, sondern stellt nur ein Angebot des Dritten auf Abschluss eines Vertrages dar. Dieses Angebot ist bis zur Annahme durch die inkorporierte Gesellschaft frei widerruflich, weil es allenfalls als ein unverbindliches *gentleman's agreement* angesehen werden kann[1311]. Ausnahmeweise sind Verträge auch ohne Vorliegen einer gegenwärtigen Gegenleistung[1312] bindend und wirksam, nämlich wenn sie als förmliche Verträge, also *under seal,* geschlossenen werden[1313]. Der Hauptzweck der Gründungsgeschäfte, den Aufbau eines Unternehmens vor vollständiger Entstehung der juristischen Person abzusichern, scheitert im englischen Recht daher in der Regel an einem die dritte Partei bindenden Vertrag. Es ist daher ratsam, nicht nur die Abbedingung der Haftung explizit zu vereinbaren, sondern auch die besondere Schriftlichkeit einzuhalten.

b. Genehmigung und Übernahme durch die Gesellschaft

Eine Entlassung des *promoter* aus seiner Haftung durch Genehmigung des Gründungsgeschäftes seitens der inkorporierten Gesellschaft ist nicht möglich, weil weder das *common law* noch s. 36C (1) CA 1985 eine Genehmigung der Gründungsgeschäfte zulassen. Im *common law* wurde diese Möglichkeit explizit im Präzedenzfall *Kelner v Baxter* für unzulässig erklärt, da Voraussetzung der Genehmigung ist, dass der Genehmigende im Zeitpunkt des Vertragsschlusses existiert hat und bestimmbar war, dieses bei der zu gründenden Gesellschaft aber nicht vorliegt[1314]. Auch verstößt eine Genehmigung durch die Gesellschaft als außenstehende dritte Person gegen das

---

[1308] Green, (1984) 47 M.L.R. 671, 679; Treitel, Law of Contract, S. 183 mit weiteren Ausnahmen auf S. 176 ff.

[1309] Green, (1984) 47 M.L.R. 671, 679. Dieses wird aber selten vorliegen und ist schwer zu beweisen.

[1310] Klein, Rückgriffsanspruch, S. 77; Prime/Scanlan, Private Limited Companies, S. 38.

[1311] Butt, Probleme der Vorgesellschaft, S. 90; Klein, Rückgriffsanspruch, S. 77.

[1312] Eine in der Vergangenheit liegende Gegenleistung (*past consideration*) ist für die Wirksamkeit des nunmehrigen Vertrages nicht ausreichend.

[1313] Ein *contract under seal* ist ein beurkundeter Vertrag, der in zweifacher Hinsicht privilegiert ist: Er ist ohne Gegenleistung (*consideration*) gültig und Ansprüche aus ihm verjähren erst in 12 Jahren (normale Verjährungsfrist: 6 Jahre); vgl. Dietl/Lorenz, Wörterbuch, S. 166; s.a. Triebel/Hodgson/Kellenter/Müller, Englisches Handels- und Wirtschaftsrecht, Rn 82 ff; Prime/Scanlan, Private Limited Companies, S. 38.

[1314] Vgl. dazu die Abschnitte „Präzedenzfall Kelner v Baxter" auf S. 246 ff. und „Prinzipien der Genehmigung und des Stellvertretungsrechts" auf S. 248 ff.

allgemeine Vertragsrecht und das Prinzip des *privity of contract*[1315]. Die gesetzliche Bestimmung lässt zudem weder eine Genehmigung noch eine Übernahme der aus den Gründungsgeschäften resultierenden Rechte und Pflichten zu. Die Gesellschaft kann sich nicht einseitig zum Vertragspartner erklären und den *promoter* ohne Mitwirkung des Dritten aus der Haftung entlassen.

c. Novation

Der Neuabschluss des Gründungsgeschäftes mit demselben Inhalt und zu denselben Konditionen durch die Gesellschaft nach ihrer Entstehung (*novation*) ermöglicht zwar die Erlangung der Rechte und Pflichten aus dem ursprünglichen Rechtsgeschäft, doch beinhaltet er keine automatische Haftungsbefreiung für den *promoter*[1316]. Vielmehr bedarf es für die Befreiung des *promoter* aus der Handelndenhaftung einer entsprechenden Zustimmung des Dritten im Rahmen der *novation*[1317]. Denn der neue Vertragsschluss mit der Gesellschaft und die Frage der Schuldbefreiung sind voneinander unabhängig und berühren den Dritten in unterschiedlicher Weise. Aus der allgemeinen Grundposition der Rechtsprechung seit *Kelner v Baxter* folgt, dass im Bereich der Gründungsgeschäfte alles die Sphäre des Dritten Berührendes von diesem genehmigt werden muss[1318]. Diese Möglichkeit der Haftungsbefreiung entspricht in etwa der befreienden Schuldübernahme mit Genehmigung des Gläubigers im kontinentaleuropäischen Recht, bei der die Substitution eines Schuldners auch der ausdrücklichen Zustimmung der anderen Partei bedarf. Die *novation* ist somit das einzige Mittel der Bindung der gegründeten Gesellschaft durch ein Gründungsgeschäft ohne Risiko der Haftung, Aufbringung einer eigenen Gegenleistung (*consideration*) und eigener Bindung des *promoter*.

In der Praxis wird daher häufig zwischen *promoter* und dritter Partei vereinbart, dass der *promoter* unter der Voraussetzung der Übernahme des Vertrages durch die zu inkorporierende Gesellschaft von jeder Haftung befreit sein soll. Der *promoter* kontrolliert in der Regel zu diesem Zeitpunkt die Gesellschaft und wird als erster *director* oder erster kontrollierender Anteilsinhaber sicherstellen können, dass die Gesellschaft dem Dritten eine *novation* des Vertrages anbietet[1319]. Der Dritte erteilt in diesem Fall seine explizite und vorweggenommene Zustimmung zu einer *novation*. Vorteil dieser Lösung ist, dass der Dritten schon vor der Inkorporation der Gesellschaft gebunden ist, und die Entstehung eines wirksamen Vertrages zwischen Gesellschaft und Drittem nur von der Entscheidung der inkorporierten Gesellschaft abhängt. Für den Fall, dass die Gesellschaft den Vertrag nicht bis zu einem bestimmten Zeitpunkt übernimmt bzw. neu abschließt, kann dem *promoter* ein Rücktrittsrecht vom

---

[1315] Prime/Scanlan, Private Limited Companies, S. 38; vgl. auch den Abschnitt „Prinzipien des Vertragsrechts" auf S. 2551f.

[1316] Grier, UK Company Law, S. 140 f.; vgl. auch den Abschnitt „Novation" auf S. 255 ff.

[1317] Scott v Ebury (1867) L.R. 2 C.P. 255; Prentice, [1973] 89 L.Q.R., 518, 531, 533; Fischer-Zernin, Rechtsangleichungserfolg, S. 134; Reith, Phänomen Vorgesellschaft, S. 122 f.; vgl. Willes J. in Kelner v Baxter and others, (1866) L.R. 2 C.P. 174, 186 (Q.C.).

[1318] Reith, Phänomen Vorgesellschaft, S. 122 f.

[1319] Pennington, Pennington's Company Law, S.110.

Vertrag eingeräumt werden[1320].

d. Off the shelf company

Um die für alle Beteiligten unbefriedigende Rechtslage bei der rechtlichen Neugründung einer *private company* zu vermeiden, können die *promoter* eine *off the shelf company*[1321] käuflich erwerben, die der deutschen Vorratsgesellschaft entspricht. Die Verwendung vorgegründeter Kapitalgesellschaften hat in England Tradition. Im Unterschied zur rechtlichen Neugründung einer Gesellschaft entsteht keine neue juristische Person. Die *promoter* nutzen die leere Hülse der juristischen Person als Rechtsträger, wobei die Verwendung der *off the shelf companies* im Gegensatz zum deutschen und französischen Recht durch die Flexibilität des englischen Gesellschaftsrechts erleichtert wird. Denn dieses sieht die Gesellschaft im wesentlichen als Vertrag zwischen den beteiligten *promoter* an, der nicht intuitus personae unterzeichnet sein muss[1322]. Zudem ist das nach französischem Recht erforderliche Vorliegen der *affectio societatis* nicht Voraussetzung der Gesellschaft, so dass eine Person eine Vielzahl von Gesellschaften errichten und veräußern kann[1323].

Anders als im deutschen GmbH-Recht[1324] steht die Zulässigkeit der *off the shelf companies* außer Frage. Weder Kapitaleinlagepflicht noch Haftungstatbestände für die Gründungsgesellschafter oder materielle Registerprüfung können durch die wirtschaftliche Neugründung umgangen werden. Daher ist die Stimmigkeit der wirtschaftlichen mit der rechtlichen Neugründung in England gegeben[1325]. Die *off the shelf company* ist bereits mit erstem *director*, *secretary*, Firmensitz, Stammkapital und Satzung (*memorandum* und *articles of association*) ins Handelsregister eingetragen, weist aber zumeist nur ein minimales einbezahltes Grundkapital auf (in der Regel zwei Anteile zu je £ 1)[1326]. Nach ihrem Erwerb können alle eingetragenen Einzelheiten

---

1320 Neuling, Deutsche GmbH, S. 58.

1321 Diese Gesellschaftsform hat ihren Namen von der tatsächlichen Ausgestaltung des Ablaufes der Gründung der Gesellschaft. Sie wird für potentielle Klienten von „Gesellschaftsgründern" (*company formation agents*) oder Rechtsanwälten (*solicitors*) vorgegründet, und die Dokumente werden in der Schublade auf Abruf gehalten. Dabei haben die vorgegründeten Gesellschaften oft nur ein einbezahltes Kapital (*paid-up capital*) von £ 2.

1322 intuitus personae = in Ansehung der Person; vgl. zum französischen und deutschen Recht die Abschnitte „Gründung einer société à responsabilité limitée (SARL)" auf S. 127 ff. und „Gründung und Rechtsnatur der GmbH" auf S. 29 ff.

1323 Habersack, Europäisches Gesellschaftsrecht, S. 76; vgl. zur *affectio societatis* den Abschnitt „Gründung und Rechtsnatur der SARL" auf S. 127 ff., Fn 591.

1324 S. den Abschnitt „Zulässigkeit der Verwendung von Mantel- und Vorratsgesellschaften" auf S. 61 ff.

1325 Die Gefahr der wirtschaftlichen Neugründungen besteht in einem möglichen Missbrauch der Gesellschaftsform der *private company*, weil das englische Gesellschaftsrecht keine Mindestkapitalausstattung vorsieht. Die Gründungen einer *private company* ist finanziell gesehen sehr günstig, so dass eine Haftungsbeschränkung unter Gefahr der Schädigung der Gläubiger auf einfache Weise erlangt werden kann. Die Einführung eines Mindestkapitals könnte dem entgegenwirken. Dies wird vom englischen Recht aber nicht vertreten.

1326 Griffin, Company Law, S. 47; Shearman, in Centrale für GmbH (Hg.), GmbH-Rechte in den EG-Staaten, S. 49, 55 f.

einschließlich des Gesellschaftsnamens und des Gesellschaftszwecks den individuellen Bedürfnissen des Käufers angepasst werden[1327]. Vollzogen ist die wirtschaftliche Neugründung, wenn der Erwerber die Geschäftsanteile übernommen und die Gründungsurkunde (*certificate of incorporation*) sowie Exemplare von *memorandum* und *articles of association* erhalten hat.

Die wirtschaftliche Neugründung bedeutet das Vorliegen klarer Verhältnissen für alle an Gründungsgeschäften Beteiligten: Die Gesellschaft existiert bei Abschluss der „Gründungsgeschäfte" durch die „*promoter*" als Vertreter der Gesellschaft und wird Vertragspartner des Dritten. Gleichzeitig trifft den „*promoter*" nicht das beim Abschluss von Rechtsgeschäften im Gründungsstadium bestehende Haftungsrisiko[1328]. S. 36C (1) CA 1985 findet auf die wirtschaftliche Neugründung keine Anwendung, da die Gesellschaft sich nicht mehr in Gründung befindet, sondern rechtlich und wirtschaftlich schon existiert[1329]. Da dem Dritten schon ein existenter, wirksam durch die für ihn Handelnden vertretener Vertrags- und Haftungspartner zur Seite steht, bedarf er auch nicht mehr des von s. 36C (1) CA 1985 bezweckten Schutzes. Werden schon vor Erwerb der *off the shelf company* Rechtsgeschäfte für diese abgeschlossen, so kann die Gesellschaft diese später genehmigen, weil sie im Zeitpunkt des Abschlusses schon existierte und damit wirksam vertreten werden konnte. Dass die Gesellschaft bei Abschluss des Rechtsgeschäfts gegebenenfalls einen anderen Namen trägt als den, den die *promoter* ihr später geben, verhindert die spätere Genehmigung des Rechtsgeschäfts nicht. Allerdings muss der neue Namen der Gesellschaft im Rechtsgeschäft mit dem Dritten angegeben werden[1330].

Die Rechtspraxis der Verwendung bereits gegründeter Gesellschaften ersetzt damit das deutsche Konzept der Vorgesellschaft. Die *promoter* nutzen zum Aufbau neuer Gesellschaften in großem Umfang vorgegründete Gesellschaften und weichen so den Problemen der rechtlichen Neugründung aus[1331]. Damit ist ebenso wie bei der deutschen Vorgesellschaft die im Gründungsstadium gebotene Vertrags- und Haftungskontinuität gewährleistet. Insofern ist es nicht erstaunlich, dass die englische Rechtsprechung und Literatur das Thema der Vorgesellschaft nicht weiter erörtert. Im englischen Recht wird dergestalt mit den Worten der amerikanischen Law and Economics-Lehre Effizienz durch die Minimierung von Transaktionskosten erreicht[1332].

1327 Shearman, in Centrale für GmbH (Hg.), GmbH-Rechte in den EG-Staaten, S. 49, 56; vgl. auch Goulding, in De Kluiver/Van Gerven (Hg.), The European Private Company?, S. 55, 58; Bowen, Fox & Bowen on the law of private companies, S. 42 f.

1328 Nourse L.J. in Oshkosh B'Gosh Inc. v Dan Marbel Inc. Ltd [1989] BCLC 507, 509 ff.

1329 Oshkosh B'Gosh Inc. v Dan Marbel Inc. Ltd [1989] BCLC 507.

1330 Vgl. Oshkosh B'Gosh Inc v Dan Marbel Inc Ltd and another, [1989] BCLC 507; Prime/Scanlan, Private Limited Companies, S. 39.

1331 Zur Haftungsvermeidung werden in England mehr als zwei Drittel aller Kapitalgesellschaften über die Verwendung einer *off the shelf company* gegründet. Weitere Gründe für den Kauf einer *off the shelf company* spielen außer der Einfachheit des Erwerbs angesichts der kurzen Gründungsphase nur eine untergeordnete Rolle. Zudem ist die wirtschaftliche Neugründung nicht günstiger, da die Käufer in der Regel sowohl die Gründungskosten übernehmen als auch einen Kaufpreis zahlen.

1332 Habersack, Europäisches Gesellschaftsrecht, S. 77.

e. Weitere Möglichkeiten

Der *promoter* kann mit der dritten Partei vereinbaren, dass die Gesellschaft ein Optionsrecht erhält und der *promoter* den Optionsvertrag nach der Inkorporation an die Gesellschaft abtritt[1333]. Nachteilig ist, dass der *promoter* für diese Möglichkeit einen in der Regel hohen Optionspreis erbringen muss, zumal der Optionsvertrag ohne Optionspreis, also ohne Gegenleistung (*consideration*), unwirksam wäre.

Eine andere Alternative ist ein zwischen *promoter* und Drittem geschlossener Vertrag, der einem Vertragsentwurf entspricht, welcher von der Gesellschaft nach ihrer Inkorporation ausgeführt werden soll. Der Vertrag zwischen Drittem und *promoter* sieht vor, dass die Haftung des *promoter* endet, sobald die Gesellschaft inkorporiert ist und den Vertrag vollzieht[1334]. Dieses kann den Interessen der Beteiligten entsprechen, da der Dritte im Gegensatz zum bloßen Vertragsentwurf sowohl rechtlich schon gebunden ist als auch durchgehend einen Haftungspartner hat. Der *promoter* kann sich der Haftung durch Betreibung der Inkorporation der Gesellschaft und der Vollziehung des Vertrages durch diese entziehen.

Da folglich keine Möglichkeit der schuldbefreienden Übernahme der aus den Gründungsgeschäften resultierenden Rechte und Pflichten für die entstandene Gesellschaft besteht, ist die Haftung der *promoter* in England weiterhin erforderlich. Die Haftung erlischt nur bei Abschluss eines neuen Vertrages gleichen Inhalts zwischen entstandener Gesellschaft und Drittem zusammen mit der Zustimmung des Dritten zur Entlassung des *promoter* aus seiner Haftung nach s. 36C (1) CA 1985. Daneben endet die Haftung, wenn das Rechtsgeschäft ausgeführt wurde oder eine Partei ein ihr gewährtes Rücktrittsrecht ausgeübt und damit vom Vertrag zurückgetreten ist[1335].

6. Zusammenfassung: Haftung der promoter

Für die Haftung der *promoter* aus Gründungsgeschäften ist sowohl die gesetzliche Regelung des s. 36C (1) CA 1985 als auch das *common law* einschlägig. Beide gelten grundsätzlich nebeneinander, doch hat die gesetzliche Norm im Falle eines Konflikts Vorrang, so dass sie das *common* law in Teilbereichen geändert hat. Unter den Begriff der Handelnden fallen sowohl nach s. 36C (1) CA 1985 als auch nach *common law* jedenfalls alle unmittelbar und mittelbar handelnden natürlichen Personen, so dass von der Haftung sowohl Gründer, Geschäftsführer als auch außenstehende Dritte erfasst werden können. Inwieweit auch juristische Personen in den Handelndenbegriff einbezogen werden, ist im englischen Recht noch ungeklärt.

Für das Eingreifen der Handelndenhaftung ist erforderlich, dass für eine sich in Gründung befindendliche Gesellschaft gehandelt wird, wobei das objektive Vorliegen einer Gründungsgesellschaft nicht verlangt wird; die Gründung einer Gesellschaft

---

[1333] Pennington, Pennington's Company Law, S.111; Gross, [1971] 87 L.Q.R. 367, 391; Green, (1984) 47 M.L.R. 671, 678; Triebel/Hodgson/Kellenter/Müller, Englisches Handels- und Wirtschaftsrecht, Rn 59; Klein, Rückgriffsanspruch, S. 77; Pues, Haftungsverhältnisse, S. 30.

[1334] Boyle/Sykes/Sealy, Gore-Brown on Companies, Suppl. 25, S. 8008; vgl. auch Pennington, Pennington's Company Law, S. 110; Green, (1984) 47 M.L.R. 671, 678, FN 36.

[1335] Lord Hailsham of St. Marylebone, Halsbury's Laws of England, Bd. 7 (1), para 54.

muss aber zumindest beabsichtigt sein. Seit Erlass von s. 36C (1) CA 1985 ist das nach *common law* noch entscheidende Auftreten des *promoter* als Vertreter im Namen der zukünftigen Gesellschaft (*Kelner v Baxter*) oder als Organ der vermeintlich bereits existenten Gesellschaft (*Newborne v Sensolid*) unerheblich. Ebenso wenig kommt es auf die Kenntnis der Parteien von der Existenz bzw. Nichtexistenz der Gesellschaft oder auf den Parteiwillen an. Der *intention test* des *common law*, der auf die Maßgeblichkeit des Parteiwillens abstellte, ist nicht mehr anwendbar. Inhaltlich ist die Haftung der *promoter* als unbeschränkte Erfüllungshaftung ausgestaltet, wobei die Gerichte in der Regel aber nur einen Anspruch auf Schadensersatz wegen Nichterfüllung gewähren. Eine gesamtschuldnerische Haftung ist nicht angeordnet. Nach der Rechtsprechung greift s. 36C (1) CA 1985 nicht ein, wenn im Namen einer zwar eingetragenen, aber ungenau oder falsch bezeichneten Gesellschaft gehandelt wurde. Daneben werden die Fälle nicht erfasst, in denen eine Gesellschaft lediglich ihren Namen gewechselt hat. Dem *promoter* wird als Äquivalent zu seiner Haftung aber kein Erfüllungsanspruch gegenüber dem Dritten zugestanden.

Ein automatisches Erlöschen der Haftung des *promoter* mit Inkorporation der Gesellschaft sieht das englische Recht nicht vor. Ebenso wenig kann die Haftung mit Übernahme oder Genehmigung der Gründungsgeschäfte durch die Gesellschaft erlöschen, da weder eine Übernahme noch Genehmigung der Gründungsgeschäfte möglich ist. Vielmehr kann die Haftung des *promoter* nur durch ausdrückliche Vereinbarung mit dem Dritten abgedungen werden, wobei bei einem schriftlichen Gründungsgeschäft eine ausdrückliche Vereinbarung *under seal* zu empfehlen ist. Daneben kann die Haftung durch wirtschaftliche Neugründung der Gesellschaft vermieden werden.

Die Haftung des *promoter* wird in der englischen Literatur und Rechtsprechung in der Regel nicht als unbillig empfunden, da der *promoter* dafür hafte, dass die Gesellschaft, für die er vorgibt zu handeln, noch nicht entstanden ist und selbst nach der Inkorporation ungeklärt ist, ob die Gesellschaft einen neuen Vertrag zu den gleichen Bedingungen abschließt und damit neuer Vertragspartner des Dritten wird. Dieses Risiko hat der *promoter* zu tragen, da er die Aufnahme des vorzeitigen Geschäftsbetriebes, die Veranlassung der Inkorporation der Gesellschaft und die erneute Vertragsschließung als Gründungsgesellschafter in der Hand hat; zumindest gibt er vor, über den entsprechenden Einfluss zu verfügen[1336]. Der Schutz der Gesellschaft wird daher im englischen Recht höher als der des *promoter* gestellt.

II. Haftung der Gesellschafter

1. Haftung als Gesellschafter

Eine Haftung der Gesellschafter in ihrer Eigenschaft als solche kommt weder vor noch nach Entstehung der Gesellschaft in Betracht. Für Gründungsgeschäfte können die Gesellschafter nach s. 36C (1) CA 1985 nur haften, wenn sie an ihrem Abschluss unmittelbar oder mittelbar beteiligt waren. Daneben sind die Gesellschafter

[1336] Klein, Rückgriffsanspruch, S. 73; Heinemann, Pre-incorporation transactions, S. 95 f.

verpflichtet, zum Betriebsvermögen der Gesellschaft beizutragen, wobei diese Haftung auf die Höhe der noch nicht geleisteten Einlage beschränkt ist[1337]. Eine allgemeine Gründerhaftung wie das deutsche Recht kennt das englische Recht aber nicht.

Hintergrund der grundsätzlichen Nichthaftung der Gesellschafter ist das schon im 19. Jahrhundert in dem Präzedenzfall *Salomon v Salomon*[1338] niedergelegte Prinzip der unabhängigen körperschaftlichen Existenz einer inkorporierten Gesellschaft[1339]. Die Gesellschafter haften aufgrund der Trennung von Körperschaft und Gesellschaftern nicht für die Schulden der Gesellschaft. Dieses Prinzip wurde vom House of Lords in *J. H. Rayner (Mincing Lane) Ltd. v Department of Trade and Industry*[1340] bestätigt. Daher kennt das englische Recht auch keine Solidarhaftung ähnlich dem deutschen Recht nach § 24 GmbHG. Da nach englischem Recht keine Pflicht zur Mindesteinlage für den einzelnen Gesellschafter besteht und nur verlangt wird, dass jeder Gründer mindestens einen Anteil übernimmt[1341], haftet grundsätzlich jeder Gesellschafter auch nur für den von ihm gezeichneten Kapitalanteil. Desgleichen sieht das englische Recht keine Vorbelastungshaftung der Gründergesellschafter vor. Vielmehr basiert das Haftungssystem nur auf einer Haftung der Handelnden im Gründungsstadium der Gesellschaft nach s. 36C (1) CA 1985.

2. Haftung als Gründer

Eine Haftung der Gesellschafter kann aus ihrer etwaigen Eigenschaft als Gründer der Gesellschaft abgeleitet werden. In dieser Eigenschaft stehen sie in einem besonderen Vertrauensverhältnis zur werdenden Gesellschaft, das sie zur Offenlegung von im Zusammenhang mit der Gründung erzielten Gewinnen verpflichtet. Bei Missachtung dieser Pflicht kann die Gesellschaft die geschlossenen Verträge anfechten und die gegebenenfalls geleistete Gegenleistung zurückverlangen[1342]. Zudem kann sie vom *promoter* einen nicht offengelegten Gewinn herausverlangen und Schadensersatz wegen Verletzung einer besonderen Vertrauenspflicht verlangen[1343].

[1337] s. 1(2) CA 1985.

[1338] Salomon v Salomon & Co. Ltd. [1897] A.C. 22, 31 (H.L.); s. a. British Thomson Houston Co. v Sterling Accessoires Ltd. [1924] 2 Ch. 33, 38; Daimler Co. Ltd. v Continental Tyre & Rubber Co. Ltd. [1916] 2 AC 307; Dom Royalty v Goffat [1935] 1 D.L.R 788, bestätigt in [1935] 4 D.L.R. 736 (C.A.); vgl. Morse (Hg.), Charlesworth & Morse on Company Law, S. 17; Gross, [1971] 87 L.Q.R. 367.

[1339] Morse (Hg.), Charlesworth & Morse on Company Law, S. 17 f.

[1340] J. H. Rayner (Mincing Lane) Ltd. v Department of Trade and Industry [1900] 2 A.C. 418 (H.L.); vgl. Morse (Hg.), Charlesworth & Morse on Company Law, S. 19.

[1341] Pennington, in Jura Europae, Gesellschaftsrecht, 90.10., no 11, 18 ff.; Hohloch, in Hohloch (Hg.), EU-Handbuch Gesellschaftsrecht, Rn 135 f.; Shearman, GmbHR 1992, 149, 151.

[1342] Erlanger v The New Sombrero Phosphate Co. (1878) 3 App.Cas. 1218; Triebel/Hodgson/Kellenter/Müller, Englisches Handels- und Wirtschaftsrecht, Rn 600; Prime/Scanlan, Private Limited Companies, S. 34; Farrar/Hannigan, Farrar's Company Law, S. 53.

[1343] Vgl. Re Leeds and Hanley Theatres of Varieties Ltd. [1902] 2 Ch. 809 (C.A.); Lagunas Nitrate Co. v Lagunas Syndicate [1899] 2 Ch. 392; Salomon v Salomon & Co. Ltd. [1897] A.C. 22 (H.L.); Re Leeds and Hanley Theatres of Varieties Ltd. [1902] 2 Ch. 809 (C.A.); Lydney and Wigpool Iron Ore Co v Bird (1886) 33 ChD 85, 93 (C.A.); vgl. auch Dine, Company Law, S. 80 f.; Triebel/Hodgson/Kellenter/Müller, Englisches Handels- und Wirtschaftsrecht, Rn 600; Prime/Scanlan, Private Limited Companies, S. 35; Farrar/Hannigan, Farrar's Company Law, S. 52 ff.

Aus der Tatsache, dass der Zusammenschluss mehrerer Personen zur Gründung einer Gesellschaft grundsätzlich weder als Gesellschaft noch als *partnership* anzusehen ist[1344], folgt zudem, dass die Gründer für Handlungen und Unterlassungen anderer Gründer nicht verantwortlich sind[1345]. Sie stehen während der Phase der Gründung einer Kapitalgesellschaft grundsätzlich alleine da, denn sie bilden vor der Inkorporation der Gesellschaft gerade keinen Rechtsträger, für dessen Verbindlichkeiten sie nach der Theorie der Doppelverpflichtung oder im Wege der Vorbelastungshaftung einstehen könnten. Dieses gilt selbst bei dem Vorliegen eines *partnerships*, da dieses der Kapitalgesellschaft selbständig gegenübersteht und getrennt von ihr zu beurteilten ist.

3. Zusammenfassung: Haftung der Gesellschafter

Die Gesellschafter können Dritten gegenüber als für die Gesellschaft Handelnde (*promoter)* haften. Daneben haften sie der Gesellschaft gegenüber in ihrer Eigenschaft als Gründer aufgrund des zwischen ihnen bestehenden Vertrauensverhältnisses. Eine Haftung der Gesellschafter als solche besteht im englischen Recht hingegen nicht.

III. Haftung der Gesellschaft

1. Haftung der Gesellschaft

Die Frage der Haftung der Gesellschaft aus Gründungsgeschäften stellt sich im englischen anders als im deutschen und französischen Recht, da das englische Recht keine Vorgesellschaft kennt. Es kann somit nur eine Haftung der entstandenen Gesellschaft in Betracht kommen. Ob diese aus Gründungsgeschäften haftet, war lange Zeit ungeklärt, zumal aus dem in *Salomon* v *Salomon* niedergelegten Prinzip der unabhängigen Existenz von Körperschaft und Gesellschaftern[1346] folgt, dass die Gesellschaft grundsätzlich nicht für die von den *promoter* eingegangenen Verbindlichkeiten haftet. Da die Gesellschaft nicht mit der Vereinigung der Gründergesellschafter (*subscriber*) oder der Gründer (*promoter*) identisch ist, und zwar selbst dann nicht, wenn dasselbe Geschäft von denselben Personen weiterbetrieben wird[1347], können die von den Gründungsgesellschaftern oder Gründern eingegangenen Verbindlichkeiten nicht ipso

---

[1344] Vgl. den Abschnitt „Vorgesellschaft" auf S. 202 ff.
[1345] Keith Spicer Ltd. v Mansell [1970] 1 WLR 333 (C.A.).
[1346] Salomon v Salomon & Co. Ltd. [1897] A.C. 22, 31 (H.L.): "The company is at law a different person altogether from the subscribers to the memorandum; and, though it may be that after incorporation the business is precisely the same as it was before, and the same persons are managers, and the same hand receive the profits, the company is not in law the agent of the subscribers or trustee for them". Die Trennung von Körperschaft und Gesellschaftern wurde vom House of Lords in J. H. Rayner (Mincing Lane) Ltd. v Department of Trade and Industry [1900] 2 A.C. 418 bestätigt. s. a. British Thomson Houston Co. v Sterling Accessoires Ltd. [1924] 2 Ch. 33, 38; Daimler Co. Ltd. v Continental Tyre & Rubber Co. Ltd. [1916] 2 A.C. 307; Dom Royalty v Goffat [1935] 1 D.L.R 788, [1935] 4 D.L.R. 736; Morse (Hg.), Charlesworth & Morse on Company Law, S. 17 ff.; Gross, [1971] 87 L.Q.R. 367, Fn 6.
[1347] Salomon v Salomon & Co. Ltd. [1897] A.C. 22, 31 (H.L.).

iure auf die Gesellschaft im Zeitpunkt ihrer Inkorporation übergehen[1348]. Auch wenn die *promoter* die einzigen Anteilsinhaber bzw. Gesellschafter der späteren Gesellschaft sind, haftet die Gesellschaft nicht für die aus den Gründungsgeschäften resultierenden Verbindlichkeiten[1349]. Eine Konstruktion der automatischen (Weiter-) Haftung der Gesellschaft ähnlich dem deutschen Recht scheidet also aus. Das englische Recht trennt strikt zwischen werdender und späterer juristischer Person und nimmt das Entstehen einer völlig neuen rechtlichen Person im Zeitpunkt der Inkorporation an[1350]. Selbst wenn die *promoter* in der Gründungsphase ein *partnership* bilden, haftet dieses nicht als eigenständiges Haftungssubjekt, sondern die *promoter* haften selbst als *partner*.

Der erste Präzedenzfall, der die Frage der Haftung der Gesellschaft aus Gründungsgeschäften, des Verhältnisses der Gründer zur später gegründeten *private company* sowie der Haftung der Gründer behandelt, ist die Entscheidung *Kelner v Baxter*[1351] des *Court of Common Pleas*[1352].

a. Präzedenzfall Kelner v Baxter

Dieser schon ausführlich diskutierte Präzedenzfall[1353] hat nicht nur Auswirkung auf die Rechte und Pflichten der *promoter*, sondern hat auch Bedeutung für die Frage der Rechte und Pflichten der Gesellschaft aus Gründungsgeschäften. Er legt nieder, dass die Gesellschaft durch die in ihrem Namen abgeschlossenen Rechtsgeschäfte nicht gebunden wird, sondern im Zeitpunkt ihrer Inkorporation als selbständiges neues Gebilde frei von Rechten und Pflichten entsteht. Die für sie im Gründungsstadium eingegangenen Rechtsgeschäfte kann sie aber weder übernehmen noch genehmigen, weil sie bei Vertragsschluss noch nicht existierte und daher nicht wirksam durch den *promoter* vertreten werden konnte.

Die Entscheidung, dass die Gesellschaft die Verbindlichkeiten aus den Gründungsgeschäften mangels Existenz bei deren Abschluss nicht genehmigen kann, wurde vom *Court of Appeal* in späteren Fällen bestätigt[1354]. Auch das *House of Lords* billigte *Kelner v Baxter* in *Natal Land v Pauline* einstimmig als Leitentscheidung und entschied, dass die Gesellschaft weder durch Eintritt in einen Vertrag (*adoption*) noch durch Genehmigung eines Vertrages (*ratification*) den Vorteil aus einem Rechtsgeschäft erlangen kann, das vor dem Entstehen der Gesellschaft geschlossen

[1348] Klein, Rückgriffsanspruch, S. 74; Pues, Haftungsverhältnisse, S. 16.

[1349] Battelle v Northwestern Cement & Co., 37 Minn. 89, 93 N.W. 327 (Sup. Ct. Minn. 1887); vgl. Gross, [1971] 87 L.Q.R. 368.

[1350] Vgl. Salomon v Salomon & Co. Ltd. [1897] A.C. 22, 31 (H.L.); Kelner v Baxter and others, (1866) L.R. 2 C.P. 174; British Thomson Houston Co. v Sterlin Accessories Ltd. (1924) 2 Ch. 33, 38.

[1351] Kelner v Baxter and others, (1866) L.R. 2 C.P. 174.

[1352] Der Court of Common Pleas bestand wegen der grundsätzlichen Änderungen der Gerichtsstruktur durch den Judicature Act 1873 nur bis 1875. Heute fallen die dort entschiedenen Fälle in den Bereich der Queen`s Bench Division.

[1353] S. den Abschnitt "Präzedenzfall Kelner v Baxter" auf S. 212 ff.

[1354] Melhado v Port Alegre Railway Co. (1874) LR 9 CP 503; Re Empress Engineering Company (1880), 16 Ch.D. 125, insb. S. 127, 128 und 130; Chitty J in der ersten Instanz, abgedruckt in Re Northumberland Avenue Hotel Company (1886) 33 Ch.D. 16, 18; s.a. Cotton L.J. und Lopes L.J. in Re Northumberland Avenue Hotel Company (1886) 33 Ch.D. 16, 20 bzw. 21 (C.A.).

wurde[1355]. Dieses Ergebnis wird auch vom Präzedenzfall *Newborne v Sensolid*[1356] getragen, in dem der *Court of Appeal* der Gesellschaft die Genehmigungsmöglichkeit eines Gründungsgeschäftes versagte, weil dieses aufgrund der Nichtexistenz der Gesellschaft im Zeitpunkt des Vertragsschlusses für nichtig erklärt wurde[1357]. Hingegen kann die in einigen früheren Fällen geäußerte Ansicht, dass die Gesellschaft auf der Grundlage der Lehre „esse cum onere" sofort an die Gründungsgeschäften gebunden sei, nicht mehr vertreten werden. Diese Doktrin wurde schon von Lord Cranworth L.C. in *Preston v Liverpool Manchester Rly*[1358] in Frage gestellt und später in *Kelner v Baxter* nicht übernommen, da sie gegen die Grundprinzipien des Vertragsrechts verstößt[1359].

b. Kelner v Baxter und s. 36C (1) CA 1985

Das im *common law* gefundene Ergebnis wird durch die gesetzliche Regelung in s. 36C (1) CA 1985 indirekt bestätigt. Danach haften die für eine sich in Gründung befindliche Gesellschaft Handelnden grundsätzlich persönlich aus den eingegangenen Verbindlichkeiten. Eine Übernahmemöglichkeit der Verbindlichkeiten durch die Gesellschaft wurde gesetzlich nicht vorgesehen und lässt sich auch nicht aus der Auslegung der Vorschrift ableiten, da sich die englische Gesetzesauslegung eng am Wortlaut orientiert[1360]. Die gesetzliche Regelung stimmt insoweit mit den *common law* - Regeln überein, so dass das *common law* grundsätzlich neben s. 36C (1) CA 1985 weiter gilt und die Vorschrift ergänzt[1361].

Hinsichtlich der Übernahmemöglichkeit wurde in den 60er des letzten Jahrhunderts vom *Company Law Committee* unter dem Vorsitz Lord Jenkins die Aufnahme

---

[1355] Natal Land and Colonization Company, Limited v Pauline Colliery and Development Syndicate, Ltd., [1904] A.C. 120, 126 (P.C.).

[1356] Newborne v Sensolid (Great Britain), Ltd., [1953] 1 All ER 708 (C.A.).

[1357] Treitel, Law of Contract, S. 642.

[1358] Preston v Liverpool Manchester Rly (156) 5 H.L.C. 604, 617; McKenzie, (1972-73) 5 N.Z.U.L.R. 211, 211.

[1359] Erle CJ. in Kelner v Baxter and others, (1866) L.R. 2 C.P. 174, 183.

[1360] In England dominieren die wörtliche und grammatikalische Auslegung. Auf den Zweck einer Norm kommet es nicht an. Gesetzesmaterialien können dahingegen für die Auslegung herangezogen werden. Führen Wortlaut- und systematische Interpretation zu keinem klaren Ergebnis, kommt die *mischief rule* zur Anwendung, die mit der historischen Auslegungsegel des deutschen Rechts vergleichbar ist. Danach wird gefragt, was das Richterrecht sagt, dann welchen Missstand des Richterrechts der Gesetzgeber abschaffen wollte. Die Richter sind dann bestrebt, dass von ihnen gesetzte Fallrecht so wenig wie möglich abzuändern und sehen einen Missstand ihres Rechts nur, wenn dies der Gesetzgeber unmissverständlich zum Ausdruck bringt. Vgl. dazu Triebel/Hodgson/Kellenter/Müller, Englisches Handels- und Wirtschaftsrecht, Rn 619, 37; zur Auslegung englischer Gesetze s. Bell/Engle, Statutory Interpretation, S. 1 ff.; Blumenwitz, Einführung in das angloamerikanische Recht, S. 44 ff.

[1361] Heinemann, ZIP 1991, 760, 763; Furmston, M.P., Cheshire, Fifoot & Furmston's Law of Contract, S. 489; Bowen, Fox & Bowen on the law of private companies, S. 37; Boyle/Sykes/Sealy, Gore-Brown on Companies, Suppl. 32, S. 8.009; s. ausführlich zum Verhältnis von *common law* und gesetzlicher Vorschrift den Abschnitt „Verhältnis von *common law* und gesetzlicher Regelung" auf S. 220 f.

einer gesetzlichen Bestimmung empfohlen, die der Gesellschaft das Recht der Genehmigung der Gründungsgeschäfte geben sollte[1362]. Diesem Rat schlossen sich viele Stimmen in der Literatur an[1363], welche die Rechtslage aufgrund der nicht vorhandenen Genehmigungsmöglichkeit für unbefriedigend hielten. Der Gesetzgeber ist dem Rat aber weder bei der Umsetzung der Publizitätsrichtlinie noch bei der jüngsten Reform des Companies Act von 1989 gefolgt[1364].

Das Fehlen einer Genehmigungs- oder Übernahmemöglichkeit wird zum einen damit erklärt, dass der Gesetzgeber eine Auswirkung auf die bestehenden Regeln des Vertretungsrechts verhindern wollte[1365]. Denn andernfalls müsste die Regel, dass der Vertretene (*principal*) im Zeitpunkt des Vertragsschlusses existieren und geschäftsfähig sein muss, geändert werden. Zum anderen wurde die Auslassung vom Gesetzgeber nicht als bedeutsam angesehen, weil das englische Recht der entstandenen Gesellschaft erlaubt, einen neuen Vertrag mit gleichem Inhalt, gegebenenfalls auch mit rückwirkendem Effekt, abzuschließen (*novation*)[1366]. Diese Erklärungen sind nicht überzeugend, da sowohl das deutsche als auch das französische Recht nach allgemeinem Vertragsrecht die Möglichkeit der *novation* neben dem automatischen Übergang bzw. einer Übernahmemöglichkeit der Rechte und Pflichten durch die entstandene Gesellschaft vorsehen. Die fehlende Genehmigungsmöglichkeit der Gründungsgeschäfte ist auch deshalb erstaunlich, weil sie mit den auch im englischen Recht geltenden Maximen „*validate if possible*“[1367] und „pacta sunt servanda“ nicht zu vereinbaren ist. Allerdings steht die Nichtermöglichung der Genehmigung im Einklang mit den Prinzipien des englischen Vertrags- und Gesellschaftsrecht. So suchte die Entscheidung *Kelner v Baxter* das Problem der Gründungsgeschäfte nicht unter einer sui generis – Betrachtung zu lösen, sondern unter strenger Beachtung der allgemeinen Regeln des Stellvertretungs- und Vertragsrechts. Aus diese ist hier kurz einzugehen und zu prüfen, ob das Prinzip der Nichtgenehmigungsmöglichkeit der Gründungsgeschäfte mit ihnen übereinstimmt.

c. Prinzipien der Genehmigung und des Stellvertretungsrechts

Der englische Rechtsbegriff der Genehmigung ist als nachträgliche und rückwirkende Übernahme eines Vertrages definiert[1368]. Die Genehmigung soll dem wahren

---

[1362] The Company Law Committee, Report of the Company Law Committee, Vorsitz Lord Jenkins, cmnd. 1749, London 1962, No. 44, 54b.

[1363] Heinemann, ZIP 1991, 760, 763; Schmitthoff, [1972] J.B.L. 85 ff., 87; vgl. Bowen, Fox & Bowen on the law of private companies, S. 40.

[1364] Zur Kritik s. Heinemann, Pre-incorporation transactions, S. 31 f. mwN.

[1365] Markesinis, [1976] 35 C.L.R. 112, 125 f.

[1366] Markesinis, [1976] 35 C.L.R. 112, 125 f.

[1367] dieses Prinzip wurde in Vaisey J. in Rayfield v Hands [1960] Ch. 1, 9 niedergelegt; vgl. Green, (1984) 47 M.L.R. 671, 673.

[1368] Markesinis/Munday, Law of Agency, S. 77, Ferran, Company Law and Corporate Finance, S. 108; Reynolds, Bowstead and Reynolds on Agency, S. 63, para 2-047; Treitel, Law of Contract, S. 671; Gross, [1971] 87 L.Q.R. 367, 372, 374; Furmston, Cheshire, Fifoot & Furmston's Law of Contract, S. 487.

Parteiwillen Wirkung verleihen und kann sowohl konkludent als auch explizit erteilt werden[1369].

Voraussetzung der Genehmigung eines Rechtsgeschäftes durch eine Person oder Körperschaft ist, dass das Rechtsgeschäft in ihrem Namen oder für sie geschlossen wurde und der Handelnde die Bindung dieser Person durch das Rechtsgeschäft beabsichtigt. Beides liegt bei Gründungsgeschäften grundsätzlich vor. Problematisch sind aber die weiteren Voraussetzungen, wonach der Genehmigende zur Zeit des Abschlusses des Rechtsgeschäfts existieren[1370], zumindest bestimmbar bzw. identifizierbar und sowohl bei Abschluss des Rechtsgeschäftes als auch im Zeitpunkt der Genehmigung geschäftsfähig sein muss[1371].

Da die Gesellschaft erst im Zeitpunkt der Inkorporation entsteht und vorher kein wie auch immer geartetes ((teil-) rechtsfähiges) Vorgebilde existiert, fehlt es bei Gründungsgeschäften an der Voraussetzung der Existenz der Gesellschaft im Zeitpunkt des Abschlusses des Rechtsgeschäftes. Dieses wurde in *Kelner v Baxter* und *Re Empress Engineering Company* aufgegriffen, wonach ein Gründungsgeschäft mangels Existenz der „vertretenen" Gesellschaft nichtig ist, so dass sie die Vereinbarung nicht genehmigen kann[1372]. Auch das Erfordernis der Bestimm- bzw. Identifizierbarkeit des Geschäftsherrn im Zeitpunkt des Rechtsgeschäftsabschlusses liegt nicht vor[1373]. Zwar muss der Genehmigende dem Dritten nicht persönlich oder namentlich bekannt sein, er muss aber im Zeitpunkt des Geschäftsabschlusses ermittelbar sein[1374], was bei der noch nicht entstandenen Gesellschaft nicht gegeben ist. Von dieser Voraussetzung wird auf dem Gebiet der Meeresversicherungen eine Ausnahme gemacht, so dass diese Versicherungen regelmäßig *„for the benefit of all those to whom they may appertain"*[1375] abgeschlossen werden können. Doch kann dieser Ausnahmefall schon deshalb nicht entsprechend auf die noch nicht gegründete Gesellschaft angewendet werden, weil hinter diesen Versicherungen ein anderes Interesse steckt: Die Ausweitung des Versicherungsschutzes wird vom Versicherungsnehmer entsprechend

---

1369 Markesinis/Munday, Law of Agency, S. 61 f., 82.

1370 Vgl. Jessel M.R. in Re Empress Engineering Company (1880) 16 Ch.D. 125, 128 (C.A.); Kelner v Baxter and others, (1866) L.R. 2 C.P. 174; Chitty J. in Northumberland Avenue Hotel Company (1886) 33 Ch.D. 16, 18 sowie Cotton L.J., Lopes L.J. auf S. 19 und 21; Reynolds, Bowstead and Reynolds on Agency, para 2-060.

1371 Markesinis/Munday, Law of Agency, S. 67; Reynolds, Bowstead and Reynolds on Agency, para 2-058 ff.; Furmston, M.P., Cheshire, Fifoot & Furmston's Law of Contract, S. 487 ff.

1372 Vgl. Erle J. in Kelner v Baxter and others, (1866) L.R. 2 C.P. 174, 183; James L.J. in Re Empress Engineering Company (1880) 16 Ch.D. 125, 130 (C.A.).

1373 Vgl. Erle J in Kelner v Baxter and others, (1866) L.R. 2 C.P. 174, 184; Furmston, M.P., Cheshire, Fifoot & Furmston's Law of Contract, S. 488 erwägt die entsprechende Anwendung der Lehre vom *undisclosed principal*, wonach der Vertretene einen Vertrag durchsetzen kann, obwohl der Vertreter die Existenz einer Vertretung nicht offengelegt hat, auf Gründungsgeschäfte. Dies wurde von der Rechtsprechung bisher nicht erörtert.

1374 Vgl. Willes J in Watson v Swann (1862) 11 CBNS 756, 771; Southern Water Authority v Carey [1985] 2 All ER 1077, 1085; Keighley, Maxsted & Co v Durant [1901] AC 240, 255; Eastern Construction Co. Ltd. v National Trust Co Ltd. and Schmidt [1914] AC 197, 213; Markesinis/Munday, Law of Agency, S. 67; Reynolds, Bowstead and Reynolds on Agency, para 2-063; Furmston, M.P., Cheshire, Fifoot & Furmston's Law of Contract, S. 487 ff.

1375 „Zugunsten all derer, denen sie gebühren mögen."

vereinbart und entlohnt.

Auch die Voraussetzung, dass der Geschäftsherr im Zeitpunkt des Vertragsschlusses geschäftsfähig (*competent*) sein muss, kann von der noch nicht inkorporierten Gesellschaft nicht erfüllt werden. Diese Anforderung überschneidet sich teilweise mit der Voraussetzung, dass der Geschäftsherr zu diesem Zeitpunkt existieren muss. Teilweise wird die entsprechende Anwendung der Ausnahme für Minderjährige (*infants*) auf die noch nicht inkorporierte Gesellschaft in Erwägung gezogen[1376]. Diese können trotz fehlender Geschäftsfähigkeit bei Verträgen über Aufwendungen über den notwendigen Lebensbedarf (*contracts for necessaries*), die für sie vorteilhaft sind, wirksam vertreten werden bzw. diese Verträge später genehmigen[1377]. Diese Lösung steht im Einklang mit der nach Aufhebung von s. 2 des Infants Relief Acts 1874 durch s. 1 des Minors` Contracts Act 1987 wieder anwendbaren Regel des *common law*, dass eine Verpflichtung, die während der Zeit der Minderjährigkeit eingegangen wurde, nach Erlangung der Volljährigkeit durch ein neues Versprechen auch ohne Gegenleistung (*consideration)* wieder aufleben kann[1378]. Die englischen Gerichte mussten die Frage der entsprechenden Anwendung dieser Ausnahme auf die zu gründende Gesellschaft noch nicht entscheiden. Es ist aber davon auszugehen, dass sie diesem Gedanken nicht folgen, sondern an dem Ausschluss der Genehmigungsmöglichkeit festhalten werden. Gegen die entsprechende Anwendung spricht, dass Minderjährige schon existierende Personen sind, während die noch nicht inkorporierte Gesellschaft oft nur in den Köpfen der *promoter* existiert und erst nach mehreren Jahren oder gar nicht gegründet wird. Ferner findet der Ausnahmefall auch auf andere Fallgruppen wie die der Insolvenz (*bankruptcy*) und der feindlichen Ausländer (*alien enemies*) keine Anwendung. Den Zugehörigen zu diesen Gruppen wird auch nicht die Möglichkeit zur Genehmigung der für sie geschlossenen Rechtsgeschäfte gewährt[1379].

Grundidee der Genehmigung ist, dass sie „*equivalent to an antecedent authority*", also ein Gegenstück zu einer vorangegangenen Vollmacht darstellt[1380]. Sie soll die Lücke ausfüllen, die dadurch entsteht, dass einem Vertreter die Vertretungsmacht fehlt oder die bestehende Vertretungsmacht überschritten hat. Damit soll die Genehmigung die einzige im Zeitpunkt des Vertragsschlusses fehlende Voraussetzung, die tatsächliche erteilte Vollmacht des Geschäftsherrn (*principal*), heilen[1381]. Die Genehmigung kann als Gegenstück zur vorher erteilten Vollmacht aber nur die

---

[1376] Markesinis/Munday, Law of Agency, S. 70 ff.

[1377] Vgl. s. 1 des Infants Relief Act 1874; s.a. Markesinis/Munday, Law of Agency, S. 70; Markesinis, [1976] 35 C.L.R. 112, 112; Reynolds, Bowstead and Reynolds on Agency, para 2-008; Whittaker in Beale (Hg.), Chitty on Contracts, Rn 8-007 ff.

[1378] Markesinis/Munday, Law of Agency, S. 70 ff.; Reynolds, Bowstead and Reynolds on Agency, para 2062, 2064.

[1379] *Alien enemies* können grundsätzlich auch keine Rechtsgeschäfte abschließen; vgl. Boston Deep Sea Fishing and Ice Co. Ltd. v Farnham (Inspector of Taxes) [1957] 3 All ER 204, [1957] 1 WLR 1051; Wright J. in Firth v Staines [1897] 2 QB 70, 75. Insolvente Unternehmen sind zwar zum Zeitpunkt des Geschäftsabschlusses geschäftsfähig, aber nicht mehr zum Zeitpunkt der Genehmigung. Dieses ist aber erforderlich für die Wirksamkeit der Genehmigung; vgl. Markesinis/Munday, Law of Agency, S. 71; Furmston, M.P., Cheshire, Fifoot & Furmston`s Law of Contract, S. 488.

[1380] Lord Sterndale M.R in Koenigblatt v Sweet [1923] 2 Ch. 314, 325 (C.A.).

[1381] Green, (1984) 47 M.L.R. 671, 687.

fehlende Vollmacht, nicht auch das Fehlen eines existenten Vertretenen heilen[1382]. Dieses bedeutet im Zusammenhang mit der rückwirkenden Natur der Genehmigung, dass die Gesellschaft Gründungsgeschäfte aufgrund ihrer Nichtexistenz bei Vertragsschluss nicht genehmigen kann, da durch die Rückwirkung ex post facto eine Situation hervorgerufen wird, die analog zur normalen Stellvertretungsbeziehung ist[1383]. Diese verlangt, dass zum Zeitpunkt des Vertragsschlusses die Voraussetzungen der Stellvertretung vorgelegen haben müssen. Zudem kann ein Vertreter nach allgemeinem Stellvertretungsrecht nichts tun, wozu der Geschäftsherr (*principal*) selbst nicht fähig ist. Mangels wirksamer Vertretung können die Gründungsgeschäfte die zukünftige Gesellschaft auch aus diesem Grund nicht binden[1384].

Damit stimmt das im *common law* gefundene Ergebnis der fehlenden Genehmigungsmöglichkeit der Gründungsgeschäfte durch die entstandene Gesellschaft mit den Grundprinzipien des englischen Vertrags- und Stellvertretungsrecht überein.

d. Prinzipien des Vertragsrechts

Die Nichtermöglichung der Genehmigung der Gründungsgeschäfte stimmt weiterhin mit den grundlegenden Prinzipien des englischen Vertragsrechts überein. Eine Eröffnung der Genehmigungsmöglichkeit würde gegen das Prinzip des *privity of contract* verstoßen, das Erle J in *Kelner v Baxter* implizit auch anführt[1385].

Das in der Mitte des 19. Jahrhunderts entwickelte Prinzip besagt grundsätzlich, dass niemand aus einem Vertrag verpflichtet oder berechtigt werden kann, den er nicht geschlossen hat bzw. dessen Vertragspartei er nicht ist[1386]. Mittlerweile ist anerkannt, dass das Prinzip nur ausschließen soll, dass eine Person, die nicht Partei des Vertrages ist, diesen nicht durchsetzen kann[1387]. Im Hinblick auf das Prinzip des *privity of contract* erscheint es nach englischem Recht gerechtfertigt, der Gesellschaft als Nichtvertragspartei das Recht zu versagen, in das von *promoter* und Drittem geschlossene Rechtsgeschäft einzugreifen. Die Gesellschaft kann sich also nicht einseitig zur Vertragspartei erklären. Bei Gründungsgeschäften besteht allerdings die Besonderheit, dass sie zugunsten der zukünftigen Gesellschaft geschlossen werden, so dass die

---

1382 Reynolds, Bowstead and Reynolds on Agency, para 15, 2-058 ff.; Heinemann, Pre-incorporation transactions, S. 6.

1383 Markesinis/Munday, Law of Agency, S. 77.

1384 Vgl. Re English and Colonial Produce Co. Ltd. [1906] 2 Ch. 435; Gross, [1971] 87 L.Q.R. 367, 367; Heinemann, Pre-incorporation transactions, S. 94; Furmston, M.P., Cheshire, Fifoot & Furmston's Law of Contract, S. 481 f.; Boyle/Sykes/Sealy, Gore-Brown on Companies, Suppl. 25, S. 8.007.

1385 "There must be two parties to a contract; and the rights and obligations which it creates cannot be transferred by one of them to a third person who was not in a condition to be bound by it at the time it was made", Kelner v Baxter and others, (1866) L.R. 2 C.P. 174, 183.

1386 Tweddle v Atkinson (1861) 1 B & S 393; Dunlop Pneumatic Tyre Co. Ltd. v Selfridges & Co. Ltd. [1915] AC 847 (H.L.); Law Commission Report 1996, No. 2.3. ff.; Furmston, M.P., Cheshire, Fifoot & Furmston's Law of Contract, S. 462; Midland Silicons Ltd. v Scruttons Ltd. [1962] AC 446 (H.L.), mit abweichender Meinung von Lord Denning, der dafür war, der dritten Partei Rechte zur Klage zu geben.

1387 Furmston, M.P., Cheshire, Fifoot & Furmston's Law of Contract, S. 462.

Gesellschaft, die in das Rechtsgeschäft eintreten will, für den Dritten kein Fremder ist[1388]. Angesichts dieser Konstellation ist es erstaunlich, dass die englischen Gerichte bisher nicht von der engen wörtlichen Anwendung des *privity of contract* - Prinzips abweichen und eine Ausnahme zuzulassen. Wie aber insbesondere der Präzedenzfall *Newborne v Sensolid*[1389] zeigt, ist eine Änderung der Rechtsprechung nicht zu erwarten. Diese Entscheidung übernahm zwar hinsichtlich der Haftung des *promoter* und der Wirksamkeit der Gründungsgeschäfte nicht die in *Kelner v Baxter* niedergelegte Rechtsprechung, hielt aber daran fest, dass ein für die noch nicht gegründete Gesellschaft geschlossener Vertrag aufgrund der Nichtexistenz der Gesellschaft nichtig ist, und ein Nichts nicht genehmigt werden kann[1390].

Zusammenfassend kann die entstandene Gesellschaft die für sie abgeschlossenen Gründungsgeschäfte weder nach *common law* noch nach s. 36C (1) CA 1985 genehmigen oder die daraus resultierenden Rechte und Pflichten übernehmen. Zu untersuchen ist daher, ob das englische Recht andere Möglichkeiten für einen rechtlichen Übergang der Rechte und Pflichten aus den Gründungsgeschäften auf die inkorporierte Gesellschaft vorsieht.

2. Weitere Haftungsmöglichkeiten der Gesellschaft

a. Eintritt in das Gründungsgeschäft

Neben den strengen Regeln des *common* law wurde versucht, im Billigkeitsrecht (*equity*) eine Lösung für die Übernahme der Gründungsgeschäfte durch die Gesellschaft zu finden. In *Spiller v Paris Skating Ring*[1391] wurde unter Hinweis auf *Touche v Metropolitan*[1392] der Gesellschaft die Möglichkeit zugestanden, in einen für sie geschlossenen Vertrag einzutreten (*adoption*). Zwei Jahre später bestätigte der *Court of Appeal* in *Re Empress*[1393], dass aus dem Eintritt in ein Gründungsgeschäft und aus der Genehmigung eines Gründungsgeschäftes nur eine Haftung nach Billigkeitsrecht[1394] resultieren kann.

Der Eintritt in ein Rechtsgeschäft (*adoption*) unterscheidet sich von der Genehmigung (*ratification*) eines Rechtsgeschäftes schon dadurch, dass ersterem nur eine ex nunc - Wirkung zukommt. Vor dem Hintergrund, dass die Begriffe *adoption* und *ratification* in der englischen Rechtsprechung und Literatur häufig synonym verwendet oder gar verwechselt werden[1395], wurde der Ansatz des Vertragseintritts als Lösung

---

[1388] Heinemann, Pre-incorporation transactions, S. 9.

[1389] Newborne v Sensolid (Great Britain) Ltd. [1954] 1 QB 45, [1953] 1 All ER 708 (C.A.); s. ausführlich zu dieser Entscheidung den Abschnitt „Präzedenzfall Newborne v Sensolid" auf S. 215 f.

[1390] Newborne v Sensolid (Great Britain), Ltd, [1953] 1 All ER 708, 710 (C.A.); vgl. auch Melhado v Port Alegre Railway Co. (1874) LR 9 CP 503; Re Rotherham Alum and Chemical Company (1884) 25 Ch.D. 103 (C.A.); Gross, [1971] 87 L.Q.R. 367, 373.

[1391] Spiller v Paris Skating Ring Co. (1878) 7 Ch. D. 368, 368 f.

[1392] Touche v Metropolitan Railway Warehousing Company (1871) L.R. 6 Ch. App. 671, 671 f.

[1393] Re Empress Engineering Company (1880) 16 Ch.D. 125, 130 (C.A.).

[1394] S. den Abschnitt „Bereicherungsrechtliche Haftung" auf S. 257 ff.

[1395] Vgl. nur James L.J. in Re Empress Engineering Company (1880) 16 Ch.D. 125, 130 (C.A.); Malins V.C. in Spiller v Paris Skating Rink Co. (1878) 7 Ch. D. 368, 368 f.; Lord Haterley L.C. in

wieder aufgegeben[1396]. Unabhängig davon würde dem Eintritt in ein Gründungsgeschäft ebenso wie der Genehmigung (*ratification)* und auch der Bestätigung (*confirmation*) durch Beschluss der Geschäftsführer nach Entstehung der Gesellschaft[1397] das Prinzip des *privity of contract* entgegenstehen[1398].

b. Bestimmung in der Gesellschaftssatzung

Zu prüfen ist die Bedeutung einer Bestimmung im *memorandum of assocation* oder in den *articles of association*[1399], wonach die Gesellschaft nach ihrer Inkorporation die in ihrem Namen geschlossenen Gründungsgeschäfte erfüllen und die Gründungskosten tragen soll[1400]. Der wörtlichen Auslegung von s. 14 (1) CA 1985, der die bindende Wirkung des *memorandum* und der *articles of association* für die Gesellschaft und ihre Mitglieder festlegt, zufolge scheinen alle Bestimmungen des *memorandum* die Gesellschaft und ihre Mitglieder vertraglich zu binden. Dieses könnte bedeuten, dass sie verpflichtet sind, die in das *memorandum* aufgenommenen Gründungsgeschäfte zu erfüllen. Dem einschlägigen *case law* zufolge besagt s. 14 (1) CA 1985 aber, dass Regelungen im *memorandum* oder in den *articles of association,* die einem Außenstehenden Rechte übertragen sollen, weder für die Gesellschaft noch für die Gesellschaftsmitglieder bindend sind[1401]. Dies entspricht dem Grundsatz des *privity of contract*, wonach diejenigen Personen, die nicht Partei eines Vertrages sind, aus diesem weder Recht noch Pflichten ableiten können[1402]. Daher ist die Gesellschaft trotz Aufnahme der Gründungsgeschäfte in das *memorandum* nicht zur Erfüllung

---

Touche v Metropolitan Railway Warehousing Company (1871) L.R. 6 Ch. App. 671, 671 f.; Re National Motor Mail-Coach Company, Limited, Clinton's Claim [1908] 2 Ch. 515 (C.A.); Re Hereford and South Wales Waggon and Engineering Co. (1876) 2 Ch.D. 621 (C.A.); Green, (1984) 47 M.L.R. 671, 687; s.a. Falcke v Scottish Imperial Insurance Co. (1886) 34 Ch.D. 234, 249: "There is nothing more vague than that way in which the word "adoption" is used in arguments at law, and sometimes ambiguous language used about adoption is imported into arguments about ratification"; vgl. auch die untechnische Verwendung der Begriffe in Kelner v Baxter and others, (1866) L.R. 2 C.P. 174, 179 (Q.C.) und Natal Land and Colonization Company, Limited v Pauline Colliery and Development Syndicate, Limited, [1904] A.C. 120, 126 (P.C.).

[1396] James L.J. in Re Empress Engineering Company (1880) 16 Ch.D. 125, 130 (C.A.); vgl. auch Re Rotherham Alum and Chemical Company (1884) 25 Ch.D. 103 (C.A.); Lord Davey in Natal Land and Colonization Company, Limited v Pauline Colliery and Development Syndicate, Limited, [1904] A.C. 120, 126 (P.C.); Lord Davey in North Sydney Investment and Tramway Co. v Higgins [1899] A.C. 263, 271.

[1397] Gross, [1971] 87 L.Q.R. 367, 374.

[1398] Vgl. den Abschnitt „Prinzipien des Vertragsrechts" auf S. 251 f.

[1399] S. dazu den Abschnitt „Gründung und Rechtsnatur der private company" auf S. 196 ff..

[1400] Hickman v Kent and Rommey Marsh Shep Breeders Assoc. [1915] 1. Ch. 881; Melhado v Port Alegre Railway Co. (1874) LR 9 CP 503; Browne v La Trinidad (1887) 37 Ch. D. 1.

[1401] Vgl. Re Hereford and South Wales Waggon and Engineering Co (1876) 2 Ch.D. 621, 624 (C.A.); Quin & Axtens v Salomon [1909] AC 422 (H.L.); Stirling J. in Wood v Odessa Waterworks Co. (1889) 42 ChD 636, 642; Hickman v Kent and Rommey Marsh Shep Breeders Assoc. [1915] 1. Ch. 881; Eley v Positive Government Security Life Assurance Co Ltd. (1876) 2 ExD 88 (C.A.); Melhado v Port Alegre Railway Co. (1874) LR 9 CP 503.

[1402] Vgl. Morse (Hg.), Charlesworth & Morse on Company Law, S. 61; s.a. den Abschnitt „Prinzipien des Vertragsrechts" auf S. 251 ff.

dieser verpflichtet[1403]. Selbst wenn die dritte Partei Gesellschaftsmitglied wäre, würde keine vertragliche Bindung aus der Anführung der Gründungsgeschäfte im *memorandum* folgen, da nur mitgliedschaftliche Rechte vertraglicher Art sind[1404]. Bei Gründungsgeschäften handelt der Dritte aber nicht im Rahmen seiner Gesellschafterkapazität. Die Gesellschaft ist folglich nicht verpflichtet, ein Gründungsgeschäft zu erfüllen, auch wenn dies das *memorandum* bestimmt. Ebenso wenig muss die Gesellschaft für die Gründungskosten aufkommen oder sie dem *promoter* erstatten, da dieser als Gründer der Gesellschaft und damit nicht im Rahmen seiner Mitgliedskapazität handelt[1405].

Die Aufnahme einer entsprechenden Regelung in das *memorandum* ist aber nicht ohne jegliche rechtliche Bedeutung. Sie kann als Anweisung oder Bevollmächtigung der Gesellschaft angesehen werden, mit dem Nicht-Gesellschafter einen separaten Vertrag zu schließen, um die Rechte aus den Gründungsgeschäften zu übertragen[1406]. Auch kann sie als Indiz bei der Frage gewertet werden, ob die Gesellschaft mit dem Dritten nach der Inkorporation einen neuen Vertrag geschlossen hat (*novation*). Auch ohne eine solche Bestimmung kann die entstandene Gesellschaft durch gesonderte Vereinbarung die Gründungsgeschäfte erfüllen oder die Gründerkosten übernehmen, da die *ultra-vires*-Lehre mittlerweile so gut wie abgeschafft ist[1407]. Die Gesellschaft kann nun durch eine allgemeine und kurze Gegenstandsklausel uneingeschränkte Rechts- und Handlungsfähigkeit erlangen[1408]. Anders als die Mustersatzung zum Anhang vom Companies Act 1948 gibt die Tabelle A zum heute gültigen Companies Act 1985 den *directors* nicht mehr ausdrücklich die Befugnis, die Auslagen der *promoter* zu erstatten und sie für ihre Dienste zu vergüten. Sie muss daher von den Gesellschaftern gesondert eingefügt werden[1409]. In der Praxis ist eine derartige Klausel regelmäßig im *memorandum* enthalten[1410].

1403 Vgl. Mellish L.J. in Re Hereford and South Wales Waggon and Engineering Co (1876) 2 Ch.D. 621, 624 (C.A.); Klein, Rückgriffsanspruch, S. 74 f.; Butt, Probleme der Vorgesellschaft, S. 83; Hickman v Kent and Rommey Marsh Shep Breeders Assoc. [1915] 1. Ch. 881.

1404 S. 14 (1) CA 1985; vgl. Hickman v Kent and Rommey Marsh Shep Breeders Assoc. [1915] 1. Ch. 881; Morse (Hg.), Charlesworth & Morse on Company Law, S. 61.

1405 Vgl. auch Melhado v Port Alegre Railway Co. (1874) LR 9 CP 503: Wegen des Prinzips der *privity of contract* haben die *promoter* keinen Anspruch auf Ersatz ihrer Gründungskosten gegen die Gesellschaft aus den *articles of association*; vgl. Re National Motor Mail-Coach Company, Limited, Clinton's Claim [1908] 2 Ch. 515 (C.A.); Astbury J. in Hickman v Kent and Rommey Marsh Shep Breeders Assoc. [1915] 1. Ch. 881, 900; Eley v Positive Government Security Life Assurance Co Ltd. (1876) 2 ExD 88 (C.A.); Boyle/Sykes/Sealy, Gore-Brown on Companies, Suppl. 25, S. 8007, Suppl. 28, S. 4002; Morse (Hg.), Charlesworth & Morse on Company Law, S. 61.

1406 Quin & Axtens v Salomon [1909] AC 422 (H.L.); vgl. Mayson/French/Ryan, Company Law, S. 87.

1407 So aber noch Klein, Rückgriffsanspruch, S. 75.

1408 S. 35 (1) CA 1985. s. auch den Abschnitt „Gründung und Rechtsnatur der private company" auf S. 196 ff.

1409 Triebel/Hodgson/Kellenter/Müller, Englisches Handels- und Wirtschaftsrecht, S. 225.

1410 Klein, Rückgriffsanspruch, S. 75.

c. Novation

Nach dem *common law* kann die Gesellschaft die Gründungsgeschäfte weder genehmigen noch in sie eintreten. Sie kann aber nach Erlangung ihrer Rechtsfähigkeit die aus den Gründungsgeschäften resultierenden Rechte und Pflichten durch Abschluss eines neuen Vertrages zu denselben Konditionen und mit demselben Inhalt (*novation*) erlangen[1411]. Schon in der Grundsatzentscheidung *Kelner v Baxter* wurde die *novation* erwähnt[1412].

Die *novation* erfordert nach allgemeinen Regeln des englischen Rechts keine ausdrückliche Vereinbarung zwischen Gesellschaft und dritter Partei. Bei Fehlen einer expliziten Vereinbarung kann das Gericht den Neuabschluss konkludent aus dem Verhalten der Gesellschaft nach ihrer Inkorporation ableiten[1413]. Dieses ist im Streitfall aber schwierig zu beweisen, weil die Gerichte strikt zwischen dem Willen, einen neuen Vertrag zu schließen, und dem Glauben, immer noch auf der Grundlage des Vertrages zwischen *promoter* und Drittem zu handeln, unterscheiden. Sie sind eher abgeneigt, aus dem Verhalten der Gesellschaft eine derartige Vereinbarung abzuleiten[1414]. Für das Vorliegen einer *novation* ist zum einen Voraussetzung, dass deutlich wird, dass eine Verpflichtung der Gesellschaft und nicht eine der *promoter* erfüllt werden soll[1415]. Zum anderen muss ausgeschlossen sein, das die Gesellschaft auf der Grundlage des Vertrages zwischen *promoter* und Drittem handelt[1416]. Das Vorliegen einer *novation* ist dabei keine Rechts-, sondern immer eine Tatsachenfrage (*question of fact*)[1417].

[1411] Vgl. auch Natal Land and Colonization Company, Limited v Pauline Colliery and Development Syndicate, Limited, [1904] A.C. 120 (P.C.).

[1412] Vgl. Erle J. in Kelner v Baxter and others, (1866) L.R. 2 C.P. 174, 179 und 183 (Q.C.); vgl. auch Jessel M.R. in Re Empress Engineering Company (1880) 16 Ch.D. 125, 128 (C.A.); Natal Land and Colonization Company, Limited v Pauline Colliery and Development Syndicate, Limited, [1904] A.C. 120, 126 (P.C.); Re Hereford and South Wales Waggon and Engineering Co (1876) 2 Ch.D. 621 (C.A.); Dillon L.J. in Cotronic (UK) Ltd. v Dezonie and others, [1991] BCLC 721, 723 (C.A.); Melhado v Port Alegre Railway Co. (1874) LR 9 CP 503.

[1413] Re Empress Engineering Company (1880) 16 Ch.D. 125 (C.A.); Howard Patent Ivory Manufacturing Contract (1888) 38 Ch D 156; vgl. auch McKenzie, (1972-73) 5 N.Z.U.L.R. 211, 211; Gross, [1971] 87 L.Q.R. 367, 391 f.; Heinemann, ZIP 1991, 760, 763; Green, (1984) 47 M.L.R. 671, 687; Klein, Rückgriffsanspruch, S. 75 f.

[1414] Gross, [1971] 87 L.Q.R. 367, 391 f.; vgl. Prime/Scanlan, Private Limited Companies, S. 38. Die australischen Gerichte waren dahingegen nicht abgeneigt, eine *novation* anzunehmen, vgl. McKenzie, (1972-73) 5 N.Z.U.L.R. 211, 211.

[1415] Natal Land and Colonization Company, Limited v Pauline Colliery and Development Syndicate, Limited, [1904] A.C. 120 (P.C.); Re Empress Engineering Company (1880) 16 Ch.D. 125 (C.A.); J. Meyer, Haftungsbeschränkung, S. 364.

[1416] Natal Land and Colonization Company, Limited v Pauline Colliery and Development Syndicate, Limited, [1904] A.C. 120 (P.C.); Prime/Scanlan, Private Limited Companies, S. 38 f.; Bowen, Fox & Bowen on the law of private companies, S. 41.

[1417] Howard Patent Ivory Manufacturing Contract (1888) 38 Ch D 156; Browning v Great Central Mining Co. (1869) 5 H. & N. 856; 157 E.R. 1423; Pennington, Pennington's Company Law, S. 107; Gross, [1971] 87 L.Q.R. 367, 392.

Wie schwierig die Abgrenzung im Einzelfall ist, zeigt der Fall einer Lizenzübertragung an einen *promoter*, der die Lizenz an die Gesellschaft weiterübertrug[1418]. Das Gericht entschied, dass die Verwendung der Lizenz zwar Rückschlüsse auf einen Vertragsbindungswillen zulässt, möglich ist aber auch ein Handeln nur auf Grundlage des Vertrages zwischen Drittem und *promoter*[1419]. Auch reicht für die Annahme einer impliziten *novation* nicht aus, dass die Gesellschaft im irrigen Glauben, sie sei durch eine Vereinbarung vor ihrer Inkorporation gebunden, selbst Leistungen erbringt oder an Gütern des Dritten Besitz erlangt. Denn dieser „Irrglauben" verdeutlicht, dass die Gesellschaft nicht in der Absicht handelte, eine neue bindende Vereinbarung mit dem Dritten einzugehen, sondern vielmehr auf der Basis des ursprünglichen Vertrages tätig wurde[1420]. Dieses gilt sogar dann, wenn die Gesellschaft ein Stück Land in Besitz nimmt und dort auf eigene Kosten Bauwerke errichtet[1421]. Auch die für die zukünftige Gesellschaft vereinbarte Option zur Nutzung eines möglicherweise kohlehaltigen Stück Landes und die Durchführung von Bohrungen durch die Gesellschaft lässt nicht den Schluss zu, dass die Gesellschaft nach ihrer Inkorporation einen neuen Vertrag mit dem Dritten abgeschlossen hat[1422]. Nicht ausreichend ist zudem, dass das *memorandum* die Ausführung der Gründungsgeschäft durch die Gesellschaft vorsieht. Dieses kann allenfalls als Indiz gewertet werden[1423]. Selbst eine explizite Zustimmung zu neuen und im Vergleich zum alten Vertrag geänderten Formulierungen kann im Einzelfall für den Nachweis des Vorliegens einer *novation* nicht ausreichen. Zwar wurde in einem Fall entscheiden, dass solche Klauseländerungen den Willen zu einem selbständigen Neuabschluss dokumentieren können[1424], in einem anderen Fall hat dieser Umstand aber nicht ausgereicht[1425].

Die Fälle zeigen, dass die englischen Gerichte das Vorliegen einer *novation* nur unter sehr engen Voraussetzungen annehmen und bei der Auslegung des Parteiverhaltens sehr zurückhaltend sind. Der Abschluss eines neuen Vertrages wird häufig nur dann aus dem Verhalten der Gesellschaft abgeleitet, wenn diese alle Vorteile aus dem Gründungsgeschäft erlangt hat und sich weigert, die damit verbundenen Pflichten zu

---

[1418] Bagot Pneumatic Tyre Company v Clipper Pneumatic Tyre Company [1902] 1 Ch. 146 (C.A.).

[1419] Bagot Pneumatic Tyre Company v Clipper Pneumatic Tyre Company [1902] 1 Ch. 146, 155 (C.A.).

[1420] Vgl. Re Northumberland Avenue Hotel Company (1886) 33 Ch.D. 16, 20, 22 (C.A.); vgl. auch Bagot Pneumatic Tyre Company v Clipper Pneumatic Tyre Company [1902] 1 Ch. 146 (C.A.); Howard Patent Ivory Manufacturing Contract (1888) 38 Ch D 156.

[1421] Re Northumberland Avenue Hotel Company (1886) 33 Ch.D. 16 (C.A.).

[1422] Natal Land and Colonization Company, Limited v Pauline Colliery and Development Syndicate, Limited, [1904] A.C. 120, 126 (P.C.).

[1423] Melhado v Port Alegre Railway Co. (1874) LR 9 CP 503; vgl. auch Re Rotherham Alum and Chemical Company (1884) 25 Ch.D. 103 (C.A.); Pennington, Pennington's Company Law, S. 107; Prime/Scanlan, Private Limited Companies, S. 38 f.

[1424] Howard Patent Ivory Manufacturing Contract (1888) 38 Ch D 156. In diesem Fall versuchte die Gesellschaft das Gründungsgeschäft zu genehmigen sowie ein Angebot des Dritten anzunehmen, als Teilzahlung Schuldscheine anstelle von Bargeld zu akzeptieren. Das Gericht nahm einen wirksamen Vertrag zwischen Gesellschaft und Drittem aufgrund von *novation* an. Die Vereinbarung über die Änderung in der Zahlungsmodalität sei Beweis genug, dass ein neuer Vertrag existiere; vgl. auch Re Northumberland Avenue Hotel Company (1886) 33 Ch.D. 16 (C.A.).

[1425] Re Northumberland Avenue Hotel Company (1886) 33 Ch.D. 16 (C.A.).

übernehmen[1426]. Die *novation* dient in diesem Fall als Ausgleich für die ansonsten fehlende Haftung der Gesellschaft. Problematisch ist bei der *novation* aber, dass sie nicht zur Übernahme der aus dem Gründungsgeschäft resultierenden Rechte und Pflichten führt, sondern die Begründung neuer Rechte und Pflichten bedeutet. Selbst bei Inhaltsgleichheit der Rechte und Pflichten handelt es sich nicht um dieselben Rechte und Pflichten, was insbesondere zu einem Entfallen von Sicherheiten führen kann[1427]. Die Lösung des englischen Rechts wirkt insgesamt sehr schwerfällig und wird praktischen Bedürfnissen kaum gerecht[1428].

d. Bereichungsrechtliche Haftung

Obwohl für Ansprüche zwischen Gesellschaft und Drittem aus Gründungsgeschäften keine vertragliche Basis besteht, überträgt der Dritte in der Praxis häufig Vorteile auf die Gesellschaft oder erbringt ihr Leistungen. Dabei erhält der Dritte in der Regel die ihm im Gründungsgeschäft versprochene Gegenleistung nicht, weil die Gesellschaft aus den Gründungsgeschäften nicht verpflichtet wird. Ebenso leistet der *promoter* oft Dienste und erbringt Geldzahlungen im Rahmen der Gründung der Gesellschaft, die von der Gesellschaft mangels vertraglicher Verpflichtung nicht entlohnt bzw. erstattet werden. Um unbillige Ergebnisse zu vermeiden, haben die englischen Gerichte gelegentlich versucht, die Haftung der Gesellschaft auf Billigkeitsrecht (*equity*) und das außervertragliche Bereicherungsrecht (*law of restitution*)[1429] zu stützen[1430]. Sie haben die Anwendung der Ansprüche des *common law* des *money had and received,* des *quantum meruit* und des *quantum valebant*[1431] sowie die *equity*-Rechtsinsitute des *constructive trust* und des *equitable lien* in Erwägung gezogen.

Zunächst hielt die englische Rechtsprechung ein Vorgehen sowohl des *promoter* als auch des Dritten gegen die entstandene Gesellschaft wegen im Rahmen der Gründung oder aufgrund der Gründungsgeschäfte geleisteter Dienste und Geldzahlungen für möglich. So entschied der *Court of Appeal* in *Re Hereford* obiter dictum, dass *promoter*, die Leistungen an die Gesellschaft vor ihrer Inkorporation erbracht haben, kein rechtlicher Anspruch (*legal claim*) zusteht, da die Gesellschaft bei Erbringung der Leistung noch nicht existierte. Ihnen kommt aber ein Anspruch aus

---

[1426] Howard Patent Ivory Manufacturing Contract (1888) 38 Ch D 156; vgl. Gross, [1971] 87 L.Q.R. 367, 392.

[1427] Vgl. Commercial Bank of Tasmania v Jones [1893] A.C. 313, 316.

[1428] Vgl. auch Heinemann, ZIP 1991, 760, 793 oder 763; Green, (1984) 47 M.L.R. 671, 687.

[1429] Das englische Bereicherungsrecht basiert wie das deutsche auf dem Prinzip der ungerechtfertigten Bereicherung und setzt voraus, dass der Beklagte durch einen Vorteil bereichert ist, der zu Lasten des Klägers erlangt wurde, und dass es ungerecht wäre, wenn der Beklagte den Vorteil behalten wurde, vgl. Goff/Jones, Law of Restitution, S. 11 ff., 15 ff.; Burrows/McKendrick, Law of Restitution, S. 8 ff.

[1430] Gross, [1971] 87 L.Q.R. 367, 373; Heinemann, Pre-incorporation transactions, S. 12.

[1431] *Quantum meruit* = "as much as he has earned"; *quantum valebant* = "as much as they are worth". Beide Ansprüche sind auf angemessene (Teil-) Bezahlung für geleistete Dienste bzw. gelieferte Güter gerichtet. Sie bestehen z.B. dann, wenn der Beklagte Güter oder Dienste anfordert, aber kein bestimmter Preis dafür vereinbart wurde, obwohl offensichtlich ist, dass diese nur gegen Bezahlung erbracht werden; vgl. Jaffey, Nature and Scope of Restitution, S. 4, 39; Griffin, Company Law, S. 40; Goff/Jones, Law of Restitution, S. 18, 4.

Billigkeitsrecht (*equitable lien*)[1432] zu, soweit die Gesellschaft Vorteile aus der Leistung erlangt hat[1433]. Ebenso erkannte der *Court of Appeal* in *Re Empress* an, dass die *promoter* von der Gesellschaft eine angemessene Bezahlung geleisteter Dienste auf der Basis des Rechtsinstituts *quantum meruit* verlangen können[1434]. Spätere Entscheidungen sind dem nicht gefolgt. So haben sowohl Vaugham Williams als auch Romer L.JJ. in mehr als einem Fall ihrer Ansicht Ausdruck verliehen, dass kein bindender Präzedenzfall dafür besteht, dass die Gesellschaft nach Billigkeitsrecht (*equity)* aus einem vor ihrer Inkorporation geschlossenen Vertrag haftet, weil sie Vorteile aus diesem Vertrag erlangt hat[1435]. Damit widersprachen sie dem früheren dictum von Mellish L.J. und Jessel M.R. in *Re Hereford*.

Entscheidungen der letzten Jahre scheinen der Ablehnung des bereicherungsrechtlichen Anspruchs nicht länger zu folgen. In *Cotronic v Dezonie*[1436] hatte der Kläger Bauarbeiten aufgrund eines zwischen ihm und einer nichtexistenten Gesellschaft abgeschlossenen Vertrags erbracht. Der *Court of Appeal* urteilte, dass dem Kläger kein Zahlungsanspruch gegen die Gesellschaft aufgrund der erbrachten Bauarbeiten zustehe, weil der Vertrag aufgrund der Nichtexistenz der Gesellschaft im Zeitpunkt des Vertragsschlusses nichtig sei. Allerdings sei ihm ein Anspruch aus *quantum meruit* zuzuerkennen[1437]. In *Rover v Cannon*[1438] erfolgten Zahlungen an die Gesellschaft *Cannon* nach ihrer Entstehung aufgrund eines vor ihrer Inkorporation geschlossenen Vertrages. Der *Court of Appeal* entschied, dass *Rover* berechtigt war, die aufgrund des Gründungsgeschäftes geleisteten Vorauszahlungen zurückzuverlangen. Aus der Sicht des Gerichtes hatte *Rover* das Geld aufgrund eines Tatsachenfehlers (*mistake of fact*)[1439] an *Cannon* gezahlt: Beide Parteien gingen irrtümlich davon aus, dass ein Ver-

[1432] Der *equitable lien* ist ein durch Billigkeitsrecht (*equity*) geschaffenes, besitzloses Pfandrecht; z.B. des Käufers an der un- oder beweglichen Sache für die von ihm geleistete Anzahlung oder bei Rückgängigmachung des Kaufvertrages.

[1433] Mellish L.J. in Re Hereford and South Wales Waggon and Engineering Co (1876) 2 Ch.D. 621, 624 (C.A.); vgl. auch Werdermann v Société Générale d'Electricité (1881) 19 Ch. D. 246, 252 f. (C.A.); wohl auch, ohne Erwähnung des Wortes "*equity*" Spiller v Paris Skating Rink Co (1878) 7 Ch.D. 368, 370.

[1434] Jessel M.R. in Re Empress Engineering Company (1880) 16 Ch.D. 125, 121 f. (C.A.).

[1435] Re English and Colonial Produce Company, Limited, [1906] 2 Ch. 435, 442, ebenso Fletcher Moulton L.J. in Re English and Colonial Produce Company, Limited, [1906] 2 Ch. 435, 443; s.a. Bagot Pneumatic Tyre Company v Clipper Pneumatic Tyre Company [1902] 1 Ch. 146, 156 (C.A.); Re Dale and Plant Ltd. (1889) 61 L.T. 207; vgl. auch Re Northumberland Avenue Hotel Company (1886) 33 Ch.D. 16, 18 (C.A.); Lindley J. in Re Rotherham Alum & Chemical Co (1884) 25 Ch.D. 103 (C.A.); Re National Motor Mail-Coach Company, Limited, Clinton's Claim [1908] 2 Ch. 515 (C.A.).

[1436] Cotronic (UK) Ltd v Dezonie and others, [1991] BCLC 721 (C.A.); zum Sachverhalt s. den Abschnitt „Cotronic v Dezonie", auf S. 230 ff.

[1437] Dillon L.J., Balcombe L.J. und Ralph Gibson L.J. in Cotronic (UK) Ltd v Dezonie and others, [1991] BCLC 721, 725 f., bzw. 126 (C.A.); vgl. auch Grier, UK Company Law, S. 140.

[1438] Rover International Ltd. and others v Cannon Film Sales Ltd. [1989] 1 WLR 912 (C.A.), der insoweit die Vorinstanzentscheidung in Rover International Ltd. and others v Cannon Film Sales Ltd. [1987] BCLC 540 aufhob; zum Sachverhalt s. den Abschnitt „Rover v Cannon" auf S. 232 ff.

[1439] Dieser Anspruch besteht, wenn der Kläger beweisen kann, dass er eine Zahlung nicht geleistet hätte, wenn er sich nicht geirrt hätte. Dieses liegt insbesondere vor, wenn sowohl Empfänger als auch

trag zwischen ihnen besteht, und Rover leistete die Zahlung nur, um seinen Verpflichtungen aus dem an sich nichtigen Vertrag nachzukommen. Da *Rover* bei Kenntnis von der Nichtigkeit nicht gezahlt hätte, stand ihm ein Anspruch nach dem Grundsatz *money paid under mistake of fact* zu[1440]. Daneben konnte *Rover* nach Kerr L.J. einen Rückzahlungsanspruch gegen *Cannon* geltend machen, weil insoweit die Gegenleistung fehlte (*failure of consideration*) und der Vertrag daher nichtig war[1441]. Zudem wurde *Rover* für an *Cannon* geleistete Dienste ein Anspruch nach *quantum meruit* zuerkannt, da der zugrundeliegende Vertrag aufgrund der Nichtexistenz der Gesellschaft nichtig und *Cannon* als Empfänger der Dienste dadurch bereichert war[1442]. Den Fällen *Cotronic v Dezonie* und *Rover v Cannon* ist gemeinsam, dass dem Erbringer von Leistungen, die zur Vorteilserlangung bei einer anderen Person führen, bei Nichtigkeit des Vertrages aufgrund der Nichtexistenz der Gesellschaft Ansprüche nach *quantum meruit* zuerkannt werden können[1443].

Weiterhin wurde entschieden, dass eine Person, die mit dem *promoter* einer Gesellschaft ein Gründungsgeschäft abschließt, seinen Anspruch gegen die Gesellschaft durchsetzen kann, indem sie in die Rechte des *promoter*, eine Vergütung und Erstattung seiner Aufwendungen bei Ausführung des Gründungsgeschäftes von der Gesellschaft zu erhalten, eintritt[1444]. Das Recht der dritten Partei, an die Stelle des *promoter* zu treten, ist letztlich nur von geringem Wert, da auch dem *promoter* ein solcher Anspruch nur zusteht, wenn die Gesellschaft ihm die Schadloshaltung nach ihrer Inkorporation vertraglich zusichert[1445]. Zuvor kann sich die Gesellschaft mangels Existenz nicht zur Übernahme der Kosten verpflichten[1446].

Das Prinzip des Eintritts in die Rechte des *promoter* wurde von Romer L.J. in *Bagot v Clipper* extensiv angewandt. In diesem Fall übertrug der Kläger an den *promoter* im Rahmen eines Gründungsgeschäftes eine Lizenz, die der *promoter* nach Entstehen der Gesellschaft an diese gegen Vereinbarung einer Gegenleistung (*consideration*) weiterübertrug. Romer L.J. entschied, dass der Kläger in die Rechte

---

Zahlender irrtümlich davon ausgehen, dass ein gültiger Vertrag existiert oder wenn die Gegenleistung (*consideration*) fehlgeschlagen ist. Ähnliches gilt für den Anspruch *services rendered and goods supplied under a mistake*. Vgl. Goff/Jones, Law of Restitution, S. 175 ff., 240.

[1440] Rover International Ltd. and others v Cannon Film Sales Ltd [1989] 1 WLR 912, 925, 935, 938.

[1441] Rover International Ltd. and others v Cannon Film Sales Ltd [1989] 1 WLR 912, 925 f.

[1442] Vgl. Kerr L.J. in Rover International Ltd. and others v Cannon Film Sales Ltd [1989] 1 WLR 912, 921 f. Dabei entschied das Gericht erstmals, dass der Anspruch nach *quantum meruit* nicht durch den Vertrag begrenzt ist und damit keine Obergrenze hat, S. 926 ff., 933 f.; s. dazu auch Beatson, (1989) 105 L.Q.R. 179, 180.

[1443] Gross schlägt in (1971) 87 LQR 367, 396 vor, das Verhalten der Gesellschaft bei einer Nichtentlohnung erhaltener Dienste oder Waren als Rücktritt im gemeinsamen Einvernehmen vom Vertrag zu werten, so dass die Gesellschaft die empfangenen Leistungen zurückgeben oder bei Unmöglichkeit der Rückgabe ein angemessenes Entgelt zahlen muss. Dem widerspricht aber, dass sich ein Rücktritt allein aus dem Verhalten der Parteien schwerlich ableiten lässt.

[1444] Vgl. Lord Haterley L.C.in Touche v Metropolitan Railway Warehousing Company (1871) L.R. 6 Ch. App. 671, 677; vgl. auch Cotton L.J.in Re Rotherham Alum and Chemical Company (1884) 25 Ch.D. 103, 108 (C.A.); Romer L.J. in Bagot Pneumatic Tyre Company v Clipper Pneumatic Tyre Company [1902] 1 Ch. 146, 160 ff. (C.A.).

[1445] Melhado v Port Alegre Railway Co. (1874) LR 9 CP 503.

[1446] Bowen, Fox & Bowen on the law of private companies, S. 37.

des *promoter* aus dem Vertrag mit der Gesellschaft eintreten kann, auch wenn diese keine reinen Erstattungsansprüche für erbrachte Aufwendungen darstellten[1447]. Andererseits entschied der *Court of Appeal* in *Re English* und in *Clinton's Claim*, dass demjenigen, der Leistungen für die Gesellschaft erbracht hat oder dem Kosten bei Gründung der Gesellschaft entstanden sind, kein Ersatzanspruch gegen die Gesellschaft zusteht[1448]. Eine Ausnahme besteht nur in dem Fall, in dem die Gesellschaft nach ihrer Inkorporation mit dieser Person einen förmlichen Vertrag *„under seal"* abschließt, in dem sie sich verpflichtet, die Leistungen zu vergüten oder die entstandenen Kosten zu erstatten[1449]. Der Vertrag muss *under seal* geschlossen werden, da ansonsten bei Vertragsschluss nach Inkorporation der Gesellschaft die Leistungen des *promoter* und damit die Gegenleistung (*consideration*) aus dem zu schließenden Vertrag in der Vergangenheit lägen (sog. *past consideration*)[1450]. Die Gegenleistung muss im englischen Recht aber grundsätzlich gegenwärtig sein und zusammen mit dem Versprechen gegeben werden (*present consideration*). Das zeitliche Auseinanderliegen von Versprechen und Gegenleistung bewirkt, dass keine Gegenleistung für das Versprechen vorliegt, so dass dieses nicht bindend ist[1451]. In der Praxis können die *promoter* die Erstattung ihrer Ausgaben dann erhalten, wenn sie – wie im Regelfall – gleichzeitig erste *director* sind und in die *articles of association* eine entsprechende Klausel einfügen[1452].

Gelegentlich wurde dem Dritten auch ein Anspruch gegen die Gesellschaft wegen geleisteter Dienste oder erbrachter Geldzahlungen aufgrund des Rechtsinstitut des fingierten Treuhandverhältnisses (*constructive trust*)[1453] zuerkannt, wenn der

---

[1447] Bagot Pneumatic Tyre Company v Clipper Pneumatic Tyre Company [1902] 1 Ch. 146 (C.A.).

[1448] Re English and Colonial Produce Company, Limited, [1906] 2 Ch. 435; Re National Motor Mail-Coach Co Ltd., Clinton's Claim [1908] 2 Ch 515 (C.A.).

[1449] Re English and Colonial Produce Co. Ltd. [1906] 2 Ch. 435; Morse (Hg.), Charlesworth & Morse on Company Law, S. 71; Bowen, Fox & Bowen on the law of private companies, S 37; Klein, Rückgriffsanspruch, S. 76; Triebel/Hodgson/Kellenter/Müller, Englisches Handels- und Wirtschaftsrecht, Rn 59.

[1450] Vgl. Re National Motor Mail-Coach Company, Limited, Clinton's Claim [1908] 2 Ch. 515 (C.A.); Morse (Hg.), Charlesworth & Morse on Company Law, S. 71; Bowen, Fox & Bowen on the law of private companies, S. 37.

[1451] Treitel, Law of Contract, S. 73. Um die Gefahr des Vorliegens einer *past consideration* zu vermeiden, kann die Vereinbarung mit der inkorporierten Gesellschaft über die Bezahlung erbrachter Leistungen als Teil eines Vertrages vereinbart werden, worin der *promoter* z.B. die Erbringung weiterer Leistungen verspricht. Dann liegt die erforderliche *present consideration* vor. Personen, denen sich der *promoter* im Rahmen der Gründung der Gesellschaft bedient, wie Rechtsanwälte, Werbefachleute etc., sollten versuchen, einen Vorschuss vom *promoter* zu erhalten oder eine Vereinbarung mit diesem für den Fall zu schließen, dass die Gesellschaft die entstandenen Kosten nicht übernimmt, vgl. Boyle/Sykes/Sealy, Gore-Brown on Companies, Suppl. 22, S. 8.014.

[1452] Eine solche Klausel war in der alten Fassung der Mustersatzung der *articles of association*, in Table A, regulation 80 enthalten; vgl. Bowen, Fox & Bowen on the law of private companies, S. 37.

[1453] Der *Trust* bildet die Ausnahme zum Prinzip des *privity of contract* und ist ein auf Billigkeitsrecht beruhendes Rechtsverhältnis zwischen Treuhänder (*trustee*) und Begünstigten (*beneficiary;* früher *cestui que trust*), durch die das vom Besteller des *trust* (*settlor*) auf den Treuhänder zugunsten des Begünstigten übertragene Vermögen von diesem verwaltet wird. Der Treuhänder der rechtliche Eigentümer des Treuhandgutes, und der Begünstigte der Eigentümer nach Billigkeitsrecht. Der *constructive trust* wird vom Richter auferlegt, wenn das Eigentumsrecht zugunsten einer Person

eindeutige Parteiwillen bestand, ein solches zu begründen[1454]. Häufig lehnen die Gerichte die Konstruktion eines *constructive trust* aber selbst dann ab, wenn der *promoter* ausdrücklich erklärt, als Treuhänder (*trustee*) gehandelt zu haben[1455]. Der Grund für die Ablehnung liegt darin, dass bei Annahme eines *constructive trust* die vertragsschließenden Parteien die Vereinbarung auch im gegenseitigen Einvernehmen nicht mehr ändern können[1456]. Zudem setzt der *trust* die Existenz des Dritten zur Zeit seiner Errichtung voraus. Eine Ausnahme gilt nur für einen *trust* zugunsten ungeborener Kinder, weil diese über ihre Eltern bestimmbar sind[1457]. Eine entsprechende Anwendung dieser Ausnahme auf die noch nicht inkorporierte Gesellschaft wurde erwogen, da die Gesellschaft über ihre Gründer bestimmbar sei, doch konnte sie sich nicht durchsetzen[1458].

Aufgrund der vielen, sich teilweise widersprechenden Entscheidungen ist die Rechtslage hinsichtlich der Ansprüche des Dritten und der des *promoter* gegen die Gesellschaft bei ihrer Erlangung von Vorteilen aus den Gründungsgeschäfte sehr unsicher. Aufgrund der neueren Urteile in *Rover v Cannon* und *Cotronic v Dezonie* erscheint es aber einigermaßen gesichert, dass dem Dritten bei der Erbringung von Leistungen aufgrund eines Gründungsgeschäftes nach Inkorporation der Gesellschaft ein Anspruch aus *quantum meruit* gegen die Gesellschaft zustehen kann.

e. Vertrag zugunsten Dritter

Das englische *common law* erkannte bisher ein jus quaesitum tertio, das einen Dritten aus einem Vertrag zwischen zwei anderen Vertragsparteien berechtigt, nur bei Vorliegen eines Treuhandverhältnisses (*trust*) an[1459]. Der Abschluss von Verträgen zugunsten Dritter ist aufgrund des Prinzips der *privity of contract* nicht möglich[1460].

---

besteht, der es nach Billigkeit nicht zustehen dürfte. Eine solche Person wird kraft Fiktion als Treuhänder behandelt. Vgl. Chase Manhattan Bank N.A. v Israel-British Bank (London) Ltd. [1981] Ch. 105; Hayton, Underhill and Hayton, Law Relating to Trusts and Trustees, S. 3 ff.; Oakley, Constructive Trusts, S. 1 f.; Zweigert/Kötz, Einführung in die Rechtsvergleichung, S. 561 f.

1454 Lord Greene M.R. in Re Schebsman [1944] Ch. 83, 104; vgl. auch Touche v Metropolitan Railway Warehousing Contract (1871) 6 Ch App 671, 677; s.a. Gross, [1971] 87 L.Q.R. 367, 379.

1455 Re Northumberland Avenue Hotel Company (1886) 33 Ch.D. 16 (C.A.); vgl. auch Re Empress Engineering Company (1880) 16 Ch.D. 125, 127, 129 (C.A.); Gross, [1971] 87 L.Q.R. 367, 379; Pues, Haftungsverhältnisse, S. 21.

1456 Re Schebsman (1944) Ch. 83, 104.

1457 Heinemann, Pre-incorporation transactions, S. 11; vgl. auch Romer L.J. in Re Leeds and Hanley Theatres of Varieties, Ltd. [1902] 2 Ch.D. 809, 819 (C.A.).

1458 Heinemann, Pre-incorporation transactions, S. 11 f.

1459 Vgl. Dunlop Pneumatic Tyre Co. Ltd. v Selfridges & Co. Ltd. [1915] A.C. 847, 853 (H.L.); Gross, [1971] 87 L.Q.R. 367, 377 ff.

1460 Im schottischen Recht ist hingegen der Abschluss solcher Verträge zulässig. So wird aus der schottischen Entscheidung Cumming and Others v Quartzag Ltd. (1981) S.L.T. 205 im Anschluss an die südafrikanische Entscheidung McCullogh v Fernwood Estate Ltd. [1920] App. D. 204 gefolgert, dass Verträge zugunsten noch nicht bestehender Gesellschaften im schottischen Recht möglich sind; vgl. Triebel/Hodgson/Kellenter/Müller, Englisches Handels- und Wirtschaftsrecht, Rn 76 ff., 1330; Bourne/Pillans, Scottish Company Law, S. 28 f. Diese Entscheidung kann nicht im englischen Recht

Diese Rechtslage wurde mit Erlass des Contracts (Rights of Third Parties) Act 1999[1461] geändert. Dieses Gesetz reformiert das *common law* dahingehend, ein Vertrag nicht nur zwischen den Vertragsparteien Wirkung entfalten kann, sondern dass Dritten Rechte aus einem Vertrag, dessen Vertragspartei sie nicht sind, übertragen werden können[1462]. Dem Dritten kann sogar ein Klagerecht bzw. ein durchsetzbarer Anspruch verliehen werden, wenn und soweit die Vertragsparteien dieses im Rahmen der Gründungsgeschäfte beabsichtigten[1463]. Nicht geändert wurde hingegen die Regel, dass einer Nichtvertragspartei Pflichten nur mit ihrer Zustimmung übertragen werden können, weil andernfalls in nicht gerechtfertigter Weise in ihre Rechte eingegriffen würde[1464]. Voraussetzung für die Erlangung der aus einem Vertrag resultierenden Rechte durch einen außenstehenden Dritten ist, dass der Vertrag sowohl die Erlangung als auch die Durchsetzbarkeit der Rechte durch den Dritten vorsieht und dies dem Willen der Vertragsparteien entspricht[1465]. Da der Dritte trotz Erlangung von Rechten keine Gegenleistung (*consideration*) erbringen muss, bewirkt das Gesetz insoweit auch eine Änderung des *common law* - Prinzips der Gegenleistung (*consideration)*[1466]. Der Grundsatz, dass ein Vertrag wegen fehlender Gegenleistung (*total failure of consideration*) nichtig ist, und den Parteien in diesem Fall ein bereicherungsrechtlicher Anspruch zustehen kann[1467], gilt somit im Bereich der Verträge zugunsten Dritter nicht.

Fraglich ist, ob auch einer zum Zeitpunkt des Vertragsschlusses nichtexistenten Person, wie der zukünftigen Gesellschaft, Rechte aus einem Vertrag zugewandt werden können. Da der Contracts (Rights of Third Parties) Act 1999 nur verlangt, dass der Dritte identifizierbar ist[1468], ist seine Existenz bei Vertragsschluss nicht Voraussetzung[1469]. Damit hat der Erlass des Gesetzes auch Auswirkung auf die noch nicht inkorporierte Gesellschaft[1470]. Der *promoter* kann nun ein Gründungsgeschäft

---

angewandt werden, da sie im Rahmen des schottischen Rechtssystems erging. S. zum *privity of contract* – Prinzip den Abschnitt „Prinzipien des Vertragsrechts" auf S. 251 f.

1461 Das Gesetz ist im November 1999 in Kraft getreten und findet Anwendung auf alle nach dem 01.05.2000 geschlossenen Verträge und auf solche Verträge Anwendung, die nach dem 11.11.1999 geschlossen wurden und explizit bestimmen, dass diese Gesetz Anwendung finden soll; N.N., Solicitors Journal Vol 144, No. 7, February 2000, S. 166.

1462 Bright/Williams, Solicitors Journal, Bd. 143, No. 44, S. 1082.

1463 The Law Commission Report, S. 99, No. 8.14.

1464 The Law Commission Report 1996, No. 2.1.

1465 S. 1 (1) (a), (b), (2) Contracts (Rights of Third Parties) Act 1999; sog. *test of enforceability,* vgl. Law Commission Report No. 7.6., S. 76, No. 8.14, S. 99.

1466 Vgl. The Law Commission Report 1996, No. 6.1. ff., S. 68 ff. und S. 175.

1467 Vgl. Rover International Ltd. v Cannon [1989] 1 WLR 912, [1989] 3 All ER 423 (C.A.); Viscount Simon LC in Fibrosa Spolkon Akeyjina v Fairbairn Lawson Combe Darbour Ltd [1943] AC 32, 48; Westdeutsche Landesbank Girozentrale v Islington London Borough Council [1994] 4 All ER 890 (Q.B.); [1994] 1 WLR 938 (C.A.); [1996] 2 WLR 802 (H.L.).

1468 S. 1 (3) Contracts (Rights of Third Parties) Act 1999.

1469 The Law Commission Report, S. 95, No. 8.1. ff. und S. 100 No. 8.11 f.; ohne Begründung zweifelnd Kersting, Vorgesellschaft im europäischen Gesellschaftsrecht, S. 167 Fn 828.

1470 The Law Commission Report, S. 98, No. 8.10. Dieses zeigt auch die Entwicklung der Rechtsprechung in Neu Seeland nach Erlass des neuseeländischen Contracts (Privity) Act 1982. Danach ist dieses Gesetz auch auf pre-incorporation transaction anwendbar; vgl. Speedy v Nylex New Zealand Ltd.

abschließen und darin der noch nicht inkorporierten Gesellschaft ein gegen die dritte Partei nach ihrer Inkorporation durchsetzbares Recht verleihen. Vorteil dieser neuen Regelungen ist, dass die Gesellschaft trotz ihrer Nichtexistenz Nutznießer der Gründungsgeschäfte sein kann. Dieser Ansatz vermag der noch nicht inkorporierten Gesellschaft allerdings nur Rechte zu verleihen und kann ihr nicht die aus dem Gründungsgeschäft resultierenden Pflichten übertragen. Dies kann insbesondere in den Fällen, in denen die Gesellschaft Leistungen der anderen Partei erhalten hat, zu einem unbilligen Ergebnis führen. Die Regel, dass die inkorporierte Gesellschaft aus Gründungsgeschäften nicht gebunden und verpflichtet wird, bleibt also weiterhin bestehen[1471]. Folglich bleibt es auch bei der daher bleibt grundsätzlich bei der Verpflichtung des *promoter*, für an die Gesellschaft aufgrund eines Gründungsgeschäftes gelieferte Güter oder geleistete Dienste aufzukommen.

Eine vollständige Reform der Regeln der Gründungsgeschäftsproblematik überließ die Law Commission von 1996, auf die der Erlass des Contracts (Rights of Third Parties) Act 1999 zurückgeht, entsprechend dem Rat der englischen Rechtswissenschaftler einer späteren speziellen Regelung[1472]. Der Erlass des Contracts (Rights of Third Parties) Act 1999 führt aber zumindest dazu, dass eine der als „*clearly unjust*“[1473] bezeichneten Auswirkungen der Regeln gemildert wird.

3. Zusammenfassung: Haftung der Gesellschaft

Die Gesellschaft haftet grundsätzlich nicht aus den in ihrem Namen abgeschlossenen Gründungsgeschäften. Die Regel aus *Kelner v Baxter*, dass die Gesellschaft unter keinen Umständen aus den vor ihrer Inkorporation geschlossenen Rechtsgeschäfte berechtigt oder verpflichtet werden kann, wird von der englischen Rechtsprechung insgesamt streng durchgesetzt. Die von den Gründern eingegangenen Verbindlichkeiten gehen daher weder ipso iure auf die entstandene Gesellschaft über noch können sie von dieser auf irgendeine Art übernommen werden. Ein automatischer Übergang der aus den Gründungsgeschäften resultierenden Rechte und Pflichten scheidet aus, weil die Gesellschaft nicht mit der Vereinigung der Gründergesellschafter (*subscriber*) oder der der Gründer (*promoter*) identisch ist, das englische Recht strikt zwischen werdender und späterer juristischer Person trennt und im Zeitpunkt der Inkorporation eine völlig neue rechtliche Person entsteht. Die im Gründungsstadium für die Gesellschaft geschlossenen Rechtsgeschäfte kann diese nach ihrer Inkorporation weder übernehmen noch genehmigen, weil sie bei Vertragsschluss noch nicht existierte und daher nicht wirksam durch den *promoter* vertreten werden konnte. Zudem kann nach dem Prinzip des *privity of contract* keine Person aus einem Vertrag verpflichtet oder berechtigt werden, den sie nicht selbst geschlossen hat bzw. dessen Vertragspartei sie nicht ist. Weiterhin stehen einer Genehmigung der Gründungsgeschäfte durch die inkorporierte Gesellschaft die Grundprinzipien des Genehmigungsrechts

---

(High Court Auckland vom 03.02.1989), unveröffentlicht, berichtet in The Law Commission Report, S. 99, Fn 16, No. 8.13.

[1471] The Law Commission Report, S. 98, No. 8.11.; s.a. Treitel, Law of Contract, S. 605.

[1472] The Law Commission Report, S. 99, No. 8.15.

[1473] „Eindeutig ungerecht"; Pennington, Pennington's Company Law, S. 108.

entgegen. Nach diesen muss derjenige, der ein Rechtsgeschäft genehmigen will, zur Zeit des Abschlusses des Rechtsgeschäfts existieren, zumindest bestimm- bzw. identifizierbar und sowohl bei Abschluss des Rechtsgeschäftes als auch im Zeitpunkt der Genehmigung geschäftsfähig sein. Diese Voraussetzungen erfüllt die Gesellschaft vor ihrer Inkorporation aber nicht. Nur aus einem rechtsgeschäftlichen Tätigwerden der Gesellschaft nach ihrer Inkorporation kann ihre Verpflichtung und Berechtigung folgen, nämlich durch Abschluss eines neuen, inhaltsgleichen Vertrages zwischen Gesellschaft und Drittem (*novation*).

Ferner kann eine Inanspruchnahme der Gesellschaft unter bestimmten Voraussetzungen nach Billigkeitsrecht, insbesondere nach *quantum meruit* in Betracht kommen, wenn der Dritte Leistungen an sie erbracht hat. Seit Inkrafttreten des Contracts (Rights of Third Parties) Act 1999 können der noch nicht inkorporierten Gesellschaft ohne ihr Zutun Rechte aus den Gründungsgeschäften verliehen werden. Allerdings bleibt es bei der *common law* - Regel, dass mittels Vertrags zugunsten Dritter keine Verpflichtungen auf die Gesellschaft übertragen werden können. Die Gesellschaft haftet auch dann nicht für die in ihrem Namen eingegangenen Verbindlichkeiten, wenn das *memorandum* bestimmt, sie solle diese Verträge erfüllen und die Gründungskosten übernehmen. Eine derartige Klausel ist aber nicht ohne jegliche rechtliche Bedeutung, denn ohne eine solche Bestimmung wäre die Gesellschaft unter Umständen nicht in der Lage, ein Gründungsgeschäft neu abzuschließen und die Gründungskosten zu übernehmen. Daher ist eine derartige Klausel regelmäßig im *memorandum* enthalten.

Die Regel des *common law*, dass die Gesellschaft die Gründungsgeschäfte nicht genehmigen kann, wurde trotz vielfältiger Kritik, dass sie weder den Interessen der Parteien noch den wirtschaftlichen Gegebenheiten gerecht werde[1474], bislang weder durch Gesetz noch durch die Rechtsprechung geändert, obwohl Art. 7 Publizitätsrichtlinie eine Übernahmemöglichkeit vorsieht. Nach englischem Recht ist die Gesellschaft an den vor ihrer Entstehung abgeschlossenen Rechtsgeschäften grundsätzlich unbeteiligt.

D. Vereinbarkeit der englischen Regelung mit dem europäischen Gemeinschaftsrecht

Als Mitgliedstaat der Europäischen Gemeinschaften ist das Vereinigte Königreich und damit auch England verpflichtet, die Regelung in Art. 7 Publizitätsrichtlinie[1475] in das nationale Recht umzusetzen. Zu untersuchen ist, ob die englische

[1474] Davies/Prentice, Gower's Principles of Modern Company Law, S. 143 f.; Farrar/Hannigan, Farrar's Company Law, S. 57; Grier, UK Company Law, S. 140; Heinemann, Pre-incorporation transactions, S. 7, 9.

[1475] Die englische Fassung, die allerdings keine Originalfassung ist, da das Vereinigte Königreich zur Zeit des Erlasses der Richtlinie noch nicht Mitglied der EG war, lautet: "Article 7. If, before a company being formed has acquired legal personality, action has been carried out in its name and the company does not assume the obligations arising from such action, the persons who acted shall, without limit, be jointly and severally liable therefore, unless otherwise agreed"; zitiert nach Prentice, EEC Directives on Company Law and Financial Markets, S. 28.

Regelung der Gründerhaftungsproblematik den Vorgaben des europäischen Gemeinschaftsrechts entspricht.

I. Umsetzung von Art. 7 Publizitätsrichtlinie

Der britische European Communities Act 1972, durch den das Vereinigte Königreich seinen Beitritt zu den Europäischen Gemeinschaften zum 1.1.1973 auch innerstaatlich vollzogen hat, enthielt in s. 9 (2) zugleich die entsprechende Umsetzung von Art. 7 Publizitätsrichtlinie. Dadurch wurden der damals in England geltende CA 1948 und das *common law* geändert. Heute ist die entsprechende Umsetzungsnorm von Art. 7 Publizitäts-richtlinie in s. 36C (1) CA 1985 zu finden. England ist damit seiner aus Art. 249 Abs. 3, Art. 10 Abs. 1 S. 1 EGV[1476] folgenden Pflicht zur formell korrekten Umsetzung der Richtlinienbestimmung nachgekommen. Es wurde, wie von der Rechtsprechung des EuGH gefordert, eine Rechtsvorschrift erlassen, die „geeignet [ist], eine so bestimmte, klare und transparente Lage zu schaffen, dass der einzelne seine Rechte erkennen und sich vor nationalen Gerichten darauf berufen kann"[1477]. Zwar beruht das englische Gründerhaftungsrecht neben der gesetzlichen Regelung der Handelndenhaftung in s. 36C (1) CA 1985 weiterhin auf dem *common law* und damit auf von der Rechtsprechung gesetztem Recht. Ob die Umsetzung von Richtlinien durch die Rechtsprechung den Anforderungen des Gemeinschaftsrechts genügt, ist zweifelhaft, wurde vom EuGH bisher aber noch nicht entschieden[1478]. Diese Frage muss hier letztlich nicht entschieden werden, weil das *common law* im Konfliktfall der gesetzlichen Regelung nachgeht und diese somit für das englische Recht bestimmend ist. Für den kontinentaleuropäischen Juristen mag es durch grundsätzliche Anwendbarkeit sowohl der Regelungen des *common law* als auch der gesetzlichen Bestimmung schwieriger sein, das Recht der Gründerhaftung festzustellen. Dieses Problem ist aber im englischen Rechtssystem begründet und nicht Folge der Art und Weise der Umsetzung der Publizitätsrichtlinie. Jeder Mitgliedstaat kann die Richtlinienbestimmungen entsprechend seinem Rechtssystem umsetzen. Die Richtlinie gibt den Mitgliedstaaten die entsprechende Freiheit zur Einpassung der Regelungen in das eigene Rechtssystem. Es bestehen folglich keine Zweifel, dass das englische Recht den Erfordernissen einer ordnungsgemäßen Umsetzung von Art. 7 Publizitätsrichtlinie genügt.

II. Gründungsgesellschaft

Im englischen Recht beruht die Haftung im Gründungsstadium ausschließlich auf einer Haftung der Handelnden, da die Existenz einer Vorgesellschaft nicht anerkannt ist. Vielmehr fällt nach der englischen Dogmatik die Gründung der Gesellschaft mit der Erlangung der Rechtsfähigkeit im Zeitpunkt der Aushändigung der Grün-

---

[1476] Bisher Art. 189 Abs. 3, 5 Abs. 1 EGV.

[1477] EuGH, 15.6.1995, Rs. C-220/94 (Kommission/Luxemburg), Slg. 1995-6, I-1589, I-1607, Tz. 10.

[1478] Vgl. EuGH, 08.10.1996, Rs. C-178/94, C-179/94, C-188/94, C-189/94, C-190/94 (Dillenkofer u.a.), Slg. 1996-10, I-4845, I-4845 ff., in der die Frage nicht entschieden wurde, weil die Richtlinie selbst bei Bejahung der Frage nicht ordnungsgemäß umgesetzt war. S. auch den Abschnitt im deutschen Recht „Umsetzung von Art. 7 Publizitätsrichtlinie" auf S. 114 ff.

dungsbescheinigung (*certificate of incorporation*) zusammen, so dass ein der künftigen Gesellschaft vorgelagertes Gebilde keinen Bestand haben kann. Dieses Verständnis wird dadurch unterstützt, dass für die Gesellschaft grundsätzlich keine Mindestkapitalausstattung vorgesehen ist. Soweit sie eine Kapitalausstattung erhalten soll, wird das Kapital nicht - wie in Deutschland und Frankreich -zumindest teilweise in der Gründungsphase erbracht. Weder die Aufbringung eines Mindestkapitals noch seine vollständige Zeichnung sind Voraussetzung der Erlangung der Rechtsfähigkeit der Gesellschaft nach englischem Recht. Auch erfolgt keine Prüfung der Kapitalaufbringung, und die Prüfung des Registerbeamten erstreckt sich eher auf die formale Ordnungsmäßigkeit als auf die materielle Rechtmäßigkeit der Anmeldung der Gesellschaft zum Handelsregister. Angesichts dieser gegenüber den kontinentaleuropäischen Rechtsordnungen abgekürzten Gründungsphase wird die Existenz einer Vorgesellschaft nicht als erforderlich angesehen.

Seit der Entscheidung *Cotronic v Dezonie* ist allerdings erforderlich, dass der Sachverhalt für die Anwendbarkeit der Handelndenhaftung zumindest objektiven Bezug zur Gründung einer Gesellschaft aufweisen muss. Somit ist mittlerweile im englischen Recht zumindest der Bezug zu einer sich in Gründung befindlichen Gesellschaft hergestellt[1479]. Zwar geht das Gemeinschaftsrecht von der Existenz einer Gründungsgesellschaft aus und setzt für das Eingreifen der Handelndenhaftung das Vorliegen einer in Gründung befindlichen Gesellschaft, in deren Namen gehandelt wird, voraus[1480]. Doch wird die neue Rechtsprechung in England, die einen objektiven Bezug zur Gründung einer Gesellschaft fordert, den Anforderungen des Gemeinschaftsrechts gerecht. Zudem stützt das Gemeinschaftsrecht trotz Anerkennung einer Gründungsgesellschaft die Haftung in der Gründungsphase ebenfalls allein auf die Handelnden.

Nach dem Gemeinschaftsrecht ist die Handelndenhaftung nur für den Zeitraum ab Beginn der Gründungsgesellschaft, also ab Gründungsakt (Satzungszeichnung oder Abschluss eines Gründungsvertrages), bis zur Eintragung der Gesellschaft vorgesehen. Sie erfasst weder ein Handeln im Zeitraum vor der Vornahme des Gründungsaktes noch nach erfolgter Eintragung. Demgegenüber ist der Zeitpunkt, in dem die Handelndenhaftung in England einsetzt, nicht eindeutig geklärt. Fest steht nur, dass die Handelndenhaftung jedenfalls noch keine Anwendung findet, wenn noch niemand an die Gründung einer Gesellschaft gedacht hat. Solange dieser Zeitpunkt entweder vor oder nach dem Gründungsakt liegt oder mit diesem zusammenfällt, ist dieses mit dem Gemeinschaftsrecht konform.

III. Begriff des Handelnden

In England fehlt es an einer Definition des Handelndenbegriffs. Als gesichert gilt, dass grundsätzlich alle unmittelbar und mittelbar für die Gesellschaft handelnden natürlichen Personen und damit auch Gründer, Gesellschafter und Außenstehende

---

[1479] Vgl. zum englischen Recht die Abschnitte „Vorgesellschaft“ auf S. 202 ff. und „Cotronic v Dezonie“ auf S. 230 ff.

[1480] Vgl. zum Gemeinschaftsrecht den Abschnitt „Anerkennung einer Gründungsgesellschaft“ auf S. 106 f.

unter den Handelndenbegriff fallen[1481]. Insofern stimmt die weite Definition mit Art. 7 Publizitätsrichtlinie überein[1482]. Ungeklärt ist im englischen Recht die Frage der Haftung juristischer Personen. Die Aussage Lord Dennings M.R. in *Phongram v Lane* scheint zwar darauf hinzudeuten, dass juristische Personen auch Handelnde sein können, entschieden wurde diese Frage von den englischen Gerichten aber noch nicht.

Durch das Fehlen einer Definition des Handelndenbegriffes und des Angewiesenseins auf eine Entscheidung der Gerichte im Einzelfall stößt die Überprüfung der Vereinbarkeit des englischen mit dem Gemeinschaftsrecht auf Schwierigkeiten. Wie sich die Rechtslage momentan darstellt, liegt insofern ein Verstoß gegen das Gemeinschaftsrecht vor als dass die Frage der Haftung juristischer Personen ungeklärt ist und eine eindeutige Definition des Handelndenbegriffes fehlt. Denn dadurch ist eine Haftung von Gesellschaftern und Vertretungsorganen nicht immer sichergestellt und der zu erreichende Schutz des Dritten nicht vollständig erreicht.

IV. Handeln im Namen der Gesellschaft

Art. 7 Publizitätsrichtlinie verlangt neben einem Handeln, dass dieses im Namen der Gründungsgesellschaft erfolgt, wobei das Gemeinschaftsrecht sowohl ein Handeln im Namen der zukünftigen Gesellschaft als auch eines nur im Namen der Vorgesellschaft erfasst[1483]. Im englischen Recht tritt die Haftung des Handelnden sowohl bei einem Handeln im Namen der zu gründenden Gesellschaft als auch bei einem Handeln als Organ der vermeintlich bereits existenten Gesellschaft ein. Insoweit ist das englische Recht mit Art. 7 Publizitätsrichtlinie konform.

V. Übernahme der Verbindlichkeiten durch die Gesellschaft

Das englische Recht ermöglicht der inkorporierten Gesellschaft nicht, sich die aus den Gründungsgeschäften resultierenden Rechte und Pflichten zu eigen zu machen. Die von den *promoter* eingegangenen Verbindlichkeiten gehen nicht ipso iure auf die Gesellschaft mit ihrer Inkorporation über, weil die Gesellschaft nicht mit der Vereinigung der Gründergesellschafter (*subscriber*) oder der Gründer (*promoter*) identisch ist, das englische Recht strikt zwischen werdender und späterer juristischer Person trennt und im Zeitpunkt der Inkorporation eine völlig neue rechtliche Person entsteht. Die Gesellschaft kann nach englischem Recht die für sie im Gründungsstadium eingegangenen Rechtsgeschäfte auch weder übernehmen noch genehmigen, weil sie bei Vertragsschluss noch nicht existierte und daher nicht wirksam durch den *promoter* vertreten werden konnte. Zudem steht der Genehmigung das Prinzip des *privity of contract* entgegen. Diese Rechtslage galt schon vor Erlass der Publizitätsrichtlinie im *common law* und wurde mit Umsetzung von Art. 7 Publizitätsrichtlinie in das nationale Recht nicht geändert, sondern setzt sich in s. 36C (1) CA 1985 fort[1484]. Das englische Recht verweist zwar auf die Möglichkeit einer *novation*, doch führt

---

[1481] Vgl. den Abschnitt „Begriff des promoter" auf S. 209 ff.
[1482] Vgl. zum Gemeinschaftsrecht den Abschnitt „Begriff des Handelnden" auf S. 105 f.
[1483] Vgl. den Abschnitt „Handeln im Namen der in Gründung befindlichen Gesellschaft" auf S. 107 f.
[1484] Vgl. den Abschnitt „Haftung der Gesellschaft" auf S. 245 ff.

diese nicht zur Übernahme bestehender, sondern zur Begründung neuer Rechte und Pflichten. Auch wenn diese inhaltsgleich wären, handelt es sich doch nicht um dieselben Rechte und Pflichten, war insbesondere zu einem Entfallen von Sicherheiten führen kann[1485].

Das Gemeinschaftsrecht räumt der Gesellschaft hingegen die Möglichkeit ein, einseitig die aus den Gründungsgeschäften resultierenden Rechte und Pflichten zu übernehmen. Damit einher geht die Befreiung der Handelnden von ihrer Haftung[1486]. Die *novation* im englischen Recht kann schon aus den eben genannten Gründen die fehlende Übernahmemöglichkeit nicht ersetzen. Zudem folgt aus der *novation* nicht automatisch die Befreiung der Handelnden aus ihrer Haftung, sondern sie bedarf einer gesonderten Vereinbarung mit dem Dritten. Folglich fehlt im englischen Recht sowohl die Möglichkeit der Übernahme der Gründungsgeschäfte als auch der besondere Erlöschensgrund für die Haftung der Handelnden. Auch nach Umsetzung von Art. 7 Publizitätsrichtlinie in das nationale Recht haften dem Dritten gegenüber nur die Handelnden, nicht aber die Gesellschaft.

Obwohl damit ein Verstoß gegen das Gemeinschaftsrecht vorliegt, gehen die englische Rechtsprechung und Literatur von einer Vereinbarkeit der Regelungen aus[1487]. Art. 7 Publizitätsrichtlinie erwähne zwar die Übernahme der Gründungsgeschäfte durch die Gesellschaft, doch schreibe er eine Übernahme der Gründungsgeschäfte nicht verbindlich vor. Die konkrete Ausgestaltung der nationalen Regelung der jeweiligen Rechtsordnung sei den Mitgliedstaaten überlassen. England sei daher nur gehalten, „spirit and intent" der Richtlinie nach Art. 249 Abs. 3, 10 Abs. 1 S. 1 EGV[1488] umzusetzen, so dass die englische Regelung mit Art. 7 Publizitätsricht-linie übereinstimme[1489].

Nach herrschender Meinung schreibt das Gemeinschaftsrecht aber eine Übernahme verbunden mit der Möglichkeit der Befreiung der Handelnden aus ihrer Haftung vor. Daher verstößt das englische Recht insoweit gegen Art. 7 Publizitätsrichtlinie. Zwar ist nach Inkrafttreten des Contracts (Rights of Third Parties) Act 1999 im englischen Recht nun eine Verleihung der aus den Gründungsgeschäften resultierenden Rechte an die Gesellschaft durch Vertrag zugunsten Dritter möglich. Der inkorporierten Gesellschaft kann dabei sogar ein Klagerecht bzw. ein durchsetzbarer Anspruch verliehen werden, wenn und soweit die Vertragsparteien dieses im Rahmen der Gründungsgeschäfte beabsichtigten. Doch kann dieses nicht die Möglichkeit einer einseitigen Übernahme der Rechte und Pflichten eines Rechtsgeschäftes ausgleichen. Zudem können mittels Vertrags zugunsten Dritter weder Verpflichtungen an die Gesellschaft übertragen werden noch kann daraus eine automatische Haftungsbefreiung der Handelnden folgen[1490]. Insofern verstößt das englische Recht folglich gegen das Gemeinschaftsrecht.

[1485] S. den Abschnitt „Novation" auf S. 239 ff. bzw. 255 ff.

[1486] S. den Abschnitt „Übernahme der Verbindlichkeiten durch die Gesellschaft" auf S. 267 ff.

[1487] Vgl. Phonogram Ltd v Lane, [1981] 3 All ER 182, 186 ff.; Heinemann, Pre-incorporation transactions, S. 30; Green, 47 MLR 671, 689.

[1488] Bisher Art. 189 Abs. 3, 5 Abs. 1 EGV.

[1489] Phonogram Ltd v Lane, [1981] 3 All ER 182, 183.

[1490] S. den Abschnitt „Vertrag zugunsten Dritter" auf S. 261 ff.

VI. Ausgestaltung der Handelndenhaftung

S. 36C (1) CA 1985 bestimmt entsprechend der gemeinschaftsrechtlichen Vorgabe die persönliche Außenhaftung der Handelnden[1491]. Darüber hinaus trifft das englische Recht keine weitere Aussage über die Ausgestaltung der Handelndenhaftung. Insbesondere ordnet es keine gesamtschuldnerische Haftung der Handelnden an. Ein Umsetzungsdefizit liegt aber nur dann vor, wenn sich das mit der Richtlinie verfolgte Ziel nicht im Wege der Auslegung des nationalen Rechts erreichen lässt. Der EuGH geht davon aus, dass die Mitgliedstaaten aufgrund des EGV verpflichtet sind, ihr nationales Recht nach Möglichkeit den Vorgaben der Richtlinie anzupassen und gegebenenfalls richtlinienkonform auszulegen[1492]. Das englische Recht verstieße also nicht gegen das Gemeinschaftsrecht, wenn es in richtlinienkonformer Auslegung eine gesamtschuldnerische Außenhaftung der Handelnden annimmt. Bisher bestehen aber keine Anhaltspunkte dafür, dass die englische Rechtsprechung diese Richtung einschlägt, zumal nach den allgemeinen Regeln des englischen Rechts eine Gesamtschuld nicht bereits aus der Tatsache folgt, dass gemeinsam gehandelt wurde. Dieses führt regelmäßig nur zu einer gemeinsamen, anteiligen Haftung. Damit bleibt das englische Recht hinter den Anforderungen der Publizitätsrichtlinie an den zu gewährenden Drittschutz zurück. Durch die nur anteilige Haftung der Handelnden kann dem Dritten ein Schaden entstehen, da seine Forderung teilweise ausfallen kann. Das englische Recht verstößt also insoweit gegen das Gemeinschaftsrecht.

VII. Ausschluss durch Vereinbarung

Das englische Recht eröffnet ebenso wie Art. 7 Publizitätsrichtlinie dem *promoter* explizit die Möglichkeit, seine persönliche Haftung aus einem Gründungsgeschäft durch Vereinbarung mit dem Dritten zu beschränken oder abzudingen[1493]. Dabei verlangt das englische Recht das Vorliegen einer ausdrücklichen Vereinbarung. Der Haftungsausschluss wird zudem durch die Beweisregel der *parol evidence rule* erschwert, aus der bei schriftlichen Hauptverträgen ein faktischer Zwang zur Schriftlichkeit auch der Abbedingung der Haftung folgt. Ferner muss der Haftungsausschluss schriftlich und förmlich „*under seal*" geschlossen werden. Ohne diese Förmlichkeit würde es an einer gegenwärtigen Gegenleistung (*present consideration*) fehlen und der Vertrag wäre nichtig. Die somit für den Gründer erschwerte Möglichkeit der Abbedingung seiner Haftung verstößt aber nicht gegen das Gemeinschaftsrecht. Die englische Regelung verstärkt den von der Publizitätsrichtlinie bezweckten Schutz des Dritten und ist als über den Mindeststandard von Art. 7 Publizitäts-richtlinie hinausgehende, rigorosere Regelung zulässig.

[1491] S. zum Gemeinschaftsrecht den Abschnitt „Ausgestaltung der Haftung" auf S. 111 f. und zum englischen Recht den Abschnitt „Inhalt und Ausgestaltung der Haftung der promoter" auf S. 235 f.

[1492] Habersack, Europäisches Gesellschaftsrecht, Rn 34; Schwarz, Europäisches Gesellschaftsrecht, Rn 24 ff.; vgl. auch EuGH, Rs C-91/92 (Faccini Dori / Recreb), Slg. 1994, I-3325 ff.

[1493] S. zum Gemeinschaftsrecht den Abschnitt „Ausschluss der Haftung" auf S. 112 f. und zum englischen Recht den Abschnitt „Ausdrücklicher Haftungsausschluss" auf S. 236 ff.

VIII. Zusammenfassung: Vereinbarkeit mit dem Gemeinschaftsrecht

Das englische Recht kennt keine Gründungsgesellschaft. Daher beruht die Haftung in der Gründungsphase der Gesellschaft ausschließlich auf der Haftung der für eine sich in Gründung befindliche Gesellschaft Handelnden. Dieses stimmt mit dem Gemeinschaftsrecht überein, dass zwar eine Gründungsgesellschaft kennt, doch insoweit nicht zwingend ist. Problematisch ist im englischen Recht aber, dass der Handelndenbegriff nicht hinreichend definiert ist, so dass unklar bleibt, wer zur Gruppe der Handelnden zählt. Weiterhin verstößt das englische Recht gegen das Gemeinschaftsrecht, indem es keine gesamtschuldnerische Haftung der Handelnden anordnet. Auch die nicht bestehende Möglichkeit der Übernahme der aus den Gründungsgeschäften resultierenden Rechte und Pflichten durch die inkorporierte Gesellschaft und die damit nicht gewährte Möglichkeit der Haftungsbefreiung der Handelnden stimmt nicht mit dem Gemeinschaftsrecht überein. Hingegen ist die Umsetzung von Art. 7 Publizitätsrichtlinie durch die gesetzliche Regelung des s. 36C (1) CA 1985 und das *common law* mit dem Gemeinschaftsrecht konform.

Hinsichtlich der festgestellten Verstöße gegen das Gemeinschaftsrecht kann England als Mitgliedstaat der Europäischen Union ein Vertragsverletzungsverfahren nach Art. 226 EGV[1494] sowie und ein gemeinschaftsrechtlicher Staatshaftungsanspruch wegen mangelhafter Umsetzung der Richtlinie drohen[1495]. Im Oktober 1999 hat die *company law steering group* des Departement of Trade and Industry (DTI) ein Konsultationspapier herausgegeben[1496], in dem Vorschläge für eine Reform des englischen Gesellschaftsrechts enthalten sind, und die insbesondere auf eine Erleichterung der Eintragung hinwirken sollen[1497]. Eine Änderung der Haftungsvorschrift des Art. 36C (1) CA 1985 ist insbesondere hinsichtlich der aufgezeigten Mängel nicht vorgesehen.

[1494] Bisher Art. 169 EGV; vgl. dazu Schwarz, Europäisches Gesellschaftsrecht, Rn 90, 230.

[1495] Vgl. zu den Voraussetzungen des gemeinschaftsrechtlichen Staatshaftungsanspruchs: Bleckmann, Europarecht, Rn 1038 ff. mwN; EuGH, Rs. C-6/90 (Francovich), Slg. 1991-9, I-5357 (I-5413 ff.); EuGH, Rs. C-46/93, C-48/93 (Brasserie du pêcheur), Slg. 1996-3, I-1029, I-1141 ff.; EuGH, Rs. C-178/94, C-179/94, C-188/94, C-189/94, C-190/94 (Dillenkofer u.a.), Slg. 1996-10, I-4845, I-4878 ff.

[1496] Konsultationspapier der Company Law Steering Group des DTI, Modern Company Law for a Competitive Economy – Company Formation and Capital Maintenance.

[1497] Griffin, Company Law, S. 373.

E. Zusammenfassung: Rechtslage in England

Das englische Gesellschaftsrecht beruht sowohl auf gesetzlicher Grundlage, dem CA 1985, als auch auf dem *common law*. Insgesamt weist das englische Recht weitreichende Unterschiede zum deutschen und französischen Recht auf. Die Gründung einer *private company* bedarf zwar auch in England des Durchlaufens eines zwingend vorgeschriebenen Gründungsverfahrens, dass mit Unterzeichnung der aus *memorandum* und *articles of association* bestehenden Gesellschaftssatzung beginnt und mit Inkorporation der Gesellschaft durch Aushändigung der Gründungsbescheinigung (*certificate of incorporation*) endet. Ein Mindestgrund-kapital ist aber nicht aufzubringen; soweit eine Kapitalausstattung der Gesellschaft dennoch erfolgen soll, ist das Kapital erst nach Entstehung der Gesellschaft auszubringen und ist somit nicht Entstehungsvoraussetzung der Gesellschaft.

Angesichts dieser Rahmenbedingungen erkennt das englische Recht auch nach Erlass der Publizitätsrichtlinie keine Vorgesellschaft an. Es besteht Einigkeit, dass vor Erteilung der Gründerbescheinigung (*certificate of incorporation*) die Gesellschaft nicht existiert. Die Gruppe der *promoter* bildet vor Inkorporation der Gesellschaft grundsätzlich auch kein *partnership*. Der Vollzug der Gesellschaft durch Aufnahme der Geschäftstätigkeit und die Erlangung der Rechtsfähigkeit fallen vielmehr zeitlich zwingend zusammen.

Anders als im deutschen Recht haben die Gerichte in England die gesetzliche Ausgangslage in s. 36C (1) CA 1985 nicht weiterentwickelt. Die Haftung im Gründungsstadium der Gesellschaft beruht allein auf der Handelndenhaftung, wobei die Regelungen des *common* law und die in s. 36C (1) CA 1985 grundsätzlich nebeneinander Anwendung finden. Für Rechtsgeschäfte vor Inkorporierung der Gesellschaft haften die *promoter* persönlich, aber nicht gesamtschuldnerisch. Letztere Ausgestaltung der Handelnde verstößt aber gegen das Gemeinschaftsrecht. Der Begriff der *promoter* umfasst grundsätzlich alle unmittelbar und mittelbar handelnden natürlichen Personen. Die Handelndenhaftung ist grundsätzlich auf Erfüllung gerichtet, auch wenn die Gerichte eine Verurteilung zur Erfüllung nur in Ausnahmefällen gewähren und in der Regel nur ein Anspruch auf Schadensersatz wegen Nichterfüllung in Betracht kommt. Die Haftung tritt unabhängig von einem Handeln im Namen der Gesellschaft in Gründung oder als Organ der zu gründenden Gesellschaft ein. Maßgeblich ist allein, dass die Gesellschaftsgründung zum Zeitpunkt des Vertragsschlusses zumindest beabsichtigt war.

Der *promoter* trägt also zunächst allein das Vertrags- und Haftungsrisiko und hat weder einen Anspruch auf Ersatz seiner Aufwendungen noch einen Freistellungsanspruch gegen die Gesellschaft. Erst nach Inkorporation der Gesellschaft kann sich diese dem *promoter* gegenüber verpflichten, die Gründungsgeschäfte mitsamt der entstandenen Kosten zu übernehmen. Seine Haftung kann der *promoter* nur durch ausdrücklichen, förmlichen Haftungsausschluss mit dem Dritten oder durch wirtschaftliche Neugründung (*off the shelf company*) vermeiden. Eine Übernahmemöglichkeit der aus den Gründungsgeschäften resultierenden Rechte und Pflichten verbunden mit einer Befreiung des Handelnden aus seiner Haftung besteht für die inkorporierte Gesellschaft nicht, und zwar auch dann nicht, wenn die Gründungsgeschäfte in ihrem Namen oder zu ihren Gunsten eingegangen wurden. Um die Rechte und Pflichten aus einem Gründungsgeschäft zu erhalten, bleibt der Gesellschaft grundsätzlich nur die Möglichkeit der *novation*, also des Abschlusses eines neuen, inhaltsgleichen Vertrages mit dem Dritten. Da das Gemeinschaftsrecht die Möglichkeit der Übernahme der Gründungsgeschäfte zwingend vorsieht, verstößt das englische Recht insoweit gegen das Gemeinschaftsrecht. Die seit Erlass des Contracts (Rights of Third Parties) Act 1999 bestehende Möglichkeit, der Gesellschaft Rechte aus einem Gründungsgeschäft durch Vertrag zugunsten Dritter zu übertragen, gleicht diesen Verstoß ebenso wenig aus wie die Möglichkeit des Dritten, im Fall der Erbringung von Leistungen an die Gesellschaft aufgrund eines Gründungsgeschäftes einen bereicherungsrechtlichen Anspruch gegen diese geltend machen zu können. Im übrigen ist das englische Recht mit dem Gemeinschaftsrecht konform.

Kapitel 4 Vergleich der Rechtslagen

A. Einleitung

Die in den untersuchten Ländern gefundenen Lösungen für die Gründerhaftungsproblematik wurden durch Art. 7 Publizitätsrichtlinie[1498] harmonisiert. Trotz dieser Rechtsangleichung weisen die Rechte der untersuchten Länder weitreichende Unterscheide auf. Dieses ist zum einen darauf zurückzuführen, dass die nur hinsichtlich ihres Ziels verbindliche Richtlinienbestimmung in den Mitgliedstaaten unterschiedlich umgesetzt wurde. Zum anderen wurde das harmonisierte Recht von der Rechtsprechung jeweils in unterschiedlichem Umfang weiterentwickelt. Die unterschiedlichen Rechtssystematiken der untersuchten Länder sowie insbesondere auch das unterschiedliche Rechtsverständnis des *common law* und des kontinentaleuropäischen Rechtssystems führten zu voneinander abweichenden Fortentwicklungen des Rechts der Gründerhaftung. Dieses Ergebnis mag erstaunen angesichts der Tatsache, dass sich die Interessen der an den Gründungsgeschäften Beteiligten, die Bedeutung der Rechtsgeschäfte im Gründungsstadium sowie die einzelnen Problematiken in allen untersuchten Rechtssystemen gleichen. Selbst die Notwendigkeit des Abschlusses von Gründungsgeschäften für die zukünftige Gesellschaft im deutschen und französischen Recht, um die Eintragung der Gesellschaft in das Handelsregister bewirken zu können, hat nicht zu einer gleichen Ausgestaltung des Rechts in beiden Ländern geführt.

B. Vergleich der Rechtslagen

I. Gründung der Gesellschaften mit beschränkter Haftung

So ähnlich der Gründungsvorgang der Gesellschaft mit beschränkter Haftung in den untersuchten Ländern auch ist, zumal alle Länder mittlerweile das Konstitutionsprinzip eingeführt haben[1499], so weicht doch insbesondere das englische Recht in Einzelheiten vom deutschen und französischen Gründungsrecht ab. Von zunächst nur geringem Unterschied ist die englische Besonderheit, dass statt der Eintragung in das Handelsregister die Inkorporation durch Erteilung der Gründungsbescheinigung *(certificate of incorporation)* für die Erlangung der Rechtsfähigkeit der Gesellschaft entscheidend ist. Die *private company* entsteht erst mit dem Datum der Ausstellung der Gründungsbescheinigung, die im Anschluss an die Registrierung erteilt wird.

Auch die von den Gründern zu erfüllenden Normativbedingungen für die Erlangung der Rechtsfähigkeit der Gesellschaft gleichen sich nur bedingt. Von zentraler Bedeutung ist in allen untersuchten Rechtssystemen die von den Gründern zu unterzeichnende Gesellschaftssatzung, welche die Organisationsstruktur der Gesellschaft und die Rechtsstellung des einzelnen Mitglieds bestimmt. Das französische Recht enthält aber

1498 Erste Richtlinie (68/151/EWG) vom 09.03.1968, ABl. EG 1968 L 65/8.

1499 § 11 Abs. 1 GmbHG für das deutsche, Art. 5 al. 1 L 1966, Art. 1842 al. 1 CC für das französische und s. 13 (1) CA 1985 für das englische Recht.

mehr Vorgaben und Beschränkungen für die Ausgestaltung der Gesellschaftssatzung. Dies zeigt insbesondere die Beschränkung der Anzahl der Gesellschafter auf maximal 50 Mitglieder[1500]. Hingegen weist das englische Recht bedeutsame Unterschiede bei der Kapitalausstattung auf. Im Gegensatz zum Recht der GmbH und der *SARL* ist das englische Recht der Kapitalaufbringung traditionell von großer Gestaltungsfreiheit geprägt und unterliegt vollkommen der Satzungsautonomie. Daher erfolgt der Kapitalzufluss bei der *private company* grundsätzlich erst nach Entstehung der Gesellschaft. Zudem verlangt das englische Recht kein zugeteiltes Mindestkapital. So kommt es vor Eintragung der Gesellschaft in der Regel nicht zur Bildung von Gesellschaftsvermögen, und die Gesellschaft verfügt bei ihrer Entstehung noch über kein wesentliches Gesellschaftskapital. Die Verknüpfung zwischen Kapitalausstattung in der Gründungsphase und Schaffung der Gesellschaft ist dem englischen Recht fremd. Auch ist ihm der Grundsatz der realen Kapitalaufbringung unbekannt. In Deutschland und Frankreich sehen die Gründungsvorschriften im Interesse des Gläubigerschutzes hingegen vor, dass die Gesellschaft mit einem Mindestkapital ausgestattet wird, und dass die Gesellschaften erst nach vollständiger Zeichnung des Gesellschaftskapitals und Einzahlung von mindestens 25 % bei der GmbH bzw. Volleinzahlung bei der *SARL* entstehen kann. Zudem wird das Stammkapital in Deutschland durch die Vorbelastungshaftung, die den Unversehrtheitsgrundsatz umsetzt, ausreichend geschützt.

Auch die Überprüfung der Gründungsvoraussetzungen vor Eintragung der Gesellschaft unterscheiden sich. Während sich das englische Recht mit einer bloß formellen Gründungskontrolle begnügt, so dass das *certificate of incorporation* nur die Rechtsmäßigkeit des Entstehungsprozesses fingiert und die Bewertung der Einlagen durch die Parteien oder den *director* ermöglicht, unterliegt die Erfüllung der Normativbedingungen in Deutschland einer umfassenden formellen und materiellrechtlichen Gründungskontrolle durch den Registerrichter. Die Prüfung des französischen Registergerichts entspricht auch nicht der umfassenden Legalitätskontrolle des deutschen Rechts, beinhaltet aber wie dieses eine Überprüfung der Einhaltung der Gründungsvorschriften und eine Bewertung der Sacheinlagen. Insbesondere aus diesem Grund ist der Gründungsvorgang in England weniger zeitintensiv als in Deutschland und Frankreich.

II. Vorgesellschaft und andere Gesellschaftsformen in der Gründungsphase

Der Gesetzgeber hat es in allen zu untersuchenden Rechtssystemen unterlassen, eine Regelung der vor der Entstehung der Gesellschaft bestehenden Rechtsbeziehungen zu schaffen. Er begnügte sich damit, negativ festzulegen, dass die Gesellschaft vor ihrer Eintragung bzw. Inkorporation nicht besteht und ordnet positiv für dennoch getätigte Gründungsgeschäfte die Haftung der für die Gesellschaft handelnden Personen an[1501]. Dabei liegt allen untersuchten Rechtssystemen das Prinzip zugrunde, dass eine gemeinsame wirtschaftliche Tätigkeit vor Entstehung der Gesellschaft zulässig ist, und

1500 Art. 36 L 1966.

1501 § 11 Abs. 1, 2 GmbHG im deutschen, Art. 5 al. 1, 2 L 1966 im französischen und s. 13 (4), 36C (1) CA 1985 im englischen Recht.

dass eine Haftung für die im Gründungsstadium getätigten Rechtsgeschäfte bestehen muss. Dennoch bestehen Unterschiede hinsichtlich der Anerkennung einer Gesellschaftsform in der Gründungsphase und hinsichtlich der Ausgestaltung dieser Gesellschaft vor der Eintragung im Handelsregister bzw. vor der Inkorporation. Das unterschiedliche Verständnis der Vorgesellschaft ist dabei auch Ursache der Ausgestaltung der Gründerhaftungsproblematik.

Anders als im deutschen Recht haben die englischen und französischen Gerichte die gesetzliche Ausgangslage s. 36 C (1) CA 1985 bzw. Art. 5 al. 1, 2 L 1966 nicht weiterentwickelt. Da nach der englischen Rechtsdogmatik die Gründung der Gesellschaft mit der Erlangung der Rechtsfähigkeit zusammenfällt, ist die Existenz von Gebilden wie die einer Vorgründungs- oder Vorgesellschaft in England nicht anerkannt. Zudem fällt bei der *private company* der Vollzug der Gesellschaft durch Aufnahme der Geschäftstätigkeit und die Erlangung der Rechtsfähigkeit zeitlich zwingend zusammen. Es besteht Einigkeit darüber, dass die *private company* vor Erteilung der Gründungsbescheinigung (*certificate of incorporation*) noch nicht existiert und kein der künftigen Gesellschaft vorgelagertes Gebilde mit institutionalisiertem Bezug besteht. Die Errichtung einer Vorgesellschaft durch Unterzeichnung der Gründungsurkunde scheitert nach englischem Rechtsverständnis schon daran, dass der Gesellschaftsvertrag bis zur Inkorporation weder Wirkung nach außen noch nach innen entfaltet. Auch aus dem mittlerweile für die Anwendung der Handelndenhaftung notwendigen Bezug zur Gründung einer Gesellschaft, wonach das Rechtsgeschäft eine bestimmte, wenn auch noch nicht existente Gesellschaft als vermeintlichen Vertragspartner identifizieren muss, lässt sich keine Anerkennung einer Vorgesellschaft folgern.

Die Vereinigung der *promoter* bildet ferner grundsätzlich kein *partnership*, weil reine Vorbereitungshandlungen das konstituierende Merkmal eines *partnership*, das *business*, noch nicht ausfüllen und die erforderliche Gewinnerzielung fehlt. Denn alleiniger Gesellschaftszweck ist die Gründung einer *private company*. Die *promoter* können nur dann ein *partnership* bilden, wenn sie vor dem Entstehen der *private company* dauerhaft mit der Geschäftstätigkeit beginnen oder im Gründungsstadium ein einzubringendes Handelsgeschäft gemeinsam zur Gewinnerzielung weiterführen. In diesem Fall haften sie persönlich und unbeschränkt. Diesem *partnership* kommt aber nicht die Funktion zu, die das deutsche Recht der Vorgesellschaft zumisst, weil es der zu gründenden Kapitalgesellschaft selbständig gegenübersteht.

Reformbestrebungen im englischen Recht, eine Vorgesellschaft anzuerkennen und den Übergang der Rechte und Pflichten auf die eingetragene Gesellschaft zu regeln, haben sich bislang nicht durchgesetzt. Das englische Recht betont weiterhin die absolute Trennung von Gründungsphase und inkorporierter Gesellschaft. Die rechtliche Lage vor Inkorporation der Gesellschaft ist vor dem Hintergrund anderer Kapitalaufbringungsvorschriften zu sehen, die das Verfahren bis zur Eintragung verkürzen. Aufgrund der fehlenden Mindestkapitalausstattung und einer entsprechenden registerrechtlichen Kontrolle wäre eine Vorgesellschaft kaum von nennenswerter Lebensdauer. Zudem soll die Gesellschaft vor Erlangung der Rechtsfähigkeit noch nicht automatisch und unwiderruflich berechtigt und verpflichtet werden, um die Interessen der gegenwärtigen und künftigen Anteilseigner der Gesellschaft zu schützen. Die Gesellschaft könnte einer Flut von Verträgen ausgesetzt sein, die von Personen abgeschlossen werden, die weder eine Vollmacht zur Eingehung der Rechtsgeschäfte von den wirtschaftlich hinter der Gesellschaft stehenden Personen erhalten haben noch eigenes Vermögen riskieren. Die Gesellschaft soll daher möglichst ohne Verbindlichkeiten entstehen und nach ihrer Entstehung entscheiden, ob sie ein Gründungsgeschäft neu abschließt und damit eigene Verbindlichkeiten eingeht. Das englische Recht zeigt damit, dass auch eine durch Kapitalgesellschaften geprägte Unternehmerlandschaft nicht zur Aufwertung der Vorgesellschaft gezwungen ist. Die Gründung einer *private company* wird folglich als einheitliche Phase betracht, auf welche die in s. 36C (1) CA 1985 geregelte Handelndenhaftung in jedem Stadium Anwendung findet. Sie unterscheidet sich damit wesentlich vom deutschen und französischen Recht.

Das französische Recht hat sich in gewissem Maße von der gesetzlichen Vorgabe in Art. 5 al. 1, 2 L 1966 gelöst und gelangt in Anlehnung an die deutsche Auffassung zur Anerkennung der Existenz einer Gründungsgesellschaft (*société en formation*). Beginn dieser Gründungsgesellschaft ist nach herrschender Meinung der Abschluss des Gesellschaftsvertrages, mit dem die Gesellschaft zugleich als errichtet gilt. Auch wenn im französischen Recht ein Trend zur Aufwertung der Gründungsgesellschaft festzustellen ist, bestehen wesentliche Unterschiede zur deutschen Vorgesellschaft. So ist die französische Gründungsgesellschaft weder mit Teil- noch mit Rechtsfähigkeit ausgestattet und kann daher nicht Trägerin von Rechten und Pflichten sein. Die Theorien einer externen oder internen Rechtspersönlichkeit werden seit Einführung der konstitutiven Registereintragung in Art. 5 al. 1 L 1966 nicht mehr vertreten. Während in Deutschland nach überwiegender Auffassung das Recht der Kapitalaufbringung zur Annahme einer teilweisen Rechtsfähigkeit der Vorgesellschaft zwingt, lassen die französischen Kapitalaufbringungsregeln erkennen, dass die Gesellschaft vor der Eintragung nicht als Vermögensträger gedacht ist. Zwar gelten für die Leistung von Sacheinlagen die allgemeinen Regeln, so dass der Gesellschaft das Eigentum und andere Rechte an ihnen zu verschaffen sind. Da das französische Zivilrecht aber nicht zwischen Verpflichtungs- und Verfügungsgeschäft differenziert und andererseits ein Rechtsübergang erst mit Rechtsfähigkeit möglich ist, erwirbt die Gesellschaft das Eigentum und sonstige Rechte an den Sacheinlagen erst mit ihrer Eintragung. Die Bareinlagen sind bis zur Vorlage des amtlichen Eintragungszertifikats auf einem im Namen der *SARL* eröffneten Bankkonto, bei einem Notar oder bei der *Caisse des Dépôts et Consignations* zu hinterlegen. Diese stellen eine Sperrbescheinigung (*attestation de blocage*) aus und geben die Gelder erst nach Vorlage des Handelsregisterauszuges als Bestätigung der Eintragung wieder frei[1502], so dass die Gesellschaft erst nach ihrer Eintragung über diese Beträge verfügen kann.

Folge dieses Verständnisses der Gründungsgesellschaft ist, dass sie weder berechtigt noch verpflichtet werden kann. Vor der Eintragung im Handelsregister kann kein Rechtserwerb durch die Gesellschaft stattfinden. Die im Gründungsstadium eingegangenen Verbindlichkeiten gehen nicht automatisch mit Eintragung der Gesellschaft auf diese über, da die französische Gründungsgesellschaft und die *SARL* nicht als identisch angesehen werden. Zur Herbeiführung einer Bindung der *SARL* an die

---

1502 Art. 39 al. 1 L 1966 , Art. 22, 62 décret n° 67-236.

Gründungsgeschäfte bleibt nur das normativ vorgesehene Verfahren der Übernahme. Dennoch kommt der Gründungsgesellschaft für die Haftung im Gründungsstadium sowie für die Übernahme der Gründungsgeschäfte große Bedeutung zu, da die Anwendbarkeit von Art. 5 al. 2 L 1966 ihr objektives Vorliegen sowie ein Handeln in ihrem Namen voraussetzt.

Daneben hat die französische Rechtsprechung – anders als das englische Recht - ein der unechten Vorgesellschaft ähnelndes Rechtsinstitut entwickelt, die *société créée de fait*. Ähnlich wie in Deutschland kann sich die Gründungsgesellschaft (*société en formation*) in eine *société créée de fait* wandeln, wenn die Gründer die Eintragung der Gesellschaft zu lange herauszögern oder die Eintragungsabsicht aufgeben. Ebenso kann eine *société créée de fait* entstehen, wenn die Geschäftstätigkeit der zukünftigen Gesellschaft schon im Gründungsstadium dauerhaft und in wesentlichem Umfang aufgenommen wird und über die Erfüllung der gründungsnotwendigen Rechtsgeschäfte hinausgeht. Nicht jede Verzögerung der Eintragung führt aber zur Umwandlung der Gründungsgesellschaft, sie hängt vielmehr von den Umständen des Einzelfalls ab. Anders als im englischen Recht, bei dem die gemeinsame Fortführung eines einzubringenden Handelsgeschäfts zum Zwecke der Gewinnerzielung zur Entstehung eines *partnership* führen kann, erfolgt im französischen Recht ausnahmsweise keine Umwandlung der Gründungsgesellschaft in eine *société créée de fait*, wenn ein eingebrachtes oder einzubringendes Unternehmen (*fonds de commerce*) fortgeführt wird. Auf die *société créée de fait* finden wie im deutschen Recht grundsätzlich die Vorschriften der französischen OHG (*SNC*) Anwendung, wenn es sich bei ihr um eine Handelsgesellschaft handelt. Andernfalls kommen die Vorschriften der französischen BGB-Gesellschaft (*société civile*) zur Anwendung. Statt der Handelnden haften alle Gesellschafter der *société créée de fait* unbeschränkt und persönlich für die eingegangenen Rechtsgeschäfte, und zwar unabhängig davon, ob sie an dem Rechtsgeschäft teilgenommen haben oder nicht. Gesamtschuldnerisch haften die Gesellschafter aber nur bei Vorliegen einer *SNC*. Im Ergebnis wird die Tätigkeit vor Eintragung der Gesellschaft in Frankreich sehr weitgehend mit einer unbeschränkten persönlichen Außenhaftung sanktioniert.

Ein der deutschen Vorgründungsgesellschaft ähnelndes Gebilde ist dem französischen ebenso wie dem englischen Recht unbekannt, auch wenn das französisches Recht zwischen zwei Gründungsphasen unterscheidet, wie Art. 6 décret n° 78-704 und Art. 26 décret n° 67-236 zeigen. Es trennt zwischen der Zeit bis zur Satzungszeichnung und der Zeit zwischen Satzungszeichnung und Eintragung der Gesellschaft. Die im Gründungsstadium möglicherweise auftretenden Gebilde oder Vereinbarungen wie die der *société d'étude*, der *promesse de société*, des *projet de société* und des *protocol d'accord* stellen auch keine Vorgründungsgesellschaft dar. Die nach deutschem Verständnis in die Phase der Vorgründungsgesellschaft fallenden Rechtsgeschäfte werden vielmehr in den einheitlichen Anwendungsbereich des Art. 5 al. 2 L 1966 einbezogen und können damit später im Rahmen der gesetzlichen Übernahmeverfahren von der entstandenen Gesellschaft übernommen werden.

Am stärksten in Formen gefügt und rechtlich ausgeprägt ist die Gründungsphase in Deutschland. Im deutschen Gründungsrecht der GmbH wird zwischen den Gesellschaftsformen der Vorgründungs- und der Vorgesellschaft unterschieden, sowie im

Rahmen der Vorgesellschaft zwischen der echten und der unechten Vorgesellschaft. Die Betrachtungsweise des englischen Rechts hinsichtlich der Verneinung einer Vorgesellschaft ist dem deutschen Recht fremd und ließe sich nicht mit den Vorschriften über die Gründung einer GmbH, welche die Existenz einer Vorgesellschaft voraussetzen, vereinbaren[1503]. Die Phase der Vorgesellschaft beginnt wie im französischen Recht mit Abschluss eines wirksamen Gesellschaftsvertrages und endet wie dort grundsätzlich im Zeitpunkt der Eintragung der Gesellschaft im Handelsregister. Hier enden die Gemeinsamkeiten mit dem französischen Recht. Anders als dort entsteht in Deutschland mit Abschluss des Gesellschaftsvertrages eine handlungsfähige Organisation, deren Mitglieder und Organe mit denen der eingetragenen GmbH identisch sind. Daher wird zwischen Vorgesellschaft und GmbH eine Identität im Sinne der Kontinuität angenommen. Als Gesellschaftsform sui generis wird der Vorgesellschaft zumindest Teilrechtsfähigkeit zuerkannt, so dass schon vor Eintragung der Gesellschaft Rechte und Pflichten in ihrem Namen begründet werden können. Die Vorgesellschaft ist der GmbH insoweit angenähert als sie bereits Trägerin der eingebrachten Vermögenswerte und eines eingebrachten Unternehmens sein kann. Auch in anderer Hinsicht ist sie der eingetragenen GmbH fast gleichgestellt. So finden nach der Sonderrechtsformel des BGH die Vorschriften des GmbHG auf die Vorgesellschaft insoweit Anwendung, als diese nicht die Eintragung der Gesellschaft voraussetzen.

Die Vorgesellschaft kann sich im deutschen Recht ebenso wie in Frankreich in eine unechte Vorgesellschaft mit entsprechender Auswirkung auf die Haftung der Gründer wandeln. Wie im französischen Recht liegt eine unechte Vorgesellschaft vor, wenn die Eintragung zu lange herausgezögert oder die Eintragungsabsicht aufgegeben wird. Gleiches gilt in Deutschland, wenn trotz Abschluss eines formgerechten und wirksamen Gesellschaftsvertrages die Eintragung von vorneherein nicht beabsichtigt war oder die Eintragung endgültig abgelehnt wird. In diesem Fall findet das Gründerhaftungskonzept des BGH keine Anwendung, sondern die Gesellschafter der unechten Vorgesellschaft haften als Personenzusammenschluss ohne Ziel der Gründung einer GmbH ähnlich wie in Frankreich nach dem Recht der BGB-Gesellschaft oder dem der OHG. Im Gegensatz zum französischen Recht wandelt sich die deutsche Vorgesellschaft aber nicht schon dann in eine unechte Vorgesellschaft, wenn dauerhaft und in wesentlichem Umfang der der zukünftigen GmbH zugedachte Geschäftsbetrieb aufgenommen wird, sondern erst dann, wenn die Gründung endgültig gescheitert ist oder die Eintragungsabsicht aufgegeben wurde bzw. nie bestand.

Die in den anderen Rechtssystemen unbekannte deutsche Vorgründungsgesellschaft ist ein mögliches, aber nicht notwendiges Vorstadium der GmbH-Gründung. Sie geht der Vorgesellschaft und der GmbH zeitlich vor, ist aber nicht ihre Vorgängerin im rechtlichen Sinn, so dass zwischen ihnen weder Identität noch Kontinuität besteht. Daraus folgt, dass ein automatischer Übergang der Rechte und Pflichten von der Vorgründungsgesellschaft auf die Vorgesellschaft oder die GmbH nicht erfolgen kann. Die Vermögensgegenstände der Vorgründungsgesell-schaft, die der Vorgesellschaft oder der GmbH zukommen sollen, können von den Gesellschaftern nur durch rechtsgeschäftliche Übertragung nach §§ 414, 415 BGB übertragen werden. Die Gesellschafter

---

1503 Vgl. §§ 7, 8 GmbHG.

der Vorgründungsgesellschaft haften für eingegangene Rechtsgeschäfte persönlich und unbeschränkt als Gesamtschuldner nach den allgemeinen Haftungsregeln der OHG oder der BGB-Gesellschaft.

Der Grund für die fehlende Weiterentwicklung des englischen Gründungsrechts in Richtung des Konzepts der Vorgesellschaft trotz offensichtlicher Mängel im Gründungsrecht liegt darin, dass für die Annahme einer Vorgesellschaft keine zwingende Notwendigkeit besteht. Das deutsche Konzept der Vorgesellschaft wird funktional durch die Verwendung der *off the shelf companies* (Vorratsgesellschaften) ersetzt. Dieser Gedanke kann sich indirekt durch die Rechtsentwicklung in Frankreich bestätigt sehen. Dort ist der Erwerb einer Mantelgesellschaft äußerst selten, so dass das Gründungsrecht zur Annahme der Existenz einer Vorgesellschaft hin weiterentwickelt wurde. Zudem verhindert das auf die Lösung des konkreten Falls ausgerichtete englische Rechtsdenken, dass rechtsdogmatische und rechtsphilosophische Auseinandersetzungen in der Rechtspraxis größere Bedeutung erlangen. Die Abneigung englischer Juristen gegen Abstraktionsbegriffe führt dazu, dass die Behandlung der Gründungsphase seit jeher von großer Flexibilität geprägt ist, und es einer rechtsfähigen Vorgesellschaft nicht bedurfte.

III. Haftung aus Gründungsgeschäften

Die bei der Vorgesellschaft aufgezeigten Unterschiede in den Rechten Deutschlands, Englands und Frankreichs setzen sich bei der Frage der Haftung aus Gründungsgeschäften fort, da das unterschiedliche Verständnis der Vorgesellschaft auch Ursache der Ausgestaltung der Gründerhaftungsproblematik ist. Auch wenn die Existenz einer Vorgesellschaft dem englischen Recht unbekannt ist, und Frankreich der Gründungsgesellschaft keine Teilrechtsfähigkeit zuerkennt, kommt es dennoch in diesen Ländern ebenso wie in Deutschland zu einem Handeln im Namen der sich in Gründung befindlichen Gesellschaft.

Die jeweiligen Gesetzgeber haben die Problematik entsprechend der gemeinschaftsrechtlichen Regelung in Art. 7 Publizitätsrichtlinie nur fragmentarisch durch Bestimmung der Haftung der Handelnden zum Schutz der Gläubiger und im Interesse des Rechtsverkehrs gelöst. Während sich die französische Rechtsprechung und Literatur streng an die gesetzgeberische Vorgabe der Handelndenhaftung in Art. 5 al. 2 L 1966 gehalten haben, und sich die englische Rechtsprechung und Lehre eng an der gesetzlichen Bestimmung der Handelndenhaftung in s. 36C (1) CA 1985 auch bei der Frage der Anwendbarkeit der Regeln des grundsätzlich weiterhin gültigen *common law* orientiert haben, haben die deutsche Rechtsprechung und Literatur die gesetzliche Regelung der Handelndenhaftung in § 11 Abs. 2 GmbHG zu einem neben der Handelndenhaftung bestehenden System der Haftung der teilrechtsfähigen Vorgesellschaft und der Gründungsgesellschafter weiterentwickelt. Das deutsche Recht geht damit einen besonderen Weg durch die Annahme der Existenz eines Geschäftsherrn schon vor dem Zeitpunkt der Eintragung der Gesellschaft in das Handelsregister, der durch die im Gründungsstadium eingegangenen Verbindlichkeiten gebunden werden kann. Aus deutscher Sicht hat der Gesetzgeber die Regelung der Haftungsfragen weitestgehend der Rechtsprechung und Lehre überlassen. Die englische Haftungssystematik beruht hingegen wegen Fehlens eines Prinzipals nicht auf der Haftung der Vorgesellschaft und der Gesellschaft, sondern fast ausschließlich auf einer Primärhaftung der *promoter* als mittelbar oder unmittelbar handelnde Personen. Das Haftungssystem in der Gründungsphase der *SARL* stützt sich ebenfalls mangels Rechtsfähigkeit der Gründungsgesellschaft allein auf die Haftung der Handelnden. Da in Frankreich die Übertragung des Eigentums an den Einlagen auf die Gesellschaft erst im Zeitpunkt der Eintragung wirksam wird, besteht vor Eintragung der Gesellschaft noch ein Gesellschaftsvermögen, mit dem sie haften könnte. Auch in England weist die Gesellschaft vor ihrer Eintragung kein Gesellschaftsvermögen auf, und die *promoter* bzw. die Handelnden bilden weder im englischen noch im französischen Recht einen Rechtsträger, für dessen Verbindlichkeiten sie akzessorisch im Wege der Verlustdeckungshaftung oder der Vorbelastungshaftung einstehen müssen.

1. Haftung der Handelnden und der Gründergesellschafter

a. Haftung der Handelnden

In England gilt sowohl nach s. 36C (1) CA 1985 als auch nach dem grundsätzlich neben der gesetzlichen Regelung weitergeltenden *common law* das Prinzip der reinen Handelndenhaftung. Trotz der Bedeutung des Begriffs des *promoter* für die Haftungsfrage weist das englische Recht bisher keine gültige gesetzliche oder höchstrichterliche Definition auf, sondern ist auf eine Entscheidung der Gerichte im Einzelfall angewiesen. Anerkannt ist jedenfalls, dass der Begriff der *promoter* weit zu fassen ist und sich nicht wie im deutschen Recht auf das Vertretungsorgan der Gesellschaft beschränkt. Grundsätzlich erfasst der Begriff alle unmittelbar und mittelbar für die Gesellschaft handelnden natürlichen Personen und damit alle Personen unabhängig von ihrer Eigenschaft als Gründer, zukünftige Gesellschafter, Geschäftsführer oder Außenstehender. Die Erstreckung der Handelndenhaftung auch auf Nichtgesellschafter bedeutet eine Erleichterung der Beweislast in Fällen zweifelhafter gesellschaftlicher Stellung.

Die Anwendung der Handelndenhaftung ist im englischen aber wie im deutschen und französischen Recht auf die Fälle beschränkt, in denen eine rechtliche Neugründung der Gesellschaft vorliegt. Daher greift sie nicht ein, wenn eine *off the shelf company*, eine *société en sommeil* bzw. eine Vorrats- oder Mantelgesellschaft verwendet wird. Daneben haben die englischen Gerichte entschieden, dass die Handelndenhaftung nicht anwendbar ist, wenn eine Gesellschaft lediglich ihren Namen gewechselt hat oder wenn im Namen einer eingetragenen, aber ungenau oder falsch bezeichneten Gesellschaft gehandelt wurde. Ähnliches wird in Frankreich und Deutschland gelten, musste dort aber noch nicht entschieden werden.

In Frankreich beruht die Haftung in der Gründungsphase ebenso wie in England allein auf der persönlichen Haftung der Handelnden nach Art. 5 al. 2 L 1966. Im Gegensatz zum deutschen Recht ist die Haftungsproblematik damit umfassend in einer gesetzlichen Bestimmung geregelt worden. Da die Handelndenhaftung nicht wie in Deutschland als Organhaftung, sondern wie in England als Gründerhaftung verstanden wird, ist auch der französische Handelndenbegriff weit gefasst. Er geht aber noch über den englischen Begriff hinaus, indem er jegliche Förderung eines Gründungs-geschäftes erfasst. Daher fallen nicht nur die unmittelbar Handelnden unter den Handelndenbegriff, sondern auch diejenigen Personen, die der Vornahme eines Gründungsgeschäftes zugestimmt haben, die am Abschluss des Gründungsgeschäfts durch Mitwirken an den vorbereitenden Verhandlungen o.ä. teilgenommen haben sowie diejenigen, die die unmittelbar Handelnden zum Handeln für die in Gründung befindliche Gesellschaft beauftragt und bevollmächtigt haben. Ob diese Personen gleichzeitig Gründer der Gesellschaft, zukünftige Gesellschafter, Geschäftsführer oder Außenstehende sind, ist für die Frage der Haftung nach Art. 5 al. 2 L 1966 ebenso wie nach englischem Recht unerheblich. Allein die Tatsache, dass eine Person in die rechtliche Kategorie eines Gründungsgesellschafters fällt, führt in Frankreich ähnlich wie in England nicht zu dessen Haftung für Gründungsgeschäfte. Solange sie das Gründungsgeschäft nicht selbst unterzeichnet, haftet sie selbst dann nicht, wenn sie von dessen Abschluss Kenntnis hatte, wenn sei bei Errichtung der Gesellschaft eine aktive Rolle eingenommen hat oder wenn ihre Rolle für die Realisierung der Gründungsgeschäfte beherrschend war.

Die deutsche Rechtsprechung hat unter Zustimmung der Lehre die frühere weite Auslegung des Begriffs des Handelnden aufgegeben und die Handelndenhaftung als Organhaftung ausgestaltet. Im Vergleich zum englischen und französischen Recht herrscht folglich ein stark eingeschränkter Handelndenbegriff. Handelnder ist in Deutschland nur der Geschäftsführer und derjenige, der faktisch wie ein Geschäftsführer für die künftige GmbH tätig wird. Nicht länger erfasst wird damit der Gründer, der mit der vorzeitigen Geschäftsaufnahme einverstanden war. Als Folge der Eingrenzung des Handelndenbegriffs ist im deutschen Recht zwischen der Haftung der Handelnden und der von der Rechtsprechung entwickelten Haftung der Gründer zu differenzieren. Im Ergebnis ist damit jede direkte Anknüpfung der Handelndenhaftung an die Gesellschafterstellung aufgegeben, und die Gesellschafterhaftung wird nicht länger als bloßer Anwendungsfall der Handelndenhaftung gesehen.

Inhaltlich ist die Haftung der Handelnden bzw. *promoter* in allen untersuchten Ländern als unbeschränkte Erfüllungshaftung ausgestaltet. In England gewähren die Gerichte allerdings eine Verurteilung zur Erfüllung (*specific performance*) nur in Ausnahmefällen, in der Regel kommt nur ein Anspruch auf Schadensersatz wegen Nichterfüllung in Betracht. In Deutschland richtet sich die Haftung grundsätzlich nach der Gesellschaftsverbindlichkeit, da die Haftung des Handelnden akzessorisch zu der der Vorgesellschaft ist, begründet aber eine eigenständige gesetzliche Verpflichtung auf Erbringung der namens der Gesellschaft zugesagten Leistung. Daher ist der Handelnde trotz Akzessorietät der Handelndenhaftung zur Gesellschaftsverbindlichkeit auch dann zur Leistung verpflichtet, wenn er seine Vertretungsmacht überschritten hat und deshalb eine Verbindlichkeit der Vorgesellschaft nicht entstanden ist. Hintergrund dieser Haftungsausgestaltung ist, dass die Gläubiger bei Abschluss eines Gründungsgeschäftes nicht schlechter, aber auch nicht besser als bei Abschluss eines Rechtsgeschäftes mit einer rechtsfähigen Person gestellt werden sollen. In England und Frankreich ist die Handelndenhaftung als Erfüllungshaftung ausgestaltet, weil der *promoter* bzw. der Handelnde Vertragspartner des Dritten wird und dies in Frankreich auch bleibt, wenn die entstandene Gesellschaft das Gründungsgeschäft nicht übernimmt. Weil der

Vertragspartner wusste, dass das Rechtsgeschäft im Namen einer sich in Gründung befindlichen Gesellschaft geschlossen wurde, hat er wie im deutschen Recht nur einen Anspruch auf Erfüllung und nicht wahlweise auch einen auf Schadensersatz.

Im Unterschied zum deutschen und französischem Recht haften die Handelnden im englischen Recht nicht gesamtschuldnerisch, sondern nur anteilig. Die englischen Gerichte mussten zu dieser Frage zwar bisher noch nicht Stellung nehmen, doch folgt nach allgemeinen Regeln des englischen Rechts eine gesamtschuldnerische Haftung nicht bereits aus der Tatsache, dass gemeinsam gehandelt wurde, sondern nur aus einer entsprechenden, ausdrücklichen Verpflichtung der Handelnden. Insofern bleibt das englische Recht hinter dem vom deutschen und französischen Recht gewährten Schutz Dritter zurück und verstößt insoweit auch gegen das Gemeinschaftsrecht.

Das französische Recht gewährt dem Handelnden als Äquivalent seiner Haftung die Rechte aus dem Gründungsgeschäft, da der Handelnde zunächst Vertragspartner des Dritten wird. Obwohl auch im englischen Recht der *promoter* zunächst Vertragspartner des Dritten wird und grundsätzlich auch bleibt, wird ihm kein Erfüllungsanspruch aus dem Gründungsgeschäft als Gegenstück zu seiner Haftung gewährt. Auch nach deutschem Recht steht dem Handelnden der Anspruch auf Erfüllung nicht zu. Dieses liegt aber darin begründet, dass die Vorgesellschaft Vertragspartnerin des Dritten und somit Gläubigerin der Gegenleistung ist.

Die Haftung der Handelnden bleibt im englischen Recht grundsätzlich auch nach Inkorporierung der Gesellschaft bestehen und erlischt nicht wie im französischen Recht mit Übernahme der Gründungsgeschäfte bzw. wie im deutschen Recht mit automatischem Übergang der aus den Gründungsgeschäften resultierenden Rechte und Pflichten. Denn diese Möglichkeiten des Übergangs der Rechte und Pflichten aus den Gründungsgeschäften auf die entstandene Gesellschaft besteht in England nicht. Eine Befreiung der Handelnden von ihrer Haftung kann lediglich durch Verzicht des Gläubigers anlässlich einer Novation (*novation*) oder durch ausdrücklichen anderweitigen Erlass seitens des Gläubigers erfolgen. Die *novation* allein bewirkt noch nicht die Entlassung des *promoter* aus seiner persönlichen Haftung nach s. 36C (1) CA 1985, vielmehr bedarf es dazu eines Erlasses des Vertragspartners, der in der Regel im Rahmen des Neuabschlusses des Rechtsgeschäfts erfolgt. Das englische Recht gewährt dem Dritten somit eine doppelte Sicherheit, weil der Handelnde selbst bei Vorliegen einer Novation nicht ohne Zustimmung des Dritten von seiner persönlichen Haftung befreit wird. Der Dritte erlangt einen Vorteil, den er weder hätte, wenn er den Vertrag mit dem Handelnden als Individuum noch wenn er ihn mit der Gesellschaft selbst abgeschlossen hätte. Hintergrund dieser Regelung ist die fehlende Mindestkapitalausstattung der Gesellschaft, die dem Dritten keine Sicherheit bietet, so dass es eines Ausgleichs für sein Durchsetzungsrisiko bedarf.

Die in Frankreich gesetzlich normierte Möglichkeit der rückwirkenden Übernahme der Gründungsgeschäfte durch die eingetragene Gesellschaft führt hingegen zum Erlöschen der Handelndenhaftung im Zeitpunkt der Eintragung. Das französische Recht verbindet also das Erlöschen der Handelndenhaftung mit dem wirksam durchgeführten Übernahmeverfahren. Die Gründungsgeschäfte gelten als von Anfang an von der Gesellschaft geschlossen, so dass diese vollständig im Sinne eines Schuldnerwechsels an die Stelle des Handelnden als ursprünglicher Vertragspartner tritt und alle

Rechte und Verpflichtungen aus dem Gründungsgeschäft erlangt. Gleichzeitig wird der Handelnde aus der zunächst für ihn begründeten persönlichen Verpflichtung befreit. In Ausnahme zum regulären Schuldnerwechsel ist hier ebenso wenig wie im deutschen Recht eine Zustimmung des Gläubigers erforderlich. Übernimmt die Gesellschaft hingegen die Rechtsgeschäfte nicht, wird das Übernahmeverfahren nicht eingehalten oder wird die Gesellschaft nicht eingetragen, so bleibt die Haftung der Handelnden in Frankreich bestehen. Da das dritte Verfahren der Übernahme aber zeitlich nicht beschränkt ist, können die Gründungsgeschäfte auch noch lange Zeit nach Eintragung der Gesellschaft von dieser übernommen und die Handelnden von ihrer Haftung befreit werden. Im Rahmen des dritten Übernahmeverfahrens erfolgt die Übernahme der Rechte und Pflichten aus dem Gründungsgeschäft aber ausnahmsweise nicht automatisch im Zeitpunkt der Eintragung der Gesellschaft, sondern durch Einzelfallentscheidung.

Auch im deutschen Recht erlischt die Handelndenhaftung mit Eintragung der Gesellschaft und Übergang der für die Vorgesellschaft wirksam begründeten Verbindlichkeiten. Der Übergang dieser Verbindlichkeiten erfolgt aufgrund der Identität im Sinne der Kontinuität zwischen Vorgesellschaft und GmbH automatisch ohne Einzelübertragung im Zeitpunkt der Eintragung der Gesellschaft im Handelsregister. Die Einhaltung bestimmter Übernahmeverfahren wie im französischen Recht ist aber nicht erforderlich. Anders als der französischen *SARL* steht der deutschen GmbH damit aber keine Wahlmöglichkeit zu, ob sie die Rechte und Pflichten aus den Gründungsgeschäften „übernehmen" will oder nicht. Bei wirksam für die Vorgesellschaft begründeten Verbindlichkeiten wird der Handelnde in Deutschland also in jedem Fall bei Eintragung der Gesellschaft im Handelsregister von seiner Haftung befreit. Die Haftungsbefreiung tritt im Gegensatz zum französischen Recht aber nicht rückwirkend ein.

In allen untersuchten Ländern besteht grundsätzlich die Möglichkeit, die Haftung des Handelnden durch ausdrückliche Vereinbarung mit dem Dritten auszuschließen oder zumindest zu beschränken. Die deutsche Vorschrift des § 11 Abs. 2 GmbHG und die französische Bestimmung in Art. 5 al. 2 L 1966 sehen eine solche Möglichkeit zwar nicht ausdrücklich vor, doch sind die Bestimmungen nach allgemeiner Meinung im jeweiligen Recht insoweit dispositiv. Die englische Regelung in s. 36C (1) CA 1985 sieht die Möglichkeit einer Haftungsabbedingung hingegen explizit vor. Allerdings besteht die Besonderheit, dass bei einer solchen Vereinbarung bis zur Inkorporation der Gesellschaft und bis zum Abschluss eines neuen Vertrags durch die entstandene Gesellschaft in der Regel keine Gegenseitigkeit (*consideration*) vorliegt, so dass ein formlos geschlossener Vertrag wegen Fehlens einer der Wirksamkeitsvoraussetzungen unwirksam wäre. Aus diesem Grund sollte bei Abbedingung der Haftung die besondere Schriftlichkeit des Vertragsschlusses *under seal*[1504] eingehalten werden.

Zur Vermeidung der Handelndenhaftung wird in England am häufigsten die Rechtsform der Vorratsgesellschaft (*off the shelf company)* gewählt. Die Verwendung

---

[1504] Ein *contract under seal* ist ein beurkundeter Vertrag, der in zweifacher Hinsicht privilegiert ist: Er ist ohne Gegenleistung (*consideration*) gültig und Ansprüche aus ihm verjähren erst in 12 Jahren (normale Verjährungsfrist: 6 Jahre); vgl. Dietl/Lorenz, Wörterbuch, S. 166; Triebel/Hodgson/Kellenter/Müller, Englisches Handels- und Wirtschaftsrecht, Rn 82 ff; Prime/Scanlan, Private Limited Companies, S. 38.

vorgegründeter Kapitalgesellschaften hat in England Tradition und wird durch die Flexibilität des englischen Gesellschaftsrechts erleichtert. In Deutschland nimmt die wirtschaftliche Neugründung durch den Kauf einer Mantel- oder Vorratsgesellschaft zur Ermöglichung der schnellen Geschäftsaufnahme ohne Einhaltung des umständlichen und zeitaufwendigen Gründungsverfahrens und zur Vermeidung der Haftung von Handelnden und Gründern einen breiten Raum ein. In Frankreich fehlt nicht nur ein entsprechender Markt für Mantelgesellschaften (*sociétés en sommeil*), sondern die Möglichkeit der Haftungsvermeidung durch den Erwerb von Mantelgesellschaften wird in Wissenschaft und Rechtsprechung bisher nicht in Erwägung gezogen. Da aber die Handelndenhaftung nur im Gründungsstadium der Gesellschaft Anwendung findet, kann sie auch in Frankreich grundsätzlich durch den Erwerb einer schon gegründeten und eingetragenen Gesellschaft vermieden werden.

b. Haftung der Gesellschafter

In England und Frankreich kommt eine Haftung der Gesellschafter in ihrer Eigenschaft als solche weder vor noch nach Eintragung der Gesellschaft in Betracht. Die Gesellschafter haften nicht akzessorisch für Verbindlichkeiten der Gründungsgesellschaft, da eine solche in England nicht anerkannt ist bzw. ihr nach französischem Recht keine Rechtsfähigkeit zukommt, so dass für sie keine Verbindlichkeiten begründet werden können. Hintergrund der Nichthaftung der Gesellschafter in England ist das Prinzip der unabhängigen körperschaftlichen Existenz einer eingetragenen Gesellschaft. Die Gesellschafter haften aufgrund der Trennung von Körperschaft und Gesellschaftern nicht für die Schulden der Gesellschaft. Da die Gründungsgeschäfte die Gesellschaft vor ihrer Eintragung nicht verpflichten können, trifft die Gesellschafter auch nach Eintragung der Gesellschaft weder im englischen noch im französischen Recht eine der deutschen Vorbelastungshaftung gleichende Haftung. Auch wenn in Frankreich durch die spätere Übernahme der Gründungsgeschäfte eine Unterbilanz entstehen kann, wenn nämlich die übernommenen Rechte die übernommenen Pflichten wertmäßig nicht abdecken und kein freies Kapital zur Deckung der Verluste vorhanden ist, sind die Gesellschafter nicht verpflichtet, eine entstandene Unterbilanz auszugleichen.

Eine Haftung der Gesellschafter als Gründer für die Ordnungsmäßigkeit des Gründungsvorganges zum Schutz der Gläubiger kennt das französische Recht allerdings ebenso wie das deutsche Recht, da sich insoweit auch das Grundverständnis vom Gründungsvorgang gleicht. In Frankreich haften die Gründer in ihrer Eigenschaft als solche gesamtschuldnerisch für unvollständige Angaben in der Satzung sowie für Fehler bei der Errichtung einer Gesellschaft. Zudem trifft die Gründer eine Schadensersatzpflicht nach Art. 1382 CC, wenn sie die im *protocole d'accord* niedergelegten Bestimmungen verletzen oder die Verhandlungen über die Gründung einer Gesellschaft missbräuchlich abbrechen. Daneben haften sie bei Nichteintragung der *SARL*, wenn eine gegenteilige Bestimmung im *protocole d'accord* fehlt, anteilig für die bisher bei der Gründung der Gesellschaft entstandenen Kosten. In Deutschland besteht eine Schadensersatzhaftung, wenn die Gründer falsche Angaben zum Zweck der Errichtung der Gesellschaft gemacht haben oder eine Überbewertung der Sacheinlagen vorliegt, sowie in bestimmten Fällen bei Zahlungsunfähigkeit eines Gesellschafters im Sinne einer Ausfallhaftung nach § 24 GmbHG. Hingegen beruht in England eine Haftung der Gesellschafter in ihrer Eigenschaft als Gründer nur auf dem besonderen Vertrauensverhältnis zwischen Gesellschaft und Gründer, das weniger eine Haftung für die Ordnungsmäßigkeit des Gründungsvorganges ist, weil das englische Gründungsverfahren geringere Anforderungen an die Gründer stellt, als eine Haftung der Gründer bei Missachtung ihrer Pflicht zur Offenlegung der im Zusammenhang mit der Gründung erzielten Gewinne. Die Gesellschafter sind in England allerdings verpflichtet, zum Betriebsvermögen der Gesellschaft beizutragen, wobei diese Haftung auf die Höhe der noch nicht geleisteten Einlage beschränkt ist. Für Gründungsgeschäfte haften die Gesellschafter und Gründer in England und Frankreich daher nur, wenn sie gleichzeitig Handelnde im Sinn von s. 36C (1) CA 1985 bzw. Art. 5 al. 2 L 1966 sind.

Auch im deutschen Recht haften die Gründer nach § 11 Abs. 2 GmbHG, wenn sie gleichzeitig zum Geschäftsführer bestellt sind oder wie ein solcher auftreten. Neben der Handelndenhaftung liegt seit Einengung des Handelndenbegriffs auf die Geschäftsführer der Schwerpunkt der Haftung aus Gründungsgeschäften aber auf einer Haftung der Gründergesellschafter. Das von Rechtsprechung und Lehre entwickelte einheitliche System der Haftung der Gründer für Verbindlichkeiten der Vorgesellschaft stellt auf den sog. Haftungsgleichlauf vor und nach der Eintragung ab und setzt sich aus einer internen Verlustdeckungshaftung bis zur Eintragung und der an die Eintragung geknüpften Vorbelastungshaftung zusammen. Im Rahmen der Verlustdeckungshaftung haften die Gründungsgesellschafter für Verbindlichkeiten der Gesellschaft unbeschränkt und anteilig im Innenverhältnis der Gesellschaft gegenüber. Sie erlischt mit Eintragung der Gesellschaft ins Handelsregister und setzt sich als anteilige, interne Vorbelastungshaftung der Gesellschafter fort. Hintergrund dieser Haftungsausgestaltung ist, dass die Gründergesellschafter in allen Phasen der Gründung das Risiko von Verlusten der Vorgesellschaft tragen sollen, sofern diese mit ihrer Billigung wirtschaftlich tätig war.

c. Verteilung des Haftungsrisikos

Das englische Prinzip der reinen Handelndenhaftung führt zu einer Verteilung von Risiko und Gewinn zu Lasten des *promoter*. Der Gesellschaft und ihren Mitgliedern fließen alle Vorteile aus der Tätigkeit des *promoter* in der Gründungsphase zu, während dieser zunächst allein das Vertrags- und Haftungsrisiko trägt und weder einen Anspruch auf Ersatz seiner Aufwendungen noch einen Freistellungsanspruch gegen die Gesellschaft oder einen Anspruch auf Erfüllung gegen den Dritten hat. Erst nach Inkorporation der Gesellschaft kann diese sich gesondert verpflichten, die Gründungsgeschäfte und die dabei entstandenen Kosten zu übernehmen. Im Gegensatz dazu interpretieren das deutsche und das französische Recht die Handelndenhaftung nicht als endgültige Risikoverteilung. Sie tragen den Interessen des Handelnden in gewissem Maße dadurch Rechnung, dass ihm unter bestimmten Voraussetzungen ein Regressanspruch gegen die Gesellschaft zusteht. So kommt dem Handelnden in Frankreich insbesondere dann ein Anspruch gegen die *SARL* aus Bereicherungsrecht (*enrichissement sans cause*) oder Geschäftsführung ohne Auftrag (*gestion d'affaire*) zu, wenn diese sich weigert, die Gründungsgeschäfte zu übernehmen, obwohl sie aus diesen Vorteile erlangt hat. Die Geschäftsführung ohne Auftrag begründet dabei nicht nur wie im deutschen Recht einen Freistellungsanspruch des Handelnden, sondern bindet die *SARL* als Geschäftsherrn unmittelbar. Diese muss die eingegangenen Verpflichtungen erfüllen, so dass dem Handelnden nicht nur ein Anspruch gegen die Gesellschaft auf Entschädigung der in Erfüllung der *gestion d'affaire* eingegangen Verbindlichkeiten zusteht, sondern auch ein Anspruch auf Erstattung seiner nützlichen und notwendigen Aufwendungen. Nach deutschem Recht steht dem in Anspruch genommenen Geschäftsführer gegen die Gesellschafter ein Regressanspruch nach den Regeln des Auftragsrechts zu, wenn und soweit die Einlagen trotz pflichtgemäßer Geschäftsführung die entstandenen Verluste nicht tragen und der Geschäftsführer daher für seine für die Gesellschaft getätigten Aufwendungen keinen Ersatz erhalten würde. Dabei ist die Haftung der Gründer für die Rückgriffsansprüche subsidiär gegenüber der Haftung der Vorgesellschaft. Durch diese Ansprüche wird das Risiko der vorzeitigen Geschäftsaufnahme nicht wie im englischen Recht den Handelnden aufgebürdet, sondern den dahinterstehenden, eigentlich wirtschaftlich tätig werdenden Gründern.

2. Haftung der Gesellschaft

Auch die Rechtslage zur Haftung der Gesellschaft aus Gründungsgeschäften ist in den untersuchten Ländern sehr unterschiedlich ausgestaltet. Das englische Recht geht zwar wie auch das deutsche und das französische Recht davon aus, dass die Gesellschaft als juristische Person vor der Eintragung bzw. Inkorporation nicht existiert. Doch betont es, dass die neugegründete Gesellschaft im Zeitpunkt ihrer Inkorporation als ein völlig neues Gebilde ins Leben tritt und frei von Rechten und Pflichten aus in der Gründungsphase abgeschlossenen Rechtsgeschäften entsteht. Die Gesellschaft haftet daher weder aus Gründungsgeschäften noch kann sie auf andere Weise verpflichtet werden. Die im *common law* entwickelte Regel, nach der die Gesellschaft unter keinen Umständen durch die vor ihrer Entstehung geschlossenen Verträge berechtigt oder verpflichtet wird, wird von der englischen Rechtsprechung auch nach Erlass von s. 36C (1) CA 1985 insgesamt streng durchgesetzt. Die zukünftige Gesellschaft wird durch die Gründungsgeschäfte nicht gebunden, weil sie zur Zeit des Gründungsgeschäftsabschlusses noch nicht existierte. Auch die französische Gründungsgesellschaft wird aufgrund ihrer fehlenden Rechtsfähigkeit durch die Gründungsgeschäfte weder gebunden noch verpflichtet.

Auch das deutsche Recht schließt eine Verpflichtung und Berechtigung der noch nicht entstandenen Gesellschaft durch Gründungsgeschäfte aufgrund der fehlenden Rechtsfähigkeit der Gesellschaft vor ihrer Eintragung aus. Es geht aber mit Anerkennung der Existenz einer teilrechtsfähigen Vorgesellschaft, die durch die Gründungsgeschäfte verpflichtet und berechtigt werden kann, einen besonderen Weg. Die Vorgesellschaft haftet wie grundsätzlich jeder Rechtsträger für die in ihrem Namen oder im Namen der künftigen GmbH wirksam begründeten rechtsgeschäftlichen Verbindlichkeiten mit ihrem Gesellschaftsvermögen. Die deutsche Rechtsprechung und Lehre haben dem gesetzlich geregelten Prinzip der Handelndenhaftung damit ein von der Existenz einer Vorgesellschaft geprägtes gesellschaftsrechtliches Lösungsmodell entgegengestellt. Die GmbH kann über die Vorgesellschaft bereits durch alle für diese wirksam begründeten Rechtsgeschäfte gebunden werden, da die Rechte und Pflichten aus diesen Rechtsgeschäften aufgrund der Identität im Sinne der Kontinuität im Zeitpunkt der Eintragung automatisch auf die entstandene Gesellschaft übergehen. Neues Haftungssubjekt ist in diesem Fall nur noch die GmbH, nicht mehr die Vorgesellschaft oder die Handelnden, die mit Eintragung der Gesellschaft von ihrer Haftung befreit werden. Damit ist die Vertragskontinuität in Deutschland ohne weiteres Tätigwerden der entstandenen Gesellschaft oder des Dritten gesichert.

Auch das französische Recht kennt einen automatischen Übergang der im Namen der Gründungsgesellschaft geschlossenen Gründungsgeschäfte. Dieser Übergang setzt allerdings die strikte Einhaltung der in den Verordnungen zu Art. 5 al. 2 L 1966 (Art. 6 décret n° 78-704 und Art. 26 décret n° 67-236) geregelten Verfahren voraus und bedarf damit im Gegensatz zum deutschen Recht eines zusätzlichen Tätigwerdens der Gründer oder der Gesellschafter vor Eintragung der Gesellschaft. Entweder müssen die Verbindlichkeiten aus der Zeit vor Unterzeichnung der Satzung in einem Anhang als Liste beigefügt werden oder die nach der Satzungszeichnung eingegangenen Rechtsgeschäfte werden im Rahmen einer in der Satzung oder durch gesonderten Akt erteilten hinreichend bestimmten Vollmacht für die Gründungsgesellschaft eingegangen. Ähnlich wie in Deutschland müssen die Gesellschafter aufgrund des automatischen Übergangs der Rechte und Pflichten auf die entstandene Gesellschaft nicht mehr die Eintragung abwarten bevor sie wissen, ob die Rechtsgeschäfte von der Gesellschaft übernommen wurden und sie damit von ihrer Haftung befreit werden oder nicht. Bevor die Gründungsgeschäfte nach französischem Recht rückwirkend auf die eingetragene Gesellschaft übergehen, wirken sie aber anders als im deutschen Recht allein für und gegen die Handelnden. Daneben kennt das französische Recht noch die Übernahme der Gründungsgeschäfte durch Einzelfallentscheidung nach Eintragung der Gesellschaft, bei der kein automatischer Übergang erfolgt.

Im Gegensatz zum deutschen Recht ist die Übernahme der Gründungsgeschäfte in Frankreich eine Möglichkeit und keine Pflicht der Gesellschaft. Die Gesellschafter können sich weigern, ein Gründungsgeschäft zu übernehmen, während das deutsche Recht der GmbH diese Möglichkeit aufgrund des automatischen Übergangs der Rechte und Pflichten von der Vorgesellschaft auf die entstandene Gesellschaft nicht gewährt. Auch im englischen Recht kann sich die Gesellschaft frei entscheiden, ob sie das Rechtsgeschäft nach ihrer Inkorporation neu abschließen oder davon absehen will. Im Gegensatz zum deutschen und französischen Recht ist für die Verpflichtung und Berechtigung der Gesellschaft aus Gründungsgeschäften aber ein rechtsgeschäftliches Tätigwerden nach ihrer Entstehung erforderlich. Die Gesellschaft kann nur Inhaberin der aus den Gründungsgeschäften resultierenden Rechte und Pflichten werden, wenn sie das Rechtsgeschäft mit dem Dritten im Sinne der Novation neu abschließt. Während der Übergang der Rechte und Pflichten in den anderen Rechtssystemen ohne Mitwirkung des Dritten erfolgt, ist die Bindung der englischen Gesellschaft von der Mitwirkung des Dritten abhängig. Die Strenge des englischen Rechts wird durch den Contracts (Right of Third Parties) Act 1999 gemildert. Mit Erlass dieses Gesetzes hat sich das englische Recht dem deutschen und französischen Recht angenähert, die beide schon immer die Möglichkeit des Abschlusses eines Vertrages zugunsten Dritter nach allgemeinem Schuldrecht anerkannt haben. Nun können auch der noch nicht inkorporierten Gesellschaft in England Rechte aus einem Vertrag, deren Vertragspartei sie nicht ist, übertragen werden. Die Pflichten aus einem Rechtsgeschäft können der Gesellschaft als Nichtvertragspartei ohne ihre Zustimmung ebenso wie beim Vertrag zugunsten Dritter nach deutschem und französischem Recht nicht übertragen werden, da andernfalls ein nicht gerechtfertigter Eingriff in ihre Rechte vorläge.

Das deutsche und das französische Recht ermöglichen insgesamt eine Bindung der Gesellschaft an Gründungsgeschäfte schon vor ihrer Entstehung, während das englische Recht eine Bindung der entstandenen Gesellschaft nur durch Novation vorsieht. Das englische Recht berücksichtigt damit grundsätzlich weder das Interesse der neugegründeten Gesellschaft, die Vorteile aus den im Hinblick auf die Gründung der Gesellschaft geschlossenen Verträge zu erlangen, noch das Interesse der *promoter*, nicht dem Risiko einer persönlichen unbeschränkten Haftung ausgesetzt zu sein. Die *promoter* wählen gerade die Form der Gesellschaft mit beschränkter Haftung, um einer umfassenden persönlichen Haftung zu entgehen. Zudem steht die englische Rechtslage im Widerspruch zu den Erwartungen der dritten Partei, den Vertrag insbesondere dann gegen die Gesellschaft durchsetzen zu können, wenn sie die ausbedungenen Leistungen schon an die Gesellschaft erbracht hat. Insofern sind das deutsche und das französische Recht interessengerechter.

3. Vereinbarkeit mit dem Gemeinschaftsrecht

Alle untersuchten nationalen Regelungen der Gründerhaftungsproblematik entsprechen nicht vollständig den Vorgaben des Gemeinschaftsrechts. So stimmt nur der französische Handelndenbegriff unproblematisch mit den Anforderungen des Gemeinschaftsrechts überein. Die Diskrepanz zwischen weitem Handelndenbegriff nach Gemeinschaftsrecht und engem Handelndenbegriff nach deutschem Verständnis wird aber durch die Gründerhaftung ausgeglichen. Die Vereinbarkeit des nicht hinreichend bestimmten englischen Handelndenbegriffs mit dem Gemeinschaftsrecht ist problematisch, weil dort unklar bleibt, wer zu der Gruppe der Handelnden zählt. Die Nichtanerkennung einer Gesellschaft im Gründungsstadium im englischen Recht verstößt nicht gegen das Gemeinschaftsrecht, welches zwar eine (nicht rechtsfähige) Gründungsgesellschaft kennt, insoweit aber nicht zwingend ist. Entsprechend der gemeinschaftsrechtlichen Vorgabe verlangt das englische Recht für das Eingreifen der Handelndenhaftung mittlerweile aber auch den objektiven Bezug zur Gründung einer Gesellschaft. Auch die Annahme der Rechtsfähigkeit der deutschen Vorgesellschaft ist als rigorosere Ausgestaltung mit dem Gemeinschaftsrecht konform. Nur das französische Recht stimmt genau mit der gemeinschaftsrechtlichen Vorgabe einer nichtrechtsfähigen Gründungsgesellschaft überein.

Das französische Recht verstößt aber insofern gegen das Gemeinschaftsrecht als es die Handelndenhaftung bei einem Handeln im Namen der zukünftigen Gesellschaft für nicht anwendbar erklärt. Das deutsche und englische Recht stimmen insoweit mit dem Gemeinschaftsrecht überein. Das englische Recht ordnet aber entgegen der gemeinschaftsrechtlichen Vorgabe in Art. 7 Publizitätsrichtlinie und anders als das deutsche und französische Recht keine gesamtschuldnerische Haftung der Handelnden an. Auch ermöglicht es im Gegensatz zu den anderen Rechten der entstandenen

Gesellschaft nicht die Übernahme der aus den Gründungsgeschäften resultierenden Rechte und Pflichten und verstößt damit gegen das Gemeinschaftsrecht. Während auch die Ausgestaltung der französischen Handelndenhaftung mit dem Gemeinschaftsrecht konform ist, verstößt das deutsche Recht gegen die gemeinschaftsrechtlichen Vorgaben, indem es statt der vom Gemeinschaftsrecht geforderten gesamtschuldnerischen Außenhaftung eine anteilige Innenhaftung der Gründergesellschafter bestimmt und damit dem Schutz Dritter nicht gerecht wird. Zudem ist die Form der Umsetzung von Art. 7 Publizitätsrichtlinie in Deutschland nicht mit dem Gemeinschaftsrecht konform, da das deutsche Haftungssystem neben der gesetzlichen Regelung in § 11 Abs. 2 GmbHG schwerpunktmäßig auf der durch Richterrecht geregelten Gründerhaftung beruht. Hinsichtlich der festgestellten Verstöße kann den Mitgliedstaaten ein Vertragsverletzungsverfahren nach Art. 226 EGV[1505] sowie ein gemeinschaftsrechtlicher Staatshaftungsanspruch wegen mangelhafter Umsetzung der Richtlinie drohen[1506].

C. Gründe für die Unterschiede in den Ländern

Die Lösungen der Gründerhaftungsproblematik weisen in den untersuchten Ländern zwar einige Gemeinsamkeiten auf, die auf den Erlass der Publizitätsrichtlinie als Rechtsangleichungsmaßnahme zur Schaffung eines gemeinsamen europäischen Standards auf dem Gebiet des Drittschutzes bei Kapitalgesellschaften zurückzuführen sind. Da die Richtlinie aber bei ihrer Umsetzung in das nationale Recht den Mitgliedstaaten einen gewissen Spielraum lässt, haben die untersuchten Länder die gemeinschaftsrechtlichen Regelungen entsprechend ihrer eigenen Rechtssystematik und -dogmatik in das nationale Recht umgesetzt. Die nationalen Umsetzungsnormen weisen somit naturgemäß einige Unterschiede auf. Zudem ist die Umsetzung von Art. 7 Publizitätsrichtlinie in den untersuchten Ländern nicht immer konform mit der gemeinschaftsrechtlichen Vorgabe erfolgt. Die nationalen Rechte Deutschlands, Englands und Frankreichs weichen insgesamt sowohl in ihrer Systematik als auch in der spezifischen Ausgestaltung der Gründerhaftung grundlegend voneinander ab. Zu untersuchen ist, worauf die festgestellten, grundlegenden Unterschiede in der Ausgestaltung der Gründerhaftung basieren.

Die abweichende Beurteilung der Gründerhaftung in den Rechtssystemen Englands, Deutschlands und Frankreichs beruht zum einen auf den grundsätzlichen Systemunterschieden des *common law* und des kontinentaleuropäischen Rechtssystems. Das englische Recht wird nicht grundsätzlich wie das deutsche und französische Recht durch gesetzliche Vorschriften geregelt, sondern stützt sich in hohem Maße auf das *common law* und damit auf Richterrecht. Präzedenzfälle, also Entscheidungen im Einzelfall, prägen das englische Recht. Trotz umfangreicher Konsolidierungsmaßnahmen

---

1505 bisher Art. 169 EGV; vgl. dazu Schwarz, Europäisches Gesellschaftsrecht, Rn 90, 230.

1506 Vgl. zu den Voraussetzungen des gemeinschaftsrechtlichen Staatshaftungsanspruchs: Bleckmann, Europarecht, Rn 1038 ff. mwN; EuGH, Rs. C-6/90 (Francovich), Slg. 1991-9, I-5357, I-5413 ff.; EuGH, Rs. C-46/93, C-48/93 (Brasserie du pêcheur), Slg. 1996-3, I-1029, I-1141 ff.; EuGH, Rs. C-178/94, C-179/94, C-188/94, C-189/94, C-190/94 (Dillenkofer u.a.), Slg. 1996-10, I-4845, I-4878 ff.

des englischen Gesetzgebers im gesellschaftsrechtlichen Bereich ist das *common law* wichtiger Grundpfeiler des englischen Gesellschaftsrechts geblieben. Daneben ist das englische Rechtsdenken grundsätzlich pragmatisch und ganz auf die Lösung des spezifischen Einzelfalles ausgerichtet. Es schließt nicht vom übergeordneten Prinzip auf den Einzelfall, da dem englischen Juristen eine abstrakte und systematische Denkweise grundsätzlich fremd ist. Der englische Jurist scheut die Beurteilung künftiger Situationen und beschränkt sich auf die Lösung des konkreten Einzelfalles. Größere rechtsdogmatische und –systematische Überlegungen werden nicht bei der Entscheidung eines Falles, sondern allenfalls bei dem Erlass von Gesetzeswerken angestellt. Aber auch bei einer Auslegung und Anwendung der gesetzlichen Normen suchen die englischen Richter in der Regel nicht den Sinn und Zweck der Regelung, sondern lassen sich vom Wortlaut der Regelung leiten[1507]. Die Erfahrung wird der Systematik und der Logik vorgezogen[1508].

Ein weiterer wichtiger Grund für die anders gelagerte englische Rechtsposition liegt in dem aus Gründen der Rechtssicherheit geltenden Prinzip der Bindungswirkung von präjudiziellen Entscheidungen *(binding precedent)*[1509]. Dieses Prinzip stellt einen fundamentalen Unterschied zur kontinentaleuropäischen Rechtsmethodik dar. Aufgrund des Prinzips des *binding precedent* ist es für die englischen unterinstanzlichen Gerichte schwer, wenn nicht gar unmöglich, die von den höherinstanzlichen Gerichten vorgegebene Rechtslage zu ändern[1510]. Dass das Festhalten am Grundsatz des *binding precedent* zu unerträglichen Härten führen kann und zu gewandelten rechtlichen Anschauungen in Widerspruch stehen mag, wird bewusst in Kauf genommen[1511].

Die Handhabung des *binding precedent* ist der Grund für die seit der Entscheidung in *Kelner v Baxter*[1512] grundsätzlich beibehaltene Rechtsprechung der englischen Gerichte, insbesondere hinsichtlich der Verweigerung der Genehmigungs-

---

1507 vgl. Radbruck, Geist des englischen Rechts, S. 34, 8 f.

1508 Goodhart, 50 LQR (1934), 40, 49; instruktiv dazu auch Bulmer Ldt. v Bollinger S.A. (1974) 3 WLR 202, 216 (C.A.).

1509 Danach ist jedes Gericht an jede einzelne Vorentscheidung eines im Instanzenzug übergeordneten Gerichtes gebunden, unabhängig davon, ob sie in ständiger Rechtsprechung bestätigt worden oder eine Einzelentscheidung geblieben ist, oder ob sich die sozialen Verhältnisse oder andere Gründe geändert haben. Ausführlich zur Methode des *binding precedent* Radbruck, Der Geist des englischen Rechts, S. 33 ff.; Walker/Ward, English Legal System, S. 133 ff; Zweigert/Kötz, Rechtsvergleichung, S. 255 f.

1510 Abweichungen von Vorentscheidungen sind nur möglich, wenn der zugrundeliegende Sachverhalt von dem des vorentschiedenen Falls abweicht (*distinguishing*) oder das entscheidende Gericht einer höheren Instanz angehört (*overruling*), wobei von der Rechtsprechung des *House of Lords* nur dieses Gericht selbst als höchste Instanz abweichen kann; vgl. Declaration of the House of Lords of July 26, 1966 (1966) 1 WLR 1234; erstmals angewandt in Miliangos v George Frank (Textile) Ltd. (1975) 3 All ER 801 (H.L.).

1511 vgl. London Street Tramways Co. v London County Council (1898) AC 375, 380 (H.L.): "cases of hardship may arise […], but what is that occasional interference with what is perhaps abstract justice as compared with the inconvenience of having each question subject to being re-argued"; vgl. auch Produce Brokers Co. v Olympia Oil Cakes Co. (1915) 21 Com. Cas. 320, 322.

1512 Kelner v Baxter and others, (1866) L.R. 2 C.P. 174 (Q.C.).

möglichkeit der Gründungsgeschäfte durch die entstandene Gesellschaft. Dieses ist umso unbefriedigender als der Fall *Kelner v Baxter* vor allem eine Interessensentscheidung war. Vereinzelte Versuche, insbesondere durch Rückgriff auf das Billigkeitsrecht (*law of equity*), von der Grundregel in *Kelner v Baxter* abzuweichen, blieben erfolglos. Nur im Fall *Newborne v Sensolid*[1513] wurde mittels des *distinguishing* von der Entscheidung des Präzedenzfalls *Kelner v Baxter* abgewichen, um zu einer gerechteren Lösung im konkreten Fall zu gelangen. Allerdings wurde die Entscheidung *Newborne v Sensolid* nicht als Abkehr von *Kelner v Baxter* angesehen, sondern als Präzedenzfall für den umgekehrten Fall, der Geltendmachung eines Erfüllungsanspruchs durch den *promoter*, gewertet.

Ferner wendet das englische Recht allgemeine Rechtsgrundsätze oft formelhaft an, was dazu führt, dass z.B. die Trennung von entstandener und werdender juristischer Person als absolut angesehen wird. Eine auf das Allgemeine abzielende Regelung, die in vorausschauender Planung auch andere verwandte Fälle einbezieht und dergestalt ein ganzes Sachgebiet ordnet, erscheint dem englischen Recht in seinem „praktischen, sich von Fall zu Fall weitertastenden Empirismus"[1514] als lebensfremd und gefährlich. Das deutsche und das französische Recht stützen sich hingegen vornehmlich auf Gesetzesbestimmungen, die systematisch und dogmatisch eingepasst wurden. Der Unterschied zum englischen Recht ist in der Rechtswirklichkeit aber dadurch geringer, dass auch ein Urteil des BGH bzw. des *Cour de Cassation*[1515] in gleichem Maße mit der Anerkennung durch ein unterinstanzliches Gericht rechnet wie das Urteil eines englischen Berufungsgerichts. Ein Abweichen von der Rechtsprechung ist in Deutschland und Frankreich allerdings leichter möglich, da nicht so strikte Regeln und enge Ausnahmefälle wie im englischen Recht eingehalten werden müssen. Zudem ist die Methode der Entwicklung einer Regel aus Vorentscheidungen in Deutschland und Frankreich grundsätzlich anders als in England, da man in diesen Ländern, und in Frankreich noch mehr als in Deutschland, davon ausgeht, dass Rechtsprechung die Anwendung eines vorgegebenen Rechtssatzes, in der Regel eines gesetzlichen, mit Hilfe der Subsumption auf einen streitigen Sachverhalt bedeutet[1516].

Weiterhin liegt z.B. die Tatsache, dass das Problem der Rechtsnatur der Gründervereinigung in der englischen Rechtsprechung und Literatur bislang kaum erörtert wird, an dem rein pragmatischen englischen Rechtsdenken, das ganz auf die Lösung des spezifischen Einzelfalles ausgerichtet ist und im Rahmen der Entscheidung grundsätzlich keine größeren rechtsdogmatischen und –systematischen Überlegungen anstellt. Auch die Weigerung, den Begriff der *promoter* zu definieren entspricht der Abneigung englischer Juristen gegen Abstraktionsbegriffe und dem Interesse an dem Auffinden einer möglichst präzisen Kasuistik, wodurch sie zu einem höheren Maß an Flexibilität gelangen.

Die unterschiedliche Lösung der Gründerhaftungsproblematik in den untersuchten Ländern beruht im Einzelnen auch auf einer unterschiedlichen Handhabung

[1513] Newborne v Sensolid (Great Britain) Ltd. [1954] 1 QB 45, [1953] 1 All ER 708 (C.A.).

[1514] Zweigert/Kötz, Rechtsvergleichung, S. 259.

[1515] Der *Cour de Cassation* ist der oberste Gerichtshof in Zivil- und Strafsachen.

[1516] Zweigert/Kötz, Rechtsvergleichung, S. 258.

und Gewichtung der Interessen und der Schutzbedürftigkeit der an den Gründungsgeschäften Beteiligten. Insbesondere lässt sie sich zurückführen auf eine andere Bewertung des Gläubigerschutzes und dessen Ausprägung in den Gründungsnormen sowie auf ein unterschiedliches Verständnis der Beziehungen zwischen den Gründern selbst und zwischen den Gründern und der Gesellschaft. Art. 7 Publizitätsrichtlinie hat insoweit eine Grundlage für die Höherbewertung der Gläubigerinteressen gelegt, hat aber dennoch keine grundsätzliche Änderung der nationalen Gewichtungen der Interessen der Beteiligten herbeigeführt. Die englischen Gründungsnormen gestalten die Gründung einer *private company* im Verhältnis zur Gründung einer GmbH oder einer *SARL* einfacher, allerdings bietet die *private company* aufgrund der fehlenden Mindestkapitalausstattung, der fehlenden Mindesteinlage für die einzelnen Gesellschafter und der fehlenden Legalitätsprüfung durch den Registerbeamten auch nicht die gleiche Sicherheit für die Gläubiger wie die GmbH oder *SARL*. Aus diesen Gründen würde in England eine Haftung der Gesellschaft bei gleichzeitiger Entlassung der *promoter* aus ihrer Haftung den legitimen Sicherheitsinteressen des Dritten nicht genügen, so dass es grundsätzlich bei der Haftung der *promoter* bleibt. Nur wenn der Dritte freiwillig auf seinen Schutz durch explizite Vereinbarung mit dem Handelnden verzichtet, ist er nicht mehr schutzwürdig und –bedürftig, und es kann auf die Haftung des *promoter* verzichtet werden. Die fehlende Kapitalausstattung der *private company* im Gründungsstadium bedingt eine andere Sicht der Gründerhaftungsproblematik als in Deutschland, wo schon in der Gründungsphase den Gläubigern ein Haftungsfond zur Verfügung steht.

Der Ausgestaltung des englischen Gründungsrechts liegen Wertentscheidungen zugrunde, die von denen des deutschen und des französischen Rechts abweichen. Der Kapitalgesellschaft wird im englischen Recht grundsätzlich mit derselben Erwartungshaltung begegnet wie jeder anderen natürlichen Person. In ihr wird nicht unbedingt ein mit einem bestimmten Vermögen ausgestatteter Vertragspartner gesehen, sondern die geschäftlichen Beziehungen mit der Gesellschaft unterliegen denselben Risiken wie die mit einer natürlichen Person. Dem Dritten wird zugemutet, sich von der finanziellen Situation der Gesellschaft selbst ein Bild zu machen, ggf. auch über den Wert der Sacheinlagen[1517]. Aufgrund der strengen deutschen und französischen Gründungsnormen, die die Ausstattung der Gesellschaft mit einem Mindestkapital und eine strenge Prüfung der Erfüllung der Eintragungsvoraus-setzungen durch den Registerbeamten vorsehen, bieten beide Rechtssysteme den legitimen Interessen des Dritten ausreichend Schutz und können die Entlassung des Handelnden aus seiner Haftung mit Eintragung der Gesellschaft und Übergang der Rechte und Pflichten aus den Gründungsgeschäften vorsehen. Da Haftungspartner des Dritten eine mit geprüftem Haftungskapital ausgestattete Gesellschaft wird, bedarf er nicht mehr der (Weiter-) Haftung der Handelnden und – in Deutschland - der Gründergesellschafter. Zudem wird in Deutschland das Stammkapital der Gesellschaft durch die Vorbelastungshaftung, die den Unversehrtheitsgrundsatz umsetzt, ausreichend geschützt. In Frankreich ist der Dritte zwar durch die gesetzlich verlangte Erbringung des Stammkapitals vor Eintra-

1517 Vgl. nur Davies/Prentice, Gower's Principles of Modern Company Law, S. 48: "each man is free to make a bad bargain".

gung der Gesellschaft gesichert, doch schützt dieses Prinzip den Dritten nicht im gleichen Maße wie die deutsche Vorbelastungshaftung, da das Stammkapital durch die Gründungsgeschäfte vorbelastet sein kann und den Gläubigern folglich nicht mehr in vollem Umfang als Haftungsmasse zur Verfügung steht.

Durch die strengen Regeln der Kapitalaufbringung und –erhaltung sowie durch die Haftung wegen Unterkapitalisierung hat die GmbH, und in gewissem Maße auch die *SARL,* einen Seriositätsvorsprung vor der *private company.* Das Kapitalaufbringungsrecht basiert auf den Erfordernissen des Mindestkapitals, der Mindesteinlage und der Vollwertigkeit der Einlagen, und die gesetzliche Festlegung von Mindestbeiträgen gleicht die beschränkte Haftung der Gesellschafter aus. Das Mindestkapital garantiert den Gläubigern ein Minimum an wirtschaftlicher Leistungsfähigkeit und schützt die GmbH vor Anlaufverlusten. Der Gedanke, die Befreiung von der persönlichen Haftung durch ein vor der Eintragung aufzubringendes Mindestkapital und durch eine Mindesteinlage zu erkaufen, ist dem englischen Recht fremd. Die Vertragsfreiheit wird dort von der Rechtspraxis über die Schutzbedürftigkeit der Gläubiger gestellt. Die deutschen Kapitalisierungsregeln bestehen zum Schutz der Gläubiger, die englischen Normen sind hingegen im wesentlichen vom Blickwinkel der Gesellschafter geprägt und daher freier gestaltet.

Weiterhin ergibt sich aus dem Vergleich der Rechtslagen in Deutschland, England und Frankreich, dass in den Rechtsordnungen, die eine Vorgesellschaft anerkennen, nicht die Handelnden, sondern die Gründer das Haftungsrisiko tragen; eine Wertung wie sie das deutsche Reichsgericht schon explizit formuliert hat[1518]. Das deutsche Recht bemüht sich durch die Anerkennung einer teilrechtsfähigen Vorgesellschaft und durch sein Haftungssystem um einen Ausgleich der Interessen aller Beteiligten. Die Gründer sollen schon vor dem Entstehen der Gesellschaft ihr Unternehmen in vollem Umfang betreiben können, haften aber auch für die getätigten Gründungsgeschäfte. Zu seinem Schutz stehen dem Dritten dafür neben dem Handelnden die Vorgesellschaft unmittelbar und die Gründergesellschafter mittelbar als Haftungssubjekte zur Verfügung. Mit dem Konzept der Differenzhaftung soll das Risiko der Geschäftsaufnahme vor Eintragung der Gesellschaft bei den Gründungsgesellschaftern bleiben. Im englischen Recht finden sich derartige Interessensabwägungen allenfalls versteckt hinter dogmatischen Überlegungen. So soll die fehlende Genehmigungsmöglichkeit und die alleinige Möglichkeit der Verpflichtung der entstandenen Gesellschaft durch Novation verhindern, dass die möglicherweise kapitalmäßig schlecht ausgestattete Gesellschaft durch einseitigen Akt dem Gläubiger den eventuell vermögenden Handelnden als Schuldner entzieht. Diese Interessenabwägungen beruhen letztlich wieder auf der unterschiedlichen Kapitalausstattung der Gesellschaft mit beschränkter Haftung in Deutschland, Frankreich und England.

1518 RGZ 55, 302, 304.

Kapital 5 Eigene Lösung

A. Reformbedarf des deutschen Rechts

Die herrschende Rechtspraxis im deutschen Recht mag zwar eine grundsätzlich interessengerechte Lösung der Gründerhaftungsproblematik gefunden haben, doch hat sie ihr Ziel, eine einheitliche Gründerhaftung zu entwickeln, kaum erreicht. Dieses zeigt sich an den verschiedenen Haftungskonstellationen, die auch nach der neuen Rechtsprechung des BGH aus dem Jahre 1997 noch bestehen:

- unbeschränkte, gesamtschuldnerische und unmittelbare Außenhaftung der Gründer für die Verbindlichkeiten bei Vorliegen einer Vorgründungsgesellschaft (§§ 718, 421, 427 BGB oder § 128 HGB);
- unbeschränkte, gesamtschuldnerische Außenhaftung der für die Vorgesellschaft Handelnden nach § 11 Abs. 2 GmbHG, wobei die Haftung auch diejenigen Gründer erfasst, die gleichzeitig Geschäftsführer der Gesellschaft sind oder wie ein solcher auftreten;
- unbeschränkte, anteilige Innenhaftung der Gründer für Verbindlichkeiten der Vorgesellschaft (sog. Verlustdeckungshaftung);
- unbeschränkte, anteilige Außenhaftung der Gründer als Ausnahme von der Verlustdeckungshaftung bei Vorliegen einer vermögenslosen Vorgesellschaft, einer Einpersonengründung oder wenn die Gesellschaft keinen Geschäftsführer mehr hat oder weitere Gläubiger fehlen;
- unbeschränkte, gesamtschuldnerische Außenhaftung der Gründer bei Vorliegen einer unechten Vorgesellschaft;
- unbeschränkte, anteilige Innenhaftung der Gründer nach Eintragung der GmbH (Vorbelastungshaftung).
-

Diese Auflistung zeigt, dass eine einheitliche Haftungskonzeption in Deutschland nicht erreicht worden ist. Das einzig durchgängige Prinzip ist die der Höhe nach unbeschränkte Haftung der Gründer. Im Übrigen muss der Gläubiger vor Geltendmachung seines Anspruchs selbständig in Erfahrung bringen, ob er gegen die Vorgesellschaft oder gegen die Gründergesellschafter vorgehen kann, ob also eine Innen- oder eine Außenhaftung vorliegt, ob die Gründungsgesellschafter gesamtschuldnerisch oder nur anteilig haften und in welcher Höhe er sie in Anspruch nehmen kann. Selbst bei Unterstellung der Berechtigung der einzelnen Haftungsformen bei isolierter Betrachtung und Bewertung bleiben Unstimmigkeiten im Verhältnis untereinander, die sowohl in den Phasen vor Eintragung der Gesellschaft als auch nach Eintragung der Gesellschaft auftreten. Das Haftungssystem der Rechtsprechung ist zudem in seiner inhaltlichen Ausformung inkonsequent und birgt Widersprüche in sich. Es wird deutlich, dass die bestehende Lösung der Gründerhaftungsproblematik rechtsdogmatisch noch nicht ausgereift ist.

Die Mängel der deutschen Lösung führen zur der Frage, ob und inwieweit die dargestellten Lösungen des englischen und französischen Rechts in das deutsche übernommen werden können und sollen oder ob die Problematik neu zu lösen ist.

B. Deckung des Reformbedarfs durch Übernahme der englischen und französischen Lösung ?

Hintergrund der Art und Weise der Lösungsfindungen im Rahmen der Gründerhaftungsproblematik in den einzelnen Ländern sind die Vorschriften der Gründung einer Gesellschaft mit beschränkter Haftung[1519]. Eine Übernahme der englischen Lösung würde daher auch eine Übernahme der englischen Gründungsnormen bedingen, was zu einer grundlegenden Reform des GmbH-Rechts führen würde, weil diese auf einem anderen Grundverständnis der Gesellschaft mit beschränkter Haftung beruht. Die englischen Gründungsnormen sind einfacher als die deutschen ausgestaltet und ermöglichen eine schnellere Gründung der Gesellschaft, doch bietet das englische Recht dem Dritten nicht den Schutz, den das deutsche Recht ihm gewährt. Es stellt ihm keinen Haftungspartner mit geprüftem Haftungskapital zur Verfügung, und die *private company* wird nicht als ein mit einem bestimmten Vermögen ausgestatteter Vertragspartner angesehen. Vielmehr unterliegen die geschäftlichen Beziehungen mit der *private company* denselben Risiken wie die mit einer natürlichen Person. Der eigenverantwortlichen Absicherung der Gläubiger wird damit ein deutlich höheres Gewicht zugemessen als im deutschen Recht[1520]. Die deutschen Normativbestimmungen der Gründung einer GmbH haben sich hingegen bewährt.

Dass sich eine Übernahme der englischen Gründungsvorschriften nicht empfiehlt, zeigt sich weiterhin bei der Betrachtung der Entwicklungsgeschichte beider Gesellschaftsformen. Die *private company* ist keine Schöpfung des Gesetzgebers, sondern das Ergebnis einer auf der Grundlage des Prinzips der einheitlichen Kapitalgesellschaftsform entwickelten Differenzierung zwischen *public* und *private companies*. Trotz der dadurch erreichten Anpassungsfähigkeit leidet die *private company* auch heute noch unter den Folgen des für *public* und *private company* einheitlichen Rechtskleides und ihrer Entstehung aus der *public company* durch freie Rechtsfortbildung[1521]. Das deutsche Recht bietet dem Dritten mehr Rechtssicherheit und Rechtsklarheit. Die deutsche GmbH wurde auf gesetzgeberischem Weg nach eingehender Strukturdiskussion systematisch und planvoll geschaffen, und der deutsche Gesetzgeber hat die funktionalen Unterschiede zwischen AG und GmbH durch Einführung eines Sonderrechts beachtet. Dadurch wird den Besonderheiten der GmbH Rechnung getragen. Zudem wird den Gründungsgeschäfte abschließenden Dritten ein zusätzlicher Schutz durch die Grundsätze der Kapitalausstattung und die umfassendere registerrechtliche Prüfung gewährt[1522].

[1519] S. dazu den Abschnitt „Gründe für die Unterschiede" auf S. 289 ff.

[1520] Vgl. ausführlich den Abschnitt „Gründung und Rechtsnatur der private company" auf S. 196 ff.

[1521] S. dazu auch den Abschnitt „Einleitung" auf S. 194 ff.

[1522] Vgl. dazu den Abschnitt „Gründung und Rechtsnatur der GmbH" auf S. 29 ff.; s.a. den Abschnitt „Gründe für die Unterschiede" auf S. 289 ff.

Die Darstellung der englischen Lösung der Gründerhaftungsproblematik hat gezeigt, wie notwendig die im deutschen Recht erfolgte Abkehr von der reinen Handelndenhaftung und die Entwicklung des gesellschaftsrechtlichen Lösungsmodells war, um absurde und für alle Beteiligten unbefriedigende Ergebnisse im Gründungsstadium zu vermeiden. Das Prinzip der reinen Handelndenhaftung führt zu einer Verteilung von Risiko und Gewinn, für die jede rechtspolitische Begründung fehlt. Der Gesellschaft und ihren Mitgliedern sollen alle Vorteile aus der Tätigkeit in der Gründungsphase zufließen, während der Handelnde zunächst allein das Vertrags- und Haftungsrisiko trägt. Dabei hat er weder Anspruch auf Ersatz seiner Aufwendungen noch einen Freistellungsanspruch gegen die Gesellschaft. Erst nach ihrer Inkorporation kann sich die Gesellschaft verpflichten, die Gründungsgeschäfte und die Kosten zu übernehmen. Auch aus diesen Gründen empfiehlt sich das englische Recht nicht für die Ableitung eines Verbesserungsvorschlages für das deutsche Recht.

Die Probleme der Gründerhaftung werden in der Rechtspraxis Englands nicht rechtlich gelöst, sondern durch die Verwendung von *off the shelf companies* (Vorratsgesellschaften) umgangen. Die Zulässigkeit der Vorratsgründung steht wegen der fehlenden Kapitalaufbringungspflicht und der fehlenden Gesellschafterhaftung im Gründungsstadium im englischen Recht noch weniger außer Frage als im deutschen Recht[1523]. Tatsächlich wird in England der Kauf bereits vorgegründeter und damit existenter und rechtsfähiger Gesellschaften der Neugründung von Gesellschaften vorgezogen, um sowohl der zeitaufwendigen Neugründung als auch der Gründungshaftung zu entgehen. Dabei spielt der Zeitfaktor im Gegensatz zum deutschen Recht angesichts der kurzen Gründungsphase eine nur untergeordnete Rolle. Das englische Recht vermeidet somit die Findung einer rechtlichen Lösung durch die Möglichkeit der Verwendung der *off the shelf companies*. Diese Gesellschaften ersetzen gleichzeitig funktional das Konzept einer Vor- bzw. Gründungsgesellschaft. Dieselbe Problematik wird also in Deutschland und England faktisch völlig unterschiedlich gelöst, ohne dass im praktischen Ergebnis die Interessen der Beteiligten besonders außer Acht gelassen werden.

Auch in Deutschland ist die Verwendung von Mantel- und Vorratsgesellschaften mittlerweile als zulässig anerkannt. Die Anzahl dieser Gesellschaften nimmt zu, da die Gründer unmittelbar mit dem Geschäftsbeginn im Rahmen der Haftungsprivilegierung einer GmbH beginnen können. Dadurch wird nicht nur die Gefahr einer langen Gründungsphase, sondern auch die des Eintretens der Gründerhaftung vermieden. Inwiefern dadurch die Suche nach einer Lösung für die Gründerhaftung, die alle Interessen und Schutzbedürfnisse der Beteiligten wahrt, wie in England entbehrlich wird, bleibt abzuwarten. Nachteilig ist am Konzept der wirtschaftlichen Neugründung jedenfalls, dass der Erwerber einer Vorrats- oder Mantelgesellschaft ein eigenes Unternehmen nicht als Sacheinlage einbringen kann, weil das Stammkapital schon in Form der Bareinlage vom Verkäufer erbracht wurde. Sacheinlagen können daher nur später vom Erwerber in die GmbH eingebracht werden und erhöhen dann die Haftungsmasse der GmbH, können aber nicht zur Erfüllung der

[1523] Vgl. ausführlich die Abschnitte „Off the shelf company" auf S. 240 ff. und „Mantel- und Vorratsgesellschaft" auf S. 60 ff.

Stammkapitaleinlageverpflichtung beitragen. Aus diesem Grund bietet der Erwerb einer Mantel- oder Vorratsgesellschaft nicht immer einen Ausweg für den Gesellschaftsgründer. In England ist die Einbringung eines eigenen Unternehmens in die *off the shelf company* unproblematischer, weil vom Gründer nicht wie in Deutschland zunächst die Aufbringung des Stammkapitals zuzüglich des Kaufpreises zusätzlich zur Einbringung des Unternehmens verlangt wird. Die Problematik der Gründerhaftung wird in England und Deutschland folglich sehr unterschiedlich gelöst, wobei sie in England durch die Verwendung der *off the shelf companies* nicht rechtlich gelöst, sondern faktisch umgangen wird.

Weiterhin ist dort, wo die aufgezeigten Schwachpunkte im deutschen Recht der Gründerhaftung liegen und wo ein Änderungsbedarf besteht, wegen der verschiedenen Schutzphilosophien und der unterschiedlichen Rechtstechnik im englischen und deutschen Recht[1524] die Möglichkeit der Übernahme der englischen Handhabung als Lösungskonzept in das deutsche Recht gering. Die durch das EG-Recht erzwungene Angleichung im Bereich der Gründerhaftung hat zwar dazu geführt, dass das englische und deutsche Recht einen gewissen Mindeststandard an Gläubigerschutz bieten, doch hat die Umsetzung der Richtlinienbestimmungen nicht zu einem einheitlichen Recht geführt, sondern die nationalen Rechte weisen immer noch zum Teil weitreichende Unterschiede auf[1525]. Die unterschiedliche Umsetzung der gemeinschaftsrechtlichen Vorgaben in das nationale Recht gibt das unterschiedliche Rechtsdenken und die verschiedene Rechtssystematik in England und Deutschland wieder.

Das teilweise unterschiedliche Grundverständnis der Materie lässt eine Übernahme von Regelungsbereichen nicht als sinnvoll erscheinen. Sie würden aus dem Kontext des englischen Rechtssystems und Rechtsverständnisses gerissen und im deutschen Recht keine sinnvolle Regelung ergeben. Das pragmatische, ganz auf die Lösung des konkreten Falles ausgerichtete englische Rechtsdenken verhindert größere rechtsdogmatische und rechtsphilosophische Auseinandersetzungen in der Rechtspraxis, was eine Übernahme von englischen Lösungen erschwert, wenn nicht gar unmöglich macht. Schon weil es in England an einem ausgereiften Konzept für die Vorgesellschaft fehlt, ist die Ausgangslage nicht mit dem deutschen Recht vergleichbar. Zudem bietet das englische Recht schon deshalb keine Ideallösung, weil es selbst in einigen Punkten gegen das Gemeinschaftsrecht verstößt[1526]. Auch die tatsächliche Ausgestaltung der englischen Regelung der Gründerhaftungsproblematik ist nicht zu empfehlen. Sie wirkt sehr schwerfällig und wird den praktischen Bedürfnissen nicht gerecht. Dieses zeigt sich schon daran, dass die entstandene Gesellschaft die vor ihrer Eintragung geschlossenen Rechtsgeschäfte weder genehmigen noch übernehmen kann, und zwar auch dann nicht, wenn sie in ihrem Namen oder zu ihren Gunsten eingegangen wurden. Die zur Herbeiführung der Verpflichtung und Berechtigung der Gesellschaft aus den Gründungsgeschäften erforderliche Novation kompliziert und verlängert das Verfahren unnötig. Zudem kann eine Novation erst nach Entstehen der Gesellschaft erfolgen und beinhaltet keine

---

[1524] S. ausführlich den Abschnitt „Gründe für die Unterschiede" auf S. 289 ff.

[1525] Vgl. ausführlich den Abschnitt „Vergleich der Rechtslagen" auf S. 273 ff.

[1526] Vgl. den Abschnitt „Vereinbarkeit mit dem Gemeinschaftsrecht" auf S. 264 ff.

automatische Haftungsbefreiung für den *promoter*. Vielmehr bedarf es dafür einer entsprechenden Zustimmung des Dritten im Rahmen der Novation[1527]. Vor einer Novation und der entsprechenden zusätzlichen Vereinbarung besteht für den *promoter* die Unsicherheit, ob er aus seiner Haftung entlassen wird, und für den Dritten, ob die Gesellschaft sein Vertragspartner wird oder ob der *promoter* sein Vertragspartner bleibt. Es sollten daher keine Änderungen aus dem englischen für das deutsche Recht abgeleitet werden.

Der französische Gesetzgeber hat die Gesellschaftsform der Gesellschaft mit beschränkter Haftung ursprünglich aus dem deutschen Recht übernommen[1528], so dass sich insoweit eher eine Übernahme der französischen Lösung der Gründerhaftungsproblematik anbieten würde. Zudem ähneln sich die Schutztechniken im französischen und deutschen Recht, weil beide Länder dem kontinentaleuropäischen Rechtssystem angehören und damit vom gleichen Grundverständnis ausgehen. Die Regelung des Art. 5 al. 2 L 1966, der dem Schutz der Interessen der Gesellschafter und der Dritten dient, wird den Interessen der Beteiligten im Großen und Ganzen gerecht. Der Dritte kann den Handelnden oder nach schuldbefreiender Übernahme der Gründungsgeschäfte die entstandene Gesellschaft in Anspruch nehmen. Durch die Möglichkeit der Übernahme der Gründungsgeschäfte durch die Gesellschaft werden die Interessen der Beteiligten in Frankreich weitergehend als in England geschützt. Zwar ist die Übernahme gesetzlich als Ausnahme vorgesehen, doch ist sie in der Praxis der Regelfall. Fast alle im Laufe der Gründungsphase geschlossenen Rechtsgeschäfte werden von der Gesellschaft erfüllt. Die gesetzliche Regelung dient damit vor allem auch dem Schutz der Gesellschafter vor missbräuchlichen Übernahmen der Gründungsgeschäfte.

Gegen eine Übernahme der französischen Regeln in das deutsche Recht spricht aber zum einen, dass das französische Verfahren der Übernahme sehr komplex ist und weitere Formalismen mit sich bringt[1529]. Zur Vereinfachung trägt hingegen das deutsche System des automatischen Übergangs der Rechte und Pflichten aus den Gründungsgeschäften von der Vorgesellschaft auf die entstandene Gesellschaft im Zeitpunkt der Eintragung bei[1530]. Diese Lösung ist auch aus Gläubigergesichtspunkten interessengerechter, da die GmbH nicht nur der bei Abschluss des Gründungsgeschäftes eigentlich anvisierte und vorgestellte Vertragspartner des Dritten ist, sondern dieses aufgrund des automatischen Übergangs in der Regel auch wird. Zum anderen ist die Lösung des Art. 5 al. 2 L 1966, eine rückwirkende Übernahme vorzusehen, nicht ohne Nachteile: Dadurch, dass der Übernahmeakt im Belieben der Gesellschaft steht, wird der Dritte im Unsichern über die Person des wahren Schuldners der Verpflichtungen aus den Gründungsgeschäften gelassen. Diese Lösung ist zwar mit dem Gemeinschaftsrecht konform, doch genügt sie dem Schutzinteresse des Dritten nicht in gleichem Maße wie das deutsche Recht. Dieses zeigt sich in der Praxis darin, dass die dritte Partei oft eine persönliche Sicherheit vom Handelnden

[1527] Vgl. dazu die Abschnitte „Haftung der Gesellschaft" auf S. 245 ff.
[1528] Vgl. den Abschnitt „Einleitung" auf S. 124 ff.
[1529] Vgl. den Abschnitt „Verfahren der Übernahme" auf S. 166 ff.
[1530] Vgl. den Abschnitt „Haftung für Verpflichtungen aus dem Stadium der Vorgesellschaft" auf S. 99.

verlangt. Damit wird deutlich, dass die Problematik insoweit nicht für alle an den Gründungsgeschäften Beteiligten zufriedenstellend gelöst wurde.

Des Weiteren spricht gegen die Übernahme der allein auf der Handelndenhaftung beruhenden französischen Regelung die Weiterentwicklung des Rechts der Gründerhaftung in Deutschland, so dass der Ausgangspunkt der Lösung der Gründerhaftungsproblematik mittlerweile sehr unterschiedlich ist. Zur Vermeidung von unbilligen Ergebnissen und zur Beibehaltung einer durchgängigen und sinnvollen Dogmatik müsste das deutsche Recht bei einer Übernahme der französischen Lösungen zum weiten Handelndenbegriff im Rahmen von § 11 Abs. 2 GmbHG und damit zum Stand der Rechtsprechung des BGH bis zum Jahre 1967 zurückkehren[1531]. Der zur Zeit des Publizitätsrichtlinienvorschlages auch von der deutschen Rechtsprechung vertretene weite Handelndenbegriff basierte aber darauf, dass nach damaligem Verständnis eine teilrechtsfähige Vorgesellschaft nicht existierte. Aus diesem Grund sollten Gründungsgeschäfte vermieden und dem schon vor der Eintragung ein Rechtsgeschäft mit der Gesellschaft abschließenden Dritten ein Schuldner in der Person des Handelnden gegeben werden. Dieses Verständnis ist mittlerweile überholt, so dass eine Rückkehr zum weiten Handelndenbegriff nicht empfehlenswert erscheint. Es ist vielmehr an der jetzigen Lage des Rechts festzuhalten, das von der Existenz einer teilrechtsfähigen Vorgesellschaft ausgeht und neben der Gründer- eine Handelndenhaftung annimmt, zumal dieses System auch mit dem Gemeinschaftsrecht vereinbar ist.

Letztlich spricht gegen eine Übernahme der Lösungen des französischen wie auch des englischen Rechts, dass diese weitestgehend nur einen Aspekt der Problematik in den Vordergrund ihrer Bemühungen stellen, ohne für den für eine zufriedenstellende Lösung notwendigen Ausgleich aller divergierenden Interessen zu sorgen. Folglich ist eine Verbesserung des deutschen Rechts weder aus dem französischen noch aus dem englischen Recht abzuleiten.

Da eine Übernahme der englischen und französischen Lösung der Gründerhaftungsproblematik in das deutsche Recht ausscheidet, kann der Weg zu einer interessengerechteren Gründerhaftung in Deutschland nur durch eine im Rahmen des deutschen Rechts entwickelten Lösung gefunden werden. Die sich bisher aus Handelnden-, Vorgesellschafts- und Gründerhaftung zusammensetzende Haftung im Gründungsstadium der GmbH bietet dem Dritten keinen ausreichenden Schutz. Die als Innenhaftung ausgestaltete Verlustdeckungshaftung trägt den Interessen des Dritten aufgrund der erschwerten Anspruchsdurchsetzung keine Rechnung und verstößt gegen das Gemeinschaftsrecht. Die jetzigen Haftungsformen führen auch nicht zu einem angemessenen Ausgleich der Interessen aller an den Gründungsgeschäften Beteiligten und tragen nicht zur Entwirrung der Komplexität bei. Angesichts der darüber hinaus bestehenden, aufgezeigten Schwierigkeiten und Abgrenzungsproblematiken des deutschen Rechts ist eine grundlegende Neubestimmung der Gründerhaftung mit Blick auf die Vorgaben des europäischen Gemeinschaftsrechts erforderlich. Es ist somit ein eigenes Haftungsmodell zu entwickeln, das sich in die Systematik des deutschen Rechts einfügt, mit dem Gemeinschaftsrecht konform ist und die Interessen der an den

[1531] Vgl. dazu den Abschnitt „Begriff des Handelnden" auf S. 45 ff.

Gründungsgeschäften Beteiligten gleichmäßig berücksichtigt. Dabei ist aber an der grundsätzlichen Systematik der Haftung von Gründern und Handelnden festzuhalten, weil beide ihre Funktion im deutschen Recht haben. Die neue Lösung ist im Folgenden darzustellen.

C. Eigener Lösungsansatz

Ein Gründerhaftungssystem muss grundsätzlich versuchen, einen angemessenen Interessenausgleich zwischen den Beteiligten herbeizuführen und gleichzeitig, trotz der Komplexität der Materie, eine überschaubare und praktikable Rechtssituation zu schaffen. Eine möglichst stimmige Lösung der persönlichen Gründerhaftung erfordert dabei die Abwägung und Gewichtung aller im Gründungsstadium beteiligten Interessen.

Die Rückkehr zu einer alleinigen Haftung der Handelnden gewährt den Dritten solange keinen ausreichenden Schutz, wie die Handelndenhaftung als Organhaftung verstanden wird. Die Haftung der Geschäftsführer kann nicht in allen Fällen die Haftung der mit einem geprüften Haftungskapital ausgestatteten Gesellschaft ersetzen. Eine Rückkehr zum weiten Handelndenbegriff ist aber aus den o.g. Gründen abzulehnen. Eine alleinige Haftung der Gründer wäre ebenso ungenügend, da diese in der Regel für den Dritten nicht ausreichend kreditwürdig sind. Diese Lösung verstieße auch gegen das Gemeinschaftsrecht, das zumindest eine Haftung der unmittelbar Handelnden erfordert. Zudem widerspräche sie dem Interesse der Gründer an einer Beschränkung ihrer persönlichen Haftung, das sie durch die Gründung einer Gesellschaft mit beschränkter Haftung zum Ausdruck bringen. Dieses Interesse ist grundsätzlich auch zu billigen, da in der GmbH im Gegensatz zur OHG oder zur BGB-Gesellschaft der gemeinsam zu verfolgende Zweck überpersönliche Geltung erhält und in der Regel eine Drittorganschaft herrscht, so dass die Gesellschafter keinen unmittelbaren Einfluss auf die Geschäftstätigkeit ausüben können. Es wäre daher unbillig, die Gesellschafter der GmbH alleine und unbeschränkt für die aus dem Geschäftsverkehr erwachsenden Gefahren haften zu lassen[1532].

Da das Gesellschaftsvermögen der zu gründenden Gesellschaft andererseits in der Regel für eine umfassende Gläubigersicherung noch nicht hinreichend geprüft und nicht ausreichend ist, muss dem Gläubiger zum Schutz seiner schutzbedürftigen und -würdigen Interessen neben dem Vermögen der Vorgesellschaft eine oder mehrere weitere Haftungsmassen zur Verfügung stehen. Zu seinem Schutz sollte ihm daher die Möglichkeit gegeben werden, neben dem schon vorhandenen Gesellschaftsvermögen das Vermögen der Gründungsgesellschafter und das der Vorgesellschafts-Geschäftsführer in Anspruch zu nehmen. Denn vor Eintragung der Gesellschaft besteht unter Umständen eine länger andauernde Unsicherheit darüber, ob der eigentlich anvisierte Vertragspartner, die GmbH, einen Haftungsfond aufweist, der durch die gesetzlich bestimmten Mindesteinlagen bereits tatsächlich gesichert ist, oder ob wegen der unzureichenden Kapitalausstattung noch andere Schuldner in Frage kommen. Weiterhin besteht eine erschwerte Informationsmöglichkeit über die

---

[1532] Vgl. auch Dregger, Haftungsverhältnisse, S. 18 f.

Gesellschaft als mögliche Schuldnerin, da die frei einsehbare Handelsregistereintragung noch aussteht.

Nach Eintragung der Gesellschaft soll der Dritte hingegen ausschließlich auf das Gesellschaftsvermögen zugreifen können, da er nicht weiter schutzbedürftig und –würdig ist, und die Regeln des GmbHG, insbesondere die der Haftungsbeschränkung nach § 13 Abs. 2 GmbHG eingreifen. Dem Interesse der Gründer an einer möglichst bald eintretenden Beschränkung der Haftung sind dadurch ausreichend berücksichtigt, dass ihre Haftung mit Eintragung der Gesellschaft erlischt. Wie Jäger aufgezeigt hat, kann die Gesellschaft unverzüglich nach Satzungserrichtung zum Handelsregister angemeldet werden, so dass Verzögerungen in diesem Zeitraum in den ausschließlichen Verantwortungsbereich der Gründer bzw. Geschäftsführer der Vorgesellschaft fallen. Gleiches gilt für das Vorliegen der Eintragungsvoraussetzungen[1533]. Dieses kann nicht ohne Auswirkung auf die Beurteilung der Haftungssituation bleiben.

Zur Simplifizierung und zur Bewirkung eines tatsächlich einheitlichen Gründerhaftungssystems ist daher eine unbeschränkte und gesamtschuldnerische Außenhaftung der Gründergesellschafter in allen Fragen der Haftung aus Gründungsgeschäften vor Eintragung der Gesellschaft am interessengerechtesten[1534]. Die Rechtsprechung des BGH sollte dementsprechend zu einer als unbeschränkte, gesamtschuldnerische Außenhaftung ausgestalteten Verlustdeckungshaftung der Gründergesellschafter geändert werden.

Die tatsächlich einheitliche Gründerhaftung ist auf die Phase vor Eintragung der Gesellschaft zu beschränken, weil die Annahme einer Außenhaftung der Gesellschaft nach Eintragung der Gesellschaft gegen die Regelungen des GmbHG verstieße. Denn nach Eintragung der Gesellschaft findet die gesetzliche Vorschrift des § 13 Abs. 2 GmbHG Anwendung, der die Haftung auf das Innenverhältnis beschränkt. Von dieser gesetzlichen Bestimmung kann nicht abgewichen werden. Die Ausgestaltung der Vorbelastungshaftung als Innenhaftung widerspricht aber nicht den Gläubigerinteressen, da insoweit von der Kenntnis des Gläubigers von der nach Eintragung auf das Gesellschaftsvermögen beschränkten Haftung auszugehen ist. Es wäre nicht gerechtfertigt, den Altgläubigern eine bessere Stellung gegenüber den neuen Gläubigern der GmbH durch Gewährung einer Außenhaftung auch nach Eintragung der Gesellschaft zu geben. Daraus folgt aber auch, dass die Haftung nach der Wertung des Gesetzes erst ab dem Zeitpunkt der Eintragung der Gesellschaft im Handelsregister beschränkt sein soll.

Die hier vertretene einheitliche Haftungssystematik stimmt auch mit der gesetzlich geregelten Handelndenhaftung überein. Der Gläubiger muss vor Geltendmachung seiner Ansprüche nicht erst ermitteln und prüfen, ob in dem konkreten Fall eine Außen- oder Innenhaftung in Frage kommt und wer sein Haftungsgegner ist. Bei Vorliegen der Eintragung hat er Kenntnis oder muss Kenntnis

[1533] Jäger, Gesellschafterhaftung, S. 94 ff., insb. S. 96.

[1534] Eine andere Richtung schlägt das OLG Bremen in GmbHR 2001, 25, 26 f. ein, indem es zum Gleichlauf der Haftungssystematik die anteilige Innenhaftung auch auf den Fall der unechten Vorgesellschaft anwendet. Doch führt eine solche Ausgestaltung nur in einem weiteren Teilbereich zu einer einheitlichen Haftung, stellt aber keine einheitliche Haftungssystematik auf.

haben, dass dann nur noch eine Haftung des Gesellschaftsvermögens in Betracht kommt. Der Durchschnittsgläubiger ist mit der Differenzierung und erforderlichen Ermittlung des Standes der Vorgesellschaft in der Phase vor Eintragung der Gesellschaft überfordert, so dass seine Rechtsdurchsetzung erheblich erschwert ist. Bei Annahme einer einheitlichen Außenhaftung in allen oben angeführten Fällen ist der Gläubiger hingegen nie im Zweifel, wer ihm haftet und gegen wen er seinen Anspruch durchsetzen kann. Die von der Rechtsprechung bei der Verlustdeckungshaftung angenommene Innenhaftung erschwert hingegen in ungerechtfertigter Weise die Durchsetzung seiner Ansprüche. Gegen sie sprechen weiterhin die oben in der Diskussion um die Innen- und Außenhaftung aufgeführten Nachteile[1535]. Zudem verdeutlichen die vom BGH angenommenen Ausnahmefälle zur Innenhaftung im Rahmen der Verlustdeckungshaftung, dass das System der Innenhaftung nicht abschließend durchdacht ist, zumal bei diesen Ausnahmefällen nicht eindeutig ist, wann sie in der Praxis vorliegen und wann dementsprechend eine direkte Klage gegen die Gründergesellschafter zu erfolgen hat.

Auch im Vergleich zur Außenhaftung der Handelnden erweist sich die Ausgestaltung der Verlustdeckungshaftung als Haftung nach außen als vorzugswürdig, da andernfalls die Gläubiger bei Durchsetzungsschwierigkeiten im Rahmen der Innenhaftungskonzeption in erster Linie auf die nach § 11 Abs. 2 GmbHG haftenden Handelnden zugreifen würden. Zwar ist die Haftung der Handelnden gesetzlich bestimmt und entspricht der Wertung des Gesetzgebers. Doch kann bei dieser Feststellung nicht stehen geblieben werden, da sich auch das Recht der Gründerhaftung weiterentwickelt hat. Das deutsche Recht geht nicht mehr von der alleinigen Haftung der Handelnden aus und versteht mittlerweile insbesondere auch den Begriff des Handelnden anders als zur Zeit der gesetzlichen Niederlegung der Bestimmung. Der Handelndenbegriff umfasst nicht mehr wie früher neben den Handelnden grundsätzlich auch die Gründer, sondern erfasst nur noch die Geschäftsführer und diejenigen Personen, die wie ein solcher auftreten. Handelt es sich bei den Handelnden daher um Fremdgeschäftsführer, wäre es unangemessen, ihnen und nicht den Gründergesellschaftern das Regressrisiko aufzubürden. Zwar können sie ebenfalls Einfluss auf die Eintragung nehmen, überschauen die wirtschaftlichen Verhältnisse der Vorgesellschaft möglicherweise am besten, und die rechtsgeschäftliche Verpflichtung der Vorgesellschaft ist ausschließlich durch sie möglich, doch ist für sie ein vorzeitiger Geschäftsbeginn in der Regel nicht derart von Vorteil wie für die Gesellschafter. Weiterhin stellt der Abschluss des Gesellschaftsvertrages als gesetzlich vorgeschriebener Gründungsschritt eine rein interne Manifestation des Anmeldungs- und Eintragungswillens der Gründer dar. Es besteht keine Gewähr, dass es jemals zur Anmeldung oder Eintragung der Gesellschaft kommt, zumal die Anmeldung nach der expliziten Regelung in § 79 Abs. 2 GmbHG nicht erzwungen werden kann[1536]. Die Gründer sind vielmehr frei in der Entscheidung, ob sie die Gesellschaft zur Eintragung anmelden oder nicht.

[1535] S. den Abschnitt „Innen- bzw. Außenhaftung" auf S. 73 ff.

[1536] Jäger, Gesellschafterhaftung; Hachenburg/Ulmer, GmbHG, § 7 Rn 5 ff. mwN; Derwisch-Ottenberg, Haftungsverhältnisse, S. 71.

Die Außenhaftung belastet die Gründer zwar erheblich, doch haben sie es selbst in der Hand, die Haftungsbeschränkung des § 13 Abs. 2 GmbHG durch Betreiben der Eintragung der Gesellschaft herbeizuführen. Es ist sachgerecht, wenn diese Haftungsregelung zur Zurückhaltung einer verfrühten Aufnahme der wirtschaftlich nicht abgesicherten Geschäftstätigkeit mahnt. Zwar sind die Gründer gezwungen, schon im Stadium der Vorgesellschaft Gründungsgeschäfte abzuschließen. Beschränken sie sich aber auf den Abschluss der für die Anmeldung der Gesellschaft notwendigen Rechtsgeschäfte, ist der Umfang der eingegangenen Verbindlichkeiten begrenzt und in der Regel von der Mindesteinlage gedeckt. Nehmen sie hingegen schon vor Eintragung der Gesellschaft die Geschäftstätigkeit auf, so erfolgt dieses im eigenen Ermessen und im Wissen, dass die Haftungsbeschränkung des § 13 Abs. 2 GmbHG noch nicht eingreift. Ergeht die Entscheidung zum Tätigwerden, so müssen sie auch die Folgen daraus tragen und für die eingegangenen Verbindlichkeiten haften. Bei einer vorzeitigen Geschäftsaufnahme können die Gründergesellschafter im Einzelfall auch haftungsbeschränkende Vereinbarungen mit dem Gläubiger abschließen. Zudem zeigt der Blick auf das englische Recht, dass eine unbeschränkte Außenhaftung keine abschreckende Wirkung auf Gründungsaktivitäten hat.

Der Schutz der Gläubiger vor Eintragung der GmbH ist in der Abwägung höher zu bewerten als derjenige der Gründer, welche die Gründung der Gesellschaft sowie den Abschluss der Gründungsgeschäfte veranlassen. Es erscheint interessengerechter, die an der Gründung und dem vorzeitigen Geschäftsbetrieb beteiligten Gründer mit einer Haftung zu belasten als die Gläubiger mit dem Durchsetzungsrisiko. Denn die Gründer haben nicht nur den vorzeitigen Geschäftsbeginn und die Dauer der Gründungsphase weitestgehend in der Hand. Die Gründung der GmbH und der vorzeitige Geschäftsbeginn kommen ihnen auch am ehesten zugute. Die Gründer entscheiden zumindest über die Anmeldung sowie über alle Aktivitäten vor Eintragung der Gesellschaft und verfügen im Ernstfall eher über die notwendigen Informationen. Sie dürfen das Risiko der frühzeitigen Geschäftsaufnahme und damit der Haftung aus den Gründungsgeschäften nicht abwälzen, da sie alleine potentielle Nutznießer der vorgesellschaftlichen Geschäftstätigkeit sind. Daher müssen sie auch das mit der vorzeitigen Geschäftsaufnahme verbundene Risiko selbst tragen.

Zudem wäre es nicht gerechtfertigt, den Gründern einer GmbH im Gründungsstadium eine Haftungsbeschränkung und damit eine weitgehende Bevorzugung vor den Gesellschaftern einer OHG oder BGB-Gesellschaft zu geben. Zwar ist mit der allgemeinen Ansicht davon auszugehen, dass die Vorgesellschaft gerade keine OHG oder Gesellschaft bürgerlichen Rechts darstellt, doch allein die Rechtsnatur der Vorgesellschaft als Gesellschaftsform sui generis rechtfertigt noch keine Beschränkung der Haftung, zumal auf die Vorgesellschaft nur diejenigen Regeln des GmbH-Rechts anwendbar sind, die nicht die Eintragung der Gesellschaft voraussetzen. Die Haftungsbeschränkung setzt die Eintragung der Gesellschaft aber gerade voraus[1537].

Diese Haftungskonstruktion bedeutet keine pauschale Beurteilung der Haftungssituation im Gründungsstadium, die zu vermeiden ist, da die denkbaren

---

[1537] Vgl. § 11 Abs. 1, 2, § 13 Abs. 2 GmbHG.

Möglichkeiten der Weiterentwicklung nach Abschluss des Gesellschaftsvertrages zu vielfältig sind. Sie stellt vielmehr auf die einzelnen möglichen Stadien der Gründung einer Gesellschaft ab und beurteilt sie nur einheitlich. Das Konzept der vollkommen einheitlichen Gründerhaftung übergeht nicht zur Vermeidung von Abgrenzungsproblemen berücksichtungswerte Interessen, sondern kommt zu dem Ergebnis der einheitlichen Außenhaftung in allen Stadien der GmbH-Gründung gerade aufgrund einer Abwägung dieser Interessen und einer Bewertung der Risikoverteilung im Gründungsstadium der GmbH. Es kommt darüber hinaus zu einer abgestimmten Parallelität von Gründer– und Handelndenhaftung.

Das einheitliche Haftungssystem wird, anders als die als Innenhaftung ausgestaltete Verlustdeckungshaftung, auch den Anforderungen von Art. 7 Publizitätsrichtlinie und damit dem Gemeinschaftsrecht gerecht. Es verwirklicht das von Art. 7 Publizitätsrichtlinie anvisierte Ziel des effektiven Schutzes der Gläubigerinteressen. Dem Gläubiger steht für die aus dem Gründungsgeschäft resultierenden Ansprüche zu jeder Zeit zumindest eine Haftungsmasse zur Verfügung. Die Durchsetzung der Forderungen aus den Gründungsgeschäften wird bei Annahme einer Verlustdeckungshaftung in Form der unbeschränkten Außenhaftung erleichtert. Der Gläubiger ist bei einer beabsichtigten Inanspruchnahme der Gründer nicht darauf angewiesen den langwierigen Weg der Pfändung der Ansprüche der Vorgesellschaft gegen die Gründer zu gehen, sondern kann seine Forderung unmittelbar gegen die Gründer richten. Er kann in jedem Gründungsstadium die Gründergesellschafter persönlich in Anspruch nehmen und muss folglich vor Geltendmachung seines Anspruchs nicht ermitteln, in welcher Grünungsphase sich die GmbH befindet. Er läuft daher nicht Gefahr, seine Forderung gegen eine in diesem Zeitpunkt nicht unmittelbar nach außen haftende Person zu richten. Damit rückt die deutsche Gründerhaftung wieder näher an die in Art. 7 Publizitätsrichtlinie getroffene Regelung.

Die Vereinfachung der Systematik der Gründer- und Handelndenhaftung durch die Annahme einer tatsächlich einheitlichen Haftung im Gründungsstadium trägt auch der Tatsache Rechnung, dass die Rechtsprechung des BGH auf diesem Gebiet den wesentlichen Maßstab für die Wirtschaftspraxis bildet[1538], die an einer eindeutigen und zweifelsfreien Linie interessiert ist. Tatsächlich herrscht angesichts der im Rahmen des Gesamtsystems der Gründerhaftung uneinheitlichen Rechtsprechung eine große Unsicherheit, die viele Gründer von möglicherweise dringend gebotenen Gründungsgeschäften abhält und die Rechtsdurchsetzung der Gläubiger erschwert. Angesichts der bisherigen Unstetigkeit der Rechtsprechung gerade in diesem praxisrelevanten Haftungsbereich kann bisher nicht von der notwendigen Rechtssicherheit gesprochen werden. Eine einheitliche, unbeschränkte Außenhaftung der Gründergesellschafter in allen Gründungsphasen vermeidet dieses Problem, führt zur Vereinfachung der Problematik und trägt somit zur Rechtssicherheit im Rechtsverkehr bei. Zudem wird es den Interessen aller an den Gründungsgeschäften Beteiligten gerecht.

[1538] Jäger, Gesellschafterhaftung, S. 19.

Schlussbetrachtung

Die vorliegende Untersuchung hat gezeigt, dass sich die Lösungen der Gründerhaftungsproblematik im deutschen, englischen und französischen Recht grundlegend voneinander unterscheiden, obwohl die Rechte der untersuchten Länder in diesem Bereich durch die Publizitätsrichtlinie harmonisiert wurden.

Im Rahmen der Untersuchung wurde zunächst in einer Bestandsaufnahme das nationale Recht Deutschlands, Englands und Frankreichs erläutert und nach Darstellung der Vorgaben des europäischen Gemeinschaftsrechts jeweils auf seine Vereinbarkeit mit dem Gemeinschaftsrecht überprüft. Anschließend wurden die untersuchten nationalen Rechtsbereiche ausführlich miteinander verglichen und geprüft, ob die Lösungen des englischen und französischen Rechts für die Gründerhaftungsproblematik auf das deutsche Recht übertragen werden können und sollten, sofern sie interessengerechtere Lösungen bieten. Da jedoch festgestellt wurde, dass die Lösungen des englischen und des französischen Rechts aus unterschiedlichen Gründen nicht in das deutsche Recht übernommen werden können, wurde eine eigene neue Lösung für die Problematik der Haftung aus Gründungsgeschäften entwickelt. An dieser Stelle sollen die wichtigsten Ergebnisse dieser Arbeit thesenartig zusammengefasst werden.

A. Gründung einer Gesellschaft mit beschränkter Haftung

Die rechtliche Neugründung von deutscher GmbH und französischer *SARL* gleichen sich sowohl in den Gründungsvoraussetzungen als auch im Gründungsverfahren. Beide verlangen das Vorhandensein eines Mindestkapitals und die Erfüllung bestimmter Voraussetzungen vor Eintragung der Gesellschaft in das jeweilige Handelsregister. Zudem erfolgt eine registergerichtliche Kontrolle der Eintragungsvoraussetzungen, im deutschen aber umfassender als im französischen Recht. Mit Eintragung in das Register sind sowohl *SARL* als auch GmbH mit Rechtspersönlichkeit entstanden. Auch die *private company* entsteht am Tag ihrer Inkorporation als rechtsfähige Gesellschaft, doch ist ihr Gründungsverfahren einfacher und in der Regel schneller, zumal die Kapitalaufbringung nicht Voraussetzung für die Inkorporation ist und sich die Registerprüfung auf die Formalitäten und die zulässige Angabe des Unternehmensgegenstandes beschränkt.

B. Existenz einer Vorgesellschaft

Das deutsche und das französische Recht gehen von der Existenz einer Vorgesellschaft im Gründungsstadium der GmbH bzw. *SARL* mit Abschluss des Gesellschaftsvertrages aus, wobei ihr nur das deutsche Recht eine Teilrechtsfähigkeit zukommen lässt. Wie aus Art. 7 Publizitätsrichtlinie ersichtlich ist, kennt auch das Gemeinschaftsrecht eine (nicht rechtsfähige) Vorgesellschaft, setzt die Übernahme dieser Konzeption aber nicht zwingend für die Mitgliedstaaten voraus. Ihr kommt aber insofern eine rechtliche Bedeutung zu, als ihr Vorliegen Voraussetzung für die Anwendung der Handelndenhaftung und der Übernahmemöglichkeit ist. Das englische

Recht stimmt daher auch mit dem Gemeinschaftsrecht überein, wenn es davon ausgeht, dass die Gesellschaft vor Erteilung der Gründerbescheinigung (*certificate of incorporation*) nicht existiert und eine Vorgesellschaft nicht anerkennt, für das Eingreifen der Handelndenhaftung aber auch einen objektiven Bezug zur Gründung einer Gesellschaft verlangt. Reformbestrebungen in England, eine Vorgesellschaft anzuerkennen und den Übergang der Rechte und Pflichten auf die eingetragene Gesellschaft zu regeln, haben sich bislang aber nicht durchgesetzt.

C. Haftung aus Gründungsgeschäften

Das englische und das französische Haftungssystem beruhen wie das des Gemeinschaftsrechts allein auf einer unbeschränkten Haftung der für die sich in Gründung befindliche Gesellschaft Handelnden, wobei der Begriff der Handelnden in Frankreich am weitesten gefasst ist und damit einen umfassenderen Schutz der Gläubiger als das englische Recht bietet. Auch fehlt im englischen Recht entgegen der Vorgabe des Gemeinschaftsrechts die Bestimmung einer gesamtschuldnerischen Haftung der Handelnden.

Grundsätzlich hat auch das deutsche Recht die Vorgabe von Art. 7 Publizitätsrichtlinie einer Haftung aller Gesellschafter der sich in Gründung befindlichen Gesellschaft realisiert. Es stützt die Haftung aus Gründungsgeschäften sowohl auf die Haftung der Handelnden als auch auf die Haftung der Gründergesellschafter (Verlustdeckungshaftung) und auf die Haftung der teilrechtsfähigen Vorgesellschaft. Damit geht das deutsche Recht hinsichtlich des Schutzes des Dritten teilweise über den der Publizitätsrichtlinie hinaus, nämlich bei der Bestimmung der Haftung der Vorgesellschaft, teilweise erreicht es den erforderlichen Schutz aber nicht, nämlich bei der Ausgestaltung der Verlustdeckungshaftung als nur anteilige Haftung nach innen.

D. Übernahmemöglichkeit

Entsprechend der verbindlichen Vorgabe von Art. 7 Publizitätsrichtlinie sehen sowohl das französische als auch das deutsche Recht vor, dass die entstandene Gesellschaft aus den im Gründungsstadium für sie begründeten Rechtsgeschäfte verpflichtet und berechtigt und der Handelnde von seiner Haftung befreit werden kann. In Deutschland erfolgt der Übergang der aus den Gründungsgeschäften resultierenden Rechte und Pflichten ipso iure von der wirksam verpflichteten Vorgesellschaft auf die entstandene Gesellschaft im Zeitpunkt der Eintragung im Handelsregister; in Frankreich erfolgt sie durch Übernahme der Gründungsgeschäfte nach besonderen, in zwei Verordnungen geregelten Verfahren. Nur das englische Recht sieht eine Möglichkeit der Übernahme der Gründungsgeschäfte durch die inkorporierte Gesellschaft nicht vor und verstößt insoweit gegen das Gemeinschaftsrecht.

E. Gründe für die Unterschiede

Die abweichenden Regelungen in den untersuchten Rechtsbereichen Deutschlands, Englands und Frankreichs sind bedingt durch die Unterschiede in den Rechtssystemen und dem unterschiedlichen Rechtsverständnis im *common law* und in den kontinentaleuropäischen Rechtssystemen. Das englische Rechtsdenken ist rein pragmatisch und ganz auf die Lösung des Einzelfalls gerichtet, während im französischen und deutschen Recht grundsätzlich auch rechtsdogmatische und rechtssystematische Überlegungen in die Entscheidung eines Falls eingebracht werden. Sie bevorzugen im Gegensatz zum englischen Recht Abstraktionsbegriffe und sind nicht wie dieses an einer möglichst präzisen Kasuistik interessiert. Diese gravierenden Unterschiede bedingen die verschiedene Lösung und Ausgestaltung der Gründerhaftungsproblematik in den untersuchten Rechten.

F. Eigene Lösung

Die deutsche Rechtspraxis hat ihr Ziel, eine einheitliche Gründerhaftungskonzeption zu entwickeln, kaum erreicht. Das einzig durchgängige Prinzip ist das der unbeschränkten Haftung. Im Übrigen bietet das deutsche Recht eine Vielfalt von Haftungsausgestaltungen im Rahmen der Gründerhaftungsproblematik, ist rechtsdogmatisch noch nicht ausgereift, bietet keinen angemessenen Ausgleich der Interessen aller Beteiligten und verstößt teilweise gegen das Gemeinschaftsrecht. Angesichts der Schwierigkeiten und Abgrenzungsproblematiken der bestehenden Lösung im deutschen Recht ist eine grundlegende Neubestimmung der Gründerhaftung mit Blick auf die Vorgaben des europäischen Gemeinschaftsrechts erforderlich.

Das neu entwickelte Haftungssystem beruht auf der Annahme einer unbeschränkten und gesamtschuldnerischen Außenhaftung der Gründergesellschafter in allen Fragen der Haftung aus Gründungsgeschäften vor Eintragung der Gesellschaft. Auch die Verlustdeckungshaftung ist als unbeschränkte, gesamtschuldnerische Außenhaftung ausgestaltet. Nur die Vorbelastungshaftung als Haftung nach Eintragung der Gesellschaft ist aus dem System der Außenhaftung auszunehmen, weil die Annahme einer Außenhaftung gegen die explizite Regelung in § 13 Abs. 2 GmbHG verstieße. Insoweit ist aber von der Kenntnis des Gläubigers, dass die Haftung nach Eintragung der Gesellschaft auf das Gesellschaftsvermögen beschränkt ist, auszugehen, so dass die Annahme einer Innenhaftung nicht den Gläubigerinteressen widerspricht.

Im Gegensatz zum Konzept des BGH wird mit dem neuen Haftungssystem das Ziel der Schaffung einer einheitlichen Gründerhaftung erreicht und folglich die Vorstellung des BGH realisiert. Es führt zur einer Aufhebung der Komplexität des alten Haftungssystems zu einer vereinfachten Geltendmachung der Rechte des Gläubigers, der in jeder Phase der Gründung einer GmbH einen Zugriff auf einen angemessenen Haftungsverband hat. Weiterhin bietet es einen ausgewogenen Interessenausgleich zwischen den Beteiligten, weitgehende Rechtssicherheit für die Gläubiger in einem ansonsten hinsichtlich der Haftungspartner und Haftungsmasse unsicheren Tätigkeitsfeld und liefert eine überschaubare und praktikable Rechtssituation. Es wird den Anforderungen des Gemeinschaftsrechts an die Ausgestaltung der Haftung der Handelnden gerecht und trägt dem von der Publizitätsrichtlinie beabsichtigten Schutz der Interessen Dritter Rechnung.

Literaturverzeichnis

Altmeppen, Holger	Das unvermeidliche Scheitern des Innenhaftungskonzepts in der Vor-GmbH, NJW 1997, 3272 ff.
Altmeppen, Holger	Anmerkung zu BGH, 27. Januar 1997 – II ZR 123/94 -, NJW 1997, 1509 ff.
Altmeppen, Holger	Konkursantragspflicht in der Vor-GmbH?, ZIP 1997, 273ff.
Ammon, Ludwig	Anmerkung zu BayObLG in DStR 1999, 1039
Bambring, Günter/ Jerschke, Hans-Ulrich (Hg.)	Beck'sches Notar-Handbuch, 3. Auflage, München 2000, darin: Mayer, Dieter, Gesellschaftsrecht, S. 797 ff.
Banerjea, Nirmal Robert	Die rechtliche Behandlung des Mantelkaufs, GmbHR 1998, 814 ff.
Banks, R.C. I'Anson	Lindley & Banks on Partnerships, 17. Auflage, London 1995
Bärwaldt, Roman/ Schabacker, Joachim	Keine Angst vor Mantel- oder Vorratsgesellschaften, GmbHR 1998, 1005 ff.
Bastian, Daniel	La situation des sociétés commerciales avant leur immatriculation au registre du commerce, in: Études de droit commercial à la mémoire de Henry Cabrillac (Mélanges Cabrillac), Paris 1968, S. 23 ff.
Baudelet, Hervé	Les banques et l'activité de la société en formation, Banque 1986, 66 ff.
Baumann, Horst	Die GmbH in Anwartschaft – ein neues Konzept zur Gründerhaftung, JZ 1998, 597 ff.
Baumann, Horst/ Müller, Stefan	Die Haftung der Gründungsgesellschafter bei der echten und unechten Vor-GmbH, NZG 2001, 218 ff.
Bauschke, H.-J.	Grenzen der Rechtspersönlichkeit juristischer Personen im englischen Gesellschaftsrecht, Dissertation, Heidelberg 1975

Baxt, R.	Personal liablity of an agent for an unformed company – Kelner v Baxter revisited, (1967) 30 M.L.R 328 ff.
Beale, H.G. (Hg.)	Chitty on Contracts, Band 1, 28. Auflage, London 1999, darin: S. J. Whittaker, Rn 8-001 ff.; darin: C. G. J. Morse, Rn 11-001 ff.; darin: A.S. Burrows, Rn 18-001 ff.
Beatson, J.	Restitutionary Remedies for void and ineffective contracts, (1989) 105 L.Q.R. 179 ff.
Behrens, Peter	Die Gesellschaft mit beschränkter Haftung im internationalen und europäischen Recht, 2. Auflage, Berlin, New York 1997
Bell, John/ Sir Engle, George	Statutory interpretation by the late Sir Rupert Cross, 3. Auflage, London 1995
Beuthien, Volker	Die Vorgesellschaft im Privatrechtssystem, ZIP 1996, 305 ff. (Teil I), 360 ff. (Teil II)
Beuthien, Volker	Vorgesellschafterhaftung nach innen oder außen? Zum Vorlage-beschluss des BGH, vom 4.3.1996, GmbHR 1996, 309 ff.
Binz, Karlheinz	Haftungsverhältnisse im Gründungsstadium der GmbH & Co. KG, Köln 1976
Birds, John/Ferran, Eilís/ Villiers, Charlotte/ Boyle, A.J.	Boyle & Birds Company Law, 3. Auflage, Bristol 1995
von Bismarck, Wolf-Rüdiger	Rechtsnatur und Haftungsverhältnisse der Gründungs-GmbH, Dissertation, Kiel 1963
Bleckmann, Albert	Europarecht, Das Recht der Europäischen Gemeinschaften, 6. Auflage, Köln, Berlin, Bonn, München 1997
Blumenwitz, Dieter	Einführung in das angloamerikanische Recht, 6. Auflage, München 1998
Bock, Ulrich	Die Haftungssituation der Geschäftsführer der GmbH und ihre Begrenzung im Bereich der Vorgesellschaft, § 11 II GmbHG: Eine überflüssige Vorschrift, Dissertation, Frankfurt a.M. 1987

Bommert, Rainer — GmbH-Mantelkauf und Gründungsrecht, GmbHR 1983, 209 ff.

Bonnet, Thierry — Anmerkung zu Cass. Com., 11.01.2000, Dr. Soc., éd. Du Juris-Classeur, April 2000, S. 15, n° 53

Boucourechliev, Jeanne/ Hommelhoff, Peter (Hg.) — Vorschläge für eine Europäische Privatgesellschaft, Köln 1999; darin: Hicks, Andrew/Drury, Robert, Erfahrung und Vorschläge: Das Vereinigte Königreich, S. 69 ff.; darin: Boucourechliev, Jeanne/Huet, Nathalie, Erfahrung und Vorschläge: Frankreich, S. 171 ff.; darin: Hommelhoff, Peter/Helms, Dietmar, Erfahrung und Vorschläge: Deutschland, S. 143 ff.

Bouloc, Bernard — La "disparation" des sociétés commerciales et le registre de commerce, Rev. Soc. 1978, 419 ff.

Bourne, Nicholas/ Pillans, Brian — Scottish Company Law, London 1996

Bousquet, J.-C. — Anmerkung zu CA Paris, 24.2.1977, D., I.1978, J.32

Bowen, Michael — Fox & Bowen on the law of private companies, 2. Auflage, London 1995

Boyle, A.J./ Sykes, Richard/ Sealy, Leonard S. (Hg.) — Gore-Brown on Companies, Auflage 44, Loseblatt, Supplement 25: März 1997; Supplement 28: 1998; Supplement 30: November 1998; Supplement 32: Juli 1999; Supplement 33: November 1999

Brachvogel, Gerrit — Aktiengesellschaft und Gesellschaftsgruppe im französischen Recht, 1971, Stuttgart

Bright, Susan/ Williams, Peter J.G. — Contracts (Rights of Third Parties) Act - Privity reform and property, Solicitors Journal, November 1999, Bd. 143, No. 44, S. 1082 ff.

Brockmann, Rainer — Der Vertrag zugunsten Dritter im französischen Recht mit rechtsvergleichenden Hinweisen zum deutschen Recht, Dissertation, Bonn 1979

Buknill, M. R. — Pre-incorporation contracts, (1986) 12 N.Z.L.Rev. S. 27 ff.

Burrows, J.F./Finn, J.N./ Todd, Stephen — Cheshire and Fifoot`s Law of Contract, 7. Auflage, New Zealand edition, Wellington 1988

Burrows, Andrew/ McKendrick, Ewan — Cases and Materials on the Law of Restitution, Oxford, 1997

Butt, Dietmar — Probleme der Vorgesellschaft nach französischem, belgischem, englischen und deutschem Aktienrecht, Dissertation, Mainz 1970

Büttner, Hermann — Identität und Kontinuität bei der Gründung juristischer Personen, Dissertation, Bielefeld 1967

Centrale für GmbH Otto Schmidt (Hg.) — Die GmbH in den EG-Staaten, Köln, 1993,
darin: Shearman, Jennifer, Die Private Limited Company in England und Wales, S. 49 ff.,
darin: Maier-Bridou, Arno, Die GmbH in Frankreich, S. 77 ff.

Champaud, Claude — Sociétés en général, in Houin, Roger/ Saint Alary, Roger/ Champaud, Claude , Sociétés commerciales, RTD com. 1967, 168 ff.; 1969, 989 ff.

Champaud, Claude/ Danet, Didier — Sociétés en général, RTD com. 54 (3), juillet-septembre 2001, S. 708 ff.

Champaud, Claude/ Le Floch, Paul — Sociétés en général, RTD com., Bd. 41, 1988, 62 ff.

Champaud, Claude/ Le Floch, Paul — Sociétés en général, RTD com., Bd. 42, 1989, 469 ff.

Chaput, Yves — Droit des sociétés, 1. Auflage, Paris 1993

Chartier, Yves — Droit des affaires, Bd. 2 : Sociétés commerciales, 3. Auflage, Paris 1992

Chartier, Yves — La société dans le code civil après la loi du 4.1.1978, JCP 1978.I.2917

Chartier, Yves — Anmerkung zu Cass. Com., 25.10. und 15.11.1983, D. 1985 I J., 150 ff.

Chartier, Yves — Anmerkung zu Cass. Com., 18.12.1990, Rev. Soc. Bd. 109, 1991, 518 ff.

Chartier, Yves — Anmerkung zu Cass. Com., 07.06.1994, Rev. Soc. Bd. 113, 1995, 39 ff.

Chartier, Yves — Anmerkung zu Cass. Com., 19.11.1996, Rev. Soc. 1996, 770 ff.

Chassaude-Klein, Bernadette — Gesellschaftsrecht in Frankreich, 1. Aufl., München 1993

Collier, J. G./Sealy, L. S. — Case and Comment, European Communities Act 1972 – Company Law, [1973] 32 CLJ 1 ff.

Cozian, Maurice/ Viandier, Alain/ Deboissy, Fl. — Droit des sociétés, 13. Auflage, Paris 2000

Dagot, Michel — La reprise, par une société commercial, des engagements sous-crits pour son compte avant son immatriculation au Registre du commerce, J.C.P. 1969. I 2277 ff.

Daigre, Jean-Jaques — Anmerkung zu CA Paris, 30.04.1980, Rev. Soc./J. Soc., Bd. 99, 1981, 64 ff.

Daigre, Jean-Jaques — Anmerkung zu Cass. Com., 04.05.1981, Recuil Dalloz, Bd. I, J., 482 ff.

Daublon, Georges — Validité des actes et contrats réalisés par les sociétés commerciales avant leur immatriculation au registre du commerce, Rép. Not. Defrénois, Bd. 97, 1977, 657 ff.

Dauner-Lieb, Barbara — Haftung und Risikoverteilung in der Vor-GmbH – Die Haftungsverfassung der Vor-GmbH nach dem Vorlage-beschluss des BAG vom 23.8.1995 – 10 AZR 908/94 (A) , GmbHR 1996, 82 ff.

David, René/ Grasmann, Günther — Einführung in die großen Rechtssysteme der Gegenwart, 2. Auflage, München 1989

Davies, Paul L./ Prentice D.D. — Gower`s Principles of Modern Company Law, 6. Auflage, London 1997

De Witte, Bruno — Sovereignty and European Integration: The Weight of Legal Tradition, MJ 2 (1995), 145 ff.

De Kluiver, Harm-Jan/ Van Gerven, Walter (Hg.) — The European Private Company?, Antwerpen-Apeldorn 1995, darin: Goulding, Simon, The Private Company in the United Kingdom, S. 55 ff.; darin: Hébert, Sylvie, The French Limited Liability Company, S. 77 ff.

Deeg, Peter	Die Haftung bei der nicht eingetragenen GmbH, BB 1950, 720
Derwisch-Ottenberg, Gerald	Die Haftungsverhältnisse der Vor-GmbH, Dissertation, Berlin 1988
Dekeuwer-Défossez, Françoise	Anmerkung zu Cass. Com., 07.12.1981, Rev. Soc. 1982, 860 ff.
Dekeuwer-Défossez, Françoise	L'unification des société civiles et commerciales: vers un droit commun?- Les société en participation, RDT Com. 1984, 569 ff.
Dicey, Albert Venn	Introduction to the study of the law of the constitution, 10. Auflage, London 1964
Didier, Paul	Droit commercial, Bd. 2: L'entreprise en société, 2. Auflage, Paris 1997
Dilcher, Gerhard	Rechtsfragen zur sogenannten Vorgesellschaft, JuS 1966, 89 ff.
Dietl, Clara-Erika/ Lorenz, Egon	Wörterbuch für Recht, Wirtschaft und Politik, Teil I Englisch-Deutsch, München 1990
Dine, Janet	Company Law, 3. Auflage, London, u.a. 1998
Dregger, Alfred	Haftungsverhältnisse bei der Vorgesellschaft von AG, GmbH, Genossenschaft und Verein, Diss., Köln 1951
Dreher, Meinrad	Die Gründungshaftung bei der GmbH, DStR 1992, 33 ff.
Du Pontavice, Emanuel/ Dupichot, Jaques	Traité de droit commercial, 4. Auflage, Paris 1988
Ebert, Kurt Hanns	Einführung in die Grundlagen der Rechtsvergleichung, Bern 1978
Edgar, S.G.G.	Craies on Statute Law, 7. Auflage, London 1971
Ehses, Stefan	Die Gründerhaftung in der Vorgesellschaft - Eine Untersuchung von Vor-GmbH, Vor-AG, Vorverein und Vorgenossenschaft, Dissertation, Regensburg 2000
Einmahl, Jürgen	Die erste gesellschaftsrechtliche Richtlinie des Rates der Europäischen Gemeinschaften und ihre Bedeutung für das deutsche Aktienrecht, AG 1969, 131 ff., 167 ff., 210 ff.

Eiselsberg, Maximilian (Hg.) — Gesellschaftsrecht in Europa, Wien 1997, darin: Limon, Francis, Entwicklungen im französischen Gesellschafts- und Registerrecht, S. 43 ff.

Ensthaler, Jürgen — Anmerkung zu BAG, 22. Januar 1997, BB 1997, 1209 ff.

Escarra, Jean/ Escarra, Edouar/ Rault, Jean — Traité théorique et pratique de droit commercial: Les sociétés commerciales, Band 2 : Les sociétés par actions, Paris 1951

Fastrich, Lorenz/ Götz, Hueck/ Schulze-Osterloh, Joachim/Zöllner, Wolfgang — Baumbach/Hueck, GmbH-Gesetz, 17. Auflage, München 2000 (zitiert: Bearbeiter in: Baumbach/Hueck)

Fabricius, Fritz — Vorgesellschaften bei der Aktiengesellschaft und der Gesellschaft mit beschränkter Haftung; ein Irrweg?, in: Festschrift für Walter Kastner, Kontinuität und Wandel, Beiträge zum Unternehmensrecht, Wien 1972, S. 85 ff. (zitiert: Fabricius, FS Kastner)

Farrar, John H./ Hannigan, Brenda M. — Farrar's Company Law, 4. Auflage, London 1998

Ferid, Murad/ Sonnenberger, Jürgen — Das französische Zivilrecht, 2. Auflage, Heidelberg 1986, Bd. 1/1, 2. Auflage Heidelberg, 1994

Ferid, Murad — Das französische Zivilrecht, Heidelberg 1971

Ferran, Eilís — Company Law and Corporate Finance, Oxford 1999

Fischer-Zernin, Cornelius — Der Rechtsangleichungserfolg der Ersten gesellschaftsrechtlichen Richtlinie der EWG, Diss., Tübingen 1986

Fleck, Hans-Joachim — Neueste Entwicklungen in der Rechtsprechung zur Vor-GmbH, GmbHR 1983, 5 ff.

Fleck, Hans-Joachim — Die neuere Rechtsprechung des BGH zur Vorgesellschaft und zur Haftung des Handelnden, (§ 11 II GmbHG, § 41 I S. 2 AktG), ZGR 1975, 212 ff.

Fleischer, Holger — Kurzkommentar zum BGH, 27.1.1997, EWiR 1997, 463

Flume, Werner — Allgemeiner Teil des Bürgerlichen Rechts, Band 1, 2. Teil, Die juristische Person, Berlin, Heidelberg, New York, Tokio 1983 (zitiert: Flume, Bürgerliches Recht)

Flume, Werner	Zur Enträtselung der Vorgesellschaft, NJW 1981, 1753 ff.
Flume, Werner	Die Rechtsprechung zur Haftung der Gesellschafter der Vor-GmbH und die Problematik der Rechtsfortbildung, DB 1998, 45 ff.
Flume, Werner	Die werdende juristische Person, Festschrift für Ernst Geßler, München 1971, S. 3 ff., zitiert: Flume, FS Geßler
Flume, Werner	Die Haftung der Vorgesellschaft bei der Gründung einer Kapitalgesellschaft, Festschrift für Ernst von Caemmerer, Tübingen 1978, S. 517 ff., zitiert: Flume, FS v. Caemmerer
Furmston, M.P.	Cheshire, Fifoot & Furmston's Law of Contract, 9. Auflage, London 1976, 13. Auflage, London, Edinburgh, Dublin 1996
Gallet, Charles-Henri	Anmerkung zu Cass. Com., 13.03.1984 und 15.11.1983, Rev. Soc./J. Soc., Bd. 102, 1984, 755 ff.
Gehrlein, Markus	Die Haftung in den verschiedenen Gründungsphasen einer GmbH, DB 1996, 561 ff.
Germain, Michel/ Vogel, Louis	Ripert/Roblot Traité de droit commercial, Bd. 1, 17. Auflage, Paris 1998
Goette, Wulf	Vor-GmbH: Haftung der Mitglieder der Vorgesellschaft bei gescheiterter Gründung – LAG Köln, DStR 1998, 179 ff.
Goette, Wulf	Kurzkommentar zum BAG-Urteil vom 22.1.1997 – 10 AZR 908/94, EWiR 1997, 849 f.
Goff of Chieveley/ Jones, Gareth	The Law of Restitution, 5. Auflage, London 1998
Goodhart, A.L.	Precedents in English and Continental Law, 50 LQR (1934), 40 ff.
Goubeaux, Gilles/ Voirin, Pierre	Droit Civil, Bd. 1, 3. Auflage, 1991
Goudet, Raphaelle Micha	Clauses attributives de compétence dans les contrats passés au nom et pour le compte de la société en formation, D. I. 1997, C., 121 ff.

Goulding, Simon — Principles of Company Law, London 1996

Gower, L.B.C. — Gower's Principles of Modern Company Law, 4. Auflage, London 1979, 5. Auflage London 1992

Grabitz, Eberhard/ Hilf, Meinhard (Hg.) — Kommentar zum EWG-Vertrag, Loseblatt, Bd. I und II, München Oktober 1999 (zitiert: Bearbeiter in Grabitz/Hilf)

Green, N.N. — Security of transaction after Phonogram, (1984) 47 M.L.R. 671 ff.

Grier, Nicholas — UK Company Law, Chichester 1998

Griffin, Stephen — Company Law, 3. Auflage, Harlow 2000

Gross, Joseph H. — Pre-incorporation contracts, [1971] 87 L.Q.R. 367 ff.

Gross, Joseph H. — Who is a company promoter?, [1970] 86 L.Q.R. 493 ff.

Grunewald, Barbara — Gesellschaftsrecht, 4. Auflage, Tübingen 2000

Guilberteau, Monique — Anmerkung zu Cass. Com., 01.04.1974, Rev. Soc./J. Soc., Bd. 93, 1975, 63 ff.

Guillien, Raymond/ Vincent, Jean — Lexique de terms juridiques, 9. Auflage, Paris 1993

Gummert, Hans — Anmerkung zu BGH, 27. Januar 1997, WIB 1997, 465 ff.

Gummert, Hans — Die Haftungsverfassung der Vor-GmbH nach der jüngsten Rechtsprechung des BGH, DStR 1997, 1007 ff.

Guyon, Yves — Droit des affaires, Band 1: Droit commercial général et sociétés, 9. Auflage, Paris, 1996

Guyon, Yves — Anmerkung zu Orléans, 1re civ., 22.02.1978, JCP, 1980.II.19403

Guyon, Yves — Anmerkung zu Cass., 1re Civ., 16.02.1977, Rev. Soc. 1977. 682 ff.

J.H. — Anmerkung zu Cass. Com., 12.02.1974, Rev. Soc. Bd. 92, 1974, 494 f.

Habersack, Mathias — Europäisches Gesellschaftsrecht, München 1999

Hachenburg, Max (Begr.) Gesetz betreffend die Gesellschaft mit beschränkter Haftung, Großkommentar, herausgegeben von Peter Ulmer, Band 1, 7. Auflage, Berlin, New York 1975, 8. Auflage, Berlin, New York 1992; (zitiert: Hachenburg/Bearbeiter)

Hahn, Jürgen/ Svoboda, Michael — Englische "Limited Company" statt GmbH?, GmbHR 1984, 85 ff.

Hamel, J./Lagarde, G./ Jauffret, A. — Droit commercial, Band 1, Vol. 2, 2. Auflage, Paris 1980

Hamel, Joseph/ Lagarde, Gaston — Traité de droit commercial, Band 1, Paris 1954

Hansen, Herbert — Der GmbH-Bestand stieg auf 770.000 Gesellschaften an, GmbHR 1997, 204 ff.

Hansen, Herbert — Die GmbH als weiterhin umsatzstärkste Unternehmensgruppe, GmbHR 1999, 24 ff.

Harrer, Friedrich — Haftungsverhältnisse bei der GmbH, Wien 1990

Hasche, Daniela — Die Sachgründung der GmbH, Diss., Frankfurt a.M. 1999

Hayton, David J. — Underhill and Hayton, Law Relating to Trusts and Trustees, 5. Auflage, London, Dublin, Edinburgh 1995

Heerma, Jan Dirk — Die Haftung des Handelnden beim Mantelkauf, GmbHR 1999, 640 ff.

Heinemann, Klaus — Pre-incorporation transactions, Köln, Berlin, Bonn, München, 1990

Heinemann, Klaus — Die Haftung im Gründungsstadium einer Gesellschaft im angelsächsischen Rechtskreis, ZIP 1991, 760 ff.

Hémard, Jean — Société à responsabilité limitée, in Guide Juridique Dalloz, Vincent (Hg.), Bd. V, Loseblatt, 1998, S. 482 ff.

Hémard, Jean/ Terré, François/Mabilat, Pierre — Sociétés commerciales, Band 1, Paris 1972

Helms, Dietmar — Die Europäische Privatgesellschaft, Köln 1998

Hirte, Heribert — Kapitalgesellschaftsrecht, 2. Auflage, Köln 1999

Hirte, Heribert — Die Entwicklung des Unternehmens- und Gesellschaftsrechts in Deutschland in den Jahren 1998 und 1999, NJW 2000, 3321 ff.

Hohloch, Gerhard (Hg.) — EU-Handbuch zum Gesellschaftsrecht, Loseblattsammlung, Herne, Berlin 1997, 1. Ergänzungslieferung Mai 1998, darin: Hohloch, Gerhard, Vereinigtes Königreich; darin: Tillmans, Wolfhard, Frankreich

Houin, R. — Le régime juridique des sociétés dans la Communauté Economique Européenne, RTDE (1) 1965, 11 ff.

Houin, R. — Anmerkung zu Cass. Com., 29.01.1974, RTD com 1974, 529 ff.

Houpin, Charles/ Bosvieux, H. — Traité général théorique et pratique des sociétés civils et commerciales et des associations, 7. Auflage, Paris 1935

Huber, Ulrich — Die Vorgesellschaft mit beschränkter Haftung – de lege Ferenda betrachtet -, in: Festschrift für Robert Fischer, Berlin 1979, S. 263 ff. (zitiert: Huber, FS Fischer)

Hübner, Ulrich/ Constantinesco, Vlad — Einführung in das französische Recht, 2. Auflage, München 4. Auflage, München 2001

Hüffer, Uwe — Das Gründungsrecht der GmbH – Grundzüge, Fortschritte und Neuerungen-, JuS 1983, 161 ff.

Jaeger, Carsten — Die europäische Aktiengesellschaft - europäischen oder nationalen Rechts, Dissertation, Baden-Baden 1994

Jaffey, Peter — The Nature and Scope of Restitution, Oxford 2000

Jäger, Axel — Die persönliche Gesellschafterhaftung in der werdenden GmbH, Dissertation, Heidelberg 1994

Jeantin, Michel — Droit des sociétés, 2. Auflage Paris, 1992

John, Uwe — Die organisierte Rechtsperson, System und Probleme der Personifikation im Zivilrecht, Berlin 1977

John, Uwe — Zur Problematik der Vor-GmbH, insbesondere der Einmanngründung, BB 1982, 505 ff.

Juglart, Michel de/ — Les sociétés commerciales, Cours de droit commercial,

Ippolita, Benjamin	Band 2, 10. Auflage, Paris 1999
Kantak, Ralf	Mantelgründung und Mantelverwendung bei der GmbH, Dissertation, München 1989
Kersting, Christian	Die Vorgesellschaft im europäischen Gesellschaftsrecht, Dissertation, Köln, Berlin, Bonn, München 2000
Kießling, Erik	Vorgründungs- und Vorgesellschaften. Zu Struktur und Kontinuität der Entstehungsphasen bei AG, GmbH, e.G. und e.V., Berlin, New York 1999
Kessler, Francis/ Naudin, Estelle	Introduction au droit commercial français, 1. Auflage, Baden-Baden 2000
Klauss, Herbert/ Mittelbach, Rolf	Die GmbH, 3. Auflage, Ludwigshafen 1984
Klein, Walter	Der Rückgriffsanspruch des Handelnden gegen die Gründer einer Vor-GmbH, Dissertation, Frankfurt a. M., Berlin, Bern, u.a. 1993
Kleindiek, Detlef	Zur Gründerhaftung in der Vor-GmbH - Besprechung der Entscheidung BGH, ZIP 1997, 679, ZGR 1997, 427 ff.
Knoche, Gunther	Gründerhaftung und Interessenausgleich bei der Vor-GmbH, Dissertation, Bochum 1990
Kohte, Wolfhard	Kurzkommentar zum Urteil des BAG vom 27.5.1997 – 9 AZR 483/96 -, EWiR 1998, 373 f.
Koppensteiner, Hans-Georg	Österreichisches und europäisches Wirtschaftsprivatrecht, Teil 1: Gesellschaftsrecht, Wien 1994, darin: Kalss, Susanne, Die Bedeutung der Publizitäts- Kapital-, Zweigniederlassungs- und Einpersonengesellschaftsrichtlinie der Europäischen Union für das Österreichische Gesellschaftsrecht (AG und GmbH), S. 199 ff.
Kort, Michael	Die Haftung der Beteiligten im Vorgründungsstadium einer GmbH, DStR 1991, 1317 ff.
Kort, Michael	Die Gründerhaftung in der Vor-GmbH, ZIP 1996, 109 ff.
Kort, Michael	Kurzkommentar zum Urteil des LAG Köln vom 21.03.1997 – 4 Sa 1288/89 -, EWiR 1998, 123 f.

Kötz, Hein — Die Zitierpraxis der Gerichte, RabelsZ 52 (1988), 644 ff.

Kötz, Hein — Über den Stil höchstrichterlicher Entscheidungen, RabelsZ 37 (1973), 245 ff.

Kraft, Alfons/ Kreutz, Peter — Gesellschaftsrecht, 9. Auflage, Neuwied, u.a. 1992, 11. Auflage, Neuwied, u.a. 2000

Kübler, Friedrich — Gesellschaftsrecht, 5. Auflage, Heidelberg 1998

Kusserow, Berthold — Die Einmann-GmbH in Gründung: Gründungs- und Haftungsprobleme, Steinbach, Taunus 1986

Lacorne, Michel — Haftungssituation in der französischen S.A.R.L., GmbHR 1996, 594 ff.

Lagarde, Gaston (Hg.) — Encyclopédie Dalloz, Répertoire des sociétés, 2. Aufl. 1992

The Law Commission — Privity of contract: contracts for the benefit of third parties, LAW COM No. 242, Cm 3329, London Juli 1996

Le Cannu, Paul — Anmerkung zu Cass. Com., 21.07.1987, Rev. Soc. 1987, 592 ff.

Lefebvre, Francis — Droit des affaires, Sociétés commerciales 2000, Mémento Pratique, Levallois, 1999

Legeais, Dominique — Droit commercial, 11. Auflage, Paris 1997

Leigh, L.H./Joffe, V.H./ Goldberg, D. — Northey's & Leigh's Introduction to Company Law, 3. Auflage, London 1983

Lescot, Pierre — Essai sur la période constitutive des personnes morales de droit privé, Diss. Jur., Dijon 1913

Lieb, Manfred — Meilenstein oder Sackgasse ? Bemerkungen zum Stand von Rechtsprechung und Lehre zur Vorgesellschaft, in : Festschrift für Walter Stimpel zum 68. Geburtstag am 29. November 1985, Berlin, New York 1985, S. 399 ff. (zitiert: Lieb, FS Stimpel)

Lieb, Manfred — Abschied von der Handelungshaftung, DB 1970, 961 ff.

Lieb, Manfred — Zum Spannungsverhältnis zwischen Vorbelastungshaftung und Differenzhaftung – Versuch einer Harmonisierung -, Festschrift für Wolfgang Zöllner, Band 1, Köln u.a. 1998, S. 347 ff.

Limon, Francis — Entwicklungen im französischen Gesellschafts- und Registerrecht, in: Eiselsberg, Maximilian (Hg), Gesellschaftsrecht in Europa, Wien 1997, S. 43 ff.

Lord Hailsham of St. Marylbone — Halsbury's Laws of England, Band 7 (1): Companies, 4. Auflage Reissue, London 1996

Lücke, Horst K., — Contracts made by promoters on behalf of companies yet to be incorporated, (1960-66) 1-2 Adelaide L. Rev. 388 ff.

Lücke, Horst K. — Contracts made by promoters on behalf of companies yet to be incorporated, (1967-70) 3 Adelaide L. Rev. 102 ff.

Lutter, Marcus (Hg.) — Die Gründung einer Tochtergesellschaft im Ausland, ZGR-Sonderheft 3, 2. Auflage, Berlin, New York 1988, darin: Schmitthoff, Clive M., Die Gründung einer Tochtergesellschaft in Großbritannien, S. 185 ff.

Lutter, Marcus — Die erste Angleichungs-Richtlinie zu Art. 54 Abs. 3 Lit. g) EWGV und ihre Bedeutung für das geltende deutsche Unternehmensrecht, EuR 1969, 1 ff.

Lutter, Marcus — Europäisches Gesellschaftsrecht, 2. Auflage, Berlin, New York 1984

Lutter, Marcus — Europäisches Unternehmensrecht, 4. Auflage, Berlin, New York 1996

Lutter, Marcus — Das neue französische Gesellschaftsrecht, NJW 1967, 1153 ff.

Lutter, Marcus — Haftungsrisiken bei der Gründung einer GmbH, JuS 1998, 1073 ff.

Lutter, Marcus/ Hommelhoff, Peter — GmbH-Gesetz, 15. Auflage, Köln 2000

MacQueen, Hector L. — Promoter's contracts, Agency and the jus quaesitum tertio, Cumming v Quartzag Ltd., 1982 S.L.T. 257 ff.

Maier, Arno	Die GmbH im französischen Recht, GmbHR 1990, 379 ff.
Markesinis, B.S.	The Law of Agency and Section 9 (2) of the European Communities Act 1972, [1976] 35 C.L.J 112 ff.
Markesinis, B.S./ Munday, R.J.C	An outline of the Law of Agency, 4. Auflage, London, Edinburgh, Dublin 1998
Maul, Silja	Die Gründung einer SARL, RIW 1997, 911 ff.
Maulbetsch, Hans-Christoph	Haftung für die Verbindlichkeiten der Vorgründungsgesellschaft und der Vorgesellschaft einer GmbH, DB 1984, 1561 ff.
Mayer, Ulrich	Mantelkauf und Mantelverwendung – (k)ein Problem?, NJW 2000, 175 ff.
Mayrhofer, Thomas	Französische und deutsche Einmann-GmbH, Rechtsgeschäfte in der Gründungsphase, München 1992
Mayson, Stephen W./ French, Derek/ Ryan, Christopher L.	Company Law, 14. Auflage 1997
McKenzie, P. D.	The legal status of the unborn company, (1972-73) 5 N.Z.U.L.R. 211 ff.
McMullen, John	Preliminary Contracts By Promoters, [1982] 41 C.L.J. 47ff.
Meinhardt, Peter	Der Englische Companies Act 1985, RIW 1987, 10 ff.
Meister, Burckhardt W.	Zur Vorbelastungshaftung und zur Haftungsverfassung der Vorgesellschaft bei der GmbH, in: Festschrift für Winfried Werner zum 65. Geburtstag am 17. Oktober 1984, Berlin, New York 1984, S. 521 ff. (zitiert: Meister, FS Werner)
Meller-Hannich, Caroline	Verwendung von Vorrats- und Mantelkapitalgesellschaften und Prüfung durch das Registergericht, ZIP 2000, 345 ff.
Mercadal, M. Barthélemy/ Macqueron, Partice	Le droit des affaires au France, Levallois-Perret, 1997
Mercadal, M. Barthélémy/ Janin, M. Philippe	Droit des affaires – Sociétés Commerciales, Mémento pratique Francis Lefebvre, Levallois, 1998 (Stand: 1.9.1997)

Merle, Philippe	Droit commercial, Sociétés commerciales, 6. Auflage, Paris 1998
Mestre, Jaques/ Blanchard-Sébastien, Christine,	L'activité de la société en formation, in: Lamy sociétés commerciales, Paris 2000
Meyer, Justus	Haftungsbeschränkung im Recht der Handelsgesellschaften, Berlin, u.a. 2000
Meyke, Rolf	Die Haftung des GmbH – Geschäftsführers, 2. Auflage, Köln, 2000
Micha-Goudet, R.	Constitution des sociétés, in Collection des Juris-Classeur, éd- 1996 und 1999, Fasc. 27-10
Michalski, Lutz/ Barth, Wolfgang	Außenhaftung der Gesellschafter einer Vor-GmbH, NZG 1998, 525 ff.
Michalski, Lutz/ Barth, Wolfgang	Anmerkung zu BFH, 7. April 1998, NZG 1998, 724 f.
Michalsky, Udo	Vergleichender Überblick über das Recht der Kapitalgesellschaften in Frankreich, DStR 1991, 1660 ff.
Meyer, Justus	Haftungsbeschränkung im Recht der Handelsgesellschaften, Berlin, u.a. 2000
Monhemius, Jürgen	Bilanzrecht, Gründerhaftung und Scheitern der Vor-GmbH, GmbHR 1997, 384 ff.
Morse, Geoffrey	Partnership Law, 5. Auflage, London 2001
Morse, Geoffrey (Hg.)/ Marshall, Enid A./ Morris, Richard/Crabb, Letitia	Charlesworth & Morse on Company Law, 14. Auflage, London 1991, 16. Auflage, London 1999
Müller, Wolf/ Hense, Burckhard (Hg.)	Beck'sches Handbuch der GmbH, Gesellschaftsrecht, Steuerrecht, München 1995
Müther, Peter-Hendrik	Vor-GmbH - Die häufigsten Praxisprobleme, MDR 2001, 366 ff.
Neuling, Jasper	Deutsche GmbH und englische private company, Dissertation, Köln, Berlin, Bonn, München 1997

Notte, Gérard — Les sociétés en sommeil, JCP 1981 I 3022

N.N. — Solicitors Journal Vol. 144, No. 7, February 2000, S. 166

N.N. — Anmerkung zu CA Paris, 03.06.1981, Dr. Soc. 1981, n° 163

N.N. — Anmerkung zu Cass. com., 26.04.1988, Rep. Defr., 1988, 1392

N.N. — Anmerkung zu Cass. Com., 14.01.1992, Rev. Soc. 1992, 304 f.

N.N. — Anmerkung zu Cass. Com., 26.04.1988, Rep. Défr., 1988, Bd. 1, 2, 1392 ff.

Oakley, A. J. — Constructive Trusts, 3. Auflage, London 1997

Paillet, Elisabeth — L'activité de la société en formation, Rev. Soc./J. Soc., 1980, 419 ff.

Palandt — Bürgerliches Gesetzbuch, 61. Auflage, München 2002 (zitiert: Palandt-Bearbeiter)

Pennington, Robert R. — Pennington's Company Law, 7. Auflage, London, Dublin, Edinburgh 1995

Pennington, Robert R. — Vereinigtes Königreich, in Jura Europae, Gesellschaftsrecht, Droit des sociétés, Company Law, Band IV, München, Paris, 24. Lieferung Oktober 1994

Peters, Birgitta — Der GmbH-Mantel als gesellschaftsrechtliches Problem, Dissertation, Köln 1989

Petersen, Wolfgang — Spannungsverhältnis zwischen Gründerhaftung und Handlungshaftung im Haftungssystem der Vor-GmbH bei Bargründungen, Dissertation, Mainz 1985

Philippe, Catherine — Anmerkung zu Cass. Com., 04.05.1981, in Rev. Soc./J. soc., Bd. 100, 1982, 277 ff.

Plantamp, Didier — Le point de départ de la période de formation des sociétés commerciales, RTD com., Bd. 47, 1994, 1 ff.

Prentice, D.D. — Section 9 of the European Communities Act, [1973] 89 L.Q.R. 518 ff.

Prentice, D.D. — EEC Directives on Company Law and Financial Markets, Oxford 1991

Priester, Hans-Joachim / Mayer, Dieter — Münchener Handbuch des Gesellschaftsrechts, Band 3: Gesellschaft mit beschränkter Haftung, München 1996 (zitiert: MünchHdb./Bearbeiter)

Priester, Hans-Joachim — Die Unversehrtheit des Stammkapitals bei Eintragung der GmbH – ein notwendiger Grundsatz? -, ZIP 1982, 1141 ff.

Priester, Hans-Joachim — Mantelverwendung und Mantelgründung bei der GmbH, DB 1983, 2291

Prime, Terence/ Scanlan, Gary — The Law of Private Limited Companies, Kent 1996

Pues, Werner — Haftungsverhältnisse im Gründungsstadium einer GmbH und ihrer vergleichbaren Gesellschaften in Frankreich, England, den USA und Kanada, Dissertation, Seggebruch, 1982

Radbruck, Gustav — Der Geist des englischen Rechts, Göttingen 1956

Raiser, Thomas — Recht der Kapitalgesellschaften, 2. Auflage, München 1992

Raiser, Thomas/ Veil Rüdiger — Die Haftung der Gesellschafter einer Gründungs-GmbH, BB 1996, 1344 ff

Randoux, D. — Anmerkung zu Cass. Com., 20.01.1987, J.C.P., 1987.II. 20890

Randoux, D. — Anmerkung zu Cass. Com., 27.10.1975, Rev. soc. 1976, 298 ff.

Reinhard, Y. — Anmerkung zu CA Lyon, 10.11.1983, D. 1984, 124 ff.

Rheinstein, Max — Einführung in die Rechtsvergleichung, Reimer von Borries (Hg.), 2. Auflage, München 1987

Reith, Thomas — Das Phänomen „Vorgesellschaft“ – ein Rechtsvergleich mit der Problematik der „Pre-incorporation Contracts“ im englischen Recht, Dissertation, Tübingen 1990

Reith, Thomas — The effect of pre-incorporation contracts in German and English company law, (1988) 37 I.C.L.Q. 109 ff.

Reynolds, F.M.B.	Bowstead and Reynolds on Agency, 16. Auflage, London 1996
Riedel, Erwin	Die Vertretungsmacht bei Handlungen für die werdenden Kapitalgesellschaften, NJW 1971, 351 ff.
Riedel, Erwin	Kann für die aufgelöste Vorgesellschaft ein gerichtlicher Liquidator bestellt werden?, GmbHR 1973, 220 ff.
Ripert, Georges/ Roblot, René	Traité de droit commercial, Band 1, 12. Auflage, Paris 1989; Band 1, 16. Auflage, Paris 1996; Band 2, 11. Auf., Paris 1988
Roth, Günther H./ Altmeppen, Holger	GmbHG, 3. Auflage, München 1997 (zitiert: Bearbeiter in Roth/Altmeppen)
Roth, Wulf-Henning	Die Gründerhaftung im Recht der Vor-GmbH, ZGR 1984, 597 ff.
Rowedder, Heinz/ Fuhrmann, Hans/ Rittner, Fritz/u.a.	GmbHG, 3. Auflage, München 1997, (zitiert: Bearbeiter in Rowedder u.a.)
Saenger	Kurzkommentar zu LG Dresden, EWiR 1999, 171 f.
Saintourens, Bernard	L'entreprise en société à responsabilité limitée, Paris 1994
St. Clair, John B./ Young, Drummond J.E.	The Law of Corporate Insolvency in Scotland, 2. Auflage, Edinburgh 1992
Sandberger, Georg	Die Haftung bei der Vorgesellschaft – Zur Interaktion von Rechtsdogmatik und Richterrecht, in Festschrift für Wolfgang Fikentscher zum 70. Geburtstag, Tübingen 1998, S. 389 ff. (zititert: Sandberger, FS Fikentscher)
Schmidt, Hubert	Der Regressanspruch des Fremdgeschäftsführers gegen die Gesellschafter der Vor-GmbH, GmbHR 1988, 129 ff.
Schmidt, Karsten	Gesellschaftsrecht, 3. Auflage, Köln, Berlin, Bonn, München 1997
Schmidt, Karsten	Zur Stellung der OHG im System der Handelsgesellschaften, Dissertation, Bonn 1972 (zitiert: K. Schmidt, OHG)

Schmidt, Karsten — Der Funktionswandel der Handelndenhaftung im Recht der Vorgesellschaft – Ein Beitrag zur Abgrenzung des „Handelnden"- Begriffs -, GmbHR 1973, 146 ff.

Schmidt, Karsten — Die Vor-GmbH als Unternehmerin und Komplementärin, NJW 1981, 1345 ff.

Schmidt, Karsten — Theorie und Praxis der Vorgesellschaft nach gegenwärtigem Stand – Rechtsfortbildung am Ziel oder noch auf dem Wege?, GmbHR 1987, 77 ff.

Schmidt, Karsten — Unterbilanzhaftung – Vorbelastungshaftung – Gesellschafterhaftung, ZHR 156 (1992), 93 ff.

Schmidt, Karsten — Außenhaftung und Innenhaftung bei der Vor-GmbH, ZIP 1996, 353 ff.

Schmidt, Karsten — Anmerkung zu BGH, 04.03.1996, ZIP 1996, 593 f.

Schmidt, Karsten — Zur Haftungsverfassung der Vor-GmbH – Bemerkungen zum Urteil des Bundesgerichtshofs vom 27.1.1997, ZIP 1997, 671 ff.

Schmidt, Karsten — Haftung aus Rechtsgeschäften vor Errichtung einer GmbH - Ein neues BGH-Urteil zur sog. Vorgründungsgesellschaft, GmbHR 1998, 613 ff.

Schmidt, Karsten — Insolvenzordnung und Gesellschaftsrecht, ZGR 1998, 633 ff.

Schmidt, Karsten — Die Gesellschafterhaftung bei gescheiterter GmbH-Sachgründung, NJW 2000, 1521 ff.

Schmidt, Karsten, — Anmerkung zu OLG Bremen, GmbHR 2001, 27 ff.

Schmidt, Karsten/ Bitter, Georg — Doppelberücksichtigung, Ausfallprinzip und Gesellschafterhaftung in der Insolvenz, ZIP 2000, 1077 ff.

Schmidthoff, Heinrich/ Sudhoff, Martin — Der Gesellschaftsvertrag der GmbH, 8. Auflage, München 1997

Schmitthoff, Clive M./ Davies, Paul L./Farrar, John H./Kay, Maurice/ Morse, Geoffrey K. — Palmer's Company Law, Band 1, 17. Auflage, 1956, 23. Auflage, London, Edinburgh 1982

Schmitthoff, Clive M. | The European Communities Bill, [1972] J.B.L. 85 ff.

Schneider, Jörg | Die Vorbelastungshaftung der Gründungsgesellschafter einer GmbH und die Ermittlung der Ausgleichsverpflichtung, Dissertation, Frankfurt a.M. 2001

Scholz, Franz | Die Haftung der Handelnden in der Vor-GmbH, GmbHR 1956, 3 ff.

Scholz, Franz | Kommentar zum GmbH-Gesetz, Band 1: Konzernrecht, 9. Auflage, Köln 2000 (zitiert: Scholz-Bearbeiter)

Scholz, Michael | Die Haftung im Gründungsstadium der GmbH, Dissertation, Königstein, Taunus 1979

Schneider, Jörg | Die Vorbelastungshaftung der Gründergesellschafter einer GmbH und die Ermittlung der Ausgleichsverpflichtung, Frankfurt a.M., u.a., Dissertation, 2001

Schultz, Dietrich | Rechtsfragen der Vor-GmbH im Lichte der jüngsten höchstrichterlichen Rechtsprechung – BGHZ 80, 129-, JuS 1982, 732 ff.

Schultze v. Lasaulx, Hermann | Die unechte Vorgesellschaft, JZ 1952, 390 ff.

Schütz, Carlos | Das Modell der Verlustausgleichspflicht der Vor-GmbH, Dissertation, Frankfurt a.M. 1995

Schütz, Carlos | Enträtselung des Rätsels Vorgesellschaft ? Die Haftungsverfassung der Vor-GmbH nach dem Vorlagebeschluss des BGH, vom 4.3.1996 – II ZR 123/94,3 GmbHR 1996, 727 ff.

Schwarz, Günter Christian | Europäisches Gesellschaftsrecht, 1. Auflage, Baden-Baden 2000

Schwarz, Günter Christian | Offene Fragen bei der sogenannten unechten Vor-GmbH, ZIP 1996, 2005 ff.

Sealy, L.S. | Cases and Materials in Company Law, 6. Auflage, London, Dublin, Edinburgh, 1996

Serlooten, Patrick | Société en formation, in Joly Sociétés – Traité 5, Stand von März 1995, aktualisiert bis 31. Juli 1997

Shearman, Jennifer — Die Gesellschaft mit beschränkter Haftung in England und Wales, GmbHR 1992, 149 ff.

Sibon, Jean-Louis — Anmerkung zu Cass. Com., 25.10.1983, Rev. Soc. Bd. 103, 1984, 524 ff.

Sinay, Robert — Le première directive européenne sur les sociétés et la mise en harmonie du droit français, Gaz. Pal. 1971, Doctr., 146

Sonnenberger, Jürgen — Französisches Handels- und Wirtschaftsrecht, 2. Auflage, Heidelberg 1991

Sonnenberger, Jürgen/ Autexier, Christian — Einführung in das französische Recht, 3. Auflage, Heidelberg 2000

Sortais, Jean-Pierre — Anmerkung zu CA Paris, 11.6.1971, Rev. soc., 1972, 228ff.

Sortais, Jean-Pierre — Anmerkung zu CA Paris, 22.12.1983, Rev. Soc. 1984, 749 ff.

Sortais, Jean-Pierre — Anmerkung zu Cass. Com., 17.05.1989, Rev. Soc. Bd. 108, 1990, 33 ff.

Stiebe, A. — Company Law and precedents, 3. Auflage, London 1929

Stimpel, Walter — Unbeschränkte oder beschränkte, Außen- oder Innenhaftung der Gesellschafter der Vor-GmbH?, in Festschrift für Hans-Joachim Fleck, Berlin, New York, 1988, S. 345 ff., (zitiert: Stimpel, FS Fleck)

Stoufflet — Anmerkung zu Cass. Com., 31.05.1988, Rev. Soc. 1989, 40 ff.

Streinz, Rudolf — Europarecht, 4. Auflage, Heidelberg 2001

Sudhoff, Heinrich — GmbH & Co. KG, 5. Auflage, herausgegeben von Joachim Reichert, München 2000, (zitiert: Sudhoff-Bearbeiter)

Sudhoff, Heinrich — Die „Haftung“ im Gründungsstadium, GmbHR 1965, 107 ff.

Sullivan, G.R. — The liability of promoters on pre-incorporation contracts – turning the table too far?, Con. & Prop. Lawyer 1983, 119 ff.

Thaller, E./Percerou, J	Traité élémentaire de droit commercial, 8. Aufl., Paris 1931
Theobald, Wolfgang	Vor-GmbH und Gründerhaftung, Köln, Berlin, Bonn, München 1984
Treitel, Sir Guenter H.	The Law of Contract, 10. Auflage, London 1999
Triebel, Volker/ Hodgson, Stephen/ Kellenter, Wolfgang/ Müller, Georg	Englisches Handels- und Wirtschaftsrecht, 2. Auflage, Heidelberg 1995
Trouillat, Robert	Le droit nouveau des sociétés commerciales, Paris 1967
Ulmer, Peter	in Festschrift für Konrad Duden zum 70. Geburtstag, von Pawlowski, Hans-Martin (Hg.), München 1977, S. 661 ff (zitiert: Ulmer, FS Duden)
Ulmer, Peter	Das Vorbelastungsverbot im Recht der GmbH-Vorgesellschaft – notwendiges oder überholtes Dogma?, Festschrift für Kurt Ballerstedt, Berlin 1975, S. 279 ff. (zitiert: Ulmer, FS Ballerstedt)
Ulmer, Peter	Abschied vom Vorbelastungsverbot im Gründungsstadium der GmbH, ZGR 1981, 593 ff.
Ulmer, Peter	Die wirtschaftliche Neugründung einer GmbH unter Verwendung eines GmbH-Mantels, BB 1983, 1123 ff.
Ulmer, Peter	Zur Haftungsverfassung in der Vor-GmbH, ZIP 1996, 733
Ulmer, Peter	Rezension zur Erik Kießling, Vorgründungs- und Vorgesellschaften, Berlin 1999, ZHR 164 (2000), 76 ff.
Van Ommeslaghe, Pierre	La première directive du conseil du 9 mars 1968 en matière de sociétés, Cahier de droit européen, Bd. 5, 2, 1965, 619ff.
Venandet, Guy	Société à responsabilité limitée – Généralités, Fasc. 71-10, in Collection des Juris-Classeurs, Bd. 3: Traité des sociétés, éd. 2000
Vidal, Dominique	in Bonneau, Thierry u.a., L'adaption de la législation française et la modernisation des activités financières en vue de la troisième phase de l'union économique et monétaire, in Dr. Sociétés 1998, Chronique 10

Vidal, Dominique	Droit des sociétés, Paris 1993
Von Einem, Hans-Jörg	Haftung der Gesellschafter einer Vorgesellschaft für Beitragsschulden, DB 1987, 621 ff.
Vorpeil, Klaus	Neuere Entwicklungen im englischen Handels- und Wirtschaftsrecht, RIW 1999, 210, 693.
Walet, Pierre	Les sociétés de construction, Paris 1966
Walker/Ward	Walker & Walker's English Legal System, 7. Auflage, London, Dublin, Edinburgh, 1994
Werlauff, Eric	EC Company Law, 1. Auflage, Kopenhagen 1993
Weimar, Robert	Abschied von der Gesellschafter- und Handelnden-Haftung im GmbH-Recht?, GmbHR 1988, 289 ff.
Wiedemann, Herbert	Das Rätsel Vorgesellschaft, JurA 1970, 439 ff.
Wiedenmann, Kai-Udo	Zur Haftungsverfassung der Vor-AG: Der Gleichlauf von Gründerhaftung und Handelnden-Regress – Zugleich eine Besprechung des Urteils des Landgerichts Heidelbergs vom 11. Juni 1997, ZIP 1997, 2029 ff.
Wiegand, Daniel	Offene Fragen zur neuen Gründerhaftung in der Vor-GmbH, BB 1998, 1065
Wilhelm, Jan	Rechtsanwendung und Konzepte – zur Vorlage eines Konzepts über die Haftung bei der Vor-GmbH durch den 2. Zivilsenat des BGH, DB 1996, 921 ff.
Wilhelm, Jan	Das Innenhaftungskonzept geht in sich, DStR 1998, 457 ff.
Wilken, Oliver	Gesellschafterhaftung in der echten Vor-GmbH, ZIP 1995, 1163 ff.
Wilken, Oliver	Anmerkung zu BGH, 27. Januar 1997, GmbHR 1997, 405 ff.
Witz, Claude/ Schmidt, Dominique/ Zierau, Britta (Hg.)	Unternehmenserwerb in Frankreich, 1. Auflage, Heidelberg 1990, darin: Lutz, Erwerb eines „fonds de commerce", S. 24 ff.

Wrenbuy Lord/ Lindon, J.B./ Buckley, H.B.	On the Companies Act, 13. Auflage, London 1957
Zweigert, Konrad/ Kötz, Hein	Einführung in die Rechtsvergleichung, 3. Auflage, Tübingen 1996

Entscheidungsregister

Entscheidungen im englischen Recht

Saarbrücker Studien zum Privat- und Wirtschaftsrecht

Herausgeber:
Johann Paul Bauer, Michael Martinek und Helmut Rüßmann

Band 1 Susanne Jaschinski: Die Haftung von Schwestergesellschaften im GmbH-Unterordnungskonzern. Ein Beitrag zum Konzernverfassungsrecht. 1997.

Band 2 Roman Sascha Ahnert: Die *actio individualis*. Ein Beitrag zur verfassungsrechtlichen Fundierung der Aktionärsklage bei sogenannten Aktien-Interessenverbänden. 1997.

Band 3 Torsten Peters: Der Cateringvertrag. Rechtstatsachen, Rechtsnatur und Rechtsprobleme eines modernen Dienstleistungsvertrags. 1998.

Band 4 Michael Meissner: Persönlichkeitsschutz juristischer Personen im deutschen und US-amerikanischen Recht. Eine rechtsvergleichende Untersuchung des allgemeinen Persönlichkeitsrechts juristischer Personen. 1998.

Band 5 Thomas Tegen: Joint Venture-Vertrag und Projektträgergesellschaft im amerikanischen und deutschen Recht. 1998.

Band 6 Gerhard Wolter: Treuhandrecht im Umbruch? Ein Blick nach Frankreich, Luxemburg, in die Schweiz und in den Libanon sowie auf das Haager Trust-Übereinkommen. 1999.

Band 7 Thomas Dehlfing: Das Recht der irreführenden Werbung in Deutschland, Großbritannien und Frankreich. 1999.

Band 8 Hanno Dornseifer: Börsentermingeschäfte und Börsentermingeschäftsfähigkeit. Zur börsengesetzlichen Behandlung von finanzwirtschaftlichen Festgeschäften, Options- und Optionsscheingeschäften. 1999.

Band 9 Patrick Lenz: Absatzförderung durch *zinssubventionierte* Darlehen. Eine wettbewerbs- und kartellrechtliche Studie zur Zulässigkeit von Niedrigzins-Kreditangeboten unter besonderer Berücksichtigung des Automobilmarktes. 1999.

Band 10 Mansur Pour Rafsendjani: Der Goodwill-Ausgleichsanspruch des Franchisenehmers. Ein Vergleich des deutschen, französischen und US-amerikanischen Franchiserechts. 1999.

Band 11 Jörg Hartmann: Juristische und ökonomische Regelungsprobleme des Insiderhandels. Eine rechtsvergleichende Darstellung USA – Deutschland. 1999.

Band 12 David Altmeier: Rückstellungsbilanzierung in Deutschland und Frankreich. Eine vergleichende Untersuchung der französischen Rückstellungsbilanzierung aus der Perspektive des deutschen Bilanzrechts. 1999.

Band 13 Barbara Günther: Aktivische Bilanzierungshilfen im deutschen und französischen Bilanzrecht. 1999.

Band 14 Bernhard Glasow: Vertikale Preisbindung, Wettbewerbstheorie und Wettbewerbsrecht in den USA, Deutschland und Europa. Bestandsaufnahmen, Kritik und Zukunftsperspektiven. 2000.

Band 15 Dorota Nowak-James: Der Börsenzugang für Anleger in Deutschland und Polen. Eine rechtsvergleichende Untersuchung zum deutschen Finanzkommissionsgeschäft und zum polnischen Brokerauftragsvertrag. 2000.

Band 16 Mathias Queck: Der Nießbrauch am Anteil einer offenen Handelsgesellschaft. Eine Form der (un-)mittelbaren Unternehmensbeteiligung. 2000.

Band 17 Ina Roth: Umweltbezogene Unternehmenskommunikation im deutschen und europäischen Wettbewerbsrecht. 2000.

Band 18 Jörg Preiss: Die Anwendung des markenrechtlichen Erschöpfungsgrundsatzes auf Dienstleistungsmarken. 2000.

Band 19 Kevin M. McDonald: Der Begriff der Dienstleistung im europäischen Binnemarkt und WTO-System (GATS). 2001.

Band 20 Carolin Opgenhoff: Die europäische Fusionskontrolle zwischen Wettbewerbsrecht und Industriepolitik. 2001.

Band 21 Susanne Schäfer: Die Deliktsfähigkeit juristischer Personen. Eine rechtsvergleichende Untersuchung zur Übertragbarkeit des englischen Modells. 2001.

Band 22 Kay Diedrich: Die Interventionswirkung – Ausprägung eines einheitlichen Konzepts zivilprozessualer Bindungswirkung. 2001.

Band 23 Michael Fröhlich: Zentrale Institutionen des deutschen Urheberrechts und des französischen Droit d'auteur auf dem Prüfstand der elektronischen Netzwerke. 2001.

Band 24 Joël Benjamin Münch: Abtretungsverbote im deutschen und französischen Recht. Rechtsvergleichende Untersuchung der Übertragungshindernisse im deutschen und französischen Forderungsverkehr als Beitrag zu einer weiteren Schuldrechtsvereinheitlichung in Europa. 2001.

Band 25 Monika Prieß: Der Begriff des Sachmangels im deutschen und englischen Kaufrecht. Reformbedarf aufgrund der Verbrauchsgüterkauf-Richtlinie 1999/44/EG. 2001.

Band 26 Katharina Siegel: Produkthaftung im polnischen, tschechischen und slowenischen Recht. 2001.

Band 27 Carolin Kühne: Die gesetzliche Form der Rechtsgeschäfte im deutschen und italienischen Recht. Eine rechtsvergleichende Untersuchung. 2002.

Band 28 Nina Scherf: Die Nachschußpflicht im Gesellschaftsrecht. Eine rechtsformübergreifende Bestandsaufnahme, Analyse und Kritik. 2002.

Band 29 Marc Laukemann: Fernsehwerbung im Programm. Die zunehmende Kommerzialisierung des Fernsehprogramms im Zeitalter einer Ökonomisierung der Aufmerksamkeit als verfassungs-, wettbewerbs- und rundfunkrechtliches Problem. 2002.

Band 30 Michael Bo Jaspers: Nachträgliche Rechtswahl im internationalen Schuldvertragsrecht. Unter besonderer Berücksichtigung der Rechtspraxis in England, Frankreich, Dänemark und Deutschland. 2002.

Band 31 Christina Pernice: Die Insolvenzverschleppung durch das Geschäftsführungsorgan der kleinen Kapitalgesellschaft im deutschen, französischen und englischen Recht. Eine rechtsvergleichende Untersuchung zur Entwicklung eines europäischen Lösungsansatzes. 2002.

Band 32 Anne Christine Janert: Der sachliche und persönliche Anwendgunsbereich des deutschen Verbraucherkeditrechts und des britischen Consumer Credit Act 1974. Ein Beitrag zu den Möglichkeiten und Grenzen verbraucherrechtlicher Harmonisierung in Europa. 2002.

Band 33 Annette Trost: Faktische Sitzverlegung unter Sitz- und Gründungstheorie im Vergleich. Unter besonderer Berücksichtigung ihrer gesellschafts- und zivilrechtlichen Folgewirkungen. 2003.

Band 34 Esther Cordula Hilpert: Die Gründerhaftung in der Gesellschaft mit beschränkter Haftung in Deutschland, Frankreich und England. 2003.